GAODENGYUANXIAO TONGJIXUE JINGPINJIAOCAI

高等院校统计学精品教材

经济计量学

主　编/刘建平

中国统计出版社
China Statistics Press

图书在版编目(CIP)数据

经济计量学 / 刘建平主编. —— 北京 ：中国统计出版社，2014.7

ISBN 978－7－5037－7173－6

Ⅰ.①经… Ⅱ.①刘… Ⅲ.①计量经济学—高等学校—教材 Ⅳ.①F224.0

中国版本图书馆 CIP 数据核字(2014)第 181043 号

经济计量学

作　　者/刘建平等
责任编辑/杨映霜
封面设计/杨　超　李雪燕
出版发行/中国统计出版社
通信地址/北京市丰台区西三环南路甲 6 号　邮政编号/100073
电　　话/邮购(010)63376909　书店(010)68783171
网　　址/http://csp.stats.gov.cn
印　　刷/河北天普润印刷厂
经　　销/新华书店
开　　本/787×1092mm　1/16
字　　数/534 千字
印　　张/21.5
版　　别/2014 年 7 月第 1 版
版　　次/2014 年 7 月第 1 次印刷
定　　价/43.00 元

前 言

本书是广东省重点优势学科统计学的资助教材，也是暨南大学资助的本科教材。本书以介绍经济计量学的理论和方法为主，主要讨论经济计量学理论方法的发展、假定、用途及其局限，选用经济学的例子进行说明，在应用中强调违背模型假定的后果和寻求解决办法的思路，注重应用过程中实际问题的解决。本教材系统介绍了经典线性经济计量模型的理论与方法的基本原理，同时扩展经典线性经济计量模型理论与方法的内容，适当选择介绍新的非经典经济计量学的有关内容，在描述方法上，主要使用一般的数学工具，少量用到矩阵代数。本书起步初级，但定位在初级之上，是为大学本科经济和管理类专业编写的教材，同时适用于非数量经济专业的硕士研究生使用，也可供非经济类专业的博士研究生和从事经济管理工作的实际工作者参考。

本教材共 9 章分两部分。前 5 章为经济计量学的原理部分，主要介绍经济计量学的基础概念和方法论，经典线性回归模型的估计与检验，违背经典假定的经济计量模型的估计与检验，重点在于对经济计量学方法原理的介绍；后 4 章为经济计量学的专题部分，主要介绍虚拟变量与面板数据模型，自回归与分布滞后模型，联立方程模型和时间序列经济计量模型，内容既包括虚拟解释变量回归模型、定性因变量回归模型、自回归与分布滞后模型和联立方程模型等传统的经典经济计量学的内容，又有选择地包括了系统变参数模型、面板数据回归模型、格兰杰因果关系检验、协整理论、ARIMA 模型、VAR 模型、ARCH 和 GARCH 模型等近几十年发展起来的现代经济计量学的理论和方法，这一部分的内容重点在于如何应用经济计量学的理论方法计量分析现实中的经济问题。本教材各章之后都附有要点与结论，思考题与习题，在附录给出部分思考题和习题的参考答案。本教材的教学可用 60 个学时完成。

本教材由暨南大学刘建平教授任主编，夏帆副教授任副主编。刘建平从2002年开始承担暨南大学经济学类研究生的经济计量学课程的教学任务，本教材就是在其讲义基础上编写的。刘建平设计了全书的框架结构，承担了全书的主要撰写任务，并对全书进行总纂定稿。夏帆分别从2007年和2009年开始承担暨南大学统计学本科生和经济类硕士研究生的经济计量学的教学任务，承担了第9章第2节的部分、第3节，第6、7、9章的部分例题、思考题与习题，以及思考题与习题答案的撰写。暨南大学的硕士研究生褚玉春、张苗、赵茜、周元、周梅兰、李少泰、张炎焱、张翠、王雨琴等参与了本教材一些例题和习题的计算工作，博士研究生梁敏对初稿作了核对，在教学过程中有许多同学对讲义提出宝贵意见，在此向他们表示深深的谢意！

本教材在编写过程中参考了国内外出版的有关文献，引用了其中的一些案例和观点，在此向文献的作者表示衷心的感谢！

编　者

2014年6月于北京

目　录

第一章　绪论

经济计量学是经济学的一个分支学科，经过 80 多年的发展，形成了一个内容广泛的体系。为了方便读者的学习，本章先对经济计量学的产生与发展，经济计量学的学科性质及其分类，经济计量学的理论基础和方法论基础，经济计量学研究的方法步骤，经济计量模型参数的估计方法和经济计量学中的基本概念进行概要介绍。

第一节　什么是经济计量学

一、经济计量学的产生与发展

经济计量学(Econometrics)由挪威经济学家费里希(R.Frisch)在 1926 年仿照生物计量学(Biometrics)提出，1930 年 12 月国际经济计量学会成立，1933 年 1 月该学会出版了会刊《经济计量学》(Econometrica)，这一系列的活动和事件标志着经济计量学作为一门独立学科的诞生和确立。

经济计量学起源于对经济问题的定量研究。19 世纪末，一些杰出的经济学家逐渐明确阐明经济规律必须借助数学。到 20 世纪 20 年代，一部分经济学者已不满足对经济问题的定性研究，他们认为纯定性研究不能说明任何实际问题。费里希认为，只是经济理论在定性基础上工作，而不设法定量测度不同因素影响的重要性，实际上不可能得出任何有实际意义的“结论”。比如，面对一次经济衰退，不同的经济学家会给出不同的政策建议：有的会给出“削减工资，从而减少成本增加利润进而刺激生产”的建议；有的会给出“增加工资，从而增加消费者的消费需求进而拉动生产”的建议；有的会给出“降低利率，从而刺激投资进而增加社会生产能力”的建议；还有的会提出“提高利率，从而增加银行的储蓄进而提高银行的贷款能力”的建议。这里增加工资和减少工资、提高利率和降低利率是矛盾的，分开看，似乎都有道理，但放在一起却使决策者无所适从。问题就在于这些措施都是纯经济理论概念的运用，不能说明各种措施实施效果的好坏，也不能给出措施实施的定量结果，更不能比较各种措施的相对力度。也就是说，纯定性研究不能很好地解释、说明现实发生的经济问题。面对越来越复杂的现代社会化大生产，现实的经济分析需要经济概念的定量化，需要定量化的方法和技术。这是经济计量学产生和发展的强大需求基础，因此经济计量学从诞生之日起，就表现出极强的生命力。

统计学理论的日臻完善为经济计量学的发展奠定了方法论基础。20 世纪初，英国学者 K.皮尔逊(Karl Pearson)不仅总结发展了描述统计学，而且还创立了推断统计学中的大样本理论，给出了χ^2统计量及其极限分布。随后，W.S.戈塞特(William Seely Gosset)发展了推断统计学中的小样本理论，给出了 t 统计量及其分布。之后，R.A.费希尔(Ronald Aylmer Fisher)创立了方差分析和实验设计理论，进一步发展了统计推断的思想和方法，充实和完善了小样本理论。在 20 世纪 20 年代末和 30 年代期间，波兰学者 J.内曼(J.Neiman)和 E.S.皮尔逊(Egon S.Pearson)发展了假设检验理论，J.内曼还创立了区间估计理论。至此，统计学的奠基工作基本完成，为经济计量学的发展奠定了方法论基础。

20 世纪 40 年代开始，计算机科学的和软件技术的发展，为经济计量学的发展提供了强大的计算技术支持。20 世纪 40 年代至 50 年代，经济计量学在西方各国得到扎实的发展，20 世纪 60 年代至 70 年代，随着计算机的广泛应用和新的计算方法的提出，得到了进一步的发展和扩张，甚至在第三世界国家也得到了广泛的应用，经济计量模型的规模越来越大，特别是基于联立方程经济计量模型精心制作的经济模型支配着经济预测的整个领域，经济计量学发展成为经济学的重要分支。在这一时期发展起来的经济计量学一般称为经典经济计量学，或称为狭义经济计量学。著名经济计量学家、诺贝尔经济学奖获得者克莱茵(R.Klein)1972 年在其著作《经济计量学教科书》的序言中评价："经济计量学已经在经济学科中居于最重要的地位"，"在大多数大学和许多高等院校中，经济计量学的讲授已成为经济学课程表中的有权威的一部分"。著名经济学家、诺贝尔经济学奖获得者萨缪尔森(P.Samuelson)甚至说："第二次世界大战后的经济学是经济计量学的时代。"

然而，由于 1973 年和 1979 年的两次世界石油危机的冲击，此前各个国家建立的联立方程模型预测的结果大大失准。卢卡斯尖锐地指出：依据联立方程模型所估计的经济计量模型的参数依赖于模型被估计时所奉行的政策，若政策有所变化，参数也将随之改变。也就是说，若政策发生了变化，根据估计的经济计量模型所做出的预测不会有什么价值。卢卡斯批判(Lucas critique)对经济计量学的发展提出了挑战，联立方程模型预测的昔日辉煌转入低潮。面对这种低潮和卢卡斯批判的挑战，以韩德瑞(D.F.Hendry)、恩格尔(R.E.Engel)和格兰杰(C.W.J.Granger)等为代表的一批经济计量学家并没有消沉，他们本着"检验，检验，再检验"，和"让数据自己说话"的哲学理念，探索着经济计量学新的发展理论和方法。进入 20 世纪 70 年代后期，经济计量学进入一个新的发展阶段，非经典经济计量学的理论和方法及其应用有了新的突破，广义的经济计量学得到长足的发展。微观经济计量学、非参数(半参数)经济计量学、时间序列经济计量学和动态经济计量学等的提出，使经济计量学产生了新的理论方法体系，协整理论、面板数据模型、博弈论、贝叶斯方法在经济计量学中的应用等成为经济计量学新的研究课题。进入 21 世纪，这方面的研究和发展依然方兴未艾。

经济计量学从 20 世纪 80 年代开始在我国得到迅速传播和发展，广大经济计量学者结合我国的改革开放实践，就经济计量学的应用做了大量的探索和研究，使经济计量学的理论研究和应用水平在我国得到不断的提高，经济计量学的理论与方法在我国现代化建设中发挥着越来越重要的作用。

二、经济计量学是一门独立的经济学科

经济计量学是经济学的一个独立的分支学科，以揭示经济活动中客观存在的数量关系为主要内容。弗里希将它定义为经济理论、统计学和数学三者的结合。由这一定义可以看出，经济计量学是经济理论、数理经济、经济统计与数理统计的混合物。然而值得把它作为一门独立的经济学分支学科进行研究，其理由在于：

第一,经济理论所做的陈述或假设大多数是定性的。例如微观经济理论声称,在其他条件不变的情况下,一种商品的价格上涨,可能减少对该商品的需求量,即经济理论设想(postulates)商品价格与其需求量之间有一种负的或逆向的关系。但该理论并没有对这两者的关系提供任何数值度量,也就是说它并没有说明随着商品价格的变化,其需求量将会上升或下降多少。而经济计量学家的工作就是要提供这种估计,即经济计量学对大多数经济理论赋予经验内容。

第二,数理经济学的主要问题是用数学形式(方程式)表述经济理论而不管该理论是否可以量化或是否可以得到实证支持。而经济计量学的主要兴趣在于经济理论的经验论证。我们将看到,经济计量学家经常使用数理经济学提出的数学方程式,但要把这些方程式改造成适合于经验检验的形式。这种从数学方程到经济计量方程的转换需要有许多的创造性和实际技巧。

第三,经济统计主要是收集、加工并通过图或表的形式以展现经济数据。经济统计学家是收集诸如国民生产总值(GNP)、就业、失业、价格等数据的工作者。这些数据构成了经济计量工作的原始资料。但是,经济统计学家的工作却到此为止,他们不考虑怎样利用这些收集的数据去检验经济理论,如果他们考虑的话,他们就变成了经济计量学家。

第四,虽然数理统计提供了这一学科中使用的主要工具,但由于大多数经济数据的独特性,即数据并非是可控制条件下的实验结果,因此经济计量学家通常面对的是不能由他们直接控制的数据,对于这些数据常常需要特殊的处理方法。例如由公共或私人机构收集的消费、投资、收入、储蓄、价格等方面的数据都属于非实验数据。这样一来就产生了不是数理统计学所正常遇到的一些特殊问题,而且这些数据常会有测量误差,从而要求经济计量学家能找出对付这些测量误差的特殊分析方法。正如斯班诺斯(Spanos,Aris)指出的:在经济计量学中,建模者通常面对的是观测数据而非实验数据。这对经济计量学中的经验建模有两方面的重要含义,首先,要求建模者掌握与分析实验数据极为不同的技巧……其次,数据搜集者与分析者的分离要求建模者十分熟悉所用数据的性质和结构。

第五,也是最重要的一点,它是经济理论、统计学和数学的有机结合,离开他们的有机结合,便不成为经济计量学。经济计量学有独立的研究任务:即它注重经济变量的随机性特征,试图借助统计学方法建立经济变量之间的定量关系,达到使经济理论概念定量化的目的。

经济计量学是在定性分析的基础上,探讨如何用经济数学模型方法定量描述具有随机性特征的经济变量关系的边缘学科。经济计量学是数理经济学和统计学的交叉学科。数理经济学和统计学是建立经济计量学的理论基础和方法论基础。经济计量学与其他经济学科相区别的关键之点是:“经济变量的随机性特征。”用模型定量描述经济变量的关系,估计、检验和应用模型是经济计量学的基本任务。

三、经济计量学的分类

1. 从学科发展角度划分

从学科发展的角度,可以将经济计量学分为经典经济计量学和广义经济计量学。

经典经济计量学,或者称为狭义的经济计量学,以经济理论为导向,以揭示经济现象中的因果关系为目的,以线性随机方程为主要形式,主要应用回归分析方法估计模型。本书以介绍经典经济计量学的理论和方法为主。

广义经济计量学是利用经济理论、数学和统计学定量研究经济现象的经济计量方法的统称，它既包括经典经济计量学的内容，也包括几乎与经典的经济计量学同时发展起来的投入产出分析方法、时间序列分析方法等，更重要的是包括近 30 多年来发展的许多新的非经典经济计量理论和方法，比如微观经济计量学、非参数（半参数）经济计量学、时间序列（动态）经济计量学的内容。本书也介绍一部分新的非经典经济计量学的理论和方法。

2. 从内容角度划分

从内容角度可以将经济计量学分为理论经济计量学和应用经济计量学。

理论经济计量学以介绍、研究经济计量学的理论和方法为主要内容，它的主要任务是要找出适当的方法，去测度经济计量模型设定的经济关系。因此，经济计量学的方法大量地取材于统计学。例如经济计量学中广泛应用的最小二乘法就直接来自于统计学。理论经济计量学必须说明这些方法所涉及的假定、方法的性质以及当某一或某些假定不成立时，这些性质将会受到什么影响。理论经济计量学必须面对和解决社会经济现象只能在不受控制的条件下观测研究和由此引发的一系列问题。理论经济计量学侧重于理论与方法的提出及其数学证明和推导，虽然也涉及方法的应用，但它不追求应用的结果，只追求为了适应应用对象而必须进行的理论与方法的创新和发展。

应用经济计量学利用理论经济计量学作为工具，去研究经济学或商业中的某些领域，诸如生产函数、投资函数、供求函数、消费函数、投资组合、劳动就业等。应用经济计量学以建立应用经济计量模型为主要研究内容，强调建立模型的经济背景、模型本身的经济学解释，侧重于利用估计模型对实际经济问题的分析处理，运用模型分析经济结构，预测经济的发展趋势，对经济政策做出定量的评价，对提出的经济理论进行检验并进一步发展新的经济理论。

在理论经济计量学和应用经济计量学中又可按经典统计方法或贝叶斯统计方法探讨研究这一学科。本书的重点在于用经典的统计方法。本教材主要讨论经济计量学理论方法的发展、假定、用途及其局限并引用经济学的例子进行说明，说明违背模型假定的后果和寻求解决办法的思路，并注重应用过程中实际问题的解决。

3. 从课程的广度、深度角度划分

在高等学校的课程设置和教科书的编写中，从课程内容涉及的广度和深度角度，一般把经济计量学分为初级、中级和高级三个层次，有的还开设经济计量学专题课程。

初级经济计量学一般以单一方程为主，介绍经典线性经济计量模型的理论与方法的基本原理。并附列初级经济计量学必须的基础数理统计学知识的介绍。在应用中，强调违背模型假定的后果和寻求解决办法的思路。在描述方法上，只用一般的数学工具，不涉及矩阵。

中级经济计量学以经典的线性经济计量模型理论与方法及其应用为主要内容，包括单一方程模型和联立方程模型，同时扩展经典线性经济计量模型理论与方法的内容，适当选择介绍非经典经济计量学的有关内容。在应用方面，注重应用过程中实际问题的解决。在描述方法上，使用矩阵这一数学工具。本书定位在初级之上。

高级经济计量学以扩展的线性经济计量模型理论与方法、非线性经济计量模型理论与方法和动态经济计量模型理论与方法以及他们的应用为主要内容。在应用方面，要求模型对实际的模拟更准确，分析更细微。在描述方法上，使用更多的高深数学工具。

第二节　经济计量学的方法论

一、经济计量学的理论基础和方法论基础

经济计量学的理论基础是数理经济学，方法论基础是数理统计学。

数理经济学利用数学的语言建立经济学的一系列公理、定理、引理，在此基础上建立描述经济行为的方程和模型，特别是利用描述复杂事物之间关系的多元微积分和矩阵代数以及抽象空间的概念研究经济现象，它所讨论的问题是经济学中最根本的问题；它所建立起来的各种经济现象之间的关系，应该是经济学中的本质规律，它以最少量的假定作为基础构造数理经济模型，利用数学严密的推理和演绎的方法，导出一系列逻辑严密、有先后、有层次的经济结构。数理经济学是经济学的定性分析学科，数理经济学利用定性分析提供理论基础，而经济计量学根据这些定性分析去定量地估计模型的参数，对模型进行各种检验，在检验通过的基础上进行结构分析、政策评价、预测与控制。

前已述及，经济计量学有特殊且独立的研究任务，即它所描述的是具有随机性特征的经济变量关系，由此决定了经济计量学的方法论基础必然是来自处理随机现象的以概率论为基础的数理统计学。数理统计中的抽样分布理论、参数估计、假设检验、相关回归分析、时间序列分析等都是经济计量学中最基本的方法工具。

二、经济计量学研究的方法步骤

对于一个经济问题，经济计量学是如何进行分析研究的？至今仍在经济学领域的经验研究中占统治地位的传统或经典方法路径，大致可以分为模型设计，获取数据，参数估计，模型检验和模型应用五个步骤。下面以著名的凯恩斯消费理论为例说明经济计量学研究的方法步骤。

1. 模型设计

模型设计是对所研究的现实经济系统或经济行为的数学抽象。模型永远不会是现实的一个完全准确的描述，如果是，就必然变成一个复杂到没有实际用处的模型。在模型设计中，科学地抽象和简化是不可避免的。模型设计包括三个方面的内容，首先要对理论假说进行描述；其次进行数理模型设计；最后进行经济计量模型设计。设计时要考虑数据的可得性，注意因素和变量之间的联系与区别，考虑入选变量之间的关系。

(1)理论假说描述。在我们的例子中，凯恩斯(J.M.Keynes)是这样描述的："基本的心理定律是，作为一般规律或平均来说，人们存在一种倾向，即随着他们的收入的增加而增加其消费，但消费的增加不如收入的增加多。"即边际消费倾向(*MPC*：收入每变化一个单位的消费变化率)大于零而小于1。

(2)数理模型的设计。凯恩斯虽然假设消费与收入之间存在正向关系，但他并没有明确指出这两者之间准确的函数关系。为简单起见，数理经济学家也许建议采用如下的消费函数形式：

$$Y=f(X)=\beta_1+\beta_2 X \quad 0<\beta_2<1 \tag{1.2.1}$$

其中Y＝消费支出，X＝可支配收入，β_1 和 β_2 被称为模型的参数，分别代表截距和斜率系数，斜率就是边际消费倾向 MPC 的度量。该方程表明消费与收入有线性关系。它仅是描述消费与收入之间关系(经济学中所称的消费函数)众多数学模型中的一个模型，实际上还可以设计为各种非线性模型。方程等号左边的变量称为因变量，右边的称为自变量或解释变量。

(3)经济计量模型的设计。由方程(1.2.1)给出的是纯数理模型，它假定消费与收入之间有一个准确的或确定性的关系，因此它对经济计量学家的作用是有限的。一般来说，经济变量之间的关系是非确定的。我们不能指望具有相同收入的所有家庭的消费支出都一样，也就是说具有相同收入家庭的消费支出的观测值不可能都恰好落在方程(1.2.1)表示的直线上，因为除了收入之外，还有其他变量影响消费支出。比方说：家庭规模，成员结构，家庭成员的宗教信仰、职业、健康水平、文化程度等，都会对消费支出有一定影响。然而，为了简化和计量的方便，通常不把所有的变量都引入模型，而是只引入主要的影响变量。模型设计是经济计量研究的关键步骤，它既是一门科学，又是一门艺术。设计一个好的计量模型，要靠丰富的专业知识，更要靠对模型设计实践的不断总结。

考虑到经济变量之间的非确定关系，经济计量学家会把确定性的消费函数(1.2.1)修改为

$$Y = f(X) + u = \beta_1 + \beta_2 X + u \tag{1.2.2}$$

其中 u 称为随机干扰项或随机误差项，它具有良好定义的统计性质。u 可以用来代表所有未引入模型的对消费有所影响的因素和模型设计误差等。方程(1.2.2)是经济计量模型之一例。它假设了因变量(消费)对解释变量(收入)有线性关系，然而两者的关系不是准确的，它从一个家庭变到另一个家庭。

2. 获取数据

为了估计方程(1.2.2)所给的经济计量模型即得出参数 β_1 和 β_2 的数值，需要获取数据。数据可以是横截面数据，也可以是时间序列数据，还可以是两者的混合数据。数据之间要具有可比性，时间序列价值变量要剔除价格的影响。数据的可能来源在后面介绍。

例 1.1 下面看一个由表 1.1 给出的属于我国经济的数据。表 1.1 中的 Y 表示城镇居民

表 1.1 1978—1989 年我国城镇居民实际人均消费支出和人均可支配收入 单位：元

年份	X	Y
1978	343.4	311.2
1979	397.4	355.1
1980	436.2	376.6
1981	446.0	407.1
1982	467.9	411.7
1983	483.8	433.5
1984	543.9	466.6
1985	550.7	501.6
1986	627.4	556.4
1987	641.5	566.2
1988	626.1	585.7
1989	626.8	552.5

数据来源：原始数据取自《2012 中国城市(镇)生活与价格年鉴》(国家统计局城市社会经济调查司编)和《中国统计年鉴 2013》，中国统计出版社出版。

人均消费支出，X 表示城镇居民人均可支配收入，均以元为计量单位，所列数据是以 1978 年不变价格计算的"实际"消费和"实际"收入。

3. 参数估计

参数是经济计量模型中表现经济变量相互依存程度的因素，参数决定经济变量之间的数量关系，一旦参数决定了，整个经济系统的基本结构就确定了。在本例中，模型参数的数值估计将赋予消费函数以经验内容。这里略过参数估计的具体步骤，仅指出回归分析的统计技术是获得估计值的重要手段。利用表 1.1 的数据和这种技术，估计的消费函数是：

$$\hat{Y}_t = -2.74 + 0.8976X_t \tag{1.2.3}$$

$\hat{Y}_t$ 代表对 Y_t 的估计。

据方程(1.2.3)发现，在 1978－1989 年期间，我国城镇居民的边际消费倾向 β_2(MPC) 约为 0.90，表明在此样本期间，实际收入每增加 1 元，平均而言，我国城镇居民实际消费支出将增加 0.90 元。这里讲平均，是因为消费和收入之间没有确定的关系。

4. 模型检验

模型中的参数被估计之后，模型还不能被直接应用，还需要对估计的模型做某些检验。检验的内容有四个方面。

第一是经济意义的检验。模型中的变量和参数都有特定的经济意义，经济理论通常对这些变量以及参数的符号和取值范围做出了理论说明。根据像弗里德曼(M. Friedman)这样的"实证"经济学家的意见，凡是不能通过经验证据来证实的理论或假设，都不能作为科学探索的一部分。如果所估计的模型与经济理论完全相符，则说明我们所观测的事实检验证实了这种理论；如果所估计的模型与经济理论不相符，一般来说应当舍弃所估计的模型，设法从模型设计、估计方法、统计数据等方面找出导致错误结论的原因；如果反复的实证研究结果表明所估计的模型与经济理论不相符，则要考虑经济理论本身是否完备，必要时要提出修正经济理论的建议，或者依据拟合模型的结论提出新的经济理论假说，发展新的经济理论。如前所说，凯恩斯曾预期 MPC 是大于零小于 1 的。在我们的例子中，我们求得 MPC 约为 0.90，这符合理论预期。但是在把这一发现看作是对凯恩斯消费理论认可以前，还需要检验这一估计值是否充分地低于 1。这就是下面要讲的统计推断检验。

第二是统计推断检验。模型的参数是根据变量的样本观测值估计的，为了检验参数的估计值是否是抽样的偶然结果，需要运用统计推断方法对模型及参数的统计可靠性加以检验。在我们的例子中，就是要检验参数 β_2 的估计值 0.90 是不是在统计意义上小于 1？也就是说，这一估计值是不是一次偶然的结果，如果不是，就可以用来支持凯恩斯理论。由于 $\hat{\beta}_2$ 的 t 统计值为 23.99，说明 β_2 的估计值 0.90 不是一次偶然的结果。以样本为依据去确认或否定经济理论，是以统计推断(假设检验)为其理论基础的。

第三是经济计量检验。经济计量检验主要是检验模型是否符合经济计量方法的基本假定。例如检验模型中的随机误差项是否存在异方差性和自相关性，检验模型中的变量是否存在严重的多重共线性，检验模型中的时序变量是否存在平稳性，检验模型中的时序变量之间是否存在协整关系，检验模型是否可识别，等等。当模型违背经济计量方法的基本假定时，通常的经济计量方法将失效或导致错误的结论，这时必须对模型作必要的处理，并重新估计模型的参数。

第四是模型预测检验。这是指将估计了参数的模型用于实际经济活动的预测时，要将模型预测的结果与经济运行的实际结果比较，以此检验模型的有效性。

5. 模型应用

经过参数估计和模型检验，如果所选用的模型确认了我们所考虑的假设或理论，才可以用于实际的经济计量分析。经济计量模型主要用于经济结构分析、经济预测、政策评价和经济理论的检验和发展等方面。

(1)经济结构分析。经济结构分析是指用已经估计出参数的模型，对所研究的经济关系进行定量的考察，以说明经济变量之间的数量比例关系。具体来说，就是分析当其他条件不变时，模型中的一个或几个变量发生一定的变动对其他变量以及整个经济系统的影响程度。人们一般所说的经济系统定量分析就是结构分析。常用的经济结构分析方法有边际分析、弹性分析、乘数分析和比较静力学分析等。在我们的例子中，$\beta_2 = 0.90$ 除了表示边际消费倾向 MPC 外，还提供了其他有用的信息。根据经济学原理，收入的增长乘数 M 为

$$M = \frac{1}{1 - MPC} \tag{1.2.4}$$

也就是说，本例的收入增长乘数 $M = 10$，在样本期间，我国的城镇投资增减一个单位，将导致城镇的国民收入增减 10 个单位。这为经济分析又提供了一个重要的定量信息。不过需要提请注意的是，乘数的实现需要时间。

因为 M 的计算依赖于 MPC，因此 MPC 是一个关键值。但 MPC 的估计来自诸如式(1.2.3)的回归模型。所以，MPC 的数量估计为政策的制定提供了有价值的信息。一旦获知 MPC，即可跟踪政府财政政策的改变，预测收入和消费支出的未来变化。

(2)经济预测。经济预测是指利用所得模型，由已知的或预先测定的解释变量，预测被解释变量的未来值。假定 1990 年消除价格因素后我国城镇居民人均可支配收入的预期值为 700 元，问该年的预报消费支出是多少？若我们认为消费函数(1.2.3)在 1990 年仍然有效，则 1990 年我国城镇居民的人均预报实际消费支出为

$$\hat{Y} = -2.74 + 0.8976 \times 700 = 625.58\ (\text{元})$$

(3)政策评价。政策评价是利用经济计量模型对各种可供选择的政策方案的实施后果进行模拟测算，从而对各种政策方案做出评价。在实际的政策评价时，经常把模型中的某些变量或参数视为可用政策调整的“政策变量”，然后分析“政策变量”的变动对被解释变量的影响。

模型应用中的经济结构分析、经济预测和政策评价三者存在着密不可分的有机联系。经济结构分析的结果可用于经济预测，经济预测的结果是政策评价的重要依据，而政策评价本身，就是一种条件预测。

(4)经济理论的检验和发展。任何经济学理论，只有它成功地解释了过去，才能为人们所接受。这也正是实证经济学家所强调的。经济计量模型提供了检验经济理论的方法。从经济计量学的方法步骤不难发现，一个成功的模型，必须能有效地拟合样本数据，而样本数据则是已经发生的经济活动的客观再现，所以模型中反映出来的经济活动的数量关系，应该体现经济活动所遵循的经济规律，也就是符合经济理论的描述。这样就出现了上述经济意义检验的三

种功能。

三、模型参数的估计方法

模型参数的估计方法是理论经济计量学研究的主要内容。经济计量模型中的参数一般是未知的,需要根据样本信息和样本之外的信息进行估计。估计模型参数的方法虽然很多,但是,它们都是建立在一定假设前提基础上的,当估计的条件不完全满足时,还需要有针对性地设计一些特殊的估计方法。由于样本的随机性以及前提条件、估计方法和所确定的估计式的不完备,所得到的估计值与总体参数的真值并不一致,所以选择参数估计方法应以“参数估计值尽可能接近总体参数真值”为准则,通常要考虑参数估计式的无偏性、有效性、一致性等统计性质,或者考虑大样本时的优良估计量的统计性质。常用的模型参数估计方法有四类。

1. 最小二乘方法

最小二乘方法是一类依赖样本信息,依据最小二乘原理的参数估计方法,是经典线性经济计量模型参数的最主要的估计方法。在满足基本假定时,经典线性经济计量模型的参数估计采用普通最小二乘方法,存在异方差时,采用加权最小二乘法,存在序列相关性时,采用广义最小二乘法,模型中存在随机解释变量时采用工具变量法;估计经典线性联立方程模型的参数时,采用二阶段最小二乘法或三阶段最小二乘法;在一些特殊的经济计量模型中采用的参数估计方法有部分回归估计、局部回归估计、偏最小二乘估计和交叉估计等,这些方法也是从最小二乘原理出发的,可归入这一类。

2. 极大似然估计方法

极大似然估计方法也是依赖样本信息,是从极大似然原理出发的参数估计方法。这种方法具有坚实的数理基础,因此在理论经济计量学中具有更重要的地位。在经典经济计量模型参数的估计方法中,存在着与最小二乘方法对应的极大似然估计方法系列,有与普通最小二乘法对应的极大似然法,有与二阶段最小二乘法对应的有限信息极大似然估计法,有与三阶段最小二乘法对应的完全信息极大似然估计法。由于该方法的数学描述复杂,所以在经典经济计量模型的应用中并不常用,但是,在非经典线性经济计量模型参数的估计中,该方法成为主要的估计方法。

3. 广义矩方法

广义矩(generalized method of moments,GMM)方法也是一类依赖样本信息的参数估计方法,是矩方法(method of moments,MM)的一般化。这种方法依据被解释变量的各阶原点矩是待估参数函数的原理,利用样本数据计算各阶原点矩的估计量,然后利用这些估计量求出关于待估参数估计量的各阶矩方程,从而得到参数估计量。普通最小二乘方法和极大似然方法都可以看成是广义矩方法的特例。

4. 贝叶斯估计方法

贝叶斯估计方法不同于前三类估计方法,它的最主要的特点是在模型参数的估计中利用了非样本信息,包括先验信息和后验信息。在一些特殊的经济计量模型的参数估计中,由于样本数量的不足,最小二乘估计和极大似然估计方法无法使用时,贝叶斯估计方法具有不可替代的作用。

第三节　经济计量学中的基本概念

由经济计量学的定义可知，它的基本特征是用数学模型方法研究客观经济系统中具有随机特征的经济变量关系。因此必然涉及经济数据、变量、方程、模型和系统等基本概念。为便于学习，有必要对这些基本概念进行简要的介绍。

一、数据

数据是估计经济计量模型的基本依据，数据类型的划分，数据来源的性质，数据的准确性对经济计量模型的设计、模型估计方法的选择和模型估计的质量具有重要的影响。

1. 数据类型

用于经济分析的数据有三类：时间序列数据、横截面数据和混合(pooled)数据，混合数据也就是时间序列数据与横截面数据合并的数据。

(1)时间序列数据。时间序列数据是对一个变量在不同时间取值的一组观测结果。这些数据可以是在有规则的时间间隔收集的。比如每日(股票价格、天气预报)，每周(如中央银行提供的货币供给数据)，每月(如政府统计部门公布的失业率，居民消费价格指数)，每季(如政府统计部门公布的 GDP)，每年(政府财政预算)，每 5 年(经济普查数据)，每 10 年(人口普查数据)。有些数据每季每年都有公布，如 GDP 和消费者支出数据等。随着高速计算机的应用，现在可以搜集时间间隔更短的数据，即所谓的高频数据，如实时的股票价格数据。

收集的时间序列数据可以是时期数据(如每季度的 GDP、销售额)，也可以是时点数据(如年末人口数、年末储蓄存款余额)；可以是定量的(如收入、价格、GDP)，也可以是定性的(如性别、工作与否、婚否、是否大学毕业)，有些定性变量随时间变化(如工作与否)，有些不随时间变化(如性别，当然变性者除外)，定性变量又称虚拟变量(dummy variables)或者范畴变量(categorical variables)，其重要性不亚于定量变量。

许多经济计量研究都使用时间序列数据，但它们的使用给经济计量学家提出了特殊的问题。这个特殊的问题就是，每当你使用时间序列时，都要先问一问它的平稳性如何。基于时间序列数据的经验研究成果，大多数都假定所依据的时间序列是平稳的(stationary)。简单地说，如果一个时间序列的均值和方差不随时间而系统地变化，就是平稳的。在第九章中，我们将详细介绍时间序列的平稳性。

(2)横截面数据。横截面数据指对一个或多个变量在同一时点(时期)收集的数据。比如人口普查得到的有关人口和家庭方面的数据，每年公布的全国各省市自治区的消费价格指数，由民间调查公司组织的某一项民意调查的数据，等等。如同时间序列数据由于平稳性产生了它独有的特殊性，横截面数据也有其自身的问题，即异质性(heterogeneity)的问题。当我们的统计分析包括有相异的单元时，我们必须考虑尺度(size)和规模(scale)效应以避免把不同的事物混同起来。在评价经济变量之间的关系时，规模效应是一个重要的因素，即截面数据也要求可比。

(3)混合数据。混合数据兼有时序和截面数据的成分，就是时间序列与截面结合数据(time series/cross sectional data)，简称 TS/CS 数据。比如改革开放以来我国各省市自治区每年的地区生产总值、消费价格指数、失业率等数据。混合数据的一个特殊类型是面板(panel)或经纬交织(longitudinal)数据,指对相同的横截面单元(比如家庭或企业)在时(间)轴上进行跟踪调查的数据。如我国居民住户调查数据。通过对相同住户的定期采访,形成住户的面板数据,面板数据对住户行为的动态特征提供了非常有用的信息。如果所有住户都进行了相同的观测次数,这样的数据称为平衡面板数据,如果每个住户的观测次数不同,得到的是一个非平衡面板数据。

2. 数据来源

用于经验分析的数据可以由政府机构(如政府统计部门)、国际机构(如国际货币基金组织、世界银行等)、研究机构和民间组织(如科研院所、高等院校、民间调查公司)或个人来收集,也可以来源于政府部门和企事业单位的管理记录。有成千上万的各种机构在收集着多种用途的数据。互联网、物联网可以提供各种各样的社会经济方面的数据,互联网和物联网的出现使数据的搜集发生了革命性的变化,大数据时代已经到来。

收集的数据可以是实验(experimental)或非实验(nonexperimental)性质的。在自然科学中,经常收集的是实验数据。这时,研究者希望在保持一些因素不变的情况下收集数据,以便评价另一些因素对某一现象的影响。例如在研究肥胖对血压的影响时,研究者要在人们的饮食、烟酒习惯都不改变的情况下收集数据,以便尽可能地减少这些变量的变化对血压的影响。

在社会科学中,获得的数据通常是非实验性质的。就是说,这些数据不受研究者的控制。例如 GDP、失业率、股票价格等数据并不受研究者的直接控制。对数据缺乏控制,常常给研究者在寻找某种事态的准确原因时造成特别的困难。例如,究竟是货币供给决定(名义)GNP呢?还是反过来 GNP 决定货币供给呢?获取有用的数据是研究者面对的一个现实而困难的问题。

3. 数据质量

虽然有大量的数据可供研究使用,但并非所有的数据都能保证质量。概括起来,可能有以下几个方面的原因:第一,由于大部分社会科学数据来自于统计调查或行政管理记录,是非实验性的,因此就有可能存在测量误差、无回答误差,数据处理误差、甚至存在故意误差,有时存在由于敏感性问题造成的选择性偏误。这些误差和偏误,有的是随机性的,可以通过增大调查的样本量来减小或消除;有的则是系统性的,不能通过样本量的增大减小,对估计推断的精度有严重的影响。第二,即使是实验得来的数据,测量误差也可能由于近似计算或进位而产生。第三,不同时间、地点获取数据的抽样方法可能变化很大,由于抽样造成的抽样误差、涵盖误差,要比较不同样本得来的结果常常是困难的。第四,经济数据的高度加总。大多数的宏观数据,如 GDP、就业率、通货膨胀率等指标,都是对整个经济或者至少是对一个地区来说的。这种高度加总的数据未必能告诉我们多少有关个体或微观单位的情况,而后者往往才是最终研究的目标。第五,保密的要求。还有一些数据,出于保密的考虑,也只能以高度加总的形式给出。例如个人收入所得税的数据,某一收入水平的个人在卫生保健方面的花费,等等,我们能够得到的经常是这些高度加总的数据。然而高度加总的数据往往不能分析揭示微观单位的行为规律。再如,国家每 5 年进行一次的经济普查,拥有每一个基本法人单位、产业活动单位和个体经营者的有关生产经营规模、经营管理水平、成本效率效益、研究与开发费支出等方面的基本信息,但法律却不允许公布这些数据信息。因此要研究在这些项目上的个体差异是困难的。第六，面对大数据的挑战。大数据是多源异质的，具有结构化、非结构化和半结构化的表现形式，覆盖不同的范围，这种来自多渠道的数据，存在各种表现形式的误差和偏倚，使用时必须慎重。

研究者应时刻记住：研究结果不能比数据的质量更好。如果在一定的条件下，研究者发现研究的结果不能令人满意的话，其原因不一定是模型的问题，而更可能是数据的质量不高。特别当数据的质量受到怀疑时，更不能教条地对待研究的结果。对明显失真的数据，应当予以剔除；在经济结构发生重大变革的时期，其统计数据虽然是经济系统的客观反映，但是往往不能反映经济变动的真实趋势，对于经济突变时期的数据使用更要慎重；有时难以直接找到模型所需要的数据，需要通过能够获得的相关数据加工替代，甚至需要对模型的变量和结构进行调整。经济计量学中使用的数据一定是能够获得的数据，数据的约束可能引发诸如自由度、多重共线性、序列相关、异方差等一系列问题。如何设法解决由数据引发的问题，也是理论经济计量学和应用经济计量学都需要专门研究的课题。

二、变量测度的尺度

变量的测度有定类、定序、定距、定比四类尺度，它们的功能性质由低到高逐步升级。

1. 定类尺度

只可以用来区分类别的变量测度尺度称为定类尺度，又叫作名义尺度。比如性别、婚姻状况、民族之类的变量只能表示不同的类别，他们都属于定类尺度变量。

2. 定序尺度

能同时区分类别和确定自然顺序的变量测度尺度称为定序尺度，又叫作顺序尺度。比如业绩的考核（优秀、良好、称职、基本称职和不称职），产品等级的划分（一等、二等、三等）等，对于这类变量测度尺度，变量的取值自然顺序存在，类别也自然划定，但不同类别之间的差别不能比较。

3. 定距尺度

可以同时确定距离、自然顺序和类别的变量测度尺度称为定矩尺度，又叫作区间尺度。比如温度、效用、学习成绩、两个时期之间的间隔等变量，这类变量测度尺度具有同时可确定距离、自然顺序和类别的性质，但不能确定比率，原因是这类变量无绝对零点，比如某位同学经济学成绩 90 分，另一位同学为 60 分，我们可以说这位同学经济学成绩比另一位同学高 30 分，而不能说这位同学的经济学成绩是另一位同学的 150%。

4. 定比尺度

可以同时确定比率、距离、自然顺序和类别的变量测度尺度称为定比尺度，又叫作比率尺度。比如表示重量、里程、数量、价值量等的变量。对于这类变量测度尺度，任取变量的两个值 X_1 和 X_2，比率 X_1/X_2 和距离（X_1-X_2）都是有意义的，同时，这些值在这种尺度下也存在自然顺序和分类的功能。例如，人均可支配收入就是一个定比尺度变量。我们既可以说年可支配收入 10 万元比年可支配收入 5 万元多 5 万元，又可以说前者是后者的 2 倍。

三、经济变量与经济参数

经济计量模型有多种构成因素，其中的一些在不同的时间和空间有不同的状态，会取不同的数值，并且是可以观测的因素，这类因素称为经济变量。例如式(1.2.1)中的居民的可支配收入 X 和消费支出 Y 都是经济变量。经济计量模型中的变量可分为若干类型。

1. 内生变量与外生变量

从变量的性质看，对于一个独立的经济计量模型来说，模型中的变量可以分为内生变量(endogenous variable)和外生变量(exogenous variable)两类。内生变量是具有一定概率分布的随机变量，其数值由模型自身决定。它影响模型其他内生变量，又受其他内生变量和外生变量的影响。外生变量是非随机变量(相对于设定模型)，其数值在模型外决定，不受模型中的任何变量影响。内、外生变量的划分是相对的，常常由模型设计者根据具体情况决定。

例 1.2 下面是一个收入决定宏观经济计量模型。

$$C_t = a_1 + a_2(Y_t - T_t) + u_{t1} \tag{1.3.1}$$

$$I_t = b_1 + b_2 Y_t + b_3 Y_{t-1} + u_{t2} \tag{1.3.2}$$

$$T_t = 0.2Y_t \tag{1.3.3}$$

$$IM_t = c_1 + c_2 Y_t + c_3 P_{t-1} + u_{t3} \tag{1.3.4}$$

$$Y_t = C_t + I_t + G_t + E_t - IM_t \tag{1.3.5}$$

模型中 Y_t，C_t，I_t，IM_t，T_t 分别表示第 t 期的收入、消费支出、投资、进口和税收，为内生变量；G_t 和 E_t 分别表示第 t 期的政府支出和出口，为外生变量，P_{t-1} 是第 $t-1$ 期的价格总水平，在第 t 期已知，也是外生变量；u_{t1}，u_{t2} 和 u_{t3} 表示随机误差项。

2. 解释变量和被解释变量

从变量的因果关系看，可分为解释变量(explaining variable)和被解释变量(explained variable)。在模型中，方程左边的变量为被解释变量，右边为解释变量；解释变量是变动的原因，被解释变量是变动的结果。被解释变量是模型要研究的对象，也常称为因变量(dependent variable)，解释变量是说明因变量变动主要原因的变量，也常称为自变量(independent variable)。

在一个模型中，一个方程的被解释变量可以是其他方程的解释变量。解释变量既包括内生变量，又包括外生变量；而被解释变量一定是内生变量。

3. 滞后变量与前定变量

模型中作为解释变量并以其前期值出现的内生变量称为滞后变量(lagged variable)，例如收入决定模型中的前期收入 Y_{t-1}。通常把外生变量和滞后变量合称为前定变量(predetermined variable)，也就是说这些变量在模型求解时是已经确定或需要确定的变量。

4. 控制变量与政策变量

某些经济计量模型具有政策控制的功能。政策变量(policy variable)和控制变量(controlled variable)一般在模型中表现为外生变量。但是不绝对，有时决策者只给出控制范围，具体的数值要通过模型来模拟(内生)。若不在范围内，一般要通过调整外生变量或参数值来修正，甚至通过修改模型实现，这时的控制变量、政策变量就变成内生变量。

5. 经济参数

经济计量模型中方程的系数都有一定的经济意义，表示模型中经济变量之间的数量关系，一般称之为参数。模型方程的参数,有外生和内生两种。外生参数一般指依据法律法规人为确定,如利率、税率、折旧率等,例如收入决定模型中式(1.3.3)中的0.2就是依据税法规定的税率;内生参数需要依据样本观测值采用统计方法估计得到。大多数参数属于内生参数。研究参数估计的方法是理论经济计量学的基本任务。

四、模型与方程

1. 经济计量模型

经济计量学的特点之一就是用数学模型的方法研究经济系统的数量关系。经济计量模型的构建是建立在数理经济模型基础之上的。

数理经济模型是现实经济系统的代表,是对现实经济系统的数学抽象。模型不可能复制现实经济系统的全部属性,因此数理经济学家的任务是要通过理论和实践,明确"从现实经济中抽象什么"。首先,要准确划分现实经济系统的边界,找准构成系统的要素和外部条件。研究的经济系统中的各个组成部分相互协调,彼此制约,在一定的外部条件下,共同达到某些固有的目标。而系统的大小又是相对的。例如,国民经济系统包括生产、分配、流通和消费使用等环节,每个环节又可构成子系统,这些子系统都是国民经济系统的构成要素。当我们考察整个国民经济的活动规律时,必须把一个国家的生产、分配、流通和消费使用过程当成系统来研究;而当我们考察流通环节的价格问题时,就只要将流通中的一个侧面——价格形成要素及其波动原因作为系统来研究。其次,要掌握用模型描述现实经济系统的基本原则。一是要以理论分析作先导,理论分析不准确,模型就不能正确反映现实经济系统的数量关系;二是模型规模大小要适度,在保证模型精度的基础上,应当根据研究目的,抓住基本要素,构建结构精简的模型,内容精确和形式简洁是辩证统一的关系,模型不是越大、越复杂越好,也不是越小、越简单越好。既要避免落入过分简单的"陷阱",也要避免陷入过分复杂的"泥淖"。

经济计量学家要在数理经济模型的基础上,研究现实经济系统中各种行为主体的行为变化规律,研究其行为的随机化特征,根据所需数据的可获得性,建立由带有随机误差项的方程组成的模型,这样的模型就是经济计量模型。模型一般是由多个方程或经济函数构成的联立方程组。若模型中只含有一个随机方程,称为单一方程模型;若模型中包含两个或以上的随机方程则称为联立方程模型。

2. 方程或经济函数

联立方程模型中的方程可划分为两类:随机方程和非随机方程。随机方程是根据经济机能或经济行为构造的经济函数关系式,任何一种经济行为都受众多因素的影响,在构造方程时不可能也没必要将所有影响因素都罗列进来,所以往往把那些影响小且无显著变化规律的因素综合记为 u_t,视为随机因素。随机干扰项的性质对于随机方程的参数估计极为重要,因此它是重点讨论的对象。随机方程又称为行为方程,之所以称之为行为方程,是因为这些方程是利用经济行为的关系建立的方程。收入决定模型中的式(1.3.1)、式(1.3.2)和式(1.3.4)都是行为方程。还有一类随机方程是由技术(工艺)关系决定的,反映由科学技术水平决定的经济变量之间的关系,这类方程也称为技术方程。例如反映投入与产出关系的著名的柯布—道格拉斯生产函数就是这类方程的代表。非随机方程是根据经济理论、政策、法规的规定构造的反映某种经济变量关系的恒等式。它们又被称为定义方程,例如收入决定模型中的式(1.3.5),

它是依据国民经济核算原理定义的，即 t 时期的国民收入由该时期的总投资、总消费、政府支出和净出口四项构成；或被称为制度或政策方程，例如收入决定模型中的式(1.3.3)，它是依据税法确定的。

要点与结论

1. 现代经济分析需要经济概念的定量化，需要定量化的方法和技术。他们是经济计量学产生和发展的需求基础。推断统计学的发展和完善为经济计量学的产生和发展提供了方法论基础。

2. 第二次世界大战后的经济学是经济计量学的时代。受 1973 年和 1979 年两次世界石油危机的冲击和卢卡斯批判(Lucas critique)的影响，经济计量学由辉煌转入低潮。进入 20 世纪 70 年代后期，经济计量学进入一个新的发展阶段，非经典经济计量学的理论和方法及其应用有了新的突破，广义的经济计量学得到长足的发展。

3. 经济计量学是一门独立的经济学科，它以揭示经济活动中客观存在的数量关系为主要内容，是探讨如何用经济数学模型定量描述具有随机性特征的经济变量关系的边缘学科，是经济理论、统计学和数学三者的有机结合。经济计量学与其他经济学科相区别的关键之点是："经济变量的随机性特征。"用模型定量描述经济变量的关系，估计、检验和应用模型是经济计量学的基本任务。

4. 经济计量学的研究方法步骤是：模型设计，获取数据，参数估计，模型检验和模型应用。模型设计包括理论陈述、数学模型设计和经济计量模型设计；模型参数估计需要的数据可来源于政府机构、国际机构、民间机构或调查公司、个人收集、互联网；模型参数的估计方法有最小二乘方法、极大似然估计方法、广义矩估计方法和贝叶斯估计方法；模型检验包括经济意义检验、统计推断检验、经济计量检验和模型预测检验；模型应用包括经济结构分析、政策评价、经济预测、经济理论的检验和推动经济理论的发展。

5. 数据的类型主要有时间序列数据、横截面数据和混合数据；在社会科学研究中，可获得的数据通常是非实验数据，数据的精确性和可获得性受多方面因素的制约和影响，经济计量的研究结果不可能比数据的质量更好。

6. 内生变量是具有一定概率分布的随机变量，其数值由模型自身决定；外生变量是非随机变量(相对于设定模型)，其数值在模型外决定；内、外生变量的划分是相对的。

7. 经济计量模型中的方程分为随机方程和非随机方程。随机方程包括行为方程和技术方程。行为方程是根据研究对象的经济机能或经济行为构造的方程，技术方程是根据研究对象的技术(工艺)关系决定的方程。非随机方程包括政策方程和定义方程。

思考题与习题

1.1 经济计量学研究分析经济问题的方法步骤。

1.2 为什么说经济计量学是一门独立的经济学科？

1.3 为什么说经济计量模型的估计结果不能比数据的质量更好？

1.4 经济计量学中应用的数据有哪几类？试分别举出你所熟悉的实例。

1.5 假定给出一个一元线性回归模型来说明某地区职工的平均消费水平 Y 和平均收入水平 X 之间的关系，有以下三种可能的估计结果，你会选择哪一种？为什么？

(a) $\hat{Y}=12.680-0.634X$

(b) $\hat{Y}=12.680+0.506X$

(c) $\hat{Y}=12.680+1.126X$

1.6 什么是经济计量模型？设计模型时要注意什么问题？

1.7 假设有回归结果 $\hat{Y}_i=12.6815-0.4978P_i$，其中，$Y$ 表示某产品的销售量(单位：千克)，P 表示产品的出厂价格(单位：元)，i 表示不同的厂商。请回答：

(1)这个回归模型是时序数据回归模型还是截面数据回归模型？

(2)解释截距项和斜率项的经济意义。

第二章　回归分析概述

回归分析是寻求隐藏在随机现象中的统计规律的理论和方法，是经济计量学的最基本的方法论基础。讨论回归模型在经典假定条件下的参数估计、假设检验和估计量的统计性质，以及经典假定不完全满足条件下，有关问题的处理是理论经济计量学的任务。为了对回归分析理论和方法有一个全面深入的理解，本章先对回归分析的基本概念和性质予以介绍，在以后各章顺次展开以上问题的讨论。

第一节　回归分析的性质

一、"回归"一词的现代含义

回归一词最早是由生物统计学家高尔顿(Francis Galton)引入的。高尔顿在对人类身高遗传特性的研究中，发现了他称之为"向平均回归"的现象。虽然客观上存在一种趋势，即父母高，子女也高；父母矮，子女也矮，但是给定父母的身高，子女的平均身高却有"回归"到全体人口的平均身高的倾向。也就是说，可能父母双亲都异常高或异常矮，而子女的身高却有趋向人口总体平均身高的趋势。高尔顿的普通回归定律也被另一位统计学家皮尔逊(Karl Pearson)证实。高尔顿的兴趣在于发现人口的身高为什么有一种稳定性。这是"回归"一词的初始含义。

然而，对"回归"一词的现代解释却与初始含义有很大不同，其现代含义是回归分析研究一个被解释变量对另一个或多个解释变量的变量依存关系，其用意在于通过后者(在重复抽样中)的已知或设定值，去估计或预测前者的(总体)均值。

比如，对于父母身高与子女身高的关系研究，人们会发现，对于设定的每一个父辈的身高，都有一个儿辈的假想人口总体的身高分布与之对应，随着父辈身高的增加，儿辈的平均身高也增加。若把这种父辈身高与儿辈平均身高的一一对应关系绘制在平面坐标图上，可以得到一条曲线，这条曲线就叫作回归线，它表明儿辈的平均身高如何随父辈的身高变化。从现代回归的观点出发，人们关心的是给定父辈身高的情况下，如何发现儿辈平均身高的变化。也就是说，人们关心的是一旦知道了父辈的身高，如何估计预测儿辈的平均身高。

经济学家可以利用回归分析研究个人消费支出对其实际可支配收入的依从关系。通过回归分析可估计边际消费倾向(*MPC*)，而边际消费倾向说明人们每增加一个单位的实际可支配收入而引起的消费支出的平均变化。

农业经济学家可利用回归分析研究农作物收成对施肥量、降雨量、气温等的依赖关系。这种分析能使他用给定的解释变量的信息预测或预报农作物的平均收成。

劳动经济学家利用回归分析研究货币工资变化率对失业率的依存关系，著名的菲利普斯曲线就是研究这一依存关系的成果，劳动经济学家经常利用这一曲线预测在给定的某个失业率下货币工资的平均变化。由于工资的增长会引起物价的上涨，因此通过这一曲线还可以研究通货膨胀、关于经济扩张过程方面的问题。

由货币银行学的知识可知，若其他条件不变，通货膨胀率越高，人们愿意以货币形式保存的收入比例越低。对这种关系作回归分析，使金融学家能够预测在各种通货膨胀率下人们愿意以货币形式保存的平均收入比例。

公司的经理想了解人们对公司产品的需求与广告费开支的关系。对其进行回归分析在很大程度上有助于计算相对于广告费支出的需求弹性，这有助于公司经理制定"最优"的广告费预算。

我们能提供关于一个变量依赖于另一个或多个变量的大量事例。现代回归分析的主要任务，就是用来研究这种变量之间依从关系的。

二、统计关系与确定关系

在经典物理学中研究的变量之间的关系是函数关系或确定性依赖关系。人们利用函数的形式研究表示这样一类变量的依赖关系。比如，牛顿的引力定律可表示为 $F=k(m_1m_2/r^2)$，其中 F 为引力，m_1 和 m_2 为两个粒子的质量，r 为距离，而 k 为比例常数。其物理意义说明：宇宙间的每个粒子吸引着另一个粒子，其引力与它们的质量乘积成正比，而与它们之间的距离的平方成反比。在物理学中，这类确定性现象的例子很多。如欧姆定律、波依耳的气体定律、克奇霍夫的电流定律和牛顿的运动定律等。在函数或确定性依赖关系中，人们处理的变量是非随机的。

但是从上一小节引述的例子可以看出，回归分析中研究的变量之间的关系都不是函数关系或确定性依赖关系，而是一种所谓的统计依从关系。在变量之间的统计关系中，人们处理的是随机变量，也就是具有概率分布的变量。统计关系虽然没有函数关系准确，但是它的存在比后者更为广泛，而且非常有用。

统计关系与确定性关系有区别，但也有联系。比方说，在牛顿的引力定律中，若 k 的测量有误差，则原来的确定性关系就变成了一个统计关系。这时，引力只能按给定的 k（还有 m_1、m_2 和 r）近似地加以预测，于是变量之间的关系由函数关系变为统计关系，变量 F 变成了一个随机变量。

由此可见，客观社会经济现象中存在的大量统计关系都可以表示成确定性部分和随机性部分之和，这种统计关系的表示就成为回归分析的基础。例如农作物收成对施肥量、降雨量、气温的依赖关系是统计性质的。其意义在于：这些解释变量固然重要，但并不能使农业经济学家准确预测作物的收成。一方面，除了上述解释变量外，还有其他影响收成的因素（变量）存在，由于种种原因难于一一识别和测量；另一方面，对这些已考虑的解释变量的测量存在误差。显然，无论我们考虑多少个解释变量，都无法完全解释农作物收成这个因变量的变化，它的一些"内生的"或随机的变异是注定存在的。因此农作物收成这个因变量可以表示为确定性部分和随机性部分之和，确定性部分由引入模型的施肥量、降雨量、气温等因素决定，随机性部分则表示没有进入模型的其他因素和模型设定误差、测量误差等因素的随机影响。

三、回归与因果关系

回归分析研究大量的一个变量对一个或一些变量的依赖关系，但是它本身并不揭示和说明这些变量之间是否存在因果关系。对于这些变量代表的事物之间是否存在因果关系，要由研究这些事物的实质性科学来揭示，因果关系的理念，必须来自统计学之外。回归分析只可对实质性科学揭示的因果关系给予证实。

比如父辈身高与儿辈身高一例中，我们没有任何统计上的理由可以认为父辈身高不依赖于儿辈身高，人们之所以把儿辈身高作为依赖于父辈身高的被解释变量，是出于非统计上的考虑，常识告诉我们不能把这种关系颠倒过来。若从统计的角度，把儿辈身高作为解释变量而把父辈身高作为被解释变量进行回归，可能得到一个很强的统计关系式，但不能由此得到一个合乎逻辑的解释，更不能得出儿辈的高矮是父辈高矮的原因的荒谬结论。也就是说，从逻辑上看，统计关系式本身不说明任何因果关系。事物之间的因果关系，必须依赖先验的或理论上的思考或揭示。

四、回归分析与相关分析

以测度两个变量之间的线性关联程度为其主要目的的相关分析，虽然与回归分析具有密切的关联，然而在概念上却迥然不同。第三章中我们将要讨论的相关系数就是用来测度变量（线性）相关程度的指标。在现实中，也许我们对家庭的消费支出与家庭的可支配收入，农作物的收获率与降雨量，产品的产出量与劳动和资本的投入量，人的身高与体重，学生的统计学成绩与数学成绩，吸烟的时间与肺癌的发病率等之间的相关性感兴趣，计算它们的相关系数，进行相关分析。但在回归分析中，我们对这种度量并无太大的兴趣，感兴趣的是根据其他变量的设定值来估计或预测某一变量的平均值。比如，也许人们想知道是否能依据一个家庭的可支配收入去预测具有相同可支配收入家庭的平均消费支出。

回归分析和相关分析之间存在一些基本的区别。在回归分析中，对被解释变量与解释变量的处理方法上存在不对称性。被解释变量是随机变量，具有概率分布，而解释变量则是非随机的，在重复抽样中取固定值。但在相关分析中，我们对称地对待任何（两个）变量；两个变量都被看作是随机的，没有被解释变量与解释变量的区分，大部分相关理论都建立在变量的随机性假定上。而回归分析理论大部分都以下述假定为条件：即被解释变量是随机的，而解释变量是非随机的。所以，同样两个变量，根据理论分析，可以拟合两个意义不同的回归方程，但只能计算一个相关系数。比如我们可以拟合以人的身高为被解释变量，以人的体重为解释变量的回归模型；也可以反过来拟合以人的体重作为被解释变量，而以人的身高作为解释变量的回归模型，但人的身高和体重之间只可计算一个相关系数。

相关分析与回归分析之间也存在一些基本的联系。一般在回归分析之前，要对涉及的变量进行相关分析（定性的、定量的分析），确定有相关关系时，才进一步作回归分析。因此可以说相关分析是回归分析的前提，回归分析是相关分析的深化。

第二节　回归分析的基本概念

一、总体回归线

上一节指出，回归分析就是要根据解释变量的已知或给定值，去估计或预测被解释变量（总体）的均值。为了弄清楚其实质含义，考虑下面一个人为的例子。

例 2.1　一个假想的人口总体由 100 户家庭组成。若我们要研究家庭人均月消费支出 Y 与人均月可支配收入 X 之间的关系，也就是说，知道了家庭的人均月可支配收入，预测其人均月消费支出的（总体）平均水平。表 2.1 给出了人为的数据，将 100 户家庭按照其人均可支配收入大小从小到大划分为 10 组，每组只给出人均可支配收入的组中值。

表 2.1 应做如下的解释：对应于每个纵列的给定组中值收入水平 X，都有一个消费支出 Y 的总体分布，也就是说，它给出了以 X 的给定值为条件的 Y 的总体条件分布。比如，对应于每月 1000 元的人均可支配收入，具有一个由 9 户家庭的月人均消费支出（590 元，657 元，…，989 元）构成的总体条件分布。同时也容易算出给定 X 的 Y 的条件概率 $P(Y \mid X)$。

表 2.1　假想总体月家庭人均可支配收入和消费支出　　单位：元

X \ Y	月家庭人均可支配收入 X									
	500	1000	1500	2000	2500	3000	3500	4000	4500	5000
月家庭人均消费支出 Y	460	590	802	1086	1357	1564	2001	2401	2768	3052
	462	657	911	1198	1498	1712	2106	2509	2931	3279
	469	660	990	1245	1530	1779	2263	2600	3010	3387
	475	729	1037	1335	1684	1930	2347	2698	3105	3414
	484	827	1100	1377	1755	1951	2400	2792	3112	3498
	488	892	1134	1405	1800	2000	2445	2823	3189	3547
	490	941	1226	1571	1846	2190	2500	2867	3201	3658
	496	987	1325	1787	1926	2223	2578	2948	3312	3749
	—	989	1419	1832	1964	2310	2587	3074	3434	—
	—	—	1436	1844	2001	2531	2667	3168	—	—
	—	—	—	—	2090	2612	2731	—	—	—
	—	—	—	—	2125	2734	2871	—	—	—
合计	3824	7272	11380	14680	21576	25536	29496	27880	28062	27584
Y 的条件均值 $E(Y \mid X)$	478	808	1138	1468	1798	2128	2458	2788	3118	3448

例如，当 $X = 1000$，得到这些消费支出中任一个的条件概率均为 1/9。用符号表示为 $P(Y=590 \mid X=1000)=1/9$，等等。同理，$P(Y=1564 \mid X=3000)=1/12$，等等。

对于 Y 的每一条件概率分布，我们都能算出它们的条件均值或条件期望值（conditional

expected values)，记做 $E(Y \mid X=X_i)$。例如 $E(Y \mid X=2000)=1468$，$E(Y \mid X=3000)=2128$，等等。

实际上我们根据表 2.1 的数据可绘制图 2.1 的散点图，观察此散点图可以发现，虽然每个个别家庭的人均消费支出都有变异，但图 2.1 依然清楚地表明随着收入的增加，消费支出平均说来也在增加，也就是说 Y 的条件均值随 X 的增加而增加。若将图中粗圆点代表的 Y 的各个条件均值连起来，可以看出，这些条件均值落在一条有正斜率的直线上。这条直线称为总体回归曲线(population regression curve)，简称为总体回归线(population regression line，PRL)。它表示 Y 对 X 的回归。

在几何意义上，总体回归曲线就是当解释变量取给定值时被解释变量的条件均值或期望值的轨迹。它表明对每一 X_i 值都有 Y 值的一个总体(假定服从正态分布)和一个相应的条件均值与其对应。而总体回归曲线(或直线)就是通过这些条件均值的连线。

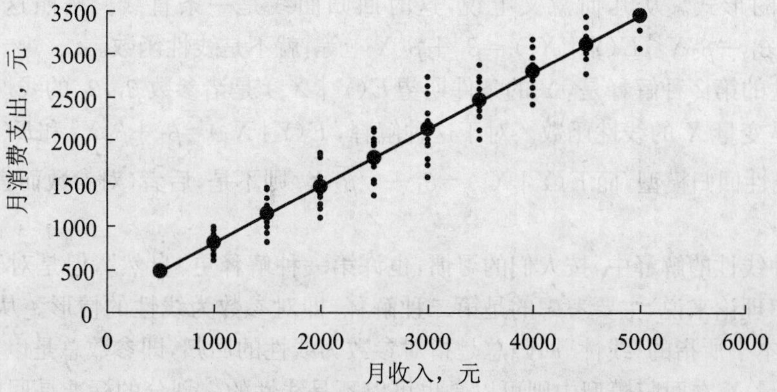

图 2.1　不同收入水平下消费支出的条件分布及其总体回归线

二、总体回归函数

由图 2.1 可以清楚地看出，每一条件均值 $E(Y \mid X=X_i)$ 都是 X_i 的一个函数，即有：

$$E(Y \mid X=X_i)=E(Y \mid X_i)=f(X_i) \tag{2.2.1}$$

其中 $f(X_i)$ 表示解释变量 X_i 的某个函数(在我们的人为例子中，$E(Y \mid X_i)$ 是 X_i 的一个线性函数)。式(2.2.1)被称为总体回归函数(population regression function，PRF)或简称为总体回归(PR)。它仅仅表明在给定 X_i 下 Y 的(总体)分布均值与 X_i 有函数关系。换句话说，它表明 Y 的均值或平均响应是怎样随 X 而变化的。

函数 $f(X_i)$ 采取什么形式是一个十分重要的问题。因为在实际情况中我们一般无法得到全部总体的观测值来做分析研究。因此，PRF 的形式设定是一个经验方面的问题。或许经济理论会有所提示，但理论的提出需经过实证检验。例如，根据经济理论分析，可以认为人们的消费支出与可支配收入有线性关系，作为一个初次逼近或一个暂行的假设，可以设定总体回归函数 $f(X_i)=E(Y \mid X_i)$ 是 X_i 的线性函数，其形式为

$$E(Y \mid X_i)=\beta_1+\beta_2 X_i \tag{2.2.2}$$

其中 β_1 和 β_2 未知，然而是固定的参数，称为回归系数(regressive coefficients)，β_1 称为截距

(intercept)，β_2 称为斜率系数(slope coefficient)。式(2.2.2)称为线性总体回归函数或简称线性总体回归，有时也称为线性总体回归模型。

但是，如果我们把人均食品消费支出与人均可支配收入的关系也设定为线性回归函数，可能就不符合恩格尔定律的描述，还需要经验的帮助和实证的检验。

在回归分析中，我们的兴趣在于估计像式(2.2.2)那样的PRF，也就是说，根据Y和X的样本观测值估计未知的总体参数β_1和β_2。该问题将在第三章展开讨论。

三、"线性"一词的含义

描述统计关系的回归模型在数学形式上有线性和非线性之分。但是，在回归分析中，"线性"一词的含义可作两种解释。

对线性的第一种解释是，Y的条件期望$E(Y \mid X_i)$是X_i的线性函数。比如说，如同式(2.2.2)那样的形式。从几何意义上说，这时回归曲线是一条直线。按照这种解释，诸如$E(Y \mid X_i)=\beta_1+\beta_2X_i^2$，$E(Y \mid X_i)=\beta_1+\beta_2X_i^{-1}$等，就不是线性函数。

对于线性的第2种解释是，Y的条件期望$E(Y \mid X_i)$是诸参数β_1，β_2的线性函数；它可以是也可以不是变量X的线性函数。对于这种解释，$E(Y \mid X_i)=\beta_1+\beta_2X_i^2$和$E(Y \mid X_i)=\beta_1+\beta_2X_i^{-1}$都是线性回归模型，而$E(Y \mid X_i)=\beta_1+\sqrt{\beta_2}X_i$则不是，后者(对参数而言)是非线性回归模型。

在这两种线性的解释中，按人们的习惯，也许第一种解释更"自然"，但是对于我们即将展开讨论的回归理论来说，主要考虑的是第二种解释，即对参数为线性的情形。从现在起，如无特别的说明，本书所指的"线性"回归总是指对参数为线性的回归，即参数总是以它的一次方出现，而解释变量X在回归模型中则可以是也可以不是线性的。划分的标准是回归模型的条件期望$E(Y \mid X_i)$关于参数的一阶导数是否与参数有关，即期望函数关于参数的一阶导函数是否仍然是参数的函数。若不是，则称该回归模型是线性回归函数，若是，则称为非线性回归函数。

四、总体回归函数的随机设定

1. PRF的随机设定

由表2.1和图2.1可以清楚地看出，随着人均可支配收入的增加，家庭人均消费支出平均地说也增加。然而对于每一个家庭来说却并非如此，某些个别家庭的人均消费支出并没有随人均可支配收入的增加而增加。例如，从表2.1可以观察出，对应于每月2500元的收入水平，有一户家庭的消费支出是1357元，不仅少于每月收入为2000元家庭的平均消费支出1468元，而且比该收入水平的好多家庭的消费支出都少。但是从总体来看，每月人均可支配收入2500元的家庭的平均消费支出比每月人均可支配收入2000元的家庭的平均消费支出多330元。那么，个别家庭的消费支出与给定收入水平之间有什么关系呢？

由图2.1可以看出，给定收入水平X_i的个别家庭的消费支出聚集在收入为X_i的所有家庭的平均消费支出(条件期望值)的周围。因此，我们可以把个别的Y_i表示成它的条件期望值加上它与条件期望值的离差的和，即有：

$$Y_i=E(Y \mid X_i)+u_i \tag{2.2.3}$$

其中离差 u_i 是一个不可观测的可正可负的随机变量，因此我们又把它称为随机干扰(stochastic disturbance)或随机误差(stochastic error)项。

式(2.2.3)中右边第一项 $E(Y \mid X_i)$ 代表相同收入水平的所有家庭的平均消费支出，这部分称为确定性或系统性成分；第二项 u_i 称为随机或非系统成分，假定它是所有可能影响 Y 的但又未能包含到回归模型中的被忽略变量和因素的代理(proxy)或替代(surrogate)变量。

假定 $E(Y \mid X_i)$ 是 X_i 的线性函数，如式(2.2.2)，方程(2.2.3)可写为：

$$\begin{aligned} Y_i &= E(Y \mid X_i) + u_i \\ &= \beta_1 + \beta_2 X_i + u_i \end{aligned} \tag{2.2.4}$$

方程式(2.2.4)表示，一个家庭的消费支出，线性地依赖于它的收入另加随机干扰项。如果对式(2.2.3)的两边取条件期望，就得出：

$$\begin{aligned} E(Y_i \mid X_i) &= E[E(Y \mid X_i)] + E(u_i \mid X_i) \\ &= E(Y \mid X_i) + E(u_i \mid X_i) \end{aligned} \tag{2.2.5}$$

因为 $E(Y_i \mid X_i)$ 就是 $E(Y \mid X_i)$，所以由式(2.2.5)推出：

$$E(u_i \mid X_i) = 0 \tag{2.2.6}$$

由此可见，如果 $E(u_i \mid X_i)=0$，则式(2.2.2)与式(2.2.4)等价。但式(2.2.4)有其特定的含义，它一方面清楚地表示，除收入外，还有影响消费支出的其他变量；另一方面告诉我们，可以把影响研究对象的因素区分成两部分来研究，一部分为可由回归模型中含有的(一个或多个)变量解释的确定性部分，另一部分是没能纳入回归模型的其他因素影响的随机部分。

2. 随机干扰项的意义

我们为什么要把回归模型构造成式(2.2.4)那样的形式，不把所有的解释变量引进模型中，构造一个含有尽可能多的解释变量的回归模型，而把从模型中省略下来而又集体地影响着 Y 的全部变量用随机干扰项作为代替？随机干扰项的意义何在？可能的解释是多方面的。

(1)理论的不完备性。在构造回归模型时，即便有决定 Y 的行为理论的指导，但由于人们认识的局限性，理论常常是不完备的。对于有些影响因素或者没有认识到或者有所认识但不确定。因此不妨用 u_i 作为模型所排除或忽略的全部变量的代替变量。

(2)数据的缺失。在构造回归模型时，有些重要的变量被认识到了但由于不可观测或其他原因不得不被省略掉。在经验研究中，得不到想要的数据是习以为常的事。比如，从经济原理来讲，除收入外，家庭财富也是影响家庭消费支出的重要变量，但是家庭财富的数据往往难以获得。因此，我们不得不把家庭财富这个变量用随机误差项来代替。

(3)周边变量的联合效应的随机化处理。比如在我们研究消费与收入关系的例子中，除了核心变量收入外，影响家庭消费支出的还有诸如家庭人口数，户主的性别，宗教信仰，受教育程度等也影响消费支出。但相对于核心变量收入，它们对消费支出的影响是微小的，所以称为周边变量。这些周边变量的全部合起来的影响是如此之小，充其量是一种非系统的或随机的影响。从实际以及成本上考虑，把它们引入模型是不划算的。所以把它们的联合效应当作一个随机变量归入随机干扰项中来处理。

(4)人类行为的内在随机性。即使模型中包含了所有的有关变量，在个别的 Y 中仍难免有一些“内在”的随机性，比如家庭主妇在购物时经常要受到情绪和购物环境的影响，随机干扰项也许能很好地反映这种随机性。

(5)变量的测量误差。在搜集和整理变量数据过程中会存在测量误差，这种真实值与观测值之间的误差是客观存在的。这时干扰项又可用来代表测量误差。

(6)节省性原则。如果我们能用尽可能少的重要解释变量就基本解释了被解释变量Y的行为，那么我们为什么要舍简单而求复杂呢？把大量不重要的解释变量归入随机误差项就体现了这种节省性原则。

(7)模型关系式设定不正确。即使我们能在理论的指导下正确地选择变量，并且能够获得这些变量的数据，但是我们常常不知道被解释变量与解释变量之间的真实函数关系式。在双变量模型中，人们或许能从样本的散点图来判断总体的函数形式，而在多变量回归模型中，这种多维空间的散点图的形式是难以描述和想象的，要决定适当的函数形式也是不容易的。

由上述解释可以看出，随机干扰项在回归分析中扮演着极为重要的角色，我们需要花大气力来研究它。

五、系统误差与随机误差

在回归分析中区分系统性误差和随机性误差是十分重要的。因为在回归模型的设定及其估计中若只存在随机误差，则在大量重复观测或试验时其平均趋势会稳定在回归模型的期望函数上，从而说明该模型的设定是正确的；若在回归模型的设定及其估计中含有系统误差，则在大量重复的观测或试验中其平均趋势不会稳定在回归模型的期望函数上，说明模型设定有错误。

系统性误差是由系统因素产生的误差。所谓系统因素是指那些对被解释变量作用显著，作用方向稳定，重复观测或试验也不可能相互抵消的因素。一般来说，应把系统因素尽可能作为解释变量引入模型，而不应将其归入随机误差项。

随机误差则是指由随机因素形成的误差。所谓随机因素，是指那些对被解释变量的作用不明显，其作用方向不稳定(时正时负)，在重复观测或试验中，正负作用可以互相抵消的因素。随机因素应尽可能归入随机误差项。

六、样本回归函数

直到现在，我们讨论的问题一直局限在与固定X值相对应的Y值的总体上，但在大多数的实际问题中，我们并不掌握总体的信息，我们仅有对应于某些固定X的Y值的一个样本，我们必须面对抽样的问题。现实的任务就是要用样本的信息估计PRF。

如果我们并不知道表2.1中的总体数据，我们仅有的信息是从表2.1总体数据中抽出的随机样本。表2.2列出从表2.1总体中抽出的两个随机样本资料。

现在的问题是我们能用表2.2中的一个随机样本提供的信息估计PRF吗？由于抽样误差的存在，我们未必能“准确”估计PRF。为说明这一点，我们利用表2.2的样本数据可以得出图2.2表示的两个散点图。在散点图中分别画两条线以尽可能好地拟合这些散点，由SRF_1和SRF_2分别表示的这两条直线就称作样本回归线(sample regressive line)。那么这两条回归线中的哪一条代表“真实”的总体回归线呢？在“真实”总体并不知晓的情况下，我们不可能有绝对的把握说两条样本回归线的哪一条可以更好地代表真实的总体回归线。由于抽样的原因，它们最多也不过是真实PRL的一个逼近。一般来说，从M个不同的样本，会得到M个不同的样本回归线。

表 2.2 表 2.1 总体的两个随机样本 单位:元

X 值	Y 值	
	样本 1	样本 2
500	462	488
1000	941	729
1500	1037	1325
2000	1198	1787
2500	1755	1926
3000	1779	2223
3500	2587	2731
4000	2792	2948
4500	3189	3010
5000	3279	3414

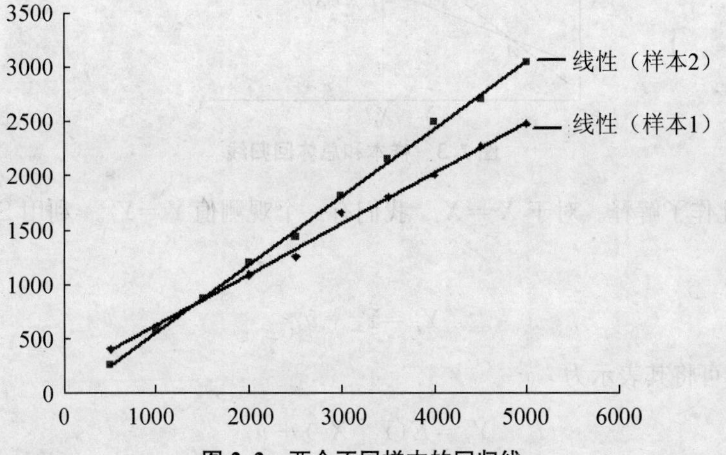

图 2.2 两个不同样本的回归线

类似于总体回归线有一个总体回归函数 PRF 相对应，每一个样本回归线也有一个相对应的样本回归函数(sample regressive function,SRF)。类似于式(2.2.2)，样本回归函数关系式可表示为：

$$\hat{Y}_i = \hat{\beta}_1 + \hat{\beta}_2 X_i \tag{2.2.7}$$

其中 $\hat{Y}_i$ 为 $E(Y \mid X_i)$ 的估计量，$\hat{\beta}_1$ 和 $\hat{\beta}_2$ 分别为 β_1 和 β_2 的估计量。

估计量(estimator)又称(样本)统计量(statistic)，指的是一个规则或公式或方法，它告诉人们如何利用得到的样本信息去估计总体参数。根据样本信息估计计算的估计量的具体数值称作估计值(estimate)。

如同 PRF 可以表示成式(2.2.2)和式(2.2.4)两种等价的形式一样，我们也可以把 SRF 式(2.2.7)表示成它的随机形式：

$$Y_i = \hat{\beta}_1 + \hat{\beta}_2 X_i + \hat{u}_i \tag{2.2.8}$$

其中 $\hat{u}_i$ 表示(样本)残差或剩余(residual)项。我们可以把 $\hat{u}_i$ 当作 u_i 的估计量,把它引入 SRF 中和把 u_i 引入 PRF 中是一样的理由。

在现实中,我们不可能把所研究总体的所有可能样本都得到,往往得到的是总体的某一个样本。我们的目的是如何依据该样本的信息,用 SRF

$$Y_i = \hat{\beta}_1 + \hat{\beta}_2 X_i + \hat{u}_i$$

来估计 PRF

$$Y_i = \beta_1 + \beta_2 X_i + u_i$$

然而由于抽样,抽样误差必然存在,根据 SRF 估计出来的 PRF 充其量是一个近似结果。

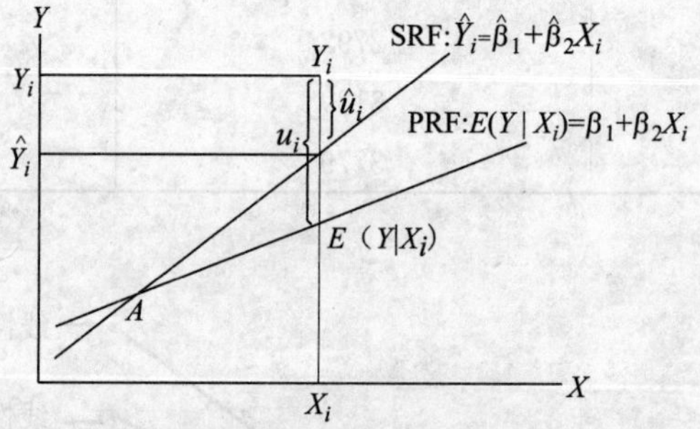

图 2.3　样本和总体回归线

图 2.3 对此作了解释。对于 $X = X_i$,我们有一个观测值 $Y = Y_i$。利用 SRF 可以将其表示为:

$$Y_i = \hat{Y}_i + \hat{u}_i \tag{2.2.9}$$

而通过 PRF,又可将其表示为

$$Y_i = E(Y \mid X_i) + u_i \tag{2.2.10}$$

根据图 2.3 中示意的 X_i,$\hat{Y}_i$ 明显过高估计了真实的 $E(Y \mid X_i)$;进一步可以看出,对 A 点以左的任何 X_i,SRF 过低估计了真实的 PRF;然而对于 A 点以右的任何 X_i,却有相反的结果。不仅如此,我们还可以看到 β_1 被低估和 β_2 被高估的情形。只要是用抽取的样本对总体函数进行估计,存在这种高估和低估的情形就不可避免。然而我们想知道能否设计一种规则或方法,虽然在每次的样本估计中这种高估和低估不可避免?但是从反复抽样的角度,这种高估和低估平均说来越小越好。也就是说,怎样构造 SRF 才能使 $\hat{\beta}_1$ 和 $\hat{\beta}_2$ 尽可能地"接近"真实的 β_1 和 β_2,尽管真实的 β_1 和 β_2 永远不得而知。显然这是一项极具挑战性的工作。我们在第三章回答这些问题。

要点与结论

1. 回归分析的主要用途是分析被解释变量对一个或多个解释变量的统计依赖性,分析的目的是在解释变量已知或固定值的基础上估计或预测被解释变量的均值。

2. 变量之间的因果关系要由实质性科学确定,回归分析只能证实这种因果关系的存在,而不能确立这种因果关系。

3. 回归分析与相关分析既有联系又有区别。相关分析是回归分析的前提,回归分析是相关分析的深化。

4. 作为回归分析基础的主要概念是总体回归函数。回归分析的目的就是要揭示被解释变量的均值如何随给定解释变量的变化而变化。

5. 本书研究的线性总体回归函数,是对未知参数为线性的回归。这些回归函数对因变量和自变量来说,可以是也可以不是线性的。

6. 在回归分析中区分系统性误差和随机性误差是十分重要的。在总体回归函数 PRF 的估计中,随机干扰项起着关键的作用。

7. PRF 是一个理想化的概念。现实中,很少能知道所研究总体的真实情况,通常只拥有对这个总体的观测值的一个随机样本,因此要用样本回归函数 SRF 去估计 PRF,然而由于抽样的原因,用样本回归函数 SRF 估计 PRF 客观上存在抽样误差,问题的关键是如何在反复的抽样中,能使他们的抽样误差平均说来最小。

思考题与习题

2.1 什么是回归分析? 回归分析与相关分析有何区别与联系?

2.2 总体回归函数与样本回归函数的关系?

2.3 给出线性回归模型的含义,并指出下列模型哪些为线性回归模型。

a. $Y_i = \beta_1 + \frac{1}{\beta_2} X_i + \mu_i$

b. $Y_i = \beta_1 + \beta_2 \frac{1}{X_i} + \mu_i$

c. $Y_i = \beta_1 + \beta_2 \ln X_i + \mu_i$

d. $\ln Y_i = \beta_1 + \beta_2 \left(\frac{1}{X_i}\right) + \mu_i$

e. $Y_i = \beta_1 + \beta_2^2 X_i + \mu_i$

f. $Y_i = \frac{1}{e^{\beta_1 + \beta_2 X_i + \mu_i}}$

2.4 什么是随机干扰项? 在模型中引入随机干扰项的意义?

2.5 表 2－1 是我国某地区建材行业全部 50 家公司销售成本与销售收入的相关数据。

表 2—1 某地区建材行业 50 家公司销售成本与销售收入 单位:千元

公司编号	销售成本 Y	销售收入 X	公司编号	销售成本 Y	销售收入 X
1	903	1130	26	5344	7668
2	949	1349	27	5458	7904
3	1028	1490	28	5736	8140
4	1250	1691	29	5788	8376
5	1470	1989	30	6060	8612
6	1616	2408	31	5998	8848
7	2367	3297	32	6216	9084
8	2856	4003	33	6307	9320
9	3180	4406	34	6581	9556
10	3369	4763	35	6772	9792
11	3617	5127	36	6936	10028
12	3102	4365	37	7059	10264
13	3431	4601	38	7469	10500
14	3447	4837	39	7233	10736
15	3595	5073	40	7492	10972
16	3720	5309	41	7466	11208
17	4127	5545	42	8027	11444
18	4174	5781	43	7912	11680
19	4483	6017	44	8133	11916
20	4339	6253	45	8432	12152
21	4728	6489	46	8561	12388
22	4559	6725	47	8759	12623
23	4932	6961	48	8890	12859
24	5127	7197	49	8851	13095
25	5387	7433	50	9035	13331

要求,运用 Eviews 软件(或其他软件):

(1)作出散点图,并建立我国建材行业销售成本随销售收入变化的一元线性回归方程。

(2)解释斜率项的经济意义。

(3)当销售收入为 13500 千元时,求销售成本的预测值。

2.6 表 2—2 给出了我国 1990—2011 年的居民消费价格定基指数(CPI)和工业品出厂价格定基指数(PPI),以 1990 年为基期。要求:

(1)以 PPI 为横轴,CPI 为纵轴描点。并对散点图进行简要的解释说明。

(2)以 CPI 为被解释变量,PPI 为解释变量作一元线性回归,写出样本回归函数,并解释斜率的经济意义。

表 2-2 1990-2011 年我国居民消费价格(定基)指数和工业品出厂价格(定基)指数

年份	CPI	PPI	年份	CPI	PPI
1990	100.00	100.00	2001	201.90	188.10
1991	103.40	106.20	2002	200.30	184.00
1992	110.00	113.40	2003	202.70	188.20
1993	126.20	140.60	2004	210.60	199.70
1994	156.60	168.10	2005	214.40	209.50
1995	183.40	193.10	2006	217.60	215.80
1996	198.60	198.70	2007	228.00	222.50
1997	204.20	198.10	2008	241.45	237.85
1998	202.50	190.00	2009	239.76	225.01
1999	199.70	185.40	2010	247.67	237.38
2000	200.50	190.60	2011	261.05	251.63

第三章　一元线性回归模型

如何根据样本回归函数(SRF)尽可能准确地估计总体回归函数(PRF)是回归分析的首要任务。在回归分析中有多种构造 SRF 的方法,但应用最多的是普通最小二乘(Ordinary Least Squares,简记为 OLS)方法。本章中,我们通过一元线性回归模型系统地讨论这一方法,并在下一章将该方法推广到多变量回归模型中。同时对极大似然(Maximum Likelihood,简记为 ML)估计方法做了介绍。

第一节　一元线性回归模型的点估计原理

一、普通最小二乘法

普通最小二乘法归功于法国数学家高斯(Carl Friedrich Gauss)。由于其概念清楚、方法简单,在一定的假定条件下,具有良好的统计性质,从而使它成为回归分析中最具功效和使用最广泛的方法。

1. 基本原理

由第二章可知,PRF 一般不能直接观测,而是通过 SRF 来估计。比如对于一元 PRF

$$Y_i = \beta_1 + \beta_2 X_i + u_i \tag{2.2.4}$$

是通过对应的一元 SRF

$$\begin{aligned} Y_i &= \hat{\beta}_1 + \hat{\beta}_2 X_i + \hat{u}_i \\ &= \hat{Y}_i + \hat{u}_i \end{aligned} \tag{2.2.9}$$

来估计的,其中 $\hat{Y}_i$ 是 Y_i 的条件均值 $E(Y_i \mid X_i)$ 的估计值。

然而,SRF 又是如何决定的呢?为了说明决定的基本原理,我们考虑如下决定过程。首先把式(2.2.9)写为:

$$\hat{u}_i = Y_i - \hat{Y}_i = Y_i - \hat{\beta}_1 - \hat{\beta}_2 X_i \tag{3.1.1}$$

表明 $\hat{u}_i$(即残差)是实际观测值 Y_i 与估计值 $\hat{Y}_i$ 的离差。

对于给定的样本,有 n 对关于 Y 和 X 的观测值,我们希望依据样本观测值拟合的样本回归函数(样本回归线)尽可能地靠近实际的观测值 Y。直观上看似乎只要使残差和 $\sum \hat{u}_i =$

$\sum(Y_i-\hat{Y}_i)$ 尽可能小就可达到这一目的。然而，由于残差 $\hat{u}_i$ 可正可负，$\sum\hat{u}_i$ 的代数和为零；而且不同的 Y_i，有的离 SRF 近，有的远，但在残差和中他们的权重却一样，也就是说，不管个别的观测点离开 SRF 的远近，所有残差都受到同样的重视。显然采用残差和 $\sum\hat{u}_i$ 最小化准则，不能达到预期的目的。但是，如果采用最小二乘准则，上述问题就可以得到解决。

所谓的最小二乘准则就是要求残差的平方和 $\sum\hat{u}_i^2$ 最小，即以使残差平方和

$$\sum\hat{u}_i^2=\sum(Y_i-\hat{Y}_i)^2=\sum(Y_i-\hat{\beta}_1-\hat{\beta}_2X_i)^2 \tag{3.1.2}$$

尽可能小的方法确定 SRF。这种方法通过对 $\hat{u}_i$ 的平方赋予离 SRF 远的观测值以较大的权重，而离 SRF 近的观测值以较小的权重，并且使正负离差通过平方后都变成正值，这样就解决了 $\sum\hat{u}_i$ 最小化准则存在的问题。采用最小二乘准则的理由，还在于由它得到的估计量(estimator)有一些很好的统计性质，这些性质我们将在本节的后面讨论。

由式(3.1.2)可以看到

$$\sum\hat{u}_i^2=f(\hat{\beta}_1,\hat{\beta}_2) \tag{3.1.3}$$

就是说，残差平方和是估计量 $\hat{\beta}_1$ 和 $\hat{\beta}_2$ 的函数。对于任意给定的样本数据，选择不同的 $\hat{\beta}_1$ 和 $\hat{\beta}_2$ 的值将会给出不同的 $\hat{u}$，从而有不同的 $\sum\hat{u}_i^2$ 值，那么我们如何选择 $\hat{\beta}_1$ 和 $\hat{\beta}_2$ 使得 $\sum\hat{u}_i^2$ 尽可能小呢？我们不可能通过无休止的试验比较来选取 $\hat{\beta}_1$ 和 $\hat{\beta}_2$，我们必须寻求一种有效的方法。这种方法就是微分极值法。通过微分法我们对式(3.1.2)分别关于 $\hat{\beta}_1$ 和 $\hat{\beta}_2$ 求偏微分有：

$$\frac{\partial\sum\hat{u}_i^2}{\partial\hat{\beta}_1}=-2\sum(Y_i-\hat{\beta}_1-\hat{\beta}_2X_i)=-2\sum\hat{u}_i \tag{3.1.4}$$

$$\frac{\partial\sum\hat{u}_i^2}{\partial\hat{\beta}_2}=-2\sum(Y_i-\hat{\beta}_1-\hat{\beta}_2X_i)X_i=-2\sum\hat{u}_iX_i \tag{3.1.5}$$

令式(3.1.4)和式(3.1.5)分别等于零并整理可得到如下正规方程组：

$$\sum Y_i=n\hat{\beta}_1+\hat{\beta}_2\sum X_i \tag{3.1.6}$$

$$\sum X_iY_i=\hat{\beta}_1\sum X_i+\hat{\beta}_2\sum X_i^2 \tag{3.1.7}$$

其中 n 为样本量。解此联立方程组得：

$$\begin{aligned}\hat{\beta}_2&=\frac{n\sum X_iY_i-\sum X_i\sum Y_i}{n\sum X_i^2-(\sum X_i)^2}\\&=\frac{\sum(X_i-\bar{X})(Y_i-\bar{Y})}{\sum(X_i-\bar{X})^2}\\&=\frac{\sum x_iy_i}{\sum x_i^2}\end{aligned} \tag{3.1.8}$$

其中 $\bar{X}$ 和 $\bar{Y}$ 是 X 和 Y 的样本均值，并且定义 $x_i=(X_i-\bar{X})$，$y_i=(Y_i-\bar{Y})$，也就是说，我们以小写字母表示对均值的离差。

$$\begin{aligned}\hat{\beta}_1&=\frac{\sum X_i^2\sum Y_i-\sum X_i\sum X_iY_i}{n\sum X_i^2-\left(\sum X_i\right)^2}\\&=\bar{Y}-\hat{\beta}_2\bar{X}\end{aligned}\tag{3.1.9}$$

式(3.1.9)的最后一步是在先估计出 $\hat{\beta}_2$，再通过式(3.1.6)得到的。

式(3.1.8)还可以表示为：

$$\hat{\beta}_2=\frac{\sum x_iY_i}{\sum X_i^2-n\bar{X}^2}=\frac{\sum X_iy_i}{\sum X_i^2-n\bar{X}^2}\tag{3.1.10}$$

这样，根据最小二乘准则，就可以求出使 $\sum\hat{u}_i^2$ 最小的 $\hat{\beta}_1$ 和 $\hat{\beta}_2$，所以把这种方法称作普通最小二乘（Ordinary Least Squares，OLS）方法，把 $\hat{\beta}_1$ 和 $\hat{\beta}_2$ 称作是总体参数 β_1 和 β_2 的普通最小二乘估计量（Ordinary Least Squares Estimator，OLSE）。但是，对于给定的样本数据，在现有的假定下，我们只能得到 $\hat{\beta}_1$ 和 $\hat{\beta}_2$ 的点估计值。

2. 普通最小二乘估计量的数值性质

OLSE 有两种性质，一种是数值性质，一种是统计性质。OLSE 的数值性质是指不管数据是怎样产生的，由于运用普通最小二乘法而得以成立的性质，具体说来就是：

(1)OLSE 可由样本观察值计算得到。也就是说，给出样本观测值，就可以计算得到 OLSE 的估计值。

(2)OLSE 是点估计量。对于给定的样本，所得到的估计值是总体参数的一个点估计值。后面我们将讨论区间估计，对未知的参数提供一个估计的范围。

(3)由 OLS 估计值确定的样本回归线有以下性质：

第一，样本回归线通过 Y 和 X 的样本均值。

第二，样本估计值的均值 $\bar{\hat{Y}}$ 等于实际观测值的样本均值 $\bar{Y}$，或样本估计值之和 $\sum\hat{Y}_i$ 等于样本观测值之和 $\sum Y_i$。因为：

$$\begin{aligned}\hat{Y}_i&=\hat{\beta}_1+\hat{\beta}_2X_i\\&=(\bar{Y}-\hat{\beta}_2\bar{X})+\hat{\beta}_2X_i\\&=\bar{Y}+\hat{\beta}_2(X_i-\bar{X})\end{aligned}$$

等式两边求和并同除以样本量 n，即得

$$\bar{\hat{Y}}=\bar{Y}$$

第三，样本残差 $\hat{u}_i$ 之和为零，也即样本残差 $\hat{u}_i$ 的均值为零，但要求在模型中包含截距项。作为该性质的一个运用，可得到：

$$y_i = \hat{\beta}_2 x_i + \hat{u}_i \tag{3.1.11}$$

式(3.1.11)称为离差形式。在此形式中,截距项 $\hat{\beta}_1$ 不再出现。然而截距项可以从式(3.1.9)估计出来。若按离差形式,SRF 可写为:

$$\hat{y}_i = \hat{\beta}_2 x_i \tag{3.1.12}$$

第四,残差 $\hat{u}_i$ 与预测值 $\hat{Y}_i$ 不相关。利用离差形式可推出:

$$\begin{aligned}\sum \hat{y}_i \hat{u}_i &= \hat{\beta}_2 \sum x_i \hat{u}_i \\ &= \hat{\beta}_2 \sum x_i (y_i - \hat{\beta}_2 x_i) \\ &= \hat{\beta}_2 \sum x_i y_i - \hat{\beta}_2^2 \sum x_i^2 \\ &= \hat{\beta}_2^2 \sum x_i^2 - \hat{\beta}_2^2 \sum x_i^2 \\ &= 0\end{aligned} \tag{3.1.13}$$

其中用到 $\hat{\beta}_2 = \dfrac{\sum x_i y_i}{\sum x_i^2}$ 这一事实。

第五,残差 $\hat{u}_i$ 与 X_i 不相关,即 $\sum X_i \hat{u}_i = 0$。

因为 OLSE 的统计性质是指仅在数据产生方式满足一定假定才得以成立的性质,所以在讨论 OLSE 的统计性质之前,我们先讨论经典线性回归模型的基本假定。

二、经典线性回归模型的基本假定

在回归分析中,我们的目的不仅仅是获得式(2.2.8)中的 $\hat{\beta}_1$ 和 $\hat{\beta}_2$,而且还要对式(2.2.4)中真实的 β_1 和 β_2 做出统计推断。也就是说,我们想知道 $\hat{\beta}_1$ 和 $\hat{\beta}_2$ 离总体参数真值 β_1 和 β_2 有多近,或者 $\hat{Y}_i$ 靠近真实的条件期望 $E(Y \mid X_i)$ 有多近。虽然估计模型参数的方法有多种,但是,为了达到这一目的,这些估计方法都是以对模型的某些假定为条件的。因为只有满足了这些条件,所做的估计才具有良好的统计性质。因此,我们不仅需要建立如同式(2.2.4)那样精确的模型函数形式,而且还要对 Y_i 的产生做出某些假定。

PRF 可表示为 $Y_i = E(Y_i \mid X_i) + u_i = f(X_i) + u_i$,它表明 Y_i 依赖于 $f(X_i)$ 和 u_i。所以要对 Y_i 做出任何统计推断,进而对 β_1 和 β_2 做出统计推断,就必须对函数 $f(X_i)$ 的形式以及 X_i 和 u_i 的产生方式做出说明。也就是说,为了回归估计的有效解释,我们需要对函数的形式、随机误差项 u_i 和解释变量 X_i (一个或多个)的产生方式做出某些假定。

1. 基本假定

我们先从一元回归模型的框架来讨论这些假定,下一章推广到多变量回归模型。归纳起来有 10 个基本假定。满足这 10 个假定的线性回归模型称为经典线性回归模型(classical linear regression model,CLRM),又称高斯线性回归模型或标准线性回归模型。CLRM 已成为经济计量学理论的基石。

(1)回归模型对参数而言是线性的。参数为线性的回归模型是 CLRM 的出发点。解释变量与被解释变量可以是非线性的。

(2)在重复抽样中 X 值是固定的。也就是说,假定 X 是非随机的,这意味着我们所作的回归分析是条件回归分析,即以解释变量 X 的给定值为条件。

(3)随机干扰项 u_i 的均值为零,即 u_i 的条件均值为零,记为:

$$E(u_i \mid X_i)=0 \tag{3.1.14}$$

其几何意义在于说明对应于给定的每一个 X 的 Y 的总体都围绕其条件均值 $E(Y \mid X_i)$ 而分布,总体中的所有观测值与其条件均值 $E(Y \mid X_i)$ 的离差 u_i 有正有负,有大有小,但其离差和为零,其条件期望也为零。这一假定告诉我们,凡是归并于随机干扰项 u_i 的哪些不重要的、微小的因素,对 Y 的条件均值都没有系统影响,他们的随机影响可在平均中消除。

(4)干扰项 u_i 的同方差性。即 u_i 的条件方差都相等,记为:

$$\begin{aligned} Var(u_i \mid X_i) &= E\,[u_i - E(u_i) \mid X_i]^2 \\ &= E(u_i \mid X_i)^2 \\ &= \sigma^2 \end{aligned} \tag{3.1.15}$$

式(3.1.15)说明,每个 u_i 的条件方差都等于某个正常数 σ^2。也就是说,式(3.1.15)表示同方差性或相同的离散程度,或者说对应于不同的 X 值的 Y 的总体均有同样的离散程度,表明他们的分布具有相同的稳定可靠性。

若 Y 总体的条件方差随 X 而变化,则称为异方差性(heteroscedasticity),记为:

$$Var(u_i \mid X_i)=\sigma_i^2 \tag{3.1.16}$$

式(3.1.16)说明,对应于不同 X 的所有 Y 的总体分布的稳定可靠性不同。

假定 4 意味着 Y_i 的条件方差也是同方差的,即有

$$Var(Y_i \mid X_i)=\sigma^2 \tag{3.1.17}$$

需要注意 Y 的条件方差不同于它的无条件方差 σ_Y^2。

(5)各个干扰项之间无自相关。即对于任意给定的 X_i 和 X_j $(i \neq j)$,u_i 和 u_j 之间的(条件)协方差为零。用符号表示为:

$$\begin{aligned} Cov(u_i,u_j \mid X_i,X_j) &= E[u_i - E(u_i) \mid X_i][u_j - E(u_j) \mid X_j] \\ &= E(u_i \mid X_i)(u_j \mid X_j) \\ &= 0 \end{aligned} \tag{3.1.18}$$

假定 5 是说,干扰 u_i 与 u_j 之间无序列相关或自相关,我们将只考虑 X_i 对 Y_i 的系统性影响,而不去担心由于 u 之间的可能的交互作用而造成的对 Y 的系统影响。

(6)干扰项 u_i 和 X_i 的协方差为零,即 $E(u_iX_i)=0$。形式上有

$$\begin{aligned} Cov(u_i,X_i) &= E[u_i - E(u_i)][X_i - E(X_i)] \\ &= E[u_i(X_i - E(X_i)] \\ &= E(u_iX_i) - E(u_i)E(X_i) \\ &= 0 \end{aligned} \tag{3.1.19}$$

该假定的依据在于，当我们把总体回归函数 PRF 表述为 $Y_i = E(Y \mid X_i) + u_i$ 时，我们设定了对 Y 存在两类不同性质的影响，一类是由 X_i 代表的系统性影响，一类是由 u_i 代表的(所有被省略变量的)随机性影响。若 X 与 u 相关，就不能正确评估它们各自对 Y 的影响。如果假定 2 和假定 3 同时成立，即 X 变量是非随机的，且在重复抽样中取固定值，又 $E(u_i \mid X_i)=0$，这时假定 6 自动满足。所以假定 6 不是关键性的假定。这里只是表明，即使 X 是随机的，只要它们独立于干扰项 u_i 或至少与 u_i 不相关，下面讲的回归理论就是真实的。即若 X 随机，但独立于 u_i 的分布，则后面讨论的 OLSE 的统计性质仍然成立，但若 X 随机且仅仅与 u_i 不相关，则仅当样本量大时，OLSE 的统计性质才会成立。

(7)观测次数即样本量 n 必须大于待估计参数的个数。

(8) X 值要具有变异性。即对于给定样本，X 值不能全部相同，也就是说 $Var(X)$ 必须是一个有限的正数。这一假定的重要性可以由式(3.1.8)清楚地看出来。因为若 X 全部相同，该方程的分母为零，从而无法估计 β_2，从而也无法估计 β_1。也就是说，如果解释变量不变，我们就无法解释被解释变量的变化。

(9)正确地设定了回归模型。也就是说，在经验分析中所用模型不存在设定偏误(specification bias error)。模型的设定涉及如下重要问题：首先模型应包括哪些变量？其次模型的函数形式如何表示？再次对进入模型的 Y_i、X_i 和 u_i 要做什么样的概率假定？如果对这些问题都未能作出正确的选择或假定，那么在此模型基础上进行的回归分析的有效性就会大打折扣。问题是，实际上人们很少能准确知道模型应包括的正确变量或模型的正确函数形式以及关于进入模型的变量的准确概率分布是什么。因此，经济计量学家在选择进入模型的变量个数、模型的函数形式以及关于模型所含变量的概率性质的假定时，必须做出一些自己的分析和判断。

假定 9 提示我们，回归分析以及由分析而得到的结论，是以所选模型为条件的。所以在建立经济计量模型时，必须十分审慎。特别对某些经济现象，如对经济周期各个不同发展阶段，对通货膨胀率、货币需求或者证券的合理(均衡)定价如何解释，常存在多种相互争持的理论，在此情况下，经济计量学家必须依据自己的判断做出合理的选择。正因为如此，才会有人说：这门科学犹如一个空箱子，即使有打开它的钥匙，对其空洞的内容，任何 10 位经济学家都会做出 11 种解释。也正是因为如此，人们把经济计量模型的建立既说成是一种科学，又把它说成是一种艺术。

(10)解释变量之间不存在完全的多重共线性。当我们研究多元回归模型时，还需要增补这一假定。我们在下一章讨论这一假定。

除假定 10，我们完成了关于 PRF 的经典线性回归模型基本假定的全部讨论。需要注意，我们在 SRF 下讨论过的有关由最小二乘法得到的估计量的一些数值性质，和我们对 PRF 所作的一些假定如此相似。例如，$\sum \hat{u}_i = 0$ 与假定 $E(u_i \mid X_i)=0$ 相似；$\sum \hat{u}_i X_i = 0$ 与 $Cov(u_i, X_i)=0$ 相似等。最小二乘法似乎试图"复制"我们对 PRF 所作的一些假定。然而我们也应清楚地看到，SRF 并不复制对 CLRM 的全部假定。以后我们将会看到，虽然根据假定 $Cov(u_i, u_j) = 0 (i \neq j)$，但样本 $Cov(\hat{u}_i, \hat{u}_j) = 0 (i \neq j)$ 并不成立。事实上，这些残差往往不仅是自相关的，而且是异方差的。正是这些有时相似，有时不同的 OLSE 性质，往往混淆我们的理解和推导。

2. 假定的真实性

大多数科学研究都运用了科学抽象这样的方法，而科学抽象的方法实际就是假定。在科学研究中做某些抽象或假定，是因为它们便于逐步展开对主题的研究，而不是因为它们能准确地复制现实。比如，经济学一般都是先研究完全竞争模型，在此基础上再逐次展开对垄断、寡头垄断等非完全竞争模型的研究。因为从具体纷繁的市场竞争中抽象出来的完全竞争模型能使人们对市场竞争的实质看得更透彻和清晰，由此引申出来的含义能使人们更好地领会非完全竞争模型，并不是因为完全竞争模型一定是真实的。经济计量中的 CLRM 就相当于经济学中的完全竞争模型。

本章先研究 CLRM 的性质，第五章再深入分析如果 CLRM 的一个或多个假定不成立时会出现什么问题，以及如何解决这些问题。

有了关于 CLRM 的基本假定，我们就可以讨论 OLSE 的统计性质，并进而对 OLSE 的统计性质与前面讲述的数值性质进行比较。

三、OLSE 的统计性质与精度

1. 最小二乘估计量的统计性质：高斯—马尔柯夫定理

前已述及，在 CLRM 的假定条件下，OLSE 具有一些理想的统计性质。这些性质包含在著名的高斯—马尔柯夫定理中。高斯—马尔柯夫定理是指：在给定的 CLRM 假定下，OLSE 在线性无偏估计量一类中，有最小方差，就是说，它们是最优线性无偏估计量（best linear unbiased estimator，BLUE）。

高斯—马尔柯夫定理包含了三层意思：即在 CLRM 假定下，有：

（1）OLSE 是线性的。即它是回归模型中被解释变量的线性函数。由式（3.1.10）可得：

$$\hat{\beta}_2=\frac{\sum x_iY_i}{\sum x_i^2}=\sum k_iY_i \tag{3.1.20}$$

其中 $k_i=\dfrac{x_i}{\sum x_i^2}$，说明 $\hat{\beta}_2$ 是 Y_i 的线性函数，它是以 k_i 为权数的 Y_i 的一个加权平均，从而是一个线性估计量。同理，可以证明 $\hat{\beta}_1$ 也是一个线性估计量。

k_i 具有一些有用的性质：k_i 是非随机的；$\sum k_i=0$；$\sum k_i^2=\dfrac{1}{\sum x_i^2}$；$\sum k_ix_i=\sum k_iX_i=1$。

（2）OLSE 是无偏的。若将 PRF 式（2.2.4）代入式（3.1.20）得：

$$\begin{aligned}\hat{\beta}_2&=\sum k_i(\beta_1+\beta_2X_i+u_i)\\&=\beta_1\sum k_i+\beta_2\sum k_iX_i+\sum k_iu_i\\&=\beta_2+\sum k_iu_i\end{aligned} \tag{3.1.21}$$

对式（3.1.21）求数学期望，得：

$$E(\hat{\beta}_2)=\beta_2+\sum k_iE(u_i)=\beta_2 \tag{3.1.22}$$

同理可证得 $E(\hat{\beta}_1)=\beta_1$。即 OLSE 是无偏估计量。

（3）OLSE 的方差是线性无偏估计量一类中最小的。按照方差的定义，$\hat{\beta}_2$ 的方差为：

$$Var(\hat{\beta}_2)=E[\hat{\beta}_2-E(\hat{\beta}_2)]^2=E(\hat{\beta}_2-\beta_2)^2$$
$$=E(\sum k_i u_i)^2=\sigma^2\sum k_i^2=\frac{\sigma^2}{\sum x_i^2} \tag{3.1.23}$$

其中用到 $E(u_i^2)=\sigma^2, E(u_iu_j)=0(i\neq j)$。

同理可推得 $\hat{\beta}_1$ 的方差为：

$$Var(\hat{\beta}_1)=\frac{\sum X_i^2}{n\sum x_i^2}\sigma^2 \tag{3.1.24}$$

下面以 $\hat{\beta}_2$ 为例证明估计量在所有线性无偏估计量一类中有最小方差。由式(3.1.20)知

$$\hat{\beta}_2=\sum k_iY_i$$

表明 $\hat{\beta}_2$ 是以 k_i 为权重的 Y_i 的加权平均。若定义 β_2 的另一个任意线性估计量 β_2^* 为：

$$\beta_2^*=\sum w_iY_i \tag{3.1.25}$$

其中权重 w_i 不一定等于 k_i，于是

$$E(\beta_2^*)=\sum w_iE(Y_i)$$
$$=\sum w_i(\beta_1+\beta_2X_i)$$
$$=\beta_1\sum w_i+\beta_2\sum w_iX_i \tag{3.1.26}$$

若要 β_2^* 为无偏估计量，必须使

$$\sum w_i=0 \tag{3.1.27}$$

$$\sum w_iX_i=1 \tag{3.1.28}$$

而且有

$$Var(\beta_2^*)=Var(\sum w_iY_i)=\sum w_i^2Var(Y_i)$$
$$=\sigma^2\sum w_i^2=\sigma^2\sum(w_i-k_i+k_i)^2$$
$$=\sigma^2\sum(w_i-k_i)^2+\sigma^2\sum k_i^2+2\sigma^2\sum(w_i-k_i)k_i$$
$$=\sigma^2\sum(w_i-k_i)^2+\sigma^2(\frac{1}{\sum x_i^2}) \tag{3.1.29}$$

因为在倒数第二步中最后一项为零。

由于式(3.1.29)中的最后一项为常数，β_2^* 的方差只能通过第一项的处理使之最小化。若令

$$w_i=\frac{x_i}{\sum x_i^2}=k_i$$

则式(3.1.29)简化为

$$Var(\beta_2^*)=\frac{\sigma^2}{\sum x_i^2}=Var(\hat{\beta}_2) \tag{3.1.30}$$

即当权 $w_i=k_i$ (最小二乘估计量的权重)时,线性无偏估计量 β_2^* 的方差等于 $\hat{\beta}_2$ 的方差;否则 $Var(\beta_2^*)>Var(\hat{\beta}_2)$。也就是说,如果存在 β_2 的一个最优线性无偏估计量,它必定是 OLSE。同理可证明 $\hat{\beta}_1$ 是 β_1 的最小方差线性无偏估计量。

2. 估计量的标准误

由式(3.1.8)和式(3.1.9)可知,OLSE 是样本数据的函数,其估计值随样本的变化而变化。所以 OLSE 的精度可用其方差或标准误度量。$\hat{\beta}_1$ 和 $\hat{\beta}_2$ 的方差已由式(3.1.24)和式(3.1.23)分别给出。其标准误分别定义为:

$$se(\hat{\beta}_1)=\sigma\sqrt{\frac{\sum X_i^2}{n\sum x_i^2}} \tag{3.1.31}$$

$$se(\hat{\beta}_2)=\frac{\sigma}{\sqrt{\sum x_i^2}} \tag{3.1.32}$$

除了 σ 外,上述方程中的数据都可以由样本得到。对于给定的 X_i,σ^2 代表 u_i 和 Y_i 的(总体条件)方差,它一般不知道,还需要用下面的公式

$$\hat{\sigma}^2=\frac{\sum \hat{u}_i^2}{n-2} \tag{3.1.33}$$

来估计。称 $\hat{\sigma}^2$ 为未知总体的(条件)方差 σ^2 的最小二乘估计量。可以证明 $\hat{\sigma}^2$ 是 σ^2 的无偏估计量。$n-2$ 被称为自由度的个数(number of degrees of freedom,df),$\sum \hat{u}_i^2$ 表示残差(或剩余)平方和(residual sum of squares,RSS)。

证明:由式(3.1.11)和式(3.1.12),可得

$$y_i=\hat{y}_i+\hat{u}_i \tag{3.1.34}$$

对上式两边平方并对样本求和,有

$$\begin{aligned}\sum y_i^2&=\sum \hat{y}_i^2+\sum \hat{u}_i^2+2\sum \hat{y}_i\hat{u}_i\\&=\sum \hat{y}_i^2+\sum \hat{u}_i^2\\&=\hat{\beta}_2^2\sum x_i^2+\sum \hat{u}_i^2\end{aligned} \tag{3.1.35}$$

因为:

$$\begin{aligned}E(\sum y_i^2)&=E[\sum (Y_i-\bar{Y})^2]\\&=\sum E(Y_i^2)-nE(\bar{Y}^2)\end{aligned}$$

$$=\sum[\sigma^2+(\beta_1+\beta_2X_i)^2]-n[\frac{\sigma^2}{n}+(\beta_1+\beta_2\bar{X})^2]$$

$$=(n-1)\sigma^2+\beta_2^2\sum x_i^2$$

$$E(\hat{\beta}_2^2\sum x_i^2)=\sum x_i^2E(\hat{\beta}_2^2)$$

$$=\sum x_i^2[\frac{\sigma^2}{\sum x_i^2}+\beta_2^2]$$

$$=\sigma^2+\beta_2^2\sum x_i^2$$

所以有

$$E[\sum \hat{u}_i^{\ 2}]=E(\sum y_i^2)-E(\hat{\beta}_2^2\sum x_i^2)$$

$$=(n-1)\sigma^2+\beta_2^2\sum x_i^2-\sigma^2-\beta_2^2\sum x_i^2$$

$$=(n-2)\sigma^2$$

$$E(\frac{\sum \hat{u}_i^2}{n-2})=E(\hat{\sigma}^2)=\sigma^2$$

只要根据样本计算出 $\sum \hat{u}_i^2$，就可以计算出 σ^2 的估计值 $\hat{\sigma}^2$。然而 $\sum \hat{u}_i^2$ 要求计算样本的每一个 $(Y_i-\hat{Y}_i)^2$，相对复杂且计算中的舍入误差大一些，所以实际中常用下式计算：

$$\sum \hat{u}_i^{\ 2}=\sum y_i^2-\hat{\beta}_2^2\sum x_i^2 \tag{3.1.36}$$

$$\hat{\sigma}=\sqrt{\frac{\sum \hat{u}_i^2}{n-2}} \tag{3.1.37}$$

式(3.1.37)被称为估计的标准误。它是 Y 对估计的回归线的离差的标准差。

3. 估计量方差的特点

根据 $\hat{\beta}_1$ 和 $\hat{\beta}_2$ 的方差公式可以看出，$\hat{\beta}_1$ 和 $\hat{\beta}_2$ 的方差有如下特点：

(1) $\hat{\beta}_2$ 的方差与 σ^2 成正比，与 $\sum x_i^2$ 成反比。就是说对给定的 σ^2，X 值的变化越大，$\hat{\beta}_2$ 的方差越小，从而对 β_2 估计的精度越高；随着样本量 n 的增大，总和 $\sum x_i^2$ 中的项将增加，β_2 的估计精度也随着 n 的增加而提高。

(2) $\hat{\beta}_1$ 的方差与 σ^2 和 $\sum X_i^2$ 成正比，而与 $\sum x_i^2$ 和样本量 n 成反比。

(3)由于 $\hat{\beta}_1$ 和 $\hat{\beta}_2$ 是估计量，对于给定的样本，它们可能是相互依赖的。可以证明，其协方差为

$$Cov(\hat{\beta}_1,\hat{\beta}_2)=E\{[\hat{\beta}_1-E(\hat{\beta}_1)][\hat{\beta}_2-E(\hat{\beta}_2)]\}$$

$$=E(\hat{\beta}_1-\beta_1)(\hat{\beta}_2-\beta_2)$$

$$=E(\bar{Y}-\hat{\beta}_2\bar{X}-\bar{Y}+\beta_2\bar{X})(\hat{\beta}_2-\beta_2)$$

$$=-\bar{X}E(\hat{\beta}_2-\beta_2)^2=-\bar{X}Var(\hat{\beta}_2)$$

$$=-\bar{X}\frac{\sigma^2}{\sum x_i^2} \tag{3.1.38}$$

由于 $Var(\hat{\beta}_2)$ 总是正的，所以 $\hat{\beta}_1$ 和 $\hat{\beta}_2$ 的协方差是正是负取决于 $\bar{X}$ 的符号。如果 $\bar{X}$ 是正的，协方差为负，这时，如果斜率系数 β_2 被高估(即斜率估计得太陡)，则截距系数 β_1 将被低估(即截距被估计得太小)。

在讨论多重共线性问题时，我们将看到，研究所估计回归系数之间的协方差是有用的。对于利用估计量 $\hat{\beta}_1$ 和 $\hat{\beta}_2$ 的方差判断这些估计可靠程度的问题，我们将在后面继续讨论。

四、拟合优度的度量

在回归分析中，我们不仅要考虑根据样本的数据对回归系数的估计精度以及它们的性质，还要考虑根据样本数据对所拟合的回归线的拟合优度，也就是要说明这条样本回归线对数据拟合得有多好。显然这实际上是对模型中的解释变量对被解释变量变动解释能力的考察。

1. 总变差的分解

由于总体是未知的，而样本是总体的一个代表，所以我们的考察需从样本着手。对于我们设定的一元回归模型 $Y_i=\beta_1+\beta_2X_i+u_i$，我们使用 OLS 法根据样本数据得到样本回归模型

$$Y_i=\hat{Y}_i+\hat{u}_i \tag{2.2.9}$$

式中 $\hat{Y}_i=\hat{\beta}_1+\hat{\beta}_2X_i$ 是被解释变量中能用解释变量 X 所解释的部分，$\hat{u}_i$ 是不能用解释变量 X 解释的随机干扰项 u_i 的估计值。

利用式(3.1.11)和式(3.1.12)有离差形式：

$$y_i=\hat{y}_i+\hat{u}_i \tag{3.1.34}$$

对于式(3.1.34)等式两边平方并对样本求和，有

$$\begin{aligned}\sum y_i^2&=\sum\hat{y}_i^2+\sum\hat{u}_i^2\\&=\hat{\beta}_2^2\sum x_i^2+\sum\hat{u}_i^2\end{aligned} \tag{3.1.35}$$

其中 $\sum y_i^2=\sum(Y_i-\bar{Y})^2$ 表示实际观测值围绕其均值的总变异，称为总平方和(Total Sum of Squares)，记为 TSS；$\sum\hat{y}_i^2=\sum(\hat{Y}_i-\bar{\hat{Y}})^2=\sum(\hat{Y}_i-\bar{Y})^2$ 表示 $E(Y_i|X_i)$ 的估计值 $\hat{Y}_i$ 围绕其均值($\bar{\hat{Y}}=\bar{Y}$)的变异，可称为(来自解释变量的)回归平方和(*Explained Sum of Squares*)，记为 ESS；$\sum\hat{u}_i^2=\sum(Y_i-\hat{Y}_i)^2$ 表示残差或未被解释的围绕回归值的变异，简称为残差或剩余平方和(Residual Sum of Squares)，记为 RSS。这样式(3.1.35)可以写为

$$TSS=ESS+RSS \tag{3.1.39}$$

说明 Y 的观测值围绕其均值的总变异可以分解为两部分，一部分来自可由解释变量解释的回归部分；另一部分则来自解释变量解释不了的随机干扰部分。

2. 判定系数

显然，在被解释变量的总变动中，被样本回归方程解释的部分越多，我们引入模型的解释

变量对被解释变量的解释能力越强，也就是说根据样本数据拟合的回归线的拟合优度越高。因此，我们可以用回归平方和（回归变差）占总平方和（总变差）的比重作为衡量模型拟合优度的指标，该指标被称为（样本）判定系数（coefficient of determination）r^2（一元线性回归情形）或 R^2（多元回归情形）。即有：

$$r^2=\frac{ESS}{TSS}=\frac{\sum(\hat{Y}_i-\bar{Y})^2}{\sum(Y_i-\bar{Y})^2}=1-\frac{RSS}{TSS}=1-\frac{\sum\hat{u}_i^2}{\sum y_i^2} \tag{3.1.40}$$

由式(3.1.39)可知，判定系数的取值范围为 $0\leqslant r^2\leqslant 1$。等于1意味着有一个完美的回归拟合，即对于每个 i 都有 $Y_i=\hat{Y}_i$；等于0意味着回归值与被解释变量没有线性相关关系，此时回归系数 $\hat{\beta}_2=0$，即有 $\hat{Y}_i=\hat{\beta}_1=\bar{Y}[\because\hat{Y}_i=\hat{\beta}_1+\hat{\beta}_2X_i=\bar{Y}+\hat{\beta}_2(X_i-\bar{X})]$，就是说，对任一 Y_i 值的最优估计值都是它的均值，从而回归线平行于 X 轴。以上两种情况都是极端，前者表示解释变量之间存在严格的函数关系，而后者则说明它们之间没有线性相关关系。绝大部分情形是 $0<r^2<1$，它测度了 Y 的总变异中由回归模型解释的部分所占比重。

为了计算方便，判定系数还可以表示为：

$$r^2=\frac{ESS}{TSS}=\frac{\hat{\beta}_2^2\sum x_i^2}{\sum y_i^2} \tag{3.1.41}$$

$$=\hat{\beta}_2^2\frac{\dfrac{\sum x_i^2}{n-1}}{\dfrac{\sum y_i^2}{n-1}}=\hat{\beta}_2^2\frac{s_x^2}{s_y^2} \tag{3.1.42}$$

其中 S_y^2 和 S_x^2 分别为 Y 和 X 的样本方差。

根据 r^2 的定义，我们可以把总变异的分解式写为

$$\begin{aligned}\sum y_i^2&=ESS+RSS\\&=r^2\sum y_i^2+(1-r^2)\sum y_i^2\end{aligned} \tag{3.1.43}$$

3. 判定系数与相关系数的关系

与判定系数 r^2 关系密切但概念上很不相同的指标是相关系数（coefficient of correlation），它用来测度两个变量之间的线性关联程度。它既可以由判定系数算出，即有

$$r=\pm\sqrt{r^2} \tag{3.1.44}$$

也可以由它的定义式

$$\begin{aligned}r&=\frac{\sum x_iy_i}{\sqrt{(\sum x_i^2)(\sum y_i^2)}}\\&=\frac{n\sum X_iY_i-\sum X_i\sum Y_i}{\sqrt{[n\sum X_i^2-(\sum X_i)^2][n\sum Y_i^2-(\sum Y_i)^2]}}\end{aligned} \tag{3.1.45}$$

给出。式(3.1.44)和式(3.1.45)定义的是样本相关系数。

相关系数 r 有如下一些性质：r 的值落在 -1 和 $+1$ 之间，即有 $-1\leqslant r\leqslant+1$；符号由两变量协方差的符号决定；存在对称性，即 X 和 Y 之间的相关系数 r_{XY} 与 Y 和 X 之间的相关系数 r_{YX} 相同；与原点和尺度无关，即如果定义 $X_i^*=a+bX_i$，$Y_i^*=c+dY_i$，其中 $b>0$，$d>0$，且 a 和 c 都为常数，则 X_i^* 与 Y_i^* 之间的相关系数 $r_{X^*Y^*}$ 与原始变量 X 与 Y 之间的相关系数 r_{XY} 相同；如果 X 与 Y 统计上独立，则它们之间的相关系数为零，但 $r=0$ 不等于说两变量相互独立，也就是说零相关并不一定意味着两变量一定独立；相关系数仅是说明两变量线性关联的一个度量，不用于描述两变量的非线性关系；虽然它是两变量之间的线性关联的一个度量，却不一定有因果关系的含义。

可以这样说，r^2 是回归分析中所用的指标，而 r 是线性相关分析中所用的指标。r^2 告诉我们在被解释变量的变异中，由解释变量解释的部分占多大比例，因而对模型中包含的解释变量的变异在多大程度上决定被解释变量的变异提供了一个总的度量。而 r 则没有这种功能，它只说明了两个变量之间的线性关联的方向和程度，而且我们将会看出，在一个多元回归模型中，对 R 的解释是没有多大价值的。所以，在经济计量分析中，判断系数 r^2 是一个比相关系数 r 更有意义的度量。

判定系数 r^2 还可以表示为观测值 Y_i 与回归值 $\hat{Y}_i$ 之间的相关系数的平方。也就是利用式(3.1.45)把它写为：

$$\begin{aligned} r^2&=\frac{\left[\sum(Y_i-\bar{Y})(\hat{Y}_i-\bar{Y})\right]^2}{\sum(Y_i-\bar{Y})^2\sum(\hat{Y}_i-\bar{Y})^2}\\ &=\frac{\left(\sum y_i\hat{y}_i\right)^2}{\left(\sum y_i^2\right)\left(\sum\hat{y}_i^2\right)}\\ &=\frac{\left[\sum(\hat{y}_i+\hat{u}_i)\hat{y}_i\right]^2}{\left(\sum y_i^2\right)\left(\sum\hat{y}_i^2\right)}\\ &=\frac{\sum\hat{y}_i^2}{\sum y_i^2}=\frac{ESS}{TSS} \end{aligned}\tag{3.1.46}$$

式(3.1.46)解释了为什么把 r^2 作为描述拟合优度的一个度量的理由，因为它告诉了我们 Y 的估计值和它的真实值距离远近的程度。

例 3.1 利用表 2.2 中第二个样本的数据，并假定消费与收入之间的关系为线性关系，作为对凯恩斯消费函数的一种检验。根据原始数据得到如下计算结果：

$$\sum_{i=1}^{n}X_i=27500,\ \sum_{i=1}^{n}Y_i=20581,\ \sum_{i=1}^{n}X_i^2=96250000,\ n=10,$$

$$\sum_{i=1}^{n}x_i^2=20625000,\ \sum_{i=1}^{n}y_i^2=8876588.9,\ \sum_{i=1}^{n}x_iy_i=13386250,$$

$$\hat{\beta}_2=\frac{\sum x_iy_i}{\sum x_i^2}=13386250/20625000=0.649030303$$

$$\hat{\beta}_1 = \bar{Y} - \hat{\beta}_2\bar{X} = 2058.1 - 0.649030303 \times 2750 = 273.2667$$

$$\sum_{i=1}^{n}\hat{u}_i^2 = 188507.0, df = 10 - 2 = 8, \hat{\sigma}^2 = 23563.375,$$

$$Var(\hat{\beta}_2) = \frac{\sigma^2}{\sum x_i^2} = 0.001142468, se(\hat{\beta}_2) = 0.033800$$

$$Var(\hat{\beta}_1) = \frac{\sum X_i^2}{n\sum x_i^2}\sigma^2 = 10996.24167, se(\hat{\beta}_1) = 104.8630$$

$$Cov(\hat{\beta}_1, \hat{\beta}_2) = -\bar{X}Var(\hat{\beta}_2) = -3.1418,$$

$$r^2 = \frac{ESS}{TSS} = \frac{\hat{\beta}_2^2\sum x_i^2}{\sum y_i^2} = 0.978764, r = 0.9893$$

所估计的回归线是：

$$\hat{Y} = 273.2667 + 0.6490X$$

SRF 及其相应的回归线可作如下解释：回归线上的每一点都给出与选定的 X 值相对应的 Y 的期望值或均值的一个估计值，即 $\hat{Y}_i$ 是 $E(Y \mid X_i)$ 的估计值。代表回归线的斜率 $\hat{\beta}_2 = 0.6490$，表示在样本范围内，收入每增加 1 元，平均消费支出增加 0.65 元；代表回归线的截距 $\hat{\beta}_1 = 273.27$，则可解释为所有从回归模型中略去的变量对 Y 的平均影响。$r^2 = 0.9788$，说明约有 97.88%的每月人均消费支出的变异可以由收入的不同来解释。相关系数 $r = 0.9893$ 表示消费支出和收入两个变量是高度正相关的。所估计的回归系数的标准误将在第三节中给出解释。

第二节　经典正态线性回归模型

一、随机干扰项的概率分布

在第一节，我们对随机干扰项 u_i 作了它们的期望值为零、方差相等和相互之间不相关的假定等。有了这些假定，OLSE 满足线性无偏和具有最小方差等若干优良的统计性质，并且依据样本数据，可以得到 PRF 的点估计。然而我们的目的不仅要得到样本回归函数(SRF)，而且要用它来推断总体回归函数(PRF)，也就是说还要对总体回归函数进行区间估计和假设检验。显然，只有我们知道了这些估计量的分布，才能依据 SRF 对 PRF 做出推断。由式(3.1.21)可以看出，$\hat{\beta}_2$ 是 u_i 的线性函数($\hat{\beta}_2 = \beta_2 + \sum k_i u_i$)，同样可以证明 $\hat{\beta}_1$ 也是 u_i 的线性函数。因此，OLSE 的抽样或概率分布将依赖于 u_i 的概率分布。所以 u_i 的概率分布形式及其性质在区间估计和假设检验中就起着极为重要的作用。

1. 随机干扰项分布的正态性假定

在回归分析中，人们常常假定 u_i 服从正态分布。在上节讨论的经典线性回归模型

(CLRM)的假定中,若增加 u_i 的正态性假定,我们就得到了所谓的经典正态线性回归模型(classical normal linear regression model,CNLRM)。

经典正态线性回归模型(CNLRM)关于干扰项有如下假定:

$$u_i \sim N(0,\sigma^2) \tag{3.2.1}$$

且其协方差

$$Cov(u_i,u_j)=E(u_iu_j)=0 \quad i\neq j \tag{3.2.2}$$

对于两个正态分布变量来说,零协方差就意味着两个变量相互独立。因此,在正态性假定下,式(3.2.2)同时表示 u_i 与 u_j 是独立分布的。于是可以把这些假定更简洁地叙述为

$$u_i \sim NID(0,\sigma^2) \tag{3.2.3}$$

这里 NID 表示正态且独立分布(normally and independently distribution)。

2. 假定 u_i 服从正态分布的依据

在回归分析中,假定 u_i 服从正态分布的依据是:

(1)中心极限定理是假定 u_i 服从正态分布的理论依据。在第二章中曾指出,u_i 作为所有可能影响被解释变量但在回归模型中被忽略的大量微小变量的代替变量。这些被忽略的大量变量对被解释变量所起的作用是微小的,而且是随机的。根据中心极限定理可以证明,如果存在大量独立而且分布相同的随机变量,那么随着这些变量个数的无限增大(除少数例外情形:柯西分布),它们的总和将趋向于正态分布。中心极限定理的另一解释是,即使变量个数并不很大或这些变量不是严格独立的,它们的总和仍可视为正态分布。

(2)正态分布变量的任何线性函数都是服从正态分布的。因此,若 u_i 服从正态分布,作为 u_i 的线性函数的 $\hat{\beta}_1$ 和 $\hat{\beta}_2$ 也服从正态分布,这会使我们的假设检验工作变得非常简单。

(3)正态分布是一个比较简单,其理论性质在数理统计学中得到广泛研究,且为人们所熟悉的分布。它不仅有助于我们推导出 OLSE 的精确概率分布,而且使我们能用基于正态分布得到的 t、F 和 χ^2 统计量来对回归模型进行统计检验。

二、u_i 服从正态分布假定的 OLSE 的性质

在正态性假定下,OLSE 有如下统计性质:

(1)无偏性(上节已证明)。

(2)有效性(即方差最小,上节已证明)。

(3)一致性。即随着样本量无限增大,估计量将收敛于它们的真值。一致估计量的充分条件是:随着样本量的无限增大,它是无偏的,其方差趋于零。下面以 $\hat{\beta}_2$ 为例证明。

前面证明了 $\hat{\beta}_2$ 的无偏性,下面只需证明 $\hat{\beta}_2$ 的方差在 n 无限增大时趋于零。由于

$$Var(\hat{\beta}_2)=\frac{\sigma^2}{\sum x_i^2}=\frac{\sigma^2/n}{\sum x_i^2/n} \tag{3.2.4}$$

所以,

$$\lim_{n\to\infty}Var(\hat{\beta}_2)=\lim_{n\to\infty}(\frac{\sigma^2/n}{\sum x_i^2/n})=0 \tag{3.2.5}$$

由此证明了 $\hat{\beta}_2$ 是真实 β_2 的一致估计量。同样可以证明 $\hat{\beta}_1$ 也是一个一致估计量。

(4) $\hat{\beta}_1$ 和 $\hat{\beta}_2$ 服从正态分布，即有：

$$\hat{\beta}_1 \sim N(\beta_1,\frac{\sigma^2\sum X_i^2}{n\sum x_i^2}) \tag{3.2.6}$$

$$\hat{\beta}_2 \sim N(\beta_2,\frac{\sigma^2}{\sum x_i^2}) \tag{3.2.7}$$

利用正态分布的性质，可对其进行标准化处理。

(5) $(n-2)\hat{\sigma}^2/\sigma^2$ 服从自由度为 $n-2$ 的 χ^2 分布，即有：

$$\frac{(n-2)\hat{\sigma}^2}{\sigma^2}\sim\chi^2(n-2) \tag{3.2.8}$$

(6) $(\hat{\beta}_1,\hat{\beta}_2)$ 的分布独立于 $\hat{\sigma}^2$。

(7) $\hat{\beta}_1$ 和 $\hat{\beta}_2$ 在整个无偏估计序列中，无论是线性或非线性估计，都有最小方差。因此，可以说正态假定下的 OLSE 是最优无偏估计量(best unbiased estimator, BUE)。这一点与高斯—马尔科夫定理不一样，它并不仅限于线性估计量一类。

正态性假定使我们能推导出 $\hat{\beta}_1$、$\hat{\beta}_2$ 以及 $\hat{\sigma}^2$ 的概率或抽样分布。这将有助于简化我们在建立置信区间和假设检验的工作。

由于 $u_i\sim N(0,\sigma^2)$，则 Y_i 也服从正态分布，即有：

$$Y_i\sim N(\beta_1+\beta_2X_i,\sigma^2) \tag{3.2.9}$$

有了 u_i 的正态性假定，最小二乘法就为我们提供了对线性回归模型进行估计和检验的全部必备的工具。

三、极大似然估计法

一种比 OLS 方法具有更强理论性的点估计方法是极大似然(maximum likelihood, ML)估计法。如果假定 u_i 服从正态分布，则回系数 β 的 ML 估计量和 OLSE 是相同的，无论所考虑的是简单回归还是多元(复)回归。

对于一元线性回归模型 $Y_i=\beta_1+\beta_2X_i+u_i$，因为 $u_i\sim NID(0,\sigma^2)$，所以 $Y_i\sim NID(\beta_1+\beta_2X_i,\sigma^2)$，从而 $Y_1,Y_2,\cdots,Y_n$ 的联合概率密度函数可写成：

$$f(Y_1,Y_2,\cdots,Y_n\mid\beta_1+\beta_2X_i,\sigma^2)$$

由于诸 Y_i 的独立性，样本联合概率密度函数可写为 n 个单独的密度函数之积，即有：

$$\begin{aligned}&f(Y_1,Y_2,\cdots,Y_n\mid\beta_1+\beta_2X_i,\sigma^2)\\&\quad=f(Y_1\mid\beta_1+\beta_2X_i,\sigma^2)f(Y_2\mid\beta_1+\beta_2X_i,\sigma^2)\cdots f(Y_n\mid\beta_1+\beta_2X_i,\sigma^2)\end{aligned} \tag{3.2.10}$$

其中：

$$f(Y_i \mid \beta_1+\beta_2 X_i,\sigma^2)=\frac{1}{\sigma\sqrt{2\pi}}\exp\left\{-\frac{(Y_i-\beta_1-\beta_2 X_i)^2}{2\sigma^2}\right\} \tag{3.2.11}$$

将式(3.2.11)代入式(3.2.10)得：

$$f(Y_1,Y_2,\cdots,Y_n \mid \beta_1+\beta_2 X_i,\sigma^2)=\frac{1}{\sigma^n(\sqrt{2\pi})^n}\exp\left\{-\frac{1}{2}\sum\frac{(Y_i-\beta_1-\beta_2 X_i)^2}{\sigma^2}\right\} \tag{3.2.12}$$

一旦样本被抽出，该样本的联合概率密度函数就可看作是未知参数 β_1、β_2 和 σ^2 的似然函数，记为：

$$LF(\beta_1,\beta_2,\sigma^2)=\frac{1}{\sigma^n(\sqrt{2\pi})^n}\exp\left\{-\frac{1}{2}\sum\frac{(Y_i-\beta_1-\beta_2 X_i)^2}{\sigma^2}\right\} \tag{3.2.13}$$

由于似然函数(3.2.13)越大，我们观测到的样本出现的概率密度(3.2.12)就越大，所以，极大似然准则就是要找出使似然函数取最大值的未知参数 β_1、β_2 和 σ^2 的估计量。为此，将似然函数(3.2.13)的两边取对数，得到对数似然函数：

$$\ln(LF)=-\frac{n}{2}\ln\sigma^2-\frac{n}{2}\ln(2\pi)-\frac{1}{2}\sum\frac{(Y_i-\beta_1-\beta_2 X_i)^2}{\sigma^2} \tag{3.2.14}$$

由于对数函数是单调增函数，所以使似然函数达到最大的未知参数 β_1、β_2 和 σ^2 也必然使其对数似然函数达到最大值，而极大化对数似然函数在代数处理上更方便。类似于 OLS 法，将(3.2.14)式分别对 β_1、β_2 和 σ^2 求偏导数得：

$$\frac{\partial\ln(LF)}{\partial\beta_1}=-\frac{1}{\sigma^2}\sum(Y_i-\beta_1-\beta_2 X_i)(-1) \tag{3.2.15}$$

$$\frac{\partial\ln(LF)}{\partial\beta_2}=-\frac{1}{\sigma^2}\sum(Y_i-\beta_1-\beta_2 X_i)(-X_i) \tag{3.2.16}$$

$$\frac{\partial\ln(LF)}{\partial\sigma^2}=-\frac{n}{2\sigma^2}+\frac{1}{2\sigma^4}\sum(Y_i-\beta_1-\beta_2 X_i)^2 \tag{3.2.17}$$

令这些方程为零，并记 ML 估计量为 $\tilde{\beta}_1$，$\tilde{\beta}_2$ 和 $\tilde{\sigma}^2$，使得：

$$\frac{1}{\tilde{\sigma}^2}\sum(Y_i-\tilde{\beta}_1-\tilde{\beta}_2 X_i)=0 \tag{3.2.18}$$

$$\frac{1}{\tilde{\sigma}^2}\sum(Y_i-\tilde{\beta}_1-\tilde{\beta}_2 X_i)X_i=0 \tag{3.2.19}$$

$$-\frac{n}{2\tilde{\sigma}^2}+\frac{1}{2\tilde{\sigma}^4}\sum(Y_i-\tilde{\beta}_1-\tilde{\beta}_2 X_i)^2=0 \tag{3.2.20}$$

简化式(3.2.18)和式(3.2.19)，得到：

$$\sum Y_i=n\tilde{\beta}_1+\tilde{\beta}_2\sum X_i \tag{3.2.21}$$

$$\sum X_iY_i=\tilde{\beta}_1\sum X_i+\tilde{\beta}_2\sum X_i^{\ 2} \tag{3.2.22}$$

这与式(3.1.6)和式(3.1.7)表示的最小二乘法的正规方程形式完全一致。这就是说，ML 估计量 $\tilde{\beta}_i$ 无异于 OLS 估计量 $\hat{\beta}_i$。这一结论并非偶然。如果我们仔细考察式(3.2.14)可以发现，该式的最后一项带有负号，因此该式的最大化就是使最后一项的最小化，而这正是 OLS 法所采取的路径。

将 ML(=OLS)估计量 $\tilde{\beta}_1$ 和 $\tilde{\beta}_2$ 代入式(3.2.20)并加以简化，可得到的 σ^2 的 ML 估计量为：

$$\begin{aligned}\tilde{\sigma}^2&=\frac{1}{n}\sum(Y_i-\tilde{\beta}_1-\tilde{\beta}_2X_i)^2\\&=\frac{1}{n}\sum(Y_i-\hat{\beta}_1-\hat{\beta}_2X_i)^2\\&=\frac{1}{n}\sum\hat{u}_i^2\end{aligned} \tag{3.2.23}$$

显然，ML 估计量 $\tilde{\sigma}^2$ 不同于 OLS 估计量 $\hat{\sigma}^2$，后者已被证明是 σ^2 的一个无偏估计量，因此 σ^2 的 ML 估计量是有偏的。偏误的程度可由下式确定：

$$E(\tilde{\sigma}^2)=\frac{1}{n}E(\sum\hat{u}_i^2)=\frac{n-2}{n}\sigma^2=\sigma^2-\frac{2}{n}\sigma^2 \tag{3.2.24}$$

这表明，$\tilde{\sigma}^2$ 低估了真实的 σ^2。但随着 n 的增大，式(3.2.24)的第二项即偏误因子将趋于零。因此，$\tilde{\sigma}^2$ 是渐进无偏的。同时可以证明 $\tilde{\sigma}^2$ 也是一致估计量。

粗略地说，对于渐近无偏性，我们要设法求出 $\lim\limits_{n\to\infty}E(\tilde{\sigma}_n^2)$，其中 n 代表估计量所依据的样本大小，而对于一致性，我们要设法求出当 n 无限增大时 $\tilde{\sigma}_n^2$ 的路径。无偏性是指基于给定样本大小的一个估计量的重复抽样性质，而一致性是指关于一个估计量在样本量无限增大过程中所表现的性态。

四、与正态分布有关的其他概率分布

统计量 t、χ^2 和 F 的概率分布与正态分布有密切关系。由于以后各章将大量引用这些概率分布，下面将它们同正态分布的关系概括成以下定理：

定理 1 设 $Z_i\sim N(\mu_i,\sigma_i^2)$，$i=1,2,\cdots,n$，且相互独立，则对于不全为零的常数 k_i，总和 $Z=\sum k_iZ_i$ 也服从正态分布，即 $Z\sim N(\sum k_i\mu_i,\sum k_i^2\sigma_i^2)$，其中 μ 表示均值。也就是说，正态变量的线性组合还是正态变量。

定理 2 若 $Z_1,Z_2,\cdots,Z_n$ 为正态分布但非独立，则总和 $Z=\sum k_iZ_i$（其中 k_i 为不全为零的常数）也服从正态分布，其均值仍为 $\sum k_i\mu_i$，但其方差为

$$Var(Z)=\sum k_i^2\sigma_i^2+2\sum k_ik_jCov(Z_i,Z_j)\quad i\neq j$$

定理 3 若 $Z_i\sim N(0,1)$ 且相互独立，$i=1,2,\cdots,n$，则

$$\sum Z_i^2 \sim \chi^2(n)$$

其中 n 表示自由度。也就是说，独立标准正态变量的平方和服从自由度等于正态变量个数的 χ^2 分布。

定理 4 若 $Z_1,Z_2,\cdots,Z_n$ 为服从自由度为 $df=k_i,i=1,2,\cdots,n$ 的 χ^2 分布的独立分布随机变量，则

$$\sum Z_i \sim \chi^2(\sum k_i)$$

定理 5 若 $Z_1 \sim N(0,1),Z_2 \sim \chi^2(k)$，且 Z_1 独立于 Z_2，则统计量

$$t=\frac{Z_1}{\sqrt{\frac{Z_2}{k}}} \sim t(k)$$

随着自由度 k 无限增大，t 分布趋近于标准正态分布。

定理 6 若 $Z_1 \sim \chi^2(k_1),Z_2 \sim \chi^2(k_2)$，且 Z_1 与 Z_2 相互独立，则统计量

$$F=\frac{\frac{Z_1}{k_1}}{\frac{Z_2}{k_2}} \sim F(k_1,k_2)$$

定理 7 自由度为 k 的 t 统计量的平方具有分子自由度 $k_1=1$ 和分母自由度 $k_2=k$ 的 F 分布。即

$$F(1,k)=t^2(k)$$

第三节 一元线性回归模型的区间估计与假设检验

参数估计与假设检验构成经典统计学的两个主要分支。估计理论又由点估计和区间估计组成，前面两节介绍了 OLSE 和 ML 估计量的点估计方法。本节先考虑区间估计，然后再讨论与区间估计紧密相关的假设检验问题。

一、区间估计

1. 区间估计的含义

由统计学的基础知识可知，对于总体回归函数的估计，我们不能完全依赖于一个点估计值，而应该围绕点估计值构造一个区间，比方说在点估计值的两边各宽 2 个或 3 个标准误的一个区间，使得它有一个相应的概率包含着总体参数真值。这就是区间估计的一个粗略概念。

我们以 β_2 的区间估计为例，试求两个正数 δ 和 α，$0<\alpha<1$，使得随机区间 $(\hat{\beta}_2-\delta,\hat{\beta}_2+\delta)$ 包含 β_2 的概率为 $1-\alpha$。用符号表示为：

$$\Pr(\hat{\beta}_2-\delta<\beta_2<\hat{\beta}_2+\delta)=1-\alpha \tag{3.3.1}$$

如果式(3.3.1)成立，就称 $(\hat{\beta}_2-\delta<\beta_2<\hat{\beta}_2+\delta)$ 为 β_2 的置信区间(confidence interval)；$1-\alpha$ 称为置信系数，α 称为显著性水平。置信区间的端点称为置信限或临界值，$\hat{\beta}_2-\delta$ 为置信下限，$\hat{\beta}_2+\delta$ 为置信上限。

正确理解区间估计的实际含义是十分重要的，它表现在如下几个方面：

(1)如果把 $\hat{\beta}_2$ 看作是样本的估计值，式(3.3.1)表示的方程就不能理解为 β_2 落入给定界限内的概率是 $1-\alpha$。因为 β_2 虽然未知，但是一个确定的常数，依据样本数据估计出 $\hat{\beta}_2$ 之后，区间就被它固定了，这时 β_2 要么落在区间内，要么落在区间外。从而概率只能是 1 或者 0，而不是 $1-\alpha$。

(2)如果把 $\hat{\beta}_2$ 看作是估计量，它是一个随机变量。(3.3.1)式中的置信区间就是一个随机区间，它随样本变化而变化。既然置信区间是随机的，对它作的概率表述就应从全体可能样本意义上，也就是说从重复抽样的意义上加以理解，或者说从 $\hat{\beta}_2$ 的概率分布的意义上理解。具体说来就是依据每一个样本都可以构造一个这样的区间，依据所有可能的样本构造的许多这样的区间中，有 $100(1-\alpha)\%$ 的区间包含有总体参数的真值。

(3)实际上参数真值 β_2 是不知道的，即使给出固定样本，其估计区间是否包含 β_2 依然是一种带有概率性质的猜测或估计。

显然构造估计量的置信区间与是否知道估计量的概率分布有直接的关系。由上一节我们知道，在干扰项 u_i 的正态性假定下，$\hat{\beta}_1$ 和 $\hat{\beta}_2$ 的分布都是正态的，而 $\hat{\sigma}^2$ 的分布则与 χ^2 分布有关。因此可以说，构造估计量的置信区间是一件相对容易的事情。

2. 回归系数的置信区间

根据式(3.2.6)和式(3.2.7)，可以分别对 $\hat{\beta}_1$ 和 $\hat{\beta}_2$ 进行标准化。以 $\hat{\beta}_2$ 为例，

$$Z=\frac{\hat{\beta}_2-\beta_2}{se(\hat{\beta}_2)}=\frac{(\hat{\beta}_2-\beta_2)\sqrt{\sum x_i^2}}{\sigma}\sim N(0,1) \tag{3.3.2}$$

如果真实的总体方差 σ^2 已知，就可以利用标准正态分布对 β_2 作概率性表达，也就是求出 β_2 的置信区间。然而现实中，很少能知道 σ^2 的真实值，常常用无偏估计量 $\hat{\sigma}^2$ 来进行估计，如果用 $\hat{\sigma}$ 代替 σ，式(3.3.2)就必须改写为：

$$t=\frac{(\hat{\beta}_2-\beta_2)\sqrt{\sum x_i^2}}{\hat{\sigma}}\sim t(n-2) \tag{3.3.3}$$

因此，我们不用正态分布，而是用 t 分布来建立 β_2 的置信区间，即

$$\Pr(-t_{\alpha/2}\leqslant t\leqslant t_{\alpha/2})=1-\alpha \tag{3.3.4}$$

将式(3.3.3)的 t 值代入式(3.3.4)，可得

$$\Pr\left(\hat{\beta}_2-t_{\alpha/2}\frac{\hat{\sigma}}{\sqrt{\sum x_i^2}}\leqslant\beta_2\leqslant\hat{\beta}_2+t_{\alpha/2}\frac{\hat{\sigma}}{\sqrt{\sum x_i^2}}\right)=1-\alpha \tag{3.3.5}$$

类似地，β_1 的置信区间可写成

$$\Pr(\hat{\beta}_1 - t_{\alpha/2}\frac{\hat{\sigma}\sqrt{\sum X_i^2}}{\sqrt{n\sum x_i^2}} \leqslant \beta_1 \leqslant \hat{\beta}_1 - t_{\alpha/2}\frac{\hat{\sigma}\sqrt{\sum X_i^2}}{\sqrt{n\sum x_i^2}}) = 1-\alpha \tag{3.3.6}$$

更简洁地可以把 β_2 的 100($1-\alpha$)%置信区间表示为

$$\hat{\beta}_2 \pm t_{\frac{\alpha}{2}} se(\hat{\beta}_2) \tag{3.3.7}$$

β_1 的 100($1-\alpha$)%置信区间表示为

$$\hat{\beta}_1 \pm t_{\frac{\alpha}{2}} se(\hat{\beta}_1) \tag{3.3.8}$$

其中

$$se(\hat{\beta}_2) = \frac{\hat{\sigma}}{\sqrt{\sum x_i^2}}, se(\hat{\beta}_1) = \frac{\hat{\sigma}\sqrt{\sum X_i^2}}{\sqrt{n\sum x_i^2}}$$

由式(3.3.7)和式(3.3.8)可以看出,给出的置信区间的宽度都与估计量的标准误成正比例,也就是说,标准误差越大,置信区间越宽,对未知参数真值进行估计的不确定性越大。因此,估计量的标准误差常被称为估计量的精度。

在例 3.1 中,$\hat{\beta}_1=273.2667$,$se(\hat{\beta}_1)=104.8630$,$\hat{\beta}_2=0.649$,$se(\hat{\beta}_2)=0.0338$,$df=10-2=8$,若取 $\alpha=0.05$,则 $t_{\alpha/2}(df)=t_{0.025}(8)=2.306$,所以 $\hat{\beta}_1$ 和 $\hat{\beta}_2$ 的置信区间分别为:

$\hat{\beta}_1 \pm t_{\alpha/2} se(\hat{\beta}_1) = 273.2667 \pm 2.306 \times 104.8630 = (31.4526, 515.0808)$

$\hat{\beta}_2 \pm t_{\alpha/2} se(\hat{\beta}_2) = 0.649 \pm 2.306 \times 0.0338 = (0.5711, 0.7269)$

关于置信区间的解释是:对于给定的置信系数 0.95,从重复抽样的角度看,在类似于(31.4526,515.0808)和(0.5711,0.7269)的每 100 个这样的区间中,将有 95 个包含真实的 β_1 和 β_2 的值。

3. σ^2 的置信区间

由于在随机干扰项的正态性假定下,统计量

$$\chi^2 = \frac{(n-2)\hat{\sigma}^2}{\sigma^2} \sim \chi^2(n-2) \tag{3.3.9}$$

所以可以利用 χ^2 分布来建立 σ^2 的置信区间:

$$\Pr(\chi^2_{1-\frac{\alpha}{2}} \leqslant \chi^2 \leqslant \chi^2_{\frac{\alpha}{2}}) = 1-\alpha \tag{3.3.10}$$

将式(3.3.9)的 χ^2 代入(3.3.10)式并加以整理得

$$\Pr[(n-2)\frac{\hat{\sigma}^2}{\chi^2_{\alpha/2}} \leqslant \sigma^2 \leqslant (n-2)\frac{\hat{\sigma}^2}{\chi^2_{1-\alpha/2}}] = 1-\alpha \tag{3.3.11}$$

这里利用了不等式的性质。这样就给出 σ^2 的 100($1-\alpha$)%置信区间。在例 3.1 中,由于 $\hat{\sigma}^2 = \frac{\sum \hat{u}_i^2}{n-2} = \frac{188507}{8} = 23563.375$,$\chi^2_{0.025}(8)=17.5346$,$\chi^2_{0.975}(8)=2.1797$,所以,在 95%的置信水

平上，σ^2 的置信区间为 $10750.5732 \leqslant \sigma^2 \leqslant 86483.0023$。

二、假设检验

1. 假设检验的基本问题

前面我们讨论了模型参数的点估计和区间估计问题，然而，通过样本信息估计的结果是否可靠？是否仅仅是抽样的偶然结果？为此，还需要进行统计假设检验。统计假设检验可简要地叙述为：依据样本的观测或发现是否与声称的假设相符？若相符，就不拒绝所声称的假设，否则，就拒绝它。

这个声称的假设叫作虚拟假设（Null hypothesis），通常代表一种信以为真或意在维护的所谓维持假设（maintained hypothesis），用符号 H_0 表示。在检验假设时，一般情形下还要设立一个对立假设，记为 H_1。对立假设（也称备择假设）可以是简单的也可以是复合的（composite）。例如，$H_1:\beta_2=1$ 是简单假设，$H_1:\beta_2\neq 1$ 则是复合假设。

假设检验理论就是要给出决定拒绝或不拒绝一个虚拟假设的程序。设计这样的程序有两种互为补充（mutually complementary）的方法，一种是置信区间方法，另一种是显著性检验（test of significance）方法。两种方法都是以考虑的变量（统计量或估计量）遵从某种概率分布为依据，假设检验的目的就在于对这个分布的参数做出判断。例如，我们知道在正态性假定下，$\hat{\beta}_2$ 是服从正态分布的，其均值等于 β_2；其方差为 $\dfrac{\sigma^2}{\sum x_i^2}$。当我们假设 $\beta_2=1$ 时，就是在对这个正态分布的两参数之一的均值做出判断。本书的统计假设，大多数属于这种类型，都是对某些假定的概率分布（诸如正态分布，F 分布、t 分布或 χ^2 分布）中的一个或多个参数做出判断。

对总体的假设检验，不同的问题可能有不同的要求。可以检验总体参数是否等于、大于或小于某一特定的数值，这时原假设可以分别为 $H_0:\beta_2=\beta_2^*$，$H_0:\beta_2\geqslant\beta_2^*$，$H_0:\beta_2\leqslant\beta_2^*$；也可以检验总体参数是否等于零。而且，原假设和被择假设的设定方式不同，判断是否拒绝的区域的表示方式也不同，例如，设定 $H_0:\beta_2=\beta_2^*$，$H_1:\beta_2\neq\beta_2^*$，进行的是双侧检验；而设定 $H_0:\beta_2\geqslant\beta_2^*$，$H_1:\beta_2<\beta_2^*$ 时，进行的是单侧检验。

2. 置信区间检验法

在例 3.1 中，所估计的边际消费倾向 $(MPC)\hat{\beta}_2=0.649$。如我们假设

$$H_0:\beta_2=0.5;H_1:\beta_2\neq 0.5$$

就是说，在虚拟假设下 β_2 为 0.5，而在对立假设下，β_2 大于或小于 0.5。虚拟假设是一个简单假设，而对立假设是一个复合假设，实际上就是双侧假设。这样的双侧对立假设常常反映人们对于对立假设偏离虚拟假设的方向没有一个强有力的先验性或理论性的支持或期望。

所观测的 $\hat{\beta}_2$ 是否与 H_0 相符。引用置信区间 $0.5711\leqslant\beta_2\leqslant 0.7269$，我们知道，在重复抽样中，像(0.5711，0.7269)这样的许许多多区间将有 95%的概率包含真实的 β_2。因此，在重复抽样意义下，如果虚拟假设的 β_2 落入这个 $100(1-\alpha)\%$ 置信系数下的置信区间，我们就不拒绝虚拟假设，如果它落在区间之外，我们就拒绝虚拟假设。

按此规则，$H_0:\beta_2=0.5$ 显然落在 95%置信系数下的置信区间(0.5711，0.7269)之外，因

此，我们能以95%的置信度拒绝β_2的真值是0.5的假设。即使虚拟假设是真的，在一次抽样观测中得到一个大到0.649的β_2值，最多也只有5%的机会，也就是说，犯弃真错误的概率是一个小概率。这种检验方法称作双侧检验。

当拒绝虚拟假设时，就说我们的发现是统计上显著的；相反，当不拒绝虚拟假设时，就说我们的发现是统计上不显著的。

在实践中，人们往往因有某种强的先验性或理论性预期，而把对立假设取为单侧或单向。比如，可以公设

$$H_0:\beta_2 \leqslant 0.5;H_1:\beta_2 > 0.5$$

这是因为或许是经济理论或许是先前的经验提示我们MPC大于0.5。单侧检验的程序用下面介绍的显著性检验方法来说明。

3. 显著性检验法

(1)检验回归系数显著性的t检验。检验统计假设的另一种方法是显著性检验法，它是对置信区间法的一种补充。简单地说，显著性检验是利用样本结果，来证实一个虚拟假设真伪的一种检验程序。显著性检验的基本思想在于：依据在虚拟假设下的检验统计量的抽样分布，根据样本数据计算的统计(或估计)值决定是否拒绝虚拟假设H_0。

例如，在正态性假设下有统计量

$$t=\frac{\hat{\beta}_2-\beta_2}{se(\hat{\beta}_2)}=\frac{(\hat{\beta}_2-\beta_2)\sqrt{\sum x_i^2}}{\hat{\sigma}} \tag{3.3.3}$$

服从自由度为$n-2$的t分布。若假定$H_0:\beta_2=\beta_2^*$，即假设β_2的真值为β_2^*，则容易由样本数据计算出式(3.3.3)的t的统计值，由于该统计量服从t分布，所以对于置信区间可作如下描述：

$$\Pr(-t_{\alpha/2} \leqslant \frac{\hat{\beta}_2-\beta_2^*}{se(\hat{\beta}_2)} \leqslant t_{\alpha/2})=1-\alpha \tag{3.3.12}$$

将式(3.3.12)整理得

$$\Pr[\beta_2^*-t_{\alpha/2}se(\hat{\beta}_2) \leqslant \hat{\beta}_2 \leqslant \beta_2^*+t_{\alpha/2}se(\hat{\beta}_2)]=1-\alpha \tag{3.3.13}$$

此式给出在给定$\beta_2=\beta_2^*$时，$\hat{\beta}_2$以概率$1-\alpha$落入其中的区间。式(3.3.13)中建立的100$(1-\alpha)$%的置信区间叫作(虚拟假设)的不拒绝区域，而置信区间以外的(一个或多个)区域叫作(虚拟假设)的拒绝域(region of rejection)或临界域(critical regions)。置信区间的端点叫作临界值。

现在比较式(3.3.5)和式(3.3.13)就能看清置信区间和显著性水平之间的密切联系与不同。在置信区间法的程序中，我们试图依据样本数据的估计值建立一个以某种概率包含有真实但未知的β_2一个范围或区间；而在显著性检验法的程序中，我们假设β_2为某值，然后来看依据样本数据所计算的$\hat{\beta}_2$是否位于该假设值周围的某个合理(置信)范围之内。

在例3.1中，$\hat{\beta}_2=0.649$，$se(\hat{\beta}_2)=0.0338$，$df=8$；若取$\alpha=0.05$，$t_{\alpha/2}=2.306$。若令，H_0：

$\beta_2 = \beta_2^* = 0.5$；$H_1: \beta_2 \neq 0.5$，则式(3.3.13)为

$$\Pr(0.4221 \leqslant \hat{\beta}_2 \leqslant 0.5779) = 0.95$$

因为依据样本数据计算的 $\hat{\beta}_2 = 0.649$ 落在临界域(拒绝域)中，所以拒绝真实的 $\beta_2 = 0.5$ 的虚拟假设。

在实践中，并不需要计算式(3.3.13)，只需按式(3.3.12)给出的双重不等式计算居中的 t 值，然后看它是落在两个 t 临界值之间还是之外。例如 $t = \dfrac{0.649 - 0.5}{0.0338} = 4.4083$，表明落在(−2.306，2.306)之外，结论依然是拒绝 H_0。

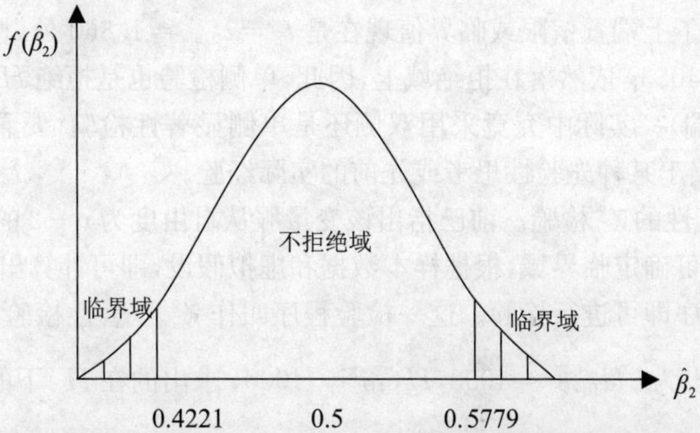

图 3.1　在假设为 $\beta_2 = 0.5$ 下 $\hat{\beta}_2$ 的 95%置信区间

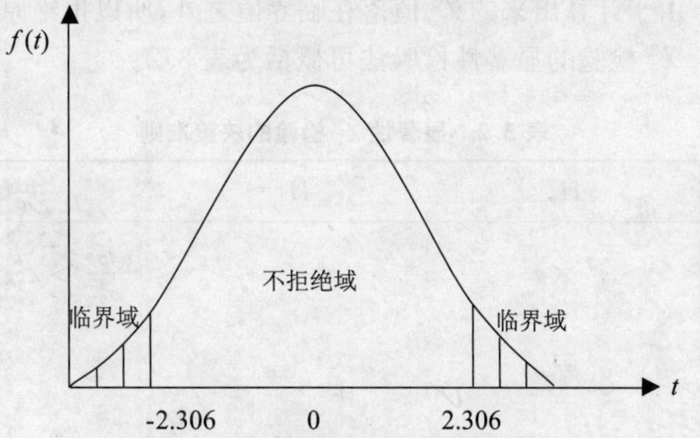

图 3.2　t(8 个自由度)的 95%置信区间

显然，一个“大”的 $|t|$ 值便是与虚拟假设相抵触的迹象。问题是 t 分布的临界值 $-t_{\alpha/2}$ 和 $t_{\alpha/2}$ 如何确定。根据统计知识，该临界值依赖于自由度的个数和我们愿意接受的犯第Ⅰ类错误的概率。比方说，$df = 20, \alpha = 0.10, t_{\alpha/2} = 1.725$；$df = 20, \alpha = 0.01, t_{\alpha/2} = 2.528$。

因为我们引用了 t 分布，所以该检验程序称为 t 检验。决策的准则是：如果这个统计量的样本值落在临界域上，我们就拒绝 H_0，也就是说它是统计上显著的；如果这个统计量的样本值落在不拒绝域，我们就不拒绝，就说它是统计上不显著的。

刚才讨论的是双侧显著性检验程序。下面讨论单侧显著性检验程序。

例如，假设先前的经验提示我们边际消费倾向 β_2 预期比 0.5 大，这样我们就有：$H_0: \beta_2 \leqslant$

0.5；$H_1:\beta_2>0.5$。虽然 H_1 仍是一个复合假设，但它是单侧的。为了检验此假设，我们需利用单侧（右侧）检验。

表 3.1　显著性 t 检验的决策准则

假设类型	H_0：虚拟假设	H_1：对立假设	决策准则：拒绝 H_0
双侧	$\beta_2=\beta_2^*$	$\beta_2\neq\beta_2^*$	$\|t\|>t_{\alpha/2,df}$
右侧	$\beta_2\leqslant\beta_2^*$	$\beta_2>\beta_2^*$	$t>t_{\alpha},df$
左侧	$\beta_2\geqslant\beta_2^*$	$\beta_2<\beta_2^*$	$t<-t_{\alpha},df$

在例 3.1 中，除了上端置信限或临界值现在是 $t_\alpha=t_{0.05}=1.860$ 外，检验的程序同前。依据样本计算的 $t=4.4083$，依然落在拒绝域上，因此，单侧检验也是拒绝 H_0。此例不需要考虑 t 分布的左侧（左尾端）。实际中究竟采用双侧还是单侧显著性检验，要看对立假设是怎样构成的。而后者又依赖于某种先验性思考或先前的实际经验。

（2）检验 σ^2 显著性的 χ^2 检验。前已指出该变量服从自由度为 $n-2$ 的 χ^2 分布。给定显著性水平和自由度，即可确定临界域，根据样本数据和虚拟假设，即可计算出 χ^2 样本统计值。据此，按显著性检验程序即可进行检验。这一检验程序叫作 χ^2 显著性检验。在例 3.1 中，$\hat{\sigma}^2=23563.375$，如果假设为：$H_0:\sigma^2=4000$，$H_1:\sigma^2\neq4000$，求出的在 H_0 下的 $\chi^2=(n-2)\dfrac{\hat{\sigma}^2}{\sigma^2}=8\times\dfrac{23563.375}{4000}=47.1268$，如果我们取 $\alpha=0.05$，χ^2 的两个临界值分别为 $\chi^2_{0.025}(8)=17.5346$，$\chi^2_{0.975}(8)=2.1797$。由于计算出来的 χ^2 值落在临界值之外，所以拒绝原假设。这一检验程序称作 χ^2 显著性检验。χ^2 检验的显著性检验法可概括为表 3.2。

表 3.2　显著性 χ^2 检验的决策准则

假设类型	H_0	H_1	决策准则：拒绝 H_0
双侧	$\sigma^2=\sigma_0^2$	$\sigma^2\neq\sigma_0^2$	$\dfrac{df\hat{\sigma}^2}{\sigma_0^2}>\chi^2_{\alpha/2,df}$ 或 $\dfrac{df\hat{\sigma}^2}{\sigma_0^2}<\chi^2_{(1-\alpha/2),df}$
右侧	$\sigma^2=\sigma_0^2$	$\sigma^2>\sigma_0^2$	$\dfrac{df\hat{\sigma}^2}{\sigma_0^2}>\chi^2_{\alpha,df}$
左侧	$\sigma^2=\sigma_0^2$	$\sigma^2<\sigma_0^2$	$\dfrac{df\hat{\sigma}^2}{\sigma_0^2}<\chi^2_{(1-\alpha),df}$

4. 需要注意的问题

（1）"接受"与"不拒绝"虚拟假设的含义。在显著性检验中，我们宁可说不拒绝 H_0，而不说接受 H_0。这是因为，根据样本数据计算的统计值（或估计值）做判断，我们还没有理由去拒绝 H_0，而不是说 H_0 毫无疑问是真的。比如在例 3.1 中，若 $H_0:\beta_2=0.63$。根据样本数据计算的 MPC 的估计值是 $\hat{\beta}_2=0.649$，并且 $se(\hat{\beta}_2)=0.0338$，那么根据 t 检验，我们求得样本统计值为 $t=\dfrac{0.649-0.63}{0.0338}=0.5621$，比 $t_{0.025}(8)=2.306$ 小，也就是说，在自由度为 8，$\alpha=5\%$ 的水平下是统计上不显著的。若假定 $H_0:\beta_2=0.64$，依据样本数据计算的 $t=\dfrac{0.649-0.64}{0.0338}=0.2663$，也比 $t_{0.025}(8)=2.306$ 小，也就是说，在自由度为8，$\alpha=5\%$ 的水平下，仍然是统计上不显著的。显然，对这两个虚拟假设，我们都没有理由拒绝它，但我们也没有理由决定接受哪一个 H_0，因为我们并不知道这两个虚拟假设哪一个"真实"，所以对这两个假设，我们依据样本数据都不能说"接受"，而表述为"不拒绝"更为妥当。第二个原因在于，我们只设定了犯第Ⅰ类错误的概率，并没有设定犯第Ⅱ类错误的概率。如果虚拟假设是假的，我们又不能把握犯纳伪错误的可能性大小，我们依据样本数据做出"接受"虚拟假设的决策就是不负责任的，至少是不明智的。

（2）虚拟假设和对立假设的建立。给定虚拟假设和对立假设，依据样本数据对它们进行显著性检验并不困难。问题是如何建立这些假设呢？这在实践中并没有一成不变的规则。现实中人们研究的问题常常会提示虚拟和对立假设的性质。比如，在估计证券组合理论中的资本市场构成时，该理论公设 $E(r_i)=\beta_1+\beta_2\sigma_i$，其中 $E(r_i)$ 表示组合证券 i 的期望收益率，σ_i 表示其收益率的标准差，作为对风险的一个度量。一般来说人们预期期望收益率与风险有正的关系，即风险越大，期望收益率越高，相对于虚拟假设 $\beta_2=0$ 的自然的对立假设应是 $\beta_2>0$。就是说，人们不会做出考虑 β_2 为负值的选择。再如，如果关于货币需求函数的研究表明，货币需求的收入弹性在 0.7～1.3 之间，因此，如果在一项新的货币需求研究中公设货币需求的收入弹性系数为 $\beta_2=1$，而其对立假设应为 $\beta_2\neq 1$，即为一双侧对立假设。可见，理论预期和实际经验或两者同时都可作为建立假设的依据，但不管怎样建立这些假设，研究者在进行经验调查研究之前必须先建立这些假设，否则，他可能犯迂回推测的错误。

（3）显著性水平的选择。由以上讨论可知，拒绝或不拒绝 H_0，与显著性水平 α，即犯第Ⅰ类错误的概率大小有极大关系。若 α 选择的小，犯第Ⅰ类错误的概率即拒绝真实虚拟假设的概率就小；反之，则大。然而根据统计学的知识，对于给定的样本量，犯第Ⅰ类错误和犯第Ⅱ类错误的机会是彼此消长的。就是说，给定样本大小，如果企图减少拒绝真实虚拟假设的概率，就必须同时增加接受错误虚拟假设的概率。对于给定的样本量，这两种错误类型之间存在一种替代关系（trade－off）。解决这一关系的唯一途径是找出两类错误的相对代价。如果错误地拒绝一个其实是真实的虚拟假设（第一类错误）的代价比错误地未拒绝一个其实是错误的虚拟假设（第二类错误）的代价相对昂贵，那么把犯第一类错误的概率定得低一些是合理的；反之，定得高一些是合理的。但是，实际操作的困难在于我们很少知道犯这两类错误的相对代价，这是实际应用中需要认真研究的问题。然而，如果我们用下面将要讨论的检验统计量的 p 值，则所有有关选择适当的 α 值的问题都可以避免。

（4）精确的显著性水平：p 值。从以上讨论可以看出，经典假设检验的痛处在于选择 α 时的武断性。我们可以对假设检验的程序进行再思考。当我们根据样本的数据计算出检验统计量（比如 t 统计量）的一个估计值时，我们可以通过查阅统计表，得到一个与大于等于从样本得到的检验统计（估计）值相对应的确切概率。这个概率就叫作 p 值，也叫作观测或精确显著性水平（observed or exact level of significance），或称为犯第Ⅰ类错误的精确概率。p 值代表一个虚拟假设可被拒绝的最低显著性水平。

对于例 3.1，$H_0:\beta_2=0.5$，依据样本数据得到的 t 值为 4.4083，经查表（或通过计算机计算），可以得到一个与大于等于 4.4083 的 t 值（自由度为8，双侧检验）相对应的 p 值为 0.001。这一观测或精确的 t 统计量显著性水平，比起习惯地并且是武断地固定的显著性水平 α，比如

0.01、0.05 或 0.10 要小得多。如果我们使用刚才计算的 p 值来拒绝 $H_0: \beta_2 = 0.5$，我们犯第一类错误的概率不足千分之一。

因此，让读者自己去决定是否在给定的 p 值水平上拒绝虚拟假设，比武断地预先确定 α 在某一水平上更合理。毕竟不同的研究者，对待风险的态度是有差别的。当然，也可以把 α 固定在某一水平上，在 p 值小于 α（单侧）时或小于 $\alpha/2$（双侧检验）时，拒绝虚拟假设。

三、方差分析

在第一节，我们曾导出如下恒等式

$$\sum y_i^2 = \sum \hat{y}_i^2 + \sum \hat{u}_i^2 = \hat{\beta}_2^2 \sum x_i^2 + \sum \hat{u}_i^2 \tag{3.1.35}$$

即有 $TSS = ESS + RSS$，它把总平方和分解成两部分：回归（解释）平方和与剩余（残差）平方和。对 TSS 的构成进行分析称作（从回归的观点做）方差分析（analysis of variance，简记为 ANOVA）。

与每个平方和联系在一起的是它所依据的自由度（df），即独立观测值的个数。因为在计算样本均值时，失去一个自由度，所以 TSS 有 $n-1$ 个自由度。RSS 有 $n-2$ 个自由度（指包含有截距项的一元回归方程）。ESS 有 1 个自由度（也仅指一元回归模型），这是因为 $ESS = \hat{\beta}_2^2 \sum x_i^2$，当 $\sum x_i^2$ 为已知时，ESS 仅为 $\hat{\beta}_2$ 的函数。把各平方和及其相应的 df 引入表 3.3 中，构成标准的 ANOVA 表。

表 3.3　一元回归模型的 ANOVA 表

变异来源	SS（平方和）	df（自由度）	MSS（均方和）
ESS	$\sum \hat{y}_i^2 = \hat{\beta}_2^2 \sum x_i^2$	1	$\hat{\beta}_2^2 \sum x_i^2$
RSS	$\sum \hat{u}_i^2$	$n-2$	$\dfrac{\sum \hat{u}_i^2}{n-2} = \hat{\sigma}^2$
TSS	$\sum y_i^2$	$n-1$	

如果假定干扰项 u_i 服从正态分布且 $H_0: \beta_2 = 0$，则可以证明

$$F = \frac{\dfrac{\hat{\beta}_2^2 \sum x_i^2}{1}}{\dfrac{\sum \hat{u}_i^2}{n-2}} \sim F(1, n-2) \tag{3.3.14}$$

F 是一个比值。可以证明

$$E(\hat{\beta}_2^2 \sum x_i^2) = \sum x_i^2 E(\hat{\beta}_2^2) = \sum x_i^2 \{Var(\hat{\beta}_2) + [E(\hat{\beta}_2)]^2\}$$

$$= \sum x_i^2 \left(\frac{\sigma^2}{\sum x_i^2} + \beta_2^2\right) = \sigma^2 + \beta_2^2 \sum x_i^2 \tag{3.3.15}$$

$$E\left(\frac{\sum \hat{u}_i^2}{n-2}\right)=E(\hat{\sigma}^2)=\sigma^2 \tag{3.3.16}$$

式(3.3.15)和式(3.3.16)右端的β_2和σ^2是真实的参数。因此，若β_2确实为零，式(3.3.15)和式(3.3.16)都给出相同的真实σ^2的估计，这时解释变量X对Y没有任何线性影响，Y的全部变异均由随机干扰项u_i来解释。若β_2不为零，式(3.3.15)与式(3.3.16)将有所不同，从而Y的变异一部分归因于解释变量X，一部分归因于随机干扰项u_i，于是式(3.3.14)的比值F提供了对$H_0:\beta_2=0$的一个检验。由于该式中的每一个量都可以从样本得到，这个比值F就为检验虚拟假设$\beta_2=0$提供了一个检验统计量。这样我们就可以依据样本数据计算出F的样本统计值，再拿它与给定显著性水平下的F分布中对应的临界值进行比较，或是查表计算出F统计值对应的p值进行判断。

在例3.1中，$\hat{\beta}_2^2\sum x_i^2=8688082.629$，$\hat{\sigma}^2=23563.875$，所以

$$F=\frac{\hat{\beta}_2^2\sum x_i^2}{\hat{\sigma}^2}=\frac{8688082.629}{23563.375}=368.7113$$

取$\alpha=0.01$，在第一自由度为1，第二自由度为8时，查表可得$F_{0.01}(1,8)=11.3$。我们看到，由样本计算的F值远大于临界值$F_{0.01}(1,8)=11.3$，说明在$\alpha=0.01$的水平上，统计检验是显著的。

对于一元回归模型来说，t检验和F检验是检验虚拟假设$\beta_2=0$的两个互为补充的备选方法，只要进行其中的一种检验即可，但在复回归问题时，F检验有其独特的作用。

四、回归分析的结果与评价

1. 报告回归分析的结果

回归模型经过估计检验之后，得到一系列有意义的数据结果，随着后面的内容的展开，还会有更多的说明模型特性的有意义的结果给出，为了表述规范、便于交流，通常使用一定的格式予以报告。仍以例3.1说明报告结果：

$$\begin{aligned}
\hat{Y}_i &= 273.2667+0.6490X_i\\
se &= (104.8630)(0.0338)\\
t &= (2.6059)\quad(19.2019)\\
p &= (0.0313)\quad(0.0000)\\
r^2 &= 0.9788, F_{1,8}=368.7113, df=8
\end{aligned}$$

其中，列在回归方程下方的第一行括号内的数据是对应参数估计值的标准误差，第二行括号内的数据分别是对应参数等于0的虚拟假设下所计算的t估计值，第三行括号内的数据分别代表对应参数估计值的真实显著性水平，第四行的数据分别报告的是模型的判定系数值、F统计值和自由度。有时对应参数估计值的标准误差和真实显著性水平数据不列示，只列示t估计值。这种表示方式已被广泛采用。

2. 评价回归分析的结果

对于建立的经济计量模型，在应用之前必须做出合理的评价。评价的内容主要有：

第一，对所估模型系数与理论或预期的比较评价。比如在例 3.1 中，$\hat{\beta}_2$ 代表的边际消费倾向 $MPC=0.649$，其符号和取值都符合理论的预期，表示每增加一元的可支配收入，就有 0.65 元用于消费。

第二，所估模型系数的统计检验评价。例本中，不仅模型的参数估计值有理论意义，而且在统计上也是显著的，就是说，模型参数的估计值在统计上显著地异于 0，表示模型在统计上是有意义的。

第三，对回归模型解释被解释变量变异程度的评价。本例中，$r^2=0.9788$，表示模型解释被解释变量变异的能力达到 97.88%，只有不到 2.12%得不到解释，模型达到了很高的拟合优度。

第四，对各种假定是否满足进行评价。我们这里特别对随机干扰项 u_i 的正态假定做出评价。其他假定的评价，我们将在以后的章节内渐次展开。

检验正态性假定的方法有很多，常用的方法有残差直方图检验法，正态概率图(NPP)检验法，雅克—贝拉检验(Jarque —Bera test)法。下面我们只介绍雅克—贝拉检验。

正态性的 JB 检验是一项大样本检验。它以 OLS 残差为依据，首先计算 OLS 残差的偏度 S 和峰度 K，再构造如下统计量

$$JB=n\left[\frac{S^2}{6}+\frac{(K-3)^2}{24}\right] \tag{3.3.17}$$

在残差为正态分布的虚拟假设下，雅克和贝拉证明了式(3.3.17)所给的 JB 统计量渐近地(在

Actual	Fitted	Residual
488.000	597.782	-109.782
729.000	922.297	-193.297
1325.00	1246.81	78.1879
1787.00	1571.33	215.673
1926.00	1895.84	30.1576
2223.00	2220.36	2.64242
2731.00	2544.87	186.127
2948.00	2869.39	78.6121
3010.00	3193.90	-183.903
3414.00	3518.42	-104.418

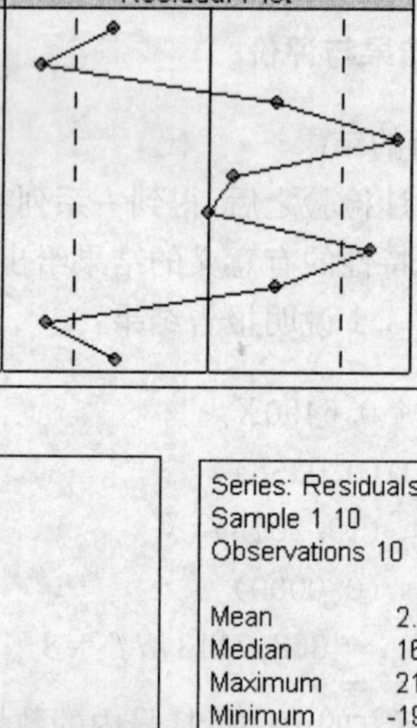

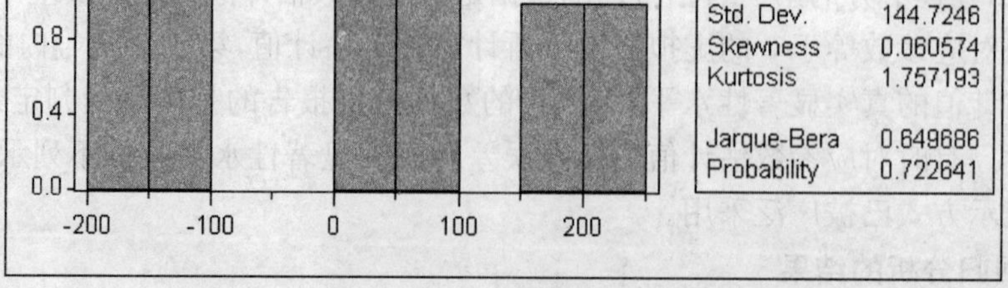

图 3.3 例 3.1 的随机干扰项的正态性 JB 检验

大样本条件下)服从自由度为 2 的 χ^2 分布。如果在具体的应用中,算得该统计量的 p 值充分地低,就可以拒绝残差为正态分布的假设,如果 p 值合理地高,就不能拒绝正态性假定。

在本例中,由于样本量不大($n=10$),不应该使用 JB 检验。如果机械地使用这一检验,我们看到最终的 JB 统计值为 0.6497,相应的 p 值约为 0.7226,这个 p 值很高,尽管样本量不大,我们恐怕不能拒绝本例中的正态性假定。

五、回归分析的应用:预测

当回归模型经过估计和各种检验之后,就可以用于对被解释变量的预测。对被解释变量做预测是回归分析的主要用途之一。预测可以是对被解释变量未来时期的动态预测,也可以是对被解释变量在不同空间状态下的空间预测。预测要在一定的前提条件下进行,首先要以模型所确定的解释变量与被解释变量的关系没有实质性变化为前提,也就是说,要对模型在预测期的适应性做出判断,要在理论分析的基础上,判断所研究的经济系统的结构在样本期和预测期有无明显变化;其次,要以解释变量在预测期的取值已经确定或已做出预测为前提。

人们一般用依据历史数据拟合的样本回归函数,比如 $\hat{Y}_i=\hat{\beta}_1+\hat{\beta}_2 X_i$,作为对未来进行预测或预报的方程,也就是对于给定解释变量的取值 X_0,依据样本回归函数预测被解释变量 Y。问题是有两种预测:一种是对应于给定的 X_0,要预测 Y 的条件均值 $E(Y \mid X_0)$,也就是要预测总体回归线本身上的点;一种是对应于 X_0,预测 Y 的个别值。我们把这两种预测分别称为均值预测(mean prediction)和个值预测(individual prediction)。而这两种预测又同时存在点预测和区间预测。它们的预测关系如图 3.4 所示。下面分别予以考察。

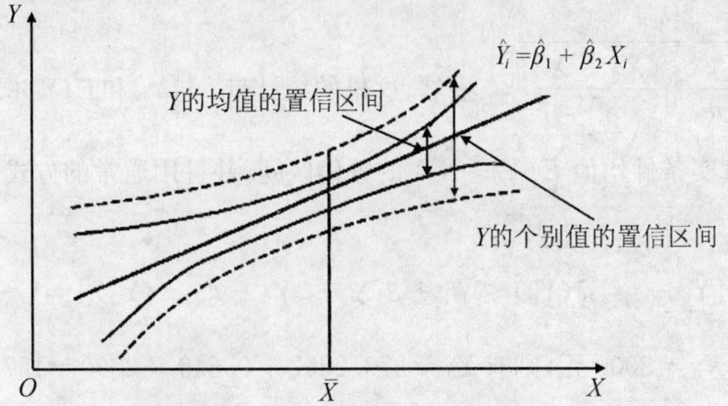

图 3.4　Y 均值与个别值的置信区间

1. 均值预测

均值预测就是给定 X_0,预测条件均值 $E(Y \mid X_0)$。由于预测方程 $\hat{Y}_0=\hat{\beta}_1+\hat{\beta}_2 X_0$ 是根据样本得到的,不同的样本可以得到不同的模型参数,根据抽样分布原理,显然 $\hat{Y}_0$ 是 $E(Y \mid X_0)$ 的点估计(预测)量。可以证明,这个点估计量是 BLUE。若给出根据具体样本估计的回归方程,并给定 X_0,我们就可以得到 $E(Y \mid X_0)$ 的点估计(预测)值。点预测值不一定等于被解释变量预测期的真实条件均值 $E(Y_0 \mid X_0)$,我们还需要对 $E(Y_0 \mid X_0)$ 可能的置信区间做出预测,也就是说,对 $E(Y_0 \mid X_0)$ 进行区间预测。

为了由估计量 $\hat{Y}_0$ 对真实的条件均值 $E(Y_0 \mid X_0)$ 做区间预测,我们需要求出 $\hat{Y}_0$ 的抽样分

布，并寻求与 $\hat{Y}_0$ 和 $E(Y_0 \mid X_0)$ 都有关的统计量。可以证明

$$\hat{Y}_0 \sim N(\beta_1 + \beta_2 X_0, \sigma^2[\frac{1}{n} + \frac{(X_0 - \bar{X})^2}{\sum x_i^2}]) \tag{3.3.18}$$

对于给定的 X_0，总体的条件均值为 $E(Y_0 \mid X_0) = \beta_1 + \beta_2 X_0$，用 $\hat{Y}_0 = \hat{\beta}_1 + \hat{\beta}_2 X_0$ 作为它的估计量。给定 X_0，有 $E(\hat{Y}_0) = E(Y_0 \mid X_0) = E(\hat{\beta}_1) + E(\hat{\beta}_2)X_0 = \beta_1 + \beta_2 X_0$。就是说 $\hat{Y}_0$ 是 $E(Y_0 \mid X_0)$ 的一个无偏估计(预测)量。

$$\begin{aligned} Var(\hat{Y}_0) &= Var(\hat{\beta}_1) + Var(\hat{\beta}_2)X_0^2 + 2X_0 Cov(\hat{\beta}_1, \hat{\beta}_2) \\ &= \frac{\sigma^2 \sum X_i^2}{n \sum x_i^2} + \frac{X_0^2 \sigma^2}{\sum x_i^2} - 2\frac{X_0 \bar{X} \sigma^2}{\sum x_i^2} \\ &= [\frac{1}{n} + \frac{(X_0 - \bar{X})^2}{\sum x_i^2}]\sigma^2 \end{aligned} \tag{3.3.19}$$

由于 $\hat{\beta}_1$ 和 $\hat{\beta}_2$ 服从正态分布，所以 $\hat{Y}_0$ 也服从正态分布。一般情况下 σ^2 未知，将未知的 σ^2 代之以它的无偏估计量 $\hat{\sigma}^2$，此时可以构造统计量

$$t = \frac{\hat{Y}_0 - \beta_1 - \beta_2 X_0}{s\hat{e}(\hat{Y}_0)} \sim t(n-2) \tag{3.3.20}$$

其中 $s\hat{e}(\hat{Y}_0) = \hat{\sigma}\sqrt{\frac{1}{n} + \frac{(X_0 - \bar{X})^2}{\sum x_i^2}}$。显然，这里的统计量 t 与 $\hat{Y}_0$ 和 $E(Y_0 \mid X_0)$ 都有关，因而 t 分布可用来推导真实条件均值 $E(Y_0 \mid X_0)$ 的置信区间，并且用通常的方式去检验关于它的假设，即：

$$\Pr[\hat{Y}_0 - t_{\alpha/2} s\hat{e}(\hat{Y}_0) \leqslant \beta_1 + \beta_2 X_0 \leqslant \hat{Y}_0 + t_{\alpha/2} s\hat{e}(\hat{Y}_0)] = 1 - \alpha \tag{3.3.21}$$

在例 3.1 中，若令 $X_0 = 2000$ 元，则有 $\hat{Y}_0 = 273.2667 + 0.649 \times 2000 = 1571.2667$ 元

$$\begin{aligned} s\hat{e}(\hat{Y}_0) &= \hat{\sigma}\sqrt{\frac{1}{n} + \frac{(X_0 - \bar{X})^2}{\sum x_i^2}} \\ &= \sqrt{23563.375(\frac{1}{10} + \frac{(2000 - 2750)^2}{20625000})} \\ &= \sqrt{2998.975} = 54.7629 \text{ 元} \end{aligned}$$

因此真实的条件均值 $E(Y_0 \mid X_0) = \beta_1 + \beta_2 X_0$ 的 95%的置信区间由下式给出：

$$1571.2667 - 2.306(54.7629) \leqslant E(Y_0 \mid X_0 = 2000) \leqslant 1571.2667 + 2.306(54.7629)$$

即

1444.98 元 $\leqslant E(Y_0 \mid X_0 = 2000$ 元$) \leqslant$ 1697.55 元

就是说，给定 $X_0 = 2000$，在重复抽样中，每 100 个类似区间将有 95 个包含真实的条件均值；真实均值的点估计值为 1571.27 元。

如果对每一个 X 值求类似的 95%的置信区间，把这些区间的置信上、下限分别连接起来就可得到一个关于总体回归函数的所谓置信带(域)。

2. 个值预测

如果我们的兴趣在于对给定的 X_0 值预测 Y 的一个个别值，就必须明确个别值与条件均值之间的关系。由于随机干扰的存在，个别值 Y_0 和条件均值 $E(Y_0 \mid X_0)$ 存在如下关系，即有

$$Y_0 = \beta_1 + \beta_2 X_0 + u_0 \tag{3.3.22}$$

我们把

$$\hat{Y}_0 = \hat{\beta}_1 + \hat{\beta}_2 X_0 \tag{3.3.23}$$

作为 Y_0 的点预测(估计)量，为了对个别值进行区间预测，还必须考察与预测值 $\hat{Y}_0$ 和个别值 Y_0 都有关系的预测误差 $\hat{u}_0$ 的抽样分布。预测误差可表示为

$$\hat{u}_0 = Y_0 - \hat{Y}_0 = (\beta_1 - \hat{\beta}_1) + (\beta_2 - \hat{\beta}_2) X_0 + u_0 \tag{3.3.24}$$

由于随机误差项 u_i 服从正态分布，$\hat{u}_0$ 也服从正态分布，同时可以证明

$$\begin{aligned} E(\hat{u}_0) &= E(\beta_1 - \hat{\beta}_1) + X_0 E(\beta_2 - \hat{\beta}_2) + E(u_0) = 0 \\ Var(\hat{u}_0) &= E(\hat{u}_0^2) \\ &= Var(\hat{\beta}_1) + X_0^2 Var(\hat{\beta}_2) + 2X_0 Cov(\hat{\beta}_1, \hat{\beta}_2) + E(u_0^2) \\ &= \sigma^2 \left[1 + \frac{1}{n} + \frac{(X_0 - \bar{X})^2}{\sum x_i^2}\right] \end{aligned} \tag{3.3.25}$$

因此可知

$$\hat{u}_0 \sim N\left(0, \sigma^2 \left[1 + \frac{1}{n} + \frac{(X_0 - \bar{X})^2}{\sum x_i^2}\right]\right) \tag{3.3.26}$$

用 $\hat{\sigma}^2$ 代替 σ^2，即可推出

$$t = \frac{\hat{u}_0 - E(\hat{u}_0)}{\hat{se}(\hat{u}_0)} = \frac{Y_0 - \hat{Y}_0}{\hat{se}(Y_0 - \hat{Y}_0)} \sim t(n-2) \tag{3.3.27}$$

其中 $\hat{se}(\hat{u}_0) = \hat{\sigma}\sqrt{1 + \frac{1}{n} + \frac{(X_0 - \bar{X})^2}{\sum x_i^2}}$。据此可以推导出给定显著水平下 Y_0 的预测置信区间：

$$\Pr(\hat{Y}_0 - t_{\alpha/2} \hat{se}(Y_0 - \hat{Y}) \leqslant Y_0 \leqslant \hat{Y}_0 + t_{\alpha/2} \hat{se}(Y_0 - \hat{Y}) = 1 - \alpha \tag{3.3.28}$$

当给定 $X_0=2000$，Y_0 的点预测值就是

$$\hat{Y}_0=273.2667+0.649\times 2000=1571.2667\text{ 元}$$

$$\hat{se}(Y_0-\hat{Y}_0)=\hat{\sigma}\sqrt{1+\frac{1}{n}+\frac{(X_0-\bar{X})^2}{\sum x_i^2}}$$

$$=\sqrt{23563.375+2998.975}=162.9796\text{ 元}$$

因此，对应于 $X_0=2000$ 的95%的置信区间是

$$1571.2667-2.306(162.9796)\leqslant Y_0\mid X_0\leqslant 1571.2337+2.306(162.9796)$$

即有

$$(1195.44\text{ 元}\leqslant Y_0\mid X_0\leqslant 1947.10\text{ 元})$$

均值与个值相比，后者比前者的预测置信区间要宽。也就是个值预测的置信区间比条件均值预测的置信区间宽。(为什么?)若以诸 X 值为条件计算类似于式(3.3.28)的诸多置信区间，分别连接它们的置信上下限，就可以得到对应于这些 X 值的个别值预测的置信预测带。图 3.4 中同时展示了对应于同样 X 值的个别值预测的置信带和条件均值的置信带。

从上述对被解释变量的条件均值预测和个别值预测，可以看出如下特点：第一，依据样本回归函数预测的平均值 $\hat{Y}_0$ 与真实条件均值 $E(Y_0\mid X_0)$ 之间的误差，是由样本的随机抽取引起的；依据样本回归函数预测的个别值 $\hat{Y}_0$ 与真实个别值 Y_0 的误差，不仅存在由样本的随机抽取引起的误差，还存在由随机干扰引起的误差。因此，由 $\hat{Y}_0$ 对个别值预测的方差要大于对条件均值预测的方差，从图 3.4 中也可以看出这种差异，即对个别值的预测区间比对条件均值预测的区间宽；第二，图 3.4 中 $\hat{Y}_0$ 的预测置信带的宽窄随解释变量的取值不同而变化，置信带的宽度在 $X_0=\bar{X}$ 时达到最小(为什么?)，随着 X_0 远离 $\bar{X}$，这个宽度急剧变大(为什么?)。这种变化说明(历史的)样本回归线的预测能力随着越来越远离 $\bar{X}$ 而显著下降；第三，预测区间还与样本量 n 有关，由式(3.3.19)和式(3.3.25)可以看出，样本量 n 越大，相应地 $\sum x_i^2$ 也越大，预测的精度会相应提高，预测区间也就缩小。当样本量趋于无穷大时，抽样误差将趋于 0，此时对条件均值的预测误差也趋于 0，而对个别值的预测误差则只决定于随机误差项 u_i 的方差 σ^2。

第四节　一元线性回归模型的延伸

线性回归分析的某些方面的问题，能很容易地纳入一元线性回归模型的框架之中。在这一节，我们将首先考虑过原点的回归问题；其次考虑变量的计量单位问题；最后考虑线性回归模型的函数形式问题。

一、过原点回归模型

1. 过原点回归模型参数的估计

有时一元线性回归模型的 PRF 采用如下形式：

$$Y_i = \beta_2 X_i + u_i \tag{3.4.1}$$

在此模型中截距项不出现或为零，因此称为过原点回归(regression through the origin)。

现代证券组合理论中的资本资产定价模型(Capital Asset Pricing Model，CAPM)就是一个过原点回归的例子。模型可表示为：

$$[E(r_i) - r_f] = \beta_i [E(r_m) - r_f] \tag{3.4.2}$$

其中，$E(r_i)$ 表示第 i 种证券组合的期望收益率；$E(r_m)$ 表示市场证券组合的期望收益率；r_f 表示无风险收益率；β_i 为贝塔系数，是对不能通过分散化而消除的系统风险的一种度量，表示第 i 种证券组合收益率与市场互动程度的一种度量，$\beta_i > 1$ 意味该种证券组合是一种高波动性或进攻型证券组合，$\beta_i < 1$ 意味该种证券组合是一种低波动性或保守型证券组合。这里的 β_i 不同于一元线性回归模型的斜率系数 β_2。如果资本市场有效运行，则 CAPM 要求：证券组合 i 的期望风险溢价 $[E(r_i) - r_f]$ 等于该证券组合的贝塔系数 β_i 乘以市场证券组合期望风险溢价 $[E(r_m) - r_f]$。

为了经验研究的目的，式(3.4.2)通常表示为：

$$r_i - r_f = \beta_i (r_m - r_f) + u_i \tag{3.4.3}$$

或

$$r_i - r_f = \alpha_i + \beta_i (r_m - r_f) + u_i \tag{3.4.4}$$

式(3.4.4)叫作市场模型，如果 CAPM 成立，则预期 α_i 为零，同时注意，式中的被解释变量是 $(r_i - r_f)$，但解释变量是波动性系数 β_i，而不是 $(r_m - r_f)$。至于 β_i 的值，一般要通过特征线导出。

如本例所表明的，有时基础理论能断定某个模型没有截距。零截距理论模型的例子还有：弗里德曼持久收入假说——持久消费正比于持久收入；成本分析理论——生产的可变成本正比于产出；货币主义者的理论认为——价格变化率正比于货币供给变化率，等等。

式(3.4.1)表示的模型如何估计？这类模型提出了什么特殊的问题？为了回答这些问题，可把与式(3.4.1)相对应的 SRF 写成：

$$Y_i = \hat{\beta}_2 X_i + \hat{u}_i \tag{3.4.5}$$

对式(3.4.5)应用 OSL 法，就可得到 $\hat{\beta}_2$ 及其方差的如下计算公式：

$$\hat{\beta}_2 = \frac{\sum X_i Y_i}{\sum X_i^2} \tag{3.4.6}$$

$$Var(\hat{\beta}_2) = \frac{\sigma^2}{\sum X_i^2} \tag{3.4.7}$$

其中 σ^2 的估计为：

$$\hat{\sigma}^2=\frac{\sum \hat{u}_i^2}{n-1} \tag{3.4.8}$$

需要注意的是，过原点回归模型与含有截距项的回归模型相比，有两点不同：一是斜率系数及其方差的估计式中使用原生平方和及其交叉乘积和，而在有截距项的模型中，使用偏离均值的离差平方和及其交叉乘积和；二是过原点回归中，在计算 $\hat{\sigma}^2$ 的公式中的分母为 $n-1$ 而非 $n-2$。

过原点回归模型有如下两个特点：第一，$\sum \hat{u}_i=0$ 不一定成立；第二，r^2 可能出现负值。其原因就在于按带截距项模型计算得到的判定系数 r^2 不适合于过原点的回归模型。

2. 过原点回归模型的粗判定系数

由于带截距项模型计算得出的 r^2 不适合于过原点的回归模型。但是我们可以对过原点回归模型计算以 raw r^2 为名的判定系数，称为粗判定系数，表示为：

$$\text{raw } r^2=\frac{\left(\sum X_iY_i\right)^2}{\sum X_i^2\sum Y_i^2},\quad 0<\text{raw } r^2<1 \tag{3.4.9}$$

虽然粗判定系数也满足 $0<\text{raw } r^2<1$，却不能直接与 r^2 相比。所以，一般不对零截距回归模型报告 r^2 值。在实践中，除非有非常强的先验性预期，一般不宜采用过原点的回归模型，而直接采用带有截距项的回归模型。其理由在于：一是若截距项统计上不显著，可再考虑设定过原点的回归模型；二是若模型中确有截距，而拟合为过原点回归，就违背了经典假定 9，犯了模型设定错误。

二、尺度与计量单位

在回归分析中，解释变量与被解释变量的计量单位是否会造成回归结果的差异？如果会的话，在选择回归分析的计量单位时要注意什么问题？应该采取哪些合理的途径？为此，需要我们进行系统的分析。

1. 尺度因子

我们考察 SRF

$$Y_i=\hat{\beta}_i+\hat{\beta}_2X_i+\hat{u}_i \tag{3.4.10}$$

若定义

$$Y_i^*=w_1Y_i \tag{3.4.11}$$

$$X_i^*=w_2X_i \tag{3.4.12}$$

其中 w_1 和 w_2 为常数，称为尺度因子(scale factors)；w_1 与 w_2 可以相等，也可以不等。显然，Y_i^*，X_i^* 是重新度量的 Y_i，X_i。例如，若 Y_i 和 X_i 是以 10 亿元计量的，而想改用百万元表示，于是有 $Y_i^*=1000Y_i$，$X_i^*=1000X_i$；$w_1=w_2=1000$。如果使用变量 Y_i^* 和 X_i^* 的回归，则有：

$$Y_i^*=\hat{\beta}_1^*+\hat{\beta}_2^*X_i^*+\hat{u}_i^* \tag{3.4.13}$$

其中：$Y_i^*=w_1Y_i, X_i^*=w_2X_i, \hat{u}_i^*=w_1\hat{u}_i$。

下面给出以下变量之间的关系式：

$$\hat{\beta}_2^*=(\frac{w_1}{w_2})\hat{\beta}_2 \tag{3.4.14}$$

$$\hat{\beta}_1^*=w_1\hat{\beta}_1 \tag{3.4.15}$$

$$\hat{\sigma}^{*2}=w_1^2\hat{\sigma}^2 \tag{3.4.16}$$

$$Var(\hat{\beta}_1^*)=w_1^2Var(\hat{\beta}_1) \tag{3.4.17}$$

$$Var(\hat{\beta}_2^*)=(\frac{w_1}{w_2})^2Var(\hat{\beta}_1) \tag{3.4.18}$$

$$r_{xy}^2=r_{x^*y^*}^2 \tag{3.4.19}$$

由以上关系式可知，一旦尺度因子 w 已知，给定了一种测度尺度的回归结果，就可以导出另一种尺度的回归结果。

2. 尺度因子变化的影响

(1)被解释变量的尺度因子对截距和斜率都有影响，而解释变量的尺度因子只影响斜率。

(2)被解释变量的尺度因子是正比例影响，而解释变量的尺度因子是反比例影响。具体可分三种情况讨论：

第一种情况：$w_1=w_2$。在这种情况下，斜率系数及其标准误不变。然而，截距及其标准误却要乘以因子 w_1。

第二种情况：w_2 不变，w_1 变。在此情况下，斜率和截距系数以及他们的标准误都要乘以相同的 w_1 因子。

第三种情况：w_2 变，w_1 不变。该种情况下，斜率系数及其标准误要乘以因子 $1/w_2$，但是截距系数及其标准误不变。

值得注意的是，尺度因子的变化不影响 OLSE 的统计性质。

三、标准化变量的回归模型

由上一小节我们看到，被解释变量和解释变量的计量单位会影响到回归系数的解释。若要避免这种影响，我们可以通过对被解释变量和解释变量的标准化来实现。标准化的变量定义为：

$$Y_i^*=\frac{Y_i-\bar{Y}}{S_Y} \tag{3.4.20}$$

$$X_i^*=\frac{X_i-\bar{X}}{S_X} \tag{3.4.21}$$

其中，$\bar{Y}$ 和 $\bar{X}$ 分别表示 Y 和 X 的样本均值，S_Y 和 S_X 分别表示 Y 和 X 的样本标准差。由统计学的知识可知，标准化变量的基本特征是其均值为 0，方差为 1。

对标准化变量做一元线性回归模型，有

$$Y_i^* = \beta_2^* X_i^* + u_i^* \tag{3.4.22}$$

与变量未标准化的回归模型相比，由标准化变量所做的回归模型有 3 点变化：一是模型的截距项为 0，所以式(3.4.22)是过原点回归；二是模型参数的解释不受变量计量单位的影响，其模型的斜率可解释为，如果解释变量变动一个单位标准差，被解释变量平均变动 β_2^* 个单位标准差；三是如果模型中不只包含一个解释变量，根据变量系数的大小可以直接比较各解释变量对被解释变量解释能力的大小，也就是说，可以用斜率系数 β 作为各个解释变量相对解释能力的一种度量。在线性回归模型中，还存在

$$\beta_2^* = \beta_2 \frac{S_X}{S_Y} \tag{3.4.23}$$

的关系，也就是说，两种不同模型的斜率系数可以相互转换。这种关系在一元和多元线性回归模型中都存在。

四、回归模型的函数形式

本书主要讨论对参数是线性的模型，对变量来说可以是线性的，也可以是非线性的，前面我们讨论的模型对参数和变量都是线性的，而有一些对变量来说是非线性的模型，它们在经济分析中有非常广泛的应用，下面予以讨论。

1. 双对数(对数线性)模型：弹性的测度

如果我们考虑指数回归模型

$$Y_i = \beta_1 X_i^{\beta_2} e^{u_i} \tag{3.4.24}$$

对指数回归模型直接用 OLS 方法进行估计不方便，需要进行简单的变换。若对式(3.4.24)等式两边取自然对数，则有：

$$\ln Y_i = \ln\beta_1 + \beta_2 \ln X_i + u_i \tag{3.4.25}$$

令 $\alpha = \ln\beta_1$，有：

$$\ln Y_i = \alpha + \beta_2 \ln X_i + u_i \tag{3.4.26}$$

式(3.4.26)表示的模型对参数 α 和 β_2 是线性的，并且对变量 Y 和 X 的对数也是线性的，这样就可以用 OLS 方法进行估计。由于有这样的线性性质，这种模型被称作双对数模型或对数线性模型。对数线性模型的一个最大优点是，其斜率系数的经济含义为被解释变量对解释变量的弹性系数。也就是说，$\beta_2 = \frac{Y\text{ 的相对变化}}{X\text{ 的相对变化}}$，也正因为有这一优点，使对数线性模型在实践中得到广泛应用。

对数线性模型有两个特点：第一，对数线性模型为不变弹性模型，也就是说，该模型假定弹性系数在整个研究范围内保持不变。第二，$\hat{\alpha}$ 的反对数 $\hat{\beta}_1$ 是一个有偏估计量，也就是说，虽然 $\hat{\alpha}$ 和 $\hat{\beta}_2$ 是 α 和 β_2 的无偏估计量，但是，$\hat{\beta}_1$ 却是一个有偏估计量。由于在实际问题的研究中，截距项处于次要位置，故其有偏无偏关系不大。

2. 半对数模型

半对数模型是指模型中或者是被解释变量取对数形式，或者是解释变量取对数形式的模

型。因为只有一个变量以对数形式出现,所以称为半对数模型。它有两种形式。

(1)被解释变量取对数形式的半对数模型。这种模型适合于增长率的测度。如果我们有下面的复利模型:

$$Y_t = Y_0 (1+r)^t \quad (3.4.27)$$

其中 r 是利息率,也就是 Y 的复合增长率。对式(3.4.27)的等式两边取自然对数,有:

$$\ln Y_t = \ln Y_0 + t\ln(1+r) \quad (3.4.28)$$

令 $\beta_1 = \ln Y_0$, $\beta_2 = \ln(1+r)$,考虑加上一个随机误差项,式(3.4.28)可写为:

$$\ln Y_t = \beta_1 + \beta_2 t + u_t \quad (3.4.29)$$

此模型也是对参数为线性的,但被解释变量是 Y 的对数,解释变量是取值为 1、2、3… 的"时间"。为了与另一种半对数模型区别,又把式(3.4.29)这种模型称为线性到对数模型。在此模型中,斜率系数度量了给定解释变量取值的绝对改变量时被解释变量 Y 的相对改变量。也就是:$\beta_2 = \dfrac{Y\text{ 的相对改变量}}{t\text{ 的绝对改变量}}$,若将 β_2 乘以 100,可得到 Y 的增长率。需要说明的是,这一增长率为边际增长率,而非复合增长率。所谓边际增长率是指在某一个时点上的瞬时增长率;而复合增长率指的是某一时期的增长率,即平均增长率。复合增长率可以依据 $\beta_2 = \ln(1+r)$ 得到,即取 β_2 估计值的反对数,再从中减 1,再用 100 乘这个差数。

表 3.4 我国 1978—2011 年的实际 GDP 单位:亿元

年份	实际 GDP	年份	实际 GDP
1978	3645.22	1995	18309.27
1979	3922.25	1996	20141.76
1980	4228.75	1997	22014.35
1981	4450.47	1998	23738.81
1982	4853.54	1999	25547.66
1983	5380.29	2000	27701.66
1984	6196.81	2001	30000.98
1985	7031.28	2002	32725.69
1986	7653.29	2003	36006.57
1987	8539.80	2004	39637.85
1988	9503.13	2005	43773.17
1989	9889.27	2006	48871.43
1990	10268.92	2007	54703.78
1991	11211.50	2008	60189.50
1992	12808.09	2009	65666.70
1993	14596.65	2010	69289.80
1994	16506.00	2011	76010.91

资料来源:《2012 年中国统计年鉴》,中国统计出版社出版。

例 3.2 为了说明增长模型(3.4.29),考虑表 3.4 给出的我国 1978—2011 年的实际 GDP 数据(单位:亿元,以 1978 年为基期)。回归结果如下:

$$\ln \hat{GDP}_t = 8.0752 + 0.0938t$$
$$se = (0.0121) \quad (0.0006)$$
$$t = (666.9006) \quad (155.5153)$$
$$p = (0.0000) \quad (0.0000)$$
$$r^2 = 0.9986$$

对以上回归结果的解释是,1978 年到 2011 年期间,我国实际 GDP 以每年 9.38%的速度增长(注意此增长速度为瞬时增长率)。而复合增长率为 [antiln(0.0938)−1]=9.83%。由于复合效应的原因,实际 GDP 的复合增长率略高于 9.38%的瞬时增长率。

图 3.5 给出了方程中得到的回归线:

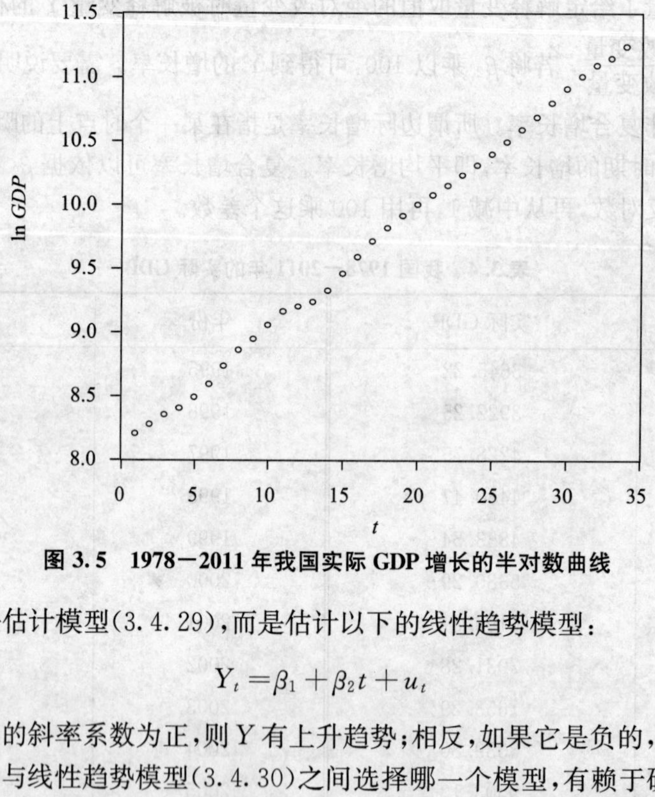

图 3.5 1978—2011 年我国实际 GDP 增长的半对数曲线

有时我们不去估计模型(3.4.29),而是估计以下的线性趋势模型:

$$Y_t = \beta_1 + \beta_2 t + u_t \tag{3.4.30}$$

如果式(3.4.30)中的斜率系数为正,则 Y 有上升趋势;相反,如果它是负的,则 Y 有下降趋势。增长模型(3.4.29)与线性趋势模型(3.4.30)之间选择哪一个模型,有赖于研究者对被解释变量的相对或绝对变化的偏好。同时需要注意,由于这两个模型的被解释变量不同,所以它们的 r^2 值不可比,也就是说,不能用它们的判定系数比较它们的拟合优度。

(2)解释变量取对数形式的半对数模型。在被解释变量取对数形式的半对数模型中,我们感兴趣的是解释变量的一个单位的绝对变化,引起被解释变量的相对变化是多少。但是,如果我们感兴趣的是解释变量的一个百分比变化,引起被解释变量的绝对变化量是多少,则要拟合如下模型:

$$Y_i = \beta_1 + \beta_2 \ln X_i + u_i \tag{3.4.31}$$

我们把(3.4.31)这样的模型又称为对数到线性模型。在这一模型中,斜率系数的经济含义可表示为:$\beta_2=\dfrac{Y\text{ 的绝对变化}}{X\text{ 的相对变化}}=\Delta Y/\dfrac{\Delta X}{X}$。对数到线性模型的一个有意义的应用就是所谓的恩格尔支出模型。

3. 倒数模型

以以下形式表示的模型称为倒数模型。

$$Y_i=\beta_1+\beta_2\frac{1}{X_i}+u_i \tag{3.4.32}$$

这类模型在结构上有一内在的渐近线或极限值,其特点是:随着解释变量 X 的无限增大,$\beta_2(1/X)$ 项趋于零,而 Y 趋于极限或渐近线 β_1,并且,$\dfrac{dY}{dX}=-\beta_2\dfrac{1}{X^2}$。图 3.6 展示出与式(3.4.32)相符的一些可能的曲线形态。

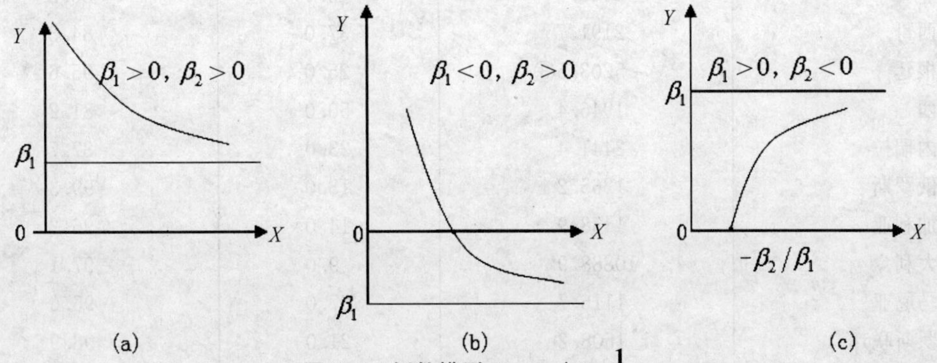

图 3.6 倒数模型:$Y=\beta_1+\beta_2\dfrac{1}{X}$

例 3.3 作为对图 3.6(a)的一个说明,考虑表 3.5 给出的数据,该表给出 31 个国家和地区的婴儿死亡率及相关指标数据。本例中只考虑婴儿死亡率和住户人均最终消费支出这两个变量的关系,在图 3.7 中给出这两个变量取值的散点图。

表 3.5 1990 年 31 个国家与地区婴儿死亡率及相关指标

国家和地区	人均住户最终消费支出(1995 年价格,美元)	婴儿死亡率(‰)	妇女(15 岁及以上)识字率(%)
中国	174.6①	32.9	68.9
中国澳门	4579.0	9.6	86.8
孟加拉国	246.1	90.6	23.7
印度	221.7	84.0	35.9
印度尼西亚	457.0	60.0	72.5
伊朗	773.2	54.0	54.0
以色列	7802.4	10.0	88.0
哈萨克斯坦	1728.6	41.0	98.2
马来西亚	1579.1	16.0	74.4

续表

国家和地区	人均住户最终消费支出（1995 年价格，美元）	婴儿死亡率（‰）	妇女（15 岁及以上）识字率（%）
蒙古	322.4	77.0	97.1
巴基斯坦	322.5	96.0	20.1
菲律宾	767.8	45.0	91.2
新加坡	8187.9	7.0	83.2
斯里兰卡	451.6	22.0	84.7
泰国	1113.7	34.0	89.5
土耳其	1856.4	64.0	66.4
越南	198.6②	38.0	87.1
埃及	712.5	76.0	33.6
尼日利亚	243.5	115.0	38.4
南非	2466.5	45.0	80.2
墨西哥	2191.7	37.0	84.3
阿根廷	5203.5③	25.0	95.6
巴西	1946.4	50.0	81.2
委内瑞拉	2441.4	23.0	87.7
白俄罗斯	1265.2	18.0	99.3
保加利亚	1458.9	14.0	96.2
意大利	10888.9	9.0	97.1
罗马尼亚	1116.7	27.0	95.6
俄罗斯联邦	1508.2	21.0	98.9
西班牙	8483.0	8.0	94.8
乌克兰	941.0	18.0	99.2

注：1. ①世界银行统计数据。②1994 年数据。③1993 年数据。

2. 资料来源：世界银行数据库。

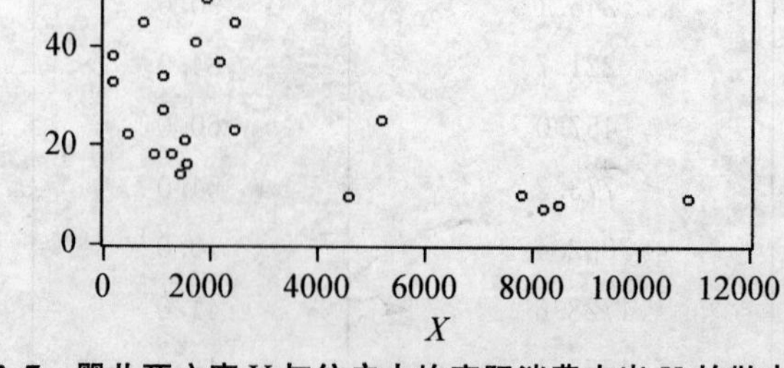

图 3.7 婴儿死亡率 Y 与住户人均实际消费支出 X 的散点图

显然，图 3.7 与图 3.6(a)相似，说明假定所有其他变量保持不变，各国的婴儿死亡率随着住户人均最终消费水平的提高而下降，但这种关系不是直线下降，而是先明显下降，然后随着住户人均最终消费支出的继续增加，婴儿死亡率下降的速度逐步减弱。

如果我们拟合这两个变量的倒数模型(3.4.32)，我们得到如下回归结果：

$$\hat{Y}_i = 24.1358 + 10935.8129\frac{1}{X_i}$$

$$se = (5.8800) \quad (2652.074)$$

$$t = (4.1047) \quad (4.1235)$$

$$p = (0.0003) \quad (0.0003)$$

$$r^2 = 0.3696$$

随着住户人均最终消费支出的无限增加，婴儿死亡率趋于其渐近值，这一渐近值为每千个婴儿中死亡 25 个，即 24.14‰的婴儿死亡率。

图 3.6(b)的重要应用之一，是宏观经济学中的著名的菲利普斯曲线(Phillips curve)，如图 3.8 所示。菲利普斯曲线描述的是货币工资变化率与失业率之间的关系：货币工资变化率对失业率的反映存在不对称性，即当 $X < U^N$，失业率低于自然失业率(定义为保持通货膨胀不变所需要的失业率)时，由失业的单位变化引起的工资上升，要快于当 $X > U^N$，失业率高于自然水平时，由失业的同样变化引起的工资下降。β_1 表示工资变化的渐近底限(asymptotic floor)，这一具体的特征可能缘于工会的讨价还加的能力、工人的罢工、最低工资制度或者失业补贴等原因。

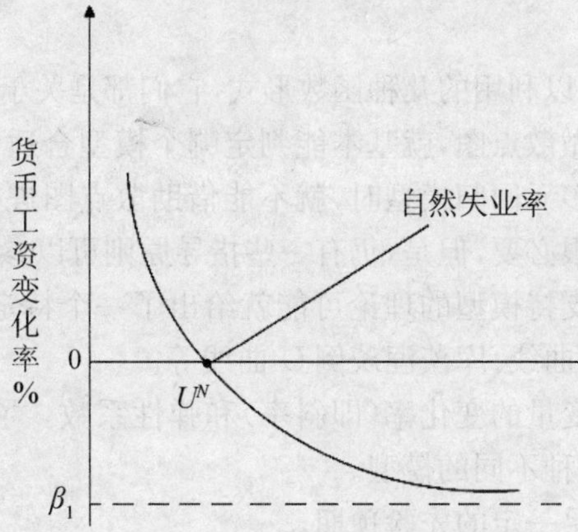

图 3.8 菲利普斯曲线

图 3.6(c)的重要应用，是把消费者在某种消费品上的支出与其总支出或可支配收入联系起来的恩格尔支出曲线。如果设 Y 为对某种消费品的支出，X 为可支配收入，则某些消费品具有如下特性：(1)在可支配收入上存在某个临界水平或门槛水平。即当收入低于此水平时，消费者不购买此种消费品，可能是收入水平尚未达到消费此种消费品的能力，这个门槛水平就是图中的 $X = -(\beta_2/\beta_1)$；(2)消费上存在一个满足水平。即消费者的收入水平一旦越过门槛水平，对该消费品的消费支出会随着收入水平的逐步提高而增加，但增加是有限度的，当消费达到某一限度水平时，无论收入增加多少，在该消费品上的支出都不会再增加。这个限度水平

就是该图中的渐近线 β_1。

4. 对数倒数模型

如下形式表示的模型称为对数倒数模型。

$$\ln Y_i = \beta_1 - \beta_2 \left(\frac{1}{X_i}\right) + u_i \tag{3.4.33}$$

其形状如图 3.9 所示。由图可见,Y 首先以递增的速度增加(即这个曲线先是凸的),然后以递减的速度增加(即变成凹的)。这样的模型可能适合于短期生产函数模型。在微观经济学中,如果劳动和资本是一个生产函数的投入,我们保持资本投入不变但增加劳动投入,那么产出与劳动之间的关系就可以拟合这种模型。

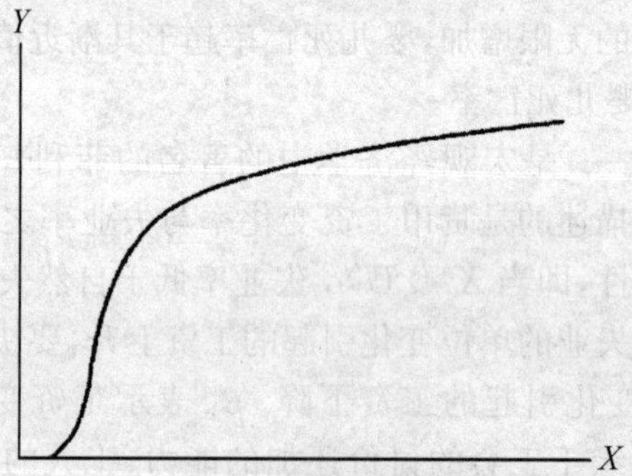

图 3.9 对数倒数模型

五、函数形式的选择

以上我们讨论了经验模型可以利用的几种函数形式,它们都是关于参数的线性回归模型。在一元回归模型中,通过对变量做散点图,就基本能判定哪个模型合适,所以选择函数形式相对容易。然而,当我们考虑的是多元回归模型时,就不能借助散点图进行选择,选择将困难得多。这时,大量的技巧和经验就很必要,但是,仍有一些指导原则可以参考。

(1)模型背后的理论。有时支持模型的理论可能就给出了一个特定的函数形式。例如菲利普斯曲线、恩格尔曲线、帕累图曲线、库茨涅茨倒 U 曲线等。

(2)被解释变量相对于解释变量的变化率(即斜率)和弹性系数。了解这些变化率和弹性系数的公式将有助于我们选择各种不同的模型。

(3)所选模型的系数应该满足一定的先验预期。

(4)比较模型的判定系数 r^2。有时不止一个模型能较好地拟合一个给定的数据集,它们与先验预期一致,统计检验也都显著,此时不妨用它们的判定系数的大小帮助我们选择。但是必须注意,两个模型的被解释变量必须相同,解释变量则可以采取任何形式。下一章我们将解释其原因。

(5)并非模型的判定系数 r^2 越大越好。通常,不应该过分强调 r^2 的作用,也就是说,并非 r^2 值越大越好。我们在下一章将看到的,当我们在模型中增加更多的解释变量时,r^2 值会不断提高,但这会带来另一方面的问题。因此,首要的考虑在于所选模型的理论基础、估计系数的符号及其统计显著性。如果一个模型从这些准则看不错,那么较低的 r^2 值也是可以接受的。

六、相加性与相乘性随机误差项

考虑如下回归模型：

$$Y_i = \beta_1 X_i^{\beta_2} \tag{3.4.34}$$

这是一个与式(3.4.24)相同但没有随机误差项的模型。为了估计的目的，可把此模型表示成三种不同的形式：

$$Y_i = \beta_1 X_i^{\beta_2} u_i \tag{3.4.35}$$

$$Y_i = \beta_1 X_i^{\beta_2} e^{u_i} \tag{3.4.24}$$

$$Y_i = \beta_1 X_i^{\beta_2} + u_i \tag{3.4.36}$$

对以上三个方程等式两边取对数可得：

$$\ln Y_i = \alpha + \beta_2 \ln X_i + \ln u_i \tag{3.4.37}$$

$$\ln Y_i = \alpha + \beta_2 \ln X_i + u_i \tag{3.4.26}$$

$$\ln Y_i = \ln(\beta_1 X_i^{\beta_2} + u_i) \tag{3.4.38}$$

其中 $\alpha = \ln\beta_1$。

这三个方程中，式(3.4.35)和式(3.4.24)表示的这两个模型本质上是线性(对参数而言)回归模型，因为经过适当的线性变换即可将模型变成对参数 α 和 β_2 是线性的(注意模型对 β_1 是非线性的)。但是，式(3.4.36)表示的模型本质上对参数是非线性的。因为 $\ln(A+B) \neq \ln A + \ln B$。我们没有对式(3.4.36)取对数的简单方法。虽然式(3.4.35)和式(3.4.24)同是线性回归模型，并且都可用 OLS 或 ML 法进行估计，但是我们必须注意进入模型的随机误差项的性质不同。至于式(3.4.36)表示的模型，其参数不能用 OLS 法进行估计，还必须用某种代数计算程序来求解。

要点与结论

1. CLRM 是回归分析的基本框架，它以一组假定为基础，基于这些假定，OLSE 具有高斯—马尔科夫定理归结的统计性质：在线性无偏估计量一类中，OLSE 具有最小的方差，即它是 BLUE。

2. OLSE 的精度由其标准误差来衡量，回归模型的总拟合优度由判定系数来衡量，判定系数与相关系数是既有联系又有区别的两个指标，对于回归分析判定系数更有意义。

3. CLRM 仅仅是理论上的构想和抽象，这种抽象对于经济计量研究是必要的。一旦掌握了 CLRM，就能渐次展开如果某些或某一假定不成立，将会出现什么情况，以及如何解决这些问题的研究。

4. 经典正态线性回归模型 CNLRM 与经典线性回归模型 CLRM 的差异在于它增加了随机干扰项 u_i 服从正态分布的假定，这一假定的理论依据是中心极限定理，加上正态性假定，

OLSE 不仅是最优无偏估计量(BUE),而且遵从我们熟悉的概率分布,截距和斜率的 OLSE 服从正态分布,随机干扰项 u_i 的方差的 OLS 估计量 $\hat{\sigma}^2$ 与 χ^2 分布相关。

5. 在回归分析中,最常做的假定就是随机干扰项 u_i 服从正态分布,然而它不是 CLRM 的基本假定。有了随机干扰项 u_i 的正态性假定,模型的参数还可以用极大似然法估计,截距和斜率的极大似然估计量与 OLSE 完全相同,随机干扰项 u_i 的方差的 OLSE 与极大似然估计量却有差别,但是,在大样本中,两个估计量趋于一致。因此,把 ML 估计方法称为大样本方法,它的应用更广泛,因为它可用于参数为非线性的回归模型的估计,而 OLS 法却不能。

6. 估计与假设检验是经典统计学中的两个主要分支。估计有点估计与区间估计之分。所谓点估计,就是根据样本信息,依据构造的估计量计算出总体参数的一个点估计值;所谓区间估计,就是围绕点估计量构造一个区间,使该区间把未知的总体参数真值包含在内的概率等于预先设定的概率。给定一个样本,就可以根据样本信息计算出一个这样的区间。这样的区间估计给出估计的可靠程度(精度),又给出估计的把握程度。

7. 假设检验要回答这样的问题:一个给定的发现是否与声称的假设相符?为回答这一问题有两种互为补充的方法:置信区间检验法与显著性检验法。置信区间检验法建立在区间估计概念的基础上。置信区间对未知参数的取值提供了一个可信假设集,如果虚拟假设值落入置信区间,就不拒绝虚拟假设,否则,就拒绝。在显著性检验程序中,根据检验统计量在虚拟假设下的抽样分布,依据样本数据计算出估计值,就可求出与其相对应的 p 值。这个 p 值给出在虚拟假设下得到所估计的检验统计量的精确概率,如果这个值 p 小,就可拒绝虚拟假设;否则,就不能拒绝。p 值的大小,由研究者决定。在选择时,研究者要考虑犯第Ⅰ类和第Ⅱ类错误的概率。注意统计显著性与实际显著性的区别。

8. 假设检验是以不违背经典正态线性回归模型中的若干假定为前提的,因此要把模型适宜性的检验(即是否违背经典正态线性回归模型中的假定检验)放在假设检验之前来做。比如正态性检验,就是十分重要的一种检验,因为在小的或有限的样本中,t、F 和 χ^2 检验都建立在正态性假定的基础上。

9. 如果模型被认为适宜,且通过假设检验,就可用于预报。预报时,不能超出解释变量的样本取值范围太远,否则预测误差会戏剧性地增加。

10. 不含有截距的回归模型称为过原点回归模型。对这种模型,残差和 $\sum \hat{u}_i$ 不一定等于零,通常计算的判定系数 r^2 也不一定有意义。除非有很强的理论支持,一般还是做带有截距项的回归模型为好。

11. 因为计量单位和尺度因子影响回归系数的解释,所以用什么计量单位和尺度来表达被解释变量和解释变量很重要。在经验研究中,不仅要注明数据的来源,还要注明变量的计量单位。

12. 函数形式的选择是重要的。究竟选择什么样的函数形式,主要取决于所研究对象的性质和研究的目的。在选择各种函数形式时,必须对随机误差项 u_i 给予高度的关注。必要时要对随机误差项 u_i 的性质进行检验,比如它的正态性检验。

思考题与习题

3.1 普通最小二乘(OLS)估计和极大似然(ML)估计的基本原理是什么?说明它们有

何异同？

3.2 普通最小二乘估计量(OLSE)有哪些性质？

3.3 经典线性回归模型的基本假定有哪些？为什么要对回归模型规定经典假定条件？

3.4 何为判定系数？判定系数与相关系数有何关系？

3.5 什么是显著性检验？进行显著性检验有哪些需要注意的地方？

3.6 假设已经得到关系式 $Y=\beta_0+\beta_1 X$ 的最小二乘估计结果分别为：$\hat{\beta}_0$、$\hat{\beta}_1$、$se(\hat{\beta}_0)$、$se(\hat{\beta}_1)$（se 为标准误），请回答以下问题：

(1)假定把 X 变量的单位扩大 n（n 为非零常数）倍，这时估计的结果分别是什么？如果是把 Y 变量的单位扩大 n 倍，结果又是怎样？如果 X 变量和 Y 变量同时扩大 n 倍呢？

(2)假定给 X 的每个观测值都增加 m（m 为非零常数），这时估计的结果分别是什么？如果是对 Y 的每个观测值增加 m，结果又是怎样？如果同时对 X 和 Y 增加 m 呢？

3.7 有 10 户家庭的消费(单位：百元)与收入(单位：百元)的资料，如表 3－1 所示。假定数据满足所有的经典线性回归模型的假定，可根据数据建立消费为因变量，收入为自变量的一元线性回归方程。要求：

(1)根据所给数据手工计算出 β_0、β_1 的估计值和方程的残差平方和以及判定系数 r^2；

(2)用软件估计模型，并将软件估计出来的结果和(1)进行比较；

(3)解释所得的回归方程。

表 3－1 家庭的消费和收入资料 单位：百元

消费 Y	13.0	12.0	20.0	21.0	23.0	29.0	28.0	32.0	30.0	33.0
收入 X	12.0	15.0	20.0	23.0	28.0	33.0	35.0	38.0	40.0	45.0

3.8 假设由一容量为 20 的样本估计了市场上某产品的价格函数为：$P_i=\beta_0+\beta_1 C_i+\mu_i$，并获得以下估计结果：

$\hat{P}_i=100+0.89C_i$

$t=(2.68)(28.60)$

$r^2=0.93$

请回答以下问题：

(1)利用 t 值检验假设：$\beta_1=0$(取显著性水平为 5%)；

(2)给出参数估计量 $\hat{\beta}_1$ 的标准误差；

(3)构造 β_1 的 95%的置信区间，这个区间包括 0 吗？

3.9 表 3－2 为我国 1978－2007 年的实际居民消费支出与国内生产总值数据(以 1978 年为基期)，要求：

(1)作出散点图，建立我国居民消费支出和国内生产总值之间的一元线性回归方程，并对其做出解释；

(2)对所建立的回归方程进行参数以及总体的显著性检验；

(3)假设 2010 年的实际国内生产总值为 100000 亿元，基于上述回归结果，2010 年我国居民消费支出的均值是多少？构建均值预测的一个 95%的置信区间；

(4)对残差项进行正态性假定检验,说明你所用的检验。

表 3－2　1978－2007 年消费支出与 GDP 统计数据　　单位:亿元

年份	居民消费支出 Y	国内生产总值 X	年份	居民消费支出 Y	国内生产总值 X
1978	1759.10	3645.22	1993	6009.56	14596.65
1979	1973.99	3922.25	1994	6443.72	16506.00
1980	2128.95	4228.75	1995	7147.82	18309.27
1981	2342.16	4450.47	1996	7898.56	20141.76
1982	2537.50	4853.54	1997	8355.17	22014.35
1983	2768.72	5380.29	1998	8948.29	23738.81
1984	3120.93	6196.81	1999	9699.31	25547.66
1985	3575.44	7031.28	2000	10565.58	27701.66
1986	3798.07	7653.29	2001	11261.60	30000.98
1987	4089.52	8539.80	2002	12127.17	32725.69
1988	4422.77	9503.13	2003	12955.19	36006.57
1989	4198.48	9889.27	2004	14004.72	39637.85
1990	4367.33	10268.92	2005	15348.60	43773.17
1991	4794.73	11211.50	2006	17086.39	48871.43
1992	5459.93	12808.09	2007	18905.43	54703.78

3.10　表 3－3 给出了 2007 年度我国各地区的卫生医疗机构数(单位:个)与人口数(单位:万人)数据,要求:

(1)以卫生医疗机构数为纵轴,人口数为横轴作图,画出拟合回归线并给出简要解释;

(2)对数据拟合一个合适的回归模型,并评价拟合效果;

(3)各地区的卫生医疗机构数与人口数有关吗?如果一个地方的人口数不变,是否卫生医疗机构越多越好?

表 3－3　2007 年我国各地区卫生医疗机构数和人口数数据

地　区	卫生医疗机构数(个)	人口数(万人)	地　区	卫生医疗机构数(个)	人口数(万人)
北　京	6210	1633	湖　北	11093	5699
天　津	2334	1115	湖　南	14521	6355
河　北	19425	6943	广　东	16488	9449
山　西	9780	3393	广　西	10060	4768
内蒙古	9076	2405	海　南	2330	845
辽　宁	14819	4298	重　庆	6293	2816
吉　林	9683	2730	四　川	21380	8127
黑龙江	8464	3824	贵　州	5956	3762
上　海	2678	1858	云　南	9693	4514
江　苏	19116	7625	西　藏	1322	284
浙　江	15669	5060	陕　西	9708	3748
安　徽	8502	6118	甘　肃	12024	2617
福　建	4556	3581	青　海	1619	552
江　西	9456	4368	宁　夏	1530	610
山　东	15270	9367	新　疆	7465	2095
河　南	11888	9360			

3.11 表 3—4 就中国广东省 1991—2007 年规模以上国有控股工业企业和全部规模以上工业企业给出了全部从业人员平均人数 X（单位：万人）和总产值 Y（单位：亿元）的数据。要求：

(1)分别按两个类别作出散点图，从图上来看，你大致可以得到什么结论；

(2)估计出 Y 对 X 的 OLS 回归，并建立 ANOVA 表；

(3)根据(2)的结论回答：企业的工业总产值与年从业人员平均人数之间有没有关系？

(4)综合以上分析结果，你对我国国企改革中的人员冗余问题有什么看法和建议？

表 3—4 广东省规模以上工业企业产出与从业人员

年份	规模以上国有控股工业企业		全部规模以上工业企业	
	全部从业人员平均人数（万人）	总产值（亿元）	全部从业人员平均人数（万人）	总产值（亿元）
1991	173.85	906.72	433.18	2018.62
1992	171.60	1118.86	450.99	2696.47
1993	153.26	1371.58	478.39	4085.35
1994	152.25	1498.80	537.57	5325.35
1995	142.83	1396.35	537.83	6325.19
1996	137.50	1476.12	529.13	7308.51
1997	124.71	1505.06	522.94	8201.71
1998	102.67	1453.79	548.59	9738.56
1999	128.16	3025.68	537.77	10538.17
2000	104.39	3126.12	572.89	12480.93
2001	91.77	3236.65	578.94	14035.35
2002	83.25	3264.46	644.39	16378.60
2003	75.20	3949.03	741.17	21513.46
2004	72.53	6039.24	996.44	29554.92
2005	69.42	6375.54	1085.65	35942.74
2006	60.80	7253.17	1203.58	44674.75
2007	60.86	8603.94	1307.40	55252.86

3.12 某硫酸厂生产的硫酸的透明度指标总是达不到优质要求，经分析，透明度低与硫酸中金属杂质的含量太高有关。影响透明度的主要金属杂质是铁、钙、铅、镁等，通过正交试验的方法发现铁杂质含量是影响硫酸透明度的最主要原因。现测量了 47 组样本值，数据如表 3—5 所示。用 Y 表示硫酸透明度，X 表示铁杂质含量。要求：

(1)以 X 为横轴，Y 为纵轴描点，这两个指标之间的关系如何？

(2)分别用一元线性模型、倒数模型来对数据进行拟合，通过对模型回归的效果进行比较来为数据选择合适的模型；

表 3－5　某硫酸厂生产的硫酸的透明度指标

硫酸透明度（mm）	铁杂质含量（‰）	硫酸透明度（mm）	铁杂质含量（‰）	硫酸透明度（mm）	铁杂质含量（‰）
190	31	50	52	40	74
190	32	60	53	25	76
180	34	44	54	30	79
140	35	54	54	25	85
150	36	48	56	16	87
120	37	50	56	16	89
110	39	56	58	20	99
81	40	52	58	20	76
100	42	50	60	20	100
80	42	41	60	20	100
110	43	52	61	15	110
80	43	34	63	15	110
68	48	40	64	27	122
80	49	25	65	20	154
50	50	30	69	20	210
70	52	20	74		

第四章　多元线性回归模型

第三章讨论的是一元线性回归模型,也就是只有一个解释变量的线性回归模型。比如在婴儿死亡率的例子中,我们假定只有一个重要的变量即家庭人均实际最终消费支出影响婴儿死亡率,其实,除了家庭人均实际最终消费支出外,还有许多其他变量如妇女识字率等会影响婴儿死亡率。又如,影响一个国家货币需求量的不仅有经济总量 GDP,还有利率、物价水平、外汇储备、货币流转速度、信用制度的发达程度等因素。因此需要把一元回归模型扩展到多元回归模型。本章讨论了被解释变量依赖于两个或更多解释变量的多元线性回归模型的估计、检验等基本问题。为表述的方便,用了矩阵的工具。

第一节　多元线性回归模型的估计

一、多元线性回归模型的矩阵表示

1. 总体回归函数的一般表示

$$\text{PRF}: Y_i = \beta_1 + \beta_2 X_{i2} + \beta_3 X_{i3} + \cdots + \beta_k X_{ik} + u_i \tag{4.1.1}$$

$$E(Y \mid X_{i2}, X_{i3}, \cdots, X_{ik}) = \beta_1 + \beta_2 X_{i2} + \cdots + \beta_k X_{ik} \tag{4.1.2}$$

其中 Y 表示被解释变量,$X_2, X_3, \cdots, X_k$ 表示解释变量,u 为随机误差项,下标 i 表示第 i 次观测。当数据为时间序列时用下标 t。β_1 表示截距系数,β_2 至 β_k 为偏斜率系数(偏回归系数)。若有 n 次观测,我们就有如下的一般表示:

$$\begin{aligned}
Y_1 &= \beta_1 + \beta_2 X_{12} + \beta_3 X_{13} + \cdots + \beta_k X_{1k} + u_1 \\
Y_2 &= \beta_1 + \beta_2 X_{22} + \beta_3 X_{23} + \cdots + \beta_k X_{2k} + u_2 \\
&\cdots \\
Y_n &= \beta_1 + \beta_2 X_{n2} + \beta_3 X_{n3} + \cdots + \beta_k X_{nk} + u_n
\end{aligned} \tag{4.1.3}$$

2. 总体回归函数的矩阵表示

$$\begin{bmatrix} Y_1 \\ Y_2 \\ \vdots \\ Y_n \end{bmatrix} = \begin{bmatrix} 1 & X_{12} & X_{13} & \cdots & X_{1k} \\ 1 & X_{22} & X_{23} & \cdots & X_{2k} \\ \vdots & \vdots & \vdots & \ddots & \vdots \\ 1 & X_{n2} & X_{n3} & \cdots & X_{nk} \end{bmatrix} \begin{bmatrix} \beta_1 \\ \beta_2 \\ \vdots \\ \beta_k \end{bmatrix} + \begin{bmatrix} u_1 \\ u_2 \\ \vdots \\ u_n \end{bmatrix} \tag{4.1.4}$$

$$\mathbf{y}=\mathbf{X\beta}+\mathbf{u} \tag{4.1.5}$$

X 称为数据矩阵或设计矩阵，为了使模型中包含常数项，通常假设设计矩阵的第 1 列的取值全为 1。**X** 为非随机矩阵，**y** 和 **u** 都是随机向量，**β** 为常数向量。

3. 矩阵表示的经典线性回归模型的基本假定

假定 1：随机干扰项的条件期望为零，即假定 $\mathbf{E(u)}=\mathbf{0}$。

假定 2：随机干扰项具有同方差性。

假定 3：随机干扰项之间无自相关。

假定 2 和假定 3 可以联合表示为：随机干扰项的方差协方差矩阵 $Var(\mathbf{u})=E(\mathbf{uu}')=\sigma^2\mathbf{I}$，即该矩阵为主对角线上的元素（方差）都为 σ^2，非主对角线上的元素（协方差）都为 0 的对称矩阵。

假定 4：矩阵 **X** 是列满秩的，即 **X** 的秩 $\rho(\mathbf{X})=k$，其中 k 是矩阵 **X** 的列数。该假定表示各个解释变量之间不存在完全的线性关系，从而 $\mathbf{X}'\mathbf{X}$ 可逆，即 $(\mathbf{X}'\mathbf{X})^{-1}$ 存在。

假定 5：n×k 矩阵 **X** 是非随机的，即回归分析是条件回归分析，在重复抽样中，以诸解释变量 $X_j\ (j=1,2,\cdots,k)$ 的取值固定为条件。

假定 6：随机干扰项独立于条件期望函数。即 $E(\mathbf{X}'\mathbf{u})=\mathbf{0}$，这一假设意味着回归模型中的所有解释变量 $X_j(j=1,2,\cdots,k)$ 与随机干扰项 u 不相关。

假定 7：诸解释变量 $X_j\ (j=1,2,\cdots,k)$ 的取值要有变异性。

假定 8：观测次数 n 大于待估计的参数个数 k。

假定 9：回归模型对参数而言是线性的。

假定 10：正确地设定了回归模型。

若要进行区间估计和假设检验，还需再加上正态性假定，即随机干扰项 $\mathbf{u}\sim N(\mathbf{0},\sigma^2\mathbf{I})$。

二、模型参数的估计

为了估计模型的参数向量 **β**，需要取得样本，有了样本数据，即可进行估计。下面介绍用矩阵表示的 OLS 方法和 ML 方法。

1. 普通最小二乘(OLS)估计

为了求 **β** 的 OLSE，首先要给出样本回归函数，即有：

$$\text{SRF: } Y_i=\hat{\beta}_1+\hat{\beta}_2X_{i2}+\hat{\beta}_3X_{i3}+\cdots+\hat{\beta}_kX_{ik}+\hat{u}_i \qquad i=1,\cdots,n \tag{4.1.6}$$

$$\mathbf{y}=\mathbf{X}\hat{\boldsymbol{\beta}}+\hat{\mathbf{u}}=\hat{\mathbf{y}}+\hat{\mathbf{u}} \tag{4.1.7}$$

其中，$\hat{\mathbf{u}}$ 为残差向量。k 变量情形的 OLSE 也是依据残差平方和 RSS 最小化准则求得。用矩阵符号表示，就是使 $\hat{\mathbf{u}}'\hat{\mathbf{u}}=\sum\hat{u}_i^2$ 最小化，由于

$$\hat{\mathbf{u}}=\mathbf{y}-\mathbf{X}\hat{\boldsymbol{\beta}}$$

令

$$Q=\hat{\mathbf{u}}'\hat{\mathbf{u}}=(\mathbf{y}-\mathbf{X}\hat{\boldsymbol{\beta}})'(\mathbf{y}-\mathbf{X}\hat{\boldsymbol{\beta}})=\mathbf{y}'\mathbf{y}-2\hat{\boldsymbol{\beta}}'\mathbf{X}'\mathbf{y}+\hat{\boldsymbol{\beta}}'\mathbf{X}'\mathbf{X}\hat{\boldsymbol{\beta}} \tag{4.1.8}$$

其中，Q 表示残差平方和，$\hat{\boldsymbol{\beta}}'\mathbf{X}'\mathbf{y}$ 为一标量，其转置是它本身。

在残差平方和Q的表达式中，被解释变量的观测值向量$\mathbf{y}$和数据矩阵$\mathbf{X}$都是已知的，故可将Q看作是未知向量$\hat{\boldsymbol{\beta}}$的函数，计算Q对$\hat{\boldsymbol{\beta}}$的一阶偏导数，得出

$$\frac{\partial Q}{\partial \hat{\boldsymbol{\beta}}} = -2\mathbf{X}'\mathbf{y} + 2\mathbf{X}'\mathbf{X}\hat{\boldsymbol{\beta}} \tag{4.1.9}$$

根据微分极值原理，令

$$-2\mathbf{X}'\mathbf{y} + 2\mathbf{X}'\mathbf{X}\hat{\boldsymbol{\beta}} = \mathbf{0} \tag{4.1.10}$$

整理即可得标准正规方程组：

$$\mathbf{X}'\mathbf{X}\hat{\boldsymbol{\beta}} = \mathbf{X}'\mathbf{y} \tag{4.1.11}$$

注意$(\mathbf{X}'\mathbf{X})$矩阵有如下特点：首先，它给出X诸变量的原生平方和及交叉乘积和，主对角线上的元素为粗平方和，非主对角线的元素是粗交叉乘积和（粗指以原始计量单位计算）；其次，它是对称的，即有诸如$X_{i2}X_{i3}=X_{i3}X_{i2}$的等式关系；第三，它是阶数为$k\times k$的满秩矩阵，也就是说，在数据矩阵$\mathbf{X}$列满秩的假定下，方阵$\mathbf{X}'\mathbf{X}$非奇异，其逆阵$(\mathbf{X}'\mathbf{X})^{-1}$存在，由此可求得

$$\hat{\boldsymbol{\beta}} = (\mathbf{X}'\mathbf{X})^{-1}\mathbf{X}'\mathbf{y} \tag{4.1.12}$$

利用样本数据，计算出$\hat{\boldsymbol{\beta}}=(\hat{\beta}_1,\cdots,\hat{\beta}_k)'$，就可得出样本回归函数方程

$$\hat{Y}_i = \hat{\beta}_1 + \hat{\beta}_2 X_{i2} + \hat{\beta}_3 X_{i3} + \cdots + \hat{\beta}_k X_{ik} \tag{4.1.13}$$

样本回归方程仅仅是总体回归模型

$$E(Y \mid \mathbf{x}_i') = \beta_1 + \beta_2 X_{i2} + \beta_3 X_{i3} + \cdots + \beta_k X_{ik} \tag{4.1.14}$$

的一个估计。其中，$\mathbf{x}_i=(1 \quad X_{i2} \quad X_{i3} \quad \cdots \quad X_{ik})'$。由于抽样误差的存在，样本回归模型一般不等于总体回归模型。一个样本回归方程只是许多可能的样本回归方程中的一个。

例 4.1 沿用例 3.1 中数据，我们有

$$\mathbf{X}'\mathbf{X} = \begin{pmatrix} 10 & 27500 \\ 27500 & 96250000 \end{pmatrix} \qquad \mathbf{X}'\mathbf{y} = \begin{pmatrix} 20581 \\ 69984000 \end{pmatrix}$$

$$(\mathbf{X}'\mathbf{X})^{-1} = \begin{pmatrix} 0.466666666 & -0.000133333 \\ -0.000133333 & 0.000000048 \end{pmatrix} \qquad \hat{\boldsymbol{\beta}} = \begin{pmatrix} 273.2899809 \\ 0.615105527 \end{pmatrix}$$

原计算$\hat{\beta}_1=273.2666667$，$\hat{\beta}_2=0.649030303$，两种计算存在进位误差。

2. 极大似然(ML)估计

由于经典假设$\mathbf{u}\sim N(\mathbf{0},\sigma^2\mathbf{I})$，这也意味着$\mathbf{y}$也服从正态分布，且有$E(\mathbf{y})=\mathbf{X}\boldsymbol{\beta}$，$Var(\mathbf{y})=\sigma^2\mathbf{I}$，即

$$\mathbf{y} \sim N(\mathbf{X}\boldsymbol{\beta}, \sigma^2\mathbf{I}) \tag{4.1.15}$$

记第i个样本观测点的解释变量观测值向量为$\mathbf{x}_i=(1 \quad X_{i2} \quad X_{i3} \quad \cdots \quad X_{ik})'$，则该样本观测点上被解释变量的观测值$Y_i$的概率密度函数为

$$f(Y_i \mid \mathbf{x_i}', \boldsymbol{\beta}, \sigma^2) = (2\pi\sigma^2)^{-\frac{1}{2}} \exp\left[-\frac{(Y_i - \mathbf{x_i}'\boldsymbol{\beta})^2}{2\sigma^2}\right] \tag{4.1.16}$$

因为各样本观测值假定是相互独立抽取的，所以其联合密度函数为

$$f(Y_1, \cdots, Y_n) = f(Y_1)f(Y_2)\cdots f(Y_n) = f(\mathbf{y} \mid \mathbf{X}, \boldsymbol{\beta}, \sigma^2)$$

$$= (2\pi\sigma^2)^{-\frac{n}{2}} \exp\left[-\frac{(\mathbf{y}-\mathbf{X}\boldsymbol{\beta})'(\mathbf{y}-\mathbf{X}\boldsymbol{\beta})}{2\sigma^2}\right] \tag{4.1.17}$$

若样本被抽出，则被解释变量的观测向量 $\mathbf{y}$ 和数据矩阵 $\mathbf{X}$ 为已知，该样本的联合密度函数就可看作是未知参数 $\boldsymbol{\beta}$ 和 σ^2 的函数，即可将其表示成 $\boldsymbol{\beta}$ 和 σ^2 的似然函数

$$LF(\boldsymbol{\beta}, \sigma^2 \mid \mathbf{X}, \mathbf{y}) = (2\pi\sigma^2)^{-\frac{n}{2}} \exp\left[-\frac{(\mathbf{y}-\mathbf{X}\boldsymbol{\beta})'(\mathbf{y}-\mathbf{X}\boldsymbol{\beta})}{2\sigma^2}\right] \tag{4.1.18}$$

由于似然函数的值越大，我们所观测到的样本所出现的概率密度就越大，所以极大似然准则就是要找出使似然函数取得最大值的未知参数 $\boldsymbol{\beta}$ 和 σ^2 的估计量。为此将上式两边取自然对数，得对数似然函数为

$$\ln LF(\boldsymbol{\beta}, \sigma^2 \mid \mathbf{X}, \mathbf{y}) = -\frac{n}{2}\ln 2\pi - \frac{n}{2}\ln\sigma^2 - \frac{(\mathbf{y}-\mathbf{X}\boldsymbol{\beta})'(\mathbf{y}-\mathbf{X}\boldsymbol{\beta})}{2\sigma^2} \tag{4.1.19}$$

由于对数函数是单调增函数，所以使似然函数达到最大值的未知参数 $\boldsymbol{\beta}$ 和 σ^2 的值也就是使对数似然函数取最大值的未知参数 $\boldsymbol{\beta}$ 和 σ^2 的估计量。

类似于 OLS 法，先计算对数似然函数 $\ln LF(\boldsymbol{\beta}, \sigma^2 \mid \mathbf{y}, \mathbf{X})$ 对 $\boldsymbol{\beta}$ 和 σ^2 的一阶偏导数：

$$\frac{\partial \ln LF(\boldsymbol{\beta}, \sigma^2 \mid \mathbf{y}, \mathbf{X})}{\partial \boldsymbol{\beta}} = \frac{1}{\sigma^2}(\mathbf{X}'\mathbf{y} - \mathbf{X}'\mathbf{X}\boldsymbol{\beta}) \tag{4.1.20}$$

$$\frac{\partial \ln LF(\boldsymbol{\beta}, \sigma^2 \mid \mathbf{y}, \mathbf{X})}{\partial \sigma^2} = -\frac{n}{2\sigma^2} + \frac{(\mathbf{y}-\mathbf{X}\boldsymbol{\beta})'(\mathbf{y}-\mathbf{X}\boldsymbol{\beta})}{2\sigma^4} \tag{4.1.21}$$

记使对数似然函数取最大值的 $\boldsymbol{\beta}$ 和 σ^2 为 $\tilde{\boldsymbol{\beta}}$ 和 $\tilde{\sigma}^2$，则由微分学中的极值原理可知，$\tilde{\boldsymbol{\beta}}$ 和 $\tilde{\sigma}^2$ 就是使上述两式分别等于 $\mathbf{0}$ 向量和 0 值的解，即

$$\frac{1}{\tilde{\sigma}^2}(\mathbf{X}'\mathbf{y} - \mathbf{X}'\mathbf{X}\tilde{\boldsymbol{\beta}}) = \mathbf{0} \tag{4.1.22}$$

$$-\frac{n}{2\tilde{\sigma}^2} + \frac{(\mathbf{y}-\mathbf{X}\tilde{\boldsymbol{\beta}})'(\mathbf{y}-\mathbf{X}\tilde{\boldsymbol{\beta}})}{2\tilde{\sigma}^4} = 0 \tag{4.1.23}$$

由此可得参数 $\boldsymbol{\beta}$ 和 σ^2 的极大似然估计量分别为

$$\tilde{\boldsymbol{\beta}} = (\mathbf{X}'\mathbf{X})^{-1}\mathbf{X}'\mathbf{y} = \hat{\boldsymbol{\beta}} \tag{4.1.24}$$

$$\tilde{\sigma}^2 = \frac{1}{n}(\mathbf{y}-\mathbf{X}\tilde{\boldsymbol{\beta}})'(\mathbf{y}-\mathbf{X}\tilde{\boldsymbol{\beta}}) = \frac{1}{n}\hat{\mathbf{u}}'\hat{\mathbf{u}} \tag{4.1.25}$$

由此可见，在模型随机干扰项服从正态分布的假定下，ML 估计量 $\tilde{\boldsymbol{\beta}}$ 与 OLS 估计量 $\hat{\boldsymbol{\beta}}$ 相

同。这是因为(4.1.19)式中,仅在最后一项包含 $\boldsymbol{\beta}$,使该式达到最大等价于使 $\hat{\mathbf{u}}'\mathbf{u}$ 达到最小,ML 估计与 OLS 估计的路径完全相同。

$\hat{\mathbf{u}}=\mathbf{y}-\hat{\mathbf{y}}=\mathbf{y}-\mathbf{X}\tilde{\boldsymbol{\beta}}$ 称为残差向量,它是随机干扰向量 $\mathbf{u}$ 的一个估计量

$$\begin{aligned}\hat{\mathbf{u}}&=\mathbf{y}-\mathbf{X}\tilde{\boldsymbol{\beta}}=\mathbf{y}-\mathbf{X}(\mathbf{X}'\mathbf{X})^{-1}\mathbf{X}'\mathbf{y}=[\mathbf{I}_n-\mathbf{X}(\mathbf{X}'\mathbf{X})^{-1}\mathbf{X}']\mathbf{y}\\&=[\mathbf{I}_n-\mathbf{X}(\mathbf{X}'\mathbf{X})^{-1}\mathbf{X}'](\mathbf{X}\boldsymbol{\beta}+\mathbf{u})=[\mathbf{I}_n-\mathbf{X}(\mathbf{X}'\mathbf{X})^{-1}\mathbf{X}']\mathbf{u}\\&=\mathbf{Mu}\end{aligned} \tag{4.1.26}$$

式中 $\mathbf{M}=(\mathbf{I}_n-\mathbf{X}(\mathbf{X}'\mathbf{X})^{-1}\mathbf{X}')$ 为一 $n\times n$ 阶对称矩阵。该矩阵为幂等矩阵,即有 $\mathbf{MM}'=\mathbf{M}'\mathbf{M}=\mathbf{M}^2=\mathbf{M}$ 性质,由此可将 ML 方法的 σ^2 估计表示为

$$\tilde{\sigma}^2=\frac{1}{n}\hat{\mathbf{u}}'\hat{\mathbf{u}}=\frac{1}{\mathrm{n}}\mathbf{u}'\mathbf{M}'\mathbf{M}\mathbf{u}=\frac{1}{\mathrm{n}}\mathbf{u}'\mathbf{M}\mathbf{u} \tag{4.1.27}$$

$\hat{\mathbf{u}}'\hat{\mathbf{u}}$ 是被解释变量的残差平方和,它可作为被解释变量的实际值 $\mathbf{y}$ 对其条件均值 $E(\mathbf{y}|\mathbf{X})$ 的离差平方和 $\mathbf{u}'\mathbf{u}$ 的一个估计,对此残差平方和 $\hat{\mathbf{u}}'\hat{\mathbf{u}}$ 取期望,利用矩阵迹的性质和矩阵的期望性质,我们有

$$\begin{aligned}E(\hat{\mathbf{u}}'\hat{\mathbf{u}})&=E(\mathbf{u}'\mathbf{M}\mathbf{u})=E[\mathbf{tr}(\mathbf{u}'\mathbf{M}\mathbf{u})]\\&=\sigma^2 tr(\mathbf{M})\\&=\sigma^2[tr(\mathbf{I}_n)-tr(\mathbf{X}(\mathbf{X}'\mathbf{X})^{-1}\mathbf{X}')]\\&=\sigma^2[tr(\mathbf{I}_n)-tr(\mathbf{I}_k)]\\&=\sigma^2(n-k)\end{aligned} \tag{4.1.28}$$

由此可知

$$E(\tilde{\sigma}^2)=\frac{1}{n}E(\hat{\mathbf{u}}'\hat{\mathbf{u}})=\frac{n-k}{n}\sigma^2 \tag{4.1.29}$$

即随机干扰项的方差的 ML 估计量 $\tilde{\sigma}^2$ 不是 σ^2 的无偏估计。而 OLSE

$$\hat{\sigma}^2=\frac{(\mathbf{y}-\mathbf{X}\hat{\boldsymbol{\beta}})'(\mathbf{y}-\mathbf{X}\hat{\boldsymbol{\beta}})}{n-k}=\frac{\sum\hat{u}_i^2}{n-k} \tag{4.1.30}$$

是 σ^2 的无偏估计。为了计算简便,可将估计量的分子稍加变换,有 $(\mathbf{y}-\mathbf{X}\hat{\boldsymbol{\beta}})'(\mathbf{y}-\mathbf{X}\hat{\boldsymbol{\beta}})=\mathbf{y}'\mathbf{y}-\hat{\boldsymbol{\beta}}'\mathbf{X}'\mathbf{y}$　从而得出 $\hat{\sigma}^2$ 的一个简单估计式为

$$\hat{\sigma}^2=\frac{\mathbf{y}'\mathbf{y}-\hat{\boldsymbol{\beta}}'\mathbf{X}'\mathbf{y}}{n-k} \tag{4.1.31}$$

3. OLS 估计量的数值性质

多元线性回归模型的 OLS 估计量和一元线性回归模型的 OLS 估计量有着同样的样本数值性质。具体来说有如下性质:

(1)多元线性回归模型的 OLSE 的点估计值可由样本观测值计算。

(2)样本回归线满足:超回归面通过被解释变量和解释变量的均值;$\sum\hat{Y}_i=\sum Y_i$,即有

$\bar{\hat{Y}}=\bar{Y}$；$\sum\hat{u}_i=0$；$\sum\hat{u}_iX_{ij}=0, j=1,2,\cdots,k$；$\sum\hat{u}_i\hat{Y}_i=0$。

三、普通最小二乘估计量的统计性质

我们知道，在 CLRM 假定下，一元线性回归模型的 OLSE 是线性无偏的，并在所有线性无偏估计量一类中有最小方差（高斯—马尔科夫定理），即 OLSE 是 BLUE。此性质可推广到多元线性回归模型。

1. 线性性

即 $\hat{\boldsymbol{\beta}}$ 是 Y 的线性函数。由式（4.1.12）

$$\hat{\boldsymbol{\beta}}=(\mathbf{X}'\mathbf{X})^{-1}\mathbf{X}'\mathbf{y}$$

可以明显看出，每个 $\hat{\beta}_i$ 都是可观测随机向量 $\mathbf{y}$ 的线性函数。所以 $\hat{\boldsymbol{\beta}}$ 是线性估计量。

2. 无偏性

由于

$$\hat{\boldsymbol{\beta}}=(\mathbf{X}'\mathbf{X})^{-1}\mathbf{X}'\mathbf{y}=(\mathbf{X}'\mathbf{X})^{-1}\mathbf{X}'(\mathbf{X}\boldsymbol{\beta}+\mathbf{u})=\boldsymbol{\beta}+(\mathbf{X}'\mathbf{X})^{-1}\mathbf{X}'\mathbf{u} \tag{4.1.32}$$

所以有

$$E(\hat{\boldsymbol{\beta}})=E(\boldsymbol{\beta}+(\mathbf{X}'\mathbf{X})^{-1}\mathbf{X}'\mathbf{u})=\boldsymbol{\beta} \tag{4.1.33}$$

说明 $\hat{\boldsymbol{\beta}}$ 是无偏估计量

3. 有效性

我们可以得到 OLSE $\hat{\boldsymbol{\beta}}$ 的方差协方差矩阵为

$$\begin{aligned}Var(\hat{\boldsymbol{\beta}})&=E[(\hat{\boldsymbol{\beta}}-\boldsymbol{\beta})(\hat{\boldsymbol{\beta}}-\boldsymbol{\beta})']\\&=E[(\mathbf{X}'\mathbf{X})^{-1}\mathbf{X}'\mathbf{u}\mathbf{u}'\mathbf{X}(\mathbf{X}'\mathbf{X})^{-1}]\\&=(\mathbf{X}'\mathbf{X})^{-1}\mathbf{X}'\mathbf{E}(\mathbf{u}\mathbf{u}')\mathbf{X}(\mathbf{X}'\mathbf{X})^{-1}\\&=\sigma^2(\mathbf{X}'\mathbf{X})^{-1}\end{aligned} \tag{4.1.34}$$

其中利用了 $E(\mathbf{u}\mathbf{u}')=\sigma^2\mathbf{I}$ 的假定。

该方差协方差矩阵的主对角线元素为 $\hat{\beta}_i$ 的方差 $Var(\hat{\beta}_i)$，非主对角线为 $\hat{\beta}_i$ 和 $\hat{\beta}_j$ 的协方差 $Cov(\hat{\beta}_i,\hat{\beta}_j), i,j=1,\cdots,k$。

令 $\boldsymbol{\beta}^*$ 为 $\boldsymbol{\beta}$ 的任意其他线性估计量，将其写为

$$\boldsymbol{\beta}^*=[(\mathbf{X}'\mathbf{X})^{-1}\mathbf{X}'+\mathbf{C}]\mathbf{y} \tag{4.1.35}$$

其中 $\mathbf{C}$ 为一常数矩阵

$$\begin{aligned}\boldsymbol{\beta}^*&=[(\mathbf{X}'\mathbf{X})^{-1}\mathbf{X}'+\mathbf{C}](\mathbf{X}\boldsymbol{\beta}+\mathbf{u})\\&=\boldsymbol{\beta}+\mathbf{C}\mathbf{X}\boldsymbol{\beta}+(\mathbf{X}'\mathbf{X})^{-1}\mathbf{X}'\mathbf{u}+\mathbf{C}\mathbf{u}\end{aligned} \tag{4.1.36}$$

如果 $\boldsymbol{\beta}^*$ 是 $\boldsymbol{\beta}$ 的一个无偏估计量，则必须有

$$\mathbf{C}\mathbf{X}=\mathbf{0} \tag{4.1.37}$$

由此可知

$$\boldsymbol{\beta}^* - \boldsymbol{\beta} = (\mathbf{X}'\mathbf{X})^{-1}\mathbf{X}'\mathbf{u} + \mathbf{C}\mathbf{u} \tag{4.1.38}$$

按定义，

$$\begin{aligned} Var(\boldsymbol{\beta}^*) &= E(\boldsymbol{\beta}^* - \boldsymbol{\beta})(\boldsymbol{\beta}^* - \boldsymbol{\beta})' \\ &= E[(\mathbf{X}'\mathbf{X})^{-1}\mathbf{X}'\mathbf{u} + \mathbf{C}\mathbf{u}][(\mathbf{X}'\mathbf{X})^{-1}\mathbf{X}'\mathbf{u} + \mathbf{C}\mathbf{u}]' \\ &= E[(\mathbf{X}'\mathbf{X})^{-1}\mathbf{X}'\mathbf{u}\mathbf{u}'\mathbf{X}(\mathbf{X}'\mathbf{X})^{-1} + \mathbf{C}\mathbf{u}\mathbf{u}'\mathbf{X}(\mathbf{X}'\mathbf{X})^{-1} + (\mathbf{X}'\mathbf{X})^{-1}\mathbf{X}'\mathbf{u}\mathbf{u}'\mathbf{C}' + \mathbf{C}\mathbf{u}\mathbf{u}'\mathbf{C}'] \\ &= \sigma^2(\mathbf{X}'\mathbf{X})^{-1} + \sigma^2\mathbf{C}\mathbf{X}(\mathbf{X}'\mathbf{X})^{-1} + \sigma^2(\mathbf{X}'\mathbf{X})^{-1}\mathbf{X}'\mathbf{C}' + \sigma^2\mathbf{C}\mathbf{C}' \\ &= \sigma^2(\mathbf{X}'\mathbf{X})^{-1} + \sigma^2\mathbf{C}\mathbf{C}' \end{aligned} \tag{4.1.39}$$

因为矩阵与其自身转置矩阵的乘积总是非负定的，所以 $\mathbf{CC}'$ 是一半正定矩阵，从而说明 $\hat{\boldsymbol{\beta}}$ 是 **BLUE**。若 $\mathbf{C}=0$，则 $\boldsymbol{\beta}^*=\hat{\boldsymbol{\beta}}$。

4. 一致性

如果随着样本变得越来越大，估计量 $\hat{\theta}$ 趋近于参数真值 θ，就说 $\hat{\theta}$ 是一个一致估计量。更正式地说，如果 $\hat{\theta}$ 与 θ 之差的绝对值小于一个任意小的正数 δ 的概率趋于 1，则说估计量 $\hat{\theta}$ 是 θ 的一个一致估计量。用符号表示为：

$$\lim_{n\to\infty} P(|\hat{\theta} - \theta| < \delta) = 1, \delta > 0 \tag{4.1.40}$$

这一表达式又可表示为

$$P\lim_{n\to\infty}\hat{\theta} = \theta \tag{4.1.41}$$

其中 $P\lim$ 表示概率极限。

一致性的一个充分条件是随着样本无限增大，偏误 $E(\hat{\theta})-\theta=B(\hat{\theta})$ 和方差 $Var(\hat{\theta})$ 都趋于零。即有 $\lim_{n\to\infty}E(\hat{\theta}_n)=\theta$，$\lim_{n\to\infty}Var(\hat{\theta}_n)=0$。一致性的充分条件也可表述为随着 n 无限增大，均方误差 $MSE(\hat{\theta})$ 趋于零。$MSE(\hat{\theta})=Var(\hat{\theta})+[E(\hat{\theta})-\theta]^2$。在实践中，当最优无偏准则不能给出较小方差的估计量时，就会用到最小 MSE 准则。

下面我们考察回归系数向量 $\boldsymbol{\beta}$ 的 OLS 估计量 $\hat{\boldsymbol{\beta}}$ 的渐进特性。由于矩阵 $\mathbf{X}'\mathbf{X}$ 是非奇异的，矩阵 $(\mathbf{X}'\mathbf{X})/n$ 也是非奇异的，并且当 $n\to\infty$ 时，收敛到一个非奇异矩阵 $\mathbf{G}$，即有

$$\lim_{n\to\infty}\frac{\mathbf{X}'\mathbf{X}}{n} = \mathbf{G} \tag{4.1.42}$$

根据马尔科夫定理，有

$$\lim_{n\to\infty}E(\hat{\boldsymbol{\beta}}) = \boldsymbol{\beta} \tag{4.1.43}$$

我们可把式(4.1.34)表示为

$$Var(\hat{\boldsymbol{\beta}}) = \frac{\sigma^2}{n}\left(\frac{1}{n}\mathbf{X}'\mathbf{X}\right)^{-1} \tag{4.1.44}$$

根据式(4.1.44)，有

$$\lim_{n\to\infty} Var(\hat{\boldsymbol{\beta}}) = \lim_{n\to\infty}\frac{\sigma^2}{n}\left(\frac{1}{n}\mathbf{X}'\mathbf{X}\right)^{-1}$$

$$= \lim_{n\to\infty}\frac{\sigma^2}{n}\mathbf{G}^{-1} = \mathbf{0} \tag{4.1.45}$$

故有

$$P\lim_{n\to\infty}\hat{\boldsymbol{\beta}} = \boldsymbol{\beta} \tag{4.1.46}$$

由此可见，在经典假设下，多元线性回归模型系数向量的 OLSE 既是线性无偏的，也是方差最小的，还是一致的，满足优良估计量通常的标准。

第二节　多元线性回归模型的检验

一、拟合优度和方差分析

1. 总变差的分解

用矩阵表示的各类平方和分别为：

$$TSS = \sum y_i^2 = \sum (Y_i - \bar{Y})^2 = \sum Y_i^2 - n\bar{Y}^2 = \mathbf{y}'\mathbf{y} - \mathrm{n}\bar{Y}^2 \tag{4.2.1}$$

$$ESS = \sum_{i=1}^{n}\hat{y}_i^2 = \sum_{i=1}^{n}(\hat{Y}_i - \bar{Y})^2$$

$$= \hat{\mathbf{y}}'\hat{\mathbf{y}} - n\bar{Y}^2 = \hat{\boldsymbol{\beta}}'\mathbf{X}'\mathbf{y} - n\bar{Y}^2 \tag{4.2.2}$$

$$RSS = \hat{\mathbf{u}}'\hat{\mathbf{u}} = (\mathbf{y} - \mathbf{X}\hat{\boldsymbol{\beta}})'(\mathbf{y} - \mathbf{X}\hat{\boldsymbol{\beta}})$$

$$= \mathbf{y}'\mathbf{y} - 2\hat{\boldsymbol{\beta}}'\mathbf{X}'\mathbf{y} + \hat{\boldsymbol{\beta}}'\mathbf{X}'\mathbf{X}\hat{\boldsymbol{\beta}}$$

$$= \mathbf{y}'\mathbf{y} - \hat{\boldsymbol{\beta}}'\mathbf{X}'\mathbf{y} \tag{4.2.3}$$

由式(4.2.1)、式(4.2.2)、式(4.2.3)可得如下关系式：

$$TSS = ESS + RSS \tag{4.2.4}$$

其中 TSS 为总平方和，ESS 为回归平方和，RSS 为剩余平方和。

2. 复判定系数 R^2

在一元线性回归模型中，我们用判定系数 r^2 作为回归方程拟合优度的一个度量。在多元线性回归模型中，我们用同样的统计思想构造衡量多元回归方程拟合优度的指标，称为复判定系数，用公式表示为：

$$R^2 = \frac{ESS}{TSS} = 1 - \frac{RSS}{TSS} = \frac{\hat{\boldsymbol{\beta}}'\mathbf{X}'\mathbf{y} - n\bar{Y}^2}{\mathbf{y}'\mathbf{y} - n\bar{Y}^2} \tag{4.2.5}$$

$0 \leqslant R^2 \leqslant 1$。容易证明，复判定系数 R^2 也是被解释变量的样本观测值 Y_i 和其样本回归值 $\hat{Y}_i$ 之间简单相关系数的平方，即

$$R^2 = \frac{\left[\sum_{i=1}^{n}(Y_i - \bar{Y})(\hat{Y}_i - \bar{Y})\right]^2}{\sum_{i=1}^{n}(Y_i - \bar{Y})^2 \sum_{i=1}^{n}(\hat{Y}_i - \bar{Y})^2} \tag{4.2.6}$$

因此复判定系数 R^2 也是对被解释变量 Y_i 与回归值 $\hat{Y}_i$ 之间线性关系的一种度量，从而也是对样本回归方程拟合优度的一种度量。

与复判定系数 R^2 对应的还有一个指标称为复相关系数 R，它度量被解释变量 Y 与所有解释变量的关联程度，虽然类似指标相关系数 r 的值可正可负，但是复相关系数 R 只取非负值。与相关系数 r 不同，复相关系数 R 没有多大意义，所以一般情况下不予讨论。

3. 调整的复判定系数 R^2

R^2 的一个重要性质是，它是模型中解释变量个数的非减函数，也就是说，其值会随模型中解释变量个数的增加而增加，至少不会随模型中解释变量的个数的增加而减少。但是，增加解释变量又会在估计中损失自由度，自由度的减少又会从另一个角度影响对模型的估计，所以为了在利用 R^2 分析比较不同模型的拟合优度时不受模型中的解释变量个数多少的影响，需要计算用自由度调整的复判定系数 $\bar{R}^2$，调整的复判定系数 $\bar{R}^2$ 定义为：

$$\bar{R}^2 = 1 - \frac{RSS/(n-k)}{TSS/(n-1)} = 1 - \frac{n-1}{n-k}(1-R^2) \tag{4.2.7}$$

其中 k 表示包括截距项在内的参数的个数。由式(4.2.7)可以看出以下几点：首先，若增加解释变量，R^2 会增加，相应 $(1-R^2)$ 减少，但倘若 $(1-R^2)$ 减少得太少，不足以补偿由于 $\frac{n-1}{n-k}$ 的变化带来的增加，那么调整的复判定系数 $\bar{R}^2$ 将会下降；其次，对于 $k>1$，$\bar{R}^2 < R^2$，即随着解释变量个数的增加，调整的 $\bar{R}^2$ 比未调整的 R^2 增加得慢；第三，虽然 R^2 非负，但是 $\bar{R}^2$ 可能负，遇到 $\bar{R}^2$ 为负值的情况，就令其值为 0。

需要指出的是，复判定系数 R^2 的定义是在回归模型为一般线性模型(即含有截距项)，且回归系数采用 OLS 估计的条件下给出的，对于不同于一般线形回归模型的模型和其他估计方法，R^2 并不具有准确衡量拟合优度的功能，可能也不具有准确反映解释变量对被解释变量变异的解释能力的功能。例如，若我们设定的回归模型中不含有截距项，那么总变差分解式就不成立，从而 $\frac{ESS}{TSS} \neq 1 - \frac{RSS}{TSS}$，因此用 $R^2 = \frac{ESS}{TSS}$ 与用 $R^2 = 1 - \frac{RSS}{TSS}$ 两式计算的 R^2 并不相等，计算的 R^2 可能大于 1 或小于 0。

4. 两个 R^2 的比较

需要特别指出的是，根据复判定系数，不管是用调整的还是没有调整的系数来比较两个模型的拟合优度，不仅要保证使用的是同一个样本数据，而且要求被解释变量形式必须相同，但是解释变量可以采用取任何形式。

在被解释变量的形式不同的两个模型中，如何比较其 R^2 呢？为了说明方便，我们考虑如下一元回归模型。假设对于同一组数据，拟合得到两个不同的回归模型如下：

$$\hat{Y}_t = \hat{\beta}_1 + \hat{\beta}_2 X_t \tag{4.2.8}$$

$$\widehat{\ln Y_t} = \hat{\alpha}_1 + \hat{\alpha}_2 \ln X_t \tag{4.2.9}$$

由于前面提到的原因，我们不能直接比较它们的判定系数，也就是说，不能根据它们的判定系数的大小说明哪一个模型的拟合优度更高。如要比较，有两种方法可用来解决这一问题。

方法一，从式(4.2.9)中计算出每个观测的估计值 $\widehat{\ln Y_t}$，也就是从模型中得到每个观测值的对数估计值，再取其反对数，然后按式(3.1.46)的方法计算 $\widehat{\ln Y_t}$ 的反对数与实际 Y_t 值之间的 r^2。这个 r^2 值就可以和得自式(4.2.8)的 r^2 值进行比较。

方法二，假设所有的 Y 值都为正，则取其对数便得到 $\ln Y_t$，从线性模型(4.2.8)中得到 Y_t 的估计值 $\hat{Y}_t$，然后取这些估计值的对数，即得到 $\ln\hat{Y}_t$，再按照方程(3.1.46)所指明的方法计算 $\ln Y_t$ 与 $\ln\hat{Y}_t$ 之间的判定系数 r^2。这个 r^2 值与从(4.2.9)得到的 r^2 就是可比的。

在选择模型时，有的研究者往往以 $\bar{R}^2$ 最大为依据，这是危险的。因为，在回归分析中，我们的目的并不是为了得到一个高的 $\bar{R}^2$，而是要得到真实总体回归系数的可靠估计并做出有关的统计推断。在经验分析中，经常会遇到有一个很高的 $\bar{R}^2$，然而发现某些回归系数或者所取符号与经验预期的符号相反，或者统计上不显著。所以，研究者更应关注解释变量对应系数的逻辑或理论关系及统计显著性。在我们的研究中，得到一个高的 $\bar{R}^2$ 固然好，但是，如果 $\bar{R}^2$ 偏低，模型也未必是不好的。一个高的 $\bar{R}^2$ 不是肯定模型的唯一依据，而一个低的 $\bar{R}^2$ 也不是否定模型的唯一依据。

5. 回归的方差分析

$$H_0: \beta_2 = \beta_3 = \cdots = \beta_k = 0$$

$$H_1: \text{至少有 } \beta_i \neq 0,\ i = 2, 3, \cdots, k$$

若 H_0 成立，则所设模型不成立。

ANOVA 分析技术是把 TSS 分解成 ESS 和 RSS，对应于这三个平方和的自由度分别为 $n-1$，$k-1$ 和 $n-k$，于是有方差分析表 4.1。

表 4.1 多元线性回归模型的 ANOVA 表

变异来源	SS	df	MSS
来自回归(ESS)	$\hat{\beta}_2 \sum y_i x_{i2} + \cdots + \hat{\beta}_k \sum y_i x_{ik}$	$k-1$	$\frac{ESS}{k-1}$
来自残差(RSS)	$\sum \hat{u}_i^2$	$n-k$	$\frac{RSS}{n-k}$
总　计	$\sum y_i^2$	$n-1$	

表 4.1 中将回归变差(平方和)和剩余变差(平方和)分别除以各自的自由度，可得回归方

差 $ESS/(k-1)$ 和剩余方差 $RSS/(n-k)$。在原假设 H_0 为真时，回归方差和剩余方差相互独立，且二者之比

$$F=\frac{ESS/(k-1)}{RSS/(n-k)}\sim F(k-1,n-k) \tag{4.2.10}$$

因此可构造检验原假设 H_0 的 F 统计量，在给定显著性水平 α 下，若由样本计算的 F 统计值大于 F 分布上的上侧 $100(1-\alpha)\%$ 分位数 $F_\alpha(k-1,n-k)$，即

$$F>F_\alpha(k-1,n-k) \tag{4.2.11}$$

则拒绝原假设，接受对立假设 H_1。当然也可以依据样本计算的 F 值所对应的 p 值决定是否拒绝原假设。

检验统计量 F 也可以用 R^2 表示，即有

$$F=\frac{ESS/(k-1)}{RSS/(n-k)}=\frac{\dfrac{ESS}{TSS}\times\dfrac{1}{k-1}}{\dfrac{RSS}{TSS}\times\dfrac{1}{n-k}}=\frac{R^2/(k-1)}{(1-R^2)/(n-k)} \tag{4.2.12}$$

式(4.2.12)表明 F 和 R^2 是同向变化的关系。即当 $R^2=0$ 时，F 值也等于 0；R^2 越大，F 值也越大；当 $R^2=1$ 时，F 趋于无穷大。因此，F 检验既是对所估计回归模型总的显著性的一个度量，也是对 R^2 的一个显著性检验。也就是说，检验该虚拟假设等价于检验(总体) R^2 等于零的虚拟假设。

二、偏回归系数的显著性检验

1. 偏回归系数的含义

在式(4.1.1)表示的多元线性回归模型中，各解释变量的系数称为偏回归系数。偏回归系数的含义为：$\beta_j(j=2,3,\cdots,k)$ 表示在保持其他解释变量不变的情况下，X_j 每变动一个单位，Y 的条件期望 $E(Y\mid X_2,X_3,\cdots,X_k)$ 的变化，也就是 X_j 单位变化对 Y 的条件期望的“直接”或“净”影响。

2. 偏回归系数的显著性检验

上述回归方差分析给出的 F 检验是对整个线性回归模型的检验，即使我们在上述检验中否定了原假设，也不意味着每个解释变量对被解释变量都有显著影响。因此还必须对模型中的每个解释变量的重要性即是否对被解释变量有显著影响进行检验，以便在模型中只保留那些起重要作用的解释变量。对于式(4.1.1)，要检验某个解释变量 X_j 对被解释变量 Y 是否有显著的影响，可建立以下假设：

$$H_0:\beta_j=0;\qquad H_1:\beta_j\neq 0$$

在随机误差项服从正态分布的假设下，由于 Y 服从正态分布，且 $\hat{\boldsymbol{\beta}}$ 为 Y 的线性函数，所以 $\hat{\boldsymbol{\beta}}$ 也服从正态分布，即有：

$$\hat{\boldsymbol{\beta}}\sim N(\boldsymbol{\beta},\sigma^2(\mathbf{X}'\mathbf{X})^{-1}) \tag{4.2.13}$$

这是一个多元正态分布，从而 $\hat{\boldsymbol{\beta}}$ 中的每一个分量 β_j 也都服从正态分布，即有：

$$\hat{\beta}_j \sim N(\beta_j, \sigma^2 c_{jj}) \tag{4.2.14}$$

式中的 c_{jj} 为矩阵 $(\mathbf{X}'\mathbf{X})^{-1}$ 的第 j 个对角元素。将 $\hat{\beta}_j$ 标准化，可得一个标准正态变量为：

$$z_j = \frac{\hat{\beta}_j - \beta_j}{\sigma\sqrt{c_{jj}}} \sim N(0,1) \tag{4.2.15}$$

由于 σ^2 未知，故有

$$t_j = \frac{\hat{\beta}_j - \beta_j}{\hat{\sigma}\sqrt{c_{jj}}} \sim t(n-k) \tag{4.2.16}$$

在给定的显著水平 α 下，若依据样本所计算的 t_j 统计值的绝对值大于 t 分布的 $100(1-\alpha/2)\%$ 的上侧分位数值，即若：

$$|t_j| > t_{\alpha/2}(n-k) \tag{4.2.17}$$

我们就拒绝原假设，接受备择假设。从而认为解释变量 X_j 是重要的，应留在模型中。也可以计算与 t_j 相对应的 p 值，然后根据研究者自己的判断决定解释变量 X_j 的去留。

能否用逐一检验偏回归系数的显著性的方法来替代对模型整体性的显著性检验？回答是否定的。这是因为，检验一系列单个假设，不等于联合地检验同样的这些假设。其直观上的理由是，对于整体联合检验中的任一单一假设都受到其他假设所含信息的影响。而我们在检验单个偏回归系数的显著性时，隐含了对每一个偏回归系数的显著性检验都是根据一个不同的独立样本进行的设定。也就是说，个别的（多个）置信区间（相互独立）所提供的联合“信息”，不能代替整体联合检验的联合置信区间（相互不独立）所包含的“信息”。

例 4.2 表 4.2 给出 1999 年位于全球前 500 家企业中属于商业银行及储蓄业的 64 家企业的营业额 Y 、资产额 K 及雇员数 L。根据这些资料可以估计这些企业的柯布—道格拉斯生产函数 $Y = AK^{\alpha}L^{\beta}e^{u}$，其中 α 和 β 分别表示营业额对资本投入和劳动投入的弹性系数。将此生产函数的两边取对数，可将其化为线性模型：

$$\ln Y = \ln A + \alpha \ln K + \beta \ln L + u$$

这是一个二元线性回归模型，用 OLS 方法可对其估计。估计得到结果如下：

表 4.2　1999 年营业额位于全球前 500 家的商业银行及储蓄业企业的相关指标

企业	营业额 Y(百万美元)	资产额 K(百万美元)	雇员数 L(千人)
1	58585.1	841797	93
2	51392.0	632574	156
3	49362.0	451507	64
4	43660.2	407043	62
5	40098.6	700232	77
6	39348.1	567793	147
7	38820.7	458937	110
8	33710.0	406135	75
9	32923.5	440522	85
10	32623.6	729250	17
11	31868.1	504413	46
12	27815.8	567900	14

续表

企业	营业额 Y(百万美元)	资产额 K(百万美元)	雇员数 L(千人)
13	27651.9	613198	49
14	27065.2	524228	14
15	26939.9	414044	7
16	26221.1	372896	35
17	25986.0	269425	86
18	25582.6	257041	100
19	24079.1	394660	14
20	23398.6	407476	65
21	23208.8	397759	51
22	22836.7	283804	76
23	22373.6	281865	53
24	22084.0	253024	72
25	21795.0	218102	89
26	21573.0	410647	77
27	20130.4	427542	549
28	20000.0	190692	59
29	19999.9	457290	13
30	19480.7	299329	62
31	19372.9	472827	15
32	18110.0	260898	16
33	18065.0	506980	16
34	17981.9	70506	69
35	17623.8	350733	209
36	17113.4	291303	27
37	16838.0	173347	41
38	16457.7	257631	9
39	16243.5	186957	32
40	16218.8	249323	42
41	15395.9	501873	4
42	15203.0	281876	8
43	15164.3	44786	67
44	14936.7	245207	15
45	14784.2	297857	11
46	14485.8	157473	74
47	14456.4	261219	32
48	14127.8	244107	500
49	13571.2	186514	28
50	13441.2	170188	46
51	13392.3	265842	324
52	13335.4	169324	60
53	13146.1	185802	52
54	12487.0	165818	46
55	12391.4	304664	73
56	12345.7	243777	13
57	12251.1	194232	17
58	12173.8	146330	33
59	11139.3	156784	33
60	11118.6	151396	41
61	10470.3	145771	31
62	10420.3	280681	12
63	9738.8	140209	24
64	9737.6	197095	2

资料来源:《国际统计年鉴 2000》,中国统计出版社出版。

$$\ln\hat{Y}=2.3435+0.5626\ln K+0.1254\ln L$$
$$se=(0.8338)\quad(0.0656)\quad(0.0340)$$
$$t=(2.8105)\quad(8.5785)\quad(3.6896)$$
$$p=(0.0066)\quad(0.0000)\quad(0.0005)$$
$$R^2=0.5900,\bar{R}^2=0.5765,F=43.8854,df=61$$

模型估计结果说明，1999 年营业额位于全球前 500 强的商业银行及储蓄业的 64 家企业，其营业额关于资本与劳动投入的弹性分别是 0.5626 和 0.1254。表明在研究时期，保持劳动投入和其他因素不变，资本投入每增加 1%，将导致营业额平均增加约 0.56%；类似地，保持资本投入和其他因素不变，劳动投入每增加 1%，将导致营业额平均约增加 0.13%。

复判定系数 $R^2=0.5900$，调整的复判定系数为 $\bar{R}^2=0.5765$，这说明营业额变化的约 60%可由资本和劳动投入来解释，模型达到了较高的拟合优度。

针对 $H_0:\beta_1=\beta_2=\beta_3=0$，给定显著性水平 $\alpha=0.05$，在 F 分布表中查出自由度为 $k-1=2$，$n-k=61$ 的临界值 $F_\alpha(2,61)=2.39$。由于 $F=43.8854>F_\alpha(2,61)=2.39$，应拒绝原假设 $H_0:\beta_2=\beta_3=\beta_4=0$，说明回归方程显著，即"资产额"与"雇员数"变量联合起来确实对"营业额"有显著影响。

分别针对 $H_0:\beta_j=0(j=1,2,3)$，给定显著性水平 $\alpha=0.05$，查 t 分布表得自由度为 $n-k=61$ 的临界值 $t_{\alpha/2}(n-k)=2.660$。与 $\hat{\beta}_1$、$\hat{\beta}_2$、$\hat{\beta}_3$ 对应的 t 统计值分别为 2.8105、8.5785、3.6896，其绝对值都大于 $t_{\alpha/2}(n-k)=2.660$，这说明应当拒绝 $H_0:\beta_j=0(j=1,2,3)$。也就是说，当在其他解释变量不变的情况下，解释变量"资产额"与"雇员数"分别对解释变量"营业额"有显著的影响。

上述的 F 检验和 t 检验都可以用 P 值检验来代替，我们看到 $\hat{\beta}_1$、$\hat{\beta}_2$、$\hat{\beta}_3$ 对应的 P 值分别是 0.0066、0.0000、0.0005，F 统计量对应的 P 值为 0.0000，这些 P 值都远小于 $\alpha=0.05$，这说明，F 检验和 t 检验都拒绝原假设。也就是说"资产额"与"雇员数"无论是单独还是联合都对被解释变量"营业额"有显著的影响。

例 4.3 利用表 3.5 的数据，设婴儿死亡率为被解释变量 Y，住户人均实际最终消费支出 X_2 和妇女识字率 X_3 为解释变量，建立二元线性回归模型。该例的方差分析表见表 4.4，OLS 估计结果如下：

$$\hat{Y}_i=113.6442-0.0033X_{i2}-0.8400X_{i3}$$
$$se=(9.9608)\quad(0.0011)\quad(0.1313)$$
$$t=(11.4092)\quad(-3.0096)\quad(-6.3977)$$
$$p=(0.0000)\quad(0.0055)\quad(0.0000)$$
$$R^2=0.7261,\bar{R}^2=0.7065,F=37.1094,df=28$$

三、线性关系的约束性检验

1. 对回归系数间线性关系的检验

(1)对单一回归系数间线性关系的检验：t 检验。在多元回归分析中，根据理论分析或经验，我们可能对模型中某些回归系数之间的关系事先有某种猜测，并且需要根据样本的信息对此猜测进行检验。例如，对于柯布—道格拉斯生产函数：

$$Y = AL^{\alpha}K^{\beta}e^{u} \tag{4.2.18}$$

根据经济理论分析可知，若产出 Y 对劳动投入 L 的弹性与对资本投入 K 的弹性之和：$\alpha+\beta=1$，则生产的规模效益不变；$\alpha+\beta>1$，则生产的规模效益递增；$\alpha+\beta<1$，则生产的规模效益递减。为了确定生产的规模效益究竟是递增？还是递减？抑或不变？我们需要根据样本的信息对 $\alpha+\beta=1$ 是否成立进行检验。也就是说，我们可以假设：

$$H_0: \alpha+\beta=1;\ H_1: \alpha+\beta\neq 1$$

然后依据样本提供的信息对此假设进行检验。

再如，某商品的需求函数为：

$$Y = \beta_1 + \beta_2 X_2 + \beta_3 X_3 + \beta_4 X_4 + u \tag{4.2.19}$$

其中，Y 表示商品需求量，X_2 表示该商品价格，X_3 表示消费者收入，X_4 表示消费者财富。

$$H_0: \beta_3=\beta_4 \text{ 或 } \beta_3-\beta_4=0;\ H_1: \beta_3\neq\beta_4 \text{ 或 } \beta_3-\beta_4\neq 0$$

然后依据样本信息对此假设进行检验。

因此，对于模型中各回归系数之间是否存在某种线性关系的检验，也是回归模型检验的重要内容。

对于一般线性回归模型，若记常数向量 $\mathbf{w}=(w_1,w_2,\cdots,w_k)'$，则对于模型回归系数 β_1，$\beta_2,\cdots,\beta_k$ 之间是否具有某种线性关系的假设检验可表示为：

$$H_0: \mathbf{w}'\boldsymbol{\beta} = w_1\beta_1 + w_2\beta_2 + \cdots + w_k\beta_k = q \tag{4.2.20}$$

其中，q 为一常数。以上假设形式是关于回归模型中回归系数的线性关系假设的一般形式，通过给定不同的权数向量 $\mathbf{w}$，就可以得到各种具体的线性关系假设。

例如，若令 $\mathbf{w}=(0,1,1,0,\cdots,0)'$ 且 $q=1$，则有假设 $\beta_2+\beta_3=1$；若令 $\mathbf{w}=(0,1,1,0,\cdots,0)'$ 且 $q=0$，则有假设 $\beta_2+\beta_3=0$；若令 $\mathbf{w}=(0,1,-1,0,\cdots,0)'$ 且 $q=0$，则有假设 $\beta_2=\beta_3$，等等。实际上，我们在前面关于偏回归系数的显著性的假设也可以概括在该假设形式之中，比如，令 $\mathbf{w}=(0,1,0,\cdots,0)'$ 且 $q=0$，则有假设 $\beta_2=0$；若令 $\mathbf{w}=(0,0,1,0,\cdots,0)'$ 且 $q=0$，则有假设 $\beta_3=0$，等等。

由于给定回归系数之间一个线性关系，实际上就是对其加上一个约束条件，自由参数的个数就减少一个，所以对回归系数之间线性关系的检验也称为对回归系数的线性约束检验。

为了给出检验假设(4.2.20)的统计量，我们考虑模型回归系数的线性组合 $\mathbf{w}'\boldsymbol{\beta}$ 的估计量。利用 $\boldsymbol{\beta}$ 的 OLSE $\hat{\boldsymbol{\beta}}$，可得 $\mathbf{w}'\boldsymbol{\beta}$ 的 OLSE 为：

$$\mathbf{w}'\hat{\boldsymbol{\beta}} = w_1\hat{\beta}_1 + w_2\hat{\beta}_2 + \cdots + w_k\hat{\beta}_k \tag{4.2.21}$$

该估计量的期望和方差分别为：

$$E(\mathbf{w}'\hat{\boldsymbol{\beta}}) = \mathbf{w}'E(\hat{\boldsymbol{\beta}}) = \mathbf{w}'\boldsymbol{\beta} = q \tag{4.2.22}$$

$$Var(\mathbf{w}'\hat{\boldsymbol{\beta}}) = \mathbf{w}'Var(\hat{\boldsymbol{\beta}})\mathbf{w} = \mathbf{w}'[\sigma^2(\mathbf{X}'\mathbf{X})^{-1}]\mathbf{w} \tag{4.2.23}$$

在随机误差服从正态分布的假设下，$\boldsymbol{\beta}$ 的 OLS 估计量 $\hat{\boldsymbol{\beta}}$ 服从正态分布，即有 $\hat{\boldsymbol{\beta}} \sim N(\boldsymbol{\beta}, \sigma^2 (\mathbf{X}'\mathbf{X})^{-1})$，因此，若用 $\hat{\sigma}^2$ 代替 σ^2，则可构造出一个 t 统计量：

$$t = \frac{\mathbf{w}'\hat{\boldsymbol{\beta}} - q}{\hat{se}(\mathbf{w}'\hat{\boldsymbol{\beta}})} = \frac{\mathbf{w}'\hat{\boldsymbol{\beta}} - \mathbf{w}'\boldsymbol{\beta}}{\sqrt{\hat{Var}(\mathbf{w}'\hat{\boldsymbol{\beta}})}} = \frac{\mathbf{w}'(\hat{\boldsymbol{\beta}} - \boldsymbol{\beta})}{\hat{\sigma}\sqrt{\mathbf{w}'(\mathbf{X}'\mathbf{X})^{-1}\mathbf{w}}} \tag{4.2.24}$$

式中 $\hat{se}(\mathbf{w}'\hat{\boldsymbol{\beta}}) = \sqrt{\hat{Var}(\mathbf{w}'\hat{\boldsymbol{\beta}})}$ 是 $\mathbf{w}'\hat{\boldsymbol{\beta}}$ 的标准误差的估计量。在原假设 $H_0: \mathbf{w}'\boldsymbol{\beta} = q$ 为真时，该统计量服从自由度为 $(n-k)$ 的 t 分布。在给定的显著水平 α 之下，可视备择假设的情况而采用双侧检验或单侧检验。对于双侧检验，如果根据样本所计算的 t 统计值的绝对值大于 t 分布上侧分位数 $t_{\alpha/2}(n-k)$，则拒绝原假设，认为所给线性约束是不真实的。

继续讨论例 4.2 中的问题，依据表 4.2 的数据已经估计得到营业额对资产额的弹性系数为 $\hat{\alpha} = 0.562614$，营业额对雇员数的弹性系数为 $\hat{\beta} = 0.125426$，$\hat{Var}(\hat{\alpha}) = 0.004294569$，$\hat{Var}(\hat{\beta}) = 0.001156541$，$\hat{Cov}(\hat{\alpha}, \hat{\beta}) = -0.000024263$。为了检验是否具有生产规模报酬不变的特性，可建立原假设和被择假设：

$$H_0: \alpha + \beta = 1, H_1: \alpha + \beta \neq 1$$

由式(4.2.24)，可得检验该假设的 t 统计量为：

$$t = \frac{\hat{\alpha} + \hat{\beta} - 1}{[\hat{Var}(\hat{\alpha}) + \hat{Var}(\hat{\beta}) + 2\hat{Cov}(\hat{\alpha}, \hat{\beta})]^{1/2}}$$

将相关的估计值代入此式，可得到相应的统计值为：

$$t = \frac{0.562614 + 0.125426 - 1}{\sqrt{0.004294569 + 0.001156541 - 2 \times 0.000024263}} = -4.2442$$

如给定显著水平为 1%，则由 t 分布表可查得 $t_{0.005}(61) = 2.66$，由于 $|t| = 4.244 > t_{0.005}(61) = 2.660$，所以应该拒绝原假设 $H_0: \alpha + \beta = 1$，可以认为 1999 年位于全球前 500 家企业中属于商业银行及储蓄业的 64 家企业不具有规模报酬不变的特征。

(2)对多个回归系数间线性关系的检验：F 检验

在对一般线形回归模型的检验中有时我们需要检验的线性约束可能不只一个，如可能需要同时检验 $\beta_1 = 0, \beta_2 + \beta_3 = 1, \beta_4 = \beta_5$，我们需要建立的虚拟假设为：

$$H_0: \beta_1 = 0, \beta_2 + \beta_3 = 1, \beta_4 = \beta_5$$

这时我们可将需要检验的这些线性约束写成一个线性约束集：

$$\begin{aligned} a_{11}\beta_1 + a_{12}\beta_2 + \cdots + a_{1k}\beta_k &= q_1 \\ a_{21}\beta_1 + a_{22}\beta_2 + \cdots + a_{2k}\beta_k &= q_2 \\ \vdots \qquad \vdots \qquad\quad \vdots \qquad &\vdots \quad\; \vdots \\ a_{J1}\beta_1 + a_{J2}\beta_2 + \cdots + a_{Jk}\beta_k &= q_J \end{aligned}$$

若记 $\mathbf{a}_i = (a_{i1}, a_{i2}, \cdots, a_{ik})'$ 为 k 维系数向量，$\mathbf{A} = (\mathbf{a}_1, \mathbf{a}_2, \cdots, \mathbf{a}_J)'$ 为 $J \times k$ 阶系数矩阵，$\boldsymbol{\beta} = (\beta_1, \beta_2, \cdots, \beta_k)'$ 仍为回归系数向量，$\mathbf{q} = (q_1, q_2, \cdots, q_J)'$ 为给定的常数向量，则此线性约束集可表

示为：

$$\mathbf{A\beta}=\mathbf{q} \tag{4.2.25}$$

在此约束集中，矩阵 $\mathbf{A}$ 是行满秩的，且有 $J<k$，从而模型中还有$(k-J)$个自由参数。

为了检验回归系数向量 $\boldsymbol{\beta}$ 是否满足线性约束集(4.2.25)，即检验假设 H_0:$\mathbf{A\beta}=\mathbf{q}$。与只有一个线性约束时的情形相仿，我们考虑向量 $\mathbf{A\beta}$ 的估计量。利用 $\boldsymbol{\beta}$ 的普通最小二乘估计量 $\hat{\boldsymbol{\beta}}$，可得到 $\mathbf{A\beta}$ 的估计量为：

$$\mathbf{A}\hat{\boldsymbol{\beta}}=(\mathbf{a}_1'\hat{\boldsymbol{\beta}},\mathbf{a}_2'\hat{\boldsymbol{\beta}},\cdots,\mathbf{a}_J'\hat{\boldsymbol{\beta}})' \tag{4.2.26}$$

该估计量的期望与方差协方差矩阵分别为：

$$E(\mathbf{A}\hat{\boldsymbol{\beta}})=\mathbf{A}E(\hat{\boldsymbol{\beta}})=\mathbf{A\beta}=\mathbf{q} \tag{4.2.27}$$

$$Var(\mathbf{A}\hat{\boldsymbol{\beta}})=\mathbf{A}Var(\hat{\boldsymbol{\beta}})\mathbf{A}'=\mathbf{A}[\sigma^2(\mathbf{X}'\mathbf{X})^{-1}]\mathbf{A}' \tag{4.2.28}$$

在随机误差服从正态分布的假设下，向量 $\hat{\boldsymbol{\beta}}$ 服从 k 维正态分布，有 $\hat{\boldsymbol{\beta}}\sim N(\boldsymbol{\beta},\sigma^2(\mathbf{X}'\mathbf{X})^{-1})$，而向量 $\mathbf{A}\hat{\boldsymbol{\beta}}$ 是 $\hat{\boldsymbol{\beta}}$ 的线性变换，由正态分布的性质可知，向量 $\mathbf{A}\hat{\boldsymbol{\beta}}$ 也服从 J 维正态分布，即有：

$$\mathbf{A}\hat{\boldsymbol{\beta}}\sim N(\mathbf{q},\sigma^2\mathbf{A}(\mathbf{X}'\mathbf{X})^{-1}\mathbf{A}') \tag{4.2.29}$$

由于多元正态随机变量二次型的分布为 χ^2 分布，所以有：

$$Q_1=\frac{(\mathbf{A}\hat{\boldsymbol{\beta}}-\mathbf{q})'[\mathbf{A}(\mathbf{X}'\mathbf{X})^{-1}\mathbf{A}']^{-1}(\mathbf{A}\hat{\boldsymbol{\beta}}-\mathbf{q})}{\sigma^2}\sim\chi^2(J) \tag{4.2.30}$$

为了消去未知的 σ^2，考虑另一个 χ^2 统计量：

$$Q_2=\frac{(n-k)\hat{\sigma}^2}{\sigma^2}\sim\chi^2(n-k) \tag{4.2.31}$$

由于 $\hat{\boldsymbol{\beta}}$ 和 $\hat{\sigma}^2$ 是相互独立的，所以两个 χ^2 统计量 Q_1 和 Q_2 也是相互独立的。因此，Q_1 和 Q_2 除以各自自由度的比构成了一个 F 统计量，此统计量服从第一自由度为 J，第二自由度为$(n-k)$的 F 分布，即有：

$$F=\frac{Q_1/J}{Q_2/(n-k)}=\frac{(\mathbf{A}\hat{\boldsymbol{\beta}}-\mathbf{q})'[\mathbf{A}(\mathbf{X}'\mathbf{X})^{-1}\mathbf{A}']^{-1}(\mathbf{A}\hat{\boldsymbol{\beta}}-\mathbf{q})}{J\hat{\sigma}^2}\sim F(J,n-k) \tag{4.2.32}$$

在原假设为真时，在给定的显著水平 α 下，若根据样本计算有：

$$F>F_\alpha(J,n-k)$$

则应拒绝原假设 H_0:$\mathbf{A\beta}=\mathbf{q}$。也就是说，当估计值向量 $\mathbf{A}\hat{\boldsymbol{\beta}}$ 与假设值向量 $\mathbf{A\beta}=\mathbf{q}$ 相差较大时，就应拒绝线性约束为真的假设。

2. 模型参数的约束最小二乘估计

在经济计量研究中，若根据有关非样本信息确知模型回归系数之间存在某种线性关系，则可将这些线性关系作为约束条件与样本信息结合起来对模型回归系数进行估计，以提高估计的有效性。为此，可计算回归系数向量的约束最小二乘估计。仍以被解释变量的实际观测值与其条件期望的离差平方和最小为目标，以回归系数间的线性约束集 $\mathbf{A\beta}=\mathbf{q}$ 为约束条件，则有二次规划问题如下：

$$\min Q(\boldsymbol{\beta})=(\mathbf{y}-\mathbf{X}\boldsymbol{\beta})'(\mathbf{y}-\mathbf{X}\boldsymbol{\beta}) \quad s.t. \quad \mathbf{A}\boldsymbol{\beta}=\mathbf{q} \tag{4.2.33}$$

由条件极值原理，可建立拉格朗日函数：

$$L(\boldsymbol{\beta})=(\mathbf{y}-\mathbf{X}\boldsymbol{\beta})'(\mathbf{y}-\mathbf{X}\boldsymbol{\beta})+2\boldsymbol{\lambda}'(\mathbf{A}\boldsymbol{\beta}-\mathbf{q}) \tag{4.2.34}$$

式中 $\boldsymbol{\lambda}$ 是拉格朗日乘子向量。计算 $L(\boldsymbol{\beta})$ 分别对向量 $\boldsymbol{\beta}$ 和 $\boldsymbol{\lambda}$ 的一阶偏导数，得：

$$\frac{\partial L(\boldsymbol{\beta})}{\partial \boldsymbol{\beta}}=-2\mathbf{X}'(\mathbf{y}-\mathbf{X}\boldsymbol{\beta})+2\mathbf{A}'\boldsymbol{\lambda} \tag{4.2.35}$$

$$\frac{\partial L(\boldsymbol{\beta})}{\partial \boldsymbol{\lambda}}=2(\mathbf{A}\boldsymbol{\beta}-\mathbf{q}) \tag{4.2.36}$$

若记使目标函数 $L(\boldsymbol{\beta})$ 取最小值的 $\boldsymbol{\beta}$ 和 $\boldsymbol{\lambda}$ 分别为 $\hat{\boldsymbol{\beta}}^*$ 和 $\boldsymbol{\lambda}^*$，则由微分极值原理可知 $\hat{\boldsymbol{\beta}}^*$ 和 $\boldsymbol{\lambda}^*$ 应使式(4.2.35)和式(4.2.36)均等于 $\mathbf{0}$，即有：

$$-2\mathbf{X}'(\mathbf{y}-\mathbf{X}\hat{\boldsymbol{\beta}}^*)+2\mathbf{A}'\boldsymbol{\lambda}^*=\mathbf{0} \tag{4.2.37}$$

$$2(\mathbf{A}\hat{\boldsymbol{\beta}}^*-\mathbf{q})=\mathbf{0} \tag{4.2.38}$$

由(4.2.37)式可得：

$$\mathbf{X}'\mathbf{X}\hat{\boldsymbol{\beta}}^*=\mathbf{X}'\mathbf{y}-\mathbf{A}'\boldsymbol{\lambda}^* \tag{4.2.39}$$

因此有：

$$\hat{\boldsymbol{\beta}}^*=(\mathbf{X}'\mathbf{X})^{-1}\mathbf{X}'\mathbf{y}-(\mathbf{X}'\mathbf{X})^{-1}\mathbf{A}'\boldsymbol{\lambda}^*=\hat{\boldsymbol{\beta}}-(\mathbf{X}'\mathbf{X})^{-1}\mathbf{A}'\boldsymbol{\lambda}^* \tag{4.2.40}$$

式中 $\hat{\boldsymbol{\beta}}=(\mathbf{X}'\mathbf{X})^{-1}\mathbf{X}'\mathbf{y}$ 是回归系数向量的无约束 OLS 估计。将(4.2.40)式等号两边同左乘 $\mathbf{A}$，并注意到(4.2.38)，得：

$$\mathbf{A}\hat{\boldsymbol{\beta}}^*=\mathbf{A}\hat{\boldsymbol{\beta}}-\mathbf{A}(\mathbf{X}'\mathbf{X})^{-1}\mathbf{A}'\boldsymbol{\lambda}^*=\mathbf{q} \tag{4.2.41}$$

因为 $(\mathbf{X}'\mathbf{X})^{-1}$ 是一个正定矩阵，所以 $\mathbf{A}(\mathbf{X}'\mathbf{X})^{-1}\mathbf{A}'$ 也是一个正定矩阵，其逆矩阵存在，所以由(4.2.41)式可得：

$$\boldsymbol{\lambda}^*=[\mathbf{A}(\mathbf{X}'\mathbf{X})^{-1}\mathbf{A}']^{-1}(\mathbf{A}\hat{\boldsymbol{\beta}}-\mathbf{q}) \tag{4.2.42}$$

将(4.2.42)代入(4.2.40)式，可得到回归系数向量 $\boldsymbol{\beta}$ 的约束最小二乘估计量为：

$$\hat{\boldsymbol{\beta}}^*=\hat{\boldsymbol{\beta}}+(\mathbf{X}'\mathbf{X})^{-1}\mathbf{A}'[\mathbf{A}(\mathbf{X}'\mathbf{X})^{-1}\mathbf{A}']^{-1}(\mathbf{q}-\mathbf{A}\hat{\boldsymbol{\beta}}) \tag{4.2.43}$$

与无约束最小二乘估计的情形相仿，不难得出约束最小二乘估计量 $\hat{\boldsymbol{\beta}}^*$ 的期望和方差协方差矩阵分别为：

$$E(\hat{\boldsymbol{\beta}}^*)=E(\hat{\boldsymbol{\beta}})+(\mathbf{X}'\mathbf{X})^{-1}\mathbf{A}'[\mathbf{A}(\mathbf{X}'\mathbf{X})^{-1}\mathbf{A}']^{-1}[\mathbf{q}-\mathbf{A}E(\hat{\boldsymbol{\beta}})]=\boldsymbol{\beta} \tag{4.2.44}$$

$$Var(\hat{\boldsymbol{\beta}}^*)=\sigma^2(\mathbf{X}'\mathbf{X})^{-1}-\sigma^2(\mathbf{X}'\mathbf{X})^{-1}\mathbf{A}'[\mathbf{A}(\mathbf{X}'\mathbf{X})^{-1}\mathbf{A}']^{-1}\mathbf{A}(\mathbf{X}'\mathbf{X})^{-1} \tag{4.2.45}$$

这表明约束最小二乘估计量$\hat{\boldsymbol{\beta}}^*$也是$\boldsymbol{\beta}$的无偏估计量。而且其方差协方差矩阵与无约束最小二乘估计量$\hat{\boldsymbol{\beta}}$的方差协方差矩阵之差为：

$$Var(\hat{\boldsymbol{\beta}})-Var(\hat{\boldsymbol{\beta}}^*)=\sigma^2(\mathbf{X}'\mathbf{X})^{-1}\mathbf{A}'[\mathbf{A}(\mathbf{X}'\mathbf{X})^{-1}\mathbf{A}']^{-1}\mathbf{A}(\mathbf{X}'\mathbf{X})^{-1} \tag{4.2.46}$$

此差矩阵是一个非负定矩阵。因此，无约束最小二乘估计量$\hat{\boldsymbol{\beta}}$的方差协方差矩阵的主对角线上的元素大于或等于约束最小二乘估计量$\hat{\boldsymbol{\beta}}^*$的方差协方差矩阵的主对角线上的元素，这表明约束最小二乘估计量$\hat{\boldsymbol{\beta}}^*$的方差小于或至少不大于无约束最小二乘估计量$\hat{\boldsymbol{\beta}}$的方差。估计量方差的这一减少，可看作是线性约束集中所含信息的效果。

有了模型回归系数向量的约束最小二乘估计，我们就可计算出被解释变量的约束最小二乘估计残差向量。该残差向量可表示为：

$$\hat{\mathbf{u}}^*=\mathbf{y}-\mathbf{X}\hat{\boldsymbol{\beta}}^*=\mathbf{y}-\mathbf{X}\hat{\boldsymbol{\beta}}-\mathbf{X}(\hat{\boldsymbol{\beta}}^*-\hat{\boldsymbol{\beta}})=\hat{\mathbf{u}}-\mathbf{X}(\hat{\boldsymbol{\beta}}^*-\hat{\boldsymbol{\beta}}) \tag{4.2.47}$$

由此残差向量，可得约束最小二乘估计的残差平方和为：

$$\hat{\mathbf{u}}^{*\prime}\hat{\mathbf{u}}^*=\hat{\mathbf{u}}'\hat{\mathbf{u}}+(\hat{\boldsymbol{\beta}}^*-\hat{\boldsymbol{\beta}})'\mathbf{X}'\mathbf{X}(\hat{\boldsymbol{\beta}}^*-\hat{\boldsymbol{\beta}}) \tag{4.2.48}$$

由此可得到约束最小二乘估计的残差平方和与无约束最小二乘估计的残差平方和之差为：

$$\hat{\mathbf{u}}^{*\prime}\hat{\mathbf{u}}^*-\hat{\mathbf{u}}'\hat{\mathbf{u}}=(\hat{\boldsymbol{\beta}}^*-\hat{\boldsymbol{\beta}})'\mathbf{X}'\mathbf{X}(\hat{\boldsymbol{\beta}}^*-\hat{\boldsymbol{\beta}}) \tag{4.2.49}$$

因为$\mathbf{X}'\mathbf{X}$是正定矩阵，所以二次型$(\hat{\boldsymbol{\beta}}^*-\hat{\boldsymbol{\beta}})'\mathbf{X}'\mathbf{X}(\hat{\boldsymbol{\beta}}^*-\hat{\boldsymbol{\beta}})\geqslant 0$，这表明约束条件的施加将会增大被解释变量的残差平方和。由式(4.2.43)计算出约束最小二乘估计量$\hat{\boldsymbol{\beta}}^*$与无约束最小二乘估计量$\hat{\boldsymbol{\beta}}$之差$(\hat{\boldsymbol{\beta}}^*-\hat{\boldsymbol{\beta}})$，然后带入(4.2.49)式可得：

$$\hat{\mathbf{u}}^{*\prime}\hat{\mathbf{u}}^*-\hat{\mathbf{u}}'\hat{\mathbf{u}}=(\mathbf{q}-\mathbf{A}\hat{\boldsymbol{\beta}})'[\mathbf{A}(\mathbf{X}'\mathbf{X})^{-1}\mathbf{A}']^{-1}(\mathbf{q}-\mathbf{A}\hat{\boldsymbol{\beta}}) \tag{4.2.50}$$

注意观察此式，此式正是式(4.2.32)给出的F统计量的分子，因此前述检验线性约束集的F统计量也可写为：

$$F=\frac{(\hat{\mathbf{u}}^{*\prime}\hat{\mathbf{u}}^*-\hat{\mathbf{u}}'\hat{\mathbf{u}})/J}{\hat{\mathbf{u}}'\hat{\mathbf{u}}/(n-k)}=\frac{(\hat{\boldsymbol{\beta}}^*-\hat{\boldsymbol{\beta}})'\mathbf{X}'\mathbf{X}(\hat{\boldsymbol{\beta}}^*-\hat{\boldsymbol{\beta}})}{J\hat{\sigma}^2} \tag{4.2.51}$$

上式利用了式(4.2.49)。

若记R^{2*}为约束最小二乘估计的判定系数，R^2仍然为无约束最小二乘估计的判定系数，将式(4.2.51)的第一等式的分子分母同除以TSS，此F统计量又可写为：

$$F=\frac{(R^2-R^{2*})/J}{(1-R^2)/(n-k)} \tag{4.2.52}$$

根据检验的规则，对于根据样本所计算出来的F统计值，若$F>F_\alpha(J,n-k)$，我们就拒绝原假设H_0：$\mathbf{A}\boldsymbol{\beta}=\mathbf{q}$，这表明约束最小二乘估计量$\hat{\boldsymbol{\beta}}$和无约束最小二乘估计量$\hat{\boldsymbol{\beta}}^*$之间的离差越大，原假设$H_0$：$\mathbf{A}\boldsymbol{\beta}=\mathbf{q}$被拒绝的可能性越大。

需要注意的是，如果由于受约束和无约束的两个模型中的被解释变量不同，由于 R^{2*} 与 R^2 不可直接比较，所以式(4.2.52)不可用，此时要使用(4.2.51)式给出 F 检验值。

四、模型中加入解释变量的“增量”或“边际”贡献

在例 4.3 中，我们知道住户人均实际最终消费支出 X_2 和妇女识字率 X_3 的 t 统计值都是统计显著的，同时我们也知道，基于 F 检验，这两个解释变量一起对被解释变量婴儿死亡率 Y 具有显著影响。同时我们知道 $R^2=0.7261$，也就是说，婴儿死亡率变化的 72.61%可由所建立的模型解释，但是由于住户人均实际最终消费支出与妇女识字率这两个解释变量可能相关，所以我们没办法知道这个值中，属于住户人均实际最终消费支出与妇女识字率的贡献各是多少。利用方差分析的方法我们可以对此有进一步的了解。

现在我们顺序引入住户人均实际最终消费支出 X_2 与妇女识字率 X_3，即先作婴儿死亡率对住户人均实际最终消费支出 X_2 的回归并评价其显著性，然后在模型中再引入妇女识字率 X_3，判别它对于被解释变量解释的贡献。所谓贡献是指增加一个变量到模型中，相对于 RSS，是否显著地增加了 ESS，从而影响了 R^2。我们把这样的贡献称作一个解释变量对被解释变量解释的边际贡献。

在经验研究中，人们对在一个已含有若干变量的模型中是否值得再引入新的解释变量是没有充足把握的，但怎样决定引入还是不引入呢？我们可以通过方差分析的方法解决它。

假设我们先做婴儿死亡率对住户人均实际最终消费支出的回归，并得到如下结果：

$$\hat{Y}=54.48398-0.0058888X_2$$
$$t=(9.5447)\quad(-3.7423)$$
$$p=(0.0000)\quad(0.0008)$$
$$r^2=0.325653\quad \bar{r}^2=0.302400$$

显然住户人均实际最终消费支出对婴儿死亡率具有明显影响。

表 4.3 仅含住户人均实际最终消费支出一个解释变量的回归模型的 ANOVA 表

变异来源	SS	df	MSS
ESS(来自 X_2)	8404.20	1	8404.20
RSS	17403.04	29	600.10
TSS	25807.24	30	

假定随机干扰项 u_i 服从正态分布，$H_0:\beta_2=0$，我们知道：

$$F=\frac{8404.20}{600.10}=14.00$$

F 估计量服从自由度为 1 和 29 的 F 分布。与 $F=14.00$ 相对应的 p 值为 0.0008，所以这个 F 值是高度显著的。

假如我们决定在此模型中加入妇女识字率 X_3，并得到估计的二元回归方程和方差分析表见例 4.3 和表 4.4。

表 4.4 加入妇女识字率变量的回归模型的 ANOVA 表

变异来源	SS	df	MSS
ESS	$\sum \hat{y}_i^2 = 18738.06$	2	9369.03
RSS	$\sum \hat{u}_i^2 = 7069.18$	$n-3=28$	$\hat{\sigma}^2 = 252.47$
TSS	$\sum y_i^2 = 25807.24$	$n-1=30$	

我们的问题是:(1)模型中已知住户人均实际最终消费支出对婴儿死亡率有显著影响,妇女识字率 X_3 的边际贡献是多少?(2)妇女识字率 X_3 的边际贡献在统计上显著吗?(3)根据什么准则把妇女识字率 X_3 引入模型?我们可以通过 ANOVA 技术回答上述问题。

表 4.5 回归模型的 ANOVA 表

变异来源	SS	df	MSS
ESS(仅来自 X_2)	$Q_1 = \hat{\beta}_2^2 \sum x_{i2}^2$	1	$\frac{Q_1}{1}$
ESS(由于 X_3 的加入)	$Q_2 = Q_3 - Q_1$	1	$\frac{Q_2}{1}$
ESS(由于 X_2 和 X_3)	$Q_3 = \hat{\beta}_2 \sum y_i x_{i2} + \hat{\beta}_3 \sum y_i x_{i3}$	2	$\frac{Q_3}{2}$
RSS	$Q_4 = Q_5 - Q_3$	$n-3$	$\frac{Q_4}{n-3}$
TSS	$Q_5 = \sum y_i^2$	$n-1$	

为了评估在扣除了 X_2 的贡献后 X_3 的增量贡献,我们构造:

$$F = \frac{Q_2/df}{Q_4/df} = \frac{(ESS_{新} - ESS_{老})/\text{新解释变量个数}}{RSS_{新}/(n - \text{新模型中参数个数})} \tag{4.2.53}$$

其中 $ESS_{新}$ = 新模型的 ESS (指加入新解释变量后的 Q_3),$ESS_{老}$ = 老模型的 $ESS = Q_1$,$RSS_{新}$ = 新模型的 RSS (指扣除了所有解释变量的贡献后的 Q_4)。对于本例,结果如表 4.6 所示。

依据式(4.2.53)和表 4.6 的数据,可计算得到:

$$F = \frac{10333.86}{252.47} = 40.93$$

在 u_i 服从正态分布的假定下,这个 F 值服从自由度为 1 和 28 的 F 分布。这个 F 值是高度显著的,表明模型中增加妇女识字率 X_3 显著提高了 ESS 并因此提高了 R^2 的值。实际上,F 值就是与 $\hat{\beta}_3$ 对应的 t 统计值的平方,即 $F = 40.93 = t^2 = (-6.3977)^2$。

表 4.6 婴儿死亡率一例的回归模型的 ANOVA 表

变异来源	SS	df	MSS
ESS(仅来自 X_2)	$Q_1 = 8404.20$	1	8404.20
ESS(由于 X_3 的加入)	$Q_2 = 10333.86$	1	10333.86
ESS(由于 X_2 和 X_3)	$Q_3 = 18738.06$	2	9369.03
RSS	$Q_4 = 7069.18$	28	252.47
TSS	$Q_5 = 25807.24$	30	

同样,式(4.2.53)的 F 比率还可以用 R^2 的值表示,即有

$$F=\frac{(R^2_{新}-R^2_{老})/\text{自由度}}{(1-R^2_{新})/\text{自由度}}=\frac{(R^2_{新}-R^2_{老})/\text{新解释变量个数}}{(1-R^2_{新})/(n-\text{新模型中参数的个数})} \tag{4.2.54}$$

因此有

$$F=\frac{(0.7261-0.3257)/1}{(1-0.7261)/(31-3)}=40.93$$

此结果与用式(4.2.53)结算的结果相同。但是需要注意,如果用式(4.2.54)计算 F 值,必须保证新老模型中因变量相同。如果不同,则要使用式(4.2.53)计算。

以上描述的 F 检验程序,为决定是否增加一个解释变量到模型中提供了一个程序化的方法。研究中经常会遇到从几个相近模型中选择的问题,这些模型有相同的因变量但有不同的解释变量。一个相机选择的方法是,只要增加解释变量可以增加调整复判定系数 $\bar{R}^2$ 值,就可以把该解释变量保留在模型中。判定 $\bar{R}^2$ 值增加的依据是,可以证明:如果新增变量的系数的 t 值在绝对值上大于 1,$\bar{R}^2$ 值就会增加,也就是说,仅当一个新增解释变量的 $F(=t^2)$ 值大于 1 时,$\bar{R}^2$ 值就会增加。

同样,我们也可以找到类似的规则,决定是否值得把一组解释变量加入到模型中或从模型中排除出去。从式(4.2.54)容易看出,一组变量的加入(删除)是否显著地增加(减少)了回归模型的解释能力。

五、偏相关系数与各阶相关系数

1. 偏相关系数与各阶相关系数的定义

在第 3 章中,我们介绍了作为度量两变量之间的线性关联程度的相关系数 r,对于多元线性回归模型,例如对于具有 1 个被解释变量,$(k-1)$ 个解释变量的回归模型,我们可以计算出 $r_{12},r_{13},\cdots,r_{1k};r_{23},r_{24},\cdots,r_{2k};\cdots,r_{(k-1)k}$,共 $\frac{k(k-1)}{2}$ 个相关系数,其中下标 1 代表被解释变量 Y,下标 $2,3,\cdots,k$ 分别代表解释变量 $X_2,X_3,\cdots,X_k$。这些相关系数可称为简单相关系数或零阶相关系数。这些系数都能按式(3.1.45)所给出的相关系数的定义计算出来。

对于多元线性回归模型，比方说二元线性回归模型，如果 X_3 与 Y 和 X_2 都可能有关联的话，r_{12} 是否度量 Y 和 X_2 之间的“真实”的线性关联度？答案是否定的。一般来说，r_{12} 在 X_3 出现的情形下不太可能反映 Y 和 X_2 之间的真实的线性关联度，它容易给出 Y 和 X_2 之间的关联性质的一个错误的印象。因此，我们还需要有一个不依赖于 X_3 的仅测度解释变量 X_2 和被解释变量 Y 相互影响（如果 X_2 对 Y 有影响的话）的一种相关系数，我们把这种相关系数称为偏相关系数。例如 $r_{12\cdot3}$ 表示 X_3 保持不变下的 Y 与 X_2 的偏相关系数，$r_{13\cdot2}$ 表示 X_2 保持不变下的 Y 与 X_3 的偏相关系数，$r_{23\cdot1}$ 表示 Y 保持不变下的 X_2 与 X_3 的偏相关系数。我们把这种“次段下标”只有一个数的偏相关系数称为一阶相关系数。这里说的阶是指次段下标的个数。如果次段下标的个数为 2，例如，$r_{12\cdot34}$ 称为二阶相关系数；以此类推，$r_{12\cdot345}$ 是三阶相关系数，等等。简单相关系数由于其次段下标的个数为零，所以称为零阶相关系数。各阶相关系数的含义，可比照对 $r_{12\cdot34}$ 的解释。$r_{12\cdot34}$ 可解释为在 X_3 和 X_4 保持不变下的 Y 与 X_2 之间的线性关联程度。

2. 偏相关系数与各阶相关系数的计算

(1)相关矩阵。在多元线性回归模型中，例如在 k 变量（$k-1$ 个解释变量）的线性回归模型中，一共有 $\frac{k(k+1)}{2}$ 个零阶相关系数。（为什么？）这 $\frac{k(k+1)}{2}$ 个相关系数可排成一个矩阵，称作相关矩阵 **R**，表示为

$$\mathbf{R}=\begin{bmatrix} r_{11} & r_{12} & \cdots & r_{1k} \\ r_{21} & r_{22} & \cdots & r_{2k} \\ \vdots & \cdots & \cdots & \vdots \\ r_{k1} & r_{k2} & \cdots & r_{kk} \end{bmatrix}=\begin{bmatrix} 1 & r_{12} & \cdots & r_{1k} \\ r_{21} & 1 & \cdots & r_{2k} \\ \vdots & \cdots & \cdots & \vdots \\ r_{k1} & r_{k2} & \cdots & 1 \end{bmatrix} \tag{4.2.55}$$

其中 $r_{11}=r_{22}=\cdots r_{kk}=1, r_{ij}=r_{ji}, i,j=1,2,\cdots,k$。许多计算机程序都把计算 **R** 矩阵当作一种常规，因为它是计算各阶相关系数的基础。

(2)各阶相关系数的计算。可以证明，高阶相关系数可由低阶相关系数表示。也就是说，一阶相关系数（偏相关系数）可由零阶相关系数（简单相关系数）表示，二阶相关系数可以由一阶相关系数表示，以此类推。例如：

$$r_{12\cdot3}=\frac{r_{12}-r_{13}r_{23}}{\sqrt{1-r_{13}^2}\sqrt{1-r_{23}^2}} \tag{4.2.56}$$

$$r_{13\cdot2}=\frac{r_{13}-r_{12}r_{23}}{\sqrt{1-r_{12}^2}\sqrt{1-r_{23}^2}} \tag{4.2.57}$$

$$r_{23\cdot1}=\frac{r_{23}-r_{12}r_{13}}{\sqrt{1-r_{12}^2}\sqrt{1-r_{13}^2}} \tag{4.2.58}$$

$$r_{13\cdot24}=\frac{r_{13\cdot2}-r_{14\cdot2}r_{34\cdot2}}{\sqrt{1-r_{14\cdot2}^2}\sqrt{1-r_{34\cdot2}^2}} \tag{4.2.59}$$

$$r_{13\cdot245}=\frac{r_{13\cdot24}-r_{15\cdot24}r_{35\cdot24}}{\sqrt{1-r_{15\cdot24}^2}\sqrt{1-r_{35\cdot24}^2}} \tag{4.2.60}$$

类似地，$p-2$ 阶相关系数可由 $p-3$ 阶相关系数表示（$p\geqslant 3$），其表达式为：

$$r_{12\cdot 34\cdots p}=\frac{r_{12\cdot 345\cdots(p-1)}-[r_{1p\cdot 345\cdots(p-1)}r_{2p\cdot 345\cdots(p-1)}]}{\sqrt{1-r_{1p\cdot 345\cdots(p-1)}^2}\sqrt{1-r_{2p\cdot 345\cdots(p-1)}^2}} \tag{4.2.61}$$

3. 简单相关系数与偏相关系数的解释

在一元线性回归模型中，简单相关系数 r 有明确的含义：它度量着因变量 Y 与单一解释变量 X 之间的线性关联（而非因果关系）的程度。但一旦越出一元线性回归模型的情形，对简单相关系数的解释需格外小心。例如在式(4.2.56)中，我们可以观察到：

(1) 即使 $r_{12}=0$，$r_{12\cdot 3}$ 并不一定为零，除非 r_{13} 或 r_{23} 或两者同为零；

(2) 如果 $r_{12}=0$，而 r_{13} 和 r_{23} 均不为零且有相同的符号，则 $r_{12\cdot 3}$ 为负；而如果 r_{13} 和 r_{23} 异号，则 $r_{12\cdot 3}$ 为正。

(3) $r_{12\cdot 3}$ 项与 r_{12} 项不一定同号。

(4) 在一元线性回归模型中，有 $0\leqslant r^2\leqslant 1$。偏相关系数的平方也有同样的性质。利用这一事实，从式(4.2.56)可推出如下表达式

$$0\leqslant r_{12}^2+r_{13}^2+r_{23}^2-2r_{12}r_{13}r_{23}\leqslant 1 \tag{4.2.62}$$

式(4.2.62)给出了三个零阶相关系数的相互关系。

(5) Y 与 X_3 以及 X_2 与 X_3 不相关，并不意味着 Y 与 X_2 不相关。由式(4.2.62)可见，即使 $r_{13}=r_{23}=0$，并不意味着 r_{12} 也等于零。

$r_{12\cdot 3}^2$ 可称为偏判定系数，可解释为未被 X_3 解释的 Y 的变异部分由于 X_2 被引进到模型来而得到解释的比例。

4. 复判定系数、简单相关系数与偏相关系数之间的关系

复判定系数 R^2、简单相关系数与偏相关系数之间有如下关系

$$R^2=\frac{r_{12}^2+r_{13}^2-2r_{12}r_{13}r_{23}}{1-r_{23}^2} \tag{4.2.63}$$

$$R^2=r_{12}^2+(1-r_{12}^2)r_{13.2}^2 \tag{4.2.64}$$

$$R^2=r_{13}^2+(1-r_{13}^2)r_{12.3}^2 \tag{4.2.65}$$

前面我们说过，如果模型中多引入一个解释变量，R^2 必不会减小，这点可由式(4.2.65)明显看出。该方程是说，由 X_3 和 X_2 联合解释的 Y 的变异部分（比例）是两部分之和：由 X_3 单独解释的部分（r_{13}^2），以及未被 X_3 解释的部分（$1-r_{13}^2$）乘以在 X_3 的影响保持不变下由 X_2 解释的比例。现在只要 $r_{12.3}^2>0$ 就有 $R^2>r_{13}^2$；$r_{12.3}^2$ 最小也不过是零，此时 $R^2=r_{13}^2$。

六、似然比、瓦尔德与拉格朗日乘数检验

在本章及本章之前，我们针对线性回归模型使用 t、F 和 χ^2 检验对回归范围内的各种假设进行检验，如果我们一旦越出线性回归模型的范围，这些方法就不能使用了，我们还需要有检验关于线性或非线性回归模型的假设检验方法。

似然比(likelihood ratio)、瓦尔德(Wald)和拉格朗日乘数(Lagrange multipler)检验具有更加广泛的使用性，但是这三种检验都要求大样本。由于这三种检验的检验统计量都服从 χ^2

分布，所以这三种检验在渐近(即大样本)意义下都是等价的。本书将不使用这些检验，因为在大多数研究中，我们遇到的样本都是小样本或有限样本，而对于小样本，使用 F 检验已经够用了。

而对于线性回归模型，不管他的误差是否服从正态分布，都不需要过问 LR、W、LM，这是因为我们不能从这些统计量中得到任何不为 F 统计量所含有的信息。

似然比(LR)检验是以 ML 原理为依据的。在干扰项 u_i 为正态分布的假定下，我们证明了回归系数的 OLS 和 ML 估计量是相同的，但是所估计的误差方差却不同。σ^2 的 OLS 估计量是 $\sum_{i=1}^{n}\hat{u}_i^2/(n-k)$，而 ML 估计量是 $\sum_{i=1}^{n}\hat{u}_i^2/n$。前者是无偏的，后者是有偏的，尽管这种偏误在大样本中将消失。

为了说明似然比检验，我们以二元回归模型为例：

$$Y_i=\beta_1+\beta_2X_{i2}+\beta_3X_{i3}+u_i \tag{4.2.66}$$

式(4.2.66)的对数似然函数可写成：

$$\ln LF=-\frac{n}{2}\ln 2\pi-\frac{n}{2}\ln\sigma^2-\frac{1}{2}\sum\frac{(Y_i-\beta_1-\beta_2X_{i2}-\beta_3X_{i3})^2}{\sigma^2} \tag{4.2.67}$$

现假定虚拟假设 $H_0:\beta_3=0$，这时，由式(4.2.67)给出的似然函数变为：

$$\ln LF=-\frac{n}{2}\ln 2\pi-\frac{n}{2}\ln\sigma^2-\frac{1}{2}\sum\frac{(Y_i-\beta_1-\beta_2X_{i2})^2}{\sigma^2} \tag{4.2.68}$$

式(4.2.68)是在先验约束 $\beta_3=0$ 下估计的，故称受约束对数似然函数(restricted log－likelihood function，RLLF)，而式(4.2.67)无参数方面的先验约束，故可称为无约束对数似然函数(unrestricted log LF，ULLF)。为了检验先验约束 $\beta_3=0$ 的真实性，LR 检验使用如下的检验统计量：

$$\lambda=2(ULLF-RLLF) \tag{4.2.69}$$

可以证明，在大样本中，由式(4.2.69)给出的检验统计量 λ 服从自由度等于虚拟假设中所施加约束个数的 χ^2 分布。本例中此约束个数为 1。

LR 检验的基本思想是：如果先验约束真实，则受约束与无约束对数似然函数(LF)不应有差异，这时式(4.2.69)中的 λ 为零。但如果先验约束不真，则两个 LF 必定相异。我们知道，在大样本中，λ 服从 χ^2 分布，在给定显著性水平的条件下，就可以依据样本计算的估计值进行检验。

在例 4.3 中，如果我们做婴儿死亡率对人均住户实际消费支出和妇女识字率的回归，我们得到 ULLF＝－128.1445，但如果我们只做婴儿死亡率对人均住户实际消费支出的回归，则可得到 RLLF＝－142.1085。我们的问题是，是否值得增加妇女识字率这个变量到模型中。现在利用式(4.2.69)给出 LR 检验：

$$\lambda=2[-128.1445-(-142.1085)]=27.928$$

该统计量在渐近意义上服从 1 个自由度的 χ^2 分布。得到这样一个 χ^2 值的 p 值几乎为 0，从而得到不应从模型中去掉妇女识字率这一变量的结论。也就是说，约束回归不能成立。

由于 W 检验和 LM 检验数学的复杂性,本书将不予讨论。但是 LR,W 和 LM 检验在渐近意义上给出相同的答案,如何选择检验方法,主要依据计算的便利程度。

第三节 多元线性回归模型的应用:预测

在第三章我们曾说明如何利用一元线性回归模型做均值预测(即预测总体回归函数 PRF 或总体回归线上的点)和做个值预测(即对解释变量 X 的特定值 $X=X_0$ 预测 Y 的个值 Y_0)。多元线性回归模型的估计结果也可以用于同样的目的,并且其预测程序是一元线性回归模型的直接推广,只不过是用于估计预测值的方差或标准误的公式更为复杂,且宜用矩阵方法来表示。

一、均值预测

设 $\mathbf{x}_0=(1\ X_{02}\ X_{03}\cdots X_{0k})'$ 为预测 $E(Y\mid\mathbf{x}_0')$ 时所要取定的诸 X 变量的观测值向量,$\hat{Y}_0$ 为 $E(Y\mid\mathbf{x}_0')$ 的估计值。标量形式的多元线性回归估计式为:

$$\hat{Y}_i=\hat{\beta}_1+\hat{\beta}_2X_{i2}+\hat{\beta}_3X_{i3}+\cdots+\hat{\beta}_kX_{ik} \qquad (4.3.1)$$

写成矩阵形式为

$$\hat{Y}_i=\mathbf{x_i}'\,\hat{\boldsymbol{\beta}} \qquad (4.3.2)$$

其中 $\mathbf{x_i}'=(1\quad X_{i2}\quad X_{i3}\ \cdots X_{ik})$,$\hat{\boldsymbol{\beta}}=(\beta_1\quad\beta_2\quad\cdots\quad\beta_k)'$,$\hat{Y}_i$ 为给定 $\mathbf{x_i}'$ 的关于均值的点预测值。若令 $\mathbf{x_i}'=\mathbf{x}_0'$,则

$$(\hat{Y}_0\mid\mathbf{x}_0')=\mathbf{x}_0'\hat{\boldsymbol{\beta}} \qquad (4.3.3)$$

因为 $E(\hat{Y}_0\mid\mathbf{x}_0')=E(\mathbf{x}_0'\hat{\boldsymbol{\beta}})=\mathbf{x}_0'\boldsymbol{\beta}$,所以式(4.3.3)给出 $E(Y_0\mid\mathbf{x}_0')$ 的一个无偏估计。可以证明,$(\hat{Y}_0\mid\mathbf{x}_0')$ 的方差为:

$$Var(\hat{Y}_0\mid\mathbf{x}_0')=\sigma^2\mathbf{x}_0'(\mathbf{X}'\mathbf{X})^{-1}\mathbf{x}_0 \qquad (4.3.4)$$

由于 $(\hat{Y}_0\mid\mathbf{x}_0')$ 服从正态分布,若用 σ^2 的无偏估计量 $\hat{\sigma}^2$ 代替 σ^2,可得到

$$\hat{Var}(\hat{Y}_0\mid\mathbf{x}_0')=\hat{\sigma}^2\mathbf{x}_0'(\mathbf{X}'\mathbf{X})^{-1}\mathbf{x}_0 \qquad (4.3.5)$$

仿照第三章的讨论,我们可求得给定 $\mathbf{x}_0'$ 的平均预测值 $E(Y\mid\mathbf{x}_0')$ 的 $100(1-\alpha)\%$ 的置信区间为:

$$(\hat{Y}_0\mid\mathbf{x}_0')\pm t_{\frac{\alpha}{2}}\sqrt{\hat{\sigma}^2\mathbf{x}_0'(\mathbf{X}'\mathbf{X})^{-1}\mathbf{x}_0} \qquad (4.3.6)$$

其中统计量 t 服从自由度为 $n-k$ 的 t 分布。

二、个值预测

对于解释变量的给定值 $\mathbf{x}_0'$,要预测被解释变量的个值,即:

$$(Y_0 \mid \mathbf{x}_0{}') = \mathbf{x}_0{}'\hat{\boldsymbol{\beta}} \tag{4.3.7}$$

由第三章可知,式(4.3.3)同时给出个值的点预测值。要对个值做出区间预测,不仅需要知道点预测值,还必须知道与点预测值和预测值相应个值相关的残差 $\hat{u}_0=\hat{Y}_0-Y_0$ 的概率分布。由于 $\hat{Y}_0$ 和 Y_0 都服从正态分布,所以 $\hat{u}_0$ 也服从正态分布,并且可以证明,$E(\hat{u}_0)=0, Var(\hat{u}_0)=\sigma^2[1+\mathbf{x}_0{}'(\mathbf{X}'\mathbf{X})^{-1}\mathbf{x}_0]$,即有

$$\hat{u}_0 \sim N(0,\sigma^2[1+\mathbf{x}_0{}'(\mathbf{X}'\mathbf{X})^{-1}\mathbf{x}_0]) \tag{4.3.8}$$

若用 $\hat{\sigma}^2$ 代替 σ^2,就可以构造得到自由度为 $n-k$ 的服从 t 分布的 t 统计量,在给定 $\mathbf{x}_0$ 和显著性水平 α 的条件下,个值预测的置信区间为

$$(Y_0 \mid \mathbf{x}_0{}') \pm t_{\frac{\alpha}{2}}\sqrt{\hat{\sigma}^2[1+\mathbf{x}_0{}'(\mathbf{X}'\mathbf{X})^{-1}\mathbf{x}_0]} \tag{4.3.9}$$

例 4.4 依据表 4.7 的资料,说明 1993—2007 年我国城镇居民的人均消费支出 Y 与人均可支配收入 X_2 和时间变量 X_3 之间的关系。表 4.7 的数据为以 1978 年为基期的实际数据。

表 4.7 1993—2007 年我国城镇居民的人均消费支出与人均可支配收入

年份	人均消费支出 Y(元)	人均可支配收入 X_2(元)	时间变量 X_3	年份	人均消费支出 Y(元)	人均可支配收入 X_2(元)	时间变量 X_3
1993	717.47	876.07	1	2001	1106.27	1429.38	9
1994	775.24	950.57	2	2002	1269.18	1621.30	10
1995	823.46	996.97	3	2003	1358.14	1767.25	11
1996	838.57	1035.28	4	2004	1450.34	1902.59	12
1997	868.65	1070.82	5	2005	1578.79	2085.67	13
1998	904.30	1132.59	6	2006	1703.20	2303.07	14
1999	976.29	1238.16	7	2007	1873.59	2583.55	15
2000	1048.68	1317.67	8				

数据来源:《新中国五十五年统计资料汇编》和 2005 年、2006 年、2007 年的中国统计年鉴,中国统计出版社出版。

通过引入趋势变量,目的在于研究人均消费支出与人均可支配收入在扣除时间变量影响后的关系。为了经验研究的目的,取回归模型为:

$$Y_i = \hat{\beta}_1 + \hat{\beta}_2 X_{i2} + \hat{\beta}_3 X_{i3} + \hat{u}_i$$

其中,Y = 人均消费支出,X_2 = 人均可支配收入,X_3 = 时间。

可用矩阵符号将此问题表述为:

$$
\begin{bmatrix} 717.47 \\ 775.24 \\ 823.46 \\ 838.57 \\ 868.64 \\ 904.30 \\ 976.29 \\ 1048.68 \\ 1106.27 \\ 1269.18 \\ 1358.14 \\ 1450.34 \\ 1578.79 \\ 1703.20 \\ 1873.59 \end{bmatrix} = \begin{bmatrix} 1 & 876.07 & 1 \\ 1 & 950.57 & 2 \\ 1 & 996.97 & 3 \\ 1 & 1035.28 & 4 \\ 1 & 1070.82 & 5 \\ 1 & 1132.59 & 6 \\ 1 & 1238.16 & 7 \\ 1 & 1317.67 & 8 \\ 1 & 1429.38 & 9 \\ 1 & 1621.30 & 10 \\ 1 & 1767.25 & 11 \\ 1 & 1902.59 & 12 \\ 1 & 2085.67 & 13 \\ 1 & 2303.07 & 14 \\ 1 & 2583.55 & 15 \end{bmatrix} \begin{bmatrix} \hat{\beta}_0 \\ \hat{\beta}_1 \\ \hat{\beta}_2 \end{bmatrix} + \begin{bmatrix} \hat{u}_1 \\ \hat{u}_2 \\ \hat{u}_3 \\ \hat{u}_4 \\ \hat{u}_5 \\ \hat{u}_6 \\ \hat{u}_7 \\ \hat{u}_8 \\ \hat{u}_9 \\ \hat{u}_{10} \\ \hat{u}_{11} \\ \hat{u}_{12} \\ \hat{u}_{13} \\ \hat{u}_{14} \\ \hat{u}_{15} \end{bmatrix}
$$

$$
\mathbf{y} = \mathbf{X}\hat{\boldsymbol{\beta}} + \hat{\mathbf{u}}
$$

由以上数据算得以下的一些结果：

$$
\bar{Y} = 1152.8124 \qquad \bar{X}_2 = 1487.3957 \qquad \bar{X}_3 = 8
$$

$$
\sum (Y_i - \bar{Y})^2 = 1874117.7022
$$

$$
\sum (X_{i2} - \bar{X}_2)^2 = 3993962.401 \qquad \sum (X_{i3} - \bar{X}_3)^2 = 280
$$

$$
\mathbf{X}'\mathbf{X} = \begin{bmatrix} 1 & 1 & 1 & \cdots & 1 \\ X_{12} & X_{22} & X_{32} & \cdots & X_{n2} \\ X_{13} & X_{23} & X_{33} & \cdots & X_{n3} \end{bmatrix} \begin{bmatrix} 1 & X_{12} & X_{13} \\ 1 & X_{22} & X_{23} \\ 1 & X_{32} & X_{33} \\ \vdots & \vdots & \vdots \\ 1 & X_{n2} & X_{n3} \end{bmatrix}
$$

$$
= \begin{bmatrix} n & \sum X_{i2} & \sum X_{i3} \\ \sum X_{i2} & \sum X_{i2}^2 & \sum X_{i2} X_{i3} \\ \sum X_{i3} & \sum X_{i2} X_{i3} & \sum X_{i3}^2 \end{bmatrix}
$$

$$
= \begin{bmatrix} 15 & 22310.9361 & 120 \\ 22310.9361 & 37179153.5896 & 210725.4180 \\ 120 & 210725.4180 & 1240 \end{bmatrix}
$$

$$
\mathbf{X}'\mathbf{y} = \begin{bmatrix} 17292.1863 \\ 28454112.2867 \\ 160550.0781 \end{bmatrix}
$$

又有：

$$(\mathbf{X}'\mathbf{X})^{-1}=\begin{bmatrix}1.4315645 & -0.0020065 & 0.2024522\\ -0.0020065 & 0.0000035 & -0.0004079\\ 0.2024522 & -0.0004079 & 0.0505403\end{bmatrix}$$

因此，

$$\hat{\boldsymbol{\beta}}=(\mathbf{X}'\mathbf{X})^{-1}\mathbf{X}'\mathbf{y}=\begin{bmatrix}164.3512\\ 0.6248\\ 7.3973\end{bmatrix}$$

现在可算出残差平方和为：

$$\sum \hat{u}_i^2=\hat{\mathbf{u}}'\hat{\mathbf{u}}$$

$$=\mathbf{y}'\mathbf{y}-\hat{\boldsymbol{\beta}}'\mathbf{X}'\mathbf{y}$$

$$=21808764.8602-\begin{bmatrix}164.3512 & 0.6248 & 7.3973\end{bmatrix}\begin{bmatrix}17292.1863\\ 28454112.2867\\ 160550.0781\end{bmatrix}=1811.2649$$

由此得：

$$\hat{\sigma}^2=\frac{\hat{\mathbf{u}}'\hat{\mathbf{u}}}{12}=150.9387$$

因此，可得到 $\hat{\boldsymbol{\beta}}$ 的方差—协方差为：

$$Var(\hat{\boldsymbol{\beta}})=\hat{\sigma}^2\ (\mathbf{X}'\mathbf{X})^{-1}=\begin{bmatrix}216.0785 & -0.3029 & 30.5579\\ -0.3029 & 0.0005 & -0.0616\\ 30.5579 & -0.0616 & 7.6285\end{bmatrix}$$

此矩阵的主对角线元素分别给出 $\hat{\beta}_0$，$\hat{\beta}_1$ 和 $\hat{\beta}_2$ 的方差，其正的平方根就是相应的标准误。

由上述数据可计算得到：

$$ESS:\hat{\boldsymbol{\beta}}'\mathbf{X}'\mathbf{y}-n\bar{Y}^2=1872306.4373$$

$$TSS:\mathbf{y}'\mathbf{y}-n\bar{Y}^2=1874117.7022$$

于是得：

$$R^2=\frac{\boldsymbol{\beta}'\mathbf{X}'\mathbf{y}-n\bar{Y}^2}{\mathbf{y}'\mathbf{y}-n\bar{Y}^2}=\frac{1872299.2919}{1874117.7022}=0.9990$$

调整的复判定系数是：

$$\bar{R}^2=0.9989$$

综合全部结果有：

$$\hat{Y}_i = 164.3512 + 0.6248X_{i2} + 7.3973X_{i3}$$
$$se = (14.6996) \quad (0.0231) \quad (2.7620)$$
$$t = (11.1807) \quad (27.0163) \quad (2.6783)$$
$$R^2 = 0.9990 \quad \bar{R}^2 = 0.9989 \quad F = 6479.73 \quad df = 12$$

从估计结果来看，$\hat{\beta}_1 = 164.35$，可以解释为模型中省略的变量共同作用的结果，偏回归系数 $\hat{\beta}_2 = 0.6248$ 是指，保持所有其他变量不变，人均可支配收入每增加 1 元，平均地说，人均消费性支出将增加约 0.6248 元，即边际消费倾向约为 0.6248，$\hat{\beta}_3 = 7.3973$ 是指，保持其他变量不变，在 1993－2007 年这一期间，人均消费性支出的均值每年约增加 7.40 元。$R^2 = 0.9990$ 表示，两个解释变量在 1993－2007 年期间解释了我国城镇居民人均消费性支出变异的 99% 以上。

对于估计系数的统计显著性，我们可以看到每一个估计系数的 t 值的绝对值都大于自由度为 12 的 5% 显著性水平下的临界值 $t = 2.179$，故可以拒绝真实的总体系数值为零的虚拟假设。

由 $\hat{\boldsymbol{\beta}}$ 的方差—协方差矩阵我们可以看出，估计量 $\hat{\beta}_2$ 和 $\hat{\beta}_3$ 是负相关的（两者的协方差是 －0.0616）。这就说明 t 检验不能同时检验假设 $\beta_1 = \beta_2 = 0$，因为 t 检验方法假定了每次应用 t 检验时都用了一个独立抽取的样本，如果用同一样本同时检验关于 β_1 和 β_2 的假设，很可能估计量 $\hat{\beta}_1$ 和 $\hat{\beta}_2$ 是相关的，从而违反了 t 检验方法所依据的假定。因此我们需要通过方差分析技术及其伴随的 F 检验来检验 $\beta_2 = \beta_3 = 0$ 的虚拟假设。方差分析如表 4.8。

表 4.8　方差分析表

变异来源	*SS*	*df*	*MSS*
ESS	1872306.4373	2	936153.2
RSS	1811.2649	12	150.93874
TSS	1874117.7022	14	

在通常的假设下，我们得到：$F = \dfrac{936153.2}{150.93874} = 6202.2063$，它遵循以 2 和 12 为自由度的 F 分布，显然这个 F 值是高度显著的，从而拒绝了 $\beta_2 = \beta_3 = 0$ 的虚拟假设。

假定 2008 年我国城镇居民的实际人均可支配收入预计可达到 2740 元（以 1978 年为基期），我们想知道对应于这一收入水平的实际人均消费支出。由于实际人均可支配收入的均值和个值的点预报值相同，可由下式给出：

$$\hat{Y}_{2008} = \mathbf{x}'_{2008}\hat{\boldsymbol{\beta}} = (1 \quad 2740 \quad 16)\begin{bmatrix}164.3512 \\ 0.6248 \\ 7.3973\end{bmatrix} = 1994.66$$

实际人均可支配收入的均值和个值预报值的方差却不同。均值的方差和标准误分别为：

$$Var(\hat{Y}_{2008} \mid \mathbf{x}'_{2008}) = \hat{\sigma}^2[\mathbf{x}'_{2008}(\mathbf{X}'\mathbf{X})^{-1}\mathbf{x}_{2008}]$$

$$=150.9387(1\quad 2740\quad 16)(\mathbf{X}'\mathbf{X})^{-1}\begin{pmatrix}1\\2740\\16\end{pmatrix}$$

$$=55.0413$$

$$se(\hat{Y}_{2008}\mid \mathbf{x}'_{2008})=7.4190$$

个值的方差和标准误分别为：

$$Var(Y_{2008}\mid \mathbf{x}'_{2008})=\hat{\sigma}^2[1+\mathbf{x}'_{2008}(\mathbf{X}'\mathbf{X})^{-1}\mathbf{x}_{2008}]=205.9799$$

$$se(Y_{2008}\mid \mathbf{x}'_{2008})=14.3520$$

若显著水平 α 确定为 0.05，可查得 $t_{0.025}(12)=2.179$，据此可计算得到我国 2008 年城镇居民消费支出的均值和个值的预测区间分别为：

$$\hat{Y}_{2008}\pm t_{0.025}(12)se(\hat{Y}_{2008}\mid \mathbf{x}'_{2008})=1994.66\pm 2.179\times 7.419=(1978.49,2010.83)$$

$$\hat{Y}_{2008}\pm t_{0.025}(12)se(Y_{2008}\mid \mathbf{x}'_{2008})=1994.66\pm 2.179\times 14.352=(1963.39,2041.43)$$

本例的相关矩阵为：

$$\mathbf{R}=\begin{pmatrix}1 & 0.99923 & 0.96967\\ 0.99923 & 1 & 0.96402\\ 0.96967 & 0.96402 & 1\end{pmatrix}$$

由相关矩阵给出的零阶相关系数可推出一阶相关系数。

要点与结论

1. 本章介绍了多元线性回归模型，为了运算和表述的简便，使用了矩阵代数的工具。虽然多元线性回归模型与一元线性回归模型都属于单方程模型，在很多方面也仅仅是一元线性回归模型的推广，但涉及一些新的概念，比如偏回归系数、偏相关系数、各阶相关系数、复判定系数、复相关系数、调整复判定系数、多重共线性等。

2. 虽然复判定系数或调整复判定系数能够对所选模型关于给定数据的拟合好坏给出总的度量，但是对它的作用不可强调太过。最重要的还是对进入模型变量的系数进行理论预期检验和统计显著性检验。

3. 本章推广了在一元线性回归模型中引进的区间估计和假设检验的思想，在多元回归中，检验一个偏回归系数的个别显著性(用 t 检验)和检验回归的总显著性(即 H_0：全部偏斜率系数为零或 $R^2=0$) 是不相同的。在个别 t 检验的基础上发现了一个或多个偏回归系数在统计上不显著，并不意味着全部多个偏回归系数也是(集体地)在统计上不显著，后一假设只能通过 F 统计量进行检验。

4. F 检验是丰富多彩的，它可用于检验各种各样的假设：(1)个别的回归系数是否统计上显著；(2)全部偏斜率系数是否全部为零；(3)两个或多个系数是否统计上相等；(4)回归系数是否满足某些线性约束条件；(5)确定在模型中是否引入新的解释变量及其边际贡献；(6)回归模型是否有结构稳定性。

5. 高阶相关系数可用低阶相关系数(逐阶)表示，复判定系数既可用简单相关系数表示，也可用简单相关系数和偏相关系数一起表示。

6. 多元线性回归模型一样可用于条件均值或个值的预测。

思考题与习题

4.1 多元线性回归模型的基本假定是什么？试说明在证明最小二乘估计量的无偏性和有效性的过程中，哪些基本假定起了作用？

4.2 在多元线性回归分析中，为什么用修正的复判定系数衡量估计模型对样本观测值的拟合优度？

4.3 在多元线性回归分析中，t 检验与 F 检验有何不同？

4.4 若一个包含 k 个解释变量 $X_1, X_2, \cdots X_k$ 的回归方程中有两个解释变量 X_1, X_2 它们之和为一非零常数，是否意味着该模型违背了各个解释变量之间不存在完全的线性关系的假定？

4.5 为什么用最小二乘法估计的参数估计量 $\hat{\beta}$ 和总体的真实参数 β 有差异，是因为用样本数据推断总体产生的吗？如果使用的是总体数据，用总体数据建立回归方程，那么用最小二乘法估计出来的估计量和总体的真实参数就没有差异吗？说出你的观点。

4.6 有如下生产函数：$\ln X = 1.37 + 0.632\ln K + 0.452\ln L$

$$\qquad\qquad (0.257) \qquad (0.219)$$

$$R^2 = 0.98 \qquad Cov(b_K, b_L) = 0.055$$

其中括号内数值为参数标准差。请检验产出量的资本弹性是劳动弹性的 2 倍这个假设。

4.7 设有模型：$Y = \beta_1 + \beta_2 X_2 + \beta_3 X_3 + u$，若 $\beta_2 - \beta_3 = 1$，求出 β_2 和 β_3 的最小二乘估计量及其标准差。

4.8 表 4－1 给出了 2011 年按行业分规模以上工业企业的工业总产值、资产总计和全部从业人员年平均人数的数据。

(1)根据表中数据以工业总产值为因变量，以资产总计和全部从业人员年平均人数为自变量建立线性回归模型。

(2)根据分析结果，能否认为资产总计和全部从业人员年平均人数对工业总产值有显著影响。

(3)如果有人认为第 I 类行业和第 II 类行业在资产总计和全部从业人员年平均人数对工业总产值的影响上有很大不同，你如何对这个说法进行检验。

4.9 考虑下列两个模型：

Ⅰ. $Y_I = \beta_1 + \beta_2 X_{2I} + \beta_3 X_{3I} + u_i$

Ⅱ. $(Y_I - X_{2I} + X_{3I}) = \alpha_1 + \alpha_2 X_{2I} + \alpha_3 X_{3I} + u_i'$

试证明：$\hat{\alpha}_2 = \hat{\beta}_2 - 1$，$\hat{\alpha}_1 = \hat{\beta}_1$，$\hat{\alpha}_3 = \hat{\beta}_3 + 1$

表 4-1 2011 年按行业分规模以上工业企业的相关指标

类别	行业	工业总产值(亿元) Y	资产总计(亿元) X_1	全部从业人员年平均人数(万人) X_2
第Ⅰ类	煤炭开采和洗选业	28919.81	37936.27	520.98
	石油和天然气开采业	12888.76	18785.20	110.98
	黑色金属矿采选业	7904.30	7155.16	65.20
	有色金属矿采选业	5034.68	3557.85	53.37
	非金属矿采选业	3847.66	2120.85	53.53
	其他采矿业	16.74	12.69	0.19
	石油加工、炼焦及核燃料加工业	36889.17	18870.47	96.12
	化学原料及化学制品制造业	60825.06	44919.06	454.86
	医药制造业	14941.99	13220.51	178.60
	化学纤维制造业	6673.67	5236.96	46.27
	橡胶制品业	7330.66	4865.68	93.53
	塑料制品业	15579.54	9640.09	254.19
	非金属矿物制品业	40180.26	29888.96	517.03
	黑色金属冶炼及压延加工业	64066.98	52025.12	339.92
	有色金属冶炼及压延加工业	35906.82	23710.49	192.62
	金属制品业	23350.81	15191.47	311.51
	通用设备制造业	40992.55	29853.77	494.52
	专用设备制造业	26149.13	22778.01	323.41
	交通运输设备制造业	63251.30	54340.84	579.48
	电气机械及器材制造业	51426.42	37583.86	599.61
	通信设备、计算机及其他	63795.65	41510.83	819.48
	废弃资源和废旧材料回收加工业	2624.21	1311.79	15.63
	电力、热力的生产和供应业	47352.67	83820.65	252.60
	燃气生产和供应业	3142.03	3457.71	19.86
	水的生产和供应业	1178.11	5648.83	36.63
第Ⅱ类	仪器仪表及文化、办公用	7633.01	6076.74	124.49
	农副食品加工业	44126.10	19725.22	360.71
	食品制造业	14046.96	8511.61	176.86
	饮料制造业	11834.84	9441.18	136.76
	烟草制品业	6805.68	6169.25	19.93
	纺织业	32652.99	19993.34	588.83
	纺织服装、鞋、帽制造业	13538.12	7468.30	382.41
	皮革、毛皮、羽毛(绒)及其制品业	8927.54	4260.10	259.75
	木材加工及木、竹、藤、棕	9002.30	3797.46	128.68
	家具制造业	5089.84	2951.98	106.42
	造纸及纸制品业	12079.53	10933.74	146.75
	印刷业和记录媒介的复制	3860.99	3147.31	70.98
	文教体育用品制造业	3212.38	1790.52	110.32
	工艺品及其他制造业	7189.51	4087.01	124.29

4.10 表 4—2 是关于 1995—2011 年固定资产投资，货币供应量 M2 和 GDP 的数据，试以 GDP 为因变量，固定资产投资和货币供应量为自变量建立线性回归模型，并解释线性回归模型中偏回归系数的意义，若 2012 年的固定资产投资为 500000 亿元，货币供应量 M2 为 320000 亿元，预测 2012 年 GDP 的数值，并给出 95%的置信水平的 GDP 个值的预测区间。

表 4—2 1995—2011 年固定资产投资、M2 和 GDP 资料 单位：亿元

年份	全社会固定资产投资	货币供应量 M2	GDP
1995	60793.7	20019.3	60750.5
1996	71176.6	22974.0	76094.9
1997	78973.0	24941.1	90995.3
1998	84402.3	28406.2	104498.5
1999	89677.1	29854.7	119897.9
2000	99214.6	32917.7	134610.3
2001	109655.2	37213.5	158301.9
2002	120332.7	43499.9	185007.0
2003	135822.8	55566.6	221222.8
2004	159878.3	70477.4	254107.0
2005	184937.4	88773.6	298755.7
2006	216314.4	109998.2	345603.6
2007	265810.3	137323.9	403442.2
2008	314045.4	172828.4	475166.6
2009	340902.8	224598.8	606225.0
2010	401512.8	278121.9	725851.8
2011	472881.6	311485.1	851590.9

第五章　违背经典假定的回归模型

在第三章和第四章，我们详细考察了经典（正态）线性回归模型，阐述了怎样利用它来处理统计推断中的估计、假设检验以及预测问题。但是，模型是建立在一系列的基本假定基础上的，只有满足这些假定，普通最小二乘估计量才是模型参数的最佳线性无偏估计量。然而，在对现实经济问题的计量分析中，实际情况往往并不完全满足这些基本假定。那么，在此情形下会产生什么问题？普通最小二乘方法是否还有效？我们该如何应对和处理？本章将对这些问题逐一进行讨论。

第一节　违背经典假定概述

一、经典正态线性回归模型假定的回顾与分类

经典正态线性回归模型共有11个假定，它们是：

1. 回归模型对参数是线性的。
2. 解释变量 X 的值在重复抽样中是固定的。
3. $E(u_i \mid \mathbf{x_i}')=0$。
4. $Var(u_i \mid \mathbf{x_i}')=\sigma^2$。
5. $Cov(u_i, u_j \mid \mathbf{x_i}', \mathbf{x_j}')=0$。
6. 如果解释变量 X 是随机的，则随机干扰项 u_i 与（随机的）诸 X 是独立的或者至少是不相关的。
7. 观测次数大于模型的参数个数。
8. 解释变量 X 的取值有足够的变异性。
9. 回归模型是正确设定的。
10. 解释变量之间无准确的线性关系（即无多重共线性）。
11. 随机干扰项 u_i 服从正态分布。

以上假定可分三种类型：第一类是关于模型的假定，这类假定有第1、第2、第6和第9共四项假定。第二类是关于随机干扰项的假定，这一类假定有第3、第4、第5和第11共四项假定。第三类是关于数据的假定，这一类有第7、第8、和第10共三项假定；此外，诸如异常值和数据中的测量误差等数据问题也属此类。

对于每一类假定都有三个方面的问题要解决：(1)偏离假定多远才会产生不可忽视的差别？(2)如何发现一个假定是否被破坏？(3)如果一个或多个假定被破坏，要采取什么样的措

施补救及如何补救?

二、违背经典假定的一般分析

在实践中,无法对所有这些问题都给出令人满意的答案。下面我们不对所有假定进行全面深入的探讨,只对部分假定给予较多的注意。不去深入探讨假定 1、2、3、6、11 中的问题,其理由是:

关于假定 1:模型对参数为线性的回归模型,或者通过一定的变换成为对参数的线性回归模型。一个现实的理由是:虽然现实中更多的是非线性回归模型,但是把对参数为线性的回归模型看成是现实中更为复杂的非线性回归模型的初次近似的研究方法在许多经验研究中是相当成功的,而且它估计简单。对于参数为非线性的回归模型,一般常用比较复杂的迭代或试错估计的方法。

关于假定 2 和假定 6:固定的解释变量和随机的解释变量。回归分析是以解释变量为非随机,并以在重复抽样中取固定值这个假定为基础。这是因为经济学家不同于物理学家,他们常常面对的是第二手资料(如从政府或私人机构收集的资料)。也就是说,他们必须假定解释变量的值对于所解释的问题来说是给定的,即使解释变量本身也许是随机的。但假若不把诸解释变量 X 看作非随机或固定,就引出随机解释变量的情形。这种情形会相当复杂。按假定,u_i 是随机的,若诸 X 也是随机的,则我们必须明确 X 和 u_i 是怎样分布的。如果我们能做出这样的假定,即虽然诸 X 是随机的,但它们的分布独立于 u_i 或至少与 u_i 不相关,这样仍不改变最小二乘估计量的优良性质和可行性。

关于假定 3:$E(u_i|\mathbf{x_i}')=0$。如果假定 3 不满足,我们将有 $E(u_i|\mathbf{x_i}')=w$,即有 $E(Y_i|\mathbf{x_i}')=(\beta_1+w)+\beta_2X_{i2}+\cdots+\beta_kX_{ik}$。这意味着我们将无法估计原来的截距项 β_1,我们所能得到的是含有 β_1 和 $E(u_i)=w$ 的一个截距项,也就是说可以得到一个 β_1 的有偏估计。然而在经济计量模型的许多实际场合,截距项并不重要,更有意义的量是那些斜率系数。即使假定 3 不成立,它们也不受影响。另外,在许多应用中,截距项并无实质性意义。需要提请注意的是这里的假定仅当对每一个 i 都有 $E(u_i)=w$ 时才成立,如果 $E(u_i)=w_i$,则偏斜率系数可能有偏误且非一致。这时,假定 3 是否成立不应该被忽略。

关于假定 11:u 的正态性。如果我们的目的仅在于点估计,则此假定并不是非有不可,不论 u_i 是否服从正态分布,OLS 估计量都是 BLUE。然而有了正态性假定,我们就能肯定回归系数的 OLS 估计量也服从正态分布,同时统计量 $\dfrac{(n-k)\hat{\sigma}^2}{\sigma^2}\sim\chi^2$,这样我们能用 t、χ^2 和 F 统计量去检验各种统计假设而不论样本大小。

我们曾用中心极限定理说明 u_i 服从正态分布假定的合理性。若 u_i 不服从正态分布,这时我们要依靠如下的中心极限定理的延伸:如果干扰项 $[u_i]$ 是独立且服从同一分布的,并有零均值和不变方差,而解释变量在重复抽样中保持不变,则 OLS 的参数估计量是渐进正态分布的,且其均值等于相应的 β(对这一结论,假定固定的 X 和不变的 σ^2 是至关重要的)。因此通常的检验程序—— t 和 F 检验仍然渐进有效,也就是说,它在大样本中而不是在有限或小样本中有效。

然而在实践中,经济学家常常受到某种限制而得不到大样本。因此,为了假设检验和预测的目的,正态性假定就变得极为重要。鉴于在大多数经济分析中小样本情形是常规而不是例外，我们将继续使用正态性假定。这就意味着当我们使用小样本时，必须明确地检验正态性假定，如果 u_i 不服从正态性假定，通常的 t 和 F 统计量未必遵从 t 和 F 分布。

假定 4 在第二节异方差性一节讨论；假定 5 在第三节自相关一节讨论；假定 7、8、10 是紧密相关的，将在第四节多重共线性一节讨论；假定 9 在第五节进行讨论。

我们将沿着这样一个思路考虑问题：首先，明确问题的性质；其次，分析它的影响；第三，提出侦查办法；最后，考虑补救措施。从而保证导出尽可能满足 CLRM 假定的具有良好统计性质的统计量。

同时我们始终应保持这样一种认识，即对于违反 CLRM 的假定而引起的一切问题，并不总是有令人十分满意的解答。对一些具体问题的答案也可能不止一个，而且常常弄不清哪个答案最好。而且在一项具体应用中，可能出现违反多于 1 个 CLRM 假定的情形。如设定偏误，异方差和多重共线性并存。因此，没有任何单一、万能的检验能同时解决所有的问题；况且科学在不断进步，原有的检验方法在不断得到更新或改进。

第二节　存在异方差的回归模型

一、异方差的性质与来源

CLRM 的一个重要假定（假定 4）是，出现在总体回归函数中的随机干扰项 u_i 是同方差性的（homoscedestic），就是说以解释变量的选定值为条件的每一个干扰项 u_i 的方差是一个等于 σ^2 的常数，σ^2 度量了被解释变量 Y 的观测值围绕其条件期望 $E(Y \mid X_i)$ 的分散程度。这就是同方差假定。同方差假定意味着等同的分散程度，亦即相等的方差。即

$$Var(u_i) = E(u_i^2) = \sigma^2, i = 1, 2, \cdots, n \qquad (5.2.1)$$

如果 $E(u_i^2) = \sigma_i^2, i = 1, 2, \cdots, n$，即回归模型中的随机误差项的方差不是常数，则称随机误差项具有方差非齐性，或称为异方差性（heteroscedasticity）。

例 5.1　表 5.1 给出 2001 年广州市规模最大的 30 家零售企业的零售额和从业人数资料。我们可以把从业人数作为解释变量 X，零售额作为被解释变量 Y，建立零售额对从业人数的线性回归模型，即有：

$$Y_i = \beta_1 + \beta_2 X_i + u_i$$

根据表 5.1 中的数据，可以估计出该回归方程为：

$$\hat{Y} = 5.715 + 0.0479X$$
$$se = (7.321)(0.0091)$$
$$t = (0.7807)(5.286)$$
$$r^2 = 0.4995$$

根据估计的回归方程，可计算出各企业零售额的回归估计值和残差，见表 5.1 的第 4 和第 5 栏。以从业人数 X 作横坐标，残差 $\hat{u} = (Y - \hat{Y})$ 为纵坐标，可得残差分析图，如图 5.1 所示。

该残差图的形状呈喇叭状，即随着从业人数的增大，残差逐步增大，表明不同从业人数的零售企业，其零售额的方差是不同的，从而说明模型中的随机干扰项的方差不是常数，存在着明显的异方差现象。

表 5.1 2001 年广州市 30 家最大零售企业零售额和从业人数资料

企业名称	从业人数 X（人）	零售额 Y（千万元）	回归值 $\hat{Y}$	残差 $\hat{u}$	$\lvert\hat{u}\rvert$ 的等级（升序）	X 的等级（升序）	等级差平方 d^2
友谊商店	1992	113.4	101.2	12.2	15	30	225
岛内价连锁	1623	43.5	83.5	−40.0	27	29	4
好又多	1599	126.7	82.4	44.3	28	28	0
南方大厦	1418	21.6	73.7	−52.1	30	27	9
广州百货大厦	1380	107.2	71.9	35.3	25	26	1
采芝林药业	944	11.1	51.0	−39.9	26	25	1
新大新	764	56.8	42.3	14.5	16	24	64
宏城连锁	717	23.5	40.1	−16.6	18.5	23	20.25
天贸南方大厦百货	711	84.3	39.8	44.5	29	22	49
番禺友谊集团	667	16.0	37.7	−21.7	23	21	4
百佳超级市场	642	55.1	36.5	18.6	21	20	1
健民连锁	641	19.9	36.4	−16.6	18.5	19	0.25
正大万客隆	611	68.1	35.0	33.1	24	18	36
王府井百货	602	36.8	34.6	2.3	4	17	169
新华书店	515	15.3	30.4	−15.1	17	16	1
吉之岛天贸百货	499	49.1	29.6	19.5	22	15	49
购书中心	491	22.0	29.2	−7.2	10	14	16
亿安百盛	398	25.9	24.8	1.1	2	13	121
永安百货	385	13.5	24.2	−10.6	14	12	4
东山百货	382	33.7	24.0	9.6	12	11	1
国讯通信连锁	340	19.3	22.0	−2.7	6	10	16
玛莉雅实业	336	14.1	21.8	−7.7	11	9	4
天贸百货	321	19.6	21.1	−1.5	3	8	25
沙河百货	316	10.6	20.9	−10.3	13	7	36
新大新（东山）	304	37.1	20.3	16.9	20	6	196
好又多广雅百货	294	14.0	19.8	−5.8	8.5	5	12.25
东百花地湾百货	278	13.2	19.0	−5.8	8.5	4	20.25
屈臣氏	218	13.7	16.2	−2.4	5	3	4
东泽电器	186	18.4	14.6	3.8	7	2	25
银峰星电讯服务	98	10.8	10.4	0.4	1	1	0

资料来源：《广州市统计年鉴 2002》，中国统计出版社出版。

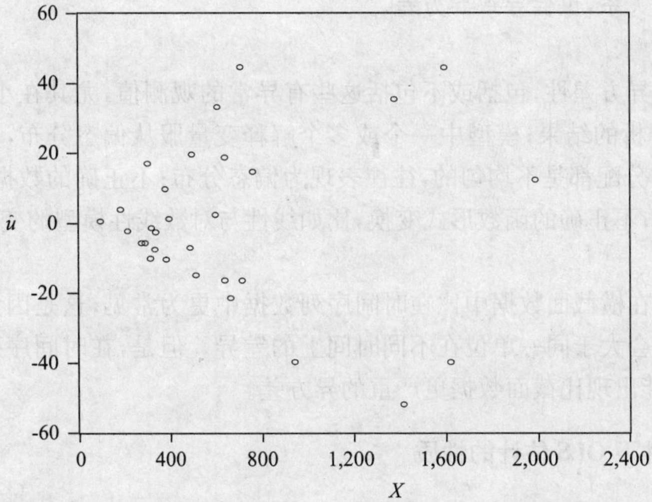

图 5.1　2001 年广州市 30 家最大零售企业零售额残差图

异方差现象在现实中是十分常见的，经常源于如下情形：

1. 研究总体中单位之间的规模差异

在截面数据中，人们通常在给定的时点上对总体的单位进行观测，而这些单位之间，在规模上有较大差异，例如厂商、农场或地区（省、市），这些单位成员，规模各异，大小不一，由此会产生异方差。比如利用截面数据研究居民储蓄（消费）与收入之间的关系，由于家庭之间收入的差异很大，不同的收入水平，人们对如何支配他们的收入的选择范围有很大的不同。因此在作储蓄（消费）对收入的回归模型时，具有不同收入水平的家庭其储蓄（消费）的方差会不同，而且往往表现为不同收入水平家庭储蓄（消费）的方差 σ_i^2 随收入增加而增加。类似的经济现象很多。比如，利润较丰厚的公司在分红政策方面和利润微薄的公司相比，一般均可预料有较大的变化。以增长为导向的公司比之以发展为导向的公司，在红利支付方面也表现出更多的变异。

2. 技术、管理、测量水平的提高

人们在实践和学习的过程中，各种技术、管理、以及对数据采集测量的水平会不断提高，从而使人们的行为误差随时间的延长或推移而减少。比如人们练习打字，打字出错的次数和出错次数的方差都会随着打字练习时数的增加而减少。再如，住户抽样调查中的经常记账户，支出的变异会随着因长期记账使支出计划性的增强而缩小。又如，有电子数据处理设备的银行、税务、工商管理部门比之没有这种设备的部门，它们对帐户的每月或每季数据的处理有较少的差错，等等。

3. 回归模型设定不正确

模型的设定主要包括变量的选择和模型函数形式的确定。表面看是异方差性的问题，其实常常是由于模型中的一些重要解释变量被忽略或模型函数形式选择不当的结果。例如在一个对商品的需求函数中，如果没有把有关的互补和替代商品的价格包括进来（忽略变量偏误），则回归残差可能给人异方差的感觉；而当模型把所忽略的变量引入之后，这种现象也许会消失。再如，如果把变量间本来是非线性的关系设定为线性关系或本来是这种非线性关系而设定为另一种非线性关系，也会导致异方差。

4. 其他原因

因异常值产生异方差性，包括或不包括这些有异常的观测值，尤其在小样本时，会在很大程度上改变回归分析的结果；模型中一个或多个解释变量服从偏态分布，比如收入、财富、人才、R&D经费等的分配都是不均匀的，往往表现为偏态分布；不正确的数据变换，比如对数据的比率或差分变换；不正确的函数形式变换，比如线性与对数线性模型的变换等。这些都可能导致异方差。

异方差性问题在横截面数据中比在时间序列数据中更为常见，这是因为同一时点不同单位的差异一般来说会大于同一单位在不同时间上的差异。但是，在时间序列数据发生较大变化的情况下，也可能出现比截面数据更严重的异方差。

二、异方差条件下 OLS 估计的性质

当存在异方差性时，而保留 CLRM 的所有其他假定，OLS 估计是否仍可使用？若使用 OLS 法将会产生什么后果？这是我们必须回答的问题。设定一般线性回归模型为

$$\mathbf{y}=\mathbf{X}\boldsymbol{\beta}+\mathbf{u} \tag{5.2.2}$$

若 $E(u_i^2)=\sigma_i^2$，则随机误差向量 $\mathbf{u}$ 的协方差矩阵为

$$Var(\mathbf{u})=E(\mathbf{uu}')=\begin{bmatrix}\sigma_1^2 & 0 & \cdots & 0\\ 0 & \sigma_2^2 & \cdots & 0\\ \vdots & \vdots & \ddots & \vdots\\ 0 & 0 & \cdots & \sigma_n^2\end{bmatrix} \tag{5.2.3}$$

若记 $\sigma_i^2=\sigma^2 w_i$，其中 w_i 为反映各随机误差方差的比例系数，并记 $\boldsymbol{\Omega}=\mathrm{diag}(w_1,w_2,\cdots,w_n)$ 为这些方差比例系数的对角矩阵，则有

$$Var(\mathbf{u})=E(\mathbf{uu}')=\sigma^2\boldsymbol{\Omega} \tag{5.2.4}$$

对一般的线性回归模型，回归系数向量 $\boldsymbol{\beta}$ 的 OLS 估计为

$$\hat{\boldsymbol{\beta}}=(\mathbf{X}'\mathbf{X})^{-1}\mathbf{X}'\mathbf{y}=\boldsymbol{\beta}+(\mathbf{X}'\mathbf{X})^{-1}\mathbf{X}'\mathbf{u} \tag{5.2.5}$$

在存在异方差情形下，该估计量的期望和方差协方差阵为

$$E(\hat{\boldsymbol{\beta}})=E(\boldsymbol{\beta}+(\mathbf{X}'\mathbf{X})^{-1}\mathbf{X}'\mathbf{u})=\boldsymbol{\beta} \tag{5.2.6}$$

$$\begin{aligned}Var(\hat{\boldsymbol{\beta}})&=E[(\hat{\boldsymbol{\beta}}-\boldsymbol{\beta})(\hat{\boldsymbol{\beta}}-\boldsymbol{\beta})']\\&=E[(\mathbf{X}'\mathbf{X})^{-1}\mathbf{X}'\mathbf{uu}'\mathbf{X}(\mathbf{X}'\mathbf{X})^{-1}]\\&=\sigma^2(\mathbf{X}'\mathbf{X})^{-1}(\mathbf{X}'\boldsymbol{\Omega}\mathbf{X})(\mathbf{X}'\mathbf{X})^{-1}\end{aligned} \tag{5.2.7}$$

这表明，在异方差下，$\boldsymbol{\beta}$ 的普通最小二乘估计仍然是无偏的，但其协方差矩阵已不同于同方差下的 OLSE 的协方差矩阵，即

$$\sigma^2(\mathbf{X}'\mathbf{X})^{-1}(\mathbf{X}'\boldsymbol{\Omega}\mathbf{X})(\mathbf{X}'\mathbf{X})^{-1}\neq\sigma^2(\mathbf{X}'\mathbf{X})^{-1} \tag{5.2.8}$$

既然在异方差情形下回归系数向量 $\boldsymbol{\beta}$ 的 OLS 估计仍是无偏的，那么它是否是最佳的呢？而且最小方差是否由 $\sigma^2(\mathbf{X}'\mathbf{X})^{-1}(\mathbf{X}'\boldsymbol{\Omega}\mathbf{X})(\mathbf{X}'\mathbf{X})^{-1}$ 给出？

为了回答这一问题，我们考察一个简单的具有异方差性的线性回归模型：

$$Y_i=\beta X_i+u_i \tag{5.2.9}$$

$$Var(u_i)=\sigma_i^2=\sigma^2 Z_i^2 \tag{5.2.10}$$

使用 OLS 法，可得回归系数的 OLS 估计量为：

$$\hat{\beta}=\frac{\sum X_iY_i}{\sum X_i^2}=\beta+\frac{\sum X_iu_i}{\sum X_i^2} \tag{5.2.11}$$

该估计量的期望与方差分别为：

$$E(\hat{\beta})=\beta \tag{5.2.12}$$

$$Var(\hat{\beta})=Var(\frac{\sum X_iu_i}{\sum X_i^2})=\frac{\sum X_i^2Var(u_i)}{(\sum X_i^2)^2}=\frac{\sigma^2\sum X_i^2Z_i^2}{(\sum X_i^2)^2} \tag{5.2.13}$$

若各 Z_i 已知，则可用 Z_i 去除原模型的两边，将原模型变换为：

$$\frac{Y_i}{Z_i}=\beta\frac{X_i}{Z_i}+v_i \tag{5.2.14}$$

式中 $v_i=\frac{u_i}{Z_i}$，且 $Var(v_i)=Var(\frac{u_i}{Z_i})=\sigma^2$，具有常数方差。对变换后的模型使用普通最小二乘法，可得回归系数 β 的又一个估计量：

$$\tilde{\beta}=\frac{\sum(\frac{X_i}{Z_i})(\frac{Y_i}{Z_i})}{\sum(\frac{X_i}{Z_i})^2}=\beta+\frac{\sum(\frac{X_i}{Z_i})v_i}{\sum(\frac{X_i}{Z_i})^2} \tag{5.2.15}$$

该估计量的期望和方差分别为：

$$E(\tilde{\beta})=\beta \tag{5.2.16}$$

$$Var(\tilde{\beta})=Var\left[\frac{\sum(\frac{X_i}{Z_i})v_i}{\sum(\frac{X_i}{Z_i})^2}\right]=\frac{\sigma^2}{\sum(\frac{X_i}{Z_i})^2} \tag{5.2.17}$$

可见，$\hat{\beta}$ 和 $\tilde{\beta}$ 都是无偏估计量。为比较二者方差的大小，下面计算这两个估计量方差的比值：

$$\frac{Var(\tilde{\beta})}{Var(\hat{\beta})}=\frac{(\sum X_i^2)^2}{\sum(\frac{X_i}{Z_i})^2\sum X_i^2Z_i^2}=\left[\frac{\sum\frac{X_i}{Z_i}X_iZ_i}{\sqrt{\sum(\frac{X_i}{Z_i})^2\sum X_i^2Z_i^2}}\right]^2\leqslant 1 \tag{5.2.18}$$

显然这一比值是变量 $\frac{X_i}{Z_i}$ 与变量 X_iZ_i 的相似系数的平方,类似于相关系数的平方,其值必然小于或等于 1。实际上,除非 Z_i 为常数,即随机误差 u_i 具有同方差时,该比值等于 1 外,此比值均小于 1。这说明在异方差情形下,估计量 $\hat{\beta}$ 的方差比估计量 $\tilde{\beta}$ 的方差大。也就是说,估计量 $\hat{\beta}$ 不再是最佳无偏估计量了。而且由于有 $Var(v_i)=\sigma^2$,式(5.2.14)表示的过原点回归模型满足 CLRM 假定的要求,所以 $\tilde{\beta}$ 是 BLUE。

三、异方差出现时使用 OLS 估计量的后果

若回归模型中的随机误差项存在异方差性,那么将会出现什么情况呢?由上面的讨论可知:

1. 模型参数的 OLS 估计量虽然是线性无偏的,但却是非有效的,也就是说此时的 OLS 估计量将不再是最佳线性无偏估计量(但是,可以证明,$\hat{\boldsymbol{\beta}}$ 在异方差情形下是一个一致估计量)。

2. 模型回归系数向量 $\boldsymbol{\beta}$ 的 OLS 估计的协方差矩阵为 $Var(\hat{\boldsymbol{\beta}})=\sigma^2(\mathbf{X}'\mathbf{X})^{-1}(\mathbf{X}'\boldsymbol{\Omega}\mathbf{X})(\mathbf{X}'\mathbf{X})^{-1}$,已不同于同方差条件下的 OLS 估计的协方差矩阵 $\sigma^2(\mathbf{X}'\mathbf{X})^{-1}$。因此用协方差矩阵 $\sigma^2(\mathbf{X}'\mathbf{X})^{-1}$ 的估计量构造的 t 统计量和 F 统计量将不再有效,基于这些统计量进行的假设检验和区间估计将会导致失误。

四、异方差性的侦察

既然异方差性会造成不良后果,就有必要对模型中的随机干扰项 u_i 是否存在异方差性进行检验。下面介绍几个侦查异方差性的方法。

1. 根据问题的性质进行判断

在现实中,研究者往往根据所研究问题的性质就可判断出是否会遇到异方差性。例如在家庭消费支出或储蓄的研究中,围绕消费或储蓄对收入的回归,残差方差一般随收入的增加而增加。事实上,在涉及调查单元大小不等的横截面数据中,异方差性可能是一种常规而不是例外。

2. 图解法

如果对异方差性的性质没有任何先验的或经验的信息,就可以先在没有异方差的假定下做回归分析,然后对残差的平方 $\hat{u}_i^2$ 做事后检验,看这些 $\hat{u}_i^2$ 是否呈系统的式样。虽然 $\hat{u}_i^2$ 不等于 u_i^2,但可作为后者的替代变量,特别当样本量足够大时,替代的效果不错。一般来说,可以将 $\hat{u}_i^2$ 对应于 $\hat{Y}_i$ 进行描绘。在图 5.2 中,$\hat{u}_i^2$ 是对应于 $\hat{Y}_i$ 而描绘的,$\hat{Y}_i$ 是 Y_i 的估计值,其目的是要确定 Y 的均值是否与平方残差有系统联系。在图 5.2(a)中,我们看不到这两个变量之间有任何系统性变化的式样,表明数据中也许不存在异方差性,在图 5.2(b)到(e),则呈现出一定的系统变化式样。图 5.2(c)表示 $\hat{u}_i^2$ 与 $\hat{Y}_i$ 之间有线性关系,而图 5.2(d)和(e)则表示二次关系。这些虽然是非正式的知识,却有可能帮助我们把数据转换成不表现为异方差性的数据。

除了将 $\hat{u}_i^2$ 对应于 $\hat{Y}_i$ 进行描绘外,有时还将他们对解释变量之一进行描绘,通过图中显示

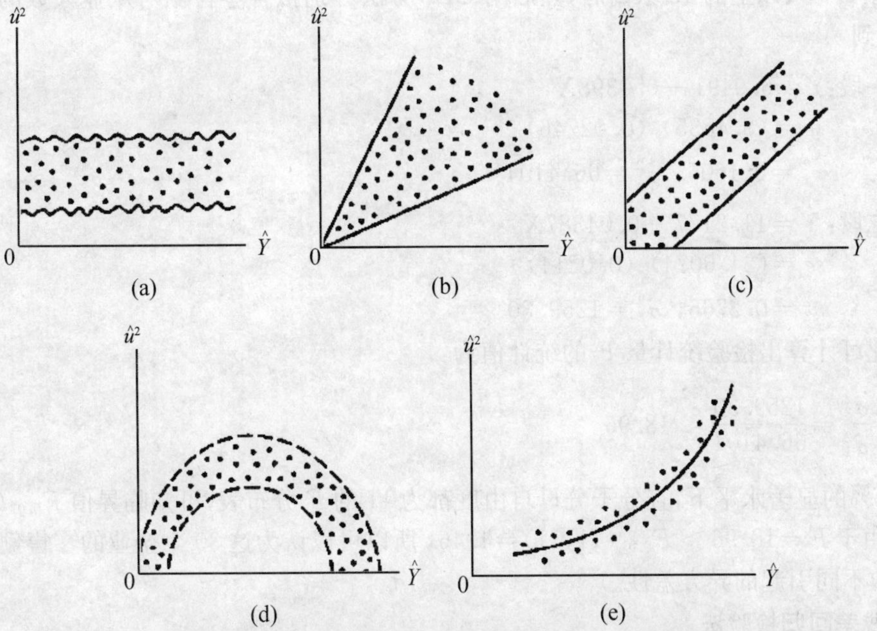

图 5.2　基于残差平方与 Y 估计值关系的异方差判断

的信息对干扰项的方差与 X 变量的关系进行判断。研究者往往可能依据图形的提示把数据转换成不表现有异方差性的数据。

3. 样本分段比较法

样本分段比较法是戈德菲尔德(S. M. Goldfeld)和匡特(R. E. Quandt)1972 年提出的一种检验方法。该方法适应于异方差 σ_i^2 同回归模型中解释变量之一的 X_j 有正向或反向关系情形。这种检验是首先将样本按被认为是引起异方差的某个解释变量的大小升序排列,并将样本从中间分成两段。为提高检验的功效,在将观测样本分成两段前,可先将中间部分的数据删掉。令第一段为低方差段,第二段为高方差段,记两段的样本量分别为 n_1 和 n_2,模型参数(含截距项)个数为 k。然后各段分别用 OLS 方法拟合回归模型,并分别计算残差平方和 RSS_1 和 RSS_2,他们的自由度分别为 (n_1-k) 和 (n_2-k)。如果 u_i 服从正态分布,并且同方差假定为真,由此可构造出检验统计量为:

$$F=\frac{RSS_2/(n_2-k)}{RSS_1/(n_1-k)}\sim F(n_2-k,n_1-k) \qquad (5.2.19)$$

在给定的显著性水平 α 之下,如果依据样本计算的 F 统计值大于临界值 F_α,就可拒绝同方差性的假定。

戈德菲尔德—匡特检验的效果好坏,依赖于删掉的中间数据的多少。删掉的数据越多,两段方差的差异越突出,越能说明问题,但是,由于删掉的数据越多,各段中估计的自由度越小,从而会影响检验的功效。因此,删掉的中间部分数据不能太多,一般不超过样本数据的 1/3。贾奇(George G. Judge)等人认为,当 $n=30$ 时,删去 4 个;$n=60$ 时,删去 10 个为宜。

考虑表 5.1 中广州市 2001 年 30 家最大零售企业的资料,将这 30 家企业按从业人数的大小分成两段,删去中间的 4 个企业,第一段为从业人数在 400 人以下的 13 家商店,第二段为从

业人数在600人以上的13家商店，然后用OLS方法分别拟合零售额对从业人数的线性回归模型，得到

第一段：$\hat{Y}=6.9491+0.0398X$

$se=(8.4535)\ (0.02746)$

$r_1^2=0.1605,\ \hat{\sigma}_1^2=66.4104$

第二段：$\hat{Y}=11.2177+0.04387X$

$se=(24.6074)\ (0.0214)$

$r_2^2=0.2766,\ \hat{\sigma}_2^2=1259.30$

由此可计算出检验统计量 F 的统计值为：

$$F=\frac{\hat{\sigma}_2^2}{\hat{\sigma}_1^2}=\frac{1259.30}{66.4104}\approx 18.96$$

在1%的显著水平下，查分子分母自由度都为11的 F 分布表，可知临界值 $F_{0.01}(11,11)=4.46$。由于 $F=18.96>F_{0.01}(11,11)=4.46$，所以可以认为这30个企业的零售额存在由于从业人数不同引起的异方差性。

4. 残差回归检验法

以模型的OLS估计的残差、残差绝对值或残差平方为被解释变量，建立各种回归方程，然后通过检验回归系数是否为零，来判断模型的随机误差项是否带有某种变动规律，以确定异方差是否存在。具体方法有：

(1)残差 $\hat{u}_i$ 对 $\hat{Y}_i,\hat{Y}_i^2,\hat{Y}_i^3,\cdots$ 进行线性回归，然后检验各回归系数是否显著不为零。该方法是安斯卡姆博(F. J. Anscombe)1961年和雷姆塞(J. B. Ramsey)1964年提出的检验方法。

(2)残差平方 $\hat{u}_i^2$ 对 $X_1,X_2,\cdots;X_1^2,X_2^2,\cdots;X_1X_2,\cdots$ 进行线性回归，也可以引进解释变量的高次方进行回归。这种检验的方法是：在无异方差性的假设下，从所拟回归模型计算得到的 R^2 乘以样本量 n 构造统计量，该统计量渐近地服从自由度等于所拟合的回归模型中解释变量(不包含常数项)的个数 $(k-1)$ 的 χ^2 分布，即：

$$nR^2 \underset{asy}{\sim} \chi_\alpha^2(k-1) \tag{5.2.20}$$

如果计算的 nR^2 值超过了临界值 χ_α^2，结论是有异方差。这种检验被称为怀特(H. White 1980)检验，它要求所拟合的回归方程包含常数项。

几点说明：如果模型中有较多的解释变量，怀特检验会消耗更多的自由度，因此怀特检验适合于大样本；怀特检验可以是纯异方差性的检验，也可以是设定偏误的检验，或者两者兼有。若检验程序没有出现交叉项，就是纯异方差性检验；若出现交叉项，则两者兼有。

(3)残差绝对值 $|\hat{u}_i|$ 对被认为与 σ_i^2 密切相关的解释变量建立各种回归模型，对回归系数进行检验。该方法称为格莱泽(H. Glejser 1969)检验。在实验中，他使用以下多种函数形式：

$$|\hat{u}_i|=\beta_1+\beta_2X_i+v_i \tag{5.2.21}$$

$$|\hat{u}_i|=\beta_1+\beta_2\sqrt{X_i}+v_i \tag{5.2.22}$$

$$|\hat{u}_i|=\beta_1+\beta_2\frac{1}{X_i}+v_i \tag{5.2.23}$$

$$|\hat{u}_i| = \beta_1 + \beta_2 \frac{1}{\sqrt{X_i}} + v_i \tag{5.2.24}$$

对表 5.1 中 30 个企业的数据，运用格莱泽检验，可得如下残差回归模型：

$$|\hat{u}| = 2.8994 + 0.0216X$$
$$se = (3.4887) \ (0.0043)$$
$$t = (0.8308) \ (5.0008)$$
$$r^2 = 0.4718$$

$$|\hat{u}| = -14.1013 + 1.28869\sqrt{X}$$
$$se = (5.8139) \quad (0.2270)$$
$$t = (-2.4254) \quad (5.6760)$$
$$r^2 = 0.5350$$

$$|\hat{u}| = 28.4248 - 4692.044\frac{1}{X}$$
$$se = (3.7107) \ (1214.99)$$
$$t = (7.6603) \ (-3.8618)$$
$$r^2 = 0.3475$$

显然，从对这三个残差回归模型回归系数的显著性检验来看，均拒绝同方差的假定。

(4)把残差平方 $\hat{u}_i^2$ 看成是解释变量 X_i 的某个函数。比如残差平方 $\hat{u}_i^2$ 取对数与解释变量取对数建立回归模型，对回归系数进行检验。这种方法称为帕克(R. E. Park 1966)检验。帕克建议的函数形式是：

$$\ln\hat{u}_i^2 = \ln\sigma^2 + \beta\ln X_i + v_i = \alpha + \beta\ln X_i + v_i \tag{5.2.25}$$

如果 β 表现为统计上显著，就表明数据中有异方差。

继续用表 5.1 中的数据，可得到如下估计结果

$$\ln\hat{u}^2 = 1.6650 + 2.6810\ln X$$
$$se = (2.7521) \quad (0.6050)$$
$$t = (0.4374) \quad (6.1298)$$
$$r^2 = 0.5730$$

解释变量的系数表现为统计显著，同样拒绝同方差的假定。

(5)把残差平方 $\hat{u}_i^2$ 看成是被解释变量估计值平方 $\hat{Y}^2$ 的线性函数。即有如下模型：

$$\hat{u}_i^2 = \alpha_1 + \alpha_2\hat{Y}^2 + v_i \tag{5.2.26}$$

虚拟假设是 $\alpha_2 = 0$。若未被拒绝，则可以断定不存在异方差。利用通常的 t 检验和 F 检验就能检验虚拟假设。这种检验被称作寇因克(R. Koenker)—巴赛特(G. Bassett)检验(简称 KB 检验)。KB 检验的优点是特别简单，而且，即便原模型中的误差项不服从正态分布，它仍适用。

残差回归检验法都有一个共同的问题，就是所建立的用于检验异方差的回归模型中的随

机误差项 v_i 也要求满足 CLRM 假定，否则不能用 OLS 法对模型进行估计，然而，这会陷入循环检验的陷阱。

5. 斯皮尔曼等级相关检验

斯皮尔曼(Spearman)的等级相关系数为：

$$r_s = 1 - \frac{6\sum d_i^2}{n(n^2-1)} \tag{5.2.27}$$

假定 $Y_i = \beta_1 + \beta_2 X_i + u_i$，对 Y 与解释变量 X 的数据作回归拟合并求出残差 $\hat{u}_i$，将 $|\hat{u}_i|$ 和 X_i(或 $\hat{Y}_i$)按递升或递降次序划等级，然后计算上述斯皮尔曼等级相关系数。假定总体等级相关系数 $\rho_s = 0$ 且 $n > 8$，样本等级相关系数 r_s 的显著性检验可通过构造 t 统计量完成。构造的 t 统计量为：

$$t = \frac{r_s\sqrt{n-2}}{\sqrt{1-r_s^2}} \sim t(n-2) \tag{5.2.28}$$

如果计算的 t 值超过临界 t 值就可接受异方差的假设。若回归模型包含多个解释变量，则可在 $|\hat{u}_i|$ 与每一个解释变量之间分别计算 r_s，然后进行检验。

继续用表 5.1 中 30 个商店的数据，得到：

$$r_s = 1 - \frac{6\sum d_i^2}{n(n^2-1)} = 1 - \frac{6 \times 1114}{30 \times (900-1)} = 0.75217$$

$$t = \frac{r_s\sqrt{n-2}}{\sqrt{1-r_s^2}} = \frac{0.75217\sqrt{30-2}}{\sqrt{1-(0.75217)^2}} = 6.0399, \quad t_{0.005}(28) = 2.763$$

可见存在显著的异方差，结论与前面的一样。

6. 布劳殊—培干—戈弗雷(Breusch-Pagan-Godfrey)检验

戈德菲尔德—匡特检验的成功不仅依赖于被省略的居中观测值的个数，而且还依赖于用以排序的 X 变量的正确识别。如果我们考虑布劳殊—培干—戈弗雷(BPG)检验就可避免这种检验的局限。考虑多元线性回归模型：

$$Y_i = \beta_1 + \beta_2 X_{i2} + \beta_3 X_{i3} + \cdots + \beta_k X_{ik} + u_i \tag{5.2.29}$$

假定总体条件方差有 $\sigma_i^2 = f(\alpha_1 + \alpha_2 Z_{i2} + \cdots + \alpha_m Z_{im})$ 的函数关系，即 σ_i^2 是诸非随机变量 Z 的某个函数，部分或全部 X 可用作 Z。假定可取如下形式：即

$$\sigma_i^2 = \alpha_1 + \alpha_2 Z_{i2} + \cdots + \alpha_m Z_{im}$$

如果 $\alpha_2 = \alpha_3 = \cdots = \alpha_m = 0$，则 $\sigma_i^2 = \alpha_1$，此为一常数，即具有同方差性。这就是布劳殊—培干—戈弗雷检验的基本思想。但是，BPG 检验易受偏离正态性假定的影响。

具体检验步骤为：

(1)用 OLS 方法估计式(5.2.29)并得到残差 $\hat{u}_i$，$i = 1, 2, \cdots, n$；

(2)计算 $\tilde{\sigma}^2 = \frac{\sum \hat{u}_i^2}{n}$；

(3)构造 $p_i=\hat{u}_i^2/\tilde{\sigma}^2$；

(4)将构造的 p_i 对诸 Z 回归：

$$p_i=\alpha_1+\alpha_2 Z_{i2}+\cdots+\alpha_m Z_{im}+v_i \tag{5.2.30}$$

(5)从式(5.2.30)求出 ESS(回归平方和)，并定义：$\lambda=\frac{1}{2}(ESS)$。假定 u_i 服从正态分布。可以证明，如果有同方差，当样本量 n 无限增大时，有：

$$\lambda \underset{asy}{\sim} \chi^2(m-1) \tag{5.2.31}$$

因此，如果所计算的 λ 值超过选定显著水平的临界 χ^2 值，就可拒绝同方差的假设，否则不拒绝。

7. 自回归条件异方差(ARCH)检验

通常，人们在作经济计量模型时，只关注截面数据模型的异方差问题，往往忽视时序数据模型的异方差问题。恩格尔(Engel,1982)提出了在时序数据模型中也有可能出现异方差，并从理论上提出了一种观测时间序列方差变动的方法，这就是所谓的 ARCH(autoregressive conditional heteroscedasticity)检验方法。ARCH 检验的思想是，在时间序列数据中，可以认为存在的异方差为 ARCH(自回归条件异方差)过程，并通过检验这一过程是否成立判断时间序列是否存在异方差。ARCH 过程被设定为

$$\sigma_t^2=\alpha_0+\alpha_1\sigma_{t-1}^2+\cdots+\alpha_p\sigma_{t-p}^2+v_t \tag{5.2.32}$$

其中，p 为 ARCH 过程的阶数，$\alpha_0>0,\alpha_i\geqslant 0,(i=1,2,\cdots,p)$；$v_t$ 为随机误差项。

ARCH 检验的基本步骤是：

(1)提出假设：$H_0:\alpha_1=\alpha_2=\cdots=\alpha_p=0$；$H_1:\alpha_i\neq 0$(至少有一个)，$(i=1,2,\cdots,p)$。

(2)对原模型进行 OLS 估计，求出残差 $\hat{u}_t$，并计算残差平方序列 $\hat{u}_t^2,\hat{u}_{t-1}^2,\cdots,\hat{u}_{t-p}^2$，分别作为对 $\sigma_t^2,\sigma_{t-1}^2,\cdots,\sigma_{t-p}^2$ 的估计。

(3)做辅助回归：

$$\hat{\hat{u}}_t^2=\hat{\alpha}_0+\hat{\alpha}_1\hat{u}_{t-1}^2+\cdots+\hat{\alpha}_p\hat{u}_{t-p}^2 \tag{5.2.33}$$

其中，$\hat{\hat{u}}_t^2$ 表示对 $\hat{u}_t^2$ 的估计。

(4)计算式(5.2.33)表示的辅助回归模型的复判定系数 R^2，可以证明，在 H_0 成立的条件下，可以构造统计量 $(n-p)R^2$，在大样本情况下，该统计量渐近服从自由度为 p 的 χ^2 分布，p 为式(5.2.31)中变量的滞后的期数。如果依据样本计算的 $(n-p)R^2>\chi_\alpha^2(p)$，则表明在显著水平 α 上，模型中的随机误差项存在异方差。

ARCH 检验的特点是要求样本为大样本，且只能判断模型中是否存在异方差，而不能说明是哪一个变量引起的异方差。

五、异方差情况下模型参数的估计

我们已经看到，异方差性虽然不改变 OLS 估计量的无偏性和一致性，但是它们不再有效，甚至不是渐近(即在大样本中)有效的。这就是说，我们不能再直接采用 OLS 法来估计模型的

参数，必须寻求补救的办法。补救的办法可根据 σ_i^2 已知和未知分为两种。

1. 当 σ_i^2 已知时，可采用广义最小二乘法(加权最小二乘法)

正如我们在(5.2.9)和(5.2.10)中看到的简单回归模型那样，如果已知 σ_i^2，纠正异方差的最好办法就是采用广义最小二乘法(Generalized Least Squares 简称 GLS)。所谓的广义最小二乘法就是先将原始变量转换成满足经典模型假设的转换变量，然后对它们使用 OLS 程序。因为这样得到的估计量依然是 BLUE。下边，我们来说明这种方法。在异方差的情形下，模型随机误差项的协方差矩阵为 $Var(\mathbf{u})=\sigma^2\mathbf{\Omega}$，由于 $\mathbf{\Omega}=diag(w_1,w_2,\cdots,w_n)$ 是对角矩阵，所以其逆矩阵也是对角矩阵，从而有 $\mathbf{\Omega}^{-1}=diag(w_1^{-1},w_2^{-1},\cdots,w_n^{-1})$。若各对角元素均已知，则可将该矩阵分解为

$$\mathbf{\Omega}^{-1}=\begin{bmatrix} w_1^{-\frac{1}{2}} & 0 & 0 & \cdots & 0 \\ 0 & w_2^{-\frac{1}{2}} & 0 & \cdots & 0 \\ \vdots & \vdots & \vdots & \cdots & \vdots \\ 0 & 0 & 0 & \cdots & w_n^{-\frac{1}{2}} \end{bmatrix}\begin{bmatrix} w_1^{-\frac{1}{2}} & 0 & 0 & \cdots & 0 \\ 0 & w_2^{-\frac{1}{2}} & 0 & \cdots & 0 \\ \vdots & \vdots & \vdots & \cdots & \vdots \\ 0 & 0 & 0 & \cdots & w_n^{-\frac{1}{2}} \end{bmatrix} \tag{5.2.34}$$

若记对角矩阵 **P** 为：

$$\mathbf{P}=diag(w_1^{-\frac{1}{2}},w_2^{-\frac{1}{2}},\cdots,w_n^{-\frac{1}{2}}) \tag{5.2.35}$$

则 $\mathbf{\Omega}^{-1}$ 可表示为：

$$\mathbf{\Omega}^{-1}=\mathbf{P}'\mathbf{P} \tag{5.2.36}$$

用对角矩阵 **P** 左乘式(5.2.2)的变量，可将该模型变换为：

$$\mathbf{Py}=\mathbf{PX\beta}+\mathbf{Pu} \tag{5.2.37}$$

若记：

$$\mathbf{y}^*=\mathbf{Py}=\begin{bmatrix} w_1^{-\frac{1}{2}} & & & 0 \\ & w_2^{-\frac{1}{2}} & & \\ & & \cdots & \\ 0 & & & w_n^{-\frac{1}{2}} \end{bmatrix}\begin{pmatrix} Y_1 \\ Y_2 \\ \vdots \\ Y_n \end{pmatrix}=\begin{bmatrix} Y_1/\sqrt{w_1} \\ Y_2/\sqrt{w_2} \\ \vdots \\ Y_n/\sqrt{w_n} \end{bmatrix} \tag{5.2.38}$$

$$\mathbf{X}^*=\mathbf{PX}=\begin{bmatrix} w_1^{-\frac{1}{2}} & & & 0 \\ & w_2^{-\frac{1}{2}} & & \\ & & \cdots & \\ 0 & & & w_n^{-\frac{1}{2}} \end{bmatrix}\begin{pmatrix} \mathbf{x}_1' \\ \mathbf{x}_2' \\ \vdots \\ \mathbf{x}_n' \end{pmatrix}=\begin{bmatrix} \mathbf{x}_1'/\sqrt{w_1} \\ \mathbf{x}_2'/\sqrt{w_2} \\ \vdots \\ \mathbf{x}_n'/\sqrt{w_n} \end{bmatrix} \tag{5.2.39}$$

$$\mathbf{u}^*=\mathbf{Pu}=\begin{bmatrix} w_1^{-\frac{1}{2}} & & & 0 \\ & w_2^{-\frac{1}{2}} & & \\ & & \cdots & \\ 0 & & & w_n^{-\frac{1}{2}} \end{bmatrix}\begin{pmatrix} u_1 \\ u_2 \\ \vdots \\ u_n \end{pmatrix}=\begin{bmatrix} u_1/\sqrt{w_1} \\ u_2/\sqrt{w_2} \\ \vdots \\ u_n/\sqrt{w_n} \end{bmatrix} \tag{5.2.40}$$

式中 $\mathbf{x_i}'$ 为数据矩阵 $\mathbf{X}$ 中的第 i 个行向量，上述变换后的模型(5.2.37)可写为：

$$\mathbf{y}^* = \mathbf{X}^* \boldsymbol{\beta} + \mathbf{u}^* \tag{5.2.41}$$

由于 $E(\mathbf{u}^*) = \mathbf{0}$，$\mathrm{Var}(\mathbf{u}^*) = \sigma^2 \mathbf{I}$，满足零均值和同方差的经典假设，所以可对式(5.2.41)使用 OLS 估计，得到回归系数向量的估计量为：

$$\begin{aligned}\hat{\boldsymbol{\beta}} &= (\mathbf{X}^{*\prime}\mathbf{X}^*)^{-1}\mathbf{X}^{*\prime}\mathbf{y}^* \\ &= (\mathbf{X}'\mathbf{P}'\mathbf{P}\mathbf{X})^{-1}\mathbf{X}'\mathbf{P}'\mathbf{P}\mathbf{y} \\ &= (\mathbf{X}'\boldsymbol{\Omega}^{-1}\mathbf{X})^{-1}\mathbf{X}'\boldsymbol{\Omega}^{-1}\mathbf{y} \\ &= (\mathbf{X}'\boldsymbol{\Omega}^{-1}\mathbf{X})^{-1}\mathbf{X}'\boldsymbol{\Omega}^{-1}(\mathbf{X}\boldsymbol{\beta}+\mathbf{u}) \\ &= \boldsymbol{\beta} + (\mathbf{X}'\boldsymbol{\Omega}^{-1}\mathbf{X})^{-1}\mathbf{X}'\boldsymbol{\Omega}^{-1}\mathbf{u}\end{aligned} \tag{5.2.42}$$

该估计量称为回归系数向量 $\hat{\boldsymbol{\beta}}$ 的广义最小二乘估计量(Generalized Least Squares Estimator，GLSE)。由于此 $\hat{\boldsymbol{\beta}}$ 是使变换后的被解释变量对其条件均值的离差平方和达到最小的估计量，而此变换后的离差平方和又可表示为：

$$\begin{aligned}Q^* &= \sum \hat{u}_i^{*2} = \hat{\mathbf{u}}^{*\prime}\hat{\mathbf{u}}^* = (\mathbf{y}^* - \mathbf{X}^*\hat{\boldsymbol{\beta}})'(\mathbf{y}^* - \mathbf{X}^*\hat{\boldsymbol{\beta}}) \\ &= (\mathbf{y} - \mathbf{X}\hat{\boldsymbol{\beta}})'\mathbf{P}'\mathbf{P}(\mathbf{y} - \mathbf{X}\hat{\boldsymbol{\beta}}) = \hat{\mathbf{u}}'\boldsymbol{\Omega}^{-1}\hat{\mathbf{u}} = \sum \frac{1}{w_i}\hat{u}_i^2\end{aligned} \tag{5.2.43}$$

这表明，广义最小二乘估计所极小化的离差平方和又是普通最小二乘估计的离差平方的加权和，各离差的权数为 $1/w_i$，所以此广义最小二乘估计量又称为加权最小二乘估计量，这种估计方法又称为加权最小二乘(WLS)方法。

由广义最小二乘估计量的表达式(5.2.42)，可导出它的期望和协方差矩阵分别为：

$$E(\hat{\boldsymbol{\beta}}) = E[(\mathbf{X}'\boldsymbol{\Omega}^{-1}\mathbf{X})^{-1}\mathbf{X}'\boldsymbol{\Omega}^{-1}(\mathbf{X}\boldsymbol{\beta}+\mathbf{u})] = \boldsymbol{\beta} \tag{5.2.44}$$

$$\begin{aligned}Var(\hat{\boldsymbol{\beta}}) &= E(\hat{\boldsymbol{\beta}} - \boldsymbol{\beta})(\hat{\boldsymbol{\beta}} - \boldsymbol{\beta})' \\ &= E[(\mathbf{X}'\boldsymbol{\Omega}^{-1}\mathbf{X})^{-1}\mathbf{X}'\boldsymbol{\Omega}^{-1}\mathbf{u}\mathbf{u}'\boldsymbol{\Omega}^{-1}\mathbf{X}(\mathbf{X}'\boldsymbol{\Omega}^{-1}\mathbf{X})^{-1}] \\ &= \sigma^2(\mathbf{X}'\boldsymbol{\Omega}^{-1}\mathbf{X})^{-1}\end{aligned} \tag{5.2.45}$$

由此可见，广义最小二乘估计量是无偏的，由于变换后的模型(5.2.41)完全满足 CLRM 的假定，所以该估计量 $\hat{\boldsymbol{\beta}}$ 也是 $\boldsymbol{\beta}$ 的 BLUE。由式(5.2.45)可以看出，回归系数向量 $\hat{\boldsymbol{\beta}}$ 的广义最小二乘估计量的协方差矩阵为 $\sigma^2(\mathbf{X}'\boldsymbol{\Omega}^{-1}\mathbf{X})^{-1}$，它既不同于同方差假定下的 OLS 估计量的协方差矩阵，也不同于异方差情形下 OLS 估计量的协方差矩阵 $\sigma^2(\mathbf{X}'\mathbf{X})^{-1}(\mathbf{X}'\boldsymbol{\Omega}\mathbf{X})(\mathbf{X}'\mathbf{X})^{-1}$。此协方差矩阵的估计式为：

$$\hat{Var}(\hat{\boldsymbol{\beta}}) = \hat{\sigma}^2(\mathbf{X}'\boldsymbol{\Omega}^{-1}\mathbf{X})^{-1} \tag{5.2.46}$$

式中 $\hat{\sigma}^2$ 为：

$$\hat{\sigma}^2 = \frac{(\mathbf{y}^* - \mathbf{X}^*\hat{\boldsymbol{\beta}})'(\mathbf{y}^* - \mathbf{X}^*\hat{\boldsymbol{\beta}})}{n-k} = \frac{(\mathbf{y} - \mathbf{X}\hat{\boldsymbol{\beta}})'\boldsymbol{\Omega}^{-1}(\mathbf{y} - \mathbf{X}\hat{\boldsymbol{\beta}})}{n-k} \tag{5.2.47}$$

2. 当 σ_i^2 未知时，可采用异方差模式假定法

现实中真实的 σ_i^2 很少能得到，这样就不能用 GLS 法得到 BLUE。这时我们可用怀特的“异方差一致”方差与标准误或者用异方差模式假定的方法进行处理。

怀特证明，可以作出一种估计，它可以对真实的参数值做出渐近（即大样本）有效的统计推断。目前有若干计算机软件在给出平常的 OLS 方差和协方差的同时，也给出怀特的“异方差一致”方差与标准误。怀特的“异方差一致”标准误，又被称为怀特的“异方差校正”标准误或稳健标准误。怀特的异方差校正标准误可能大于也可能小于未校正的标准误。

下面介绍几种假定的模式，我们以一元线性回归模型 $Y_i=\beta_1+\beta_2X_i+u_i$ 为例来说明：

(1)假定误差方差正比于 X_i^2，即假定

$$E(u_i^2)=\sigma^2X_i^2 \tag{5.2.48}$$

此时可对模型作如下变换：

$$\frac{Y_i}{X_i}=\frac{\beta_1}{X_i}+\beta_2+\frac{u_i}{X_i}=\beta_1\frac{1}{X_i}+\beta_2+v_i \tag{5.2.49}$$

其中变换后的 v_i 满足同方差的假定，此时可对式(5.2.49)进行 OLS 估计。

(2)假定误差方差正比于 X_i，即假定

$$E(u_i^2)=\sigma^2X_i \tag{5.2.50}$$

此时可对模型作如下变换：

$$\frac{Y_i}{\sqrt{X_i}}=\frac{\beta_1}{\sqrt{X_i}}+\beta_2\sqrt{X_i}+\frac{u_i}{\sqrt{X_i}}=\beta_1\frac{1}{\sqrt{X_i}}+\beta_2\sqrt{X_i}+v_i \tag{5.2.51}$$

其中变换后的 v_i 满足同方差的假定，此时可对式(5.2.51)进行 OLS 估计。

(3)假定误差方差正比于 Y 的均值的平方，即假定

$$E(u_i^2)=\sigma^2\left[E(Y_i)\right]^2 \tag{5.2.52}$$

实际中我们用 $\hat{Y}_i$ 代替 $E(Y_i)$，此时可作如下变换：

$$\frac{Y_i}{\hat{Y}_i}=\frac{\beta_1}{\hat{Y}_i}+\beta_2\frac{X_i}{\hat{Y}_i}+\frac{u_i}{\hat{Y}_i}=\beta_1\frac{1}{\hat{Y}_i}+\beta_2\frac{X_i}{\hat{Y}_i}+v_i \tag{5.2.53}$$

如果样本量合理的大，对式(5.2.53)进行 OLS 估计会有较好的表现。

3. 设定双对数模型常能降低异方差性

即设定模型为

$$\ln Y_i=\beta_1+\beta_2\ln X_i+u_i \tag{5.2.54}$$

这是因为对数变换压缩了测量变量的尺度，从而使其残差表示的是相对误差，而相对误差往往比绝对误差有较小的差异。需要注意的是，虽然变量取对数能减少异方差对模型的影响，但是，要求变量取对数后所拟合的模型有经济意义，否则，这种变换没有意义。

表 5.1 中给出的广州的 30 个最大零售企业的资料，前面我们已经检验出其零售额存在异

方差性，并且通过格莱泽检验，估计出三个残差绝对值的回归方程，其中第二个方程的判定系数最大，所以可用此方程描述异方差的变化形式。将异方差的形式设定为 $Var(u_i)=\sigma_i^2=\sigma^2 X_i$，既有

$$Var(\mathbf{u})=\sigma^2\mathbf{\Omega}=diag(\sigma^2 X_1,\sigma^2 X_2,\cdots,\sigma^2 X_n)$$

由此协方差矩阵可得对角矩阵：

$$\mathbf{p}=diag(X_1^{-\frac{1}{2}},X_2^{-\frac{1}{2}},\cdots,X_n^{-\frac{1}{2}})$$

利用式(5.2.50)进行变换，即可得到满足同方差性假定的回归模型，对变换后的模型进行OLS估计，得到：

$$\frac{\hat{Y}}{\sqrt{X}}=5.6232\frac{1}{\sqrt{X}}+0.04807\sqrt{X}$$

$$se=(4.8053)\qquad(0.0092)$$

将其变换即可得出原模型零售总额对从业人数的回归方程的估计，或者直接使用式(5.2.42)，可得原模型的广义最小二乘估计为：

$$\hat{Y}=5.6232+0.04807X$$
$$se=(4.8053)\ (0.0092)$$

将此广义最小二乘估计方程与OLS估计方程 $\hat{Y}=5.715+0.0479X$ 相比，截距项和斜率系数以及斜率系数的标准误都变化不大，但截距项的标准误明显降低，表明消除异方差后估计的精度有所提高。

第三节　存在自相关的回归模型

一、自相关的概念与原因

经典线性回归分析的另一个基本假定是总体回归函数中的随机干扰项 u_i 中无自相关或无序列相关。然而这一假定在实践中也常常不满足。在下面的讨论中，我们将会看到，在自相关或序列相关情况下，和在异方差情形下一样，OLS估计量虽然仍然是线性无偏和渐近正态分布的，但不再是所有线性无偏估计量中的方差最小者，也就是说，此时的OLS估计量也不再是BLUE。

1. 自相关的概念

自相关(autocorrelation)一词可定义为按时间(在时间序列数据中)或空间(在截面数据中)排序的观测值序列成员之间的相关。在经典线性回归模型假定中，假定干扰 u_i 之间不存在自相关或序列相关，即 $Cov(u_i,u_j)=E(u_iu_j)=0, i\neq j$，也就是说，在经典假设下，任一次观测的干扰都不受任何其他观测的干扰的影响。

例如：做产出对劳动和资本投入的回归中，如果某年度的产出受到“非典”的影响，却没有

理由认为这一影响会持续到下一年度，就是说，本年度产出由于遇到“非典”下降，却没有理由预期下一年度产出也下降。同理，如果在回归中用了截面数据，那么一个家庭的收入增加对其支出的影响，预料不会波及到另一个家庭的消费支出。

然而，如果存在这种相依性，就有了自相关。即有

$$Cov(u_i, u_j) = E(u_i u_j) \neq 0 \quad i \neq j \tag{5.3.1}$$

这时，由本年“非典”引起的生产中断很可能影响下年度的产出；或者一个家庭的消费支出增加，很可能会促使另一个家庭为了同邻居攀比也随之增大其消费支出。

人们在习惯上把自相关与序列相关看作同义语，其实二者是有区别的。廷特纳(Tintner)定义自相关为“一给定序列同它自身滞后若干期的序列的滞后相关，”而把序列相关定义为“两个不同序列的滞后相关”。例如时间序列 $u_1, u_2, \cdots, u_k$ 和它滞后一期的时间序列 $u_2, u_3, \cdots, u_{k+1}$ 之间的相关叫做自相关，而两个不同时间序列 $u_1, u_2, \cdots, u_k$ 和 $v_2, v_3, \cdots, v_{k+1}$ 之间的相关叫做序列相关。尽管区分两种定义有一定意义，但本书仍把它们看作同义语，在表述中两者混用。

2. 自相关(序列相关)的原因

虽然引起自相关的原因很多，但是我们还是可以把他们大致归类如下：

(1)经济行为的惯性。由于经济行为往往存在惯性，所以，大多数反映经济行为的经济时间序列都有自相关这一明显的特点。也就是说，经济变量的前期水平经常会影响其后期水平，从而造成模型前后期随机误差项的自相关。比如，在经济繁荣时期较高的经济增长率会持续若干期，在经济衰退期，较高的失业率也会持续一段时间，这种情况下的时间序列数据就会存在自相关。再如，消费支出对收入的时间序列回归模型：

$$Y_t = \beta_1 + \beta_2 X_t + \beta_3 Y_{t-1} + u_t \tag{5.3.2}$$

其中，Y ＝消费支出，X ＝可支配收入。由于心理和习惯上的原因，消费者是不轻易改变其消费行为的，如果忽略了滞后项 Y_{t-1}，误差项将由于滞后消费对当前消费的影响而反映出一种系统性模式。

(2)模型设定偏误。如果模型中省略了某些重要的解释变量或者模型函数形式选择不正确，都会产生系统误差，这种误差存在于随机干扰项中，从而带来自相关。

第一种情况为模型中应含而未含变量情形。例如我们有如下的需求模型：

$$Y_t = \beta_1 + \beta_2 X_{t2} + \beta_3 X_{t3} + \beta_4 X_{t4} + u_t \tag{5.3.3}$$

其中，Y＝牛肉需求量，X_2＝牛肉价格，X_3＝消费者收入，X_4＝猪肉价格，t＝时间。假如式(5.3.3)是“正确”的模型，然而，由于某种原因，我们没有做式(5.3.3)而做了如下模型：

$$Y_t = \beta_1 + \beta_2 X_{t2} + \beta_3 X_{t3} + v_t \tag{5.3.4}$$

那么，在式(5.3.4)表示的模型中，无异于令 $v_t = \beta_4 X_{t4} + u_t$。在猪肉价格影响牛肉消费的限度内，干扰项 v 将反映出一种系统性模式，从而造成(错误的)自相关。是否存在真的自相关?就需要进行检验。一种简单的检验就是同时做两个回归，看在后一个回归中存在的自相关在做前一个回归中是否消失。

第二种情况是选用了不正确的函数形式。例如设“真实”的边际成本函数模型为：

$$Y_i = \beta_1 + \beta_2 X_i + \beta_3 X_i^2 + u_i \tag{5.3.5}$$

其中，Y_i =成本，X_i =产出。但是我们拟合了如下模型：

$$Y_i = \beta_1 + \beta_2 X_i + v_i \tag{5.3.6}$$

这时，干扰项 $v_i = \beta_3 X_i^2 + u_i$ 包含了 X_i^2 对边际成本的系统影响。在此情形中，由于错误函数形式的使用，v_i 将会反映出自相关。

(3)蛛网现象(cobweb phenomenon)。蛛网现象表示某种商品的供给量 Y_t 受前期价格 P_{t-1} 的影响表现出来的某种规律性。由于许多农产品的供给对价格的反应要滞后一个时期，所以许多农产品的供给需要经过一定时间才能实现，这就表现为所谓的蛛网现象。相关的供给函数表示为：

$$Y_t = \beta_1 + \beta_2 P_{t-1} + u_t \tag{5.3.7}$$

其中，Y =(农产品)供给，P =(农产品)价格，t =时间。显然，在此理论假定模型下，农民在年度 t 的过量生产很可能导致在年度 $t+1$ 削减他们的产量。诸如此类的现象，就不能指望干扰项 u_i 是无自相关的。

(4)经济活动的滞后效应。经济活动的滞后效应是指某一变量对另一变量的影响不仅仅限于当期，而且要延续若干期，由此带来变量的自相关。例如 R&D 经费支出对产出的时间序列回归模型：

$$Y_t = \beta_1 + \beta_2 X_t + \beta_3 X_{t-1} + \cdots + u_t \tag{5.3.8}$$

其中，Y =产出，X =R&D 经费。由于技术上以及制度上的原因，R&D 经费的投入到在生产中对产出真正发挥作用，是需要时间的，而且不同的技术需要的时间是不一样的，如果我们不能准确地把这种内在联系反映到模型中，在误差项中就会反映出一种系统性模式，造成自相关。

(5)数据的“编造”或变换。经验分析中，使用的数据往往是对原始数据经过“编造”得到的。例如季度数据通常来源于每月数据的加总，这种加总(或平均)的结果减弱了每月数据的波动从而引起数据的匀滑性。这种匀滑性本身就使干扰项中出现有系统式样，从而导入自相关。数据编造的另一个来源是数据的内插或外推。例如两次人口普查期间对中间年份数据的获得，通常是根据某些特殊的假定进行内插，这些方法的使用都会带来原始数据所没有的系统性式样。另一种情况就是数据的变换，也会造成自相关。先考虑模型：

$$Y_t = \beta_1 + \beta_2 X_t + u_t \tag{5.3.9}$$

其中，Y =消费支出，X =可支配收入。再考虑如下模型：

$$\Delta Y_t = \beta_2 \Delta X_t + v_t \tag{5.3.10}$$

其中，Δ 表示一阶差分算子，$\Delta Y_t = Y_t - Y_{t-1}$，$\Delta X_t = X_t - X_{t-1}$，$v_t = \Delta u_t = u_t - u_{t-1}$。其中方程(5.3.9)称为水平型，方程(5.3.10)称为一阶差分型。在经验分析中，这两种形式都经常使用。然而，如果(5.3.9)中的随机误差项满足无自相关，那么可以证明(5.3.10)中的误差项 v_t 将会自相关。也就是说，自相关有时候是作为对原模型进行变换的结果而产生。

(6)非平稳性。在第一章我们曾提到，对于时间序列数据，我们必须明确一个给定的时间序列是否平稳。如果在一个诸如(5.3.9)的回归模型中,Y 和 X 都是非平稳的,则随机误差项 u 也是非平稳的,此时误差项将表现出自相关。

应该注意到,虽然自相关问题可能也确实出现在横截面数据中,但一般更常出现在时间序列中。一些作者把横截面数据中的自相关叫做空间自相关,然而,在横截面分析中,为要判别是否有自相关,数据的排列必须有某种逻辑上或经济上的意义。

二、自相关出现时 OLS 估计量的性质

对于时序资料,一般线性回归模型可表示为

$$Y_t = \beta_1 + \beta_2 X_{t2} + \cdots + \beta_k X_{tk} + u_t, t = 1,2,\cdots,T \tag{5.3.11}$$

式中干扰项 u_t 往往前后期相关,即存在自相关。如果我们引进自相关,即 $Cov(u_t, u_{t+s}) = E(u_t u_{t+s}) \neq 0, s \neq 0$,但保留 CLRM 的全部其他假定。对 OLS 估计量及其方差来说,会有什么情况发生呢?

要取得进展就必须对产生 u_t 的机制做出决定。序列相关的表现形式有许多种,然而对于大多数经济变量来说,假定其现期的数值受过去近期的数值影响大,受过去远期的数值影响小,而且时间越远,其影响就越小是合乎逻辑的。由于 $E(u_t u_{t+s}) \neq 0, s \neq 0$ 这个假定过于一般,不便于讨论。作为一个起点或初次近似,不妨假定干扰项是这样产生的,即

$$u_t = \rho u_{t-1} + v_t \quad -1 < \rho < 1 \tag{5.3.12}$$

其中 ρ 被称为自协方差系数。因仅涉及 u_t 及其自身滞后一期的过去值,即最大滞后是 1,故该模型称为马尔柯夫一阶自回归模型。其中 u_t, u_{t-1} 分别表示现期和前期随机干扰项,而 v_t 为满足经典假定的随机干扰项,即 $v_t \sim N(0, \sigma_v^2)$ 且 $Cov(v_t, v_{t+s}) = 0, s \neq 0$。一阶自回归模型常记为 AR(1)。自协方差系数 ρ 又叫做一阶自相关系数,或者说得更准确一点,叫滞后一期的自相关系数。若模型表示为 $u_t = \rho_1 u_{t-1} + \rho_2 u_{t-2} + v_t$,称为 AR(2),以此类推。

式(5.3.12)说明 u_t 的变动由两部分组成,一部分是表明系统变化的 ρu_{t-1},而另一部分是纯随机变化的 v_t。事实上,我们采用 AR(1),而没有采用 AR(2)或 AR(3),…,并没有什么先验上的理由。实际上我们还可假定 u_t 由下述机制产生:

$$u_t = v_t + \lambda v_{t-1} \quad |\lambda| < 1 \tag{5.3.13}$$

v_t 为有零均值和恒定方差的随机误差项。此误差发生机制称为一阶移动平均或 MA(1)模型。同样,我们也可以考虑高阶的 MA 模型。此外,我们还可以考虑 AR 和 MA 的混合发生机制模型:

$$u_t = \rho u_{t-1} + v_t + \lambda v_{t-1} \tag{5.3.14}$$

此模型即为 ARMA(1,1)模型。

对于 AR(1)模式,它是经济计量实践中最常见的自相关。将随机误差项 u_t 的各期滞后值 $u_{t-1} = \rho u_{t-2} + v_{t-1}, u_{t-2} = \rho u_{t-3} + v_{t-2}, \cdots$ 逐次代入式(5.3.12),有:

$$u_t = v_t + \rho v_{t-1} + \rho^2 v_{t-2} + \cdots = \sum_{k=0}^{\infty} \rho^k v_{t-k} \tag{5.3.15}$$

式(5.3.15)表明回归模型的随机误差项 u_t 可表示为独立同分布的随机误差序列 $v_t, v_{t-1}, v_{t-2}, \cdots$ 的加权和,权数分别为 $1, \rho, \rho^2, \cdots$。$0<\rho<1$ 时,这些权数是随时间几何衰减的;而当 $-1<\rho<0$ 时,是交错振荡衰减的。

$|\rho|<1$ 是为保证 u_t 的现期值受过去的近期值影响较大,而受过去的远期值影响较小。在此假定下,此一阶自回归过程是平稳的。所谓平稳,指随机误差项 u_t 的均值、方差和各阶协方差皆为常数,不随时间变化而改变。

由于 v_t 服从经典假定,即 $E(v_t)=0, Var(v_t)=\sigma_v^2, Cov(v_t, v_{t+s})=0$,所以有

$$E(u_t)=\sum_{k=0}^{\infty}\rho^k E(v_{t-k})=0 \tag{5.3.16}$$

$$Var(u_t)=\sum_{k=0}^{\infty}\rho^{2k} Var(v_{t-k})=\frac{\sigma_v^2}{1-\rho^2} \tag{5.3.17}$$

其中,

$$\left(\sum_{k=0}^{\infty}\rho^{2k}=\frac{1}{1-\rho^2}\right)$$

再由于现期 v_t 并不影响回归模型中随机误差项 u_t 的以前各期值 $u_{t-k}(k>0)$,所以 v_t 与 u_{t-k} 不相关,即有 $Cov(v_t, u_{t-k})=0$,因此 u_t 与其以前各期的 u_{t-k} 的协方差分别为:

$$Cov(u_t, u_{t-1})=Cov(\rho u_{t-1}+v_t, u_{t-1})=\rho Var(u_{t-1})=\frac{\rho\sigma_v^2}{1-\rho^2} \tag{5.3.18}$$

$$\begin{aligned}Cov(u_t, u_{t-2})&=Cov(\rho u_{t-1}+v_t, u_{t-2})=Cov(\rho^2 u_{t-2}+\rho v_{t-1}+v_t, u_{t-2})\\&=\rho^2 Var(u_{t-2})=\frac{\rho^2\sigma_v^2}{1-\rho^2}\end{aligned} \tag{5.3.19}$$

依次类推,可得

$$Cov(u_t, u_{t-k})=\rho^k Var(u_{t-k})=\frac{\rho^k\sigma_v^2}{1-\rho^2} \tag{5.3.20}$$

这些协方差分别称为随机误差项 u_t 的一阶、二阶和 k 阶自协方差。由这些自协方差和方差,可得出 u_t 与其以前各期 u_{t-k} 的相关系数为

$$\rho_k=\frac{Cov(u_t, u_{t-k})}{\sqrt{Var(u_t)Var(u_{t-k})}}=\frac{\dfrac{\rho^k\sigma_v^2}{1-\rho^2}}{\dfrac{\sigma_v^2}{1-\rho^2}}=\rho^k \tag{5.3.21}$$

此相关系数称为模型随机干扰项 u_t 的 k 阶自相关系数。可见 ρ 即为一阶自相关系数。由于 $|\rho|<1$,所以现期随机误差与以前各期随机误差之间的间隔越长,其相关程度越小。这符合大多数经济变量的特性。

注意,自协方差和自相关系数存在对称性,即有 $Cov(v_t, v_{t+s})=Cov(v_t, v_{t-s})$, $Cor(v_t, v_{t+s})=Cor(v_t, v_{t-s})$,后者表示自相关系数。

在序列相关情形下随机误差项的协方差矩阵的结构为:

$$Var(\mathbf{u})_{AR(1)}=E(\mathbf{uu}')=E\begin{bmatrix} u_1^2 & u_1u_2 & \cdots & u_1u_T \\ u_2u_1 & u_2^2 & \cdots & u_2u_T \\ \vdots & \vdots & \cdots & \vdots \\ u_Tu_1 & u_Tu_2 & \cdots & u_T^2 \end{bmatrix}$$

$$=\frac{\sigma_v^2}{1-\rho^2}\begin{bmatrix} 1 & \rho & \rho^2 & \cdots & \rho^{T-1} \\ \rho & 1 & \rho & \cdots & \rho^{T-2} \\ \rho^2 & \rho & 1 & \cdots & \rho^{T-3} \\ \vdots & \vdots & \vdots & \cdots & \vdots \\ \rho^{T-1} & \rho^{T-2} & \rho^{T-3} & \cdots & 1 \end{bmatrix}=\sigma_v^2\mathbf{\Omega} \quad (5.3.22)$$

式(5.3.22)中的 $\mathbf{\Omega}$ 为对称矩阵。由此可见，在序列相关情形下，虽然随机误差项的协方差矩阵的主对角线元素相同，满足同方差的要求，但其非主对角线的元素却非零，不能满足 $Var(\mathbf{u})=\sigma^2\mathbf{I}$ 的经典假设。

类似上节关于异方差情形下对普通最小二乘估计量性质的讨论，可知，在序列相关（自相关）存在的情形下，OLS 估计量 $\hat{\boldsymbol{\beta}}=(\mathbf{X}'\mathbf{X})^{-1}\mathbf{X}'\mathbf{Y}$ 仍然是线性无偏的，事实上，证明 $\hat{\boldsymbol{\beta}}$ 的线性无偏性，无序列相关和无异方差性都不是必要条件。然而 $\hat{\boldsymbol{\beta}}=(\mathbf{X}'\mathbf{X})^{-1}\mathbf{X}'\mathbf{Y}$ 虽仍为线性无偏，但却非有效，也就是说不再是 $\boldsymbol{\beta}$ 的最佳线性无偏估计量(BLUE)，即依据，

$$\hat{\boldsymbol{\beta}}=(\mathbf{X}'\mathbf{X})^{-1}\mathbf{X}'\mathbf{Y}=(\mathbf{X}'\mathbf{X})^{-1}\mathbf{X}'(\mathbf{X}\boldsymbol{\beta}+\mathbf{u})=\boldsymbol{\beta}+(\mathbf{X}'\mathbf{X})^{-1}\mathbf{X}'\mathbf{u}$$

可得：

$$E(\hat{\boldsymbol{\beta}})_{AR(1)}=E[(\mathbf{X}'\mathbf{X})^{-1}\mathbf{X}'\mathbf{Y}]=E[(\mathbf{X}'\mathbf{X})^{-1}\mathbf{X}'(\mathbf{X}\boldsymbol{\beta}+\mathbf{u})]=\boldsymbol{\beta} \quad (5.3.23)$$

$$\begin{aligned} Var(\hat{\boldsymbol{\beta}})_{AR(1)} &= E(\hat{\boldsymbol{\beta}}-\boldsymbol{\beta})(\hat{\boldsymbol{\beta}}-\boldsymbol{\beta})' \\ &= E[(\mathbf{X}'\mathbf{X})^{-1}\mathbf{X}'\mathbf{uu}'\mathbf{X}(\mathbf{X}'\mathbf{X})^{-1}]=\sigma_v^2(\mathbf{X}'\mathbf{X})^{-1}(\mathbf{X}'\mathbf{\Omega}\mathbf{X})(\mathbf{X}'\mathbf{X})^{-1} \end{aligned} \quad (5.3.24)$$

这里的 $\mathbf{\Omega}$ 已不同于异方差情形下的矩阵 $\mathbf{\Omega}$。这里给出的是存在序列相关情形下 OLS 估计的协方差矩阵，它不同于在无序列相关情形下的 OLS 估计的协方差矩阵。此时用 $Var(\hat{\boldsymbol{\beta}})_{AR(1)}=\sigma_v^2(\mathbf{X}'\mathbf{X})^{-1}(\mathbf{X}'\mathbf{\Omega}\mathbf{X})(\mathbf{X}'\mathbf{X})^{-1}$ 和 $Var(\hat{\boldsymbol{\beta}})=\sigma^2(\mathbf{X}'\mathbf{X})^{-1}$ 衡量 $\hat{\boldsymbol{\beta}}$ 的误差大小都是不妥的，即在此基础上构造的假设检验统计量都是不合适的。

三、自相关出现时使用 OLS 方法的后果

如同异方差情形，在自相关出现时，OLS 估计量虽然仍是线性无偏的和一致性的，但不再是有效的，它不再具有最小方差了。在此情况下，若继续使用 OLS 程序会出现什么问题？下面分两种情形讨论。

1. 考虑自相关的 OLS 估计

由于 $\hat{\boldsymbol{\beta}}$ 不是 BLUE，即使我们使用 $Var(\hat{\boldsymbol{\beta}})_{AR(1)}=\sigma_v^2(\mathbf{X}'\mathbf{X})^{-1}(\mathbf{X}'\mathbf{\Omega}\mathbf{X})(\mathbf{X}'\mathbf{X})^{-1}$，由此得出的置信区间很可能比根据 GLS 估计程序得出的宽些。即使样本无限增大，结果也很可能如此。也就是说，$\hat{\boldsymbol{\beta}}$ 并非渐近有效。

2. 不考虑自相关的 OLS 估计

如果我们不但使用了 $\hat{\boldsymbol{\beta}}$，而且继续使用 $Var(\hat{\boldsymbol{\beta}})=\sigma^2(\mathbf{X}'\mathbf{X})^{-1}$，完全不顾自相关的问题，情况就会变得非常严重。可能的原因有：

(1)残差方差 $\hat{\sigma}^2=\sum\hat{u}_t^2/(T-k)$ 很可能低估了真实的 σ^2，从而可能高估了 R^2。

在一元线性回归模型中，已知 $\hat{\sigma}^2=\dfrac{\sum\hat{u}_t^2}{T-2}$ 为 $Var(u_t)=\sigma^2$ 的无偏估计量，但是如果随机误差项 u_t 存在一阶自相关，可以证明

$$E(\sum\hat{u}_t^2)=\sigma^2\left[(T-2)-\left[2\rho\frac{\sum X_tX_{t+1}}{\sum X_t^2}+2\rho^2\frac{\sum X_tX_{t+2}}{\sum X_t^2}+\cdots+2\rho^{T-1}\frac{\sum X_tX_T}{\sum X_t^2}\right]\right]$$

在现实的问题中，等式右面中括号中的第二项往往取正值，由此可见可能的低估是存在的。

(2)即使没有低估了 σ^2，$Var(\hat{\boldsymbol{\beta}})$ 也可能低估了 $Var(\hat{\boldsymbol{\beta}})_{AR(1)}$，虽然 $Var(\hat{\boldsymbol{\beta}})_{AR(1)}$ 和 $Var(\hat{\boldsymbol{\beta}})^{GLS}$ 比较起来是低效的，$Var(\hat{\boldsymbol{\beta}})^{GLS}$ 是后面将要看到的广义最小二乘估计量的方差。

可以证明，在一元线性回归模型中，有：

$$Var(\hat{\beta}_2)_{AR(1)}=\frac{\sigma^2}{\sum x_t^2}\left[1+2\rho\frac{\sum_{t=1}^{T-1}x_tx_{t+1}}{\sum_{t=1}^{T}x_t^2}+2\rho^2\frac{\sum_{t=1}^{T-2}x_tx_{t+2}}{\sum_{t=1}^{T}x_t^2}+\cdots+2\rho^{T-1}\frac{x_1x_T}{\sum_{t=1}^{T}x_t^2}\right]$$

在现实的问题中，等式右面括号中的取值一般大于 1，可能的低估也是存在的。

(3)通常的 t 和 F 显著性检验都变成无效的了，因为此时的 t 和 F 的统计值一般会被高估。如果仍然使用这些检验，就很可能对所估计的回归系数做出有严重错误的统计显著性结论。

可以通过蒙特卡罗实验的方法验证 σ^2 和 $\hat{\boldsymbol{\beta}}$ 的方差被 OLS 方法低估的情况。

四、侦察自相关

显然，存在自相关是个潜在的严重问题，因此必须先判明在研究的问题中是否存在自相关。本小节考虑几种常用的序列相关检验法。

1. 图示法

经典模型的无自相关假定是对不可直接观测的随机干扰项 u_t 而言的，而我们所能获得的通常是由 OLS 程序估计得到的残差 $\hat{u}_t$，通过对作为 u_t 的替代 $\hat{u}_t$ 作图像检查往往能对 u_t 中可能存在的自相关提供一些线索，其实，对 $\hat{u}_t$ 或 $\hat{u}_t^2$ 的图像检查不仅能为检查是否存在自相关、异方差性提供有用的信息，同时还能为模型适宜性或设定偏误检验提供有用的信息。

有多种检查残差的方法。一种是分别以 $\hat{u}_{t-1}$ 和 $\hat{u}_t$ 作为横坐标和纵坐标，绘制 $\hat{u}_{t-1}$ 和 $\hat{u}_t$ 的散点图，这是一种对 AR(1)模型的一种经验检验。若大部分散点落在第一或第三象限，表明存在正自相关，若大部分散点落在第二或第四象限，表明存在负自相关。一种是按照时间顺序绘制回归残差项 $\hat{u}_t$ 的图形。如果 $\hat{u}_t$ 随着时间 t 的变化有规律地变化，呈现锯齿形或循环形状的变化，就可判断随机误差项 u_t 存在自相关。如果 $\hat{u}_t$ 随着 t 的变化逐次变化并不断改变符号，表示随机误差项 u_t 存在负自相关，但如果 $\hat{u}_t$ 随着 t 的变化逐次变化，但不是频繁改变符

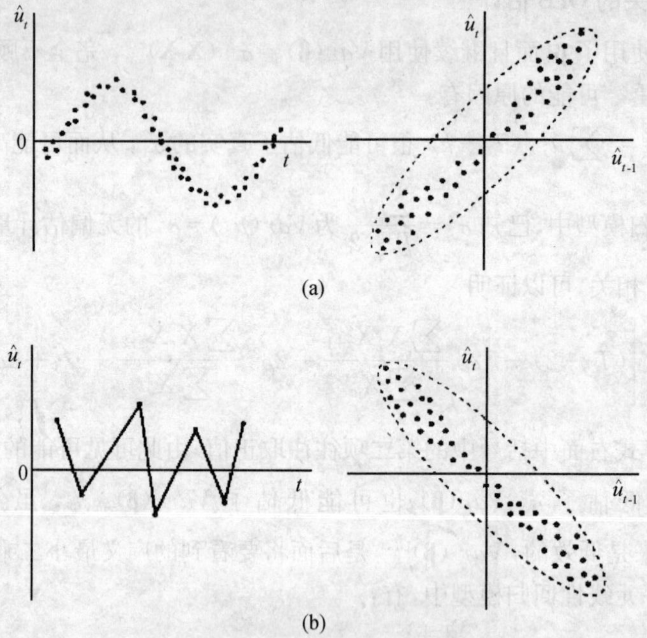

图 5.3 (a)正的自相关和(b)负的自相关

号,而是几个正的 $\hat{u}_t$ 后面跟着几个负的 $\hat{u}_t$,则表明随机误差项 u_t 存在正自相关。见图 5.3。

2. 德宾—沃森 d 检验——DW 检验

对于一般线性回归模型,其误差项 u_t 是否具有一阶自回归形式。我们可作这样的设定:

$$H_0:\rho=0,\quad H_1:\rho\neq 0 \tag{5.3.25}$$

为了构造检验此假设的统计量,可用 OLS 对一般线性回归模型进行估计,得出其残差 $\hat{u}_t=Y_t-\hat{\beta}_1-\hat{\beta}_2X_{t2}-\cdots-\hat{\beta}_kX_{tk}$,显然 $\hat{u}_t$ 是 u_t 的 OLS 估计,德宾(Durbin)和沃森(Watson)据此残差构造了如下统计量

$$d=\frac{\sum_{t=2}^{T}(\hat{u}_t-\hat{u}_{t-1})^2}{\sum_{t=1}^{T}\hat{u}_t^2} \tag{5.3.26}$$

它是相继残差离差平方和与 RSS 之比。

d 统计量的一个最大优点是,它仅依赖于估计的残差值。为此,现在把 d 统计量连同 R^2,$\bar{R}^2$,t 等统计量一起报告,已成为常规。d 统计量用得很普遍,所以记住它的一些应用条件(基本假定)非常必要。

第一,回归模型含有截距项。若不含有,要重新做带截距项的回归,以便求出 RSS。

第二,诸解释变量 X 是非随机的,或者在重复抽样中被固定。

第三,u_t 是按一阶自回归模式 $u_t=\rho u_{t-1}+v_t$ 产生的,即不适用于检验高阶自回归形式和其它形式的序列相关。

第四,回归模型中不能把被解释变量的滞后变量作为解释变量。比如,在如下模型中,

$$Y_t = \beta_1 + \beta_2 X_{t2} + \cdots + \beta_k X_{tk} + \gamma Y_{t-1} + u_t \tag{5.3.27}$$

Y_{t-1} 是被解释变量 Y_t 的滞后变量,用 d 统计量检验该模型就不适用。

第五,没有缺失数据。d 统计量对缺失数据没有补偿办法。

第六,随机干扰项服从正态分布。

若记普通最小二乘残差向量为 $\hat{\mathbf{u}} = [\hat{u}_1 \quad \hat{u}_2 \quad \cdots \quad \hat{u}_T]'$,并令常数矩阵 $\mathbf{A}$ 为

$$\mathbf{A} = \begin{bmatrix} 1 & -1 & 0 & \cdots & 0 & 0 \\ -1 & 2 & -1 & \cdots & 0 & 0 \\ 0 & -1 & 2 & \cdots & 0 & 0 \\ \vdots & \vdots & \vdots & \vdots & \vdots & \vdots \\ 0 & 0 & 0 & \cdots & 2 & -1 \\ 0 & 0 & 0 & \cdots & -1 & 1 \end{bmatrix}_{T \times T} \tag{5.3.28}$$

则 d 统计量表示为

$$d = \frac{\hat{\mathbf{u}}' \mathbf{A} \hat{\mathbf{u}}}{\hat{\mathbf{u}}' \hat{\mathbf{u}}} \tag{5.3.29}$$

由于 d 统计量的分布与出现在给定样本中的 X 项有复杂关系,要导出它的确切分布是困难的。因为 d 要从 $\hat{u}_t$ 算出,而 $\hat{u}_t$ 必然依赖于给定的诸 X。因此它不同于 t,F 和 χ^2 检验,不能给出唯一的临界值让我们做出拒绝和不拒绝虚拟假设(干扰项 u_t 中无一阶序列相关)的决定。然而德宾和沃森成功地导出了临界值的一个下限 d_l 和一个上限 d_u。如果从样本算出的 d 值落在这些临界值的范围之外,就可做出是否有正或负序列相关的决定。而且,这些临界值仅依赖于观测值的个数 n 和解释变量的个数,却不依赖这些解释变量取什么值。由于

$$d = \frac{\sum_{t=2}^{T} (\hat{u}_t - \hat{u}_{t-1})^2}{\sum_{t=1}^{T} \hat{u}_t^2} = \frac{\sum_{t=2} \hat{u}_t^2 + \sum_{t=2} \hat{u}_{t-1}^2 - 2 \sum_{t=2} \hat{u}_t \hat{u}_{t-1}}{\sum_{t=1}^{T} \hat{u}_t^2} \tag{5.3.30}$$

注意对于容量较大的样本,有 $\sum_{t=1} \hat{u}_t^2 \doteq \sum_{t=2} \hat{u}_t^2 \doteq \sum_{t=2} \hat{u}_{t-1}^2$,由此可得

$$d = 2\left(1 - \frac{\sum \hat{u}_t \hat{u}_{t-1}}{\sum \hat{u}_t^2}\right) \tag{5.3.31}$$

若用普通最小二乘残差的一阶自相关系数作为随机误差项 u_t 的一阶自相关系数 ρ 的估计量,即令

$$\hat{\rho} = \frac{\sum_{t=2} \hat{u}_t \hat{u}_{t-1}}{\sum_{t=1} \hat{u}_t^2} \tag{5.3.32}$$

则对于较大的样本

$$d \approx 2(1 - \hat{\rho}) \tag{5.3.33}$$

由于有 $-1 \leqslant \rho \leqslant 1$，所以

$$0 \leqslant d \leqslant 4 \tag{5.3.34}$$

显然，由式(5.3.33)可知 d 和 ρ 的关系：若 $\hat{\rho}=0$，则 $d=2$，就是说，如果没有(一阶)序列相关，则预期 d 约为 2。作为检验法则，如果在一项应用中求出 $d=2$，就可以认为没有一阶自相关。若 $\hat{\rho}=1$，表示残差中有完全的正自相关，则 $d=0$，d 越接近 0，正序列相关的迹象越明显。若 $\hat{\rho}=-1$，表示残差中有完全的负自相关，则 $d=4$，d 越接近 4，负序列相关的迹象越明显

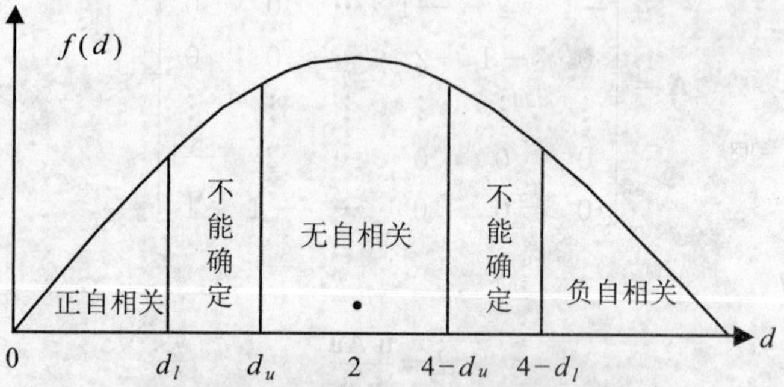

图 5.4　德宾—沃森 d 统计量分布示意图

德宾—沃森 d 检验(简称为 DW 检验)的操作步骤为：(1)做 OLS 回归并获取残差 $\hat{u}_t$；(2)计算 d；(3)对给定样本大小和解释变量个数找出临界值 d_l 和 d_u；(4)根据规则作出判断。

图 5.4 给出了德宾—沃森 d 统计量分布示意图，显然根据图 5.4，DW 检验有它的局限性，即如果 d 落入无决定区域或称无知域，我们就无法做出判断。为解决这一问题，一些学者曾对 DW 检验提出修改建议，但是方法相当复杂，不便推广使用。在许多情况中，人们发现上限 d_u 差不多就是真实的显著性界限，因而，如果 d 的估计值落在无决定域，就不妨用修订的 d 检验程序：即给定 α，若 $d_l < d < d_u$，则可拒绝 $H_0: \rho=0$，认为 u_t 存在一阶正自相关；若 $4-d_u < d < 4-d_l$，则也拒绝 $H_0: \rho=0$，认为随机误差项 u_t 存在一阶负自相关。实际上，随着样本量的增加，无决定域逐步缩小。从附录的表五德宾—沃森表中可以清楚地看出这一点。

计算机程序 SHAZAM 能做出(一种)精确的 d 检验，即给出 d 值的准确概率或 p 值。

在使用 DW 检验时，必须注意它的使用条件，不能在违反它的基本条件(假定)下使用。

3. 游程检验(一种非参数检验)

游程检验是一种非参数检验，它的基本思想是：如果无自相关假定成立，那么在此假定下得到的残差序列中的 $\hat{u}_t$ 值的正负应是随机的，正负符号的出现就不应该表现出系统性的或有规律的变化。游程可定义为同一符号或属性的一个不中断的历程。游程的长度定义为游程中的元素个数。如果游程太多，说明残差序列中的 $\hat{u}_t$ 变号太频繁，表现出一种负的序列相关；如果游程太少，说明残差序列中存在正的序列相关。令：N＝总观测数，N_1＝正残差个数，N_2＝负残差个数，R＝游程个数。在相继残差相互独立的假定下，并且假定 $N_1 > 10$，$N_2 > 10$，游程个数 R 近似地服从正态分布，其两参数分别为：

$$E(R)=\frac{2N_1N_2}{N}+1 \tag{5.3.35}$$

$$Var(R)=\frac{2N_1N_2(2N_1N_2-N)}{N^2(N-1)} \tag{5.3.36}$$

据此，我们可以根据样本的数据计算出游程个数 R 值，再根据给定的显著水平 α 进行检验，也可以给出与 R 值对应的 p 值，由研究者自行决定。

如果误差项不是 NIID，那么，通常使用的 DW 检验就不那么可靠，此时游程检验因不需要对误差项做任何分布上的假定而占有一定优势。然而，如果样本量很大，我们就可以继续使用 DW 检验。

4. 自相关的其他检验

(1)一种渐近或大样本检验。

在 $\rho=0$ 的虚拟假设下，若样本量 n 很大，则可证明

$$\sqrt{n}\left(1-\frac{1}{2}d\right)\underset{asy}{\sim}N(0,1) \tag{5.3.37}$$

根据式(5.3.33)即有

$$\sqrt{n}\hat{\rho}\underset{asy}{\sim}N(0,1)$$

给定 α 值，可依据标准正态分布进行检验。

(2)高阶自相关的布劳殊—戈弗雷(BG)检验

BG 检验由布劳殊(T. S. Breusch)和戈弗雷(L. G. Godfrey)1978 年提出。假定 u_t 是由如下的 p 阶自回归模式产生

$$u_t=\rho_1u_{t-1}+\rho_2u_{t-2}+\cdots+\rho_pu_{t-p}+v_t \tag{5.3.38}$$

其中 v_t 为具有零均值和常数方差的纯随机干扰项。

$$H_0:\rho_1=\rho_2=\cdots=\rho_p=0 \tag{5.3.39}$$

BG 检验程序如下：

首先，用 OLS 程序估计模型并得到残差 $\hat{u}_t$。其次，做 $\hat{u}_t$ 对模型中全部解释变量和附加回归元 $\hat{u}_{t-1},\hat{u}_{t-2},\cdots,\hat{u}_{t-p}$ 的回归，这里附加的回归元是第 1 步估计得到的残差的滞后值。注意在做这个回归时，我们将仅有 $(n-p)$ 次观测值。从这一回归(或称辅助回归)算出 R^2 值。第三，如为大样本，布劳殊和戈弗雷证明有

$$(n-p)R^2\underset{asy}{\sim}\chi_p^2 \tag{5.3.40}$$

就是说，在渐近意义上，R^2 的 $(n-p)$ 倍服从 p 个自由度的 χ^2 分布。如果在某项应用中，$(n-p)R^2$ 超过选定显著水平的临界值 χ^2 值，就可拒绝虚拟假设而认为至少有一个 ρ 显著地异于零。

BG 检验中应注意以下实际问题：

(1)包含在回归模型中的解释变量可以允许被解释变量 Y_t 的滞后值 $Y_{t-1},Y_{t-2}\cdots$ 出现。

(2)即使 u_t 遵从 p 阶移动平均过程 MA(p)，即有：

$$u_t=v_t+\lambda_1v_{t-1}+\lambda_2v_{t-2}+\cdots+\lambda_pv_{t-p} \tag{5.3.41}$$

其中 v 为一个零均值和常数方差的随机干扰项，BG 检验仍然适用。

(3)若式(5.3.38)中的 $p=1$，意味着一阶自回归，则 BG 检验被称为德宾的 M 检验。

(4)BG 检验的缺陷是，滞后长度 p 值无法预先确定，所以需要对滞后长度 p 值做实验。

(5)给定 X 变量值和 u 的滞后值，该检验假定式(5.3.38)中的 u 是同方差的。

五、补救措施

由于序列相关出现，OLS 估计量是非有效的，所以寻求补救措施是重要的。然而，补救方法与我们对干扰项之间的相互依赖性质的知识有关。可区分两种情形：自相关的结构已知和未知。

1. 自相关结构已知

由于干扰项 u_t 是不可观测的，关于序列相关的性质往往是一种猜测或实际体验。实践中，常假定 u_t 遵循一阶自回归形式，即假定 $u_t=\rho u_{t-1}+v_t$，$|\rho|<1$ 而 v_t 遵从零均值，恒定方差和无自相关等假定。

与异方差情形相仿，我们也从考虑模型随机干扰项的协方差矩阵开始。由前面的讨论可知，在序列相关情形下，有 $Var(\mathbf{u})=\sigma_v^2\mathbf{\Omega}$，其中 $\mathbf{\Omega}$ 是一个对称正定矩阵。此矩阵的逆矩阵为

$$\mathbf{\Omega}^{-1}=\begin{bmatrix} 1 & -\rho & 0 & \cdots & 0 & 0 \\ -\rho & 1+\rho^2 & -\rho & \cdots & 0 & 0 \\ 0 & -\rho & 1+\rho^2 & \cdots & 0 & 0 \\ \vdots & \vdots & \vdots & \vdots & \vdots & \vdots \\ 0 & 0 & 0 & \cdots & 1+\rho^2 & -\rho \\ 0 & 0 & 0 & \cdots & -\rho & 1 \end{bmatrix}_{T\times T} \tag{5.3.42}$$

此逆矩阵也是一个对称正定矩阵，若 ρ 已知，则也可将该矩阵分解成一个矩阵与其转置矩阵的积。若记

$$\mathbf{P}=\begin{bmatrix} \sqrt{1-\rho^2} & 0 & 0 & \cdots & 0 & 0 \\ -\rho & 1 & 0 & \cdots & 0 & 0 \\ 0 & -\rho & 1 & \cdots & 0 & 0 \\ \vdots & \vdots & \vdots & \vdots & \vdots & \vdots \\ 0 & 0 & 0 & \cdots & 1 & 0 \\ 0 & 0 & 0 & \cdots & -\rho & 1 \end{bmatrix}_{T\times T} \tag{5.3.43}$$

则有

$$\mathbf{\Omega}^{-1}=\mathbf{P}'\mathbf{P} \tag{5.3.44}$$

类似于异方差情形，我们也用矩阵 $\mathbf{P}$ 对一般线性模型进行变换，即将样本观测数据矩阵和随机干扰向量分别变换为：

$$\mathbf{X}^*=\mathbf{PX}=\begin{bmatrix} \sqrt{1-\rho^2} & \sqrt{1-\rho^2}\,X_{12} & \sqrt{1-\rho^2}\,X_{13} & \cdots & \sqrt{1-\rho^2}\,X_{1k} \\ 1-\rho & X_{22}-\rho X_{12} & X_{23}-\rho X_{13} & \cdots & X_{2k}-\rho X_{1k} \\ \vdots & \vdots & \vdots & \cdots & \vdots \\ 1-\rho & X_{T2}-\rho X_{T-1,2} & X_{T3}-\rho X_{T-1,3} & \cdots & X_{Tk}-\rho X_{T-1,k} \end{bmatrix}_{T\times k} \tag{5.3.45}$$

$$\mathbf{y}^* = \mathbf{P}\mathbf{y} = \begin{bmatrix} \sqrt{1-\rho^2}Y_1 \\ Y_2 - \rho Y_1 \\ \vdots \\ Y_T - \rho Y_{T-1} \end{bmatrix}_{T\times 1} \tag{5.3.46}$$

$$\mathbf{u}^* = \mathbf{P}\mathbf{u} = \begin{bmatrix} \sqrt{1-\rho^2}u_1 \\ u_2 - \rho u_1 \\ \vdots \\ u_T - \rho u_{T-1} \end{bmatrix}_{T\times 1} \tag{5.3.47}$$

此变换称为广义差分变换或拟差分变换。如果 $\rho=1$,此变换就是一阶差分变换。利用此变换,就可以把式(5.2.2)

$$\mathbf{y}=\mathbf{X}\boldsymbol{\beta}+\mathbf{u}$$

变换为广义差分模型

$$\mathbf{y}^* = \mathbf{X}^* \boldsymbol{\beta} + \mathbf{u}^* \tag{5.3.48}$$

显然,变换后的随机干扰向量$\mathbf{u}^*$已满足 $E(\mathbf{u}^*)=\mathbf{0}$ 和 $Var(\mathbf{u}^*)=\sigma_v^2\mathbf{I}$ 的经典假设,因此可对变换后的模型使用 OLS 方法,得出 $\boldsymbol{\beta}$ 的 GLS 估计量

$$\begin{aligned}\hat{\boldsymbol{\beta}} &= (\mathbf{X}^{*\prime}\mathbf{X}^*)^{-1}\mathbf{X}^{*\prime}\mathbf{y}^* = (\mathbf{X}'\mathbf{P}'\mathbf{P}\mathbf{X})^{-1}\mathbf{X}'\mathbf{P}'\mathbf{P}\mathbf{y} \\ &= (\mathbf{X}'\boldsymbol{\Omega}^{-1}\mathbf{X})^{-1}\mathbf{X}'\boldsymbol{\Omega}^{-1}\mathbf{y} \\ &= \boldsymbol{\beta} + (\mathbf{X}'\boldsymbol{\Omega}^{-1}\mathbf{X})^{-1}\mathbf{X}'\boldsymbol{\Omega}^{-1}\mathbf{u}\end{aligned} \tag{5.3.49}$$

此估计量类似于异方差情形下的 GLS 估计量,它也是无偏的,即

$$E(\hat{\boldsymbol{\beta}}) = \boldsymbol{\beta} \tag{5.3.50}$$

其协方差矩阵为

$$\begin{aligned}Var(\hat{\boldsymbol{\beta}}) &= E(\hat{\boldsymbol{\beta}}-\boldsymbol{\beta})(\hat{\boldsymbol{\beta}}-\boldsymbol{\beta})' = E[(\mathbf{X}'\boldsymbol{\Omega}^{-1}\mathbf{X})^{-1}\mathbf{X}'\boldsymbol{\Omega}^{-1}\mathbf{u}\mathbf{u}'\boldsymbol{\Omega}^{-1}\mathbf{X}(\mathbf{X}'\boldsymbol{\Omega}^{-1}\mathbf{X})^{-1}] \\ &= \sigma_v^2[(\mathbf{X}'\boldsymbol{\Omega}^{-1}\mathbf{X})^{-1}\mathbf{X}'\boldsymbol{\Omega}^{-1}\boldsymbol{\Omega}\boldsymbol{\Omega}^{-1}\mathbf{X}(\mathbf{X}'\boldsymbol{\Omega}^{-1}\mathbf{X})^{-1}] = \sigma_v^2(\mathbf{X}'\boldsymbol{\Omega}^{-1}\mathbf{X})^{-1}\end{aligned} \tag{5.3.51}$$

2. 自相关结构未知

在对现实问题的经济计量分析中,u_t 的一阶自相关系数 ρ 往往是未知的,这就需要用某种方法先求出 ρ 的一个估计值,然后进行拟差分变换。

(1)一次差分法。由于设定 $0<|\rho|<1$,所以我们可以从两个极端值开始尝试。如果自相关系数很高(大于 0.8),或 d 统计量很小,进行一阶差分变换就比较合适。曼达拉(Maddala,G. S)提出的经验法则是:只要 $d<R^2$ 就能用一阶差分形式进行回归。此时,广义差分方程就化为一阶差分方程:

$$Y_t - Y_{t-1} = \beta_2(X_{t2} - X_{t-1,2}) + \cdots + \beta_k(X_{tk} - X_{t-1,k}) + (u_t - u_{t-1}) \tag{5.3.52}$$

或

$$\Delta Y_t = \beta_2 \Delta X_{t2} + \cdots + \beta_k \Delta X_{tk} + \varepsilon_t \tag{5.3.53}$$

由于(5.3.53)中的误差项没有一阶序列相关的问题，所以可以利用 OLS 法对此一阶差分方程作回归，得到 BLUE。

注意一阶差分模型不含截距项，如果在模型中包含了截距项，原模型必定包含有趋势变量。同时，一阶差分变换与时间序列背后的平稳性有关。即如果序列 u_t 是非平稳的，而 u_t 的一阶差分序列可能是平稳的。也就是说，一阶差分可以起到一箭双雕的作用，既可能消除(一阶)自相关，又可能使时间序列变为平稳序列。

(2)利用 d 统计量估计 ρ（对小样本不可靠）。如果因为 ρ 与 1 不够接近而不能使用一阶差分变换，我们可以利用式(5.3.33) $d \approx 2(1-\hat{\rho})$ 的关系，得到 ρ 的估计：

$$\hat{\rho} \approx 1-\frac{1}{2}d \tag{5.3.54}$$

然后进行拟差分变换，进行 GLS 估计。

(3)利用残差估计 ρ。如果 AR(1)模式成立，即有 $u_t=\rho u_{t-1}+v_t$ 成立，由于 $\hat{u}_t$ 是 u_t 的一致估计量，我们可以利用残差 $\hat{u}_t$ 对 $\hat{u}_{t-1}$ 做回归：

$$\hat{u}_t=\hat{\rho}\hat{u}_{t-1}+v_t \tag{5.3.55}$$

从中估计出 ρ。注意由于有 $\sum \hat{u}_t=0$，所以式(5.3.55)中不含截距项。

(4)迭代法。前面讨论的所有估计 ρ 的方法都只提供了 ρ 的一个估计值。还有一类方法则可以多次估计出 ρ，即从 ρ 的某个初始值开始，通过逐次逼近，反复估计 ρ 值。这类方法统称为迭代法。其中有科克伦—奥克特迭代法，科克伦—奥克特两步法，德宾两步法等。这些方法的最终目标是给出 ρ 的一个估计值，使它能用于得到参数的 GLS 估计量。

实践中，常用 $\hat{\rho}=\dfrac{\sum \hat{u}_t\hat{u}_{t-1}}{\sum \hat{u}_{t-1}^2}$ 公式计算，一旦有了 $\hat{\rho}$，可用此估计值代替矩阵 $\mathbf{\Omega}$,$\mathbf{\Omega}^{-1}$ 和 $\mathbf{P}$ 中的 ρ，从而得到各自的估计 $\hat{\mathbf{\Omega}}$,$\hat{\mathbf{\Omega}}^{-1}$,$\hat{\mathbf{P}}$，进而得到 GLS 估计量

$$\hat{\boldsymbol{\beta}}=(\mathbf{X}'\hat{\mathbf{\Omega}}^{-1}\mathbf{X})^{-1}\mathbf{X}'\hat{\mathbf{\Omega}}^{-1}\mathbf{y}$$

$$\hat{Var}(\hat{\boldsymbol{\beta}})=\hat{\sigma}_v^2\,(\mathbf{X}'\hat{\mathbf{\Omega}}^{-1}\mathbf{X})^{-1}$$

其中

$$\hat{\sigma}_v^2=\frac{(\mathbf{y}^*-\mathbf{X}^*\hat{\boldsymbol{\beta}})'(\mathbf{y}^*-\mathbf{X}^*\hat{\boldsymbol{\beta}})}{T-k}=\frac{(\mathbf{y}-\mathbf{X}\hat{\boldsymbol{\beta}})'\hat{\mathbf{\Omega}}^{-1}(\mathbf{y}-\mathbf{X}\hat{\boldsymbol{\beta}})}{T-k} \tag{5.3.56}$$

使用以上各种方法修正自相关，以下几点需要明确：

第一，如果是大样本，即便存在自相关问题，OLS 估计量仍是一致估计量。所以无论我们从 d 统计量、从当期残差对前期残差的回归，还是从科克伦－奥科特迭代程序中估计 ρ，都没有多大区别，因为这些方法都给出真实 ρ 的一致估计值。

第二，以上讨论的各种方法基本都是两步法：第一步获得未知 ρ 的一个估计值；第二步用这个估计值对变量做变换，得到广义差分方程，进行 GLS 估计。但是由于使用的是 $\hat{\rho}$ 而不是 ρ，所以这些估计方法在文献中都称为可行的(feasible generalized least-squares，简称为

FGLS)或估计的广义最小二乘(estimated generalized least-squares,简称为 EGLS)法。

第三,只要我们使用了 FGLS 或 EGLS 估计变换模型的参数,估计系数都不一定具有通常经典模型所具有的优良性质,特别在小样本情况下。只要我们用的是估计量而非真实值,所估计的 OLS 系数在大样本中渐近地具有通常的性质,通常的假设检验程序也是渐进有效的,而在小样本情形下,必须小心地解释估计结果。

第四,在使用 EGLS 时,去掉第一个观测值时必须小心,因为在小样本情形下,保留还是去掉第一个观测对结果有显著影响。因此,在小样本情形下,建议按照普雷斯—温斯坦变换程序对第一个观测进行变换,对于大样本则没有这个必要。普雷斯—温斯坦变换是指将 Y 和诸 X 的第一次观测转换为 $Y_1\sqrt{1-\rho^2}$ 和 $X_{12}\sqrt{1-\rho^2}$,…,$X_{1k}\sqrt{1-\rho^2}$。以普雷斯—温斯坦方式进行的变换 EGLS 在文献中称为完全 EGLS,或称为 FEGLS。

(5)修正 OLS 标准误的尼威-韦斯特方法。尼威-韦斯特方法给出了存在自相关问题的修正标准误,它是对怀特异方差一致标准误的推广。修正的标准误被称为异方差-自相关-一致标准误[HAC(heteroscedastecity-and autocorrelation-consistent) standard errors],或简称尼威-韦斯特标准误(Newey-West standard errors)。大多数现代计算机软件都能计算尼威-韦斯特标准误,但是尼威-韦斯特程序严格地讲只对大样本有效,对小样本可能不合适。因此,如果样本量足够大,在同时存在自相关和异方差的情况下,就应该使用尼威-韦斯特程序来修正 OLS 标准误。

(6)OLS 与 FGLS 和 HAC。在出现自相关问题时,OLS 估计量虽然仍然是线性无偏和渐近正态分布的,但不再是所有线性无偏估计量中的方差最小者,也就是说,此时的 OLS 估计量也不再是 BLUE,通常基于 t,F 和 χ^2 的推断程序也不再合适。而 FGLS 和 HAC 虽然能给出有效估计量,但这些估计量的有限和小样本性质并没有得到很好证明,就是说,在小样本下,FGLS 和 HAC 实际上可能不如 OLS。格里利谢斯(Griliches)和饶(Rao)在一项蒙特卡罗研究中发现,若样本相对较小,且自相关系数 ρ 低于 0.3,则 OLS 至少和 FGLS 一样好。从实践的角度看,在估计的 ρ 低于 0.3 的小样本中,或许使用 OLS 较好。

例 5.2 表 5.2 列出了 1985—2006 年我国农村居民的人均纯收入和人均消费性支出数据,根据表 5.2 数据建立人均消费 Y 对人均纯收入 X 的模型,估计并检验是否存在序列相关,若存在序列相关,用合适的方法进行修正。

第一,对由统计年鉴得到的以现价表示的时间序列数据进行处理,以消除价格变动对农村居民收入和消费支出的影响。将 1985 年的消费价格指数定为 100,然后根据各年的消费价格指数来对相应年份的现价进行调整,得到以 1985 年可比价计算的消除了价格变动影响的实际农村居民纯收入和消费支出。

第二,将人均消费支出对人均纯收入的关系设定为如下线性回归模型:

$$Y_t=\beta_1+\beta_2X_t+u_t$$

其中,Y_t 为农村居民人均消费支出,X_t 为农村居民人均纯收入,u_t 为随机误差项。

第三,对模型进行 OLS 估计,并进行回归分析。模型估计结果:

表 5.2　1985—2006 年我国农村居民的人均纯收入和人均消费性支出

年份	全年人均纯收入（现价：元）	全年人均消费性支出（现价：元）	消费价格指数（1985 年为 100）	人均实际纯收入（1985 年价格：元）	人均实际消费性支出（1985 年价格：元）
1985	397.6	317.42	100.0	397.6000	317.4200
1986	423.8	357.00	106.1	399.4345	336.4750
1987	462.6	398.30	112.7	410.4703	353.4161
1988	544.9	476.70	132.4	411.5559	360.0453
1989	601.5	535.40	157.9	380.9373	339.0754
1990	686.3	584.63	165.1	415.6875	354.1066
1991	708.6	619.80	168.9	419.5382	366.9627
1992	784.0	659.80	176.8	443.4389	373.1900
1993	921.6	769.70	201.0	458.5075	382.9353
1994	1221.0	1016.81	248.0	492.3387	410.0040
1995	1577.7	1310.36	291.4	541.4207	449.6774
1996	1923.1	1572.10	314.4	611.6730	500.0318
1997	2090.1	1617.15	322.3	648.4952	501.7530
1998	2162.0	1590.33	319.1	677.5306	498.3798
1999	2214.3	1577.42	314.3	704.5180	501.8836
2000	2253.4	1670.00	314.0	717.6433	531.8471
2001	2366.4	1741.00	316.5	747.6777	550.0790
2002	2475.6	1834.00	315.2	785.4061	581.8528
2003	2622.2	1943.30	320.2	818.9382	606.9019
2004	2936.4	2184.65	335.6	874.9702	650.9684
2005	3254.9	2555.40	343.0	948.9592	745.0146
2006	3587.0	2829.02	348.1	1030.4630	812.7032

数据来源：中国统计年鉴（1986—2007），中国统计出版社出版。

$$\hat{Y}_t = 67.3335 + 0.6781X_t$$
$$t = (4.4528)\quad(28.5705)$$
$$p = (0.0002)\quad(0.0000)$$
$$r^2 = 0.9761,\ F = 816.2706,\ df = 20,\ d = 0.4915$$

该回归方程的判定系数较高，回归系数显著，F 值较大，但是 d 值偏小，需要做序列相关检验。

第四，进行序列相关检验。依据估计模型计算的残差序列，绘制残差分析图，见图 5.5，容易看出 $\hat{u}_t$ 与 $\hat{u}_{t-1}$ 之间大致呈线性关系，表明随机误差项 u_t 存在正自相关。

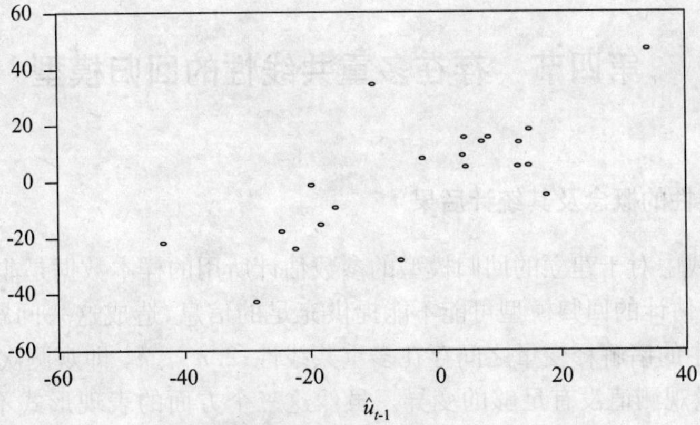

图 5.5 残差分析图

由回归结果知：$d=0.4915$，通过查 Durbin－Watson 表知道，在显著性水平为 0.05 时，下限临界值 $d_L(22)=1.239$，上限临界值 $d_U(22)=1.429$，因为 DW 统计值 $d=0.4915<d_L=1.239$，判断随机误差项存在一阶正自相关。

第五，自相关的修正。本例采用科克伦－奥克特迭代法对自相关问题进行修正处理。

(1)在得到 OLS 回归结果后，可得到残差序列 $\hat{u}_t$，然后对 $\hat{u}_t$ 进行滞后一期的自回归，估计得到下面的方程：$\hat{u}_t=0.8036\hat{u}_{t-1}$。由此可知 $\hat{\rho}^{(1)}=0.8036$，对模型进行广义差分，令 $Y_t^*=Y_t-0.8036Y_{t-1}$，$X_t^*=X_t-0.8036X_{t-1}$，然后进行广义差分回归，所得结果如下：

$$\hat{Y}_t^*=7.8026+0.7341X_t^*$$
$$t=(0.8765)\ (12.8246)$$
$$r^2=0.8964,\ d=1.2802$$

广义差分后的 DW 检验的统计值 $d=1.2802$，由于使用了广义差分数据，样本量变为 21，此时，假定显著水平 $\alpha=0.05$，查表有 $d_L=1.221$，$d_U=1.42$，故有 $d_L<d<d_U$，所以落在了不能判断区域，表明上面的 $\hat{\rho}^{(1)}=0.8036$ 不是 ρ 的最佳估计值，因此需要对 ρ 进行第二次估计，再次进行广义差分。

(2)在得到一次广义差分回归结果的基础上，可得到残差序列 $\hat{\hat{u}}_t$，然后对 $\hat{\hat{u}}_t$ 进行滞后一期的自回归，估计得到下面的方程：$\hat{\hat{u}}_t=0.3284\,\hat{\hat{u}}_{t-1}$。即有对 ρ 进行的第二次估计 $\hat{\rho}^{(2)}=0.3284$。对数据进行第二次广义差分(其中 $Y_t^{\times}=Y_t^*-0.3284Y_{t-1}^*$，$X_t^{\times}=X_t^*-0.3284X_{t-1}^*$)，在此基础上进行第二次广义差分回归，得到的结果如下：

$$\hat{Y}_t^{\times}=2.6200+0.7538X_t^{\times}$$
$$t=(0.3134)\ (9.9626)$$
$$r^2=0.8465,\ d=2.0899$$

经过第二次广义差分后，统计值 $d=2.0899$，由于经二次广义差分后样本量变为 20，设 $\alpha=0.05$，查表得到 $d_L(20)=1.201$，$d_U(20)=1.411$，满足 $d_U=1.411<d<4-d_U=2.589$，表明二次广义差分模型已经不存在自相关。

第四节　存在多重共线性的回归模型

一、多重共线性的概念及其统计后果

经济计量实践中对于建立的回归模型的参数估计所用的样本数据是非实验数据。这样的样本数据，对于所估计的回归模型可能不能提供充足的信息，造成这一问题的可能原因有：1. 包含在回归模型中的诸解释变量之间存在多重共线性；2. $n<k$，即观测次数小于解释变量的个数；3. 解释变量观测值没有足够的变异。虽然这三个方面的表现形式不同，但是它们引发的问题却是共同的。所以这一节，在讨论多重共线性问题的同时，也涉及后面两个问题的讨论。

1. 完全多重共线性

完全多重共线性是指，线性回归模型中若干解释变量或全部解释变量的样本观测值具有某种严格的线性关系，即某个或某些解释变量可表达成其它解释变量的精确线性组合。对包含 k 个解释变量的回归模型(为把截距项包含进来，每次观测都取 $X_{i1}=1$)来说，如果有：

$$\lambda_1 X_{i1}+\lambda_2 X_{i2}+\cdots+\lambda_k X_{ik}=0 \quad i=1,2,\cdots,n \tag{5.4.1}$$

其中 $\lambda_1,\lambda_2,\cdots,\lambda_k$ 为常数，但不同时为零。我们就说存在一个准确的或严格的线性关系。

若出现这种情形，则设计矩阵 $\mathbf{X}$ 将不再是列满秩的，其秩小于 k。从而 $\mathbf{X}'\mathbf{X}$ 矩阵为奇异的，其逆矩阵不存在。此时虽然由正规方程组 $\mathbf{X}'\mathbf{X}\boldsymbol{\beta}=\mathbf{X}'\mathbf{y}$ 可得到无穷多组解，但是不能得到唯一解 $\hat{\boldsymbol{\beta}}$。此时回归模型的参数被称为不可恰好识别。

2. 近似多重共线性

在经济计量实践中，解释变量之间的完全共线性一般少见，而常见的是近似多重共线性，即存在如下关系式：

$$\lambda_1 X_{i1}+\lambda_2 X_{i2}+\cdots+\lambda_k X_{ik}+v_i=0 \qquad i=1,2,\cdots,n \tag{5.4.2}$$

其中，v_i 是随机误差项。实践中，回归模型的解释变量之间往往存在一定的相互关系，但各自又都受到一些随机因素的影响，使它们之间的关系表现为高度相关而非完全相关。例如消费模型中的家庭收入(流量)与家庭财富(存量)指标之间；C－D 生产函数中的资本投入 K 与劳动投入 L 之间；经济变量大都有随时间推移而同方向变动的特点，往往使得解释变量之间存在很高的线性相关性。我们可以作某一解释变量 X_j 对其余解释变量的辅助回归：

$$X_j=a_1X_1+\cdots a_{j-1}X_{j-1}+a_{j+1}X_{j+1}+\cdots a_kX_k+v \tag{5.4.3}$$

v 具有经典假设随机干扰项的特性。此辅助回归方程的矩阵表达式为：$\mathbf{X}_1=\mathbf{X}_2\boldsymbol{\alpha}+\mathbf{v}$，其拟合程度越高，解释变量之间的多重共线性越严重。

若存在近似多重共线性，$\mathbf{X}$ 矩阵虽然仍然是列满秩的，此时 $(\mathbf{X}'\mathbf{X})^{-1}$ 存在，可求出唯一解 $\hat{\boldsymbol{\beta}}=(\mathbf{X}'\mathbf{X})^{-1}\mathbf{X}'\mathbf{y}$，但是此估计量的精确性很差。

我们考察在此情形下各回归系数 β_j 的 OLS 估计量 $\hat{\beta}_j$ 的方差。因为 $Var(\hat{\boldsymbol{\beta}})=$

$\sigma^2(\mathbf{X}'\mathbf{X})^{-1}$，所以 $Var(\hat{\beta}_j)=C_{jj}\sigma^2$，其中 C_{jj} 是矩阵$(\mathbf{X}'\mathbf{X})^{-1}$的第 j 个主对角线元素。为了叙述方便，令 $j=1$，显然这可以通过解释变量的顺序调换实现，然后我们将设计矩阵 $\mathbf{X}$ 表示为分块矩阵 $\mathbf{X}=(\mathbf{X}_1 \quad \mathbf{X}_2)$，其中$\mathbf{X}_1$为 $\mathbf{X}$ 矩阵的第 1 列，$\mathbf{X}_2$包含了其余的 $(k-1)$ 列，则有

$$\mathbf{X}'\mathbf{X}=\begin{pmatrix}\mathbf{X}_1' \\ \mathbf{X}_2'\end{pmatrix}(\mathbf{X}_1 \quad \mathbf{X}_2)=\begin{pmatrix}\mathbf{X}_1'\mathbf{X}_1 & \mathbf{X}_1'\mathbf{X}_2 \\ \mathbf{X}_2'\mathbf{X}_1 & \mathbf{X}_2'\mathbf{X}_2\end{pmatrix} \tag{5.4.4}$$

对此分块矩阵求逆，可得其逆矩阵$(\mathbf{X}'\mathbf{X})^{-1}$的第一个主对角线元素 C_{11} 为

$$\begin{aligned}C_{11}&=[\mathbf{X}_1'\mathbf{X}_1-\mathbf{X}_1'\mathbf{X}_2(\mathbf{X}_2'\mathbf{X}_2)^{-1}\mathbf{X}_2'\mathbf{X}_1]^{-1}\\&=[\mathbf{X}_1'\mathbf{X}_1-\mathbf{X}_1'\mathbf{X}_2\hat{\boldsymbol{\alpha}}]^{-1}\\&=[\mathbf{X}_1'(\mathbf{X}_1-\hat{\mathbf{X}}_1)]^{-1}\\&=[(\mathbf{X}_1-\hat{\mathbf{X}}_1)'(\mathbf{X}_1-\hat{\mathbf{X}}_1)]^{-1}\\&=[\hat{\mathbf{V}}'\hat{\mathbf{V}}]^{-1}=\left[(1-R_1^2)\sum(X_{i1}-\bar{X}_1)^2\right]^{-1}\end{aligned} \tag{5.4.5}$$

其中 $\hat{\boldsymbol{\alpha}}$ 为解释变量 X_1 对其余解释变量的辅助回归方程$\mathbf{X}_1=\mathbf{X}_2\boldsymbol{\alpha}+\mathbf{v}$ 中回归系数向量 $\boldsymbol{\alpha}=(\alpha_1 \quad \alpha_2 \quad \cdots \quad \alpha_k)'$ 的 OLS 估计量，R_1^2 为辅助回归的复判定系数，由此得

$$Var(\hat{\beta}_1)=\frac{\sigma^2}{(1-R_1^2)\sum(X_{i1}-\bar{X}_1)^2}=\frac{\sigma^2}{(1-R_1^2)\sum x_{i1}^2} \tag{5.4.6}$$

这表明，辅助回归方程拟合得越好，即 R_1^2 越接近 1，$Var(\hat{\beta}_1)$ 就越大，也就是说，如果解释变量之间高度相关，估计量的区间估计的准确性就非常差。

3. 多重共线性的后果

可以证明，即使存在近似多重共线性，OLS 估计量仍保持 BLUE 的性质。那么我们研究多重共线性有什么意义？出现多重共线性的理论后果是什么？由上面的讨论我们可知，多重共线性的唯一影响是：对于完全多重共线性，回归模型的参数不可识别；对于近似多重共线性，则难于得到标准误小的系数估计值。然而，仅有少量的观测次数，或自变量的小方差性也会造成这种影响。也就是说，从理论高度看，多重共线性、过少的观测次数和过小的自变量方差实质上是同一个问题，但是在实践中，普遍存在对后两个问题重视不够的现象。

可以这样说，多重共线性本质上是一种样本现象。做这种解释的依据是，即使在总体中诸 X 变量没有线性关系，但在具体的样本中仍然可能有线性关系：当我们构建一个理论或总体回归函数时，设想包含在模型中的 X 变量对 Y 都有各自的独立影响。但是可能在任给的一个用以检验 PRF 的样本中，一些或全部 X 变量之间的共线性却是如此之高，以致我们无法分开它们对 Y 的各自影响。尽管理论告诉我们，所有的 X 变量都重要，但我们的样本量还没富裕到足以在分析中包含全部 X 变量所有可能取值的情况。例如，理论上收入和财富都是解释消费支出行为的合理备选变量。为了区分财富和收入对消费支出的个别影响，理想的样本，应该包含收入和财富各种组合的观测，也就是说，既需要收入高财富也多的观测数据，也需要财富多而收入少以及财富少而收入高的足够多的观测。虽然在横截面数据中通过增加样本量，有可能解决这一问题，但在加总时间序列操作中很难实现。依据这样的样本数据要区分收入和财富对消费支出的影响显然是困难的。

具体来说,多重共线性有如下统计后果:

(1)虽然 OLS 估计量 $\hat{\boldsymbol{\beta}}$ 是 BLUE,但是它有大的方差和协方差。这就是说,虽然它们是有效的,但这并不意味对任一给定的样本,OLS 估计量方差的估计值一定是小的(相对于估计量的值而言)。其后果就是估计的置信区间变宽,使得虚拟假设更为容易被接受。

(2) 一个或多个系数的 t 统计值倾向于统计上不显著,但是表示总的拟合优度的 R^2 和 F 统计值可能很高。

(3)回归系数难于估计,甚至出现回归系数离谱的现象,比如出现系数的符号错误或超出理论预期(例如 MPC 大于 1 或小于 0)。

(4)OLSE 及其标准误对样本数据的增减和对模型中删除一个不显著的解释变量都表现得非常敏感。

二、多重共线性的来源与检测

1. 多重共线性的来源

(1)数据采集所用方法的局限。由于反映社会经济现象的绝大多数统计数据是在研究对象的自然状态下进行的观测记录,其采集方法是非实验设计方法,样本取值往往限于总体中诸解释变量观测取值的一个有限范围。

(2)模型或从中取样的总体受到约束。例如,做电力消费对收入 (X_2) 和住房面积 (X_3) 的回归时,一般总体中有这样一种有形的约束,即收入较高的家庭 一般来说有较大的住房。

(3)多项式回归模型或滞后回归模型的设定。在回归模型中添加多项式项时,尤其当 X 变量的变异较小时,或者模型中引入解释变量的滞后变量时。

(4)一个过度决定模型。即当 $n < k$ 时,就会出现这种情况。

(5)经济变量之间具有的共同变化趋势。对于时间序列数据,各个经济变量如收入、货币供给量、通货膨胀率等变量,往往表现为一种共同的变动趋势,有可能导致多重共线性。

2. 多重共线性的检测

(1) 直观判断法。R^2 值高而 t 值小是一种经典的"征兆";当增加或删除一个解释变量,或者改变一个观测值时,回归参数的估计值发生较大的变化;某些解释变量的系数符号与定性分析结果相悖,等等,都是可能存在多重共线性的信号。

(2)解释变量之间简单相关系数测度法。如果每两个解释变量的零阶相关系数比较高,比如 $r > 0.8$,多重共线性是严重的。但是高的简单相关系数是多重共线性存在的充分条件,不是必要条件,即使它比较低,多重共线性也可能存在。

例如,假设有三元回归模型:

$$Y_i = \beta_1 + \beta_2 X_{i2} ++ \beta_3 X_{i3} + \beta_4 X_{i4} + u_i$$

并且假定:

$$X_{i4} = \lambda_2 X_{i2} + \lambda_3 X_{i3}$$

其中,λ_2 和 λ_3 为常数,且不同时为零。显然,X_4 是 X_2 和 X_3 的一个精确的线性组合,也就是说,X_4 对 X_2 和 X_3 回归中的判定系数 $R^2_{4.23} = 1$,由公式(4.2.63)我们可以把此判定系数写为:

$$R_{4.23}^2=\frac{r_{42}^2+r_{43}^2-2r_{42}r_{43}r_{23}}{1-r_{23}^2}=1$$

不难看出，取 $r_{42}=r_{43}=0.5$，$r_{23}=-0.5$ 这些不是很高的值就能满足这一关系式。

(3)偏相关系数测度法。由于高的简单相关系数只是多重共线性存在的充分条件，不是充分必要条件，因此，法勒(D. E. Farrar)和格劳伯(R. R. Glauber)建议用偏相关系数测度法。例如，在作 Y 对 X_2，X_3 和 X_4 的回归中，如果发现 $R_{1.234}^2$ 很高，而 $r_{12.34}^2$，$r_{13.24}^2$ 和 $r_{14.23}^2$ 都比较低时，可能表示变量 X_2，X_3 和 X_4 是高度交互相关的，并且其中至少有一个变量是多余的。虽然对偏相关的检查会有一定用处，但不能保证偏相关能对多重共线性提供一个准确无误的判断，因为有可能 R^2 和全部偏相关系数都充分地高，多重共线性依然出现。

(4)辅助回归判定系数测度法。如果计算得到的辅助回归判定系数 R_j^2 很高，说明存在严重的多重共线性，若 $R_j^2>R^2$，多重共线性有害。根据 F 与 R^2 之间的关系，可知统计量

$$F_j=\frac{R_j^2/(k-2)}{(1-R_j^2)/(n-k+1)}\sim F(k-2,n-k+1) \tag{5.4.7}$$

如果依据样本计算的 F_j 的统计值大于选定显著水平的临界值，就表示解释变量 X_j 与其他解释变量有共线性。

(5)方差膨胀因子测度法。

设方差膨胀因子 VIF 为存在多重共线性与不存在多重共线性的估计量方差的比值，表达式为：

$$\mathrm{VIF}(\hat{\beta}_j)=\frac{Var(\hat{\beta}_j)_{\text{有}}}{Var(\hat{\beta}_j)_{\text{无}}}=\frac{\dfrac{\sigma^2}{(1-R_j^2)\sum x_j^2}}{\dfrac{\sigma^2}{\sum x_j^2}}=\frac{1}{1-R_j^2} \tag{5.4.8}$$

表示估计量的方差由于多重共线性的出现而膨胀的程度。若 $R_j^2=0$，即不存在多重共线性，$\mathrm{VIF}(\hat{\beta}_j)=1$；根据经验，若 VIF>10，表示解释变量间的多重共线性很严重。

方差膨胀因子 VIF 的倒数称为容许度，表示为：

$$TOL_j=\frac{1}{VIF_j}=1-R_j^2 \tag{5.4.9}$$

由于方差膨胀因子与容许度有密切的关系，实践中可互换使用。方差膨胀因子与容许度虽然在测度共线性中被广泛应用，但是需要注意的是，在衡量 OLS 估计量 $\hat{\beta}_j$ 的有效性时，它的作用是有限的。这是因为，如式(5.4.6)所示，$\mathrm{var}(\hat{\beta}_j)$ 不仅仅与 VIF_j 相关，还与 σ^2 和 $\sum x_j^2$ 相关。一个高的 VIF_j 可能被一个低的 σ^2 和一个高的 $\sum x_j^2$ 抵消，这是因为一个高的 VIF_j 并不是导致高的 σ^2 和低的 $\sum x_j^2$ 的必要条件，也不是充分条件。

(6)正规方程组系数矩阵条件指数(病态指数)测定法

所谓矩阵的条件指数(condition index)又称病态指数是指矩阵的最大特征根与最小特征根之比值的平方根。贝尔斯利(D. A. Belsley)等人提出可用正规方程组系数矩阵 $\mathbf{X'X}$ 的条件

指数来测度解释变量之间多重共线性的程度。首先要用标准化方法消除各个解释变量的不同计量尺度的影响,计算中需要先对每个解释变量进行单位化处理,即需将设计矩阵 $\mathbf{X}$ 中的各列分别除以$\sqrt{\mathbf{x_j}'\mathbf{x_j}}=\sqrt{\sum_{i=1}^{n}X_{ij}^2}$。单位化处理后的矩阵 $\mathbf{X'X}$ 的最大特征根和最小特征根分别为 $\lambda_{\max}$ 和 $\lambda_{\min}$,则条件指数(病态指数)为:

$$\gamma=\sqrt{\frac{\lambda_{\max}}{\lambda_{\min}}} \tag{5.4.10}$$

若变量之间不相关,$\gamma=1$;相关性越强,γ 越大。经验表明,若 $10<\gamma<30$,为中强度多重共线性;若 $\gamma>30$,则多重共线性严重且有害。

三、多重共线性问题的处理

显然处理多重共线性最简单的方法就是从模型中去掉被怀疑引起多重共线性的解释变量。然而这种方法常会引起设定偏误。因此必须考虑一些其它的可选择的对策方法。这些方法有:追加样本信息,使用非样本信息,以及使用有偏估计量等几种。

1. 追加样本信息

多重共线性问题的实质是样本信息的不充分导致模型参数的不能精确估计。因此追加样本信息是解决此问题的有效途径之一,特别是对于时间序列数据样本,如果我们还可以取得此期间的截面数据样本,则将时序数据和截面数据结合,可以避开多重共线性问题,提高估计精度。例如,我们要建立某种商品的需求函数,假定我们有该商品的销售量 Y 、价格 P 和消费者的收入 I 等时间序列资料,并假定该函数的形式为:

$$\ln Y_t=\beta_1+\beta_2\ln P_t+\beta_3\ln I_t+u_t \tag{5.4.11}$$

我们的目的是要估计价格弹性 β_2 和收入弹性 β_3。 对于时间序列样本,商品价格与消费者收入一般都存在较高的共线趋势。如果我们能得到这一时期的住户调查的横截面资料,由于同一时期的价格可以看成常数,因而我们可以依据横截面数据先估计出收入弹性 β_3,再利用这一估计的结果,利用时间序列数据计算($\ln Y-\hat{\beta}_3\ln I$)对 $\ln P$ 的一元线性回归,即可求出商品价格弹性 β_2 的估计值和模型常数项 β_1 的估计值,从而完成整个方程的估计。但是,由于这样做等于假定收入弹性的横截面估计和从纯粹的时间序列分析中得到估计是一样的。所以这样估计会引起解释方面的问题。

2. 使用非样本先验信息

非样本信息主要来自经济理论分析。若经过经济理论分析知道回归模型中某些参数间具有线性关系,即可利用这种线性关系作为约束条件,将此约束条件与样本信息一起进行约束最小二乘估计。例如 C—D 生产函数,若假定 $\alpha+\beta=1$,就可把模型转化为

$$\ln\frac{Y}{L}=\ln A+\beta\ln\frac{K}{L}+u \tag{5.4.12}$$

从而避免多重共线性。但是,一般情况下我们宁愿检验经济理论上的先验预期而不是单纯地把这些未必合适的预期施加于数据之上。

3. 使用有偏估计量

岭回归估计量就是这样一种改进的估计量，它由霍尔(A. E. Hoerl)提出。其基本思想是：既然 OLS 估计量 $\hat{\boldsymbol{\beta}}=(\mathbf{X}'\mathbf{X})^{-1}\mathbf{X}'\mathbf{y}$ 的准确性差的原因在于矩阵$\mathbf{X}'\mathbf{X}$ 接近奇异，因此可对此矩阵加以改进，从而达到对 OLS 估计量 $\hat{\boldsymbol{\beta}}$ 的改进。即令：

$$\tilde{\boldsymbol{\beta}}=(\mathbf{X}'\mathbf{X}+\boldsymbol{\lambda}\mathbf{I})^{-1}\mathbf{X}'\mathbf{y} \tag{5.4.13}$$

式中 $\boldsymbol{\lambda}>0$ 为一常数，称为偏倚系数。虽然 $\tilde{\boldsymbol{\beta}}$ 是有偏的，但要求 $Var(\tilde{\boldsymbol{\beta}})<Var(\hat{\boldsymbol{\beta}})$。这是一对矛盾。$\lambda$ 越大，偏差越大，但方差要求越小，因此需要在二者之间权衡。权衡的办法是使 $\tilde{\boldsymbol{\beta}}$ 的均方误差最小，即找出使 $MES(\tilde{\boldsymbol{\beta}})=Var(\tilde{\boldsymbol{\beta}})+[E(\tilde{\boldsymbol{\beta}})-\boldsymbol{\beta}]^2$ 为最小的 λ 系数。

4. 变量代换法

若有消费 Y 与收入 X_2、财富 X_3 的时间数列，收入与财富存在高度多重共线性，由于随时间的演变这两个变量朝同一方向变动。减少这种相依性的方法是变量代换法。

(1)一阶差分法。即用

$$Y_t-Y_{t-1}=\beta_2(X_{t2}-X_{t-1,2})+\beta_3(X_{t3}-X_{t-1,3})+v_t \tag{5.4.14}$$

其中 $v_t=u_t-u_{t-1}$，代替

$$Y_t=\beta_1+\beta_2X_{t2}+\beta_3X_{3t}+u_t \tag{5.4.15}$$

因为不是用原始变量作回归，而是用这些变量的相继差异做回归。虽然 X_2 和 X_3 水平值高度相关，但没有任何先验的理由认为他们的差分也是高度相关的。因此，一阶差分回归模型常常也能降低多重共线性的严重性。同时一阶差分变换可以使非平稳时间序列变得平稳。

然而一阶差分变换却可能造成其他问题。首先，随机干扰项 v_t 未必满足无序列相关的经典假定。可以证明，如果原始的 u_t 是序列独立或不相关的，而误差项 v_t 大多是序列相关的；其次，在求差分过程中，要减少一个自由度，在小样本中也是一个人们计较的因素；第三，在逻辑上没有观测先后次序的截面数据中，一阶差分不适用。

(2)比率变换法。考虑模型：

$$Y_t=\beta_1+\beta_2X_{t2}+\beta_3X_{t3}+u_t \tag{5.4.16}$$

其中Y表示实际消费支出，X_2 表示 GDP，X_3 表示总人口。由于 GDP 与人口一般都随时间而增长，所以二者一般存在较高的共线性。解决的办法是将式(5.4.16)两边都除以 X_3 得到以人均量为基础的模型：

$$\frac{Y_t}{X_{t3}}=\beta_1(\frac{1}{X_{t3}})+\beta_2(\frac{X_{2t}}{X_{t3}})+\beta_3+(\frac{u_t}{X_{t3}}) \tag{5.4.17}$$

这样的变换也可能会减少原有变量的共线性。然而，在比率模型(5.4.17)中，如果误差项 u_t 是同方差的，那么误差项 (u_t/X_{t3}) 将是异方差的，对此我们必须小心。

5. 补充新数据

由于多重共线性实质上是一种样本特性，所以有可能在关于同样本量的另一样本中共线性没有第一个样本那么严重。有时只须增加样本量(如果可能)就能减轻共线性的问题。因为

对于式(5.4.6)

$$Var(\hat{\beta}_1)=\frac{\sigma^2}{(1-R_1^2)\sum(X_{i1}-\bar{X}_1)^2}$$

随着样本量增加，$\sum(X_{i1}-\bar{X}_1)^2$ 一般说会增大。因此，对于任给的 R_1^2，$\hat{\beta}_1$ 的方差将减少。

6. 在多项式回归中利用离差的形式降低共线性

多项式回归模型的特点是模型中解释变量以不同的幂出现。例如总成本对产出、产出的平方和产出的立方的回归即所谓立方总成本函数，各产出项将是相关的，以至难以准确估计各个系数。然而在实践中我们发现，如果将解释变量改变为离差形式(对均值的差异)，多重共线性可大为降低。但即使如此，问题依然存在。这时也许还可以考虑诸如正交多项式一类技术。

7. 其他方法

多元统计分析技术如因子分析，主成分分析法，偏最小二乘法等也都可以用来解决多重共线性问题。

四、多重共线性的其他问题

1. 有益的忠告

(1)多重共线性是一个程度问题而非有无问题。

(2)多重共线性是一种样本特征，而非总体特征。由于多重共线性本质上是一种样本现象，它来源于大多数社会经济问题中所获得的基本上是非实验性质的数据。我们没有侦破它或度量它的强度的唯一方法。有的仅是一些经验规则。

2. 多重共线性一定是坏事吗？

如果预测是唯一的目的，多重共线性就未必是坏事。也就是说，如果回归分析的唯一目的是预测或预报，则多重共线性不是一个严重的问题。因为 R^2 越高，预测越准。但是这要求预测值所对应的解释变量的样本值和数据矩阵 **X** 表示的原始样本值都遵从同样近似于准确的相依关系。

例 5.3 为了评价保障最低年工资(负收入税)政策的可行性，兰德(Rand)公司进行了一项研究以评价劳动供给(平均工作小时数)对小时工资提高的反应。表 5.6 是此研究的数据，此研究的数据取自 6000 户男户主年收入低于 15000 美元的一个国民样本。这些数据被分成 39 个人口组，由于 4 个人口组中某些变量缺失，所以表中只给出了 35 个组的数据。用于分析的各个变量的定义在表末给出。将年度平均工作小时数对表中的变量进行回归，并对结果进行解释。

表 5.3 35 个人口组的工作小时数及其他数据

观测	HRS	RATE	ERSP	ERNO	NEIN	ASSET	AGE	DEP	SCHOOL
1	2157	2.905	1121	291	380	7250	38.5	2.34	10.5
2	2174	2.97	1128	301	398	7744	39.3	2.335	10.5
3	2062	2.35	1214	326	185	3068	40.1	2.851	8.9
4	2111	2.511	1203	49	117	1632	22.4	1.159	11.5

续表

观测	HRS	RATE	ERSP	ERNO	NEIN	ASSET	AGE	DEP	SCHOOL
5	2134	2.791	1013	594	730	12710	57.7	1.229	8.8
6	2185	3.04	1135	287	382	7706	38.6	2.602	10.7
7	2210	3.222	1100	295	474	9338	39	2.187	11.2
8	2105	2.493	1180	310	255	4730	39.9	2.616	9.3
9	2267	2.838	1298	252	431	8317	38.9	2.024	11.1
10	2205	2.356	885	264	373	6789	38.8	2.662	9.5
11	2121	2.922	1251	328	312	5907	39.8	2.287	10.3
12	2109	2.499	1207	347	271	5069	39.7	3.193	8.9
13	2108	2.796	1036	300	259	4614	38.2	2.04	9.2
14	2047	2.453	1213	297	139	1987	40.3	2.545	9.1
15	2174	3.582	1141	414	498	10239	40	2.064	11.7
16	2067	2.909	1805	290	239	4439	39.1	2.301	10.5
17	2159	2.511	1075	289	308	5621	39.3	2.486	9.5
18	2257	2.516	1093	176	392	7293	37.9	2.042	10.1
19	1985	1.423	553	381	146	1866	40.6	3.833	6.6
20	2184	3.636	1091	291	560	11240	39.1	2.328	11.6
21	2084	2.983	1327	331	296	5653	39.8	2.208	10.2
22	2051	2.573	1194	279	172	2806	40	2.362	9.1
23	2127	3.262	1226	314	408	8042	39.5	2.259	10.8
24	2102	3.234	1188	414	352	7557	39.8	2.019	10.7
25	2098	2.28	973	364	272	4400	40.6	2.661	8.4
26	2042	2.304	1085	328	140	1739	41.8	2.444	8.2
27	2181	2.912	1072	304	383	7340	39	2.337	10.2
28	2186	3.015	1122	30	352	7292	37.2	2.046	10.9
29	2188	3.01	990	366	374	7325	38.4	2.847	10.6
30	2077	1.901	350	209	95	1370	37.4	4.158	8.2
31	2196	3.009	947	294	342	6888	37.5	3.047	10.6
32	2093	1.899	342	311	120	1425	37.5	4.512	8.1
33	2173	2.959	1116	296	387	7625	39.2	2.342	10.5
34	2179	2.971	1128	312	397	7779	39.4	2.341	10.5
35	2200	2.98	1126	204	393	7885	39.2	2.341	10.6

注：1. HRS＝该年平均工作小时数；RATE＝平均小时工资(美元)；

ERSP＝配偶年均收入(美元)；ERNO＝其他家庭成员的年均收入(美元)；

NEIN＝年均非劳动收入；ASSET＝平均家庭资产拥有量(银行存款等)(美元)；

AGE＝被调查者的平均年龄；DEP＝平均赡养人数；SCHOOL＝平均完成的最高年级。

2. 资料来源：【美】达摩尔达·N·古扎拉蒂著《计量经济学基础》(第四版)第356－358页，中国人民大学出版社2005年。

根据表 5.3 数据，得到年度平均工作小时数对表中其它变量进行回归的结果，见表 5.4：

表 5.4 例 5.3 初始回归结果

	Coefficient	Std. Error	t−Statistic	Prob.
C	1904.578	251.9333	7.559849	0.0000
RATE	−93.75255	47.14500	−1.988600	0.0574
ERSP	0.000225	0.038255	0.005894	0.9953
ERNO	−0.214966	0.097939	−2.194896	0.0373
NEIN	0.157208	0.516406	0.304427	0.7632
ASSET	0.015572	0.025405	0.612970	0.5452
AGE	−0.348636	3.722331	−0.093661	0.9261
DEP	20.72803	16.88047	1.227930	0.2305
SCHOOL	37.32563	22.66520	1.646826	0.1116
R−squared	0.825555	Mean dependent var		2137.086
Adjusted R−squared	0.771879	S. D. dependent var		64.11542
S. E. of regression	30.62279	Akaike info criterion		9.898400
Sum squared resid	24381.63	Schwarz criterion		10.29835
Log likelihood	−164.2220	Hannan-Quinn criter.		10.03646
F−statistic	15.38050	Durbin−Watson stat		1.779824
Prob(F−statistic)	0.000000			

从表 5.4 的结果可以看出变量间呈现多重共线性的典型特征，即 R^2 较高，但在 0.05 的显著性水平上，变量中仅 ERNO 是显著，其他变量均不显著。考察这 8 个变量之间的相关关系，见表 5.5。

表 5.5 例 5.3 变量之间的相关关系

	RATE	ERSP	ERNO	NEIN	ASSET	AGE	DEP	SCHOOL
RATE	1	0.571693	0.058992	0.701787	0.778932	0.044173	−0.60136	0.881271
ERSP	0.571693	1	−0.04099	0.234426	0.274094	−0.0153	−0.69288	0.549108
ERNO	0.058992	−0.04099	1	0.359094	0.292243	0.775494	0.050212	−0.29856
NEIN	0.701787	0.234426	0.359094	1	0.98751	0.502432	−0.52083	0.539173
ASSET	0.778932	0.274094	0.292243	0.98751	1	0.417086	−0.51355	0.630899
AGE	0.044173	−0.0153	0.775494	0.502432	0.417086	1	−0.04836	−0.33107
DEP	−0.60136	−0.69288	0.050212	−0.52083	−0.51355	−0.04836	1	−0.60258
SCHOOL	0.881271	0.549108	−0.29856	0.539173	0.630899	−0.33107	−0.60258	1

由表 5.5 可见，一些变量间的相关系数很高，如 NEIN 与 ASSET 的相关系数达到了 0.98751，接近 1，RATE 与 SCHOOL 之间的相关系数也有 0.881271 之高，这些都表明变量间可能存在严重的多重共线性。

为了进一步的分析，通过做辅助回归计算出各个解释变量的容许度 TOL(或方差膨胀因子)，见表 5.6。

表 5.6 例 5.3 各解释变量对应的方差膨胀因子等指标

	R^2	允许度 TOL	方差膨胀因子 VIF
RATE	0.94146	0.05854	17.08234
ERSP	0.714159	0.285841	3.498448
ERNO	0.68132	0.31868	3.137944
NEIN	0.99446	0.00554	180.5054
ASSET	0.994807	0.005193	192.5669
AGE	0.897131	0.102869	9.721102
DEP	0.779008	0.220992	4.525051
SCHOOL	0.960633	0.039367	25.40199

首先，注意到 8 个辅助回归中有 5 个回归的 R^2 值超过了总体的 $R^2=0.8256$，根据克莱因(Klein)的经验法则，此时总体回归中的多重共线性"算是一个麻烦的问题"，再由方差膨胀因子 VIF 得知，RATE、NEIN、ASSET、SCHOOL 都超过经验临界值 10，从而这几个回归元都是高度共线的，其中 NEIN 和 ASSET 程度最严重。最后，计算出的病态指数 $\gamma=39.32$ 大于 30，更加验证了存在严重的多重共线性。

通过一些经济理论的先验信息得知，年均非劳动收入(NEIN)显然是平均家庭资产拥有量(ASSETs)的组成成分，因此它们显然高度相关的。其次，一般来说受教育程度越高则获得的薪酬也是越高的，所以平均小时工资(RATE)与平均完成的最高年级(SCHOOL)存在正相关的关系。因此下面是删除了变量年均非劳动收入(NEIN)和平均完成的最高年级(SCHOOL)，而保留变量平均家庭资产拥有量(ASSETs)和平均小时工资(RATE)后做的回归分析，结果见表 5.7。

表 5.7 例 5.3 删除变量后的回归结果

	Coefficient	Std. Error	t−Statistic	Prob.
C	2296.577	109.9065	20.89574	0.0000
RATE	−52.32643	27.53297	−1.900501	0.0677
ERSP	0.018046	0.035061	0.514709	0.6108
ERNO	−0.249324	0.092138	−2.705991	0.0115
ASSET	0.029404	0.004440	6.621746	0.0000
AGE	−4.572972	2.342124	−1.952489	0.0609
DEP	15.93538	13.02946	1.223027	0.2315
R−squared	0.805636	Mean dependent var		2137.086
Adjusted R−squared	0.763987	S. D. dependent var		64.11542
S. E. of regression	31.14801	Akaike info criterion		9.892234
Sum squared resid	27165.56	Schwarz criterion		10.20330
Log likelihood	−166.1141	Hannan-Quinn criter.		9.999616
F−statistic	19.34332	Durbin-Watson stat		1.763049
Prob(F−statistic)	0.000000			

表 5.8 例 5.3 删除有关变量后计算的方差膨胀因子等指标

	R^2	TOL	方差膨胀因子
RATE	0.822422	0.177578	5.631328
ERSP	0.647948	0.352052	2.840489
ERNO	0.627467	0.372533	2.684326
ASSET	0.82414	0.17586	5.686341
AGE	0.731179	0.268821	3.719947
DEP	0.616236	0.383764	2.605768

由表 5.7 和表 5.8 可见，经过补救，回归模型的复判定系数 $R^2=0.8056$，只有很小的减少，但是由各个解释变量的方差膨胀因子和计算出的病态指数 $\gamma=6.10$ 来看，可以认为多重共线性的问题得到了很大程度的缓解。

值得注意的是，表 5.7 中解释变量 ERSP 和 DEP 并不显著，他们的偏回归系数对应的 p 值分别为 0.61 和 0.23，这可以解释为年度平均工作小时数与配偶的年均收入和平均赡养人数无多大关系。至于其它解释变量，尽管存在一些解释变量对应的 p 值达到 0.06 以上，但在 10% 的显著性水平下还是可以认为它们是显著的。由于兰德公司的研究目的是评价劳动供给(平均工作小时数)对小时工资提高的反应，由表 5.7 可知 RATE 的系数为 −52.32643，这说明每增加一单位的平均小时工资将会导致该年度平均工作小时数减少 52.33，说明如果政府启动负收入税政策，将会明显影响年度劳动的供给。

第五节 存在模型设定误差的回归模型

一、模型设定误差的内涵

经典线性回归模型(CLRM)的假定 9 是说，选做经验分析的回归模型是“正确”设定的。之前我们的任务一直是估计所选模型的参数和检验关于这些参数的假设。如果诸如 R^2，t，F 和 d 等统计量令人满意，所选模型就得到了认可。如果有一个或多个统计量不能令人满意，研究者就要寻求更精确的估计方法，如果诊断检验仍不能令人满意，研究者便开始担心所构造的模型是否存在设定误差或偏差。主要表现为：(1)模型中是否遗漏了重要变量；(2)模型中是否包含多余变量；(3)模型的函数形式是否正确；(4)数据是否存在测量误差；(5)随机误差的设定是否正确；(6)误差项正态分布的假定是否正确；(7)是否存在不止一种设定误差。这时，我们就遇到了模型设定误差的诊断检验问题。模型设定误差的诊断检验包括：确定构造模型的准则；判断模型设定误差的类型；模型设定误差的后果；如何侦察模型设定误差；发现设定误差后，应采取的补救措施和效果等几个方面的内容。

二、模型选择(构造)准则

一个用于经验分析的模型应满足下面一些常用的准则：

1. 节省性

模型永远不会是现实的一个完全准确的描述，如果是，则会变为一个没有实际用处的模型。节省性原则告诉人们，模型应尽量保持简单。“我们应在模型中引进能抓住所研究现象实质的少数关键变量，而把次要的和随机的影响放到误差项中去。”也就是说，一个有用的模型不是真实的或现实的模型，而是节俭的、比较合理的和富于信息的模型。能用尽可能“少”解释尽可能“多”的模型才是理想的模型。

2. 识别性

对于给定的一组数据，识别性是指估计的参数必须有唯一的值。例如在如下回归模型中：

$$Y_t = \beta_1(1-\rho) + \beta_2 X_t - \rho\beta_2 X_{t-1} + \rho Y_{t-1} + \varepsilon_t \tag{5.5.1}$$

一阶自相关系数 ρ 有两个估计值，一个由 Y_{t-1} 的系数给出，另一个由 X_{t-1} 的系数除以 X_t 的系数后再改变这个商的符号而得到，但是模型不能保证这两个估计值是一样的。

3. 参数估计值的稳定性

对于一个设定的模型，其参数估计值应该具有稳定性，否则依据估计的模型进行预测就不可靠。

4. 与理论的一致性

就是说估计得到的模型参数必须有好的经济含义。比如，若弗里德曼的持久收入假定成立，则在持久消费对持久收入的回归中，预期截距项的值应该为零。如果模型中所估计的系数中有一个或多个带有错误的符号，那么即使有一个高的 R^2，模型也未必是好的。

5. 模型的包容性

这一准则的含义在于，模型从能解释其结论的意义上讲应该包容或包括所有与之相竞争的模型。也就是说其他模型都不可能再改进我们所设定的模型。

6. 数据的协调性

即从模型中估计的残差必须完全随机（从技术上讲必须是白噪声）。也就是说，如模型适当，则由此模型得到的残差必须是白噪声。否则，模型中就存在某种形式的设定误差。

7. 解释变量的弱外生性

即解释变量与误差项必须不相关。在某些情况下，解释变量的外生性可能是强外生性。一个强外生性变量与误差项的当期、未来期以及滞后期均不相关。

8. 数据的容纳性

即从模型做出的预测必须有逻辑上的可能性。

虽然我们可以列出一个好的模型要求的准则，但是实际上做出一个符合好的模型准则要求的模型却不是一件容易的事。

三、模型误差的类型

我们以教科书中常见的立方总成本函数为例：

$$Y_i = \beta_1 + \beta_2 X_i + \beta_3 X_i^2 + \beta_4 X_i^{\ 3} + u_{1i} \tag{5.5.2}$$

其中 Y 表示生产成本，X 表示产量。但是，在实际中，我们可能由于某种原因，把模型误设为以下几类模型。

1. 漏掉了重要解释变量

如果我们把模型(5.5.2)误设为

$$Y_i=\alpha_1+\alpha_2X_i+\alpha_3X_i^2+u_{2i} \tag{5.5.3}$$

式(5.5.3)就构成了一种模型设定误差,即漏掉了重要的解释变量。式(5.5.3)中的误差项可表示为:

$$u_{2i}=u_{1i}+\beta_4X_i^{\ 3} \tag{5.5.4}$$

2. 包含无关变量

如果我们把模型(5.5.2)误设为:

$$Y_i=\lambda_1+\lambda_2X_i+\lambda_3X_i^2+\lambda_4X_i^{\ 3}+\lambda_5X_i^{\ 4}+u_{3i} \tag{5.5.5}$$

也就是说模型中包含了一个无关变量。新的误差项其实是:

$$u_{3i}=u_{1i}-\lambda_5X_i^{\ 4}=u_{1i} \tag{5.5.6}$$

这是因为在真实模型(5.5.2)中 $\lambda_5=0$。

3. 采用了错误的函数形式(设定偏误)

如果我们把模型(5.5.2)误设为:

$$\ln Y_i=\gamma_1+\gamma_2X_i+\gamma_3X_i^2+\gamma_4X_i^{\ 3}+u_{4i} \tag{5.5.7}$$

与真实的模型(5.5.2)相比,模型(5.5.7)也构成一种设定偏误。其偏误在于使用了错误的函数形式。

4. 测量误差

$$Y_i^*=\beta_1^*+\beta_2^*X_i^*+\beta_3^*X_i^{*2}+\beta_4^*X_i^{*3}+u_i^* \tag{5.5.8}$$

其中 $Y_i^*=Y_i+\varepsilon_i$ 和 $X_i^*=X_i+w_i$,ε_i 和 w_i 均为测量误差。式(5.5.8)表示研究者没有使用真正的 Y_i 和 X_i,却使用了含有测量误差的替代变量 Y_i^* 和 X_i^*。

5. 对随机误差不正确的设定

另一种设定误差的形式与随机误差 u_i 进入回归模型的方式有关系。比如,若真实的回归模型应为:

$$Y=AL^{\beta_1}K^{\beta_2}e^u \tag{5.5.9}$$

而把模型误设为:

$$Y=AL^{\beta_1}K^{\beta_2}u \tag{5.5.10}$$

以上讨论的误差类型的前四种在本质上都属于模型设定误差,因为在我们依据经济理论知道有一个“真实”的模型。还有一种误差类型为模型误设误差,在模型误设误差中,我们不知道真实的模型是什么。

为什么会出现这些误差,其原因何在?可能的原因是:(1)知道正确的模型,但得不到必须的数据(如消费函数中的财富数据往往难以获得)或数据存在测量误差;(2)知道模型应包含的变量,但不知变量在模型中的函数形式;(3)更多的情形是基本理论并没有告诉模型的准确函数形式，也就是说我们并不知道什么是真实的模型形式。

四、设定误差的后果

1. 漏掉解释变量(模型拟合不足)

若真实的模型为：

$$Y_i = \beta_1 + \beta_2 X_{i2} + \beta_3 X_{i3} + u_i \tag{5.5.11}$$

但拟合了

$$Y_i = \alpha_1 + \alpha_2 X_{i2} + v_i \tag{5.5.12}$$

漏掉 X_3 的后果是：

(1) 如果漏掉的 X_3 与含有的 X_2 相关，即 $r_{23} \neq 0$，则 $\hat{\alpha}_1$ 和 $\hat{\alpha}_2$ 是有偏且非一致的。即 $E(\hat{\alpha}_1) \neq \beta_1, E(\hat{\alpha}_2) \neq \beta_2$，而且不论样本量多大，偏误都不会消失。

(2)即使 $r_{23}=0$，即 X_3 与 X_2 不相关，$\hat{\alpha}_1$ 仍是有偏的，但 $\hat{\alpha}_2$ 是无偏的。

(3)误差方差 σ^2 将被不正确地估计。

(4) $Var(\hat{\alpha}_2) = \dfrac{\sigma^2}{\sum x_{i2}^2}$ 是真实估计量 $\hat{\beta}_2$ 的方差 $Var(\hat{\beta}_2)$ 的一个有偏估计量。

(5)后果是，若使用通常的置信区间和假设检验程序，对于所估计的参数的统计显著性容易导出错误结论。基于不正确模型做出的预测及预测区间也是不可靠的。

可以证明，$E(\hat{\alpha}_2) = \beta_2 + \beta_3 b_{32}, b_{32} = \dfrac{\sum x_{i3} x_{i2}}{\sum x_{i2}^2}$（$b_{32}$ 是 X_3 关于 X_2 作辅助回归的斜率系数），可见 $\hat{\alpha}_2$ 有偏误，其偏误大小取决于 β_3 和 b_{32}。如果 β_3 是正的，即 X_3 对 Y 有正影响，并且 b_{32} 也是正的(即 X_2 与 X_3 正相关)。那么平均而言，$\hat{\alpha}_2$ 将高估 β_2(即有正的偏误)，也就是说它夸大了 X_2 的重要性。这种结果的数理分析是：因为 α_2 不仅代表 X_2 对 Y 的直接影响，还包括了 X_3(通过 X_2)对 Y 的影响。即本应归于 X_3 的影响，由于 X_3 未被引入模型，无从展示其效应，而记在了 X_2 的功劳簿上。

例 5.4　由例 4.3 我们知道，将婴儿死亡率对住户人均实际最终消费支出和妇女识字率做二元线性回归，给出的这两个变量的偏斜率系数值分别是 -0.0033 和 -0.8400。如果只做婴儿死亡率对住户人均实际最终消费支出的一元线性回归，斜率系数为 -0.0059。如果我们把二元线性回归视为正确模型，则一元线性回归模型因漏掉有关变量妇女识字率，是一个误设模型。现在我们可以看到，在正确模型中，住户人均实际最终消费支出变量的系数为 -0.0033，而在不正确的模型中却为 -0.0059。从绝对值来看，与真实模型相比，误设模型的住户人均实际最终消费支出变量对婴儿死亡率有更大的影响。如果我们依据表 3.5 的数据做妇女识字率对住户人均实际最终消费支出的一元线性回归(做被排除的变量对包含在模型中的变量的回归)，此回归模型的斜率系数，即式 $E(\hat{\alpha}_2) = \beta_2 + \beta_3 b_{32}$ 中的 $b_{32} = 0.0031$，表示住户人均实际最终消费支出每增加一个单位，妇女识字率平均上升 0.0031 个单位。但若妇女识字率上升这么多单位，则对婴儿死亡率的影响为 $\hat{\beta}_3 b_{32} = (-0.8400)(0.0031) = -0.0026$。即有 $\hat{\beta}_2 + \hat{\beta}_3 b_{32} = [-0.0033 + (-0.0026)] = -0.0059$，与误设模型中的住户人均实际最终消费支出的系数相等。这就表示，本应归于妇女识字率 X_3 的影响，由于 X_3 未被引入模型，无从展示其效应，而记在了住户人均实际最终消费支出 X_2 的功劳簿上。

下面分析 $\hat{\alpha}_2$ 和 $\hat{\beta}_2$ 的方差：

$$Var(\hat{\alpha}_2)=\frac{\sigma^2}{\sum x_{i2}^2} \tag{5.5.13}$$

$$Var(\hat{\beta}_2)=\frac{\sigma^2}{\sum x_{i2}^2(1-r_{23}^2)} \tag{5.5.14}$$

一般而言 $Var(\hat{\alpha}_2)$ 不同于 $Var(\hat{\beta}_2)$。由于 $Var(\hat{\beta}_2)$ 是无偏的，因此 $Var(\hat{\alpha}_2)$ 是有偏的。对上述两个公式，似乎只要 $r_{23}^2\neq 0$，就有 $Var(\hat{\alpha}_2)<Var(\hat{\beta}_2)$。其实不然，因为两者所依据的模型不同，其 RSS 不一样，其自由度也不一样，从而从模型估计的 σ^2 也就不同。因此，很可能从误设模型得出的估计量的标准误大于从正确设定的模型所得到的标准误。

再考虑 $r_{23}^2=0$ 的特殊情形，这时 $b_{23}=0$。从而 $E(\hat{\alpha}_2)=\beta_2$（是无偏的）。而且，似乎从式(5.5.13)和(5.5.14)看来，$\hat{\alpha}_2$ 和 $\hat{\beta}_2$ 的方差相等。那么是否从模型中略去 X_3（理论上它是个有关变量），也不致有什么害处呢？回答是否定的。原因是从式(5.5.13)估计出来的 $Var(\hat{\alpha}_2)$ 仍然是有偏误的，致使我们的假设检验程序很可能是可疑的。所以一般来说，一旦根据相关理论把模型建立起来，就不要漏掉其中的一个变量。

对于一般的多元线性回归模型，可假设真实的回归模型的正确设定为：

$$\mathbf{y}=\mathbf{X}\boldsymbol{\beta}+\mathbf{u}=\mathbf{X}_1\boldsymbol{\beta}_1+\mathbf{X}_2\boldsymbol{\beta}_2+\mathbf{u} \tag{5.5.15}$$

其中 $\mathbf{X}_1$ 是全部 k 个解释变量中 k_1 个解释变量的样本观测值矩阵，$\mathbf{X}_2$ 是其余 $(k-k_1)$ 个解释变量的样本观测值矩阵。$\boldsymbol{\beta}_1$ 是 k_1 个解释变量对应的参数向量，$\boldsymbol{\beta}_2$ 是其余 $(k-k_1)$ 个解释变量对应的参数向量。若我们实际所设定的模型遗漏了(5.5.15)中的后 $(k-k_1)$ 个解释变量，即模型设定为：

$$\mathbf{y}=\mathbf{X}_1\boldsymbol{\beta}_1+\mathbf{u} \tag{5.5.16}$$

则由普通最小二乘法，我们得到模型回归系数向量 $\boldsymbol{\beta}_1$ 的估计量为：

$$\begin{aligned}\hat{\boldsymbol{\beta}}_1&=(\mathbf{X}_1'\mathbf{X}_1)^{-1}\mathbf{X}_1'\mathbf{y}=(\mathbf{X}_1'\mathbf{X}_1)^{-1}\mathbf{X}_1'(\mathbf{X}_1\boldsymbol{\beta}_1+\mathbf{X}_2\boldsymbol{\beta}_2+\mathbf{u})\\&=\boldsymbol{\beta}_1+(\mathbf{X}_1'\mathbf{X}_1)^{-1}\mathbf{X}_1'\mathbf{X}_2\boldsymbol{\beta}_2+(\mathbf{X}_1'\mathbf{X}_1)^{-1}\mathbf{X}_1'\mathbf{u}\end{aligned} \tag{5.5.17}$$

对式(5.5.17)两边取期望，并记 $\boldsymbol{\beta}_{21}=(\mathbf{X}_1'\mathbf{X}_1)^{-1}\mathbf{X}_1'\mathbf{X}_2$ 为 $k_1\times(k-k_1)$ 阶矩阵，其每列为遗漏了的各解释变量对包含在模型中的 k_1 个解释变量的线性回归模型的回归系数的普通最小二乘估计值，则有：

$$E(\hat{\boldsymbol{\beta}}_1)=\boldsymbol{\beta}_1+\boldsymbol{\beta}_{21}\boldsymbol{\beta}_2 \tag{5.5.18}$$

由此可见，除非遗漏了的 $k-k_1$ 个解释变量与包含在模型中的 k_1 个解释变量全不相关，即 $\boldsymbol{\beta}_{21=0}$，模型回归系数向量 $\boldsymbol{\beta}_1$ 的普通最小二乘估计是有偏的。

2. 包含无关变量(模型拟合过度)

假设真实模型为：

$$Y_i = \beta_1 + \beta_2 X_{i2} + u_i \tag{5.5.19}$$

而错误地拟合为：

$$Y_i = \alpha_1 + \alpha_2 X_{i2} + \alpha_3 X_{i3} + v_i \tag{5.5.20}$$

从而在模型中引入了一个无关变量的设定误差。这将导致如下后果：

(1)"不正确"的模型的全部参数的 OLS 估计量都是无偏的和一致性的。

(2)误差方差 σ^2 的估计量是正确的。

(3)通常的置信区间和假设检验程序仍然有效。

(4)但是，一般来说，诸 α_i 的估计量将是非有效的。也就是说，它们的方差一般都大于真实模型中诸 $\hat{\beta}$ 的方差。

从 OLS 估计量的公式可知：

$$\mathrm{Var}(\hat{\beta}_2) = \frac{\sigma^2}{\sum x_{i2}^2},\ \mathrm{Var}(\hat{\alpha}_2) = \frac{\sigma^2}{\sum x_{i2}^2(1-r_{23}^2)}$$

因此有：

$$\mathrm{Var}(\hat{\alpha}_2)\ /\ \mathrm{Var}(\hat{\beta}_2) = \frac{1}{1-r_{23}^2} \tag{5.5.21}$$

由于 $0 \leqslant r_{23}^2 \leqslant 1$，可推知 $\mathrm{Var}(\hat{\alpha}_2) \geqslant \mathrm{Var}(\hat{\beta}_2)$，也就是说，虽然 $\hat{\alpha}_2$ 是 $\hat{\beta}_2$ 的无偏估计，但是 $\hat{\alpha}_2$ 的方差一般都大于 $\hat{\beta}_2$ 的方差。也就是说，包含无关变量 X_3 将使 $\hat{\alpha}_2$ 的方差不必要地增大，从而使 $\hat{\alpha}_2$ 的精度减小。

我们把问题推广到更一般的情形。假设真实的回归模型为

$$\mathbf{y} = \mathbf{X}_1 \boldsymbol{\beta}_1 + \mathbf{u} \tag{5.5.22}$$

而实际所设定的模型误引入了一些与被解释变量无关的解释变量。将模型设定为

$$\mathbf{y} = \mathbf{X}_1 \boldsymbol{\beta}_1 + \mathbf{X}_2 \boldsymbol{\beta}_2 + \mathbf{u} = \mathbf{X}\boldsymbol{\beta} + \mathbf{u} \tag{5.5.23}$$

使用 OLS 法，可得实际设定模型的回归系数向量的估计量为：

$$\hat{\boldsymbol{\beta}} = \begin{bmatrix} \hat{\boldsymbol{\beta}}_1 \\ \hat{\boldsymbol{\beta}}_2 \end{bmatrix} = (\mathbf{X}'\mathbf{X})^{-1}\mathbf{X}'\mathbf{y} = \begin{bmatrix} \mathbf{X}_1'\mathbf{X}_1 & \mathbf{X}_1'\mathbf{X}_2 \\ \mathbf{X}_2'\mathbf{X}_1 & \mathbf{X}_2'\mathbf{X}_2 \end{bmatrix}^{-1} \begin{bmatrix} \mathbf{X}_1'\mathbf{y} \\ \mathbf{X}_2'\mathbf{y} \end{bmatrix} \tag{5.5.24}$$

对式(5.5.24)中的分块矩阵求逆，并记(幂等矩阵) $M_2 = I - X_2(X_2'X_2)^{-1}X_2'$，则可将回归系数的估计量写为：

$$\begin{bmatrix} \hat{\boldsymbol{\beta}}_1 \\ \hat{\boldsymbol{\beta}}_2 \end{bmatrix} = \begin{bmatrix} (\mathbf{X}_1'\mathbf{M}_2\mathbf{X}_1)^{-1}\mathbf{X}_1'\mathbf{M}_2\mathbf{y} \\ (\mathbf{X}_2'\mathbf{X}_2)^{-1}\mathbf{X}_2'[\mathbf{I} - \mathbf{X}_1(\mathbf{X}_1'\mathbf{M}_2\mathbf{X}_1)^{-1}\mathbf{X}_1'\mathbf{M}_2]\mathbf{y} \end{bmatrix} \tag{5.5.25}$$

将真实回归模型 $\mathbf{y} = \mathbf{X}_1\boldsymbol{\beta}_1 + \mathbf{u}$ 代入式(5.5.25)，并对其求期望，有

$$\begin{pmatrix} E(\hat{\boldsymbol{\beta}}_1) \\ E(\hat{\boldsymbol{\beta}}_2) \end{pmatrix} = \begin{pmatrix} \boldsymbol{\beta}_1 + E[(\mathbf{X}_1'\mathbf{M}_2\mathbf{X}_1)^{-1}\mathbf{X}_1'\mathbf{M}_2\mathbf{u}] \\ E\{(\mathbf{X}_2'\mathbf{X}_2)^{-1}\mathbf{X}_2'[\mathbf{I}-\mathbf{X}_1(\mathbf{X}_1'\mathbf{M}_2\mathbf{X}_1)^{-1}\mathbf{X}_1'\mathbf{M}_2]\mathbf{u}\} \end{pmatrix} = \begin{pmatrix} \boldsymbol{\beta}_1 \\ \mathbf{0} \end{pmatrix} \quad (5.5.26)$$

这表明，即使在回归模型中误引入了与被解释变量无关的解释变量，模型回归系数向量的OLS估计量仍然是无偏的。这个结果与前述回归模型遗漏了有关解释变量相比，似乎模型中多给一些解释变量比少给一些为好。实际上并非如此，模型中包含多余的无关解释变量虽然并不会使模型参数的估计量产生偏差，但却会增加模型估计量的方差。例如，由式(5.5.26)可得估计量 $\hat{\beta}_1$ 的协方差矩阵为：

$$\begin{aligned} Var(\hat{\boldsymbol{\beta}}_1) &= E(\hat{\boldsymbol{\beta}}_1 - \boldsymbol{\beta}_1)(\hat{\boldsymbol{\beta}}_1 - \boldsymbol{\beta}_1)' \\ &= E[(\mathbf{X}_1'\mathbf{M}_2\mathbf{X}_1)^{-1}\mathbf{X}_1'\mathbf{M}_2\mathbf{u}\mathbf{u}'\mathbf{M}_2\mathbf{X}_1(\mathbf{X}_1'\mathbf{M}_2\mathbf{X}_1)^{-1}] = \sigma^2(\mathbf{X}_1'\mathbf{M}_2\mathbf{X}_1)^{-1} \end{aligned} \quad (5.5.27)$$

由于

$$\begin{aligned} (\mathbf{X}_1'\mathbf{X}_1) - (\mathbf{X}_1'\mathbf{M}_2\mathbf{X}_1) &= (\mathbf{X}_1'\mathbf{X}_1) - \{\mathbf{X}_1'[\mathbf{I}-\mathbf{X}_2(\mathbf{X}_2'\mathbf{X}_2)^{-1}\mathbf{X}_2']\mathbf{X}_1\} \\ &= (\mathbf{X}_1'\mathbf{X}_1) - (\mathbf{X}_1'\mathbf{X}_1) + \mathbf{X}_1'\mathbf{X}_2(\mathbf{X}_2'\mathbf{X}_2)^{-1}\mathbf{X}_2'\mathbf{X}_1 \\ &= \mathbf{X}_1'\mathbf{X}_2(\mathbf{X}_2'\mathbf{X}_2)^{-1}\mathbf{X}_2'\mathbf{X}_1 \end{aligned}$$

是一非负定矩阵，所以若将(5.5.27)式给出的协方差矩阵与模型正确设定条件下回归系数向量估计量 $\tilde{\boldsymbol{\beta}}_1 = (\mathbf{X}_1'\mathbf{X}_1)^{-1}\mathbf{X}_1'\mathbf{y}$ 的协方差矩阵 $\sigma^2(\mathbf{X}_1'\mathbf{X}_1)^{-1}$ 比较，则有：

$$Var(\hat{\boldsymbol{\beta}}_1) - Var(\tilde{\boldsymbol{\beta}}_1)) = \sigma^2(\mathbf{X}_1'\mathbf{M}_2\mathbf{X}_1)^{-1} - \sigma^2(\mathbf{X}_1'\mathbf{X}_1)^{-1} \geqslant 0 \quad (5.5.28)$$

这就是说，在模型中引入无关解释变量的情形下模型回归系数估计量的方差将大于模型正确设定情形下回归系数估计量的方差。

例如，设真实的回归模型为

$$Y_i = \beta_1 X_{i1} + u_i \quad (5.5.29)$$

而实际设定模型误引入一个与 Y 无关的解释变量 X_2，有

$$Y_i = \beta_1 X_{1i} + \beta_2 X_{2i} + u_i \quad (5.5.30)$$

使用 OLS 法，可得(5.5.30)中的回归系数 β_1 和 β_2 的估计量为

$$\hat{\beta}_1 = \frac{\sum X_2^2 \sum X_1 Y - \sum X_1 X_2 \sum X_2 Y}{\sum X_1^2 \sum X_2^2 - (\sum X_1 X_2)^2} \quad (5.5.31)$$

$$\hat{\beta}_2 = \frac{\sum X_1^2 \sum X_2 Y - \sum X_1 X_2 \sum X_1 Y}{\sum X_1^2 \sum X_2^2 - (\sum X_1 X_2)^2} \quad (5.5.32)$$

将真实回归模型 $Y = X_1\beta_1 + u$ 分别代入(5.5.31)和(5.5.32)，然后取期望，由于

$$E(\sum X_1 Y) = E(\sum X_1(\beta_1 X_1 + u)) = \beta_1 \sum X_1^2$$

$$E(\sum X_2 Y) = E(\sum X_2(\beta_1 X_1 + u)) = \beta_1 \sum X_1 X_2$$

所以有

$$E(\hat{\beta}_1)=\frac{\beta_1\sum X_1^2\sum X_2^2-\beta_1\left(\sum X_1X_2\right)^2}{\sum X_1^2\sum X_2^2-\left(\sum X_1X_2\right)^2}=\beta_1 \tag{5.5.33}$$

$$E(\hat{\beta}_2)=\frac{\beta_1\sum X_1^2\sum X_1X_2-\beta_1\sum X_1^2\sum X_1X_2}{\sum X_1^2\sum X_2^2-\left(\sum X_1X_2\right)^2}=0 \tag{5.5.34}$$

因此，模型回归系数的普通最小二乘估计量仍然是无偏的。然而估计量 $\hat{\beta}_1$ 的方差却为：

$$Var(\hat{\beta}_1)=\frac{\sigma^2}{\sum X_1^2(1-r_{12}^2)} \tag{5.5.35}$$

式中 $r_{12}=\dfrac{\sum X_1X_2}{\sqrt{\sum X_1^2\sum X_2^2}}$ 为解释变量 X_1 与 X_2 的相似系数。若 X_1 与 X_2 均为中心化变量，则 r_{12} 为 X_1 与 X_2 的相关系数。

若将式(5.5.35)给出的方差与真实模型(5.5.29)中 β_1 的 OLS 估计量 $\tilde{\beta}_1=\dfrac{\sum X_1Y}{\sum X_1^2}$ 的方差 $Var(\tilde{\beta}_1)=\dfrac{\sigma^2}{\sum X_1^2}$ 相比，有：

$$\begin{aligned}Var(\hat{\beta}_1)-Var(\tilde{\beta}_1)&=\frac{\sigma^2}{\sum X_1^2(1-r_{12}^2)}-\frac{\sigma^2}{\sum X_1^2}\\&=\frac{\sigma^2-(1-r_{12}^2)\sigma^2}{\sum X_1^2(1-r_{12}^2)}=\frac{\sigma^2r_{12}^2}{\sum X_1^2(1-r_{12}^2)}\end{aligned} \tag{5.5.36}$$

这表明，除非模型中误引入的解释变量 X_2 与原解释变量 X_1 不相关，即 $r_{12}=0$，则方差会增大。

注意我们所考虑的两种设定偏误的不对称性。如果略去了一个有关变量，则留在模型中的变量的系数，一般地说既是有偏的也是非一致的，误差的估计将是不正确的，从而通常的假设检验程序将是无效的。而另一方面，模型中含有无关变量，仍然给出真模型中的系数的无偏且一致性估计，而且通常的假设检验方法仍然有效，引入多余变量的唯一代价是，系数的方差估计变大了，致使对参数的概率推断的精度降低了。增加无需的变量将导致估计量的效率的损失，并且还可能引发多重共线性问题，同时将带来自由度的损失。因此，一般而言，最好的方法是：根据理论，仅仅包含那些直接影响被解释变量，而又不能由已被引进的其他变量来代替的解释变量。

3. 模型方程形式设定有误

现实中，变量间的关系往往是非线性的。但我们常常设定其为线性关系。这实际仅是对现实的一种近似，必然存在误差，从而影响模型参数估计的效果。

例如，假设被解释变量 Y 与解释变量 $\mathbf{x}=(X_1,X_2,\cdots X_m)'$ 之间的真实回归方程为

$$Y=f(X_1,X_2,\cdots,X_m)+u \tag{5.5.37}$$

式中 $f(\mathbf{x})$ 是 m 个解释变量的某种函数。假设该函数是连续的，且 r 阶可微，记该函数的一阶偏导数向量即梯度向量为 $\mathbf{g}$，二阶偏导数矩阵即海赛矩阵为 $\mathbf{H}$，则有：

$$\mathbf{g}=\frac{\partial f}{\partial \mathbf{x}}=\begin{bmatrix}\frac{\partial f}{\partial X_1}\\ \frac{\partial f}{\partial X_2}\\ \vdots \\ \frac{\partial f}{\partial X_m}\end{bmatrix};\mathbf{H}=\begin{bmatrix}\frac{\partial^2 f}{\partial X_1^2} & \frac{\partial^2 f}{\partial X_1\partial X_2} & \cdots & \frac{\partial^2 f}{\partial X_1\partial X_m}\\ \frac{\partial^2 f}{\partial X_2\partial X_1} & \frac{\partial^2 f}{\partial X_2^2} & \cdots & \frac{\partial^2 f}{\partial X_2\partial X_m}\\ \vdots & \vdots & \cdots & \vdots \\ \frac{\partial^2 f}{\partial X_m\partial X_1} & \frac{\partial^2 f}{\partial X_m\partial X_2} & \cdots & \frac{\partial^2 f}{\partial X_m^2}\end{bmatrix}$$

利用泰勒级数展开式，将函数 $f(\mathbf{x})$ 在样本均值处 $\bar{\mathbf{x}}=(\bar{X}_1,\bar{X}_2,\cdots,\bar{X}_m)'$ 展开，则模型(5.5.37)可展开为

$$Y=f(\bar{\mathbf{x}})+\mathbf{g}'(\mathbf{x}-\bar{\mathbf{x}})+\frac{1}{2}(\mathbf{x}-\bar{\mathbf{x}})'\mathbf{H}(\mathbf{x}-\bar{\mathbf{x}})+\cdots+u \tag{5.5.38}$$

将式(5.5.38)右边的各项重新组合排列，可将其表示为：

$$Y=\beta_1+\boldsymbol{\beta}'_2\mathbf{x}+\frac{1}{2}\mathbf{x}'\mathbf{H}\mathbf{x}+\cdots+u \tag{5.5.39}$$

式(5.5.39)中参数 β_1 和参数向量 $\boldsymbol{\beta}_2$ 分别为

$$\beta_1=f(\bar{\mathbf{x}})-\mathbf{g}'\bar{\mathbf{x}}+\frac{1}{2}\bar{\mathbf{x}}'\mathbf{H}\bar{\mathbf{x}}+\cdots \tag{5.5.40}$$

$$\boldsymbol{\beta}_2=\mathbf{g}-\mathbf{H}\bar{\mathbf{x}}+\cdots \tag{5.5.41}$$

把式(5.5.40)，式(5.5.41)代入式(5.5.39)，有式(5.5.38)，即

$$\begin{aligned}Y&=f(\bar{\mathbf{x}})-\mathbf{g}'\bar{\mathbf{x}}+\frac{1}{2}\bar{\mathbf{x}}'\mathbf{H}\bar{\mathbf{x}}+[\mathbf{g}-\mathbf{H}\bar{\mathbf{x}}+\cdots]'\mathbf{x}+\frac{1}{2}\mathbf{x}'\mathbf{H}\mathbf{x}+\cdots+u\\ &=f(\bar{\mathbf{x}})+\mathbf{g}'(\mathbf{x}-\bar{\mathbf{x}})+\frac{1}{2}(\mathbf{x}-\bar{\mathbf{x}})'\mathbf{H}(\mathbf{x}-\bar{\mathbf{x}})+\cdots+u\end{aligned}$$

因此，若将被解释变量 Y 对解释变量向量 $\mathbf{x}$ 的回归方程设定为线性形式：

$$Y=\beta_1+\boldsymbol{\beta}'_2\mathbf{x}+u \tag{5.5.42}$$

那么实际上我们是在模型中遗漏了解释变量的二次项和高次项以及叉积项，其对模型参数估计量的影响与前述模型中遗漏了有关解释变量的影响类似。现实中虽然变量之间的关系大多数是非线性关系，但是它们之间关系的具体形式往往是不知道的，因而通常很难设定一个合适(关于变量的)的非线性模型，并且非线性回归模型的估计通常比线性回归模型的估计困难的多，从而也是非线性回归模型应用较少的一个原因。随着经济计量分析研究的逐步深入，非线性回归已越来越受到人们的重视，成为目前经济计量研究的一个重要方面。

五、设定误差的检验

出现设定误差常常是疏忽所致，或由于基础理论薄弱或由于缺乏检验模型的适当数据，想尽可能准确制定模型而无能为力。实际问题不是怎样会造成这种错误，而是怎样去发现它们。一旦发现了，就有可能找出补救的措施。

1. 侦察是否含有无需变量

一般我们可通过 t 检验和 F 检验来完成。但要注意，切勿反复使用 t 检验和 F 检验来建立模型。任何模型的建立必须以理论为指南，这一点无论怎样强调都不过分。数据的开采策略是不可取的。应用经济计量学家的艺术在于，容许数据驱动理论发展而又不致陷入盲目的数据开采危险之中。

2. 对遗漏变量和不正确函数形式的检验

一般情况下，我们是根据理论和以前的经验建立一个我们认为能抓住问题实质的模型，然后对模型进行经验检验。在获得结果之后，再按上面讨论过的良好模型准则做事后调查分析。在决定模型是否适宜时，我们着眼于一些综合性特征，诸如 $\bar{R}^2$，估计的 t 比率，d 统计量能否通过检验，估计的系数符号与事前预期是否一致，等等。若这些统计量不理想，我们开始怀疑模型的适宜性，并着手寻找补救方法。也许漏掉了重要的解释变量，或者用了错误的函数形式，或者没有先求时间序列的差分以消除序列相关，等等。以下提供几种检验方法：

(1) 残差分析。前面我们已经看到，残差分析曾是侦察自相关或异方差的良好方法，同样，残差还可以用于模型的设定误差的检验。事实上，如果存在这种误差，残差图将会显示出明显不同的式样。

根据微观经济学原理，真实的总成本函数应设定为：

$$Y_i = \beta_1 + \beta_2 X_i + \beta_3 X_i^2 + \beta_3 X_i^3 + u_{1i} \tag{5.5.43}$$

当我们将其设定为二次函数：

$$Y_i = \alpha_1 + \alpha_2 X_i + \alpha_3 X_i^2 + u_{2i} \tag{5.5.44}$$

或将其设定为线性函数：

$$Y_i = \lambda_1 + \lambda_2 X_i + u_{3i} \tag{5.5.45}$$

例 5.5 根据表 5.9 给出的短期内某产品产出与其总成本的样本资料，利用 OLS 方法，我们就可以得到这三个不同模型的残差 $\hat{u}_{1i}, \hat{u}_{2i}, \hat{u}_{3i}$，见表 5.10。

表 5.9 总成本(Y)与产出 X

产出	总成本(元)
2	386
4	452
6	480
8	488
10	514
12	520
14	548
16	594
18	700
20	840

表 5.10　例 5.5 依据线性、二次和立方总成本函数估计的残差

观测号	线性模型的残差	二次模型的残差	三次模型的残差
1	13.2000	−47.8000	−0.4448
2	39.3333	19.0000	3.2149
3	27.4667	37.6333	−1.8294
4	−4.4000	26.1000	−8.8527
5	−18.2667	22.4000	8.8699
6	−52.1333	−11.4667	2.0634
7	−64.0000	−33.5000	1.4527
8	−57.8667	−47.7000	−8.2373
9	8.2667	−12.0667	3.7184
10	108.4000	47.4000	0.0448

以这些残差做纵轴，以产量 X_i 为横轴绘制残差图，如图 5.6 所示，因为存在模型设定误差，残差图展现出明显的式样：线性模型的残差绝对值最大，而且与误设模型联系在一起的突出的周期变动也很明显，二次模型的残差绝对值相比线性模型而言减少了，但还是有明显的周期变动，三次模型不仅残差的绝对值逐步变小，而且与误设模型联系在一起的突出的周期变动也消失了。

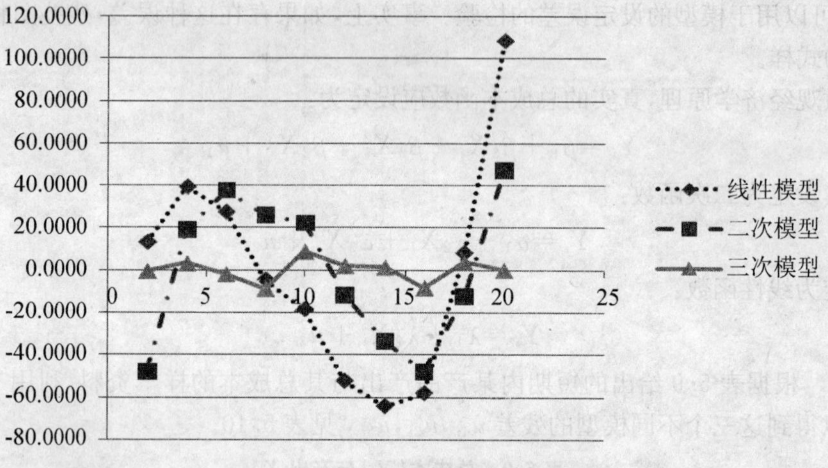

图 5.6　以产量 X_i 为横轴的残差图

(2)使用德宾—沃森 d 统计量。使用德宾—沃森 d 统计量侦查模型设定误差的步骤是：

首先，依据假定的模型求得 OLS 残差。

其次，如果认为假定的模型因排除了一个有关的解释变量 Z 而误设，就可以将步骤 1 中所得的残差按 Z 值的递增次序排列。注意 Z 变量可以是假定模型所含的 X 变量之一，也可以是该变量的某一函数，比如 X^2 或 X^3。

第三，依据排列的残差，按 $d=\dfrac{\sum_{t=2}^{n}(\hat{u}_t-\hat{u}_{t-1})^2}{\sum_{t=1}^{n}\hat{u}_t^2}$ 计算 d 统计量。注意这里的下标 t 是

指重排的观测次数，不是指时间序列数据。

第四，根据德宾—沃森表，如果 d 值显著，就可以接受模型误设的假设。并采取适当的补救措施。

在我们的总成本函数的例子中，$Z(=X)$ 变量（产出）已经按从小到大的次序排列，因此不需要重新计算 d 统计量。在本例中，对于线性和二次成本函数，d 统计量都表明有设定误差，而且补救措施也是明显的：在线性成本函数中引入产出的二次和三次项；在二次函数中引入产出的三次项。也就是说，正确的函数形式应该为立方成本模型。

对于线性成本函数：$\hat{d}=0.716, n=10. k'=1, \alpha=5\%$ 时，$d_l=0.879, d_u=1.320; \hat{d}<d_l$，说明残差中存在正相关。

对于二次成本函数：$\hat{d}=1.038, n=10, k'=2, \alpha=5\%$ 时，$d_l=0.697, d_u=1.641$;，

若用修改的 d 检验，由于 $\hat{d}<d_u$，说明残差中存在正相关。

对于立方成本函数：$\hat{d}=2.70, n=10, k'=3, \alpha=5\%$ 时，$d_l=0.525, d_u=2.016$，表明无任何正"相关"。

前两者所观测的"正相关"并非（一阶）序列相关，而是（模型）设定误差的一种度量。所存在的相关仅反映这样一种事实：本属于模型的某些变量被并入到误差项中去了，故需从误差中分离出去作为解释变量单独存在。

(3)回归设定误差检验。回归设定误差检验（Regression Specification error test，RESET）是由拉姆齐（Ramsey）提出。为了说明这一方法的基本思想，我们仍用成本—产出例子予以说明，并假设模型误设为：

$$Y_i=\lambda_1+\lambda_2 X_i+u_{3i} \tag{5.5.45}$$

如果用得自此回归模型的残差 $\hat{u}_i$ 对此模型的 Y_i 的估计值 $\hat{Y}_i$ 描图，图中的残差会表现出随 $\hat{Y}_i$ 的变化而系统变化的式样，从而提示我们，如果以某种形式将 $\hat{Y}_i$ 当作解释变量引入式(5.5.45)中，则判定系数 R^2 会增大。如果 R^2 的增大在统计上是显著的，就表明线性成本函数(5.5.45)是误设的。这就是 RESET 的基本思路。

RESET 检验的操作步骤为：

第一步，依据所选模型得到 Y_i 的估计值 $\hat{Y}_i$；

第二步，将某种形式的 $\hat{Y}_i$ 作为增补的解释变量引入回归模型；

第三步，计算统计值 F，即：

$$F=\frac{(R^2_{\text{新}}-R^2_{\text{旧}})/\text{新解释变量的个数}}{(1-R^2_{\text{新}})/(n-\text{新模型中的参数个数})}$$

第四步，进行 F 检验。

RESET 检验的优点之一是它不需要设定对立模型，易于应用，但这同时也是它的缺点，因为即使知道了模型误设也无助于选出一个更好的模型。

(4)拉格朗日乘数（LM）检验。我们仍然用成本—产出例子说明拉格朗日乘数检验的思想。如果将线性成本函数(5.5.45)与立方成本函数(5.5.43)相比，前者是后者的一个受约束形式。受约束的回归假定平方和立方产出项的系数均为零。为检验此假定，LM 检验的步骤

如下：

第一步，用 OLS 法估计受约束回归并求得残差 $\hat{u}_i$；

第二步，如果无约束回归事实上是真实回归，则得自受约束回归的(5.5.45)式的残差应与平方产出 X_i^2 和立方产出 X_i^3 有关，做残差 $\hat{u}_i$ 对所有解释变量(包括受约束回归的解释变量)的回归；例如作：

$$\hat{u}_i = a_1 + a_2 X_i + a_3 X_i^2 + a_3 X_i^3 + v_i \quad (5.5.46)$$

其中，v 为具有通常性质的误差项；

第三步，对于大样本，可构造如下统计量：

$$nR^2 \underset{asy}{\sim} \chi^2_{约束个数} \quad (5.5.47)$$

第四步，进行检验。如果从式(5.5.47)得到的 χ^2 值大于给定显著水平的临界值 χ^2，就拒绝受限回归，否则不拒绝。

六、观测误差

在模型的估计中，我们一直隐含地假定对解释变量 X 和被解释变量 Y 的观测不存在任何误差，而这在实际中是难以做到的。观测误差造成了另一类设定偏误。下面分别对被解释变量和解释变量的观测误差进行讨论。

1. 被解释变量 Y 中的观测误差

可以证明被解释变量中的观测误差不影响参数估计及其方差的无偏性，但是存在观测误差时所估计的方差大于没有这种观测误差时的估计方差。

2. 解释变量 X 中的观测误差

当解释变量存在观测误差时，将使参数的一致性估计成为不可能，也就是说，即使样本量无限增大，OLS 估计量仍是有偏误的。这给我们提出一个严峻的问题。解决这一问题并不容易。这就是说把数据观测得尽可能准确是极其重要的。

七、对随机误差项的不正确设定

由于误差项不能直接观测到，所以确定它进入模型的形式就不太容易，这也是一个常常令模型设定者感到头疼的一个问题，如果误差项设定不正确，也会形成模型设定误差。比如我们考虑如下不含截距项的一元回归模型：

$$Y_i = \beta X_i u_i \quad (5.5.48)$$

其中随机误差项以乘积的形式进入回归方程，并且 $\ln u_i$ 满足 CLRM 假定，这与如下误差项以相加形式进入的模型：

$$Y_i = \alpha X_i + u_i \quad (5.5.49)$$

是不同的。尽管这两个模型中的变量相同，并且分别用 β 和 α 表示他们的相应斜率系数，如果式(5.5.48)表示的是“正确”的模型，而用式(5.5.49)估计出的参数 α 不能给出真实 β 的一个无偏估计。若 $\ln u_i \sim N(0, \sigma^2)$，则有

$$u_i \sim \log 正态\left[e^{\sigma^2/2}, e^{\sigma^2}(e^{\sigma^2}-1)\right] \tag{5.5.50}$$

可以证明：

$$E(\hat{\alpha}) = \beta e^{\sigma^2/2} \tag{5.5.51}$$

八、模型选择准则

在建立模型之后，我们往往需要在若干模型之间进行选择，或从预测的角度对模型进行比较，下面给出几个模型选择的准则。

1. R^2 准则

R^2 是度量回归模型拟合优度的一个指标。按照定义，R^2 必然介于 0 和 1 之间。越接近 1，拟合得越好。但是 R^2 有自身的缺陷。首先，它度量的是样本内的拟合优度，不能保证对样本外的预测；其次，在比较两个和多个 R^2 时，要求因变量必须相同；最后，也是最重要的，当模型中增加越来越多的解释变量时，R^2 总不会变小，给人一种错觉，似乎模型中包含的解释变量越多越好，其实，在 R^2 增大的同时，预测误差的方差也在变大。

2. 调整 R^2 准则

调整 R^2，即 $\bar{R}^2 = 1 - \dfrac{RSS/(n-k)}{TSS/(n-1)}$，由公式中我们可以看出，$\bar{R}^2 \leqslant R^2$，这是对增加解释变量给予了惩罚的结果。与下面的 AIC 不同，$\bar{R}^2$ 只是在增加变量的 t 值的绝对值大于 1 时才会增加。比较来说，$\bar{R}^2$ 比 R^2 好，但是，它也要求被比较模型的被解释变量必须相同。

3. 赤池信息准则(AIC)

AIC 的定义如下：

$$AIC = e^{2k/n} \frac{\sum \hat{u}^2}{n} = e^{2k/n} \frac{RSS}{n} \tag{5.5.52}$$

其中 k 为解释变量的个数(含截距项)，n 为观测次数。比较而言，AIC 对在模型中增加解释变量施加了更严厉的惩罚。在比较时，具有较低 AIC 值的模型优先。AIC 的优点在于，它不仅适于模型对样本内的预测的比较，也适于预测一个回归模型在样本外的表现，甚至还可决定 $AR(p)$，$MA(q)$ 等模型的滞后长度。有时为了计算上的便利，把式(5.5.52)写成对数的形式，即有

$$\ln AIC = \frac{2k}{n} + \ln\left(\frac{RSS}{n}\right) \tag{5.5.53}$$

其中，$2k/n$ 为惩罚因子。

4. 施瓦茨信息准则(SIC)

与 AIC 的思想类似。SIC 定义为：

$$SIC = n^{k/n} \frac{\sum \hat{u}^2}{n} = n^{k/n} \frac{RSS}{n} \tag{5.5.54}$$

或以对数的形式表示为：

$$\ln SIC=\frac{k}{n}\ln n+\ln\frac{RSS}{n} \tag{5.5.55}$$

其中，$\frac{k}{n}\ln n$ 为惩罚因子。与 AIC 准则一样，也是 SIC 的值越低，模型越好。

5. 马娄斯的 C_p 准则

假设有一个包括截距在内的 k 个解释变量的模型。令 $\hat{\sigma}^2$ 为真实 σ^2 的估计量，如果我们只选了 $p(p\leqslant k)$ 个解释变量，并从使用这 p 个解释变量的回归中得到 RSS。令 RSS_p 表示使用 p 个解释变量的残差平方和。马娄斯(C. P. Mallows)提出了模型选择的如下准则，被称为 C_p 准则：

$$C_p=\frac{RSS_p}{\hat{\sigma}^2}-(n-2p) \tag{5.5.56}$$

其中 n 为观测次数。我们知道 $E(\hat{\sigma}^2)=\sigma^2$，如果含有 p 个解释变量的回归模型拟合的足够充分的话，则 $E(RSS_p)=(n-p)\sigma^2$。结果近似有：

$$E(C_p)\doteq\frac{(n-p)\sigma^2}{\sigma^2}-(n-2p)\doteq p \tag{5.5.57}$$

根据 C_p 准则选择模型时，我们想找到一个 C_p 值接近 p（约为 p）的模型，也就是说，根据节省性原则，我们将选择一个含有 p 个解释变量（$p<k$）并很好地拟合数据的模型。实践中，人们通常将计算得到的 C_p 对 p 进行描点，一个“充分的”的模型将作为一个与 $C_p=p$ 线接近的点而出现，如图 5.7 所示。图中显示，A 点比 B 点更接近 $C_p=p$ 线，说明模型 A 比模型 B 好。

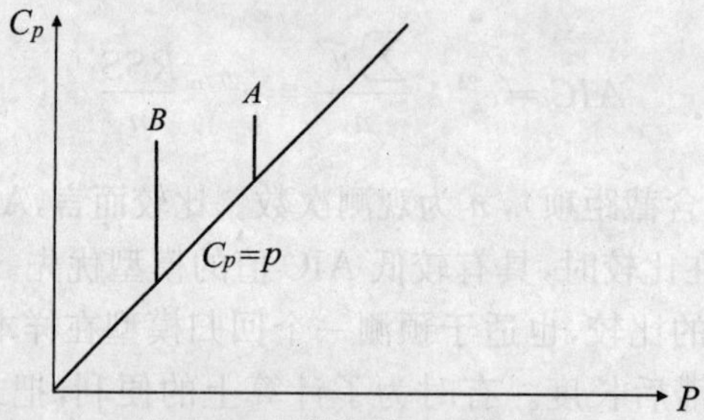

图 5.7 马娄斯的 C_p 描点图

要点与结论

1. 关于经典线性回归模型的基本假定可分为三种类型：第一类是关于模型的假定，第二类是关于随机干扰项的假定，第三类是关于数据的假定，异常值和数据中的测量误差等数据问题也属此类。满足这些假定，普通最小二乘估计量是模型参数的最佳线性无偏估计量。

2. 当随机干扰项存在异方差时，异方差并不破坏 OLS 估计量的无偏性和一致性性质，但估计量方差不再是最小的，因此也不是 BLUE。列举异方差的后果容易，侦查异方差的工作难，虽然有若干诊断性检验方法，但在特定情况下哪种方法更有效不易把握。

3. 当异方差出现时，OLS估计量的方差不能用常用的OLS公式给出，如果使用了，则以这些公式为依据的t、F检验可能引致错误的结论。如果相异的误差方差σ_i^2已知，使用加权最小二乘法可给出BLUE；如果相异的误差方差σ_i^2未知，可根据OLS残差，合理地猜测异方差的可能模式，以便用GLS方法进行估计，即将原始数据变换成没有异方差性的变换数据再利用OLS方法进行估计，可得到BLUE。

4. 当随机干扰项存在序列相关或自相关时，OLS估计量仍然是无偏的和一致的，但不再有效。结果是，常用的t、F检验都不能有效使用，需要有补救措施。如何补救与干扰项u_i中的相依性有关。但是这些u_i是不可观测的，通常都要假定他们有某种生成机制。最常用的假定生成机制为马尔科夫一阶自回归模式，即AR(1)模式。其他的生成机制有AR(p)，MA(g)、ARMA(p,g)。

5. 如果AR(1)模式真实且自相关系数ρ已知，则序列相关问题可通过数据变换，按照广义差分程序解决；当自相关系数ρ未知，有几种估计ρ的方法可用：德宾—沃森d，科克伦—奥科特两步程序，科克伦—奥科特迭代程序，以及德宾两步法。在大样本中，这些方法一般说会产生类似的估计值；而在小样本中，他们的表现各不相同。在实践中，科克伦—奥科特迭代法用的较普遍。

6. 5中所述方法，都可通过OLS用广义差分方法估计变换模型的参数，这种方法实质就是GLS法。但是由于使用了估计的$\rho(=\hat{\rho})$，才把这种估计方法称为FGLS或EGLS方法。在使用EGLS方法时，去掉第一个观测值是必须小心的，因为在小样本情形下，保留还是去掉第一个观测值对结果有显著影响。因此，在样本量较小时，建议按普雷斯—温斯坦程序对第一个观测值进行变换。同时需要强调，EGLS方法只有在大样本条件下才具有通常的优良统计性质。

7. 序列相关或自相关的侦查方法有正式和非正式两种。非正式方法中，可以对实际或标准化的残差描点，或者将当期残差对历史残差描点。正式的方法，最常用的是德宾—沃森d检验，但该方法的使用条件和局限性应当牢记，此外，还有游程检验、渐近正态检验、BG检验等。由于BG检验同时容许AR和MA误差结构，以及容许被解释变量的滞后值做为解释变量出现，所以最好使用更一般性的BG检验，但是要记住，它是一个大样本检验。

8. 多重共线性是指诸X变量之间有准确的或近似准确的线性关系。多重共线性有如下后果：若为完全共线性，则模型的回归系数是不确定的，且其标准误无定义；若为近似准确共线性，则回归系数的估计是可能的，但趋于有大的标准误，其结果是系数的总体值不能准确估计。然而，如果目的在于估计这些系数的线性组合，即所谓的可估函数，则虽有多重共线性也无妨。

9. 虽然不存在识别多重共线性的十拿九稳的方法，但是一些指标提供的信息是有用的：如果R^2值高，而t值没有一个统计上显著；若只有两个解释变量，零阶相关系数高；如多于两个解释变量时，低的零阶相关却可能有高的多重共线性，要检查偏相关系数；R^2值高而偏相关系数低，多重共线性可能，这时一个或多个变量可能多余，但若R^2值高而偏相关系数也高时，多重共线性不易识别；若辅助回归的判定系数R_j^2高，表明X_j和其余的X变量高度相关，从而可以考虑从模型中把X_j清除出去，但是这样做的前提是不会引起严重的设定偏误。

10. 解决多重共线性也没有万能的方法，有的仅是一些经验规则：利用外部或先验信息；截面和时序数据并用；剔除高度共线变量；数据变换；获取补充或新的数据。除非共线性的结构继续存在于未来的样本中，否则利用受到多重共线性困扰的回归估计去做预测是冒险的。

11. 样本的微小性、解释变量的变异性和多重共线性一样重要，一般来说他们体现的都是样本的特征而非总体的特征。

12. CLRM 假定用于分析的经济计量模型是正确设定的，他有两层含义：一是没有方程设定误差，二是没有模型设定误差。本章主要考虑方程设定误差，具体包括：遗漏重要变量、引入多余变量、函数形式不正确、误差项设定不正确以及被解释变量和解释变量中存在测量误差。

13. 模型中遗漏重要解释变量的后果是严重的，模型中保留的解释变量的系数的 OLS 估计量不仅有偏，而且不一致；同时这些系数的方差和标准误都是不正确的，从而使通常的假设检验程序失效。模型中引入无关变量，有关和无关变量系数的估计量仍然是无偏的、一致的，误差方差 σ^2 仍然被正确估计，问题在于所估计的方差趋于过大，从而使参数的估计不准确，使置信区间无必要地扩大。

14. 侦查方程设定误差的常用方法有：残差分析法、德宾—沃森 d 统计量检验法、拉姆齐的 RESET 检验法和拉格朗日乘数检验法。

15. 如果仅被解释变量的取值存在测量误差，则 OLS 估计量依然是无偏的和一致的但效率较低；如果解释变量中有测量误差，则 OLS 估计量是有偏误的，而且是非一致的，问题严重，必须认真对待。实践中对于测量误差的补救常常不易，因此研究者应详细说明数据的来源、收集的方法以及所用的定义等。

16. 实践中选择一个经验模型有许多准则，比如 R^2 准则、$\bar{R}^2$ 准则、AIC 准则、SIC 准则以及马楼斯的 C_p 准则，等等。这些准则不是绝对的，对模型设定分析只能起辅助作用。

17. 要全力注意模型的选择，而不要在这之前匆匆忙忙去估计它。一旦模型选定，便可有序地应用估计和假设检验的经典技术。也就是说，在检验分析中所选的模型应该是经过设定计量学的严格考验的。

思考题与习题

5.1 异方差产生原因。

5.2 异方差产生的影响。

5.3 戈德菲尔德—匡特检验的思路和局限性。

5.4 自相关产生的影响。

5.5 多重共线性造成的后果。

5.6 回归模型存在设定误差主要包括哪几类？

5.7 根据我国 1978－2000 年的财政收入 Y 和国内生产总值 X 的统计资料，可建立如下的经济计量模型：

$$Y = 556.6477 + 0.1198 \times X$$
$$(2.5199) \quad (22.7229)$$

$$R^2 = 0.9609, S.E = 731.2086, F = 516.3338, d = 0.3474$$

请回答以下问题：

(1)试检验该模型是否存在一阶自相关及相关方向，为什么？

(2)自相关会给建立的经济计量模型产生哪些影响？

(临界值：$d_L=1.24, d_U=1.43$)

5.8　对于线性回归模型：$y_t=\beta_0+\beta_1 x_t+u_t$，已知 u 为一阶自回归形式：$u_t=\rho u_{t-1}+\varepsilon_t$，要求：证明 ρ 的估计值为：

$$\hat{\rho}\approx\frac{\sum_{t=2}^{n}\hat{u}_t\hat{u}_{t-1}}{\sum_{t=2}^{n}\hat{u}_{t-1}^2}$$

5.9　已知消费模型：$Y_t=\alpha_0+\alpha_1 X_{1t}+\alpha_2 X_{2t}+u_t$

其中：Y_t ——消费支出

X_{1t} ——个人可支配收入

X_{2t} ——消费者的流动资产

$E(u_t)=0$

$Var(u_t)=\sigma^2 X_{1t}X_{2t}$（其中 σ^2 为常数）

要求：

(1)进行适当变换消除异方差，并证明之；

(2)用戈德菲尔德—匡特检验能否发现这种异方差，用 white 检验呢？

表 5—1　某种商品的销售额、价格以及消费者收入的统计资料

年份	销售额 Y(万元)	收入 X_1(百元)	价格 X_2(元)
1	20.89	7	8.04
2	23.13	10	7.15
3	23.23	12	7.92
4	24.79	14	8.62
5	26.02	18	8.85
6	29.95	25	9.65
7	33.30	33	10.39
8	33.41	35	10.34
9	36.38	41	11.43
10	37.94	43	10.96
11	39.28	48	11.93
12	41.87	51	12.12
13	46.79	60	12.83
14	46.69	62	13.64
15	48.5	64	13.34
16	50.16	68	13.88
17	51.41	71	14.43
18	53.58	76	15.03
19	56.12	79	13.83
20	57.37	85	15.41
21	59.17	87	15.84
22	59.74	89	15.74
23	61.78	91	15.70
24	61.11	92	16.04
25	62.21	94	16.47
26	64.00	98	17.18

5.10 使用第四章习题中的表 4－2 关于 1995－2011 年固定资产投资，货币供应量 M2 和 GDP 的数据，要求：

(1)用 DW 检验分析随机项的一阶自相关性；

(2)用一次差分法估计回归模型的参数。

5.11 表 5－1 是某地区某种商品的销售额、价格以及消费者平均收入的统计资料：

要求：

(1)检验 X_1 和 X_2 是否存在严重的多重共线性?

(2)是否造成严重后果?

第六章　虚拟变量与面板数据回归模型

构建虚拟变量模型的实质就是利用虚拟变量的取值不同将总体进行分组，将大变小，将复杂变简单。社会经济现象很复杂，变化很迅速，一般的经济计量模型难以深入内部，而虚拟变量这种看似简单的变量却能抓住现象变动的本质模拟真实的变化规律。但要发挥其强大功能，必须准确合理地设置虚拟变量，这就是科学与艺术的结合。在经验分析中，通常会遇到定类、定序、定距和定比四种尺度类型变量。前面几章处理的变量类型都属于定比尺度类型的变量，实际上，回归模型也可以处理其他几种类型的变量。在本章涉及的变量类型就既有定比尺度类型的变量，又有定类尺度类型的变量。这些定类尺度的变量既可以用作解释变量，又可以用作被解释变量；既可在截面数据模型中使用，也可在时序数据模型中使用，还可在面板数据模型中使用。下面分节介绍。

第一节　虚拟解释变量回归模型

一、虚拟解释变量回归模型的类型

1. 方差分析(ANOVA)模型

回归分析中，被解释变量不仅受诸如定量变量(收入、价格、产量、成本、高度、温度等)的影响，还受定性变量(性别、民族、宗教信仰、国籍、文化程度、战争、地震、罢工、政治动乱、政府政策变化等)的影响。例如，当我们用新中国成立以来的统计数据估计消费函数时，“改革开放”这一因素就是一个不可忽略的定性解释变量。这些定性变量都属于定类尺度变量。由于这类定类尺度的变量常指某一“性质”或属性出现或不出现，“量化”这些变量的方法就是构造一个取值1或0的人为变量。这些可以用0或1表示其取值的变量称做虚拟变量(dummy variables)，又称作指标变量(indicator variables)，二值变量(binary variables)，范畴变量(categorical variables)，定性变量(gualitative variables)和二分变量(dichotomous variables)。虚拟变量是能把数据区分为相互排斥的类别的一种有用工具。

在回归分析中，使用虚拟变量和使用定量变量一样容易。事实上，一个回归模型可以清一色地只包含虚拟变量作为解释变量，这样的模型称为方差分析(analysis of variance, ANOVA)模型。例如，在分析高校教授薪水与性别的关系时，可以设定如下模型：

$$Y_i = \alpha + \beta D_i + u_i \tag{6.1.1}$$

其中，Y_i 表示教授的年薪，D_i 表示教授的性别，若为男教授，令 $D_i = 1$，若为女教授，令 $D_i = 0$。

女教授平均年薪：

$$E(Y_i \mid D_i = 0) = \alpha \tag{6.1.2}$$

男教授平均年薪：

$$E(Y_i \mid D_i = 1) = \alpha + \beta \tag{6.1.3}$$

此类 ANOVA 模型常见于社会学、心理学、教育和市场研调领域中。

需要指出的是，虚拟变量虽然主要用来表示定性变量，但在某些情况下也可以用来代表数量因素。例如在“储蓄函数”中，年龄是个重要的解释变量。虽然“年龄”是定量变量，但由于不同年龄段的居民有不同的储蓄行为，所以可以用虚拟变量表示各年龄段的居民在储蓄行为上的差异。

2. 协方差分析(ANCOVA)模型

ANOVA 模型在经济学中不那么常见。在大多数综合研究中，典型的做法是一个回归模型中既含有定量变量的解释变量也含有定性变量的解释变量。兼含这两种变量的回归模型称作协方差分析(analysis of covariance，ANCOVA)模型。协方差分析模型是方差分析模型的推广。例如，在上述分析高校教授薪水与性别的关系模型中，还可以加入教龄这样的定量变量，设定如下模型：

$$Y_i = \alpha_1 + \alpha_2 D_i + \beta X_i + u_i \tag{6.1.4}$$

其中 Y_i 表示教授的年薪，X_i 表示教龄；$D_i = \begin{cases} 1 & 男 \\ 0 & 女 \end{cases}$

女教授平均年薪：

$$E(Y_i \mid X_i, D_i = 0) = \alpha_1 + \beta X_i \tag{6.1.5}$$

男教授平均年薪：

$$E(Y_i \mid X_i, D_i = 1) = (\alpha_1 + \alpha_2) + \beta X_i \tag{6.1.6}$$

两者的斜率相同，但截距不同。

如果共同斜率的假设真实，通过 OLS 方法估计方程(6.1.4)，可对 α_2 的估计值 $\hat{\alpha}_2$ 进行 t 检验，若 α_2 显著地不为零，我们就认为男女教授的薪金水平显著地不同。

3. 虚拟变量回归模型的特点

(1)如果回归模型含有截距项，对于具有两种属性特征的定性变量，只需引入一个虚拟变量，也就是说，一个虚拟变量足够区分两个类别。若把模型(6.1.4)写为

$$Y_i = \alpha_1 + \alpha_2 D_{i2} + \alpha_3 D_{i3} + \beta X_i + u_i \tag{6.1.7}$$

其中 $D_{i2} = \begin{cases} 1 & 男教授 \\ 0 & 否则 \end{cases}$ $D_{i3} = \begin{cases} 1 & 女教授 \\ 0 & 否则 \end{cases}$

则模型(6.1.7)中的 D_2 和 D_3 之间完全共线性。为了说明问题，我们假设样本包含 3 位男教授，2 名女教授，其数据矩阵为：

$$\mathbf{X}=\begin{bmatrix}1 & 1 & 0 & X_1\\ 1 & 1 & 0 & X_2\\ 1 & 0 & 1 & X_3\\ 1 & 1 & 0 & X_4\\ 1 & 0 & 1 & X_5\end{bmatrix}$$

其第一列代表共同截距项α_1，容易看出$D_2=1-D_3$或$D_3=1-D_2$，即D_2和D_3完全共线性。在完全共线性情况下，OLS估计量的估计是不可能的。

一般的规则是：如果回归模型中含有截距项，若一个定性变量有m个类别，则仅引入$m-1$个虚拟变量。但如果回归模型中不含截距项，则m种特征需引入m个虚拟变量。如果我们不遵从这一规则，则有落入虚拟变量陷阱之虞。例如，若式(6.1.7)不含有截距项α_1，则数据矩阵为：

$$\mathbf{X}=\begin{bmatrix}1 & 0 & X_1\\ 1 & 0 & X_2\\ 0 & 1 & X_3\\ 1 & 0 & X_4\\ 0 & 1 & X_5\end{bmatrix}$$

这时，解释变量之间不存在多重共线性。

(2) 以"0"和"1"为取值的虚拟变量所反映的内容可任意设定。即"1"也可以表示女教授，而"0"表示男教授。此时有：

女教授平均年薪：

$$E(Y_i \mid X_i, D_i=1)=(\alpha_1+\alpha_2)+\beta X_i \tag{6.1.8}$$

男教授平均年薪：

$$E(Y_i \mid X_i, D_i=0)=\alpha_1+\beta X_i \tag{6.1.9}$$

这时，如果存在性别歧视，预期α_2为负值。问题的关键是，在解释涉及虚拟变量模型的估计结果时，要知道1和0是怎样分配使用的。

(3) 虚拟变量$D=0$代表的特性或属性，通常用于说明基础(基底)类型。基础类型是对比的基础。共同截距项α_1是基础类型的截距。不管哪一类别作为基础类型，都是一种选择的结果，这种选择是根据某种考虑作出的。

(4)附属于虚拟变量D_2的系数α_2，称为级差截距系数，它表示取值类型的截距值与基底类型截距值的差别。

二、虚拟解释变量回归模型的应用

1. 一个定量变量和一个多分定性变量的回归模型

如果一个定性变量有两种以上特征，例如我国有56个民族；一年有四季；文化程度有多个水平等。这时，按引入虚拟变量的规则，模型就要包含多个虚拟变量。

假设在截面数据基础上，做个人保健支出对个人收入和教育水平的回归。由于教育变量是定性的，若考虑三个相互排斥的教育水平：初等教育、中等教育、大学及以上。按照规则，我们需要引入两个虚拟变量处理 3 个教育水平。假定在年度保健支出对年度收入的回归中，三个教育水平有相同的斜率和不同的截距，可利用如下模型：

$$Y_i = \alpha_1 + \alpha_2 D_{i2} + \alpha_3 D_{i3} + \beta X_i + u_i \tag{6.1.10}$$

Y_i：年度保健支出；X_i：年度收入，$D_{i2} = \begin{cases} 1 & \text{中等教育} \\ 0 & \text{否则} \end{cases}$ $D_{i3} = \begin{cases} 1 & \text{大学及以上} \\ 0 & \text{否则} \end{cases}$

在对虚拟变量的赋值中，我们把"初等教育"当作基础类型。截距 α_1 代表基础类截距，而级差截距系数 α_2 和 α_3 分别代表中等教育和大学及以上教育与基础类截距的差异，即有

初等教育水平年度保健平均支出：

$$E(Y_i \mid X_i, D_{i2}=0, D_{i3}=0) = \alpha_1 + \beta X_i \tag{6.1.11}$$

中等教育年度保健平均支出：

$$E(Y_i \mid X_i, D_{i2}=1, D_{i3}=0) = \alpha_1 + \alpha_2 + \beta X_i \tag{6.1.12}$$

高等教育年度保健平均支出：

$$E(Y_i \mid X_i, D_{i2}=0, D_{i3}=1) = \alpha_1 + \alpha_3 + \beta X_i \tag{6.1.13}$$

其几何意义见图 6.1：（假定 $\alpha_3 > \alpha_2$）

在做回归(6.1.10)之后，容易求出级差截距系数 α_2 和 α_3 是否个别地与基底类在统计上有显著的差异。还可以用 ANOVA 技术及其伴随的 F 检验做联合假设 $\alpha_2 = \alpha_3 = 0$ 的检验。

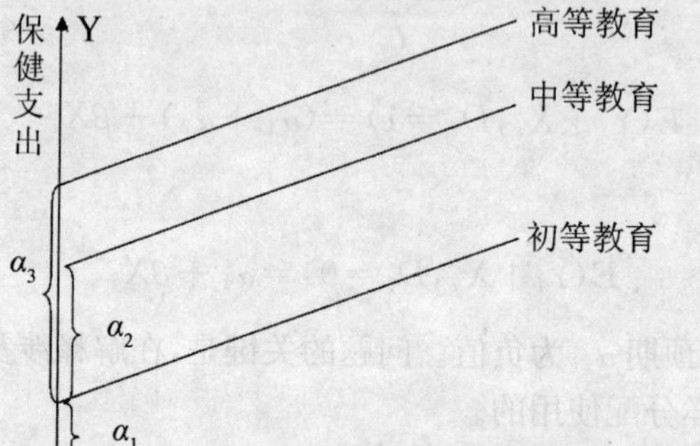

图 6.1 不同教育水平个人保健支出与收入的关系

2. 一个定量变量和两个定性变量的回归模型

虚拟变量的方法易于推广到处理多于一个定性变量的情形。沿用前面大学教授薪水的例子，如果除教龄和性别外，肤色也是一个重要的薪水决定因素，于是有回归模型：

$$Y_i = \alpha_1 + \alpha_2 D_{i2} + \alpha_3 D_{i3} + \beta X_i + u_i \tag{6.1.14}$$

其中 Y_i = 大学教授薪金；X_i = 教龄；$D_2 = \begin{cases} 1 & \text{男} \\ 0 & \text{女} \end{cases}$ $D_3 = \begin{cases} 1 & \text{白色} \\ 0 & \text{其他} \end{cases}$

注意：这里的两个定性变量：性别和肤色都有两个分类，从而各需要一个虚拟变量。还需

要注意基础类别现在是“其他肤色女教授”类别。

其他肤色女教授平均年薪：

$$E(Y_i \mid X_i, D_2=0, D_3=0)=\alpha_1+\beta X_i \tag{6.1.15}$$

其他肤色男教授平均年薪：

$$E(Y_i \mid X_i, D_2=1, D_3=0)=(\alpha_1+\alpha_2)+\beta X_i \tag{6.1.16}$$

白人女教授平均年薪：

$$E(Y_i \mid X_i, D_2=0, D_3=1)=(\alpha_1+\alpha_3)+\beta X_i \tag{6.1.17}$$

白人男教授平均年薪：

$$E(Y_i \mid X_i, D_2=1, D_3=1)=(\alpha_1+\alpha_2+\alpha_3)+\beta X_i \tag{6.1.18}$$

这里再次假定，上述回归的差异仅在截距系数，而不在斜率系数。如果两个截距的级差系数在统计上显著，则意味着性别与肤色都是影响教授薪金的重要决定因素。

由以上讨论推知，我们的模型还可以推广到含有多于一个定量变量和多于两个定性变量的情形。唯一需要注意的是：在有截距项的模型中，每个定性变量所需的虚拟变量个数要比该变量的类别数少 1。

3. 截距和斜率共变模型

在很多情形下，定性变量不仅会改变模型的截距，也影响其斜率。在此情形下，我们需要讨论截距和斜率同时变动的模型。例如，城乡居民家庭的消费函数不仅截距上有差异，而且斜率上（边际消费倾向）上也会有所不同。这时的回归模型可记为：

$$Y_i=\alpha_1+\alpha_2 D_i+\beta_1 X_i+\beta_2 (D_i X_i)+u_i \tag{6.1.19}$$

其中：Y_i ＝家庭消费支出，X_i ＝家庭收入，$D_i=\begin{cases}1 & \text{城镇家庭}\\ 0 & \text{否则}\end{cases}$

城镇家庭平均消费支出：

$$E(Y_i \mid X_i, D_i=1)=\alpha_1+\alpha_2+(\beta_1+\beta_2)X_i \tag{6.1.20}$$

农村家庭平均消费支出：

$$E(Y_i \mid X_i, D_i=0)=\alpha_1+\beta_1 X_i \tag{6.1.21}$$

式中 α_2 和 β_2 分别表示城镇居民家庭与农村居民家庭的消费函数在截距和斜率上的差异。β_2 称为级差斜率系数。

若统计检验表明：

(1) $\alpha_2 \neq 0, \beta_2 \neq 0$，为截距和斜率同时变动模型，又称为相异回归模型。

(2) $\alpha_2 \neq 0, \beta_2 = 0$，为单纯截距变动模型，又称为平行回归模型。

(3) $\alpha_2 = 0, \beta_2 \neq 0$，为单纯斜率变动模型，又称为汇合回归模型。

(4) $\alpha_2 = 0, \beta_2 = 0$，为截距和斜率不变模型，又称为重合回归模型。

由于只有斜率变化而截距不变的情况实际中并不多见，所以不予介绍。

例 6.1 我国城镇居民家庭 1955—1985 年的储蓄函数（此例引自贺铿主编《经济计量学

教程》,中国统计出版社 2000 年 5 月出版)。据 1955－1985 年我国城镇居民家庭年人均可支配收入 X_t 和人均储蓄 S_t 的数据资料(以 1995 年物价水平为 100),可建立如下储蓄模型:

$$\hat{S}_t = -33.4 + 0.17X_t \qquad (6.1.22)$$
$$r^2 = 0.833 \quad d = 0.398$$

以上模型隐含着:“我国城镇居民家庭的储蓄行为在 1955－1985 年期间始终不变”的假定。但这一假定显然是不能成立的,因为我国与居民储蓄有关的许多重要因素在 1979 年之后发生了明显变化。主要表现为:(1)在经济体制改革之前,居民收入水平很低,大多数家庭收入仅能维持温饱,因此边际储蓄倾向很低,1979 年以后,收入水平逐年增长,与此同时,储蓄也在大幅度增长。1979 年前后,我国居民的储蓄行为有显著差异。(2)1979 年前居民储蓄带有“非自愿”性,之后,这种“非自愿”性逐步减少,以致消除。

为了验证,可建立如下截距和斜率共变模型

$$S_t = \alpha_1 + \alpha_2 D_t + \beta_1 X_t + \beta_2 D_t X_t + u_t \qquad (6.1.23)$$

其中 $$D_t = \begin{cases} 1 & t < 1979 \\ 0 & t \geqslant 1979 \end{cases}$$

OLS 估计结果为:

$$\hat{S}_t = -61.7 + 55.7D_t + 0.256X_t - 0.252DX_t \qquad (6.1.24)$$
$$t = (-2.8) \quad (3.9) \quad (8.1) \quad (-9.2)$$
$$\bar{R}^2 = 0.967, \quad d = 1.67$$

显然,储蓄模型的截距和斜率在 1979 年前后有显著差异。

1979 年后:

$$\hat{S}_t = -61.7 + 0.256X_t \qquad (6.1.25)$$

1979 年前:

$$\hat{S}_t = -6.0 + 0.004X_t \qquad (6.1.26)$$

估计结果表明:1979 年之前,我国城镇居民收入增加 1 元储蓄平均仅增加 4 厘;之后的 1979－1985 年间,收入增加 1 元储蓄平均增加 2 角 5 分 6 厘。显然式(6.1.22)中 0.17 的边际储蓄倾向,既不能代表改革开放前,也不能代表改革开放之后的我国城镇居民的收入与储蓄的关系。

值得注意的是,由于模型(6.1.22)忽略了我国从 1978 年开始的“改革开放”这一重要因素,估计结果($d = 0.398$)提示存在明显的一阶正自相关,当在模型(6.1.24)引入虚拟变量表示“改革开放”这一重要因素后,$d = 1.67$,同时,模型的拟合优度也得到明显提高,判断系数 R^2 的值由 0.833 提高到 0.967。这说明低 d 值是由模型中遗漏了重要解释变量造成的,而非随机误差项存在一阶正自相关。

4. 分段线性回归模型

在经济关系中常有这样的现象:当解释变量 X 的值达到某一门槛值 X^* 之前,与被解释

变量 Y 存在某种线性关系；当达到 X^* 之后，与被解释变量 Y 的关系就会发生变化。此时，如果门槛值 X^* 已知，我们就可以用虚拟变量来估计每段的斜率，这就是所谓的分段线性回归。

设某公司对其销售人员在销售额的基础上按如下方式支付佣金：在销售额达到目标或门槛水平 X^* 前采取一种佣金结构，超过水平 X^* 后又是另一种佣金结构。这里把影响销售佣金的其他因素由随机干扰项代表。

分段线性回归模型为：

$$Y_i = \alpha + \beta_1 X_i + \beta_2 (X_i - X^*) D_i + u_i \tag{6.1.27}$$

其中：Y_i ＝销售佣金；X_i ＝销售员的销售额，X^* ＝销售额的门槛值（又称结点，为事先已知），$D_i = \begin{cases} 1 & 若 X_i \geqslant X^* \\ 0 & X_i < X^* \end{cases}$，由此可知：

低于目标水平 X^* 的平均销售佣金为：

$$E(Y_i \mid D_i = 0, X_i, X^*) = \alpha + \beta_1 X_i \tag{6.1.28}$$

达到或超过目标水平 X^* 的平均销售佣金为：

$$E(Y_i \mid D_i = 1, X_i, X^*) = \alpha - \beta_2 X^* + (\beta_1 + \beta_2) X_i \tag{6.1.29}$$

该模型几何图形如图 6.2。若统计检验表明 β_2 显著不为零，则分段线性回归模型成立。

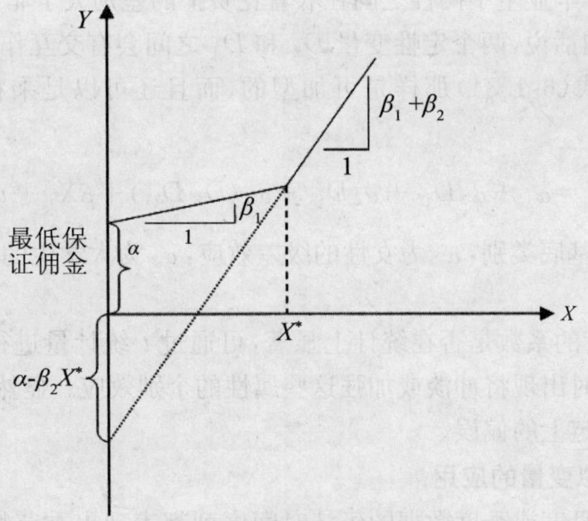

图 6.2 销售额与佣金关系

该例中 Y 与 X 的关系只有一个转折点，但在某些情形下存在多个转折点。例如，职工工资与职工的工龄有关，为说明简单，如果仅考虑 3 个工龄段：5 年以下，5—15 年，15 年以上。

设 Y_i 为职工工资，X_i 为工龄，$X_1^* = 5$，$X_2^* = 15$，由此可建立如下分段线性回归模型

$$Y_i = \alpha + \beta_1 X_i + \beta_2 (X_i - X_1^*) D_{i1} + \beta_3 (X_i - X_2^*) D_{i2} + u_i \tag{6.1.30}$$

其中 D_1 和 D_2 都是虚拟变量，且有

$$D_{i1} = \begin{cases} 1 & X_1^* \leqslant X < X_2^* \\ 0 & 其他 \end{cases} \qquad D_{i2} = \begin{cases} 1 & X \geqslant X_2^* \\ 0 & 其他 \end{cases}$$

在 $E(u_i)=0$ 的假定下，有：

$$E(Y_i \mid X_i, D_{i1}=0, D_{i2}=0)=\alpha+\beta_1 X_i \tag{6.1.31}$$

$$E(Y_i \mid X_i, D_{i1}=1, D_{i2}=0)=\alpha-\beta_2 X_1^*+(\beta_1+\beta_2) X_i \tag{6.1.32}$$

$$E(Y_i \mid X, D_{i1}=0, D_{i2}=1)=\alpha-\beta_3 X_2^*+(\beta_1+\beta_3) X_i \tag{6.1.33}$$

5. 带有交互效应的回归模型

考虑如下回归模型：

$$Y_i=\alpha_1+\alpha_2 D_{i2}+\alpha_3 D_{i3}+\beta X_i+u_i \tag{6.1.34}$$

其中 Y_i ＝衣着消费的年度开支，X_i ＝年度收入，

$$D_2=\begin{cases}1 & \text{女性}\\ 0 & \text{男性}\end{cases} \qquad D_3=\begin{cases}1 & \text{大学毕业}\\ 0 & \text{否则}\end{cases}$$

此模型的一个隐含假设为：在两种教育水平之间性别虚拟变量 D_2 的级差效应保持不变，同样，在两种性别之间的教育虚拟变量 D_3 的级差效应也保持不变。也就是说，如果女性花在衣着上的平均开支高于男性，则不管她们是否大学毕业都如此。同样，如果大学毕业用于衣着上的开支平均比非大学毕业的多，则不论他们是男是女都一样。而在许多应用中这种假定是站不住脚的。应该说大学毕业生中两性之间在衣着花费上的差别大于非大学毕业生中两种性别之间的花费差别。换句话说，两个定性变量 D_2 和 D_3 之间会有交互作用，因此它们对 Y 均值的效应并不单纯地像式(6.1.34)那样是可加型的，而且还可以是乘积型的，可表示为如下模型：

$$Y_i=\alpha_1+\alpha_2 D_{i2}+\alpha_3 D_{i3}+\alpha_4 (D_{i2} D_{i3})+\beta X_i+u_i \tag{6.1.35}$$

其中，男性非大学生是基底类别，α_2 为女性的级差效应，α_3 为大学生的级差效应，α_4 为女大学生的级差效应。

交互作用虚拟变量的系数是否在统计上显著，可通过 t 统计量进行检验。如果它是统计上显著的，两种属性同时出现将冲淡或加强这些属性的个别效应。显然，忽略一个显著的交互作用项，将导致模型设定上的偏误。

6. 季节分析中虚拟变量的应用

现实中，许多基于月度或季度数据的经济时间序列都表现出季节特征。从一个时间序列中去掉季节因素或季节成分的过程，通常称为季节调整。在经济计量实践中，许多时间序列都需要对季节的变化进行测定，进而进行季节调整，比如失业率、消费价格指数、生产价格指数等重要的经济时间序列通常都以季节调整以后的形式公布。虚拟变量法就是用来去除经济时间序列中的季节性的方法之一。

为了说明虚拟变量方法，考虑如下模型：

$$Y_t=\alpha_1 D_{t1}+\alpha_2 D_{t2}+\alpha_3 D_{t3}+\alpha_4 D_{t4}+u_t \tag{6.1.36}$$

其中 Y_t 为具有季节性的某商品的销售数量，四个 D 都是虚拟变量，分别表示在相应季节取值 1，在其它季节取值 0。为避免虚拟变量陷阱，模型中不包含截距项(注意要用过原点回归

方法,并且零截距模型中的 R^2 并不总是有意义)。如果存在某种季节效应,相应季度虚拟变量系数的 t 统计值就会表现出统计上的显著性。每个虚拟变量的系数都给出相应季节该商品销售量的均值。

我们也可以把模型设定为:

$$Y_t = \alpha_1 + \alpha_2 D_{t2} + \alpha_3 D_{t3} + \alpha_4 D_{t4} + u_t \tag{6.1.37}$$

在该模型中,若把第一季度作为基底类别,其他三个季度虚拟变量的系数就是级差截距。α_1 就是第一季度该商品销售量的均值,如果各级差截距值与基底平均值相加,就会得到各个季度的平均值,也就是说,$\alpha_1+\alpha_2,\alpha_1+\alpha_3,\alpha_1+\alpha_4$ 分别为第二、三、四季度的该商品销售量的均值。

如果我们要进行季节调整,得到一个消除季节性的时间序列,我们可以用式(6.1.36)或式(6.1.37)对每一个观测估计 Y 值,然后用每个实际的 Y 值减去 $\hat{Y}$(估计的 Y 值),所得到的残差序列就是我们需要的消除了季节性的时间序列。

注意这里用了时间序列的加法模型,即用了模型:$TS=s+c+t+u$,若为乘法模型则不适用。当然在季节分析中,还可以同时在模型中包含定量变量。

三、虚拟变量方法的一些技术问题

1. 半对数回归模型中虚拟变量的解释

$$\ln Y_i = \beta_1 + \beta_2 D_i + u_i \tag{6.1.38}$$

在式(6.1.38)中,若 Y_i 表示小时工资率,D_i 取值 1 表示男性,取值 0 表示女性。这里,截距 β_1 给出了女性小时工资对数的均值,而"斜率"系数 β_2 则给出了男女之间小时工资对数均值的差别。然而这样的解释一般来说并不能使人满意。但是,如果我们取 β_1 的反对数,所得到的可以看成是女性小时工资的中位数。同样,如果我们对($\beta_1+\beta_2$)取反对数,得到的则是男性小时工资的中位数。

2. 虚拟变量与异方差性

在应用虚拟变量技术检验结构稳定性时,应证实此时没有异方差性问题。例如我们在研究 1955－1995 年我国城镇居民家庭年人均收入和人均储蓄的数据资料,发现改革开放(1979年)前后,我国城镇居民的储蓄行为有结构上的变化,不仅储蓄函数的截距有变化,而且斜率(边际储蓄倾向)也有变化。但是,这种利用虚拟变量方法检验结构稳定性的方法是以不同时期的随机干扰项的方差相等为前提的,即假定 $Var(u_{1i})=Var(u_{2i})=\sigma^2$,如果假定不成立,就有可能得到具有误导性的结论。这时,必须先利用合适的方法来验证两个时期方差的相等性,我们可以用 F 检验解决这个问题。

3. 虚拟变量与自相关

考虑如下涉及时间序列数据的模型:

$$Y_t = \alpha_1 + \alpha_2 D_t + \beta_1 X_t + \beta_2 (D_t X_t) + u_t \tag{6.1.39}$$

把整个时间序列分为两个时期,其中,对第一期的观测值取 $D_t=0$,而对第二时期的观测值取 $D_t=1$。假设第一时期有 n_1 个观测值,第二时期有 n_2 个观测值。注意到式(6.1.39)中兼含有级差截距和级差斜率虚拟变量,这和我们研究的我国储蓄函数模型一样。如果假定式

(6.1.39)中的随机误差项 u_t 是按 AR(1)方式生成的,即:$u_t=\rho u_{t-1}+\varepsilon_t$,其中 ε_t 满足经典假定。我们在第5章知道了如何去变换一个回归模型以消除(一阶)自相关的问题:假定 ρ 已知或已经估算出来,于是可以用 $(Y_t-\rho Y_{t-1})$ 作为被解释变量,但是虚拟解释变量 D 的出现提出了一个特殊的问题,也就是说虚拟变量把观测值简单地划分为属于第一时期或属于第二时期,那么如何进行变换呢?马达拉(Maddala G. S.)建议用如下的程序:

(1)在式(6.1.39)中,对第一时期的全部观测取 D 值为零;在第二时期中,对第一个观测 D 值取为 $1/(1-\rho)$,但对其余观测值取为1。

(2)将变量 X_t 变换为 $(X_t-\rho X_{t-1})$。注意为了避免拟差分带来的观测值的减少,可以用普莱斯—温斯顿变换。

(3)对第一时期的全部观测取 D_tX_t 的值为零(注意第一时期的 D_t 的值为0);在第二时期里,第一个观测值取 $D_tX_t=X_t$,并置第二时期的其余观测值为 $(D_tX_t-D_t\rho X_{t-1})=(X_t-\rho X_{t-1})$(注意第二时期的 D_t 的值为1)。

从以上程序可以看出,这里的关键是第二时期的第一个观测值的变换。

四、进一步研究的问题

1. 随机或可变参数模型(random or varying parameters models)

在我们的回归分析中,总是假定诸参数 β 虽然是未知的,却是固定的。而随机系数模型对此有多种解释,即假定诸 β 也可以是随机的。Swamy 和 Tavlas(1995)在"Random Coefficient Models:Theory and applications"一文中对此有详细的阐述。下一节我们讨论系统变参数模型。

2. 转换回归模型(switching regression models)

在兼有级差截距和级差斜率的虚拟变量模型中,一个隐含的假设是我们知道变点(break point)。例如在我们的储蓄函数的例子中,我们知道改革开放是从1979年开始。若不知道怎么办?转换回归模型的方法是,通过把变点本身看作是随机的来处理。这一领域的开创性工作由戈德菲尔德(S. Goldfeld)和匡特(R. Quandt)1972年做出。

3. 非均衡模型(disequilibrium models)

在经济学中,非均衡是相对于瓦尔拉斯均衡而言的。瓦尔拉斯均衡是在假定存在着完善的市场和灵敏的价格体系条件下所达到的均衡,非均衡则是在不存在完善市场和灵敏价格体系条件下所达到的均衡。简言之,均衡是暂时的和相对的,而非均衡则是长期的和绝对的。因此非均衡理论是符合实际的,其中非均衡模型能够客观地描述经济系统运行的非均衡现实和特点。非均衡计量经济模型在20世纪70年代初期由著名的计量经济学家 Fair 和 Jaffee 首先提出,随后不少国内外的学者都在此领域进行了大量的研究工作并做出了很多重要的贡献。由于非均衡计量经济模型较复杂,不像均衡模型参数的估计那样,可以列出显函数公式,计算简便非均衡模型参数的估计一般都很难列出其显函数表达式,其数值只能通过迭代的方法得到,计算较为复杂。匡特(Richard E. Quandt)的《非均衡经济计量学》(1988)一书对此有详尽的论述。

第二节 系统变参数模型

由前面的讨论可知，由于引入了虚拟变量，回归模型的截距和斜率不再是固定不变的。但是参数的变化是离散的，而不是连续的。例如在对我国城镇居民储蓄函数的研究中，只表明在1979年前后有不同的储蓄行为，也就是说，回归模型的斜率和截距并不是每年都发生变化。本节介绍的系统变参数模型是虚拟变量应用的推广，它允许回归模型的截距和斜率随样本观测值改变而系统地改变。系统变参数模型也可以分为截距变动模型和截距斜率同时变动模型。

一、截距变动模型

设线性回归模型为

$$Y_t = \beta_{t1} + \beta_2 X_{t2} + \beta_3 X_{t3} + \cdots + \beta_k X_{tk} + u_t \tag{6.2.1}$$

注意到截距项 β_{t1} 比斜率系数多一个下标 t。这就是说，回归模型的斜率在整个样本期保持不变，但截距项 β_{t1} 则随 t 的变化而改变。假定 β_{t1} 的变化是系统的(即非随机的)，且这种变化完全由外生变量决定，则式(6.2.1)就是一个系统变参数模型。为了表述方便，我们假定 β_{t1} 由下面简单的辅助关系决定：

$$\beta_{t1} = \alpha_1 + \alpha_2 Z_t \tag{6.2.2}$$

式中 α_1 和 α_2 是常数，又称为“超参数”，Z_t 是用来解释 β_{t1} 变动的外生变量。将式(6.2.2)代入式(6.2.1)得到

$$Y_t = \alpha_1 + \alpha_2 Z_t + \beta_2 X_{t2} + \cdots + \beta_k X_{tk} + u_t \tag{6.2.3}$$

用 OLS 法可对上式中的超参数以及其他参数一并进行估计。不难看出，如果 Z_t 为虚拟变量，式(6.2.3)就是一个虚拟变量模型。这时，模型的截距在 $Z_t=1$ 和 $Z_t=0$ 时，分别为 $\alpha_1+\alpha_2$ 和 α_1。显然，虚拟变量模型是系统变参数模型的一种特殊形式。

二、截距和斜率同时变动模型

我们也可以假定斜率与截距一样存在系统变动。例如，如果还允许 β_2 作如下变动

$$\beta_{t2} = b_1 + b_2 W_t \tag{6.2.4}$$

将式(6.2.4)代入式(6.2.3)，则有

$$Y_t = \alpha_1 + \alpha_2 Z_t + b_1 X_{t1} + b_2 W_t X_{t2} + \beta_3 X_{t3} \cdots + \beta_k X_{tk} + u_t \tag{6.2.5}$$

该模型只假定了 β_{t1} 和 β_{t2} 存在系统变化，在实际应用中，我们还可以假定更多的参数存在系统变化，甚至可以允许超参数变量本身不是常数。

用最小二乘法得到式(6.2.5)中参数估计值之后，即可对参数是否存在系统变化进行统计检验。如果 α_2 和 b_2 在统计上不显著，就可以把 β_1 和 β_2 看作常数；反之如果 α_2 和 b_2 在统计上

显著地不为零,则认为β_1和β_2存在系统变化。

显然,如果错误地将β_1和β_2当作常数,就等同于错误地解释了经济变量之间的关系。由于省略了重要的解释变量Z_t和W_t,还可能产生自相关等问题。

例6.2我国城镇居民消费的系统变参数模型。我国经济体制改革走的是一条渐进发展道路,改革开放以来,经历了从计划经济体制向社会主义市场经济体制转变的过程,经历了价格改革和逐步放开消费品市场等制度的变迁,从根本上改变了社会不同行为主体的行为选择,尤其对城镇居民的消费行为产生了重要的影响。

1978年以前,我国城镇居民的收入由两部分组成:一部分为可支配货币性收入,包括工资、各种福利性明补,以及很小比例的工资外货币收入;另一部分为福利性"暗补"及实物收入,体现为政府通过企业为职工提供的住房、医疗等社会福利及各种实物发放。同时,消费也分成完全分离的两部分:商品性消费和非商品性分配消费。可支配货币收入主要用于日常的基本消费支出(食品、日用品、文化消费等),各类基本消费品以定量或凭票证供应的方式进行配给,消费者基本没有自己的选择自由,消费者的消费需求被抑制;而非商品性长期消费支出(住房、医疗、交通、教育等),则由政府或所在单位直接提供,政府为居民提供了"无风险预期"的低水平社会保障。

1978—1989年,政府对消费品市场和价格的管制逐渐放开,逐步确立市场微观经济主体地位,调整消费与生产之间的关系。但是,"商品性消费"和"非商品性分配消费"依然并存,本质是一种带有市场取向的"有计划的商品经济"。我国进入了新旧体制交替的双轨制时期。这一时期,物质生活资料长期匮乏的局面得到改善,消费品市场逐渐放开,居民货币性收入迅速增长,但在两类消费依然分离的背景下,这部分收入仅用于日常性消费和补偿性消费支出,长期消费仍由政府和单位供给。这一时期,居民的消费支出与货币性收入同步快速增长,但储蓄意愿未见明显变化。然而,这一时期的"双轨制"价格带来了价格的连年轮番上涨,经济秩序混乱,滋生了腐败、投机倒把等现象。1988年政府实施"价格闯关":用市场定价体制代替行政定价体制,实现有计划的商品经济向市场经济转变。由于各方面的条件尚不成熟,引发了大规模的抢购风潮,受"价格闯关"的影响,社会形成较强的通货膨胀预期,1988年和1989年连续两年消费者价格指数增幅突破两位数,创历史新高,分别达到18.8%和18.0%。随后,国家着手经济的治理整顿。

进入20世纪90年代,我国开始确立社会主义市场经济体制,逐步出台一系列经济改革的政策和措施。一方面,相对于计划经济时期和双轨制时期的收入均等化,收入分配实行市场化改革,反平均主义的倾向以及逐步允许非劳动生产要素参与分配等举措,使得居民收入来源多样化,同时收入差距也在拉大。同时,试行国有企业破产等制度,城镇居民必须面对国门打开,市场放开、体制转型、市场竞争加剧、"铁饭碗"随时被打破的各种风险,这使得居民收入不确定性增加。另一方面,随着传统福利制度的改革和取消,一直由政府和单位承担的长期消费供给逐步退出历史舞台,两类消费的分离逐渐被打破,居民货币性收入不再仅仅用于近期日常性消费,还要用于长期性消费支出,不仅要面对国内通货膨胀的压力,还要面对国际金融风险,与此同时,市场化的社会保障制度尚未完全建立,新旧社会保障体制磨擦明显,居民未来支出的不确定性显著增加。

这一切变化,必然带来了我国城镇居民消费观念和消费行为方式的改变,也就是说,我们没有理由认为我国城镇居民消费行为与计划经济时期一样依然没变,然而这种变化是否显著?

变动趋势如何？需要我们利用系统变参数模型予以验证和描述。

表 6.1 给出 1978—2012 年我国城镇居民各年的人均消费支出、人均可支配收入和城市居民消费价格指数，Y' 和 Y 分别表示城镇居民人均货币和实际消费支出，X' 和 X 分别表示城镇居民人均货币和实际可支配收入，均以元为计量单位，I 表示以 1978 年为基期的城市居民消费价格指数。

表 6.1 1978—2012 年我国城镇居民人均消费支出和人均可支配收入 单位：元

年份	X'	Y'	I	X	Y
1978	343.4	311.2	100.0	343.4	311.2
1979	405.0	361.8①	101.9	397.4	355.1
1980	477.6	412.4	109.5	436.2	376.6
1981	500.4	456.8	112.2	446.0	407.1
1982	535.3	471.0	114.4	467.9	411.7
1983	564.6	505.9	116.7	483.8	433.5
1984	652.1	559.4	119.9	543.9	466.6
1985	739.1	673.2	134.2	550.7	501.6
1986	900.9	799.0	143.6	627.4	556.4
1987	1002.1	884.4	156.2	641.5	566.2
1988	1180.2	1104.0	188.5	626.1	585.7
1989	1373.9	1211.0	219.2	626.8	552.5
1990	1510.2	1278.9	222.0	680.3	576.1
1991	1700.6	1453.8	233.3	728.9	623.2
1992	2026.6	1671.7	253.4	799.8	659.7
1993	2577.4	2110.8	294.2	876.1	717.5
1994	3496.2	2851.3	367.8	950.6	775.2
1995	4283.0	3537.6	429.6	997.0	823.5
1996	4838.9	3919.5	467.4	1035.3	838.6
1997	5160.3	4185.6	481.9	1070.8	868.6
1998	5425.1	4331.6	479.0	1132.6	904.3
1999	5854.0	4615.9	472.8	1238.2	976.3
2000	6280.0	4998.0	476.6	1317.7	1048.7
2001	6859.6	5309.0	479.9	1429.4	1106.3
2002	7702.8	6029.9	475.1	1621.3	1269.2
2003	8472.2	6510.9	479.4	1767.3	1358.1
2004	9421.6	7182.1	495.2	1902.6	1450.3
2005	10493.0	7942.9	503.1	2085.7	1578.8
2006	11759.5	8696.7	510.6	2303.1	1703.2
2007	13785.8	9997.5	533.6	2583.5	1873.6
2008	15780.8	11242.9	563.5	2800.5	1995.2
2009	17174.7	12264.6	558.4	3075.7	2196.4
2010	19109.4	13471.5	576.3	3315.9	2337.6
2011	21809.8	15160.9	606.8	3594.2	2498.5
2012	24564.7	16674.3	623.2	3941.7	2675.6

注：1. 数据来源：《2012 中国城市(镇)生活与价格年鉴》(国家统计局城市社会经济调查司编)、《中国统计年鉴 2013》和《2013 中国价格统计年鉴》(国家统计局城市社会经济调查司编)。

2. ①用 1978 年和 1980 年的人均消费支出平均得到。

利用表 6.1 的资料建立一个简单的系统变参数模型：

$$Y_t = \beta_{t1} + \beta_{t2} X_t + u_t \tag{6.2.6}$$

式中 X_t 和 Y_t 分别表示城镇居民年实际人均可支配收入和实际消费支出，u_t 为随机误差项。

注意到模型截距 β_{t1} 和斜率 β_{t2} 是随时间推移不断变化的，也就是说，消费与收入的关系是逐年改变的。影响 β_{t1} 和 β_{t2} 的因素中有许多是不可观测或难以度量的(如观念的变化)，故无法将这些因素作为解释变量直接引入辅助方程。然而，由于我国经济体制改革是渐进式的，即与居民消费有关的众多因素是随时间推移而逐渐改变的，因此我们可以用时间序号 T 来代表这些因素。

假定 β_1 和 β_2 的变化可由下面的辅助方程决定：

$$\beta_{t1} = a_1 + a_2 T + a_3 T^2 \tag{6.2.7}$$

$$\beta_{t2} = b_1 + b_2 T + b_3 T^2 \tag{6.2.8}$$

$$T = 1, 2, \cdots, 35$$

将式(6.2.7)和式(6.2.8)代入式(6.2.6)有：

$$Y_t = a_1 + a_2 T + a_3 T^2 + b_1 X_t + b_2 T X_t + b_3 T^2 X_t + u_t \tag{6.2.9}$$

利用样本数据对回归模型进行 OLS 估计后，可对 a_i 和 b_i (i=1,2,3)进行统计检验。若 a_i 和 b_i 部分或全部(i=2,3)显著不为零，则表明在这一期间消费函数的参数存在系统变化；反之，则认为消费函数的参数在 1978－2012 年间是稳定的。经计算发现 a_2，a_3 和 b_2 在统计上不显著，故最终把模型确定为：

$$Y_t = a_1 + b_1 X_t + b_3 T^2 X_t + u_t \tag{6.2.10}$$

即有：

$$\beta_{1t} = a_1, \beta_{2t} = b_1 + b_3 T^2$$

用 OLS 法估计式(6.2.10)，得如下结果：

$$\hat{Y}_t = 24.6507 + 0.8445 X_t - 0.00014 T^2 X_t$$

$$t = (2.56) \quad (58.69) \quad (-12.44)$$

$$\bar{R}^2 = 0.9996, F = 40901.19, d = 1.5495$$

结果表明：(1) $\hat{b}_3$ 在统计上高度显著，证明 1978－2012 年我国城镇居民的消费行为的确在渐进变化。(2)由 $\hat{\beta}_{2t} = 0.8445 - 0.00014T^2$ 可知，虽然这一期间我国城镇居民的消费随着收入的增长而增长，但是边际消费倾向却呈抛物线下降趋势，即在新增加的收入中，用于消费的份额以几何的倍数递减，这一趋势说明了我国城镇居民消费需求的疲软和不足。

若忽视居民消费行为的这种渐近变化，把模型设定为：

$$Y_t = \beta_1 + \beta_2 X_t + u_t$$

则估计结果为

$$\hat{Y}_t = 134.10 + 0.6679X_t$$
$$t = (14.35)\ (120.12)$$
$$r^2 = 0.9977, d = 0.3552$$

虽然该模型的拟合优度也很高，但由于假定边际消费倾向是固定常数，不符合这一期间城镇居民的边际消费倾向发生渐变的实际，错误地描述了消费与收入的关系，这从 DW 检验的 d 值的比较也能看出，忽略居民消费行为变化的模型由于丢掉了反映“改革开放”这一重要因素的解释变量，发出存在显著一阶正自相关的强烈信号，而当我们在拟合的系统变参数模型中加入了反映“改革开放”这一重要因素的解释变量时，序列相关的问题基本消除。

第三节 定性因变量回归模型

在第一节考虑的虚拟变量回归模型中，我们隐含地假定因变量 Y 是定量的，而解释变量可以是定量的，也可以是定性的，或者二者兼有。这一节我们考虑因变量是定性变量的情形，并且讨论这样的模型的参数估计问题。

一、定性因变量模型的性质

假如我们想把成年人是否在业当作失业率、平均工资、家庭收入和教育等的函数。成年人是否在业这个因变量只能取两个值，如果在业，取值为 1；如果不在业，则取值为 0。

再如我们想把某企业是否破产当作若干个定量和定性变量的函数。企业是否破产这个因变量就是一个取值为 0 或 1 的虚拟变量：0 表示不破产，1 表示破产。

在社会经济领域，许多被解释变量可作为二分变量的例子。例如，一个家庭是否拥有具有产权的住宅，某人是否已购买寿险，某上市公司决定宣布或不宣布一种股利，某种药物在治疗一种疾病中有效或无效，人大代表对某项政策是否投赞成票等等。所有这些例子的共同性质是因变量属于仅要求回答“是”或“否”这样一种类型，就是说它是二分性质的。凡是因变量给出“是”或“否”或者“有”或“无”回应的回归模型称为二分因变量模型（dichotomous dependent variable modles）。这种模型可用于众多的领域，并在调查或普查的数据分析中广泛应用。

现实中，不仅存在大量的二分变因量现象，也存在大量的多分变因量的的情形。比如，是自己驾车、还是乘公交车抑或是乘地铁或是徒步上班的决策；是选择全职、还是兼职抑或不工作的决策等等，就是多分因变量的情形。对此，也可以建立多分因变量模型（polytomous dependent variable modles）。

这里，我们只考虑二分因变量模型。

定性因变量模型与定量因变量模型有着重要的差别：在定量变因量模型中，我们的目标是对给定的解释变量的值来估计因变量的期望值；在定性因变量模型中，我们的目标是找出所关心事件的发生概率。因此，定性因变量模型通常又称为概率模型。

怎样估计推断定性因变量模型？OLS 法是否仍然适用？为回答这些以及与此有关的其它的问题，我们在本节考虑这种类型模型的三种常用方法：线性概率模型（LPM）；对数单位模型；概率单位模型。

二、线性概率模型(LPM)

1. LPM 的表达式及含义

在商场或超市打折促销过程中，商家往往会赠送给顾客折扣券，让顾客在规定时间内去兑换折扣券。有些顾客会去兑换折扣券，有些顾客由于怕麻烦或觉得折扣价格太低不去兑换折扣券。考虑某种软饮料赠送价格折扣券的效果，建立如下简单模型：

$$Y_i = \beta_1 + \beta_2 X_i + u_i \tag{6.3.1}$$

其中 X 表示折扣价格；$Y=1$ 表示兑换了折扣券，$Y=0$ 表示不兑换折扣券。

该模型把二分变量 Y_i 表示为(诸)解释变量 X_i 的函数。因为 Y_i 在给定 X_i 下的条件期望 $E(Y_i \mid X_i)$ 可解释为在 X_i 给定条件下有利事件(兑换折扣券)发生的条件概率，即 $P_i(Y_i=1 \mid X_i)$。所以，像式(6.3.1)表示的这类模型称为线性概率模型(linear probability models，简记为 LPM)。

如同平常，假定 $E(u_i)=0$，我们得到：

$$E(Y_i \mid X_i) = \beta_1 + \beta_2 X_i \tag{6.3.2}$$

令 $P_i=$“$Y_i=1$”(即有利事件发生)的概率，$1-P_i=$“$Y_i=0$”(即有利事件不发生)的概率，则变量 Y_i 服从贝努里分布。根据数学期望的定义，我们有

$$E(Y_i) = 1 \cdot P_i + 0 \cdot (1-P_i) = P_i \tag{6.3.3}$$

比较式(6.3.2)和式(6.3.3)，便可得到如下关系：

$$E(Y_i \mid X_i) = \beta_1 + \beta_2 X_i = P_i \tag{6.3.4}$$

就是说，模型(6.3.1)的条件期望值事实上可以解释为 Y 的条件概率。根据概率的性质，我们有约束条件

$$0 \leqslant E(Y_i \mid X_i) \leqslant 1 \tag{6.3.5}$$

也就是说，条件期望值或条件概率必然落在 0 与 1 之间。

2. LPM 的估计

对于二分因变量的 LPM，能否用 OLS 进行估计？我们需要具体分析。

(1)干扰项 u_i 的非正态性。虽然 OLS 法并不要求干扰项 u_i 一定服从正态分布，但是为了统计推断的目的，我们仍然假定干扰项 u_i 服从正态分布。但是在 LPM 中，干扰项 u_i 与 Y_i 一样，只取两个值，当 $Y_i=1$ 时，$u_i=1-\beta_1-\beta_2 X_i$，相应的概率为 p_i，当 $Y_i=0$ 时，$u_i=-\beta_1-\beta_2 X_i$，相应的概率为 $(1-p_i)$。显然在这个模型中，干扰项 u_i 的正态性假定并不成立，它也服从贝努里分布。如果我们只求点估计，OLS 的点估计依然是无偏的，而且，当样本量无限增大时，OLS 估计量趋于正态分布。因此，在大样本中，LPM 的统计推断可沿用正态性假定下的 OLS 过程。

(2)干扰项 u_i 的异方差性。对于一个服从贝努里分布的随机变量，它的均值和方差分别为 P 和 $P(1-P)$，其中 P 是有利事件发生的概率，可见方差是均值的函数。可以证明该模型的随机干扰项的方差为：

$$Var(u_i)=P_i(1-P_i) \tag{6.3.6}$$

由于 $P_i=E(Y_i \mid X_i)=\beta_1+\beta_2X_i$，$u_i$ 的方差最终依赖于 X_i，从而它不满足同方差的要求。也就是说，这时的 OLS 估计量不具有最小方差的性质。由于 u_i 的方差依赖于 $E(Y_i \mid X_i)$，我们可以利用 GLS 法解决异方差的问题。令：

$$\sqrt{w_i}=\sqrt{P_i(1-P_i)}=\sqrt{E(Y_i \mid X_i)[1-E(Y_i \mid X_i)]} \tag{6.3.7}$$

将模型(6.3.1)两边除以 $\sqrt{w_i}$，得到：

$$\frac{Y_i}{\sqrt{w_i}}=\frac{\beta_1}{\sqrt{w_i}}+\beta_2\frac{X_i}{\sqrt{w_i}}+\frac{u_i}{\sqrt{w_i}} \tag{6.3.8}$$

此时通过变换后的式(6.3.8)中的误差项 $u_i/\sqrt{w_i}$ 是同方差的。利用 OLS 法对(6.3.8)式进行估计即可。然而在实际中，真实的 $E(Y_i \mid X_i)$ 是不知道的，因此 $\sqrt{w_i}$ 也是未知的。为了估计 $\sqrt{w_i}$，我们可以利用下面的两步法：

第一步，暂时不考虑异方差问题，对式(6.3.1)进行 OLS 估计，得到 $E(Y_i \mid X_i)$ 的估计值 $\hat{Y}_i$，再由此求出 w_i 的估计值 $\hat{w}_i=\hat{Y}_i(1-\hat{Y}_i)$；

第二步，用估计值 $\sqrt{\hat{w}_i}$ 作如同式(6.3.8)的数据变换，然后用 OLS 估计变换后的方程即可。

(3)实证中有时不满足 $0\leqslant E(Y_i \mid X_i)\leqslant 1$ 的约束 。由于线性概率模型中的 $E(Y_i \mid X_i)$ 度量着在给定 X_i 下事件 Y_i 发生的条件概率，理论上要求它必须落在 0 与 1 之间。但是，在实证中无法保证 $E(Y_i \mid X_i)$ 的估计量 $\hat{Y}_i$ 一定能满足这一约束条件。有两种解决问题的方法。一种是用平常的 OLS 方法估计 LPM，看估计的 $\hat{Y}_i$ 是否落在 0 与 1 之间，如果有些 $\hat{Y}_i$ 小于 0 则取其为零；如果有些 $\hat{Y}_i$ 大于 1 则取其为 1。另一种方法是设计一种新的估计技术，以保证所估计的条件概率 $\hat{Y}_i$ 必定落在 0 与 1 之间。我们稍后介绍这些方法。

(4)可疑的拟合优度：R^2 值。在二分因变量模型中，通常计算的 R^2 的价值是有限的。对于这种模型，所有的 Y 值必定要么落在 X 轴上，要么落在 $Y=1$ 的一条直线上。一般来说，不能期望有任何 PLM 能很好地拟合这样的散点。在大多数实例中，R^2 介于 0.2 与 0.6 之间。只有当实际的 Y_i 值集中地分别落在 X 轴和 $Y=1$ 的直线上的两个点上时，R^2 才会高。所以，奥尔德里奇(John Aldrich)和纳尔逊(Forrest Nelson)等建议，在定性因变量模型中，应避免使用判定系数作为一种摘要统计量。

例 6.3　表 6.2 给出了蒙哥马利(D. Montgomery)和佩克(E. Peck)收集的关于软饮料赠送价格折扣券效果的数据。一个含有 5500 个消费者的样本被随机地划分到 11 个不同的折扣类别中，如表所示，每类有 500 人。在这个例子中，因变量 Y 是消费者是否在一个月内将折扣券兑换，自变量 X 是价格折扣。

根据表 6.2 的数据，用 OLS 估计的 LPM 如下：

$$\hat{Y}_i=0.0291+0.0307X_i$$
$$t=(1.8221)\quad(31.2540)$$
$$r^2=0.3884$$

表 6.2 有关软饮料赠送价格折扣券效果的数据

价格折扣 X(美分)	样本大小 N_i	兑换折扣券个数 n_i
5	500	100
7	500	122
9	500	147
11	500	176
13	500	211
15	500	244
17	500	277
19	500	310
21	500	343
23	500	372
25	500	391

斜率值 0.0307 意味着价格折扣每增加一个单位，平均地说兑换折扣券的概率增加 0.0307。对某一给定的价格折扣，我们可以从样本回归方程中估计出兑换折扣券的实际概率。比如，对于 $X=13$，估计兑换折扣券的实际概率是：

$$(\hat{Y}_i \mid X=13)=0.0291+0.0307(13)=0.4282$$

就是说当价格折扣为 13 美分时，兑换折扣券的概率约为 0.4282。由于 LPM 受到异方差性问题的困扰，这样一来我们就不能信赖估计标准差。但是我们可以用先前讨论过的加权最小二乘法已获得这些标准误的更为有效的估计值。我们应用加权最小二乘法估计的回归为：

$$\hat{Y}_i/\sqrt{w_i}=0.032166/\sqrt{w_i}+0.030518X_i/\sqrt{w_i}$$

$$t=(2.1598)\qquad(33.4487)$$

$$r^2=0.7569$$

这些结果表明，与没有经过异方差调整的结果相比，估计的 t 比率变大了，而且判定系数的数值也有较大的增加。

3. PLM 的局限性

从上面的叙述我们看到，PLM 受到如下问题的困扰：(1) u_i 的非正态性；(2) u_i 的异方差性；(3) $\hat{Y}_i$ 落在(0,1)区间之外；(4) R^2 值一般来说较低。但是这些困难通常是可以克服的。例如通过 GLS 可解决异方差的问题，通过加大样本量解决非正态性问题，通过受约束最小二乘法或数学规划技术可以迫使估计的概率落入(0,1)区间。PLM 的根本问题在于模型的逻辑设定不符合实际情况。它假定 $P_i=E(Y_i \mid X_i)$ 随 X_i 而线性地增加，即 X 的边际效应一直保持不变，而这与实际不符。因此它不是一个很有吸引力的模型。

我们所需要的模型是具有如下二分性质的概率模型：(1)随着 X_i 的增加，$P_i=E(Y_i \mid X_i)$ 也增加，但不超出(0,1)这个区间；(2) P_i 和 X_i 之间的关系是非线性的，即随着 X_i 变小，概率 P_i 趋于零的速度越来越慢，而随着 X_i 变得越来越大，概率 P_i 趋于 1 的速度也越来越慢。

模型描述的曲线实际上是一条 S 曲线，而这样的 S 曲线描述的很像是一个随机变量的累积分布函数(CDF)。根据这一特点，容易建立适合累积分布函数特点的回归模型。实践中，经常使用的符合这一特征的模型有对数单位模型和概率单位模型，又分别称为逻辑斯蒂模型和正态模型。下面，我们分别介绍这两种模型。

三、对数单位(LOGIT)模型

1. 对数单位模型的概念

回顾在解释商场或超市打折促销例子中是否兑换折扣券对价格折扣的线性关系时，我们设定的 PLM 为：

$$P_i = E(Y_i \mid X_i) = E(Y=1 \mid X_i) = \beta_1 + \beta_2 X_i \tag{6.3.9}$$

其中 X 为价格折扣，而 $Y=1$ 表示兑换了折扣券。现在考虑如下的模型：

$$P_i = E(Y=1 \mid X_i) = \frac{1}{1+e^{-(\beta_1+\beta_2 X_i)}} = \frac{1}{1+e^{-Z_i}} = \frac{e^{Z_i}}{1+e^{Z_i}} \tag{6.3.10}$$

其中，$Z_i = \beta_1 + \beta_2 X_i$。式(6.3.10)代表了一个以(累积)逻辑斯蒂分布函数(logistic distribution function)为名的模型。由式(6.3.10)可以看出，随着 Z_i 从 $-\infty$ 变到 $+\infty$，P_i 从 0 变到 1，而且 P_i 对 Z_i（从而对 X_i）有非线性关系，这样就满足了上述的两点要求。

如果从式(6.3.10)直观地看，P_i 不仅对 X 非线性，而且对诸 β 也是非线性，然而我们通过一定的变换，可以看到，式(6.3.10)对诸 β 本质上是线性的。

如果有利事件的概率 P_i 由式(6.3.10)给出，则不利事件的概率（$1-P_i$）是：

$$1 - P_i = \frac{1}{1+e^{Z_i}} \tag{6.3.11}$$

由此我们可以得到：

$$\frac{P_i}{1-P_i} = e^{Z_i} \tag{6.3.12}$$

$P_i/(1-P_i)$ 为有利事件与不利事件的机会比率(odds ratio)，例中，就是某个消费者兑换折扣券的概率与不兑换折扣券的概率的比。对式(6.3.12)取自然对数，得到：

$$L_i = \ln\left(\frac{P_i}{1-P_i}\right) = Z_i = \beta_1 + \beta_2 X_i \tag{6.3.13}$$

由式(6.3.13)可以看出，斜率 β_2 给出 X_i 的单位变化对机会比率的对数 L_i 的平均影响，机会比率的对数 L_i 不仅对 X_i 为线性，对参数也是线性的。当然，模型对解释变量可以是非线性的，也就是说，模型中还可以出现 X_i^2，$\sqrt{X_i}$ 等变量。L 被称为对数(logit)单位，所以该模型又称为对数单位模型。

2. 对数单位模型的特点

(1)随着 P_i 从 0 变到 1(就是随着 Z_i 从 $-\infty$ 变到 $+\infty$)，对数单位 L 从 $-\infty$ 变到 $+\infty$。就是说，虽然概率必须落在(0,1)区间，但对数单位并不受此约束。

(2)虽然 L 对 X 为线性,但概率本身却不然,这一性质与 PLM 模型形成了显明的对比。可以证明:

$$\frac{dP}{dX}=\beta_2 P(1-P) \tag{6.3.14}$$

这表明概率对 X 的变化率不仅涉及 β_2,而且涉及用来测度概率变化的概率水平。而且,当 $P=0.5$ 时,X_i 的单位变化对 P 的影响最大,当 P 接近 0 或者 1 时影响最小。

(3)若对数单位 L 为正,有利事件发生的机会也增大,即被解释变量等于 1 的机会增大;若对数单位 L 为负,被解释变量等于 1 的机会减小。也就是说,当机会比率由 1 增加到无穷时,对数单位为正并且越来越大;当机会比率由 1 减到零时,对数单位为负并且其绝对值越来越大。

(4)虽然我们所给的对数单位模型假定机会比率的对数与 X_i 有线性关系,但是我们可以根据理论的需要,增加所需要的解释变量,这些增加的解释变量与机会比率的对数的关系可以是非线性的。

3. 对数单位模型的估计

为了对对数单位模型进行估计,我们把式(6.3.13)写为:

$$L_i=\ln(\frac{P_i}{1-P_i})=\beta_1+\beta_2 X_i+u_i \tag{6.3.15}$$

为了估计此模型,除了 X_i 外,我们还需要被解释变量 L_i 的数值,这取决于我们用于分析的数据类型。

(1)如果我们只有个体的数据,那么式(6.3.15)的 OLS 估计就不可行。这是因为,如果我们把实际数据代入模型,就会得到:

$$L_i=\ln(\frac{1}{0}) \qquad \text{若有利事件发生;}$$

$$L_i=\ln(\frac{0}{1}) \qquad \text{若不利事件发生;}$$

显然这些表达式是没有意义的。在这种情况下,我们不能用 OLS 方法进行估计,必须利用 ML 方法进行估计。

(2)如果我们有分组或重复观测数据,也就是说,对于每一个 X_i 的取值,都有 N_i 个观测数据,n_i($n_i\leqslant N_i$)表示其中有利事件发生的个数。据此我们可以计算得到相对频率:

$$\hat{P}_i=\frac{n_i}{N_i} \tag{6.3.16}$$

我们可以将 $\hat{P}_i$ 作为对应于每个 X_i 的真实 P_i 的一个估计,如果 N_i 很大,$\hat{P}_i$ 将是 P_i 的良好估计。由此我们利用 OLS 法,可得到对数单位的如下估计:

$$\hat{L}_i=\ln(\frac{\hat{P}_i}{1-\hat{P}_i})=\hat{\beta}_1+\hat{\beta}_2 X_i \tag{6.3.17}$$

然而可以证明,如果 N_i 很大,而且在一个给定的 X_i 值的组中的每一次观测都可视为一个独立分布的二项式变量，那么有：

$$u_i \sim N\left[0, \frac{1}{N_i P_i (1-P_i)}\right] \tag{6.3.18}$$

也就是说，虽然 u_i 服从均值为 0 的正态分布，但是存在异方差性。因此，我们必须使用 GLS 法，而不是 OLS 法。此时可以用：

$$\hat{\sigma}_i^2 = \frac{1}{N_i \hat{P}_i (1-\hat{P}_i)} \tag{6.3.19}$$

作为 σ_i^2 的估计量。令 $w_i = N_i \hat{P}_i (1-\hat{P}_i)$，将式(6.3.15)进行如下变换：

$$\sqrt{w_i} L_i = \beta_1 \sqrt{w_i} + \beta_2 \sqrt{w_i} X_i + \sqrt{w_i} u_i \tag{6.3.20}$$

式(6.3.20)可写为：

$$L_i^* = \beta_1 \sqrt{w_i} + \beta_2 X_i^* + v_i \tag{6.3.21}$$

此时的随机干扰项 v_i 满足同方差的要求。注意式(6.3.21)不含有截距项，需要用过原点回归程序估计。

我们根据表 6.3 关于软饮料赠送折扣券效果的数据使用对数单位模型得到加权最小二乘法的估计结果如下：

$$\hat{L}_i^* = -2.08457\sqrt{w_i} + 0.135713 X_i^*$$
$$t = (-143.597) \qquad (151.621)$$
$$R^2 = 0.9998$$

从回归结果看，所估计的斜率系数表示，加权价格折扣每增加 1 单位，有利于兑换折扣券的机会比率的加权对数将上升约 0.14 个单位。然而这样的解释让人很难理解其经济含义。一般地说，如果我们取第 j 个斜率系数的反对数，再从中减去 1 并乘以 100，将得到对应于第 j 个回归元每增加 1 单位的机会比率的百分比变化。

表 6.3 估计兑换券的对数单位模型的数据

X_i	N_i	n_i	$P_i = n_i/N_i$	$\sqrt{w_i} = \sqrt{N_i P_i (1-P_i)}$	$L_i = \ln(\frac{P_i}{1-P_i})$	$L_i^* = L_i * \sqrt{w_i}$	$X_i^* = X_i \cdot \sqrt{w_i}$
5	500	100	0.2	8.944272	−1.38629	−12.3994	44.72136
7	500	122	0.244	9.603749	−1.13087	−10.8606	67.22624
9	500	147	0.294	10.18735	−0.87604	−8.92448	91.68611
11	500	176	0.352	10.67933	−0.61026	−6.51716	117.4726
13	500	211	0.422	11.04346	−0.31457	−3.47393	143.565
15	500	244	0.488	11.17712	−0.04801	−0.5366	167.6568
17	500	277	0.554	11.11494	0.216846	2.410228	188.9541
19	500	310	0.62	10.85357	0.489548	5.313346	206.2178
21	500	343	0.686	10.37796	0.781485	8.110214	217.9371
23	500	372	0.744	9.758688	1.066864	10.41119	224.4498
25	500	391	0.782	9.232443	1.27736	11.79315	230.8111

本例中加权折扣价格 X_i^* 对应的斜率系数 $\beta_2 = 0.135713$ 的反对数约为 1.145353。这意味着，X_i^* 每增加 1 单位，有利于兑换折扣券的机会比率的加权对数将会在原有基础上增加 14.53%。

对给定的价格折扣，我们能从估计的机会比率中算出兑换折扣券的概率。假如我们想估计价格折扣为 13 美分的兑换折扣券的概率，将 X=13 代入上面估计的方程中得到：

$$\hat{L}_i^* = -2.08457 * 11.04 + 0.135713 * 143.57 = -3.5293$$

$$\hat{L}_i = \hat{L}_i^* / \sqrt{w_i} = -3.5293/11.04 = -0.3197$$

取 $\hat{L}_i$ 的反对数，我们得到 antilog(−0.3197)=0.7264，由此可得 $\hat{P}_i = 0.4208$，即当价格折扣为 13 时，兑换折扣券的概率约为 0.4208。

四、概率单位(PROBIT)模型

1. 概率单位模型的概念和特点

对于二分因变量的行为，我们有必要选择适当的 CDF。除了累计逻辑函数，正态 CDF 也可以拟合这种二分因变量的行为规律。来自正态 CDF 的估计模型通常称为概率单位(probit)模型，有时也称为正态(normit)模型。

概率单位模型的建模思路为：假定在兑换折扣券的例子中，第 i 个消费者对是否兑换折扣券的决定依赖于一种不可观测的效用指数 I_i，指数 I_i 的值越大，该消费者兑换折扣券的概率就越大，而这又取决于一个或几个解释变量，比如说价格折扣 X_i，我们把指数 I_i 描述为：

$$I_i = \beta_i + \beta_2 X_i \tag{6.3.22}$$

其中 X_i 表示第 i 个消费者收到的价格折扣。如果该消费者兑换了折扣券，令 $Y=1$，否则 $Y=0$。一个合理的假定是，对于每一个消费者都有一个指数的临界值或门槛值，记为 I_i^*，如果 I_i 超过 I_i^*，该消费者将兑换折扣券，否则不兑换。门槛值 I_i^* 和 I_i 一样是不可观测的。但如果我们假定每个 I_i 都是具有相同均值和方差的正态变量，就不但有可能估计出(6.3.22)所给指数的参数，而且有可能获得有关不可能观测的指数本身的某些信息。

根据正态性假定，$I_i^* \leqslant I_i$ 的概率可由标准正态 CDF 算出：

$$P_i = P(Y=1 \mid X_i) = P(I_i^* \leqslant I_i) = P(Z_i \leqslant \beta_1 + \beta_2 X_i) = F(\beta_1 + \beta_2 X_i) \tag{6.3.23}$$

其中，$P(Y=1 \mid X)$ 表示给定解释变量 X 的值时一个有利事件出现的概率；Z 是标准正态变量，F 是标准正态 CDF，可表示为：

$$F(I_i) = \frac{1}{\sqrt{2\pi}} \int_{-\infty}^{I_i} e^{-\frac{Z^2}{2}} dZ = \frac{1}{\sqrt{2\pi}} \int_{-\infty}^{\beta_1 + \beta_2 X_i} e^{-\frac{Z^2}{2}} dZ \tag{6.3.24}$$

因为 P_i 代表有利事件发生的概率，所以可以由标准正态曲线下 $-\infty$ 到 I_i 所围的面积测出，

根据图 6.3(a)，给定 I_i，从纵坐标可读出 P_i；根据图 6.3(b) 给定 P_i，从横坐标可读出 I_i。

现在，为获得关于效用指数 I_i 以及参数 β_1 和 β_2 的信息，我们取(6.3.23)的反函数，得到：

$$I_i = F^{-1}(I_i) = F^{-1}(\beta_1 + \beta_2 X_i) = \beta_1 + \beta_2 X_i \tag{6.3.25}$$

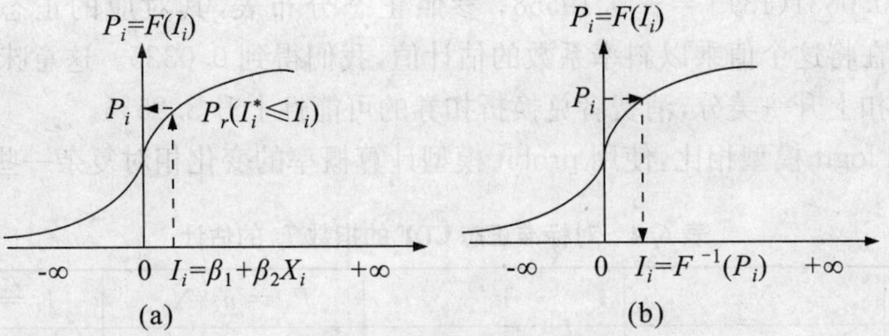

图 6.3 概率单位模型

其中 F^{-1} 是正态 CDF 的反函数。求解过程的含义可从图 6.3(b)看出。由图 6.3(a),我们从纵坐标对给定的 $I_i^* \leqslant I_i$ 读出兑换折扣券的累积概率,而在图 6.3(b),我们从横坐标对给定的值 P_i 读出 I_i 值,后者是前者的逆过程。

如果我们想知道 X 的一个单位变动对有利事件发生($Y=1$)的概率的影响,就要求函数对 X 的导数,根据式(6.3.23),可得到:

$$\frac{dP_i}{dX_i}=f(\beta_1+\beta_2X_i)\beta_2 \tag{6.3.26}$$

其中,$f(\beta_1+\beta_2X_i)$ 是在 $\beta_1+\beta_2X_i$ 处取值的标准正态概率密度函数,该值的结果将取决于 X 变量的特定取值。

2. 估计

实践中,我们如何既能获得效用指数 I_i 又能对 β_1 和 β_2 进行估计呢?我们需要分别考虑分组与不分组两种情况:

(1)分组数据的概率单位估计:

在兑换折扣券的例子中,可以得到各个折扣价格水平下兑换折扣券的相对频率 $\hat{P}_i$(概率的经验度量),据此我们就可以从正态 CDF 中求出 I_i。有了 I_i 的估计值,对 β_1 和 β_2 的估计就相对简单了。在 probit 分析中,观测不到的效用指标 I_i 又称为正态等效利差(normal equivalent deviate,n. e. d),或简称 normit。由于只要 $P_i<0.5$,n. e. d 或 I_i 就为负数,所以实践中将 n. e. d 加上 5 并将其结果称为一个 probit。

对于兑换折扣券的例子,我们首先计算出 I_i 的估计值,其结果和对应的其他变量数值如表 6.4。

使用表 6.4 中给出的 n. e. d,回归结果如下:

$$\hat{I}_i=3.724121+0.0831X_i$$
$$t=(318.71)\quad(115.77)$$
$$r^2=0.9997$$

如何对 probit 估计值进行解释呢?假定我们想知道 X 的单位变动对 $Y=1$(即兑换折扣券)的概率的影响。根据式(6.3.26),我们可以看出,该式的取值依赖于 X 变量的特定取值。一旦给出 X 变量的特定取值,就可以得到相应的正态密度和在 X 的特定取值水平上 X 的单位变动对 $Y=1$(即某个消费者兑换了折扣券)的概率的影响。我们从表 6.3 中取 X 的一个特定的值,比如说,$X=13$。使用样本回归方程给出的参数估计值,可以求出正态分布密度函数的值

$f[3.724121+0.0831(13)]=-0.19558$，参照正态分布表，其对应的正态密度的值约为0.3913848。现在将这个值乘以斜率系数的估计值，我们得到0.0325。这意味着从13美分开始，如果价格折扣上升一美分，消费者兑换折扣券的可能性上升3.25%。

与LPM和logit模型相比，使用probit模型计算概率的变化相对复杂一些。

表6.4 对标准正态CDF的指数 I_i 的估计

X_i	N_i	n_i	$P_i=n_i/N_i$	$I_i=F^{-1}(P_i)+5$
5	500	100	0.200	4.158379
7	500	122	0.244	4.306507
9	500	147	0.294	4.458263
11	500	176	0.352	4.620074
13	500	211	0.422	4.803220
15	500	244	0.488	4.969916
17	500	277	0.554	5.135774
19	500	310	0.620	5.305481
21	500	343	0.686	5.484544
23	500	372	0.744	5.655727
25	500	391	0.782	5.778966

(2)个体数据的概率单位估计

若我们没有分组数据，则由于无法求出解释变量的不同数值对应的 P_i，也就没法求 I_i，从而无法用前面的方法来估计参数。这时需要使用极大似然估计方法，根据正态性假定，$P_i=P(Y=1\mid X_i)=P(I_i^*\leqslant I_i)=P(Z_i\leqslant\beta_1+\beta_2X_i)=F(\beta_1+\beta_2X_i)$，其对数似然函数为 $\ln L=\sum_{i=1}^{n}[Y_i\ln F(\beta_1+\beta_2X_i)+(1-Y_i)\ln(1-\ln F(\beta_1+\beta_2X_i)]$，根据该函数求出参数 β_1 和 β_2 的极大似然估计值。对于兑换折扣券的例子，使用极大似然估计其回归结果如下：

$$\hat{I}_i=-1.278027+0.083231X_i$$

$$t=(-26.93)\quad(28.49)$$

与前面分组数据的估计结果相比较，价格折扣 X 前的系数估计值差异不大，但截距项的估计值是负的，这是因为我们使用分组数据计算将n.e.d加上了5，所以依据分组数据的估计结果中截距项的估计值是正的，如果将其减去5，则其数值与极大似然估计的结果差异不大。

五、模型的比较

1. 模型中某一个解释变量的单位变化的边际效应的比较

(1)LPM模型：斜率系数直接度量了在所有其它变量保持不变的情况下，由某解释变量的单位变化而引起的事件发生的概率的变化。

(2)对数单位模型：由于事件发生的概率变化率是由 $\beta_jP_i(1-P_i)$ 给出的，所以计算时，包含在模型中的所有变量都要考虑。其中 β_j 表示第 j 个解释变量的偏回归系数。

(3)概率单位模型:事件发生的概率变化率是由 $\beta_j f(Z_i)$ 给出,这里的 $f(Z_i)$ 是标准正态变量的概率密度函数,并且 $Z_i=\beta_1+\beta_2 X_{i2}+\cdots+\beta_k X_{ik}$,所以计算时,包含在模型中的所有变量也都要考虑。其中 β_j 表示第 j 个解释变量的偏回归系数。

2. 对数单位模型与概率单位模型的比较

在大多数应用中,对数单位模型与概率单位模型十分类似,其主要区别在于前者的分布有稍微平坦的尾部,也就是说,对数单位模型的条件概率比概率单位模型的条件概率以更慢的速度趋近于 0 和 1。尽管这两个模型是类似的,但是在解释其估计系数时要小心。这是因为,虽然标准逻辑分布(logit 的基础)和标准正态分布(probit 的基础)的均值都为 0,但是他们的方差不同:标准正态分布的方差为 1,而逻辑分布的方差是 $\pi^2/3$。因此,概率单位模型的系数大约为对数单位模型系数的 0.55,或者,对数单位模型系数大约为概率单位模型的系数的 1.81 倍。

六、TOBIT 模型

由诺贝尔经济学奖得主詹姆斯．托宾(James Tobin)提出的 Tobit 模型是对 probit 模型的扩展。为了解释这个模型,我们继续使用赠送价格折扣券的例子。在 probit 模型中,我们关心的是估计消费者兑换折扣券的概率,它是价格折扣的函数,而在 Tobit 模型中,我们感兴趣的是弄清楚一个消费者在兑换折扣券后的花费,这也与价格折扣有关。现在我们面临的困难是,如果消费者不兑换折扣券,显然就没有发生兑换折扣券后的花费,只有兑换了折扣券的消费者,才有我们需要的数据。

因此,消费者被分成两组,一组由 n_1 个消费者组成,有关于他们的解释变量(所选价格折扣)和被解释变量(兑换折扣券后的花费)的信息;另一组由 n_2 个消费者组成,只有他们关于解释变量的信息而没有被解释变量的信息。一个仅对某些观测有解释变量信息的样本叫截取样本(censored sample)。因此,Tobit 模型又被称作截取回归模型。由于这类模型对被解释变量的取值施加了限制,所以又被称为限制因变量回归模型(limited dependent variable regression model)。Tobit 模型可以表示为:

$$\begin{aligned} Y_i &= \beta_1+\beta_2 X_i+u_i \quad \text{如果选择兑换折扣券} \\ &= 0 \quad \text{其他} \end{aligned} \tag{6.3.27}$$

模型也可以引入更多的解释变量。

能否只用由 n_1 个消费者的观测来估计回归(6.3.27)而不考虑其余 n_2 个消费者的观测?答案是否定的,因为从 n_1 个消费者的观测得到的参数的 OLS 估计值是有偏的且是不一致的,也就是说,即使渐近地看,也存在偏误。

像式(6.3.27)表示的 Tobit 截取回归模型,实际估计过程要使用极大似然方法。

七、泊松回归模型

如同贝努里分布常常被用来对线性概率模型中是与否的决定来建模一样,合适于计数数据的概率分布是泊松概率分布。下面给出了泊松分布的概率分布函数:

$$Prob(Y_i=y_i)=\frac{\mu^{y_i}e^{-\mu}}{y_i!} \qquad y_i=0,1,2,\cdots \tag{6.3.28}$$

其中 $Prob(Y_i=y_i)$ 指变量 y_i 取非负整数值的概率，且 $y_i!$ 代表 y_i 的阶层。由泊松分布的性质可知，$E(Y)=\mu$，$Var(Y)=\mu$，也就是说，它的方差和均值是一样的。

泊松分布模型假定

$$Prob(Y_i=y_i)=\frac{\mu_i^{y_i}e^{-\mu_i}}{y_i!} \quad y_i=0,1,2,\cdots \tag{6.3.29}$$

其中 $\ln\mu_i=\beta_1+\beta_2X_{2i}+\beta_3X_{3i}+\cdots+\beta_kX_{ki}$，$X_{2i}$，$X_{3i}$，…，$X_{ki}$ 是影响因变量 Y_i 的解释变量。根据式(6.3.29)，我们可以得到似然函数的对数为：

$$\begin{aligned}\ln L=\sum_{i=1}^{n}[&-\exp(\beta_1+\beta_2X_{2i}+\beta_3X_{3i}+\cdots+\beta_kX_{ki})\\&+y_i(\beta_1+\beta_2X_{2i}+\beta_3X_{3i}+\cdots+\beta_kX_{ki})-\ln y_i!]\end{aligned} \tag{6.3.30}$$

然后我们可以找到让该似然函数的最大化的参数的值，从而得到参数 $\beta_1,\beta_2,\beta_3,\cdots,\beta_k$ 的极大似然估计量。

八、其它专题

1. 有序离散选择模型(Ordered Response Models)

在前面讲的定性因变量模型中，我们感兴趣的是为是或否的响应变量而建模。但通常因变量有多于两个的结果，而且这些结果的性质常常是序数。在调查性研究中往往存在这样的情况，比如“坚决同意”、“某种程度上同意”或“坚决不同意”。这些响应常常被标号为0(坚决同意)，1(某种程度上同意)，2(坚决不同意)。这就是序数计数法。为了研究这种情况，我们可以扩展前面的定性因变量模型，把多重等级的类型考虑进去，使用 logit 或 probit 模型借助极大似然估计来进行分析。

2. 多项离散选择模型(Multinomial Response Models)

在有序离散选择模型中，响应变量有两个以上的次序或者等级类型。但有些情况下响应变量无序。例如上班所采用的交通方式的选择。选择可能会是自行车、摩托车、出租车、公交车或火车。尽管这些是分类的响应，但此处没有等级或次序。就其性质而言，它们基本上是名义上的。与此类似，职业选择(如自我雇佣、为私人企业工作、为地方政府工作，为中央政府工作等)从性质上讲也基本上是名义的。前面所使用的 logit 或 probit 模型也可以用来分析这一类问题，通过极大似然估计来求解。

3. 持续时间模型(Duration Analysis)

在社会经济领域中有时人们会对如下问题感兴趣：(1)什么决定了失业的持续时间？(2)什么决定了罢工的持续期间？诸如此类的问题是持续期间模型的主题，它们被普遍称之为存活分析或从时间到事件数据分析。上面所引用的每个例子中，关键变量都是时间的长度，要把它作为一个随机变量而建模。其数学问题再次涉及合适的概率分布的积累分布函数和概率密度函数。伍德里奇(Wooldridge)所著的《横截面和面板数据的计量经济分析》一书中的持续期间分析一章对此有较为详细的描述。

第四节 面板数据回归模型

一、面板数据的类型及其回归模型的优点

1. 面板数据的类型

假定我们抽取了一个容量为 N 的截面样本，对样本中每一个体观测 T 个时间单位（$T>1$），就形成了一个容量为 NT 的新样本，这种新样本数据称作面板数据（panel data），又称作时间序列与截面结合数据（time series/cross sectional data），简称 TS/CS 数据，也称作混合数据（pooled data），等等。现实中面板数据有两种类型：如果每个横截面单元都有相同数目的时间序列观测，这样的面板（数据）称为平衡面板（balanced panel）；如果每个横截面单元没有相同的时间序列观测，这样的面板（数据）称为非平衡面板（unbalanced panel）。本章仅考虑平衡面板。在面板数据的文献中还会遇到短板（short panel）和长板（long panel）的说法。短板指横截面单元的个数 N 大于时期数 T，而长板指时期数 T 大于 N。估计方法与使用的长板和短板数据有一定关系。

2. 面板数据回归模型的优点

由于面板数据综合了时间序列与横截面两方面的信息，因此依据面板数据建立的回归模型具有如下几个突出优点：

第一，便于研究个体之间存在的异质性。面板数据包含了一定时期内所有截面单元（如个人、企业、地区、国家等）的时序数据，利用面板数据能够测度这种客观存在的单元之间的异质性。

第二，能够提供更加有价值的信息，解决样本容量的不足。变量之间增加了多变性和减少了共线性，同时增加了模型估计的自由度并提高了估计的有效性。在我国，有效样本容量不足一直是经济计量方法实际应用时面临的一个突出问题。例如，要分析某项改革措施对经济产生的影响，我们往往因为缺少足够的时间序列资料而无法建立可靠的经济计量模型。如果用面板数据建立模型，则由于样本量为 NT，对时间序列的长度 T 要求不高，N 比较大时，T 只要大于或等于 2 即可。

第三，能够检测和度量单纯使用横截面数据或时间序列数据无法观测到的影响。例如利用各省最低工资连续增长的面板数据，就可以更好地研究最低工资法对就业和收入的影响。再如我国各省居民的消费结构是不同的，除了收入水平、价格差异等因素的影响外，地区差异（如地理位置，气候条件，传统文化等）也是重要原因。然而仅用时间序列资料或者仅采用某一截面数据都无法估计出地区差异的影响。因为形成地区差异的诸多因素是难以度量或不可观测的。如果用面板数据建立模型，则由于资料中既有个体特征之间的差异，又包含个体特征随时间变化而发生的变化，这些因素的作用就可以被估计了。

第四，适合于变化中的动态研究，有助于正确理解经济变量之间的关系。例如，企业的规模经济和技术进步，都会影响企业的产出，在生产函数中，区分这两者的作用有很大难度。这是因为截面资料仅反映企业之间在规模上的差异，而时间序列资料中规模变化和技术进步是

混合在一起的，只有将时间序列与截面数据相结合，才能正确区分规模变化与技术进步各自对产出的影响。

二、面板数据模型的类型

面板数据模型的变量有三种类型：(1)仅随个体不同而异，与时间无关的变量，如一定时期各企业的管理水平，各地居民的消费习惯等。这类变量仅反映个体特征的差异，故又称个体因素；(2)仅随时间推移而变化，与个体无关的变量，如价格、利率等。这些变量对所有个体均是相同的，又称为时间因素；(3)双向变量，即同时与时间和个体有关的变量，家庭收入、企业利润等都是双向变量。

与这三种变量相对应，面板数据模型的参数也是随个体或时间不同而改变的，因此面板数据模型根据参数的变化具体可以分为四类：(1)随机误差项在时间和个体上存在差异，所有系数都不随时间和个体变化的模型；(2)斜率系数是常数，截距随个体(或时间)不同而变化的模型；(3)斜率系数是常数，截距随个体和时间同时变化的模型；(4)全部系数随个体不同而变化的模型。

三、面板数据模型的估计方法

1. 固定效应方法

(1)所有系数都不随时间和个体变化模型

设 Y 为因变量，$X_2, X_3, \cdots X_k$ 为影响 Y 的自变量。为研究 N 个个体在 T 个时期的对应的自变量是如何影响因变量的，我们可以设定的最简单的方法就是不考虑个体和时间变化的混合数据模型，对这样的模型只需要通常的 OLS 回归估计就可以，得到的估计量称为混合估计量。模型可以表述为：

$$Y_{it} = \beta_1 + \beta_2 X_{it2} + \beta_3 X_{it3} + \cdots + \beta_k X_{itk} + u_{it}$$
$$i = 1,2,\cdots,N; t = 1,2,\cdots,T \tag{6.4.1}$$

其中 i 是个体的下标，t 是时间的下标，u_{it} 是满足独立同分布于均值为 0 方差为常数假定的随机误差项。

例 6.4 表 6.5 和表 6.6 显示了 2003 到 2011 的中国华东 7 省的居民家庭人均可支配收入和人均实际消费(以 2002 年为基期)的数据。

表 6.5 2003 到 2011 中国华东 7 省居民家庭人均实际可支配收入 单位：元

地区＼年份	2003	2004	2005	2006	2007	2008	2009	2010	2011
上 海	14853	16321	18067	19787	21926	23405	25407	27205	29434
江 苏	9171	9972	11477	12913	14395	15583	17218	18517	20182
浙 江	12934	13749	15200	16860	18231	19174	21086	22574	24249
安 徽	6665	7065	7861	8958	9993	10656	11660	12672	14147
福 建	9920	10650	11488	12721	13629	15100	16762	18067	19627
江 西	6847	7246	8123	8896	10174	10779	11824	12670	13604
山 东	8309	9006	10084	11328	12690	13776	15049	16372	17814

资料来源：《中国统计年鉴》2003—2012，中国统计出版社出版。

表 6.6 2003 到 2011 的中国华东 7 省居民家庭人均实际消费 单位:元

地区\年份	2003	2004	2005	2006	2007	2008	2009	2010	2011
上 海	11029	12357	13347	14133	16016	17020	18495	19824	20393
江 苏	6642	6976	8033	8828	9418	9992	11020	11587	12858
浙 江	9532	10053	11431	12322	12486	12789	14294	14735	16002
安 徽	4980	5372	5909	6688	7431	7813	8472	9240	10022
福 建	7298	7778	8199	9071	9717	10510	11516	12235	13129
江 西	4876	5117	5757	6190	6939	7303	8214	8690	9134
山 东	6003	6368	6999	7868	8599	9299	10150	10768	11380

资料来源:《中国统计年鉴》2003—2012,中国统计出版社出版。

以人均消费为因变量,以人均可支配收入为自变量建立回归模型考察收入对消费的影响。仍使用 OLS 方法进行估计,结果如下:

$$Y_{it}=300.79+0.6772X_{it}$$
$$t=(1.52)\quad(52.69)$$
$$r^2=0.9785$$

回归结果表明人均消费水平和人均可支配收入水平之间的关系是正向的,人均可支配收入增加一元,平均来看人均消费将增加 0.6772 元。判定系数 r^2 值也很高,说明模型似乎拟合得不错。

(2)斜率不变截距随个体变化模型

将每个横截面单元的个性考虑进来的做法是假定斜率不变,截距随个体变化,其模型称为斜率不变截距随个体变化模型。模型可表示为:

$$Y_{it}=\beta_{1i}+\beta_2X_{it2}+\beta_3X_{it3}+\cdots+\beta_kX_{itk}+u_{it} \qquad (6.4.2)$$
$$i=1,2,\cdots,N;t=1,2,\cdots,T$$

注意截距增加了下标 i,表明各横截面单元的截距不同。这种差异可以由每个个体的特性所引起,比如不同省份具有各自的特点,不同公司的企业文化、管理者的风格或管理者的哲学理念不同,等等。模型(6.4.2)就是人们熟知的固定效应回归模型(fixed effects regression model,FEM)。"固定"的含义出自对于每个个体的截距它不随时间变化这一事实,但是这里的截距要随个体的不同而变化。

对于这类模型我们可以利用第一节的级差截距虚拟变量的方法进行估计,因此这种模型也称为最小二乘虚拟变量(LSDV)模型,还称为协方差模型。可以表示如下:

$$Y_{it}=\gamma_1W_1+\gamma_2W_2+\cdots+\gamma_NW_N+\beta_2X_{it2}+\beta_3X_{it3}+\cdots+\beta_kX_{itk}+u_{it} \qquad (6.4.3)$$
$$i=1,2,\cdots,N;t=1,2,\cdots,T$$

其中

$$W_i=\begin{cases}1 & \text{如果属于第 } i \text{ 个个体},i=1,2,\cdots,N\\0 & \text{否则}\end{cases}$$

模型含有 $k-1$ 个解释变量，N 个虚拟变量，当 N 很大，T 相对较小时，因为模型中含有 $k+N-1$ 个被估参数，估计的运算量很大。在经济计量学软件中采用一种特殊处理方式进行 OLS 估计，得到的估计量称为固定效应估计量。

估计原理是，先用每个变量减其组内均值，把数据中心化(entity-demeaned)，然后用变换的数据先估计个体固定效应模型的回归系数(不包括截距项)，然后利用组内均值等式计算截距项。这种方法计算起来速度快。

将模型方程按照个体进行平均，则有

$$\bar{Y}_i=\beta_{1i}+\beta_2\bar{X}_{i2}+\beta_3\bar{X}_{i3}+\cdots+\beta_k\bar{X}_{ik}+\bar{u}_i \tag{6.4.4}$$

其中 $\bar{Y}_i=\frac{1}{T}\sum_{t=1}^{T}Y_{it}$，$\bar{X}_{ik}=\frac{1}{T}\sum_{t=1}^{T}X_{itk}$，$\bar{u}_i=\frac{1}{T}\sum_{t=1}^{T}u_{it}$，式(6.4.2)、(6.4.4)相减得，

$$Y_{it}-\bar{Y}_i=\beta_2(X_{it2}-\bar{X}_{i2})+\beta_3(X_{it3}-\bar{X}_{i3})+\cdots+\beta_k(X_{itk}-\bar{X}_{ik})+(u_{it}-\bar{u}_i) \tag{6.4.5}$$

令 $Y_{it}-\bar{Y}_i=y_{it}$，$X_{itk}-\bar{X}_k=x_{itk}$，$(u_{it}-\bar{u}_i)=v_{it}$，上式写为

$$y_{it}=\beta_2x_{it2}+\beta_3x_{it3}+\cdots+\beta_kx_{itk}+v_{it} \tag{6.4.6}$$

用 OLS 法估计(6.4.6)式中的 β_i，结果是一样的，但是用(6.4.6)式估计，可以大大减少被估参数的个数。

最后再计算回归模型截距项，即固定效应参数 γ_i。

$$\hat{\beta}_{1i}=\bar{Y}_i-\hat{\beta}_2\bar{X}_{i2}-\hat{\beta}_3\bar{X}_{i3}-\cdots-\hat{\beta}_k\bar{X}_{ik} \tag{6.4.7}$$

继续利用表 6.5 和表 6.6 的数据，可以使用固定效应(斜率不变截距随个体变化)回归模型进行估计，其结果如下：

上海　$Y_{it}=2615.269+0.606281X_{it}$

$t=(11.228)\quad(61.3889)$

江苏　$Y_{it}=764.92+0.606281X_{it}$

$t=(4.573)\quad(61.3889)$

浙江　$Y_{it}=1575.488+0.606281X_{it}$

$t=(7.856)\quad(61.3889)$

安徽　$Y_{it}=1284.173+0.606281X_{it}$

$t=(9.711)\quad(61.3889)$

福建　$Y_{it}=1318.987+0.606281X_{it}$

$t=(7.95)\quad(61.3889)$

江西　$Y_{it}=839.545+0.606281X_{it}$

$t=(6.329)(61.3889)$

山东　$Y_{it}=895.389+0.606281X_{it}$

$t=(5.832)\quad(61.3889)$

$r^2=0.995218$

回归结果表明人均消费水平和人均可支配收入水平之间的关系是正向的，人均可支配收

入增加一元，平均来看人均消费将增加 0.606 元，各省的截距项不同。各模型回归系数估计值的 t 检验值以及判定系数 r^2 的值与所有系数都不变的混合数据模型相比有了一定的提高，这在一定程度上说明采用固定效应回归模型效果更好。

(3)斜率不变截距随时间变化模型

如同用虚拟变量来考虑个体的影响，我们也可以用虚拟变量的方法考虑模型方程随时间变化而引起的时间效应。这种变化可能是由于技术进步、政府法规、税收政策的变化引起的，也可能是由于战争或其他外部效应引起的。这里仍然假定斜率不变，截距仅随时间而变化，其模型可表示为：

$$Y_{it}=\beta_{1t}+\beta_2 X_{it2}+\beta_3 X_{it3}+\cdots+\beta_k X_{itk}+u_{it} \quad i=1,2,\cdots,N;t=1,2,\cdots,T \tag{6.4.8}$$

如果在模型中每年引入一个虚拟变量，时间效应就很容易被考虑进来。对于这类模型我们也可以利用第一节的级差截距虚拟变量的方法进行估计，式(6.4.8)可写成：

$$Y_{it}=\alpha_1 D_1+\alpha_2 D_2+\cdots+\alpha_T D_T+\beta_2 X_{it2}+\beta_3 X_{it3}+\cdots+\beta_k X_{itk}+u_{it} \quad i=1,2,\cdots,N;t=1,2,\cdots,T \tag{6.4.9}$$

其中

$$D_t=\begin{cases}1 & \text{如果属于第 } t \text{ 个时间}, t=1,2,\cdots,T\\ 0 & \text{否则}\end{cases}$$

继续利用表 6.5 和表 6.6 的数据，可以使用时间效应（斜率不变截距仅随时间变化）回归模型进行估计，其结果如下：

2003 年　$Y_{it}=90.032+0.7238X_{it}$

$t=(0.401)\quad(50.4349)$

2004 年　$Y_{it}=-26.114+0.7238X_{it}$

$t=(-0.105)\quad(50.4349)$

2005 年　$Y_{it}=-75.783+0.7238X_{it}$

$t=(-0.304)\quad(50.4349)$

2006 年　$Y_{it}=-248.341+0.7238X_{it}$

$t=(-0.986)\quad(50.4349)$

2007 年　$Y_{it}=-451.933+0.7238X_{it}$

$t=(-1.763)\quad(50.4349)$

2008 年　$Y_{it}=-632.224+0.7238X_{it}$

$t=(-2.426)\quad(50.4349)$

2009 年　$Y_{it}=-659.312+0.7238X_{it}$

$t=(-2.458)\quad(50.4349)$

2010 年　$Y_{it}=-894.785+0.7238X_{it}$

$t=(-3.243)\quad(50.4349)$

2011 年　$Y_{it}=-1196.099+0.7238X_{it}$

$t=(-4.175)\quad(50.4349)$

$$r^2 = 0.985923$$

回归结果表明人均消费水平和人均可支配收入水平之间的关系是正向的，人均可支配收入增加一元，平均来看人均消费将增加 0.7238 元，而且各年份截距项的值不同，但是观察其对应的 t 值发现，2008 年之前的截距项都没通过 t 检验，说明 2008 年之前这些年份的截距项没有显著差异。判定系数 r^2 的值与所有系数不变的混合数据模型的 r^2 相比有了一定的提高，但与固定效应模型相比有所减少，这在一定程成上说明可能采用固定效应回归模型更合适一些。

(4)截距随个体和时间共变模型

利用虚拟变量方法，我们也可以同时考虑固定效应和时间效应，即建立斜率系数不变而截距随个体和时间同时变化的模型。其模型可表示为：

$$\begin{aligned} Y_{it} &= \beta_{1it} + \beta_2 X_{it2} + \beta_3 X_{it3} + \cdots + \beta_k X_{itk} + u_{it} \\ i &= 1,2,\cdots,N; t = 1,2,\cdots,T \end{aligned} \tag{6.4.10}$$

其中的截距项写为 β_{1it}，表示截距不仅随个体不同而变化，而且也随时间的不同而变化，但是该模型仍假定与各个解释变量对应的斜率系数不随个体和时间的变化而改变。对于这类模型仍然可以利用级差截距虚拟变量的方法进行估计，式(6.4.10)也可写为：

$$Y_{it} = \alpha_1 D_1 + \alpha_2 D_2 + \cdots + \alpha_T D_T + \gamma_1 W_1 + \cdots + \gamma_N W_N + \beta_2 X_{it2} + \cdots + \beta_k X_{itk} + u_{it} \tag{6.4.11}$$

对于表 6.5 和表 6.6 的数据，也可以使用截距随个体和时间变化回归模型进行估计，但我们发现个体固定效应具有独立的统计显著性，但时间效应则都没有统计显著性，这也说明该例使用固定效应回归模型是合适的。

(5)全部系数随个体变化模型

如果假定所有的横截面单元或个体的截距和斜率都是有差别的，其模型表示为：

$$\begin{aligned} Y_{it} &= \beta_{1i} + \beta_{2i} X_{it2} + \beta_{3i} X_{it3} + \cdots + \beta_{ki} X_{itk} + u_{it} \\ i &= 1,2,\cdots,N; t = 1,2,\cdots,T \end{aligned} \tag{6.4.12}$$

对于这类模型，我们可以通过使用相加的方式引入个体虚拟变量来考虑截距项的变化，而对于斜率的变化，我们可以通过使用虚拟变量与解释变量相乘的方式来分析两者之间的交互作用来解决这个问题。以一元回归方程为例，我们可以建立如下模型：

$$Y_{it} = \gamma_1 + \gamma_2 W_2 + \cdots + \gamma_N W_N + \theta_2 W_2 X_{it2} + \cdots + \theta_N W_N X_{it2} + \beta_2 X_{it2} + u_{it} \tag{6.4.13}$$

继续利用表 6.5 和表 6.6 的数据，使用模型(6.4.13)进行估计，其结果如表 6.7。根据估计结果可以发现，人均消费与人均可支配收入的关系是正向的，而且显著相关。不同省的截距项有些有差异，有些差异不明显，而且各省在斜率上也有类似的结果。总体而言，各省的人均消费与人均可支配收入的关系各不相同，建立全部系数随个体变化模型是可取的。

使用固定效应估计方法或 LSDV 模型估计应注意的问题：

第一，模型中不能引入过多的虚拟变量，否则将面临自由度的问题。

第二，模型包含变量过多，会引发多重共线性的问题，进而影响估计精度。

表 6.7　全部系数随个体变化模型估计结果

变量	系数	标准误	t 值	p 值
截距	1283.7350	301.1354	4.2630	0.0001
X_2	0.6673	0.0135	49.4697	0.0000
W_2	327.7352	398.2454	0.8229	0.4145
W_3	1536.4560	438.6818	3.5024	0.0010
W_4	−694.9038	403.4602	−1.7224	0.0913
W_5	76.9950	417.0515	0.1846	0.8543
W_6	−804.7591	416.2482	−1.9334	0.0590
W_7	−111.0041	401.7138	−0.2763	0.7835
W_2X_2	−0.1199	0.0222	−5.4109	0.0000
W_3X_2	−0.1293	0.0218	−5.9260	0.0000
W_4X_2	0.0088	0.0295	0.2977	0.7672
W_5X_2	−0.0640	0.0240	−2.6697	0.0103
W_6X_2	−0.0250	0.0311	−0.8057	0.4243
W_7X_2	−0.0828	0.0244	−3.3976	0.0014

第三，LSDV 模型不能鉴别时间恒定变量的影响。比如若在模型中包含诸如性别、种族这些不随时间变化的变量，LSDV 方法不能鉴别这种时间恒定变量的影响。

第四，必须小心地对待随机误差项 u_{it}。到目前为止，我们所得到的结果都是建立在 $u_{it} \sim N(0,\sigma^2)$ 的假定基础上的，即随机误差项遵从经典假设。然而下标 i 和 t 分别指的是横截面数据和时间序列数据，这样对随机误差项的假定就可能有各种不同的考虑：(1)对于所有横截面单元假定其误差项具有同方差性或异方差性。(2)对于所有横截面单元假定在时间上没有自相关。(3)对于给定的时间，假定各个横截面单元的随机误差项之间存在相关或不存在相关。(4)我们可以想到的其他的一些排列组合。显然，对于一个或多个这些可能性的假定将会使分析大大地复杂化。

2. 随机效应方法

如果模型中横截面单元较多，由于自由度的问题，直接应用固定效应估计方法将付出高昂的代价。对于一个合理的基本协方差模型，模型内不应包含不随时间变化的相关解释变量，而且，在模型中使用虚拟变量在某种程度上说，是我们对所研究对象无知或了解不够的一种表现。一种自然的想法就是，如果虚拟变量确实代表了对于真实模型知识的缺乏，那么我们就可以通过随机误差项来表达这种无知。这种方法称为误差组成模型(error components model, ECM)，也称为随机效应模型(random effects model, REM)。

我们从式(6.4.2)考虑

$$Y_{it} = \beta_{1i} + \beta_2 X_{it2} + \beta_3 X_{it3} + \cdots + \beta_k X_{itk} + u_{it} \tag{6.4.14}$$

假定 β_{1i} 是一个均值为 β_1 的随机变量，而不再将其看成一个固定的值，那么，横截面单元的截距值可以表示为：

$$\beta_{1i} = \beta_1 + \varepsilon_i \quad i = 1,2,\cdots,N \tag{6.4.15}$$

其中，ε_i 是一个均值为 0，方差为 σ_ε^2 的随机误差项。

将式(6.4.15)代入式(6.4.14)，得到：

$$\begin{aligned} Y_{it} &= \beta_1 + \beta_2 X_{it2} + \beta_3 X_{it3} + \cdots + \beta_k X_{itk} + \varepsilon_i + u_{it} \\ &= \beta_1 + \beta_2 X_{it2} + \beta_3 X_{it3} + \cdots + \beta_k X_{itk} + \omega_{it} \end{aligned} \tag{6.4.16}$$

其中

$$\omega_{it} = \varepsilon_i + u_{it} \tag{6.4.17}$$

合成的误差项包括两部分：ε_i 和 u_{it}。 前者是横截面单元或特定个体误差部分，后者是时间序列和横截面混合误差部分。误差组成模型说的就是合成误差项 ω_{it} 由两个(或多个)误差部分组成。ECM 通常的假定是：

$$\begin{aligned} &\varepsilon_i \sim N(0,\sigma_\varepsilon^2) \\ &u_{it} \sim N(0,\sigma_u^2) \\ &E(\varepsilon_i u_{it}) = 0, E(\varepsilon_i \varepsilon_j) = 0, (i \neq j) \\ &E(u_{it} u_{is}) = E(u_{it} u_{jt}) = E(u_{it} u_{js}) = 0, (i \neq j; t \neq s) \end{aligned} \tag{6.4.18}$$

即个体之间的误差部分是不相关的，并且横截面和时间序列单元的误差部分也不相关。

FEM 和 ECM(REM)之间存在明显的不同。在 FEM 中，每个横截面单元都有自己固定的截距值，N 个横截面单元就有 N 个这样的值，而在 ECM 中，截距 β_1 代表所有横截面单元截距的平均值，而误差部分 ε_i 则表示单个横截面单元的截距对这个平均值的随机偏离。ε_i 是不可直接观测的，或者说是不可测的潜在变化。

根据式(6.4.17)和式(6.4.18)可以推知：

$$E(\omega_{it}) = 0 \tag{6.4.19}$$

$$Var(\omega_{it}) = \sigma_\varepsilon^2 + \sigma_u^2 \tag{6.4.20}$$

如果 $\sigma_\varepsilon^2 = 0$，那么模型(6.4.1)与(6.4.16)就没什么不同。在这种情形下，就可以简单地将横截面和时间序列观测值进行混合，然后像在式(6.4.1)中那样进行混合回归。

虽然 ω_{it} 是同方差的，但是可以证明 ω_{it} 和 $\omega_{is}\,(t \neq s)$ 是相关的。也就是说，一个给定的横截面单元的误差项在不同的两个时点上是相关的。其相关系数可以表示为：

$$Corr(\omega_{it}, \omega_{is}) = \frac{\sigma_\varepsilon^2}{\sigma_\varepsilon^2 + \sigma_u^2} \tag{6.4.21}$$

由(6.4.21)可以看出，该相关系数有两个特点：一是对于任意给定的横截面单元，两个不同时间上的随机误差项的相关系数保持不变，不论这两个时间段相距多远；二是对于所有横截面单元，相关性的结构保持不变，即对于所有个体来说，它是相同的。如果不考虑这个相关性的结构，而用 OLS 对式(6.4.16)进行估计，得到的估计量将是低效的。此时，最合适的估计方法是广义最小二乘法，得到的估计量称为随机效应估计量。现在，大多数统计软件包都提供估计 ECM 的方法。

继续利用表 6.5 和表 6.6 的数据，使用随机效应模型进行估计，其结果如下：

$$Y_{it} = 1216.606 + 0.613953 X_{it}$$
$$t = (5.917) \quad (64.22079)$$
$$R^2 = 0.983409$$

回归结果表明人均消费水平和人均可支配收入水平之间的关系是正向的，人均可支配收入增加 1 元，平均来看人均消费将增加 0.61 元。判定系数 R^2 的值也相当高，说明模型拟合得不错。该结果与前面的个体固定效应的估计结果相比较，两者在斜率上差别不大。

四、固定效应与随机效应估计方法的比较

我们讨论了估计(线性)面板回归模型的两种方法，得到的有包括混合估计量、最小二乘虚拟变量估计量在内的固定效应估计量和随机效应估计量。他们的统计性质如何？也是我们关心的。由于面板数据通常是大量观测的结果，因此，我们主要考虑这些估计量的一致性。

对于混合估计量，如果方程(6.4.1)中的随机误差项与诸解释变量不相关，它就是一致估计量；对于固定效应估计量，即使真实的模型是混合回归模型或随机效应模型，固定效应估计量也总是一致的；对于随机效应估计量，即使真实模型是混合回归模型，随机效应估计量也是一致的，但是，如果真实模型是固定效应模型，随机效应估计量就不再是一致的了。

在现实中，FEM 与 REM 两个模型哪个好？这取决于对特定横截面单元的误差部分 ε_i 和解释变量 X 之间可能相关性所作的假定。若假定 ε_i 和解释变量 X 不相关，那么 REM 可能合适些；若假定 ε_i 和解释变量 X 相关，则 FEM 可能更合适些。

对于 REM 来说，它的基本假设是，ε_i 是一个从非常大的总体中抽取的随机变量。下面的一些比较规则或许是有用的。

(1)若 T (时间序列数据个数)较大而 N (横截面数据个数)较小，那么通过 FEM 和 REM 估计的参数之间很可能没有什么差别。这时选择的依据就是哪种方法计算便利，一般来说，FEM 更可取。

(2)当 N 较大而 T 较小时，两种方法的估计结果会有较大差异。如果能够确信我们的样本中的个体或横截面单元是从一个较大的总体中随机抽取的，那么，REM 是合适的，因为在这种情况下统计推断是无条件的；如果能够确信我们的样本中的个体或横截面单元不是从一个较大的总体中随机抽取的，那么 FEM 是合适的。因为对于样本中被观测的横截面单元的统计推断是有条件的。

(3)如果个别单元的误差部分 ε_i 与一个或多个解释变量是相关的，那么 REM 估计量是有偏差的，而从 FEM 获得的估计量则是无偏的。

(4)如果 N 较大而 T 较小，并且坚持 REM 的基本假设，那么 REM 估计量比 FEM 估计量更有效。

豪斯曼检验可以帮助我们在 FEM 和 REM 之间做出选择。检验的基本虚拟假设是 FEM 和 REM 的估计量没有实质性的差异，其检验统计量有一个渐近的 χ^2 分布。若虚拟假设被拒绝了，结论就是 REM 不合适而使用 FEM 可能会更好。此时，样本中 ε_i 的统计推断将是有条件的。

尽管面板数据回归在应用研究中越来越受到欢迎，而且面板数据也越来越容易获得，但是

它也不是适合于任何情形，在每种情况下，都必须做出一些实际的判断。

要点与结论

1. 虚拟变量的实质就是一种分组方法，将大变小，将复杂变简单。社会经济现象变化很复杂，很快，一般的经济计量模型难以深入内部，而这种看似简单的变量却能抓住现象的本质，模拟真实的变化规律。但要发挥其强大的功能，必须准确地合理地设置虚拟变量，这就是科学与艺术的结合。而面板数据(panel data)，综合了时间序列与横截面两方面的信息，能够提供更加有价值的信息，解决通常情况下截面数据无法解决的问题，有助于更深刻更正确地理解经济变量之间的关系。

2. 取值1或0的虚拟变量，是在回归分析中引进定性解释变量的一种手段。加入虚拟变量的途径有两种：一种是加法模型，一种是乘法模型。加法模型引入虚拟变量改变的是模型的截距，乘法模型引入虚拟变量改变的是模型的斜率。模型中的解释变量全部是虚拟变量的模型称为方差分析模型，模型中既有虚拟变量，又有定量变量的模型称为协方差分析模型。

3. 虚拟变量是一种数据分类的技巧。它根据事物的性质和属性把一个样本划分为若干不同的子类，并默许我们对每一子类做个别回归。如果被解释变量对各子类中数量变化的响应有差异，则这些差异将反映到各子类回归的截距或斜率系数或者两者上来。

4. 虚拟变量是一种多功能工具，但在应用中要谨慎处理。第一，若回归模型含截距项，虚拟变量的个数必须小于每个定性变量类别的个数；其次，对虚拟变量系数的解释，必须相对于基底或参照组(虚拟变量取0的组)而言；最后，若模型有多个类别的多个定性变量，虚拟变量的引进会消耗大量的自由度，因此要在引进的虚拟变量个数和可用于分析的观测值总数之间进行权衡。

5. 本章只考虑了虚拟变量应用的少数几种情况。

6. 虚拟变量由于是非随机的，所以在应用OLS时并不出现任何问题。然而，当数据变换涉及虚拟变量时，应小心行事。特别是自相关和异方差的问题需要格外谨慎处理。

7. 系统变参数模型是虚拟变量应用的推广，它允许回归模型的截距和斜率随样本观测值改变而系统地改变，它可以分为截距变动模型和截距斜率同时变动模型。

8. 定性因变量回归模型是指在该类模型中，因变量是非定量的。最简单的定性因变量模型是二分因变量模型。

9. PLM的根本的缺陷在于模型的逻辑设定不符合实际情况。它假定有利事件发生的概率 $P_i = E(Y_i \mid X_i)$ 随 X_i 而线性地增加，即 X 的边际效应一直保持不变，这与实际不符，因此它不是一个有吸引力的模型；实际中的 P_i 和 X_i 之间的关系是非线性的，即随着 X_i 变小，概率 P_i 趋于零的速度越来越慢，而随着 X_i 变得越来越大，概率 P_i 趋于1的速度也越来越慢，它们的关系形如一条 S 曲线描述的随机变量的累积分布函数，而logit模型和probit模型能较好的描述这样的累积分布函数，比较来说probit模型在数学上相对复杂一些。如果有分组形式的数据，可以用OLS方法估计模型的参数，如果是个体形式的数据，则要用极大似然估计方法估计。

10. 二分因变量模型有许多扩展，包括截取回归模型、用于因变量为计数的泊松回归模型，有序离散选择模型、名义离散选择模型和持续时间模型等，每种模型都有各自处理的特殊问题。

11. 面板回归模型以面板数据为基础。面板数据由同一个横截面的个体单元在若干个时间段上的观测组成。使用面板数据好处在于：它便于研究个体之间存在的异质性；能够提供更加有价值的信息，解决样本量不足的问题；可以估计某些难以度量的因素对被解释变量的影响；适合于变化中的动态研究，有助于正确理解经济变量之间的关系。

12. 面板数据模型的估计方法有固定效应方法和随机效应方法。豪斯曼检验可用于对固定效应模型和随机效应模型或误差组成模型的选择。

13. 尽管面板数据回归在应用研究中越来越受到欢迎，而且面板数据也越来越容易获得，但是它的假定也更复杂，在每种情况下，都必须做出一些实际的判断。

思考题与习题

6.1　虚拟解释变量设置的一般规则是什么？

6.2　什么是虚拟变量？它在模型中有什么作用？

6.3　设公司职员的年薪（Y）与工龄（X）和学历（D）有关。学历分成三种类型：大专以下、本科、研究生（一个定性因素，三个不同属性）。为了反映"学历"这个定性因素的影响，有人建议对虚拟变量 D 做如下设置，$D=0$ 时，代表大专以下，$D=1$ 时，代表本科，$D=2$ 时，代表研究生，若设回归方式程为：$Y_i=b_0+b_1X_i+\alpha D_i+u_i$ 请问该设置方法可行吗？试说明理由。

6.4　分段线性回归和虚拟变量回归的关系。

6.5　考虑以下模型：

$$Y_i=\alpha_0+\alpha_1X_{i1}+\alpha_2X_{i2}+\varepsilon_i \quad （农村）$$
$$Y_i=\beta_0+\beta_1X_{i1}+\beta_2X_{i2}+\varepsilon_i \quad （城镇）$$

若假设 $H_0:\alpha_2=\beta_2$，即不论在农村或在城镇，模型中第二个系数 α_2、β_2 是相同的；如何检验这个假设？

6.6　考虑如下模型：$\ln Y_i=\beta_1+\beta_2D_i+u_i$，其中 Y 表示小时工资率，D 是一个虚拟变量，取值 1 表示女性，取值 0 表示男性。如果随机误差项满足零均值、同方差、无自相关、与解释变量无相关性和服从正态分布等假定。有人说对 β_1 取反对数，即 e^{β_1}，所得到的不是男性工人小时工资的均值，而是他们工资的中位数，对 $\beta_1+\beta_2$ 取反对数，即 $e^{\beta_1+\beta_2}$，所得到的是女性工人小时工资的中位数，你认为对吗？请说明理由。

6.7　在回归模型 $Y_i=\beta_1+\beta_2X_{2i}+\beta_3X_{3i}+\gamma D_i+u_i$ 中，如果虚拟变量 D_i 的取值为 0 或 2，而非通常情况下的为 0 或 1，试证明参数 γ 的估计值将减半，其 t 值也将减半。

6.8　给定数据如表 6－1

表 6－1　估计 probit 模型的数据

Y	1	0	0	1	1	0	0	1	1	1
X	9	2	5	4	6	7	3	5	2	6

使用probit模型来分析表6－1的数据，并检验X对Y取值为1没有影响。

6.9 假定Y是一个取值为0和1的定性因变量，影响Y的是一个定性变量，它有n个不同的状态，$D_1,D_2,\cdots D_n$是其对应的虚拟变量，以这些虚拟变量为自变量建立回归模型（不含截距项），试证明因变量Y的拟合值总是在0到1之间，并解释$D_1,D_2,\cdots D_n$这些自变量的系数的最小二乘估计量的意义。

6.10 简述使用面板数据的优点。

6.11 调查样本数为2820个家庭预算与拥有汽车权的logit模型是将汽车拥有权作为（对数）收入的函数，汽车拥有权是一个二值变量，$Y=1$表示一个家庭拥有汽车，否则$Y=0$。

$$\hat{L}_i = -2.77231 + 0.347582\ln income$$

$$t=(-3.35) \quad (4.05) \quad \chi^2(1df)=16.681(p=0.0000)$$

(1)从估计的logit模型中得出拥有汽车概率的表达式；

(2)一个收入为20000美元的家庭拥有汽车的概率是多少？

(3)当家庭收入从20000美元提高到25000美元时，导致的概率变化是多少？

6.12 表6－2是关于3个公司8年的销售收入与利润的面板数据，(1)试以利润为因变量，以销售收入为自变量建立回归模型，用不考虑个体和时间变化的混合数据模型来估计模型的参数；(2)使用个体固定效应模型来估计参数，并检验三个公司的截距项相同的假设。

表6－2 3个公司销售收入与利润的8年的面板数据 单位：万元

变量 / 时间	公司1		公司2		公司3	
	销售收入	利润	销售收入	利润	销售收入	利润
1	39.96	18.56	60.90	22.39	126.55	42.03
2	78.90	32.74	52.41	19.61	158.80	52.97
3	7.86	8.65	27.93	9.91	111.61	36.38
4	44.82	20.25	54.03	19.42	172.57	57.26
5	47.40	21.96	22.89	7.87	111.97	35.18
6	36.60	17.67	59.52	21.76	117.19	37.81
7	44.79	21.08	41.28	14.49	180.04	58.75
8	89.46	34.88	30.00	11.19	134.47	43.79

6.13 面板数据模型根据参数的变化具体可以分为哪几类？

第七章　自回归与分布滞后模型

前述各章讨论的回归模型都属于静态模型，即认为因变量的变化仅依赖于诸解释变量当期值的影响，与他们的前期值无关。然而在现实的经济活动中，经济活动主体的行为或决策都有一个或长或短的过程，不仅诸解释变量的当期值对因变量有影响，其前期值对因变量也有影响；有时因变量自身的滞后值对因变量也有影响，如果忽略了他们的影响，就会带来分析和决策失误。处理这类问题的方法就是本章讨论的自回归与分布滞后模型。

第一节　自回归与分布滞后模型的基本问题

一、自回归与分布滞后模型的概念

一般来说，解释变量对被解释变量的影响不可能在短时间内完成，需要一个过程，这一过程通常存在时间滞后。考虑时间滞后的回归模型统称为滞后回归模型。

在涉及时间数列数据的回归分析中，如果在模型中不仅包含解释变量(诸 X)的当前值，还包含他们的滞后(过去)值，这样的模型称为分布滞后模型(distributed－lag model)。

分布滞后模型可表示为：

$$Y_t = \alpha + \beta_0 X_t + \beta_1 X_{t-1} + \beta_2 X_{t-2} + u_t$$

在现实的经济活动中，许多经济活动存在惯性，一个经济指标以前的态势往往会延续到现在，从而形成被解释变量的当期变化同自身过去取值水平相关的情形。如果模型的解释变量中包含因变量(被解释变量)的一个或多个滞后值，这样的滞后模型称为自回归模型(autoregressive model)。自回归模型由于描述了因变量相对于过去值的时间路径，又称为动态模型。

自回归模型可表示为：

$$Y_t = \alpha + \beta X_t + \gamma Y_{t-1} + u_t$$

分布滞后与自回归模型在经济计量分析中得到广泛地应用，在应用分布滞后与自回归模型时需要周密考察并明确以下问题：滞后在经济学中的含义与作用；是什么原因造成滞后；在经验经济计量分析中常用的滞后模型的理论依据是什么；自回归与分布滞后模型之间有无关系？在什么样的条件下可以建立起他们之间的关系；模型估计会遇到什么样的问题？如何解决；变量之间的领先—滞后关系是否意味着因果关系？如何测度？

二、经济活动中的"滞后"现象

如前所述，在经济活动中，被解释变量 Y 对解释变量 X 的依赖很少是瞬间的，常见的情形是 Y 对 X 的回应有一个时间的延迟或滞后。下面列举一些常见的滞后经济现象。

消费滞后。按照一般规律，人们的消费，不仅依赖于当期收入，还依赖于前期收入。也就是说，按常规人们并不会把当期增加的收入马上全部花掉，而是分期消费。假定某人的收入每年增加 1000 元，那么这种收入的增加对该消费者的年消费支出会产生什么影响？他也许会在收入增加后的第一年增加 400 元的消费支出，第二年增加 300 元，第三年增加 200 元，把余下的 100 元作为储蓄。到第三年末，此人的消费将增加 900 元。我们可以把消费函数写为：

$$Y_t = 常数项 + 0.4X_t + 0.3X_{t-1} + 0.2X_{t-2} + u_t \quad (7.1.1)$$

其中 Y 为消费支出，X 为收入。

方程(7.1.1)表明，1000 元的收入增加的效应分布在一个 3 年的期间里，像这种由于收入增加而产生的消费分布在若干时期里的模型就称为分布滞后模型。其几何意义可由图 7.1 给出。

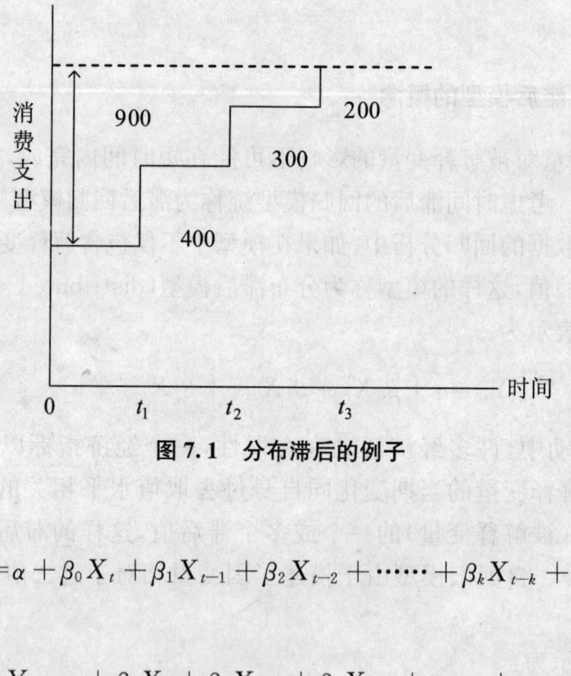

图 7.1 分布滞后的例子

更一般地，我们有：

$$Y_t = \alpha + \beta_0 X_t + \beta_1 X_{t-1} + \beta_2 X_{t-2} + \cdots\cdots + \beta_k X_{t-k} + u_t \quad (7.1.2)$$

或

$$Y_t = \alpha + \beta_0 X_t + \beta_1 X_{t-1} + \beta_2 X_{t-2} + \cdots\cdots + u_t \quad (7.1.3)$$

其中式(7.1.2)的最大滞后长度 k 为一确定的数，因此称为有限分布滞后模型，式(7.1.1)表示的就是一个有限分布滞后模型，其最大滞后长度 $k=2$；而式(7.1.3)没有规定最大滞后长度，称为无限分布滞后模型。在一定条件下，无限分布滞后模型可以变换为自回归模型。

在分布滞后模型中，回归系数 β_0 称为短期或即期影响乘数（short－run or impact multiplier)，它表示解释变量 X 变化一个单位，对被解释变量 Y 同期平均变动的影响；如果此后 X 的变化都保持在同一水平上，则 $\beta_0+\beta_1$ 给出下一期 Y（的均值）的变化，$\beta_0+\beta_1+\beta_2$ 给出再下

一期 Y 的变化，如此类推。这些部分的 β_k 的和称为中期（影响）乘数（intermediate multipliers），其中的 β_1，β_2，……称为延期影响乘数；而 $\sum_{i=0}^{\infty}\beta_i=\beta$ 称为长期影响乘数（或总分布滞后乘数），但需假定总和 β 存在（另处讨论）。如果定义：

$$\beta_i^*=\beta_i/\sum_{i=0}^{\infty}\beta_i=\frac{\beta_i}{\beta} \tag{7.1.4}$$

就得到“标准化”的 β_i。β_i^* 给出在相应时期所感应的冲击（影响）占长期影响（即总滞后乘数）的比例。

例中，即期影响乘数 0.4 不过是短期边际消费倾向，而长期乘数 0.9（=0.4+0.3+0.2）为长期边际消费倾向。收入增加 1 元的长期效应是 0.9 元，$\beta_0^*=\frac{0.4}{0.9}=0.44$　$\beta_1^*=\frac{0.3}{0.9}=0.33$　$\beta_2^*=\frac{0.2}{0.9}=0.23$，表明 X 一单位的变化的总效应有 44%被当年感应，第二年应有 77%被感应，第三年应达到 100%。

通胀滞后。通货膨胀实质上是一种货币现象。通货膨胀与货币供应量的变化有着密切的关系，一般来说，货币量的超量发行往往是通货膨胀产生的重要原因，但是，货币供应量的变化对通货膨胀的影响并不是即时的，总存在一定的时滞。

R&D 支出与生产力之间的滞后。从研究与发展（R&D）的投资决定到最终获得生产力水平的增长，要经历从资金投入到发明创造开始之间时间上的滞后，经历专利的发明创造和申请获批到商业上的应用之间时间上的滞后，还要经历旧机器全部被新机器替换形成新的生产力的过程，新的生产能力还有一个逐步扩散和增长的过程，等等，这些都需要相当长的时间滞后期。

银行货币（活期存款）的创造。假如央行通过买进政府债券向银行系统投注了 1000 元的新货币，按照部分准备金体制，假定法律规定银行对它们制造的存款要留 20%的准备金作为后盾，那么根据乘数原理，一共要产生的活期存款总额将等于 $1000\times\frac{1}{1-0.8}=5000$ 元。现实中，这 5000 元的活期存款的产生需要一个时滞过程。

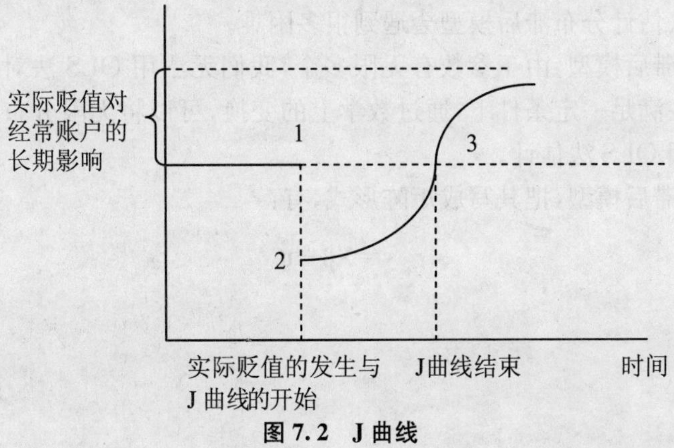

图 7.2　J 曲线

国际经济学的J曲线。该曲线反映了贸易平衡和货币贬值之间的关系。在其他条件不变的条件下，一个国家的货币贬值，开始该国的贸易平衡情况恶化，但随着时间的推移，贸易平衡状况会逐步改善，表现在坐标图上，形似一条J曲线，见图7.2。

三、产生滞后的原因

时间滞后现象是社会经济中的一种常见现象，其产生的原因大致可以归结为三个方面。

1. 心理原因

人们的观念和习惯是长期形成的，适应新的经济环境往往需要时间。例如在收入增加之后，人们不会马上改变消费习惯。一个明显的例子是，当彩票中奖获得巨额收入时，人们不会立即改变已长期适应的生活方式，对突如其来的巨额收入作出如何消费的决定需要一番盘算和考虑，不同消费者也会有不同的选择，做出决定和选择需要时间。这种心理因素造成了消费与收入关系上的滞后效应。

2. 技术原因

在人们的日常生产和生活活动中，往往由于技术的原因造成一定程度的滞后。例如，资本的价格下跌将导致使用资本代替劳力较为经济，但资本的添置需要时间。再如，消费者在购买电器时经常会迟疑不决，其原因是他们期待价格的进一步下跌或担心产品的更新换代使自己使用的产品过时。信息不完全也是产生滞后的原因。

3. 制度原因

制度、契约等因素也会形成一定程度的滞后。例如，企业往往要受到过去签订合同的制约，不能根据市场变化立即调整自己的生产，改变产品的价格，或重新选择劳力或原料的来源；在管理体制中，管理层次越多，时间滞后现象越严重。再如人们的长期储蓄，尽管利率变动，也不能立即调整。

滞后在经济学中占有中心的地位，探寻和分析造成滞后的原因，是经济计量学中的一项重要任务。这也明显地反映在经济学的短期——长期方法论中。关于需求的短期价格或收入弹性一般小于(从绝对值上)其长期弹性，短期边际消费倾向一般小于长期边际消费倾向的结论就是基于对造成滞后原因探索分析的结果。

四、分布滞后模型估计中存在的问题

直接用OLS法估计分布滞后模型会遇到很多困难。

对于无限分布滞后模型，由于参数有无限多个，我们无法用OLS法对其进行估计。但随后我们将会看到，在满足一定条件下，通过数学上的变换，可以将无限分布滞后模型转换为自回归模型，然后再用OLS法估计。

对于有限分布滞后模型，把其写成矩阵形式，有：

$$\mathbf{y}=\mathbf{X}\boldsymbol{\beta}+\mathbf{u} \tag{7.1.5}$$

其中

$$\mathbf{y}=\begin{bmatrix}Y_1\\Y_2\\\vdots\\Y_T\end{bmatrix},\mathbf{X}=\begin{bmatrix}1&X_1&-&\cdots&-\\1&X_2&X_1&\cdots&-\\1&X_3&X_2&\vdots&-\\\vdots&\vdots&\vdots&\cdots&\vdots\\1&X_T&X_{T-1}&\cdots&X_{T-k}\end{bmatrix},\boldsymbol{\beta}=\begin{bmatrix}\alpha\\\beta_0\\\beta_1\\\vdots\\\beta_k\end{bmatrix},\mathbf{u}=\begin{bmatrix}u_1\\u_2\\\vdots\\u_T\end{bmatrix}$$

如果最大滞后长度 k 已确知，且式(7.1.5)中的 $\mathbf{u}$ 满足经典线性回归的全部假定，则 OLS 估计量 $\hat{\boldsymbol{\beta}}=(\mathbf{X}'\mathbf{X})^{-1}\mathbf{X}'\mathbf{y}$ 是 $\boldsymbol{\beta}$ 的 BLUE。然而实践中人们往往会遇到很多问题。这些问题是：

(1)在绝大多数情况下，k 是未知的，需要先对 k 进行估计。估计滞后长度的方法很多，其中一种简单的方法是根据调整判定系数 $\bar{R}^2$ 确定滞后长度。具体做法是：先用 Y_t 对 X_t 和 X_{t-1} 回归，再用 Y_t 对 X_t, X_{t-1}, X_{t-2} 回归，……，一直到 $\bar{R}^2$ 值达到最大为止。阿尔特(Alt)和丁伯根(Tinbergen)建议的序贯估计法，思想与这种方法相似，即先将 Y_t 对 X_t 回归，然后将 Y_t 对 X_t 和 X_{t-1} 回归，如此类推。这一序贯程序将中止于滞后变量的回归系数开始变成统计上不显著或至少有一个变量的系数改变符号时。

(2)如果滞后期较长而样本较小时，不能保证有足够的自由度进行统计推断。

(3)在时间序列数据中，相继的滞后值一般都存在序列相关问题，在分布滞后模型中这种序列相关问题就演化为解释变量之间的多重共线性问题。因此，多重共线性问题一直伴随着分布滞后模型的估计。多重共线性将导致不正确的估计，就是说，标准误相对所估计系数有变大的倾向。结果往往是 $\bar{R}^2$ 值较大，t 统计值却统计上不显著。

(4)对滞后长度的序贯寻找，有数据开采之嫌。

鉴于上述原因，实践中很少用 OLS 方法直接估计分布滞后模型。一般使用限定诸 β 遵从某种先验变化的模式或理论模式。

第二节　分布滞后模型的考伊克方法

一、考伊克的建模思想及考伊克变换的特点

1. 建模思想

对于无限分布滞后模型，由于参数有无限多个，我们无法用 OLS 法对其进行估计。考伊克(koyck)提出一种估计无限分布滞后模型的巧妙方法。对于无限分布滞后模型(7.1.3)，考伊克假定全部 β 都有相同的符号，并设定它们按如下的几何级数衰减，即有：

$$\beta_k=\beta_0\lambda^k \qquad k=0,1,\cdots \tag{7.2.1}$$

其中 $0<\lambda<1$，称为分布滞后的衰减率，$1-\lambda$ 称为调节速度。式(7.2.1)意味着每个后续的 β 系数在数值上小于前面的 β 值，也就是说，X 的滞后期越长，它对 Y 的影响越小。显然这样的假定符合很多经济现象。例如，设定现期收入比前期收入对现期消费的影响大是合理的。图 7.3 描绘了考伊克模型的几何意义。滞后系数 β_k 的值，除与公共的 β_0 有关外，还依赖于 λ

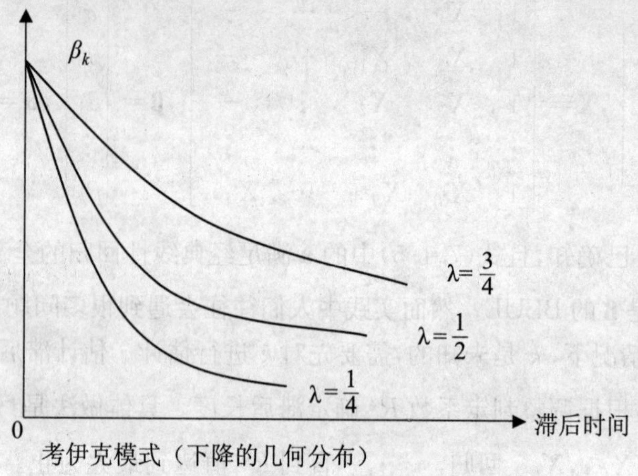

图 7.3　考伊克模式(下降的几何分布)

值。λ 值越靠近零，β_k 衰减速度越快，越靠近 1，β_k 衰减速度越慢。

2. 考伊克模型的特点

(1) λ 取非负值，排除了 β 变号的可能性；

(2)假定 $\lambda<1$，保证了给予近期的 β 比远期的 β 更大的权数；

(3)确保长期乘数即 β 的总和是有限的值，即有：

$$\beta=\sum_{k=0}^{\infty}\beta_k=\sum_{k=0}^{\infty}\beta_0\lambda^k=\beta_0\frac{1}{1-\lambda} \tag{7.2.2}$$

其中 $\sum_{k=0}^{\infty}\lambda^k=\frac{1}{1-\lambda}$。

(4)把一个无限分布滞后模型“变换”为一个自回归模型。根据式(7.2.1)，无限分布滞后模型可写为

$$Y_t=\alpha+\beta_0X_t+\beta_0\lambda X_{t-1}+\beta_0\lambda^2X_{t-2}+\cdots\cdots+u_t \tag{7.2.3}$$

从式(7.2.3)可以看出该模型依然有无限的参数有待估计，而且 λ 以高次非线性出现，线性回归分析方法依然不适用这类模型。然而考伊克创造性地解决了这一难题。他将(7.2.3)式滞后一期得到

$$Y_{t-1}=\alpha+\beta_0X_{t-1}+\beta_0\lambda X_{t-2}+\beta_0\lambda^2X_{t-3}+\cdots\cdots+u_{t-1} \tag{7.2.4}$$

然后用 λ 乘式(7.2.4)得

$$\lambda Y_{t-1}=\lambda\alpha+\beta_0\lambda X_{t-1}+\beta_0\lambda^2X_{t-2}+\beta_0\lambda^3X_{t-3}+\cdots\cdots+\lambda u_{t-1} \tag{7.2.5}$$

再用式(7.2.3)减式(7.2.5)得

$$Y_t-\lambda Y_{t-1}=\alpha(1-\lambda)+\beta_0X_t+(u_t-\lambda u_{t-1}) \tag{7.2.6}$$

整理得

$$Y_t=\alpha(1-\lambda)+\beta_0X_t+\lambda Y_{t-1}+v_t \tag{7.2.7}$$

其中 $v_t=(u_t-\lambda u_{t-1})$ 为 u_t 和 u_{t-1} 的一个移动平均。式(7.2.7)表示的是一个自回归模型。

上述程序称为考伊克变换(koyck transformation)。式(7.2.7)与无限分布滞后模型(7.1.3)相比,我们可以看出考伊克获得了巨大成功。在这之前,我们必须估计 α 和无限多个 β 值,而现在只须估计 3 个未知参数 α,β_0 和 λ。而且解决了模型滞后变量间存在多重共线性的问题。在这里,用单一变量 Y_{t-1} 代替了 $X_{t-1},X_{t-2},\cdots$,也就是用工具变量的方法解决了多重共线性问题。

3. 考伊克变换引发的问题

(1)由于 Y_{t-1} 与 Y_t 一样是随机的,意味着式(7.2.7)含有随机解释变量。在经典假设下要求:解释变量是非随机的,若是随机的,应独立于随机干扰项 u,或至少与之不相关。因此,我们必须明确 Y_{t-1} 是否满足这一假定。

(2)在原始模型中,随机干扰项为 u_t,而在转换模型中变为 $v_t=(u_t-\lambda u_{t-1})$。$v_t$ 的性质依赖于 u_t 统计性质的假定。我们将会看到,即使原始的 u_t 是序列无关的,v_t 却是序列相关的。因此除了要解决随机解释变量 Y_{t-1} 的问题外,还要面对序列相关问题。

(3)滞后 Y_{t-1} 的出现违背了 DW 检验的基本假定之一。因此必须提供检验序列相关的另外方法。

4. 中位滞后与平均滞后

上一节介绍的标准化 β_i 的部分和可用来表示在一段时间里感应到的总效应的比例。然而在实际中常用来刻画一个分布滞后模型的滞后结构性质的却是平均或中位滞后(mean or median lag)。

(1)中位滞后。指在 X 发生一单位的变化之后,Y 的前一半变化所需要的时间,即变化达到其总变化的 50%所需要的时间。对于考伊克模型,中位滞后由下式给出:

$$\text{考伊克中位滞后}=-\frac{\log 2}{\log\lambda} \tag{7.2.8}$$

例如,若 $\lambda=0.8$,其中位滞后为 3.1063;若 $\lambda=0.2$,其中位滞后为 0.4307。也就是说,对于 $\lambda=0.8$,Y 的总变化的 50%需要经过多于 3 个时期的时间才能完成;而对于 $\lambda=0.2$,完成这一变化所需的时间少于半个时期。我们知道,λ 值越高,调整速度越慢,相反,则越快。

(2)平均滞后。若所有 β_k 为正,则平均滞后定义为:

$$\text{平均滞后}=\frac{\sum_{k=0}^{\infty}k\beta_k}{\sum_{k=0}^{\infty}\beta_k} \tag{7.2.9}$$

显然这是一个以各 β_k 系数为权数对全部有关滞后时间的加权平均数,是时间的滞后加权平均数。对于考伊克模型,

$$\text{考伊克平均滞后}=\frac{\lambda}{1-\lambda} \tag{7.2.10}$$

若 $\lambda=\frac{1}{2}$,则平均滞后为 1。

显然中位滞后和平均滞后都是 Y 对 X 回应速度的一个总度量。

例 7.1 表 7.1 给出了广东省 1981 年到 2005 年的人均可支配收入和人均消费的数据(以 1978 年为基期)。我们使用考伊克模型来分析,建立人均消费 PC_t 对人均收入 PI_t 和滞后的人均消费 PC_{t-1} 的回归模型,估计结果如下:

$$PC_t = 92.4829 + 0.681711PI_t + 0.11195PC_{t-1}$$

$$t = (5.9405) \quad (8.3489) \quad (09832)$$

$$R^2 = 0.9985$$

如果我们假定该模型是考伊克模型,则中位滞后为:$-\dfrac{\log(2)}{\log(\lambda)} = -\dfrac{\log(2)}{\log(0.111947)} =$ 0.31654,而平均滞后是 $\dfrac{\lambda}{1-\lambda} = \dfrac{0.111947}{1-0.111947} = 0.126059$。由此可见,虽然人均消费 PC_t 对人均收入 PI_t 的调整具有一定的滞后,但是调整的速度是比较快的。

表 7.1 广东省 1981—2005 年的人均收入和人均消费的数据 单位:元

年份	人均可支配收入	人均消费支出	年份	人均可支配收入	人均消费支出
1981	460.37	425.08	1997	1517.93	1239.57
1982	505.32	473.96	1998	1594.32	1297.83
1983	555.99	514.25	1999	1672.72	1405.55
1984	625.21	569.27	2000	1750.71	1465.98
1985	622.45	581.23	2001	1883.00	1492.37
1986	686.72	623.07	2002	2042.12	1680.41
1987	729.65	672.30	2003	2254.30	1789.64
1988	675.31	643.39	2004	2418.52	1936.39
1989	730.02	672.98	2005	2569.85	2095.17
1990	827.46	713.36	2006	2736.92	2166.41
1991	966.55	839.63	2007	2916.55	2409.05
1992	1126.37	926.95	2008	3083.00	2474.09
1993	1230.15	1022.42	2009	3452.97	2753.66
1994	1397.38	1159.43	2010	3711.96	2929.90
1995	1443.48	1237.11	2011	3968.38	3047.09
1996	1476.69	1243.30			

资料来源:《广东省统计年鉴 2012》,中国统计出版社出版。

二、考伊克模型的理性化

1. 适应性预期模型(adaptive expectation model,AEM)

式(7.2.7)表示的考伊克模型是纯数学推演的结果,缺乏经济理论的支持。若能给予经济理论的支持则可弥补其不足。经济理论表明,许多经济行为符合几何分布滞后模型的假定。其中,最著名的两个模型是适应性预期模型和部分调整模型。本小节先介绍适应性预期模型。

这种模型建立在如下经济理论基础上：影响被解释变量 Y_t 的因素不是 X_t，而是关于 X_t 的预期 X_t^*。即

$$Y_t = \beta_0 + \beta_1 X_t^* + u_t \tag{7.2.11}$$

这类模型是常见的。例如，对货币（实际现金余额）的需求 Y_t 取决于均衡的、或预期的长期正常利率 X_t^*；当通货膨胀严重时，商品需求量往往取决于对价格水平的预期 X_t^*，而不是实际价格水平 X_t；再如，企业的生产计划取决于对销售的预期等等。

由于 X_t^* 是一个无法直接观测的变量，对预期的形成我们做如下设想：

$$X_t^* - X_{t-1}^* = \gamma(X^t - X_{t-1}^*) \tag{7.2.12}$$

其中 $0 < \gamma \leqslant 1$，称为预期系数（coefficient of expectation）。假设式(7.2.12)称为适应性预期(adaptive expectation，AE)或累进式预期(progressive expectation)或错误中学习(error learning)假设。式(7.2.12)的含义是，经济行为者们将根据过去的经验修改他们的预期，要从错误中学习。式(7.2.12)表明他们每期都按变量的现期值与前期的预期值之间的差距的一个分数 γ 去修改预期值。表达这种预期的另一种方法是把式(7.2.12)改写成

$$X_t^* = \gamma X^t + (1-\gamma) X_{t-1}^* \tag{7.2.13}$$

从而说明时间 t 的预期值是时间 t 的真实值与它的前期期望值各以 γ 和 $(1-\gamma)$ 为权数的加权平均数。若 $\gamma=1$，则 $X_t^* = X^t$，意味期望立即全部实现；若 $\gamma=0$，则 $X_t^* = X_{t-1}^*$，意味期望是静止的。将式(7.2.13)代入式(7.2.11)，有

$$\begin{aligned} Y_t &= \beta_0 + \beta_1[\gamma X_t + (1-\gamma) X_{t-1}^*] + u_t \\ &= \beta_0 + \beta_1 \gamma X_t + \beta_1 (1-\gamma) X_{t-1}^* + u_t \end{aligned} \tag{7.2.14}$$

将式(7.2.11)滞后一期并乘以 $(1-\gamma)$，有

$$(1-\gamma) Y_{t-1} = \beta_0 (1-\gamma) + \beta_1 (1-\gamma) X_{t-1}^* + (1-\gamma) u_{t-1}$$

将其从式(7.2.14)中减去，并经简单的运算后得到：

$$\begin{aligned} Y_t &= \gamma\beta_0 + \beta_1 \gamma X_t + (1-\gamma) Y_{t-1} + u_t - (1-\gamma) u_{t-1} \\ &= \gamma\beta_0 + \beta_1 \gamma X_t + (1-\gamma) Y_{t-1} + v_t \end{aligned} \tag{7.2.15}$$

其中 $v_t = u_t - (1-\gamma) u_{t-1}$。

比较式(7.2.11)和式(7.2.15)可以看出，前者的 β_1 度量着 Y 对预期的 X^* 一个单位变化的平均响应，而后者中的 $\gamma\beta_1$ 度量 Y 对实际或观测的 X 值一个单位变化的平均响应。除非 $\gamma=1$，也就是现期和长期（预期）的 X 值相同，否则，这两种响应是不相同的。在实践中，我们是先估计式(7.2.15)，从滞后项 Y_{t-1} 的系数得到 γ 的一个估计值，便容易将 X_t 的系数 $(\gamma\beta_1)$ 除以 γ 而得到 β_1。

虽然适应性预期模型与考伊克模型的系数有不同的含义，但两模型的相似性是显然的。与考伊克模型一样，适应性预期模型也是自回归模型，并且它的误差项类似于考伊克模型的误差项。适应性预期(AE)模型的理论假说无疑要比纯代数的考伊克方法更有吸引力。

在由穆斯(J. Muth)最先提出，之后由罗伯特・卢卡斯(Rober Lucas)和托马斯・萨金特

(Thomas Sargent)推广的理性预期(rational expectation,RE)假说出现之前,适应性预期在应用经济学中的应用很流行。然而理性预期的倡导者认为,适应性预期假说是有缺陷的,因为它在期望形成过程中只考虑了一个变量的过去值,而理性预期则假定:各个经济行为主体在形成他们的预期时,利用了当前可以获得的全部信息,并不是仅仅依赖过去的信息。尽管相对于适应性预期假说,理性预期假说更具有合理性。但是建立在适应性预期假说基础上的适应性预期模型仍然有它的参考价值。

需要指出的是,式(7.2.11)本身是一个几何分布滞后模型。因为把式(7.2.13)展开有

$$X_t^* = \gamma X_t + \gamma(1-\gamma)X_{t-1} + \gamma(1-\gamma)^2 X_{t-2} + \cdots \tag{7.2.16}$$

即预期的形成实际上是过去观测值的累积的结果,其中越是近期的观测值对预期形成的影响越大,随着滞后期的增大,滞后值的作用会越来越小。把式(7.2.16)代入式(7.2.11),即可得到无限分布滞后模型:

$$Y_t = \beta_0 + \beta_1\gamma X_t + \beta_1\gamma(1-\gamma)X_{t-1} + \beta_1\gamma(1-\gamma)^2 X_{t-2} + \cdots + u_t \tag{7.2.17}$$

2. 部分调整模型(partial adjustment model,PAM)

在现实中存在解释变量在某一时期内的变动引起的被解释变量的变化要经过相当一段时间才能充分表现出来的事实。因此,部分调整模型建模依据的行为假定是,模型所表达的不是t时期解释变量与被解释变量之间的关系,而是t时期解释变量与同期被解释变量希望达到水平(或均衡值)之间的关系。比如本期商品库存量的理想值(最佳存量)取决于本期实际销售量,本期资本存量的均衡值取决于本期的实际产出。即假定在时间t被解释变量的希望值(均衡值、长期值)Y_t^*是同期解释变量X_t的线性函数:

$$Y_t^* = \beta_0 + \beta_1 X_t + u_t \tag{7.2.18}$$

由于受到技术水平、习惯、制度或契约、决策延迟等因素的制约和影响,被解释变量的希望值在短期内是难以实现的,从而也是不可观测的。被解释变量的实际变动值$Y_t - Y_{t-1}$往往只能达到希望水平与实际水平变动$Y_t^* - Y_{t-1}$的一部分。尼洛夫(Marc Nerlove)提出如下存量调整(stock adjustment)或部分调整模型(partial adjustment model,PAM)。

$$Y_t - Y_{t-1} = \delta(Y_t^* - Y_{t-1}) \tag{7.2.19}$$

其中δ称为调整系数,且有$0<\delta\leqslant 1$,$Y_t - Y_{t-1}$=实际变化,$Y_t^* - Y_{t-1}$=理想变化。该模型假定,在给定的技术、利率等条件下,企业为实现既定产量,需要一个理想(均衡或长期)的资本存量。式(7.2.19)表示资本存量的实际变化是理想变化的一部分。要使Y_t达到希望水平Y_t^*需要进行调整,而调整需要付出成本。δ表示调整速度,δ越大,调整速度越快。若$\delta=1$,表示实际资本存量等于理想存量,即实际存量瞬时(同期)调整到理想存量水平;若$\delta=0$,则意味着实际资本存量与前期观测水平一样,没有任何变化。由于行为上的僵性、惰性和契约上的义务等,存量的调整往往是不完全理想的,因此δ落在0和1之间,从而得到各种部分调整模型。

由于两个时期之间资本存量的变化即为投资,故(7.2.19)式又可表示为

$$I_t = \delta(Y_t^* - Y_{t-1}) \tag{7.2.20}$$

式(7.2.19)又可表述为

$$Y_t=\delta Y_t^*+(1-\delta)Y_{t-1} \tag{7.2.21}$$

说明在时期 t 观测到的资本存量是该时期理想资本存量与前一时期实有资本存量的加权平均。若将式(7.2.18)代入式(7.2.21)可得

$$\begin{aligned}Y_t&=\delta(\beta_0+\beta_1X_t+u_t)+(1-\delta)Y_{t-1}\\&=\delta\beta_0+\delta\beta_1X_t+(1-\delta)Y_{t-1}+\delta u_t\end{aligned} \tag{7.2.22}$$

此模型应用经济计量学中常用的部分调整模型。由于式(7.2.18)表示的是对资本存量的长期或均衡需求，所以式(7.2.22)可称为对资本存量的短期需求函数。短期的现有资本存量不一定等于它的长期水平。当我们估计出短期函数的表达式(7.2.22)，就可以容易地导出长期函数式(7.2.18)的估计式。即从式(7.2.22)中的 Y_{t-1} 的系数估计得到调整系数 δ，用 δ 分别去除 $\delta\beta_0$ 和 $\delta\beta_1$ 得到 β_0 和 β_1，去掉 Y_{t-1} 项，就可以得到式(7.2.18)的估计。

与自适应预期模型一样，部分调整模型也是一个几何分布滞后模型。因为把式(7.2.22)展开即有：

$$Y_t=\beta_0+\delta\beta_1X_t+\delta(1-\delta)\beta_1X_{t-1}+\delta(1-\delta)^2\beta_1X_{t-2}+\cdots+v_t \tag{7.2.23}$$

其中

$$v_t=\delta u_t+\delta(1-\delta)u_{t-1}+\delta(1-\delta)^2u_{t-2}+\cdots,\quad \sum_{i=0}^{\infty}(1-\delta)^i=\frac{1}{\delta}$$

由乘数的定义可知，$\delta\beta_1$ 是短期影响乘数，$\sum\limits_{i=0}^{\infty}\delta\beta_1(1-\delta)^i=\delta\beta_1\sum(1-\delta)^i=\beta_1$ 是长期影响乘数。同理我们也不难求出适应性预期模型中的长期和短期影响乘数。

部分调整模型与考伊克模型和适应性预期模型类似，也是自回归模型，然而它有一个比适应性预期模型简单得多的随机误差项，它仅是原始随机误差项 u_t 的 δ 倍。部分调整模型虽然与适应性预期模型在形式上类似，但二者的内涵却有本质上的区别。后者以(关于未来的价格、成本等等)的不确定性为依据，而前者则从技术和制度上的僵性、惰性、变化的代价等等方面考虑。然而这两种模型在理论上都比考伊克模型更贴近实际。

由于考伊克、适应性预期和部分调整模型都产生相同形式的最终估计模型，而三者的理论假设、随机误差项都存在明显的差异，所以研究者究竟采用哪种模型以及为什么采用此种模型，必须有自己的判断。

3. 适应性预期与部分调整组合模型

现实中也可以根据需要拟合如下的适应性预期与部分调整组合模型：

$$Y_t^*=\beta_0+\beta_1X_t^*+u_t \tag{7.2.24}$$

其中 Y_t^* 为理想的资本存量，X_t^* 为预期的产出水平。由于 Y_t^* 和 X_t^* 都不可直接观测，故可对 Y_t^* 启用部分调节机制，对 X_t^* 启用自适应预期模型以得出如下组合模型：

$$\begin{aligned}Y_t&=\beta_0\delta\gamma+\beta_1\delta\gamma X_t+[(1-\gamma)+(1-\delta)]Y_{t-1}-(1-\delta)(1-\gamma)Y_{t-2}+[\delta u_t-\delta(1-\gamma)u_{t-1}]\\&=\alpha_0+\alpha_1X_t+\alpha_2Y_{t-1}+\alpha_3Y_{t-2}+v_t\end{aligned} \tag{7.2.25}$$

该组合模型也是自回归模型。该组合模型的特点是虽然该模型对诸 α 来说是线性的，但它对原来的参数而言是非线性的。

该组合模型与考伊克模型和自适应预期模型一样，都是带有同样误差结构的自回归模型，所以具有同样的估计问题。此外还涉及一些非线性估计问题。

三、自回归模型的估计与检验

1. 自回归模型的性质分析

前面我们介绍的考伊克、适应性预期和部分调整三个自回归模型：

$$Y_t = \alpha(1-\lambda) + \beta_0 X_t + \lambda Y_{t-1} + (u_t - \lambda u_{t-1}) \tag{7.2.7}$$

$$Y_t = \gamma\beta_0 + \gamma\beta_1 X_t + (1-\gamma) Y_{t-1} + [u_t - (1-\gamma) u_{t-1}] \tag{7.2.15}$$

$$Y_t = \delta\beta_0 + \delta\beta_1 X_t + (1-\delta) Y_{t-1} + \delta u_t \tag{7.2.22}$$

有如下共同形式，即

$$Y_t = \alpha_0 + \alpha_1 X_t + \alpha_2 Y_{t-1} + v_t \tag{7.2.26}$$

也就是说，它们都属于自回归性质。由于每个模型都包含有随机解释变量，并且存在序列相关的可能性，因此不满足经典线性回归假定的要求，OLS 法不能直接使用，因此我们还必须对此三个自回归模型的性质进行讨论。

OLS 法的使用要求解释变量是非随机变量，如果是随机变量，则要求或者与随机误差项独立，或者甚少不相关，否则 OLS 估计量就是有偏且不一致的，也就是说，不管样本量多大，偏倚都不会消失。这就要求我们在启用经典最小二乘理论之前，必须表明随机解释变量 Y_{t-1} 与误差项 v_t 无关。要说明这一点，知道 v_t 的性质是重要的。

假设原始随机误差项 u_t 满足全部经典假定，即有 $E(u_t)=0, Var(u_t)=\sigma^2, Cov(u_t, u_{t+s})=0, s\neq 0$，但此时的 v_t 未必继承这些性质。下面我们对上述三种模型的误差项分别予以讨论。

对考伊克模型： $v_t = u_t - \lambda u_{t-1}$，由于 $E(v_t)=E(u_t)-\lambda E(u_{t-1})=0$，所以

$$Cov(v_t, v_{t-1}) = E(v_t v_{t-1}) = -\lambda\sigma^2 \tag{7.2.27}$$

除非 λ 为零，这是一个非零值，所以 v_t 是序列相关的。由于 Y_{t-1} 做为解释变量在考伊克模型中出现，它就必然与 v_t（通过其中的 u_{t-1} 的出现）相关。这就表明，对于考伊克模型，OLS 法是不适用的。对于适应性预期模型也存在同样的问题。

然而对于部分调整模型，由于随机误差项 $v_t = \delta u_t (0 < \delta \leqslant 1)$，只要 u_t 满足经典线性回归假定，v_t 也能满足。因此部分调整模型的 OLS 估计虽然在有限或小样本中是有偏的，但在大样本中将给出一致的估计。

2. 自回归模型的估计方法：工具变量(IV)法

因为解释变量 Y_{t-1} 与误差项 v_t 相关，OLS 法不适用于考伊克和适应性预期模型的估计，但若能把这种相关性消除掉，用 OLS 法还是可以获得模型参数的一致估计量。对此，我们可用工具变量法实现。

若能找到一个与 Y_{t-1} 高度相关而与 v_t 不相关的变量作为 Y_{t-1} 的替代，这样的代替变量叫做工具变量。利维亚坦(Liviatan)建议用 X_{t-1} 做为 Y_{t-1} 的工具变量，并且建议式(7.2.26)的参数可由下述正规方程组解得：

$$\begin{cases} \sum Y_t = n\hat{\alpha}_0 + \hat{\alpha}_1 \sum X_t + \hat{\alpha}_2 \sum Y_{t-1} \\ \sum X_t Y_t = \hat{\alpha}_0 \sum X_t + \hat{\alpha}_1 \sum X_t^2 + \hat{\alpha}_2 \sum X_t Y_{t-1} \\ \sum X_{t-1} Y_t = \hat{\alpha}_0 \sum X_{t-1} + \hat{\alpha}_1 \sum X_t X_{t-1} + \hat{\alpha}_2 \sum Y_{t-1} X_{t-1} \end{cases} \tag{7.2.28}$$

若对(7.2.26)式直接用 OLS，则其正规方程组为

$$\begin{cases} \sum Y_t = n\hat{\alpha}_0 + \hat{\alpha}_1 \sum X_t + \hat{\alpha}_2 \sum Y_{t-1} \\ \sum X_t Y_t = \hat{\alpha}_0 \sum X_t + \hat{\alpha}_1 \sum X_t^2 + \hat{\alpha}_2 \sum X_t Y_{t-1} \\ \sum Y_{t-1} Y_t = \hat{\alpha}_0 \sum Y_{t-1} + \hat{\alpha}_1 \sum X_t Y_{t-1} + \hat{\alpha}_2 \sum Y_{t-1}^2 \end{cases} \tag{7.2.29}$$

式(7.2.28)与式(7.2.29)的差异(第三个方程)是明显的。利维亚坦证明，利用式(7.2.28)估计出来的诸 α 是一致的，而式(7.2.29)估计出来的不是。这是因为 Y_{t-1} 和 $v_t = u_t - \lambda u_{t-1}$，或与 $v_t = u_t - (1-\gamma)u_{t-1}$ 可能相关，而 X_t 和 X_{t-1} 与 v_t 都不相关。

由于用 X_{t-1} 代替 Y_{t-1} 后，式(7.2.26)中的 X_t 和 X_{t-1} 很可能是高度相关的(因为大多数时间序列都在其相继值之间表现出高度的相关性)，它不免要受到多重共线性的困扰。即这样得到的一致估计量很可能是低效的。

实践中，要找到 Y_{t-1} 的一个好的替代变量(与 Y_{t-1} 高度相关，与 v_t 不相关)是不易的，这时有必要借助最大似然估计方法。

3. 自回归模型的自相关检验

由以上讨论可知，选择什么样的方法估计自回归模型取决于误差项是否存在自相关。然而由于自回归模型包含有被解释变量的滞后变量，就使得检验序列(一阶)相关的 DW 检验失效，因为此时 d 统计量是有偏的。但在这种情况下估计得到的 d 值，通常接近表示不存在无自相关的 2，会误导得出无自相关的结论，妨碍发现一阶序列相关的偏误。为此德宾又提出了自回归模型一阶序列相关的一个大样本检验，称做 h 检验。方法如下：

设自回归模型为

$$Y_t = \alpha_0 + \alpha_1 X_t + \alpha_2 Y_{t-1} + v_t$$

$$h = \hat{\rho} \sqrt{\frac{n}{1 - nVar(\hat{\alpha}_2)}} \tag{7.2.30}$$

其中 n 为样本量，$Var(\hat{\alpha}_2)$ 为滞后 Y_{t-1} 系数的方差，$\hat{\rho}$ 为一阶序列相关 ρ 的估计值。德宾证明，对于大样本，如果 $\rho = 0$，则 h 统计量遵从标准正态分布($h \underset{asy}{\sim} N(0,1)$，其中 asy 表示渐近)。因此，容易从标准正态分布表决定所观测的 h 的统计显著性。实际上由于 $\hat{\rho}$ 可以近似地用 d 统计值表示，即

$$\hat{\rho} = 1 - \frac{1}{2}d \qquad d = 2(1-\hat{\rho})$$

因此式(7.2.30)又可写为

$$h = \left(1 - \frac{1}{2}d\right)\sqrt{\frac{n}{1 - nVar(\hat{\alpha}_2)}} \tag{7.2.31}$$

例如，假定一个样本量 $n=100$，求得 $d=1.9$，$Var(\hat{\alpha}_2)=0.005$，则有

$$h=0.7071<1.96$$

即，在 0.05 的显著水平下我们不能拒绝无序列相关的假定。

h 统计量有如下特性：

(1)不管回归模型中含有多少个 X 变量或多少个 Y 的滞后值，都不影响 h 统计量，计算 h 时只需要考虑滞后 Y_{t-1} 系数的方差。也就是说 h 检验不受回归模型中含有 X 变量和 Y 的滞后值个数多少的影响。

(2)如果 $[nVar(\hat{\alpha}_2)]$ 超过 1，检验便不适用。在实践中，这种情况不常发生。

(3)该检验为大样本检验。

第五章介绍的 BG 检验，不仅在大样本中，而且在有限或小样本中，都有更强的统计功效。因而优于 h 检验。

例 7.2 中国货币需求函数分析。在货币经济学中分析货币需求可以采用如下模型：

$$M_t^*=\beta_0 R_t^{\beta_1} Y_t^{\beta_2} e^{u_t} \tag{7.2.32}$$

其中 M_t^* 表示理想或长期货币需求，R_t 表示长期利率，Y_t 表示实际总国民收入。

我们可以将式(7.2.32)表达成对数的形式：

$$\ln M_t^*=\ln\beta_0+\beta_1\ln R_t+\beta_2\ln Y_t+u_t \tag{7.2.33}$$

由于理想需求变量不可直接观测，根据部分调整假说，即：

$$\frac{M_t}{M_{t-1}}=\left(\frac{M_t^*}{M_{t-1}}\right)^{\delta} \quad 0<\delta\leqslant 1 \tag{7.2.34}$$

方程(7.2.34)表示在每一时期内，都有真实与理想的货币需求之间差距的一定百分比被消去。方程(7.2.34)又可用对数形式表达为

$$\ln M_t-\ln M_{t-1}=\delta(\ln M_t^*-\ln M_{t-1}) \tag{7.2.35}$$

将式(7.2.33)中的 $\ln M_t^*$ 代入方程(7.2.35)并整理得到：

$$\ln M_t=\delta\ln\beta_0+\beta_1\delta\ln R_t+\beta_2\delta\ln Y_t+(1-\delta)\ln M_{t-1}+\delta u_t \tag{7.2.36}$$

式(7.2.36)可称为短期货币需求函数。表 7.2 给出了我国 1993 年到 2012 年的货币供应量 M2、借款利率、通货膨胀率、按照不变价格计算的 GDP(以 1997 年为基期)的数据。

根据模型(7.2.36)，估计结果如下：

$$\ln M_t=-7.72838+0.033117\ln R_t+0.641497\ln Y_t+0.621756\ln M_{t-1}$$
$$t=(-4.35171)\quad(0.837393)\quad(4.241481)\quad(6.814123)$$
$$R^2=0.999358$$

所估计的短期需求函数表明，短期利率弹性为正值，与预期(真实货币需求与利率负相关，短期利率弹性为负值)不符，而且 t 值较小，在统计上不显著。这一方面说明我国利率对货币供给量的调节有逆市场的迹象，另一方面说明近二十年我国货币供应量与利率关系不显著，利率作为调节货币供应量的工具作用不大。但短期货币需求对收入的弹性为正，符合预期，而且

在统计上是显著的。调节系数为 $\delta=1-0.621756=0.378244$，这意味着理想与真实的货币需求之间的差距约有37%在一年内被消除。

表7.2　我国1993—2011年的有关货币需求的数据

年份＼变量	GDP（元）	借款利率（%）	M2（元）	通货膨胀率（%）
1993	5,232,485,962,070.28	10.98	3,568,080,000,000.00	15.12
1994	5,917,941,623,101.48	10.98	4,692,030,000,000.00	20.61
1995	6,562,997,260,019.54	12.06	6,074,350,000,000.00	13.74
1996	7,219,296,986,021.50	10.08	7,609,530,000,000.00	6.44
1997	7,890,691,605,721.50	8.64	9,186,781,000,000.00	1.51
1998	8,506,165,550,967.78	6.39	10,556,011,000,000.00	−0.86
1999	9,152,634,132,841.33	5.85	12,104,206,000,000.00	−1.25
2000	9,921,455,400,000.00	5.85	13,596,023,000,000.00	2.06
2001	10,744,936,198,200.00	5.85	15,641,193,000,000.00	2.05
2002	11,722,725,392,236.20	5.31	17,696,514,000,000.00	0.58
2003	12,894,997,931,459.80	5.31	21,101,282,000,000.00	2.61
2004	14,197,392,722,537.30	5.58	24,242,613,000,000.00	6.91
2005	15,801,698,100,184.00	5.58	28,301,227,000,000.00	3.93
2006	17,808,513,758,907.30	6.12	34,560,360,000,000.00	3.79
2007	20,337,322,712,672.20	7.47	40,344,221,000,000.00	7.60
2008	22,289,705,693,088.70	5.31	47,516,660,000,000.00	7.80
2009	24,340,358,616,852.90	5.31	61,022,452,307,585.90	−0.59
2010	26,871,755,913,005.60	5.81	72,585,178,555,593.30	7.03
2011	29,370,829,212,915.10	6.56	85,159,087,106,100.00	7.35

资料来源：世界银行公开数据。

该回归模型的DW检验的 d 统计值为 $d=2.11$，$Var(\hat{\alpha}_2)=0.010323$，则有 $h=-0.26739$，在0.05的显著水平下我们不能拒绝无序列相关的假定。

要回到长期需求函数，只需将短期需求函数除以 δ 并丢掉 $\ln M_{t-1}$ 一项。结果是：

$$\ln M_t^*=-20.4323+0.087554\ln R_t+1.695987\ln Y_t$$

可见，货币需求的长期利率弹性在绝对值上大于其相应的短期弹性，对收入弹性来说同样如此。

第三节　分布滞后模型的阿尔蒙方法

一、阿尔蒙方法的基本思想

前面介绍的考伊克分布滞后模型虽然在实际中应用广泛，但它是建立在随着滞后期的延长，β 系数按几何级数衰减的假定之上，这一假定对某些情况不合适，同时它还要处理滞后因变量做为解释变量出现在模型中而产生的估计问题。

然而现实中 β 系数随滞后期的变化轨迹并不完全遵从几何级数衰减的假定，其变化形式多种多样，如图 7.4 所示。在图 7.4(a)中，β 随滞后期先增后减；在图 7.4(c)中，β 随滞后期有一循环变化模式。显然对于这些情形，考伊克模型不再适用。然而仔细考察图 7.4(a)和(c)后，发现可以把 β_i 表示为滞后(时间)长度的函数。根据这种思路，对于有限分布滞后模型

$$Y_t=\alpha+\beta_0X_t+\beta_1X_{t-1}+\beta_2X_{t-2}+\cdots+\beta_kX_{t-k}+u_t \tag{7.1.2}$$

可改写为：

$$Y_t=\alpha+\sum_{i=0}^{k}\beta_iX_{t-i}+u_t \tag{7.3.1}$$

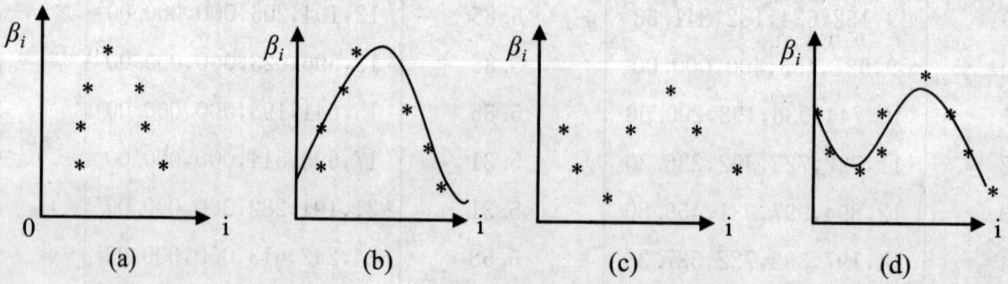

图 7.4　阿尔蒙多项式分布滞后模式

阿尔蒙于 1965 年提出了有限多项式分布滞后模型。根据数学分析的“韦亚斯特拉斯”定理，阿尔蒙假定 β_i 可用滞后长度 i 的一个适当高次多项式逼近。例如，若图 7.4(a)所显示的滞后模式合适的话，就可写为：

$$\beta_i=a_0+a_1i+a_2i^2 \tag{7.3.2}$$

这是 i 的一个二次多项式。如果 β_i 遵从图 7.4(c)的模式，则可写为：

$$\beta_i=a_0+a_1i+a_2i^2+a_3i^3 \tag{7.3.3}$$

这是 i 的一个三次多项式。更一般地，我们有：

$$\beta_i=a_0+a_1i+a_2i^2+\cdots+a_mi^m \tag{7.3.4}$$

这是 i 的一个 m 次多项式。这里假定 m（多项式的次数）小于 k（滞后的最大长度）。

为了进一步说明阿尔蒙模式，假定 β_i 符合图 7.4(a)所显示的形式，从而用二次多项式是合适的。将式(7.3.2)代入式(7.3.1)，有

$$\begin{aligned}Y_t&=a+\sum_{i=0}^{k}(a_0+a_1i+a_2i^2)X_{t-i}+u_t\\&=a+a_0\sum_{i=0}^{k}X_{t-i}+a_1\sum_{i=0}^{k}iX_{t-i}+a_2\sum_{i=0}^{k}i^2X_{t-i}+u_t\\&=a+a_0Z_{0t}+a_1Z_{1t}+a_2Z_{2t}+u_t\end{aligned} \tag{7.3.5}$$

其中 $Z_{0t}=\sum\limits_{i=0}^{k}X_{t-i}$，$Z_{1t}=\sum\limits_{i=0}^{k}iX_{t-i}$，$Z_{2t}=\sum\limits_{i=0}^{k}i^2X_{t-i}$，式(7.3.5)即为阿尔蒙多项分布滞后模

型。如果随机误差项 u 满足经典线性回归的假定，该模型仍然可用 OLS 方法估计，且 a 和 a_i 的估计值将具有全部的优良统计性质。一旦从(7.3.5)式估计出诸 a，即可从式(7.3.2)(更一般地从式(7.3.4))估计出原始的诸 β 系数如下：

$$\begin{aligned}
\hat{\beta}_0 &= \hat{a}_0 \\
\hat{\beta}_1 &= \hat{a}_0 + \hat{a}_1 + \hat{a}_2 \\
\hat{\beta}_2 &= \hat{a}_0 + 2\hat{a}_1 + 4\hat{a}_2 \\
\hat{\beta}_3 &= \hat{a}_0 + 3\hat{a}_1 + 9\hat{a}_2 \\
&\cdots\cdots \\
\hat{\beta}_k &= \hat{a}_0 + k\hat{a}_1 + k^2\hat{a}_2
\end{aligned} \tag{7.3.6}$$

二、应用阿尔蒙方法必须解决的技术问题

首先，需要事先确定最大的滞后长度 k。确定滞后长度的最好方法，也许是从一个很大的 q 值(作为滞后长度)开始，而不对分布滞后的形状施加任何约束，然后看模型的拟合是否会随 q 的减小而显著恶化。也可用赤池或施瓦兹信息准则选取合适的滞后长度。

其次，确定多项式的次数 m。确定 m 的方法是：一种方法是给 m 一个较大的值，(例如 $m=4$)，然后利用下式的估计结果

$Y_t = a + a_0 Z_{0t} + a_1 Z_{1t} + a_2 Z_{2t} + a_3 Z_{3t} + a_4 Z_{4t} + u_t$

对 a_4 进行 t 检验，如果 a_4 在统计上不显著，就再用 Z_{0t}, Z_{1t}, Z_{2t} 和 Z_{3t} 回归，并对 a_3 进行 t 检验，……，直到 a_m 在统计上显著为止。

另一种方法是依据阿尔蒙多项式分布滞后图形判断。如果曲线有一个转折点，用二次多项式，若为两个转折点，则用三次多项式等等。在实践中，希望一个相对低次(比如 $m=2$ 或 3)的多项式能给出良好的结果。

最后，Z 的构造。

$$Z_{jt} = \sum_{i=0}^{k} i^j X_{t-i}, \qquad j = 0, 1, \cdots, m \tag{7.3.7}$$

三、阿尔蒙方法的优点及其应注意的问题

1. 优点

(1)阿尔蒙给出一个涵盖形形色色滞后结构的灵活方法。弥补了考伊克技术仅局限于诸 β 系数以几何级数递减的单一形式的缺陷。

(2)在阿尔蒙模型中，解释变量不再是 X，而是 X 的线性组合，多重线性可以相对减弱。

(3)在使用阿尔蒙方法时，不必担心像考伊克技术使用时因滞后因变量出现可能产生的估计问题(非随机解释变量和序列相关问题)，它依然可用 OLS 方法进行估计。

(4)可以拟合一个足够低次的多项式，使估计系数(指诸 a)的个数要比原先的系数(指 β)的个数少得多。

2. 应注意的问题

(1)滞后期的最大长度 k 和多项式的次数 m 是一种主观判断。若"真实"的滞后长度为 k。

而选择了过小的长度将导致“漏掉有关变量”的偏倚，这时系数虽然仍可由 OLS 估计，但系数的方差不那么有效。

(2)Z 变量的个数($m+1$)与 m 有关，一旦确定了 k 和 m，就可以构造出诸 Z 变量。然而 Z 变量是 X 变量的线性组合，虽然多重共线性问题可减轻，但并不能消除。因此，在我们确定选择多项式的次数 m 时，必须先肯定多重共线性的问题可以用前面给的技术方法进行处理。

由于 Z 变量之间可能存在多重共线性，诸 Z 变量很可能带有大的标准误(相对于系数的估计值而言)，从而一个或多个系数在通常 t 检验的基础上统计不显著。但这并不意味着原始的诸 $\hat{\beta}$ 系数将是统计上不显著的(这样一来也许多重共线性的问题可能并不像人们想象的那样严重)。此外，在多重共线性情形中，即使无法准确估计某一个别系数，而这些系数的某一线性组合(可估函数)却是可准确估计的。

(3)诸 $\hat{a}$ 系数的标准误可以从 OLS 回归直接求得，我们主要关心的 $\hat{\beta}$ 系数的标准误却不能直接获得，但这些标准误可通过统计知识获得，因为

$$\hat{\beta}_i=\hat{a}_0+\hat{a}_1 i+\hat{a}_2 i^2+\cdots+\hat{a}_m i^m,$$

所以

$$Var(\hat{\beta}_i)=Var(\hat{a}_0+\hat{a}_1 i+\hat{a}_2 i^2+\cdots+\hat{a}_m i^m)=\sum_{j=0}^{m} i^{2j}Var(\hat{a}_j)+2\sum_{j<p} i^{(j+p)}Cov(\hat{a}_j,\hat{a}_p) \quad (7.3.8)$$

(4)利用阿尔蒙模型所求的诸 $\hat{\beta}$ 系数称为无约束估计值。然而在实际中，也许需要对某些 $\hat{\beta}$ 施加约束(如端点约束，或 $\sum\hat{\beta}=1$ 的约束等)。现在的一些计算机软件都能处理这类端点约束。

例 7.3 阿尔蒙分布滞后模型的数值例子。表 7.3 给出了某行业 1990－2008 年的库存额和销售额的资料。

表 7.3 某行业 1990－2008 年的库存额和销售额的资料 单位：万元

年份 \ 变量	库存	销售	年份 \ 变量	库存	销售
1990	71.75	50.42	2000	94.75	68.66
1991	76.95	55.21	2001	94.38	70.79
1992	79.66	55.70	2002	98.99	75.83
1993	81.06	56.57	2003	101.66	78.72
1994	83.27	58.85	2004	107.76	78.93
1995	85.01	60.72	2005	109.31	79.71
1996	85.18	63.72	2006	108.69	81.28
1997	89.15	66.24	2007	110.64	86.48
1998	91.13	68.64	2008	113.20	84.90
1999	95.34	67.26			

为了说明阿尔蒙技术，假定库存依赖于当年和前 3 年的销售量如下：

$$Y_t = \alpha + \beta_0 X_t + \beta_1 X_{t-1} + \beta_2 X_{t-2} + \beta_3 X_{t-3} + u_t \quad (7.3.9)$$

此外，再假定 β_i 可由一个二次多项式逼近，于是按照前述方法可写出：

$$Y_t = a + a_0 Z_{0t} + a_1 Z_{1t} + a_2 Z_{2t} + u_t \quad (7.3.10)$$

其中：$Z_{0t} = \sum_{i=0}^{3} X_{t-i} = (X_t + X_{t-1} + X_{t-2} + X_{t-3})$，

$Z_{1t} = \sum_{i=0}^{3} iX_{t-i} = (X_{t-1} + 2X_{t-2} + 3X_{t-3})$，

$Z_{2t} = \sum_{i=0}^{3} i^2 X_{t-i} = (X_{t-1} + 4X_{t-2} + 9X_{t-3})$

如此构造出 Z 变量，利用库存额和销售额的数据，我们求出以下回归：

$Y_t = 16.96494 + 0.041347Z_{0t} + 0.840047Z_{1t} - 0.289302Z_{2t}$

$t = (8.105161)\quad(0.311895)\quad(2.894875)\quad(-3.050029)$

$R^2 = 0.9904$

根据上面的结果，我们可以估计出 β 的值，其结果如下：

$\hat{\beta}_0 = \hat{a}_0 = 0.04135$

$\hat{\beta}_1 = \hat{a}_0 + \hat{a}_1 + \hat{a}_2 = 0.59209$

$\hat{\beta}_2 = \hat{a}_0 + 2\hat{a}_1 + 4\hat{a}_2 = 0.56423$

$\hat{\beta}_3 = \hat{a}_0 + 3\hat{a}_1 + 9\hat{a}_2 = -0.04223$

于是，所估计的分布滞后模型为：

$\hat{Y}_t = 16.96494 + 0.04135X_t + 0.59209X_{t-1} + 0.56423X_{t-2} - 0.04223X_{t-3}$

$t = (8.105161)\quad(0.311895)\quad(5.86978)\quad(5.64670)\quad(-0.30988)$

第四节　格兰杰因果关系检验

在经济计量分析中，虽然回归分析要确定被解释变量(因变量)与解释变量(自变量)的依赖关系，但这并不一定意味着它们之间存在因果关系。也就是说，变量之间存在的某种统计关系并不能证明它们之间存在因果关系或者说明他们之间的影响方向，因果关系的确定要依赖于定性分析。然而在涉及时间序列数据的回归分析中，由于时间不可逆，却存在过去的事件可能导致今天事件的发生，而未来的事件却不能导致今天事件发生的逻辑关系。

假定 GDP 和货币供给 M 互有分布滞后的影响。但能不能说货币是 GDP 的“原因”($M \to GDP$)或 GDP 是 M 的“原因”($GDP \to M$)，或者两者存在相互反馈作用($M \to GDP$和 $GDP \to M$)。我们提出的问题是：当两个变量在时间上有先导——滞后关系，我们能不能从统计角度说它们之间存在因果导向呢？

我们将仅考虑由格兰杰(*Granger*)提出的一个比较简单的因果性检验(*test of*

causality)，并利用 GDP 和 M 的关系作为例子，以说明这种检验。

一、格兰杰因果检验的原理

格兰杰因果检验假定有关 GDP 和 M 每一变量的预测信息全部包含在这些变量的时间序列之中。检验要求估计以下的回归：

$$GDP_t = \sum_{i=1}^{n} \alpha_i M_{t-i} + \sum_{j=1}^{n} \beta_j GDP_{t-j} + u_{1t} \tag{7.4.1}$$

$$M_t = \sum_{i=1}^{n} \lambda_i M_{t-i} + \sum_{j=1}^{n} \delta_j GDP_{t-j} + u_{2t} \tag{7.4.2}$$

其中假定干扰项 u_{1t} 和 u_{2t} 不相关。

方程(7.4.1)假设当前 GDP 与 GDP 自身以及 M 的过去值有关，而方程(7.4.2)对 M_t 也作了类似假设。注意，这些回归还可被设定为增长的形式 $\dot{GDP}$ 和 $\dot{M}$，其中变量上方的原点表示增长率。下面可分四种情况讨论：

(1)如果对式(7.4.1)中的滞后 M 所估计的系数作为一个整体是统计上异于零的，而对于式(7.4.2)中滞后的 GDP 所估计的系数集合不是统计上异于零的，则表明有 $M \rightarrow GDP$ 的单向因果关系。

(2)相反，若式(7.4.1)中滞后 M 的系数集不是统计上异于零，而(7.4.2)式中滞后 GDP 的系数集却是统计上异于零，则表示存在 $GDP \rightarrow M$ 的单向因果关系。

(3)如果 M 和 GDP 的系数集在两个回归中都是统计上异于零，则表示有反馈或双向因果关系。

(4)如果 M 和 GDP 的系数集在两个回归中都不是统计上显著的，就表示两者之间相互独立。

根据将来不能预测过去的逻辑，如果变量 X 是变量 Y 的(格兰杰)原因，则 X 的变化应先于 Y 变化。因此，在做 Y 对其他变量(包括自身的过去值)的回归时，如果把 X 的过去或滞后值包括进来能显著地改进对 Y 的预测，我们就说 X 是 Y 的格兰杰原因。类似地可以定义 Y 是 X 的格兰杰原因。

二、格兰杰因果检验的步骤

先对式(7.4.1)进行检验，即检验 M 是否为 GDP 的原因，检验步骤为：

(1)将当前 GDP 对所有滞后的 GDP 项以及其他变量(如有的话)做回归，但该回归方程不包括滞后 M 的变量，是一个受约束的回归。由此得到它的受约束的残差平方和 RSS_R。

(2)做含有滞后 M 项的回归，这是一个无约束的回归，由此得到无约束回归的残差平方和 RSS_{UR}。

(3)设定虚拟假设 $H_0: \alpha_i = 0, i = 1, 2, \cdots, n$，即滞后项 M 不属于此回归。

(4)利用 F 检验检验此假设，即

$$F = \frac{(RSS_R - RSS_{UR})/m}{RSS_{UR}/(n-k)} \tag{7.4.3}$$

$F \sim F(m, n-k)$，其中 m 等于滞后项 M 的个数，k 是无约束回归中待估参数的个数。

(5) 如果在选定的显著性水平下计算的 F 值大于临界 F 值，则拒绝虚拟假设，这样滞后项 M 就属于此回归，就说 M 是 GDP 的原因。

然后对式(7.4.2)进行检验，即检验 GDP 是否为 M 的原因，可重复步骤 1 至 5。

在应用格兰杰检验时，有两点要注意：(1)要求变量的时间序列是平稳的，如果非平稳，要通过差分使其平稳；(2)确定式(7.4.1)和(7.4.2)中滞后项的个数非常重要，因为因果方向和所含滞后项个数可能有重要的关系，也就是说，格兰杰因果检验对分析中所用的滞后项数非常敏感，在检验时，要格外小心。

例 7.4　*GDP* 与货币供应量的因果关系。假定我们想知道我国 1993－2011 年间每年的货币供应量和 *GDP* 之间是否存在因果关系，根据表 7.2 中的 *GDP* 与货币供应量的数据，按照式(7.4.1) 和式(7.4.2) 建立模型，其滞后期数分别取 2、3、4、5 几个值，显著性水平取 5%，估计结果如表 7.4。

表 7.4　*GDP* 与货币供应量的因果关系检验结果

原假设	滞后期数	*F* 值	决定
GDP 不是货币供应量的原因	2	1.20	不拒绝
货币供应量不是 *GDP* 的原因	2	2.29	不拒绝
GDP 不是货币供应量的原因	3	16.89	拒绝
货币供应量不是 *GDP* 的原因	3	2.11	不拒绝
GDP 不是货币供应量的原因	4	1.50	不拒绝
货币供应量不是 *GDP* 的原因	4	2.01	不拒绝
GDP 不是货币供应量的原因	5	0.86	不拒绝
货币供应量不是 *GDP* 的原因	5	2.11	不拒绝

由表 7.4 可以看出，就大多数检验结果来说，没有充分证据说明 *GDP* 是货币供应量的原因，也没有充分证据说明货币供应量是 *GDP* 的原因。

要点与结论

1. 由于心里、技术或制度上的原因，被解释变量对解释变量的回应会有一定的时滞。考虑时滞的回归模型称为动态或滞后回归模型。有两类滞后回归模型：分布滞后(由诸解释变量的当前和滞后值作为解释变量)；自回归(因变量的滞后值作为解释变量)。

2. 有限分布滞后模型可用 OLS 法估计，但解释变量的相继滞后值的相关会引发多重共线性问题。

3. 对于无限分布滞后模型，人们设计了考伊克、适应性预期、部分调整等简捷的模型。前者是一个代数方法，后两者有经济理论为依据。这三个模型的共同特性，就是它们全部可由无限分布滞后模型转化为自回归模型。具有自回归性质的模型对估计的方法提出了挑战。若滞后解释变量与误差项相关，则 OLS 估计量不仅有偏且非一致，考伊克和适应性预期模型属于此类，为得到考伊克和适应性预期模型的一致估计，用的最多的方法是 IV 法；而部分调整模型有所不同，它仍可用 OLS 得到一致估计。

4. 阿尔蒙多项式分布滞后模型，不仅给予了实际应用中的更大灵活性，同时也避免了自回归模型带来的估计问题。它的主要问题是滞后长度和多项式次数的确定。

5. 分布滞后模型和自回归模型由于考虑了时间因素，将经济分析由静态变为动态，在经验经济学中极为有用。尽管估计上有困难，但可以克服。这些模型可帮助我们区分相对于解释变量的一个单位变化对因变量的短期和长期响应。

6. 分布滞后和自回归模型由于涉及滞后而引发了经济变量中的因果关系的讨论。在应用中，格兰杰因果模型受到广泛注意。但该方法对模型所取的滞后期长短异常敏感，所以在应用中要十分小心。

思考题与习题

7.1　什么是分布滞后模型？

7.2　简述产生滞后的原因。

7.3　简述考伊克模型存在的问题。

7.4　阿尔蒙模型的优点是什么？

7.5　简述格兰杰因果检验的原理。

7.6　对于下列估计模型：

投资函数：$\hat{I}_t = 120 + 0.6Y_t + 0.8Y_{t-1} + 0.4Y_{t-2} + 0.2Y_{t-3}$

消费函数：$\hat{C}_t = 280 + 0.58Y_t + 0.12C_{t-1}$

其中，I 为投资、Y 为收入、C 为消费。试分别计算投资、消费的短期影响乘数和长期影响乘数，并解释其经济含义。

7.7　试求分布滞后模型 $Y_t = 0.02X_t + 0.15X_{t-1} + 0.43X_{t-2} + 0.23X_{t-3} + 0.17X_{t-4} + u_t$ 的短期或即期影响乘数、长期影响乘数、中位滞后与平均滞后。

7.8　考虑如下的分布滞后模型：

$Y_t = \alpha + \beta_0 X_t + \beta_1 X_{t-1} + \beta_2 X_{t-2} + \beta_3 X_{t-3} + u_t$

假定 β_i 可以适当地用二次多项式表达如下：$\beta_i = \alpha_0 + \alpha_1 i + \alpha_2 i^2$，

如果你想施加约束 $\beta_0 = \beta_2 = 0$，你将怎样估计这些 β_i？

7.9　表 7—1 给出了某行业 1984—2007 年的库存额（Y）和销售额（X）的资料。试利用分布滞后模型 $Y_t = \alpha + \beta_0 X_t + \beta_1 X_{t-1} + \beta_2 X_{t-2} + \beta_3 X_{t-3} + u_t$，建立库存函数（用 2 阶有限多项式变换估计这个模型）。

表 7—1　某行业 1984—2007 年的库存额（Y）和销售额（X）的资料　　单位：万元

年份	库存额	销售额	年份	库存额	销售额
1984	53.91	28.29	1996	152.41	78.48
1985	64.65	33.18	1997	159.94	83.60
1986	70.92	36.72	1998	171.09	85.84
1987	76.87	40.11	1999	173.69	87.82
1988	84.94	42.95	2000	181.87	93.22
1989	97.16	51.03	2001	187.73	95.35
1990	99.50	50.64	2002	198.73	103.00
1991	109.01	57.31	2003	210.24	106.16
1992	117.99	61.48	2004	215.39	110.32
1993	129.08	65.58	2005	224.14	115.15
1994	134.98	70.81	2006	232.31	117.86
1995	144.00	71.19	2007	241.37	118.81

第八章　联立方程模型

本章之前，我们讨论的都是单一方程模型，研究的是一个经济变量（被解释变量）与其它若干经济变量（解释变量）之间的单方程联系的简单经济关系，其隐含的假定是，如果 Y 与 X 之间有因果关系的话，这种关系是单向的，即解释变量是原因，被解释变量是结果。然而现实的经济关系是复杂的，例如社会再生产是循环往复的。当我们研究消费问题时，认为消费由收入决定，但从社会再生产的动态过程看，消费需求又会决定（影响）生产规模，进而影响同期收入，这样看，消费又决定收入。显然，描述这样错综复杂的经济关系只用单一方程模型是不够的，必须用多个相互联系的单一方程组成的模型，也即联立方程模型来描述。本章将介绍联立方程模型的基本概念，模型的识别问题以及常用的参数估计方法。

第一节　联立方程模型的一般问题

一、联立方程模型的相关概念

1. 联立方程模型

联立方程模型就是由多个相互联系的单一方程构成的经济计量模型。联立方程描述的因果关系是双向的，即一个经济变量影响着其他一些经济变量，反过来又受其它经济变量的影响。在联立方程模型中，估计一个方程的参数时必须考虑方程组中其他方程所提供的信息。因此，联立方程模型可以更全面、更真实地反映经济系统的运行过程。下面是两个联立方程模型：

第一个是一个小型宏观经济计量模型

$$C_t = \alpha_0 + \alpha_1 Y_t + u_{1t} \tag{8.1.1}$$

$$I_t = \beta_0 + \beta_1 Y_t + \beta_2 Y_{t-1} + u_{2t} \tag{8.1.2}$$

$$Y_t = C_t + I_t + G_t \tag{8.1.3}$$

式中，C 表示消费支出，I 表示投资额，Y 表示总收入，G 表示政府购买支出，u 表示随机误差项。该模型除随机误差项外包含 4 个经济变量，把它们做为一个整体考虑时，我们会发现复杂的因果关系。例如，投资额 I 影响总收入 Y，而 Y 影响消费支出 C，C 又影响 Y，Y 反过来又影响 I。

第二个是著名的克莱因模型（1950 年美国经济计量模型）

$$C_t = \alpha_0 + \alpha_1 P_t + \alpha_2 P_{t-1} + \alpha_3 (w_t^p + w_t) + u_{1t} \quad (8.1.4)$$

$$I_t = \beta_0 + \beta_1 p_t + \beta_2 P_{t-1} + \beta_3 k_{t-1} + u_{2t} \quad (8.1.5)$$

$$w_t^p = \gamma_0 + \gamma_1 Y_t + \gamma_2 Y_{t-1} + \gamma_3 A_t + u_{3t} \quad (8.1.6)$$

$$Y_t = C_t + I_t + G_t \quad (8.1.7)$$

$$P_t = Y_t - T_t - w_t^p \quad (8.1.8)$$

$$k_t = k_{t-1} + I_t \quad (8.1.9)$$

其中：C 表示消费支出，P 表示利润，I 表示投资支出，Y 表示总收入，k 表示期末资本存量，w^p 表示私人企业工资总额，w 表示政府及政府企业的工资总额，A 表示时间变量，G 表示政府购买支出，T 表示间接税。

2. 联立方程模型的变量

联立方程模型中的变量可分为内生变量、外生变量和前定变量

(1)内生变量。在第一章曾指出，内生变量是具有一定概率分布的随机变量，它的值是由模型自身决定的。在联立方程模型中，内生变量由模型中所有变量的相互作用、相互影响决定，它既受模型中其它内生变量和前定变量的影响，同时又影响其它内生变量，所以又称作联合决定变量。例如，第一个模型中的投资额 I_t 就是一个内生变量，它受到 Y_t 和 Y_{t-1} 的影响，同时又影响 Y_t，I_t 就是在这种相互影响中确定的。同样，Y_t 和 C_t 也是内生变量。在第二个模型中，C_t，I_t，w_t^p，Y_t，P_t 和 k_t 都是内生变量。内生变量的一个共同点是，它们都直接或间接地受到随机误差项的影响。由这两个模型还可以看出，模型方程等号左边的变量都是内生变量。

(2)外生变量。相对于所设定的模型，外生变量是非随机变量，其值由模型以外的因素决定。外生变量对模型中的内生变量有影响，但不受模型中任何变量的影响。例如，第一个模型的 G_t 和第二个模型的 G_t，T_t，W_t 和 A_t 都是外生变量。

(3)前定变量。前定变量包括外生变量和滞后内生变量。由于在时间 t，滞后内生变量的数值已知，因此滞后内生变量在时间 t 不再是随机变量。例如第一个模型中的 Y_{t-1} 和第二个模型中的 P_{t-1}，k_{t-1} 以及 Y_{t-1} 都是滞后内生变量，在时间 t 它们的数值都是确定的。由于外生变量和滞后内生变量的值在时间 t 都已确定，故统称为前定变量。

3. 联立方程模型中方程的类型

一般来说，联立方程模型中的方程可划分为两种类型：随机方程和非随机方程。

(1)随机方程。随机方程包括行为方程和技术方程。在经济学中，有大量根据经济机理或经济行为构造的，用来解释和描述经济主体(企业、居民、政府)行为规律和内在联系的经济函数式，例如，描述消费者行为的有消费函数和需求函数，描述生产者行为的有供给函数，投资函数等，在这些函数形式上构造的方程即为行为方程。第一个模型的第一个方程是描述消费者行为的方程；第二个方程是描述投资者行为的方程。第二个模型的前三个方程都是行为方程，分别描述经济主体的消费、投资和收入分配的行为。任何一种经济行为都受众多因素的影响，在构造行为方程时不可能也没必要将所有影响因素都罗列进来，所以往往把那些影响小且无显著变化规律的因素综合记为 u_t，视为随机因素。技术方程是反映要素投入与产出之间技术

关系的方程。生产函数就是用来描述这种技术关系的，如 C－D 生产函数，CES(不变替代弹性)生产函数等。建立在生产函数基础上的方程就是这种技术方程。与行为方程一样，构造技术方程也只能把对生产起主导和重要影响作用的投入要素和工艺技术等因素引入方程，其他影响比较小且无显著变化规律的因素综合归并到随机误差项。随机方程是构成联立方程模型的主体。随机干扰项的性质对于随机方程的参数估计极为重要，因此它也是联立方程模型重点讨论的问题之一。

(2)非随机方程。非随机方程是根据经济理论、政策、法规的规定构造的反映某种经济变量关系的制度方程和定义方程。制度方程指由政策法规，规章制度等决定的经济数量关系。例如，根据税收制度建立的税收方程，根据折旧规定建立的折旧方程等，都是制度方程。定义方程是指用来表示某种定义的恒等式。第一个模型的第三个方程就是会计恒等式。它表示总收入定义为消费支出、投资额和政府购买支出之和。第二个模型的后三个方程也都是会计恒等式。还有一种恒等式叫做均衡条件，是反映某种均衡关系的恒等式。例如需求等于供给就是联立方程模型中常见的均衡条件。

二、两种方式表示的联立方程模型及其相互关系

联立方程模型可以分别用两种方式表示，他们之间有着内在的联系。

1. 结构式模型

根据经济理论建立的描述经济变量关系结构的方程系统称为结构式模型。前面介绍的两个模型都是结构式模型。

结构式模型中的每一个方程都描述一个经济社会(一个经济模型)的结构，或者描述一个经济主体(如消费者或生产者)的行为，它们统称为结构式方程。方程中，解释变量可以是前定变量，也可以是内生变量。结构式方程中的参数叫做结构参数，它表示解释变量对被解释变量的直接影响；它们之间的间接影响只能通过求解整个联立方程模型才可以取得。例如第一个模型中，消费支出 C 的增加将通过对总收入 Y 的影响而间接地影响投资 I，但这种间接影响不能通过个别结构参数反映出来。

假设联立方程模型包含 G 个内生变量 $Y_1, Y_2, \cdots, Y_G$ 和 k 个前定变量 $X_1, X_2, \cdots, X_k$，那么线性结构式模型一般可表示为：

$$\begin{aligned}
&\beta_{11}Y_{1t}+\beta_{12}Y_{2t}+\cdots+\beta_{1G}Y_{Gt}+\gamma_{11}X_{1t}+\gamma_{12}X_{2t}+\cdots+\gamma_{1k}X_{kt}=u_{1t}\\
&\beta_{21}Y_{1t}+\beta_{22}Y_{2t}+\cdots+\beta_{2G}Y_{Gt}+\gamma_{21}X_{1t}+\gamma_{22}X_{2t}+\cdots+\gamma_{2k}X_{kt}=u_{2t}\\
&\cdots\cdots\\
&\beta_{G1}Y_{1t}+\beta_{G2}Y_{2t}+\cdots+\beta_{GG}Y_{Gt}+\gamma_{G1}X_{1t}+\gamma_{G2}X_{2t}+\cdots+\gamma_{Gk}X_{kt}=u_{Gt}
\end{aligned} \tag{8.1.10}$$

式(8.1.10)中，β 表示内生变量的结构参数，γ 表示前定变量的结构参数，u 表示误差项。可以将式(8.1.10)表示的模型用矩阵形式表示为：

$$\mathbf{BY}+\mathbf{\Gamma X}=\mathbf{U} \tag{8.1.11}$$

其中，

$$\mathbf{B}=\begin{bmatrix}\beta_{11} & \beta_{12} & \cdots & \beta_{1G}\\ \beta_{21} & \beta_{22} & \cdots & \beta_{2G}\\ \vdots & \vdots & \cdots & \vdots\\ \beta_{G1} & \beta_{G2} & \cdots & \beta_{GG}\end{bmatrix} \qquad \boldsymbol{\Gamma}=\begin{bmatrix}\gamma_{11} & \gamma_{12} & \cdots & \gamma_{1k}\\ \gamma_{21} & \gamma_{22} & \cdots & \gamma_{2k}\\ \vdots & \vdots & \cdots & \vdots\\ \gamma_{G1} & \gamma_{G2} & \cdots & \gamma_{Gk}\end{bmatrix}$$

$$\mathbf{Y}=\begin{bmatrix}\mathbf{y}_{1t}\\ \mathbf{y}_{2t}\\ \vdots\\ \mathbf{y}_{Gt}\end{bmatrix} \qquad \mathbf{X}=\begin{bmatrix}\mathbf{x}_{1t}\\ \mathbf{x}_{2t}\\ \vdots\\ \mathbf{x}_{kt}\end{bmatrix} \qquad \mathbf{U}=\begin{bmatrix}\mathbf{u}_{1t}\\ \mathbf{u}_{2t}\\ \vdots\\ \mathbf{u}_{Gt}\end{bmatrix}$$

$$\mathbf{y}_{it}=(Y_{i1},Y_{i2},\cdots,Y_{in}),\quad i=1,2,\cdots,G$$

$$\mathbf{x}_{it}=(X_{i1},X_{i2},\cdots,X_{in}),i=1,2,\cdots,K$$

$$\mathbf{u}_{it}=(u_{i1},u_{i2},\cdots,u_{in}),\quad i=1,2,\cdots,G$$

n 表示样本量。在结构式模型中,要求方程个数等于内生变量个数,矩阵 **B** 可逆,以保证联立方程模型有唯一解。矩阵 **B** 和 **Γ** 往往是稀疏矩阵,即存在大量的零元素。也就是说并不是所有的变量都在每个结构方程中出现。例如,可以把第一个模型描述成:

$$\begin{aligned}&C_t+0I_t-\alpha_1Y_t-\alpha_0-0Y_{t-1}-0G_t=u_{1t}\\ &0C_t+I_t-\beta_1Y_t-\beta_0-\beta_2Y_{t-1}-0G_t=u_{2t}\\ &-C_t-I_t+Y_t-0-0Y_{t-1}-G_t=0\end{aligned}$$

显然每个结构方程都排除了若干变量。相应的 **B** 和 **Γ** 矩阵为:

$$\mathbf{B}=\begin{bmatrix}1 & 0 & -\alpha_1\\ 0 & 1 & -\beta_1\\ -1 & -1 & 1\end{bmatrix} \qquad \boldsymbol{\Gamma}=\begin{bmatrix}-\alpha_0 & 0 & 0\\ -\beta_0 & -\beta_2 & 0\\ 0 & 0 & -1\end{bmatrix}$$

2. 简化式模型(诱导型方程模型)

简化式模型就是把结构式模型中的内生变量表示为前定变量和随机误差项的函数的模型(又称诱导型方程)。用 π 表示简化式模型中的参数,则其一般形式为:

$$\begin{aligned}&Y_{1t}=\pi_{11}X_{1t}+\pi_{12}X_{2t}+\cdots+\pi_{1k}X_{kt}+v_{1t}\\ &Y_{2t}=\pi_{21}X_{1t}+\pi_{22}X_{2t}+\cdots+\pi_{2k}X_{kt}+v_{2t}\\ &\cdots\cdots\\ &Y_{Gt}=\pi_{G1}X_{1t}+\pi_{12}X_{Gt}+\cdots+\pi_{Gk}X_{kt}+v_{Gt}\end{aligned} \tag{8.1.12}$$

用矩阵表示为:

$$\mathbf{Y}=\mathbf{\Pi X}+\mathbf{V} \tag{8.1.13}$$

其中:

$$\mathbf{\Pi}=\begin{bmatrix}\pi_{11} & \pi_{12} & \cdots & \pi_{1k}\\ \pi_{21} & \pi_{22} & \cdots & \pi_{2k}\\ \vdots & \vdots & \cdots & \vdots\\ \pi_{G1} & \pi_{G2} & \cdots & \pi_{Gk}\end{bmatrix} \qquad \mathbf{V}=\begin{bmatrix}\mathbf{v_{1t}}\\ \mathbf{v_{2t}}\\ \vdots\\ \mathbf{v_{Gt}}\end{bmatrix}$$

$\mathbf{v_{it}}=(v_{i1},v_{i2},\cdots,v_{in}),i=1,2,\cdots,G$。简化式模型可以直接由结构模型导出。因 **B** 可逆，故式(8.1.11)可以变为：

$$\mathbf{Y}=-\mathbf{B}^{-1}\mathbf{\Gamma X}+\mathbf{B}^{-1}\mathbf{U}$$

即：

$$\mathbf{\Pi}=-\mathbf{B}^{-1}\mathbf{\Gamma} \tag{8.1.14}$$

$$\mathbf{V}=\mathbf{B}^{-1}\mathbf{U} \tag{8.1.15}$$

下面以一个更为简单的结构式模型为例，具体说明如何使用结构式导出简化式。设消费模型为：

$$C_t=\beta_0+\beta_1 Y_t+u_t,0<\beta_1<1 \tag{8.1.16}$$

$$Y_t=C_t+S_t \tag{8.1.17}$$

式中 C 表示消费支出，Y 表示收入，S 表示储蓄。由于 Y 既是式(8.1.16)中的解释变量，同时又是式(8.1.17)中的被解释变量，C 与 u 相关，Y 与 C 有关系，所以 Y 与 u 也必然相互关联。将式(8.1.16)和式(8.1.17)写为结构式：

$$C_t-\beta_1 Y_t-\beta_0-0=u_t \tag{8.1.18}$$

$$-C_t+Y_t-0-S_t=0 \tag{8.1.19}$$

于是有：

$$\mathbf{B}=\begin{pmatrix}1 & -\beta_1\\ -1 & 1\end{pmatrix} \qquad \mathbf{\Gamma}=\begin{pmatrix}-\beta_0 & 0\\ 0 & -1\end{pmatrix}$$

$$\mathbf{\Pi}=-\mathbf{B}^{-1}\mathbf{\Gamma}=-\frac{1}{1-\beta_1}\begin{bmatrix}1 & \beta_1\\ 1 & 1\end{bmatrix}\begin{bmatrix}-\beta_0 & 0\\ 0 & -1\end{bmatrix}=\begin{bmatrix}\dfrac{\beta_0}{1-\beta_1} & \dfrac{\beta_1}{1-\beta_1}\\ \dfrac{\beta_0}{1-\beta_1} & \dfrac{1}{1-\beta_1}\end{bmatrix}$$

$$\mathbf{V}=\mathbf{B}^{-1}\mathbf{U}=\frac{1}{1-\beta_1}\begin{bmatrix}1 & \beta_1\\ 1 & 1\end{bmatrix}\begin{bmatrix}u_t\\ 0\end{bmatrix}=\begin{bmatrix}\dfrac{u_t}{1-\beta_1}\\ \dfrac{u_t}{1-\beta_1}\end{bmatrix}$$

最终得到简化式模型

$$C_t=\frac{\beta_0}{1-\beta_1}+\frac{\beta_1}{1-\beta_1}S_t+\frac{u_t}{1-\beta_1} \tag{8.1.20}$$

$$Y_t=\frac{\beta_0}{1-\beta_1}+\frac{1}{1-\beta_1}S_t+\frac{u_t}{1-\beta_1} \tag{8.1.21}$$

用 π 来表示简化式模型的参数，有：

$$C_t = \pi_{11} + \pi_{12} S_t + v_{1t} \tag{8.1.22}$$

$$Y_t = \pi_{21} + \pi_{22} S_t + v_{2t} \tag{8.1.23}$$

显然，简化式模型中的解释变量都是前定变量，而前定变量与随机误差项是不相关的。因此，在其他假定都满足的条件下，简化式模型参数的最小二乘估计是无偏的、一致的。简化式模型的参数与结构式模型的参数有不同的作用。简化式模型的参数反映前定变量对内生变量产生的即期总影响，又称作即期乘数或短期乘数，既包含直接影响，还包含间接影响，而结构模型参数仅包含直接影响。例如，在上例中假定边际消费倾向 $\beta_1=0.75$，它表示可支配收入对消费支出的直接影响，而 $\pi_{12}=3$，$\pi_{22}=4$，它们分别表示投资(储蓄 S)对消费 C 和收入 Y 的即期总影响，即每增加 1 元投资(储蓄)，将立即导致消费和收入分别增加 3 元和 4 元。

三、联立方程模型的联立性偏误

在结构式模型中，一些变量可能在一个方程中作为解释变量，而在另一个方程又作为被解释变量。这就导致解释变量与随机误差项之间存在相关关系，从而违背经典线性回归的重要假定，估计量因此是有偏的，也是非一致的。我们称这种现象为联立性偏误。下面以前述消费模型式(8.1.16)和式(8.1.17)具体说明。由于式(8.1.16)中的解释变量同时又是式(8.1.17)中的被解释变量，C 与 u 相关，Y 与 C 有关系，所以 u 与 Y 也必然相互关联。下面我们证明 Y 与 u 的协方差不为零。

首先假定 u_t 满足均值为零，齐性方差，和无自相关的假定。将式(8.1.16)代入式(8.1.17)得到：

$$Y_t = \beta_0 + \beta_1 Y_t + u_t + S_t$$

即

$$Y_t = \frac{\beta_0}{1-\beta_1} + \frac{S_t}{1-\beta_1} + \frac{u_t}{1-\beta_1} \tag{8.1.24}$$

显然 u_t 对 Y_t 有影响，取 Y_t 的数学期望有：

$$E(Y_t) = \frac{\beta_0}{1-\beta_1} + \frac{S_t}{1-\beta_1} \tag{8.1.25}$$

这是因为 $E(S_t)=S_t$（S_t 为前定变量），$E(u_t)=0$，于是

$$\begin{aligned} Cov(Y_t, u_t) &= Cov\left(\frac{\beta_0}{1-\beta_1} + \frac{S_t}{1-\beta_1} + \frac{u_t}{1-\beta_t}, u_t\right) \\ &= \frac{1}{1-\beta_1} Cov(u_t, u_t) = \frac{1}{1-\beta_1}\sigma^2 \end{aligned} \tag{8.1.26}$$

由于 u_t 与 Y_t 的协方差不为零，故二者是相关的。

若用 OLS 法估计式(8.1.16)中的 β_1，则有：

$$\hat{\beta}_1 = \frac{\sum (C_t - \bar{C})(Y_t - \bar{Y})}{\sum (Y_t - \bar{Y})^2} = \frac{\sum C_t y_t}{\sum y_t^2}$$

$$= \frac{\sum (\beta_0 + \beta_1 Y_t + u_t) y_t}{\sum y_t^2} = \beta_1 + \frac{\sum y_t u_t}{\sum y_t^2} \tag{8.1.27}$$

对式(8.1.27)取概率极限得：

$$P\lim(\hat{\beta}_1) = P\lim(\beta_1) + P\lim\left[\frac{\sum y_t u_t}{\sum y_t^2}\right]$$

$$= \beta_1 + \frac{P\lim\left[\frac{\sum y_t u_t}{n}\right]}{P\lim\left[\frac{\sum y_t^2}{n}\right]} = \beta_1 + \frac{Cov(Y_t, u_t)}{Var(Y_t)} \tag{8.1.28}$$

$$= \beta_1 + \frac{\sigma^2}{(1-\beta_1)\sigma_Y^2}$$

式中，n 为样本量，$\sigma_Y^2 = Var(Y_t)$，$Cov(Y_t, u_t) = \frac{\sigma^2}{1-\beta_1}$。

因为 β_1 代表边际消费倾向，必然有 $0 < \beta_1 < 1$，即 $\frac{\sigma^2}{(1-\beta_1)\sigma_Y^2} > 0$，所以

$$P\lim(\hat{\beta}_1) > \beta_1$$

这说明，$\hat{\beta}_1$ 高估了真实参数 β_1。也就是说，$\hat{\beta}_1$ 是一个有偏估计量，且无论样本量有多大，偏误都不会消失，即 $\hat{\beta}_1$ 是一个非一致估计量。

第二节　联立方程模型的识别

一、识别问题的提出

由上一节的讨论可知，由于简化式模型中的前定变量与随机干扰项不相关，所以在简化式模型中，不存在联立性偏误的问题，因此对简化式模型一般来说可以运用 OLS 方法估计其参数。然而，通常的研究目的不是获得简化式模型的参数估计值，而是要获得结构式模型的参数估计值，虽然我们已经知道结构式模型的参数可以表示为简化式模型参数的函数，但是能否通过简化式模型的参数求得结构式模型的参数，就涉及所谓的联立方程模型的识别问题。可以说联立方程模型的识别问题指的就是能否通过简化式模型的参数求得结构式模型的参数。如果能，我们就说模型可以识别；如果不能，就说模型不可识别。在可识别中，又分恰好识别和过度识别。所谓恰好识别，是指能够从简化式参数中获得结构式参数的唯一解；所谓过度识别，是指从简化式参数中求得的结构参数不唯一。

1. 不可识别

假设某种商品的供求关系如下：

$$Q^d=\alpha_0+\alpha_1 P+u_{1t} \tag{8.2.1}$$

$$Q^s=\beta_0+\beta_1 P+u_{2t} \tag{8.2.2}$$

$$Q^d=Q^s \tag{8.2.3}$$

其中式(8.2.3)是均衡条件。由于 $Q^d=Q^s$，故上述模型可改写为

$$Q=\alpha_0+\alpha_1 P+u_{1t} \tag{8.2.4}$$

$$Q=\beta_0+\beta_1 P+u_{2t} \tag{8.2.5}$$

式(8.2.4)为需求方程，式(8.2.5)为供给方程。不难看出，该模型的 Q 和 P 是联合因变量，即该模型实际有两个内生变量，没有前定变量。与之相对应的简化式模型为：

$$P=\pi_{11}+v_{1t} \tag{8.2.6}$$

$$Q=\pi_{21}+v_{2t} \tag{8.2.7}$$

其中：

$$\mathbf{B}=\begin{pmatrix}-\alpha_1 & 1\\ -\beta_1 & 1\end{pmatrix},\mathbf{\Gamma}=\begin{pmatrix}-\alpha_0\\ -\beta_0\end{pmatrix},$$

$$\mathbf{\Pi}=-\mathbf{B}^{-1}\mathbf{\Gamma}=\begin{pmatrix}\dfrac{1}{\alpha_1-\beta_1} & \dfrac{-1}{\alpha_1-\beta_1}\\ \dfrac{\beta_1}{\alpha_1-\beta_1} & \dfrac{-\alpha_1}{\alpha_1-\beta_1}\end{pmatrix}\begin{pmatrix}-\alpha_0\\ -\beta_0\end{pmatrix},$$

$$\mathbf{V}=\mathbf{B}^{-1}\mathbf{U}=\frac{\begin{pmatrix}1 & -1\\ \beta_1 & -\alpha_1\end{pmatrix}}{\beta_1-\alpha_1}\begin{pmatrix}u_{1t}\\ u_{2t}\end{pmatrix}=\frac{\begin{pmatrix}u_{1t}-u_{2t}\\ \beta_1 u_{1t}-\alpha_1 u_{2t}\end{pmatrix}}{\beta_1-\alpha_1}$$

这里 $\pi_{11}=\dfrac{\beta_0-\alpha_0}{\alpha_1-\beta_1},\pi_{21}=\dfrac{\alpha_1\beta_0-\alpha_0\beta_1}{\alpha_1-\beta_1}$

以上结构式模型共有 $\alpha_0,\alpha_1,\beta_0,\beta_1$ 四个参数，而简化式模型仅有两个参数 π_{11} 和 π_{21}。我们无法通过两个简化式参数解出四个结构式参数，因此，式(8.2.4)和式(8.2.5)是不可识别的。而且式(8.2.6)和式(8.2.7)仅有常数项而没有解释变量，这些常数项仅给出 P 和 Q 的均值。

模型不可识别的原因很简单，即需求和供给方程具有完全相同的统计形式，两个方程的解释变量都是价格 P，被解释变量都是成交量 Q，所不同的仅是各自方程所用的参数符号。因此，对于这两个除了字母没有任何不同的方程，我们不能断定所估计的方程是需求方程还是供给方程。也就是说，如果一个方程与模型中的另一个方程具有相同的统计形式，则该方程是不可识别的。更严格地说，如果一个方程的统计形式在模型中不是唯一的，则这个方程是不可识别的。

2. 恰好识别

根据模型不可识别的原因，我们研究以下模型：

$$Q=\alpha_0+\alpha_1 P+\alpha_2 I+u_{1t} \tag{8.2.8}$$

$$Q=\beta_0+\beta_1 P+u_{2t} \tag{8.2.9}$$

式(8.2.8)是需求方程，式(8.2.9)是供给方程。式(8.2.8)中的 I 为消费者收入，是一个外生变量。该模型与前一个模型的区别仅在于需求函数中增加了一个外生变量。这样做的目的是为了使两个方程有不同的统计形式。然而，这样的联立方程模型依然是不能识别的。因为式(8.2.8)和式(8.2.9)的简化式为：

$$P=\pi_{11}+\pi_{12} I+v_{1t} \tag{8.2.10}$$

$$Q=\pi_{21}+\pi_{22} I+v_{2t} \tag{8.2.11}$$

其中，$\pi_{11}=\dfrac{\beta_0-\alpha_0}{\alpha_1-\beta_1}, \pi_{12}=\dfrac{-\alpha_2}{\alpha_1-\beta_1}, \pi_{21}=\dfrac{\alpha_1\beta_0-\alpha_0\beta_1}{\alpha_1-\beta_1}, \pi_{22}=\dfrac{-\alpha_2\beta_1}{\alpha_1-\beta_1}$

由于模型中有五个结构参数($\alpha_0, \alpha_1, \alpha_2, \beta_0, \beta_1$)而简化式参数仅有四个，因而要得到全部结构参数的唯一解是不可能的，但容易看出，模型中的供给方程是可识别的，因为它的参数可由简化式参数得出，即：

$$\beta_1=\frac{\pi_{22}}{\pi_{12}}, \quad \beta_0=\pi_{21}-\beta_1\pi_{11}$$

然而没有估计需求函数参数的唯一方法；因此需求函数仍不可识别。同时，结构参数 β_1 是简化式函数的一个非线性函数，这同样会给 β_1 估计值的标准误的估计带来一些问题。

我们还可以从方程统计形式的唯一性来理解识别问题。对式(8.2.8)和式(8.2.9)分别乘以 λ 和$(1-\lambda)$，其中 $0<\lambda\leqslant 1$，然后相加，得到两方程的线性组合：

$$\lambda Q=\lambda\alpha_0+\lambda\alpha_1 P+\lambda\alpha_2 I+\lambda u_{1t}$$
$$(1-\lambda)Q=(1-\lambda)\beta_0+(1-\lambda)\beta_1 P+(1-\lambda)u_{2t}$$

$$Q=r_0+r_1 P+r_2 I+w_t \tag{8.2.12}$$

其中：

$$r_0=\lambda\alpha_0+(1-\lambda)\beta_0, r_1=\lambda\alpha_1+(1-\lambda)\beta_1, r_2=\lambda\alpha_2$$
$$w_t=\lambda u_{1t}+(1-\lambda)u_{2t}$$

式(8.2.12)表示的方程既不是需求函数，也不是供给函数，而是二者的线性组合。但它却与需求函数有相同的统计形式。由于需求函数的统计形式不唯一，因此仍不可识别。然而供给函数却与式(8.2.12)有不同的统计形式，因此是可识别的。

以上分析给我们的启示是，在需求函数中增加一个变量，供给函数的统计形式就是唯一的。这就是说，一个方程能否被识别依赖于模型中其它方程所含变量的个数。根据这一启示，我们再研究下面模型的识别问题。

$$Q_t = \alpha_0 + \alpha_1 P_t + \alpha_2 I_t + u_{1t} \tag{8.2.13}$$

$$Q_t = \beta_0 + \beta_1 P_t + \beta_2 P_{t-1} + u_{2t} \tag{8.2.14}$$

该模型的需求方程保持不变，供给方程增加了价格滞后变量 P_{t-1}。其简化式为：

$$P_t = \pi_{11} + \pi_{12} I_t + \pi_{13} P_{t-1} + v_{1t} \tag{8.2.15}$$

$$Q_t = \pi_{21} + \pi_{22} I_t + \pi_{23} P_{t-1} + v_{2t} \tag{8.2.16}$$

这个模型有 6 个结构参数，其对应的简化式参数也正好是 6 个，所以结构式参数可以通过简化式参数唯一确定。因此，该模型为恰好识别。

由式(8.2.13)和式(8.2.14)得到的混合线性组合方程为：

$$Q_t = r_0 + r_1 P_t + r_2 I_t + r_3 P_{t-1} + w_t \tag{8.2.17}$$

显然，式(8.2.13)和式(8.2.14)的统计形式都是唯一的，这也证明了需求和供给函数都是恰好识别的，从而整个模型恰好识别。

3. 过度识别

若把居民财产 R_t 这一重要变量引入需求函数，保持供给函数不变，有：

$$Q_t = \alpha_0 + \alpha_1 P_t + \alpha_2 I_t + \alpha_3 R_t + u_{1t} \tag{8.2.18}$$

$$Q_t = \beta_0 + \beta_1 P_t + \beta_2 P_{t-1} + u_{2t} \tag{8.2.19}$$

该模型对应的简化式模型为：

$$P_t = \pi_{11} + \pi_{12} I_t + \pi_{13} R_t + \pi_{14} P_{t-1} + v_{1t} \tag{8.2.20}$$

$$Q_t = \pi_{21} + \pi_{22} I_t + \pi_{23} R_t + \pi_{24} P_{t-1} + v_{2t} \tag{8.2.21}$$

该模型有 7 个结构参数，而简化式参数有 8 个，故结构参数的值不能唯一确定。本例中根据简化式参数，可以得到两个 β_1，即有：

$$\beta_1 = \frac{\pi_{23}}{\pi_{13}}, \beta_1 = \frac{\pi_{22}}{\pi_{12}}$$

这说明供给方程中的价格系数有两个估计值，但是不能保证他们的值是相同的，所以供给方程是过度识别的。通过该例可以发现：一个结构式方程的识别状况，取决于不包含在这个方程中但包含在模型的其它方程中的变量个数。如果这类变量太少（如需求方程(8.2.4)、供给方程(8.2.5)，需求方程(8.2.8)）或太多（如供给方程(8.2.19)）都会使识别发生困难。

以上我们分析了识别的一般问题。我们可以先把结构式方程变换为简化式方程，然后分析是否可通过简化式参数得到结构式参数判断模型是否可以识别，也可以直接分析结构式方程是否有唯一的统计形式进行判断。然而当方程数较多时，使用这些方法费时费力，为此，需要更有效率的识别方法。下面讨论结构式方程能否被识别的规则——识别条件。

二、识别条件

由以上分析可知，结构式方程可否被识别，取决于这个方程不包含的变量的个数。由此出发，可得出识别的必要条件——阶条件和识别的充分必要条件——秩条件。

1. 识别的阶条件

由式(8.2.8)可知,如果一个结构方程包含了模型中所有的变量,则这个方程不可识别。这是因为该方程与任何一个结构方程的线性组合与该方程有相同的统计形式。也就是说,若一个结构方程能被识别,必须有若干变量被排除在该方程之外。即识别的阶条件为:如果一个方程能被识别,则该方程不包含的变量个数应大于或等于模型中方程个数减 1。识别的阶条件可表述为:

$M-H_i=G-1$ 第 i 个方程恰好识别;

$M-H_i>G-1$ 第 i 个方程过度识别;

$M-H_i<G-1$ 第 i 个方程不可识别。

其中 M 表示模型中变量个数(包含所有内生和前定变量);G 表示模型中内生变量个数,也即方程个数;H_i 表示第 i 个结构方程包含的变量个数(包括内生和前定变量)。

在式(8.2.8)和式(8.2.9)中,由于

$$M=3,G=2,H_1=3,H_2=2$$
$$M-H_1=0,M-H_2=1,G-1=1$$

所以需求方程(8.2.8)不可识别,供给方程(8.2.9)恰好识别。

在式(8.2.18)和式(8.2.19)中,由于

$$M=5,G=2,H_1=4,H_2=3$$
$$M-H_1=1,M-H_2=2,G-1=1$$

所以需求方程(8.2.18)恰好识别,供给方程(8.2.19)过度识别。

识别的阶条件仅是识别的必要条件,即不满足该条件,方程就不可识别,但满足阶条件的方程也可能是不可识别的。这是因为识别的阶条件要求某个指定方程排除的变量个数等于或大于方程个数减 1,目的是保持该方程在统计形式上区别于其它方程,但阶条件并不能保证模型中另一个方程不会排除完全相同的变量。如果这种情况发生了,就不能保证要识别的这个方程具有统计形式的唯一性,也就是说阶条件是不充分的。

2. 识别的秩条件

秩条件是充分必要条件,它要求某个特定结构方程中排除的变量出现在其它 $G-1$ 个方程中,以保持模型中的其它方程或这些方程的线性组合与该特定方程在统计形式上不一样。识别的秩条件为:在一个具有 G 个方程(G 个内生变量)的结构式模型中,任何一个方程能够被识别的充分必要条件是所有不包含在这个方程中的变量的参数组成的矩阵的秩为 $G-1$。下面用一个例子来说明具体识别时的步骤。

例 8.1 设某结构模型为:

$$Y_1=3Y_2-2X_1+X_2+u_1$$
$$Y_2=Y_3+X_3+u_2$$
$$Y_3=Y_1-Y_2-2X_3+u_3$$

其中 Y 为内生变量,X 为前定变量。

第一步:把模型中所有方程的参数列表;第二步:划去所要识别方程的参数(例如,我们考

察第 2 个方程，即从表中把第 2 行划去）；第三步：划去待识别方程中非零参数所在的列，剩下的就是不包含在这个方程，但包含在模型其它方程中变量的参数；第四步：把这些参数组成矩阵，如果矩阵的秩为 $G-1$，该方程就是可识别的，否则不可识别，本例 $G=3$，所考察矩阵 $\begin{bmatrix}1 & 2 & -1\\ -1 & 0 & 0\end{bmatrix}$ 的秩为 $2=G-1$，因此第 2 个方程可以识别；第五步：利用阶条件判断是恰好识别还是过度识别。本例中，$M=6, G=3, H_2=3$，故第 2 个方程为过度识别。秩条件告诉我们所考虑的方程是否可识别，而阶条件告诉我们它是恰好识别还是过度识别。

表 8.1 秩条件识别步骤表

方程	变量					
	Y_1	Y_2	Y_3	X_1	X_2	X_3
1	1	−3	0	2	−1	0
2	0	1	−1	0	0	−1
3	−1	1	1	0	0	2

下面用一个例子说明满足阶条件的方程也可能是不可识别的。

例 8.2 假定模型：

$$Y_3=a_0+a_1Y_1+a_2Z_1+a_3Z_3+u_1$$
$$Y_1=b_0+b_1Z_1+b_2Z_3+u_2$$
$$Y_2=c_0+c_1Y_3+c_2Z_1+c_3Z_2+u_3$$

表 8.2 秩条件识别表

方程	变量						
	Y_1	Y_2	Y_3	Z_1	Z_2	Z_3	1
1	$-a_1$	0	1	$-a_2$	0	$-a_3$	$-a_0$
2	1	0	0	$-b_1$	0	$-b_2$	$-b_0$
3	0	1	$-c_1$	$-c_2$	$-c_3$	0	$-c_0$

Y_1, Y_2, Y_3 为内生变量，Z_1, Z_2, Z_3 为前定变量。

我们考察第 1 个方程的识别问题。在本例中，$M=6, G=3, H_1=4, M-H_1=G-1$，故按阶条件是恰好识别的。然而依秩条件，得出的判断矩阵为 $\begin{pmatrix}0 & 0\\ 1 & -c_3\end{pmatrix}$，判断矩阵的秩为 $1<G-1=2$。出现这种情况的原因是，第 1 个方程排除的两个变量 (Y_2, Z_2) 在第 2 个方程也同样被排除了。这就使第 1 个方程的统计形式不唯一，因为第 2 个方程与第 1 个方程的线性组合有与第 1 个方程相同的统计形式，所以第 1 个方程即使满足阶条件也是不可识别的。

3. 识别结构式模型的一般程序

(1)考察每个方程的阶条件。若阶条件不成立，即考察方程不可识别；

(2)若阶条件成立，须再考察秩条件。若秩条件不成立，方程不可识别；

(3)若秩条件成立，再根据阶条件判断方程为恰好识别还是过度识别。

需强调的是：只有统计上必须估计其参数的随机方程才存在识别问题；在恒等式中，变量之间的关系是稳定的，不存在识别问题。当模型中全部随机方程都可以识别时，才可以说该模型是可以识别的。

4. 其它识别方法

在现实中，当结构式模型的方程较多时，用阶条件和秩条件进行识别还是比较繁琐。下面给出在实践中常用的一些简便识别方法。

(1)如果一个方程包含一个内生变量和模型中的全部前定变量，则这个方程是恰好识别的。因为他实际上就是一个简化式方程，不受其它内生变量影响。从另一个角度看，这个方程排除的变量恰好为$G-1$个，且这$G-1$个内生变量又分别是$G-1$个方程的被解释变量，也即该方程既符合识别的阶条件(恰好识别)，又符号识别的秩条件，因为其排除在外的$G-1$个内生变量的系数矩阵的秩为$G-1$。

(2)如果一个方程中包含了模型中的全部变量(内生、前定)，则该方程不可识别(不符合阶条件)。

(3)如果第i个方程排除的变量中没有一个在第j个方程出现(也即第i个方程排除的变量在第j个方程中也被排除了)，则第i个方程是不可识别的。

(4)如果两个方程都包含有相同的变量，这两个方程均不可识别(统计形式不唯一)。

第三节 联立性检验

如果没有联立方程或联立性问题，OLS估计量是一致且有效估计。如果存在联立性，则OLS估计量甚至不是一致性的。联立性问题之所以出现，是因为一些解释变量是内生的，并因而很可能与随机干扰项相关。因此联立性检验在本质上是检验(一个内生变量)解释变量是否与随机误差项相关。如果是，就存在联立性偏差，这时就要找出不同于OLS的估计方法；如果不是，就可使用OLS估计方法。此外，模型中内外生变量的确定也是经济计量模型建模中必须解决的问题，虽然这种确定主要的依据是研究问题的性质和研究者所掌握的先验信息，但我们还是希望有一种客观的判别方法。而豪斯曼设定误差检验(Hausman specification error test)就可用于这种联立性检验和模型中变量是内生还是外生的检验。

一、联立性检验

考虑如下模型：

$$Q_t=\alpha_0+\alpha_1P_t+\alpha_2I_t+\alpha_3R_t+u_{1t} \tag{8.3.1}$$

$$Q_t=\beta_0+\beta_1P_t+u_{2t} \tag{8.3.2}$$

式(8.3.1)表示需求方程，式(8.3.2)表示供给方程，假定I(收入)和R(财富)为外生变量，P(价格)和Q(数量)为内生变量。现考察式(8.3.2)表示的供给函数。如果没有联立性问题(即P与Q相互独立)，则P_t与u_{2t}应是不相关的。如果有联立性，P_t与u_{2t}将是相关的。要判定是哪种情形，豪斯曼检验的程序为：

首先得出如下的简化式方程：

$$P_t = \pi_{11} + \pi_{12} I_t + \pi_{13} R_t + v_t \qquad (8.3.3)$$

$$Q_t = \pi_{21} + \pi_{22} I_t + \pi_{23} R_t + w_t \qquad (8.3.4)$$

用 OLS 估计式(8.3.3)得：

$$\hat{P}_t = \hat{\pi}_{11} + \hat{\pi}_{12} I_t + \hat{\pi}_{13} R_t \qquad (8.3.5)$$

因此有

$$P_t = \hat{P}_t + \hat{v}_t \qquad (8.3.6)$$

将式(8.3.6)代入式(8.3.2)得：

$$Q_t = \beta_0 + \beta_1 \hat{P}_t + \beta_1 \hat{v}_t + u_{2t} \qquad (8.3.7)$$

$\hat{P}_t$ 与 $\hat{v}_t$ 有相同的系数。在无联立性即 P_t 不是内生变量的虚拟假设下，$\hat{v}_t$ 与 u_{2t} 之间的相关应在渐近意义下等于零。因此，如果做回归式(8.3.7)，并发现式(8.3.7)中 v_t 的系数在统计上为零，就可得到不存在有联立性问题的结论。如果发现该系数是统计上显著的，则得到相反的结论。豪斯曼检验有两个基本步骤：

首先，求 P_t 对前定变量 I_t 和 R_t 的回归以得到 $\hat{P}_t$ 和 $\hat{v}_t$。

其次，求 Q_t 对 $\hat{P}_t$ 和 $\hat{v}_t$ 的回归并对 $\hat{v}_t$ 的系数做 t 检验。如果它是显著的，就不拒绝联立性假设；否则拒绝。如果涉及多于 1 个内生解释变量，则使用 F 检验。为了更有效地估计，平狄克和鲁宾费尔德建议做 Q_t 对 P_t 和 $\hat{v}_t$ 的回归。

二、外生性检验

模型中，明确哪些变量是内生的，哪些是外生的，这将与研究者研究问题的性质和他们拥有的先验信息有关。豪斯曼检验可用来做出一种像检验格兰杰因果关系那样的检验，帮助我们判别模型中哪些变量是内生的，哪些是外生的。

设我们有一个三内生变量的三方程模型，并假定有三个外生变量 X_1、X_2 和 X_3。再进一步假定模型的第一个方程是：

$$Y_{1t} = \beta_0 + \beta_2 Y_{2t} + \beta_3 Y_{3t} + \alpha_1 X_{1t} + u_{1t} \qquad (8.3.8)$$

如果 Y_2 和 Y_3 是内生变量，我们就不能用 OLS 法估计式(8.3.8)。但如何才能知道？可进行如下检验：求 Y_2 和 Y_3 的简化式方程(方程右边仅包含前定变量)，由这些简化式方程分别得到 Y_{2t} 和 Y_{3t} 的预测值 $\hat{Y}_{2t}$ 和 $\hat{Y}_{3t}$。然后根据先前讨论的豪斯曼检验的思想。用 OLS 估计下述方程：

$$Y_{1t} = \beta_0 + \beta_2 Y_{2t} + \beta_3 Y_{3t} + \alpha_1 X_{1t} + \lambda_2 \hat{Y}_{2t} + \lambda_3 \hat{Y}_{3t} + u_{1t} \qquad (8.3.9)$$

可通过 F 检验来检验假设：$\lambda_2 = \lambda_3 = 0$。如果此假设被拒绝，就认为 Y_2 和 Y_3 是内生的；如果不被拒绝，就视为外生。

第四节　联立方程模型的估计

一、估计方法的分类

对于可识别的联立方程模型，存在着统计性质不同的许多估计技术和方法。这些方法可以分成两类：即单一方程估计法和系统估计法。

1. 单一方程估计法

单一方程估计法，是对联立方程模型中的结构方程逐个地进行估计，估计时仅考虑该方程包含的信息，即只考虑对该方程的约束(如对某些变量的排除)而不考虑对其它方程的约束，因此又称有限信息法(limited information methods)。在完成各个方程的估计后，即可获得整个联立方程模型的估计。常用的单一方程估计法主要有：普通最小二乘法(ordinary least squares，OLS)，间接最小二乘法(indirect least squares，ILS)，工具变量法(instrumental variable，IV)，二阶段最小二乘法(two－stage least squares，2SLS)，有限信息极大似然法(limited Information maximum likelihood，LIML)。

2. 方程组估计法

方程组(系统)估计法，是对整个模型中所有结构方程同时进行估计，从而能够同时决定所有结构参数的估计量，在估计参数时，要考虑整个模型的结构以及施加在每个方程上的约束条件，因而又称完全信息法(full information methods)。这类方法主要包括三阶段最小二乘法(three－stage least squares，3SLS)和完全信息极大似然法(full Information maximum likelihood，FIML)。

为保持联立方程的品质，最理想的估计方法应是方程组估计法。然而在实践中，由于多种原因，这类方法并不被常用。其原因在于：第一，计算工作量太大。例如克莱茵—戈德伯格(1955 年)构造的比较小的 20 个方程的美国经济计量模型就有 151 个非零系数，作者用时间序列数据仅估计了其中的 51 个。布鲁金斯社会科学研究院于 1965 年出版的美国经济计量模型开始含有 150 个方程。虽然这些精心制作的模型能对各个经济部门做出详细的描述，但计算工作量太大，即使在高速计算机时代的今天也是惊人的。第二，像 FIML 法这样的系统方法常常导致参数的高度非线性解，以致于难以确定。第三，如果方程组中的一或多个方程存在设定误差，则误差将传递至其余的所有方程。其结果是方程组估计法对设定误差非常敏感。因此，在实践中常常使用单一方程法。

二、递归模型与普通最小二乘法

前面我们看到，由于随机干扰项与诸内生解释变量之间的相互依赖性，OLS 方法不再适宜于用来估计联立方程组中的方程。若误用，估计量不但是有偏的(在小样本中)，而且是非一致的，即不管样本量多大，偏误都不会消失。然而有一种例外，这就是递归(recursive)，或三角形(triangular)或因果性模型，这种模型在联立方程的构架中，OLS 方法仍可使用。由下例可看清这种模型的性质，考虑以下 3 方程构成的模型：

$$
\begin{aligned}
Y_{1t} &= \beta_{10} + r_{11}X_{1t} + r_{12}X_{2t} + u_{1t} \\
Y_{2t} &= \beta_{20} + \beta_{21}Y_{1t} + r_{21}X_{1t} + r_{22}X_{2t} + u_{2t} \\
Y_{3t} &= \beta_{30} + \beta_{31}Y_{1t} + \beta_{32}Y_{2t} + r_{31}X_{1t} + r_{32}X_{2t} + u_{3t}
\end{aligned}
\tag{8.4.1}
$$

其中的诸 Y 和诸 X 分别是内生和外生变量。干扰项有如下性质：

$$Cov(u_{1t}, u_{2t}) = Cov(u_{1t}, u_{3t}) = Cov(u_{2t}, u_{3t}) = 0$$

就是说，不同方程的同期干扰不相关(零同期相关假定)。式(8.4.1)就是一个递归方程模型。

因为 u_{1t} 和 u_{2t} 不相关，因此 Y_{1t} 和 u_{2t} 不相关，同样推理，Y_{1t}、Y_{2t} 与 u_{3t} 也不相关。在这种系统的结构中，并不存在内生变量之间的相互依赖性（Y_1 影响 Y_2、Y_3，但 Y_2、Y_3 不影响 Y_1）。也就是说，这种情况不存在实质的联立性问题，OLS 仍可分别地应于用每一个方程。在这种递归系统中，每个方程展现的都是一种单向的因果关系，所以又称因果模型。下面给出递归模型的图解：

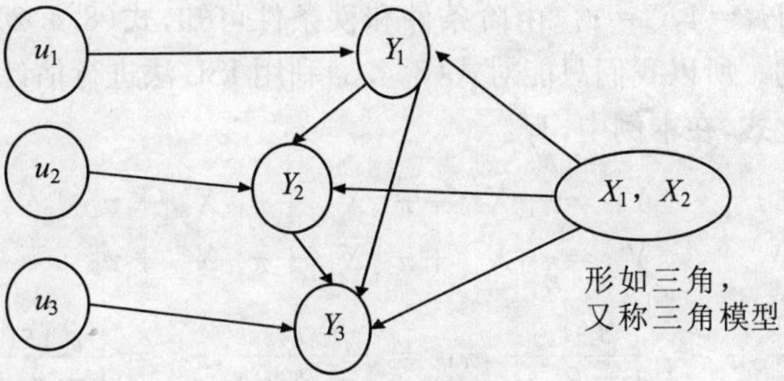

图 8.1　递归模型

虽然递归模型是有用的，但大多数联立方程模型并不呈现这种单向因果关系。因此，一般地说，在联立方程模型中用 OLS 方法估计其中的单一方程是不合适的。

三、恰好识别条件下的单方程估计方法

如果某个结构方程是恰好识别的，可用间接最小二乘法和工具变量法估计其参数。

1. 间接最小二乘法(ILS)

我们知道，如果一个结构式方程是恰好识别的，则其结构参数可由简化式参数唯一确定。因此，我们可以先用 OLS 法估计简化式参数，然后由简化式参数的估计量求得结构参数的估计量，从而避免了因内生变量与随机误差项相关而产生的估计问题。由于结构系数是从简化式系数的估计值间接求出的，因此取名间接最小二乘法。

例 8.3　下面用一个数值例子说明 ILS 法的应用(此例引自贺铿主编《经济计量学教程》，中国统计出版社 2000 年 5 月出版)。设模型为

$$Y_{1t}=\beta_{12}Y_{2t}+r_{11}X_{1t}+u_{1t} \tag{8.4.2}$$

$$Y_{2t}=\beta_{21}Y_{1t}+r_{22}X_{2t}+r_{23}X_{3t}+u_{2t} \tag{8.4.3}$$

其中 Y_1、Y_2 为内生变量，X_1、X_2、X_3 为前定变量。已知变量的观测值矩阵的计算结果为：

$$\mathbf{X}'\mathbf{X}=\begin{bmatrix}1 & 0 & 0\\ 0 & 20 & 0\\ 0 & 0 & 10\end{bmatrix},\mathbf{X}'\mathbf{Y}=\begin{bmatrix}5 & 10\\ 40 & 20\\ 20 & 30\end{bmatrix}$$

$$\mathbf{X}=\begin{bmatrix}X_{11} & X_{21} & X_{31}\\ X_{12} & X_{22} & X_{32}\\ \vdots & \vdots & \vdots\\ X_{1n} & X_{2n} & X_{3n}\end{bmatrix},\mathbf{Y}=\begin{bmatrix}Y_{11} & Y_{21}\\ Y_{12} & Y_{22}\\ \vdots & \vdots\\ Y_{1n} & Y_{2n}\end{bmatrix}$$

注意，这里的 **X** 和 **Y** 分别是式(8.1.11)的 **X** 和 **Y** 的转置矩阵。这时，式(8.1.11)可写为：

$$\mathbf{YB}'+\mathbf{X\Gamma}'=\mathbf{U}' \tag{8.4.4}$$

同理

$$\mathbf{\Pi}'=-\mathbf{\Gamma}'(\mathbf{B}')^{-1} \tag{8.4.5}$$

$$\mathbf{V}=\mathbf{U}'(\mathbf{B}')^{-1} \tag{8.4.6}$$

由于 M=5，$H_1=3,H_2=4$,G=2。由阶条件和秩条件可知,式(8.4.2)是过度识别的,而式(8.4.3)是恰好识别的。所以我们只能对式(8.4.3)利用 ISL 法进行估计。

第一步,求出简化式,在本例中,有:

$$\begin{aligned} Y_{1t}&=\pi_{11}X_{1t}+\pi_{12}X_{2t}+\pi_{13}X_{3t}+v_{1t}\\ Y_{2t}&=\pi_{21}X_{1t}+\pi_{22}X_{2t}+\pi_{23}X_{3t}+v_{2t}\end{aligned} \tag{8.4.7}$$

其中：$\pi_{11}=\dfrac{r_{11}}{1-\beta_{12}\beta_{21}},\pi_{12}=\dfrac{\beta_{12}r_{22}}{1-\beta_{12}\beta_{21}},\pi_{13}=\dfrac{\beta_{12}r_{23}}{1-\beta_{12}\beta_{21}},\pi_{21}=\dfrac{\beta_{21}r_{11}}{1-\beta_{12}\beta_{21}},\pi_{22}=\dfrac{r_{22}}{1-\beta_{12}\beta_{21}}$,

$\pi_{23}=\dfrac{r_{23}}{1-\beta_{12}\beta_{21}}$。

第二步,用最小二乘法估计每个简化式方程。由于简化式方程中的解释变量都为前定变量,与随机误差项不相关,故参数的 OLS 估计量是无偏的,一致的。在本例中,简化式参数的估计值可由下式直接得出:

$$\hat{\mathbf{\Pi}}'=(\mathbf{X}'\mathbf{X})^{-1}\mathbf{X}'\mathbf{Y}=\begin{bmatrix}5 & 10\\ 2 & 1\\ 2 & 3\end{bmatrix}$$

即 $\hat{\pi}_{11}=5,\hat{\pi}_{12}=2,\hat{\pi}_{13}=2,\hat{\pi}_{21}=10,\hat{\pi}_{22}=1,\hat{\pi}_{23}=3$。

第三步,由简化式参数估计值求得结构参数的估计值。在本例中,解得式(8.4.3)中的参数的 ISL 估计值为:

$$\hat{\beta}_{21}=2,\hat{r}_{22}=-3,\hat{r}_{23}=-1$$

ILS 估计量继承了简化型估计量的一致性和渐近有效性的(大样本)性质,但无偏性的(小样本)性质一般来说不再成立。

2. 工具变量法(IV)

所谓工具变量法,就是以适当的前定变量作为内生解释变量的工具变量,以消除或减弱解释变量与随机误差项的相关性,在此基础用 OLS 估计结构参数的方法。所选的工具变量要符合:对于模型来说是前定的,与结构方程中的随机误差项不相关;与要代替的内生解释变量高度相关;与所要估计的结构方程中的其它前定变量相关性很弱;若引入多个工具变量,它们之间不存在多重共线性。

仍以式(8.4.2)和式(8.4.3)为例。

$$\begin{aligned} Y_{1t}&=\beta_{12}Y_{2t}+r_{11}X_{1t}+u_{1t}\\ Y_{2t}&=\beta_{21}Y_{1t}+r_{22}X_{2t}+r_{23}X_{3t}+u_{2t}\end{aligned}$$

第一步,选择合适的前定变量作为结构方程中内生解释变量的工具变量。在本例中,我们要估计的是第二个方程。由于 Y_1 是内生变量，与 u_2 相关，我们需要给它找一个工具变量。不难发现，第一个方程中的 X_1 就是一个合适的工具变量，一方面它与 Y_1 高度相关，另一方面，由于它本身是外生变量，与 u_2 不相关。

第二步，用每个工具变量去乘所要估计的结构方程，并对所有样本观测值求和，得出包含有未知结构参数的线性方程组，解这个线性方程组即可得到结构参数的估计量。本例中，我们用 X_1 作为 Y_1 的工具变量，X_2 和 X_3 则选择自身作为工具变量。分别用 X_1，X_2 和 X_3 去乘式(8.4.3)并对所有的观测值求和，则有：

$$\sum X_{1t}Y_{2t}=\hat{\beta}_{21}\sum X_{1t}Y_{1t}+\hat{\gamma}_{22}\sum X_{1t}X_{2t}+\hat{\gamma}_{23}\sum X_{1t}X_{3t} \tag{8.4.8}$$

$$\sum X_{2t}Y_{2t}=\hat{\beta}_{21}\sum X_{2t}Y_{1t}+\hat{\gamma}_{22}\sum X_{2t}^2+\hat{\gamma}_{23}\sum X_{2t}X_{3t} \tag{8.4.9}$$

$$\sum X_{3t}Y_{2t}=\hat{\beta}_{21}\sum X_{3t}Y_{1t}+\hat{\gamma}_{22}\sum X_{2t}X_{3t}+\hat{\gamma}_{23}\sum X_{3t}^2 \tag{8.4.10}$$

利用前面已给出的观测值矩阵 $\mathbf{X'X}$ 和 $\mathbf{X'Y}$，可解得：

$$\hat{\beta}_{21}=2, \hat{r}_{22}=-3, \hat{r}_{23}=-1$$

这一结果与用 ILS 法得到的结果一样。需要强调的是，这里用 Y_1 的工具变量 X_1 去乘式(8.4.3)，而不是用 Y_1 去乘式(8.4.3)，这是工具变量法与最小二乘法的根本区别。IV 估计量虽然是有偏的，但是是一致的。

四、过度识别条件下的单方程估计方法

对于过度识别的方程，主要的估计的方法是 2SLS 法和 LIML 法。其中，2SLS 法更为简单、常用。由于该方法把估计结构参数的过程划分为两个阶段，并在每个阶段各用一次 OLS，故称二阶段最小二乘法。这里我们仅介绍 2SLS 法。

1. 两阶段最小二乘法(2SLS)

2SLS 法要求：结构式方程是可识别的；其随机误差项满足零均值、同方差、无自相关等经典假设；模型中前定变量之间不存在严重多重共线性；样本量足够大。

我们仍以(8.4.2)和(8.4.3)为例：

$$Y_{1t}=\beta_{12}Y_{2t}+r_{11}X_{1t}+u_{1t}$$
$$Y_{2t}=\beta_{21}Y_{1t}+r_{22}X_{2t}+r_{23}X_{3t}+u_{2t}$$

其中第一个方程为过度识别，所以我们仅讨论第一个方程的估计问题。

第一阶段：为了避免因 Y_{2t} 与 u_{1t} 相关而产生的问题，我们首先用 Y_2 对模型中所有的前定变量回归

$$Y_{2t}=\hat{\pi}_{21}X_{1t}+\hat{\pi}_{22}X_{2t}+\hat{\pi}_{23}X_{3t}+\hat{u}_{2t} \tag{8.4.11}$$

式中 $\hat{u}_{2t}$ 为残差。式(8.4.11)还可以写为：

$$Y_{2t}=\hat{Y}_{2t}+\hat{u}_{2t} \tag{8.4.12}$$

其中

$$\hat{Y}_{2t}=\hat{\pi}_{21}X_{1t}+\hat{\pi}_{22}X_{2t}+\hat{\pi}_{23}X_{3t} \tag{8.4.13}$$

这表明，内生解释变量 Y_{2t} 由两部分构成：一部分是前定变量 X_{1t}，X_{2t} 和 X_{3t} 的线性组合（$\hat{Y}_{2t}$），另一部分是残差 $\hat{u}_{2t}$。

第二阶段：把式(8.4.12)代人式(8.4.2)，得到：

$$\begin{aligned}Y_{1t}&=\beta_{12}(\hat{Y}_{2t}+\hat{u}_t)+r_{11}X_{1t}+u_{1t}\\&=\beta_{12}\hat{Y}_{2t}+r_{11}X_{1t}+(\beta_{12}\hat{u}_{2t}+u_{1t})\\&=\beta_{12}\hat{Y}_{2t}+r_{11}X_{1t}+u_{1t}^*\end{aligned} \tag{8.4.14}$$

这里 $u_{1t}^*=\beta_{12}\hat{u}_{2t}+u_{1t}$

式(8.4.14)与式(8.4.2)的区别在于用 $\hat{Y}_{2t}$ 替换了 Y_{2t}。由于 $\hat{Y}_{2t}$ 与 u_{1t}^* 是渐近不相关的，因此可用 OLS 法得到 β_{12} 和 γ_{11} 的一致估计量。

利用前面已给出的观测值矩阵 $\mathbf{X'X}$ 和 $\mathbf{X'Y}$ 的计算结果，可解得：

$$\hat{\beta}_{12}=\frac{10}{11},\quad \hat{\gamma}_{11}=-4\frac{1}{11}$$

2. 两阶段最小二乘法的特点

(1)它可以应用于方程组中的某一个方程而无需考虑方程组中的其他方程。因此，在求解涉及大量方程的经济计量模型时，2SLS 提供了一个经济适用的方法。为此，此法在实际中被广泛应用。

(2)相对于 ILS 为过度识别的方程提供参数的多个估计值，2SLS 对每个参数只提供一个估计值。

(3)它只需要知道方程组中一共有多少个外生或前定变量，而无需知道方程组中的任何其他变量，故容易应用。

(4)该方法虽然专门为过度识别的方程设计，但同样适用于恰好识别的方程。但这时 ILS 和 2SLS 将给出相同的估计。

(5)如果简化式回归(即阶段一的回归)的 R^2 值很高，则经典 OLS 估计和 2SLS 估计将相差无几。因为如果第一阶段的 R^2 值很高，就意味着内生变量的估计值和它们的真实值非常接近，从而知道后者和原方程中的随机干扰项有较小的相关。然而，如果 R^2 值在第一阶段中很低，则表明 2SLS 估计实际上无意义，因为我们将要在阶段 2 回归中用阶段 1 估计得到的 $\hat{Y}$ 代替原来的 Y，而 $\hat{Y}$ 在很大程度上代表阶段 1 回归中的干扰项。也就是说，这时的 $\hat{Y}$ 是原来 Y 的一个很糟糕的代理变量。

(6)我们能给出 2SLS 估计值的标准误。这是因为这时结构系数是直接从阶段 2(OLS)回归估计出来的。但要注意，误差项 $u_{1t}^*=\beta_{12}\hat{u}_{2t}+u_{1t}$。因此阶段 2 回归中所估计的标准误还需要修改。即 u_{1t}^* 的方差不正好等于原来 u_{1t} 的方差。所需要的修改也容易实现。校正阶段 2 回归所估计的系数标准误，最容易的方法是用 $\hat{\sigma}_u/\hat{\sigma}_{u^*}$ 乘每一个系数的标准误。

例 8.4 一个中国的简单宏观经济计量模型。

依据社会再生产的基本原理，国民经济的运行过程是生产→分配→交换→消费和积累→

生产(扩大再生产)的永续循环过程。对于某一个循环来说,生产是起点,消费和积累是终点,消费和积累都是最终产出的一部分,都受产出的制约;但是从再生产的角度来说,上一个循环的终点即是下一个循环的起点,因此消费和积累也对产出产生影响。对于一个开放的经济系统,国际贸易也会通过贸易乘数对其产出产生影响。

根据国民经济核算的支出法原理,有如下恒等式

$$GDP = C + I + NX \tag{8.4.15}$$

其中 GDP 即国内生产总值,C 表示最终消费,I 表示投资,NX 表示净出口。还可以把最终消费表示为居民消费 RC 和政府消费 G 两部分之和,有如下恒等式

$$GDP = CR + I + G + NX \tag{8.4.16}$$

根据弗里德曼的持久(长期)收入假定,居民的消费支出与持久收入成一定比例,据此可以建立居民消费与其长期收入的函数关系,即有:

$$RC_t = \theta_1 + \theta_2 Y_t^* + u_t \tag{8.4.17}$$

其中,Y_t^* 表示预期的长期收入,由于预期的长期收入不可观测,可采用适应性预期假设

$$Y_t^* - Y_{t-1}^* = \gamma(Y_t - Y_{t-1}^*) \tag{8.4.18}$$

推算,其中 γ ($0 < \gamma \leqslant 1$)称为期望系数或调整系数,Y_t 表示 t 期的实际收入,即设定预期长期收入的变化值等于其预测偏差的一部分。由此,可得到居民的消费行为方程

$$\begin{aligned} RC_t &= \gamma\theta_1 + \gamma\theta_2 Y_t + (1-\gamma)RC_{t-1} + u_t + (1-\gamma)u_{t-1} \\ &= \alpha_0 + \alpha_1 Y_t + \alpha_2 RC_{t-1} + v_{1t} \end{aligned} \tag{8.4.19}$$

实际收入(国民收入)用支出法核算的 GDP 表示,则 α_1 表示 GDP 增加一个单位引起居民消费的平均变动,是 GDP 对居民消费的短期影响乘数,θ_2 是 GDP 对居民消费的长期影响乘数;α_2 表示上期居民消费一个单位对本期消费的平均影响。

根据定义,投资是资本存量的变化量,即 $I_t = K_t - K_{t-1}$,根据投资需求的加速原理,假设第 t 期末的合理资本存量 K_t^* 是当期产量的函数,即 $K_t^* = a + bY_t$。根据部分调整模型设定,资本存量的变化值($K_t - K_{t-1}$)是($K_t^* - K_{t-1}$)差值的 δ 倍,用公式表示为:

$$K_t - K_{t-1} = \delta(K_t^* - K_{t-1}) \tag{8.4.20}$$

经变换得到

$$\begin{aligned} K_t &= \delta K_t^* + (1-\delta)K_{t-1} \\ &= \delta(a + bY_t) + (1-\delta)K_{t-1} \end{aligned} \tag{8.4.21}$$

由投资的定义式,可得到投资方程

$$\begin{aligned} I_t &= \delta b(Y_t - Y_{t-1}) + (1-\delta)(K_{t-1} - K_{t-2}) \\ &= \delta b(Y_t - Y_{t-1}) + (1-\delta)I_{t-1} \end{aligned} \tag{8.4.22}$$

式(8.4.22)表示投资取决于国民收入的增量和前期的投资。引入截距项和随机误差项,并令 $\beta_1 = \delta b$,$\beta_2 = 1-\delta$,则投资行为方程可表示为:

$$I_t = \beta_0 + \beta_1(Y_t - Y_{t-1}) + \beta_2 I_{t-1} + v_{2t} \tag{8.4.23}$$

净出口受当期产出的影响，同时也会受到国内最终消费的制约，可设定净出口方程为：

$$NX_t = \gamma_0 + \gamma_1 Y_t + \gamma_2 RC_t + v_{3t} \tag{8.4.24}$$

由此，我们得到由式(8.4.19)、(8.4.23)、(8.4.24)和式(8.4.16)组成的联立方程模型：

$$RC_t = \alpha_0 + \alpha_1 Y_t + \alpha_2 RC_{t-1} + v_{1t} \tag{8.4.19}$$

$$I_t = \beta_0 + \beta_1(Y_t - Y_{t-1}) + \beta_2 I_{t-1} + v_{2t} \tag{8.4.23}$$

$$NX_t = \gamma_0 + \gamma_1 Y_t + \gamma_2 RC_t + v_{3t} \tag{8.4.24}$$

$$Y_t = CR_t + I_t + G_t + NX_t \tag{8.4.16}$$

表 8.3　1978－2012 年中国 *GDP*、消费、投资及净出口数据　　单位：亿元

年份	*GDP*	*RC*	*G*	*I*	*NX*
1978	3605.60	1759.10	480.00	1377.90	−11.40
1979	3879.63	1973.99	610.60	1313.99	−18.96
1980	4182.50	2128.95	617.99	1448.94	−13.39
1981	4402.44	2342.16	653.83	1391.42	15.03
1982	4799.05	2537.50	709.70	1473.73	78.12
1983	5321.87	2768.72	767.18	1742.47	43.49
1984	6129.52	3120.93	921.02	2086.49	1.08
1985	6955.20	3575.44	990.77	2670.29	−281.30
1986	7571.76	3798.07	1088.61	2868.96	−183.88
1987	8447.92	4089.52	1120.49	3230.48	7.43
1988	9399.80	4422.77	1108.15	3961.18	−92.30
1989	9781.99	4198.48	1120.34	4568.05	−104.88
1990	10156.98	4367.33	1219.78	4301.98	267.89
1991	11090.83	4794.73	1501.92	4490.84	303.34
1992	12670.08	5459.93	1765.31	5318.16	126.68
1993	14436.82	6009.56	2009.45	6683.39	−265.57
1994	16326.16	6443.72	2182.30	7493.99	206.15
1995	18110.93	7147.82	2110.99	8566.04	286.09
1996	19924.55	7898.56	2317.66	9316.31	392.02
1997	21774.22	8355.17	2538.83	9933.64	946.58
1998	23479.67	8948.29	2819.09	10727.53	984.75
1999	25271.65	9699.31	3173.65	11695.22	703.47
2000	27398.95	10565.58	3608.62	12561.57	663.19
2001	29674.09	11312.55	4004.13	13724.70	632.71
2002	32371.08	12239.12	4327.55	14973.04	831.37
2003	35616.12	13141.06	4567.06	17135.03	772.97
2004	39207.29	14308.57	4899.98	18966.99	1031.75
2005	43642.18	15723.86	5689.40	19851.71	2377.21
2006	49173.17	17531.94	6481.61	21482.41	3677.20
2007	56139.19	19516.31	7273.17	24417.40	4932.32
2008	61547.59	21364.15	7987.77	27476.62	4719.05
2009	67219.20	23812.07	8803.50	31705.55	2898.08
2010	74239.30	26256.04	9952.68	35248.09	2782.50
2011	81144.03	29903.83	11177.86	37974.01	2088.32
2012	87352.87	32848.68	12318.28	39770.79	2415.13

注：1. 资料来源：原始数据来源于国家统计局网站。

2. 表中数据以 1978 年价格为基期采用相应价格指数进行缩减，其中 *GDP*、*NX* 用推算的 *GDP* 缩减指数缩减，*RC* 和 *G* 用居民消费价格指数缩减，*I* 根据支出法的 *GDP* 核算恒等式推算。

该联立方程模型包含的变量总数$M=8$，内生变量总数$G=4$，消费方程、投资方式程和净出口方程包含的变量个数分别为$H_1=3, H_2=4, H_3=3$。因为根据秩条件判别，消费方程、投资方程和净出口方程都是可识别的，进一步根据阶条件判别，这三个方程都属于过度识别，因此该联立方程模型属于过度识别模型，所以可以用二阶段最小二乘法进行估计。根据表8.3的数据，我们分别给出1978—2008年和1978—2012年两个时期的模型估计结果。

(1)1978—2008年模型。

阶段1的回归。我们首先求得国民收入Y和居民最终消费RC对于模型中所有4个前定变量的回归，得到如下结果：

$$\begin{aligned}\hat{Y}_t &= -272.29 - 0.08I_{t-1} + 0.06RC_{t-1} + 0.87Y_{t-1} + 1.84G_t \\ t &= (-0.61)\quad(-0.43)\quad(0.16)\quad(5.24)\quad(3.52) \\ \bar{R}^2 &= 0.9993\end{aligned} \tag{8.4.25}$$

$$\begin{aligned}\widehat{RC} &= 264.8898 + 0.0207I_{t-1} + 0.7573RC_{t-1} + 0.0145Y_{t-1} + 0.6460G_t \\ t &= (1.67)\quad(0.32)\quad(5.40)\quad(0.25)\quad(3.51) \\ \bar{R}^2 &= 0.9993\end{aligned} \tag{8.4.26}$$

阶段2的回归。我们利用阶段1的估计结果和有关前定变量分别估计居民消费方程、投资方程和净出口方程，得到如下结果：

$$\begin{aligned}\widehat{RC}_t &= 310.59 + 0.11\hat{Y}_t + 0.73RC_{t-1} \\ se &= (115.56)\quad(0.0296)\quad(0.0974) \\ t &= (2.69)\quad(3.85)\quad(7.45) \\ \bar{R}^2 &= 0.9992\end{aligned} \tag{8.4.27}$$

$$\begin{aligned}\hat{I}_t &= 128.93 + 1.21(\hat{Y}_t - Y_{t-1}) + 0.81I_{t-1} \\ se &= (293.24)(0.8598)\quad(0.2111) \\ t &= (0.43)\quad(1.40)\quad(3.82) \\ \bar{R}^2 &= 0.9834\end{aligned} \tag{8.4.28}$$

$$\begin{aligned}\widehat{NX}_t &= 2057.69 + 0.92\hat{Y}_t - 2.53\widehat{RC}_t \\ se &= (867.87)(0.2537)\quad(0.762) \\ t &= (2.37)\quad(3.62)\quad(-3.33) \\ \bar{R}^2 &= 0.8519\end{aligned} \tag{8.4.29}$$

方程(8.4.27)、(8.4.28)和(8.4.29)的结构系数是直接从阶段2的回归方程估计出来的，他们对应的随机误差v_1^*, v_2^*, v_3^*的方差并不等于式(8.4.19)、(8.4.23)和(8.4.24)随机误差v_1, v_2, v_3的方差，若要进行模型的统计检验，阶段2回归中所估计的标准误和t值，还需要校正，校正阶段2回归所估计的系数标准误最容易的方法是用$\hat{\sigma}_{vi}/\hat{\sigma}_{vi^*}$ $(i=1,2,3)$乘相应方程每一个系数的标准误。以下是各方程的调整因子和经过校正得到的结果：

$\hat{\sigma}_{v_1^*}=156.70, \hat{\sigma}_{v_1}=138.00$，标准误调整因子为0.8805。

$$\widehat{RC}_t = 310.59 + 0.11Y_t + 0.73RC_{t-1}$$
$$se = (101.75) \quad (0.026) \quad (0.086)$$
$$t = (3.05) \quad (4.23) \quad (8.47) \qquad (8.4.30)$$
$$\bar{R}^2 = 0.9992$$

$\hat{\sigma}_{v_2^*} = 972.19$，$\hat{\sigma}_{v_2} = 632.58$，标准误调整因子为 0.6507。

$$\hat{I}_t = 128.93 + 1.21(Y_t - Y_{t-1}) + 0.81I_{t-1}$$
$$se = (190.80) \quad (0.56) \quad (0.14)$$
$$t = (0.68) \quad (2.16) \quad (5.79) \qquad (8.4.31)$$
$$\bar{R}^2 = 0.9834$$

$\hat{\sigma}_{v_3^*} = 526.66$，$\hat{\sigma}_{v_3} = 456.67$，标准误调整因子为 0.8671。

$$\widehat{NX}_t = 2057.69 + 0.92Y_t - 2.53RC_t$$
$$se = (752.52) \quad (0.22) \quad (0.66)$$
$$t = (2.73) \quad (4.18) \quad (-3.83) \qquad (8.4.32)$$
$$\bar{R}^2 = 0.8519$$

根据式(8.4.30)、(8.4.31)和(8.4.32)得到的校正后的估计结果，除了投资方程的截距项，所有的回归系数在给定显著水平 $\alpha = 0.05$ 时，都是统计显著的，各方程的调整判定系数也比较高，模型拟合较好。

式(8.4.30)表明，总产出对居民消费的影响是显著的，国内生产总值每增长 1 元，可带来居民即期消费平均增加 0.11 元，若从长期来看，可使居民消费平均增加 0.41 元；由于消费的惯性作用，上期 1 元的居民消费需求有 73%要延续到本期；$\gamma = 1 - 0.73 = 0.27$ 是自适应预期的调整系数，表示居民的消费行为由短期向长期调整的幅度；总体看，对居民当期消费的影响，消费的惯性大于国民生产总值。

式(8.4.31)表明，当期投资主要受国内生产总值增量的影响，国内生产总值当年比上年每增加 1 元，就会带来当年投资增加 1.21 元，其次受上年投资的影响，投资的连续性或惯性使得上年 1 元的投资将带动当年 0.81 元的投资；调整系数 $\delta = 1 - 0.81 = 0.19$ 表示每年实际资本存量向合理资本存量调整的速度，$b = 1.21/(1 - 0.81) = 6.37$ 表示 1 元国内生产总值的增加要求有 6.37 元的合理资本存量的增加。

式(8.4.32)表明，国内生产总值每增加 1 元，影响净出口平均增加 0.92 元，居民消费每增加 1 元，将影响净出口平均减少 2.53 元，国内居民消费对净出口有明显制约的作用。

(2)1978—2012 年模型。

阶段 1 的回归结果：

$$\hat{Y}_t = 800.79 - 0.1392I_{t-1} - 0.7819RC_{t-1} + 1.3365Y_{t-1} + 0.6267G_t$$
$$se = (443.15) \quad (0.2113) \quad (0.3727) \quad (0.1368) \quad (0.5623)$$
$$t = (1.81) \quad (-0.66) \quad (-2.10) \quad (9.77) \quad (1.11) \qquad (8.4.33)$$
$$\bar{R}^2 = 0.9994$$

$$\hat{RC}=402.78+0.0857I_{t-1}+0.6183RC_{t-1}+0.0059Y_{t-1}+0.8365G_t$$
$$se=(136.56)\quad(0.0651)\quad(0.1148)\quad(0.0421)\quad(0.1733)$$
$$t=(2.95)\quad(1.32)\quad(5.38)\quad(0.14)\quad(4.83)\tag{8.4.34}$$
$$\bar{R}^2=0.9995$$

第二阶段的回归和校正的结果：

$$\hat{RC}_t=-46.21+0.00005\hat{Y}_t+1.09RC_{t-1}$$
$$se=(92.19)\quad(0.00)\quad(0.013)$$
$$t=(-0.50)\quad(1.83)\quad(81.72)\tag{8.4.35}$$
$$R^2=0.9992$$

$\hat{\sigma}_{v_1^*}=238.98$，$\hat{\sigma}_{v_1}=320.47$，标准误调整因子为 1.3410。

$$\hat{RC}_t=-46.21+0.00005Y_t+1.09RC_{t-1}$$
$$se=(123.63)\quad(0.00003)\quad(0.0180)$$
$$t=(-0.37)\quad(1.67)\quad(60.55)\tag{8.4.36}$$
$$R^2=0.9992$$

$$\hat{I}_t=9433.11+0.004(\hat{Y}_t-Y_{t-1})-0.61I_{t-1}$$
$$se=(41331.1)\quad(0.019)\quad(7.52)$$
$$t=(0.23)\quad(0.23)\quad(-0.08)\tag{8.4.37}$$
$$R^2=0.4351$$

$\hat{\sigma}_{v_2^*}=8806.44$，$\hat{\sigma}_{v_2}=20862.11$，标准误调整因子为 2.3690

$$\hat{I}_t=9433.11+0.004(Y_t-Y_{t-1})-0.61I_{t-1}$$
$$se=(97911.74)(0.045)\quad(17.81)$$
$$t=(0.096)\quad(0.095)\quad(-0.034)\tag{8.4.38}$$
$$R^2=0.4351$$

$$\hat{NX}_t=-1040.86-0.0002\hat{Y}_t+0.24\hat{RC}_t$$
$$se=(285.13)\quad(0.00)\quad(0.038)$$
$$t=(-3.65)\quad(-3.13)\quad(6.41)\tag{8.4.39}$$
$$R^2=0.7360$$

$\hat{\sigma}_{v_3^*}=748.97$，$\hat{\sigma}_{v_3}=1364.29$，标准误调整因子为 1.8216

$$\hat{NX}_t=-1040.86-0.0002Y_t+0.24RC_t$$
$$se=(519.37)\quad(0.0001)\quad(0.069)$$
$$t=(-2.00)\quad(-1.71)\quad(3.52)\tag{8.4.40}$$
$$R^2=0.7360$$

受 2008 年全球金融危机的影响和冲击，2008 年后全球经济大幅衰退，出口持续走低，国内需求深度萎缩，为了应对这一冲击，国家采取了包括新增投资 4 万亿元的一系列的措施，这些都导致了 1978－2012 年的模型与 1978－2008 年的模型相比发生了重大的变化，读者可对比模型估计结果自行分析。

3. 2SLS 法与 ILS 法、IV 法之间的关系

(1)2SLS 法既适用于估计过度识别的结构式方程，又可用来估计恰好识别的结构式方程。可以证明，在结构式方程为恰好识别时，ILS、IV 与 2SLS 的估计结果相同。

(2)2SLS 是一种特殊的工具变量法。工具变量法是以某个前定变量作为内生解释变量 Y_i 的工具变量，而 2SLS 是用所有前定变量的线性组合 $\hat{Y}_i$ 为 Y_i 的工具变量。由于利用了模型中全部前定变量的信息，因此对于过度识别的结构方程，2SLS 比 IV 更有效。例如，若用 IV 估计，则对于式(8.4.2)，内生解释变量 Y_{2t} 就有两个工具变量 (X_{2t}, X_{3t}) 可供选择，若只选一个，则另一个包含的信息就浪费了。

(3)与 ILS、IV 相同，2SLS 估计量也是有偏的，但是一致的。

五、方程组估计方法

前面介绍的估计方法都是有限信息估计法，即在估计某个结构方程时没有考虑模型中其他结构方程的信息。显然，如果我们能够充分利用整个模型结构的信息，将产生更为有效的估计量。为此我们讨论一种常用的方程组估计方法，三阶段最小二乘法(Three－Stage Least Squares，3SLS)。

1. 假定条件

(1)模型中每个结构方程都是可识别的。如果每个结构方程都是恰好识别的，则 3SLS 估计量等同于 2SLS 估计量。

(2)模型中所有结构式方程都是正确设定的。

(3)每个结构方程的随机误差项都满足经典假定。

(4)不同结构式方程的随机误差项是同期相关的。如果这些误差项互不相关，则 3SLS 估计就是 2SLS 估计。

2. 估计思路

三阶段最小二乘法是二阶段最小二乘法的直接推广，它涉及到最小二乘法在三个阶段的应用。其基本思路是：在用 2SLS 估计模型中每个结构方程的基础上，得到一组随机误差项的估计值，然后用 GLS 法同时估计整个结构方程系统，也就是对一组变换了的方程应用最小二乘法。

设联立方程模型共有 G 个内生变量和 K 个前定变量，则第 i 个结构方程可写为：

$$\begin{aligned}\mathbf{y}_i &= \mathbf{Y}_i\boldsymbol{\beta}_i + \mathbf{X}_i\boldsymbol{\Gamma}_i + \mathbf{u}_i \\ &= \mathbf{Z}_i\boldsymbol{\delta}_i + \mathbf{u}_i\end{aligned} \tag{8.4.41}$$

其中，

$$\mathbf{Z}_i = [\mathbf{Y}_i \quad \mathbf{X}_i], \boldsymbol{\delta}_i = \begin{bmatrix}\boldsymbol{\beta}_i \\ \boldsymbol{\Gamma}_i\end{bmatrix}$$

这样，联立方程模型可表示为：

$$\begin{bmatrix}\mathbf{y}_1\\ \mathbf{y}_2\\ \vdots\\ \mathbf{y}_G\end{bmatrix}=\begin{bmatrix}\mathbf{Z}_1 & 0 & \cdots & 0\\ 0 & \mathbf{Z}_2 & \cdots & 0\\ \vdots & \vdots & \cdots & \vdots\\ 0 & 0 & \cdots & \mathbf{Z}_G\end{bmatrix}\begin{bmatrix}\boldsymbol{\delta}_1\\ \boldsymbol{\delta}_2\\ \vdots\\ \boldsymbol{\delta}_G\end{bmatrix}+\begin{bmatrix}\mathbf{u}_1\\ \mathbf{u}_2\\ \vdots\\ \mathbf{u}_G\end{bmatrix} \tag{8.4.42}$$

$$E[\mathbf{u}'\mathbf{u}]=\overline{\sum}=\begin{bmatrix}\sigma_{11}\mathbf{I} & \sigma_{12}\mathbf{I} & \cdots & \sigma_{1G}\mathbf{I}\\ \sigma_{21}\mathbf{I} & \sigma_{22}\mathbf{I} & \cdots & \sigma_{2G}\mathbf{I}\\ \vdots & \vdots & \cdots & \vdots\\ \sigma_{G1}\mathbf{I} & \sigma_{G2}\mathbf{I} & \cdots & \sigma_{GG}\mathbf{I}\end{bmatrix}=\sum\otimes\mathbf{I} \tag{8.4.43}$$

式(8.4.44)中的 $\otimes$ 表示直积。

第一步，计算每个结构方程中$\boldsymbol{\delta}_i$的 2SLS 估计；

第二步，由于假定各结构方程的随机误差项是同期相关的，所以式(8.4.43)中至少有部分 σ_{ij} 是非零的，因此，应该用 GLS 估计方法估计式(8.4.42)。第二步要做的就是用 2SLS 估计值的残差向量$\hat{\mathbf{u}}_i=\mathbf{y}_i-\mathbf{Z}_i\hat{\boldsymbol{\delta}}_i$($\hat{\mathbf{u}}_i=[\hat{u}_{11}\quad \hat{u}_{12}\quad \cdots\quad \hat{u}_{1n}]'$)估计协方差矩阵$\sum$，即：

$$\hat{\sigma}_{ij}=\frac{\hat{\mathbf{u}}'_i\,\hat{\mathbf{u}}_j}{n}\quad（对所有的 i 和 j）$$

第三步，利用式(8.4.44)计算式(8.4.42)的 *GLS* 估计量

$$\hat{\boldsymbol{\delta}}_{3SLS}=[\hat{\mathbf{Z}}'(\hat{\sum}^{-1}\otimes\mathbf{I})\hat{\mathbf{Z}}]^{-1}\hat{\mathbf{Z}}'(\hat{\sum}^{-1}\otimes\mathbf{I})\mathbf{y} \tag{8.4.44}$$

3. 3SLS 估计量的性质

(1)3SLS 估计量是有偏的，一致的。

(2)因为 3SLS 利用了更多的信息，所以 3SLS 估计量比 2SLS 估计量更加有效。

要点与结论

1. 联立方程模型就是由多个相互联系的单一方程构成的经济计量模型。联立方程描述的因果关系是双向的，即一个经济变量影响着其他一些经济变量，反过来又受其他经济变量的影响。在联立方程模型中，估计一个方程的参数时必须考虑方程组中其他方程所提供的信息。因此，联立方程模型可以更全面、更真实地反映经济系统的运行过程。与单方程模型相比，联立方程模型涉及多于一个因变量或内生变量，从而有多少个内生变量就有需要多少个方程。

2. 联立方程模型的一个特有性质是，一个方程中的内生变量做为解释变量出现在方程组中的其他方程中。结果是，这样的内生解释变量变成随机的，而且常常与它做为解释变量所在方程中的误差项有相关关系。此时，使用经典 OLS 得到的估计量是非一致的。就是说，不管样本量多大，估计量都不会收敛于其真实总体值。

3. 对于联立方程模型，识别的问题应先于估计问题。联立方程模型的识别问题指的就是能否通过简化式模型的参数求得结构式模型的参数。如果能，我们就说模型可以识别；如果不能，就说模型不可识别。在可识别中，又分恰好识别和过度识别两种。所谓恰好识别，就是指能够从简化式参数中获得结构式参数的唯一解；所谓过度识别，就是指从简化式参数中求得的

结构参数不唯一。识别问题之所以出现，是因为同样的数据适合于不同的结构系数集，也就是适合于不同的模型。

4. 虽然结构方程的识别可以通过简化式模型来进行，但由于太繁琐耗时而不便于使用。实践中可以利用阶条件和秩条件进行识别。阶条件易于应用，但它只是可识别的必要条件。秩条件则是识别的充分必要条件。尽管如此，在实践中，阶条件一般能较好地保证可识别性。

5. 出现联立性问题时，OLS 方法一般来说是不适用的，如果仍要用它，则必须进行联立性检验，豪斯曼设定检验可用来进行联立性检验。豪斯曼设定检验也可以用来判定一个或一组变量是内生的还是外生的。因果关系与外生性虽然同属于一类问题，但是他们的概念却是不同的，其中一个概念不蕴含另一个概念。在实践中应把这两个概念区分开。

6. 对于可识别的联立方程模型，存在着性质不同的许多估计技术和方法。这些方法可以分成两类：即单一方程估计法和方程组估计法。

7. 出于经济上的考虑和设定误差等原因，单一方程估计法至今仍然是最流行的。这些方法的一个独特的性质是，它允许估计一个多方程模型中的一个方程，而不必过多地顾虑方程组中的其他方程。常用的单一方程估计法主要有：间接最小二乘法(ILS)，工具变量法(IV)，二阶段最小二乘法(2SLS)，有限信息极大似然法(LIML—Limited Information Maximum Likelihood)。

8. 在联立方程模型的架构中，OLS 方法仍适合于内生变量之间有确定的、单向因果关系的所谓递归模型的估计。

9. 2SLS 方法虽然也可以用于恰好识别方程，却是专门为过渡识别方程而设计的，当方程是恰好识别时，2SLS 与 ILS 有相同结果。2SLS 法类似于 IV 方法，它使用前定变量的线性组合做为内生变量的工具或代替变量。2SLS 法与 ILS 法都有一个值得注意的特点，就是所得到的估计值都是一致的，就是说，随着样本量无限增大，估计值收敛于其真实总体值。这些估计值未必满足诸如无偏性和最小方差性等小样本性质。

10. 方程组(系统)估计法，是对整个模型中所有结构方程同时进行估计，从而能够同时决定所有结构参数的估计量，在估计参数时，要考虑整个模型的结构以及施加在每个方程上的约束条件，因而又称完全信息法。这类方法主要包括三阶段最小二乘法(3SLS)和完全信息极大似然法(FIML)。但出于经济上的考虑和设定误差等原因，方程组(系统)估计法在实践中并不常用。

思考题与习题

8.1 联立方程模型中的方程有哪几种类型?

8.2 简述结构式模型和简化式模型的含义。

8.3 什么是联立方程模型的联立性偏误?

8.4 简述间接最小二乘方法的思路及估计量的统计性质。

8.5 简述两阶段最小二乘法估计方法的思路及估计量的统计性质。

8.6 联立方程模型如下：

消费函数：$C_t = \alpha_0 + \alpha_1 Y_t + \alpha_2 T_t + \mu_{1t}$

投资函数：$I_t = \beta_0 + \beta_1 Y_t + \beta_2 Y_{t-1} + \mu_{2t}$

税收方程：$T_t = \gamma_0 + \gamma_1 Y_t + \mu_{3t}$

恒等式：$Y_t = C_t + I_t + G_t$

(1)指出该联立模型中的内生变量、外生变量与前定变量。

(2)用阶条件分析每一个方程是否为不可识别、过度识别或恰好识别?

(3)用秩条件检验(2)的结论是否成立？联立方程模型是否可识别?

8.7　下列为一完备的联立方程模型：

$$M_t = \alpha_0 + \alpha_1 Y_t + \alpha_2 P_t + u_{1t}$$
$$Y_t = \beta_0 + \beta_1 M_t + u_{2t}$$

其中：M 为货币供给量，Y 为国内生产总值，P 为价格总指数。

要求：(1)用结构式条件确定模型的识别状态；

(2)如果模型不可识别，试作简单的修改使之可以识别。

8.8　已知简单的 Keynesian 收入决定模型如下：

$$C_t = a_0 + a_1 Y_t + u_t \qquad \text{(消费方程)}$$
$$I_t = \beta_0 + \beta_1 Y_t + \beta_2 Y_{t-1} + v_t \qquad \text{(投资方程)}$$
$$Y_t = C_t + I_t + G_t \qquad \text{(定义方程)}$$

要求：(1)导出简化型方程；

(2)若想检验投资方程中 $\beta_1 = \beta_2$ 这个设想，该怎么做?

8.9　表 8.3 给出了我国 1978－2012 年的国内生产总值 Y、消费总额 C、投资 I 及净出口 NX 的数据。试用该数据来估计联立方程模型

$$\begin{cases} C_t = \alpha_0 + \alpha_1 Y_t + \alpha_2 C_{t-1} + u_{1t} \\ I_t = \beta_0 + \beta_1 Y_t + u_{2t} \\ Y_t = I_t + C_t + NX_t \end{cases}$$

第九章　时间序列经济计量模型

经济分析中所涉及的经济变量数据基本上是时间序列数据，而大多数经济变量时间序列数据是非平稳的，但是，在经典经济计量模型的建模过程中，通常都是假定所研究现象的时间序列是平稳的，并且以某种经济理论或依据对某经济主体的行为规律的认识来建立经济计量模型，然后利用样本数据对模型进行参数估计和检验，检验通过后，依据模型进行经济预测以及相关的政策评价和结构分析。这是 20 世纪 70 年代以前经济计量学的主导方法。然而用这种方法构建的许多经济计量模型，在 20 世纪 70 年代发生的两次石油危机引发的经济动荡面前失灵了，这些模型没能预计到石油危机对许多基本经济变量的动态影响。由此引发了经济理论界对经济计量学的质疑，同时也促使经济计量学家对经典经济计量学方法论的反思。一部分经济计量学家把研究的注意力转向宏观经济变量非平稳性对建模的影响。他们发现，在实证分析中，人们往往先入为主地把时间序列按平稳时间序列对待，直接将非平稳时间序列当作平稳时间序列进行回归分析，这样做的结果，常常会引发一系列问题。本章就是针对这些问题展开讨论的。第一节讨论时间序列的平稳性与协整理论，第二节讨论用于预测的 ARIMA 和 VAR 模型，第三节讨论自回归条件异方差（ARCH）模型和广义自回归条件异方差（GARCH）模型。

第一节　时间序列的平稳性与协整理论

一、问题的提出

把时间序列按平稳时间序列对待，或直接将非平稳时间序列当作平稳时间序列进行回归分析，常常会引发的问题有：

1. 引发谬误回归

依据非平稳时间序列数据估计得到的回归模型，通常的 t 检验值、F 检验值往往倾向于显著，从而得出变量相依的结论，而这样的回归常常会引发谬误回归。谬误回归也称伪回归或无谓回归，就是在用一个时间序列对另一个时间序列做回归时，虽然两者并不存在任何有意义的关系，但回归结果却得出存在有意义关系的错误结论。经济学家虽然早已发现经济变量之间可能会存在伪回归，但在什么条件下会产生伪回归现象，长期以来并无统一的认识。直到 20 世纪 70 年代，格兰杰等人的研究才发现，造成谬误回归的根本原因在于时间序列变量的非平稳性。

2. 导致自相关

非平稳的时间序列会导致自相关问题。

3. 预测失效

人们常常用依据时间序列数据建立的模型进行预测，若所依据的时序数列是非平稳的，则依据此数据建立的回归模型做出预测的有效性就值得怀疑。

4. 不满足格兰杰因果检验的条件

第七章讨论的格兰杰因果检验，假定分析中所涉及的时间序列是平稳的，也就是说，平稳性检验要先于因果性检验，如果时间序列是非平稳的，则不满足进行格兰杰因果检验的条件。

因此，在利用回归分析方法讨论经济变量的关系之前，必须对经济变量时间序列的平稳性进行判断。如果经济变量时间序列是非平稳的，就需要寻找新的处理方法。20 世纪 80 年代发展起来的协整理论就是处理非平稳经济变量关系的行之有效的方法。该理论方法自诞生以来，就受到众多经济学家的重视，并广泛运用于对实际经济问题的研究。

二、时间序列的平稳性

1. 平稳随机过程

随机变量的动态过程称为随机过程，它表现为随机变量按时间排列的集合。如果随机变量 Y 是连续的，记之为 $Y(t)$，如果是离散的，记之为 Y_t。多数经济数据都是在离散的时点上搜集的，所以经常用符号 Y_t 表示。任何时间序列数据都可以看成一个随机过程（stochastic or random process）产生的结果，而某一个具体样本（数据集）可以看成是某一个随机过程的一个（特殊）实现。随机过程及其实现之间的区别如同横截面数据中总体与样本之间的区别。在时间序列中，我们利用这些实现对其背后的随机过程进行推断。

所谓平稳随机过程是指如果一个随机过程的均值和方差在时间过程上保持常数，并且任何两个时期之间的协方差值仅依赖于该两时期间的距离或滞后，而不依赖于计算这个协方差的实际时间，则该随机过程就称为平稳随机过程。在时间序列的文献中，这样的随机过程也被称为弱平稳（weakly stationary）、协方差平稳（covariance stationary）、二阶平稳（second－order stationary）或广义（wide sense）随机过程。如果一个时间序列概率分布的所有阶矩都不随时间变化，则是严格平稳的。如果这个平稳过程是正态的，那么弱平稳过程也是严格平稳的，因为正态的随机过程完全可由其均值和方差这两个矩来决定。

随机时间序列 Y_t 有如下性质：

(1) $E(Y_t)=\mu$

(2) $Var(Y_t)=E(Y_t-\mu)^2=\sigma^2$

(3) $\gamma_k=E[(Y_t-\mu)(Y_{t+k}-\mu)]$

其中 γ_k 为滞后 k 期的协方差（或自协方差），也就是相隔 k 期的两个 Y 值之间的协方差。若 k 为 0 则是 Y 的方差。

简单地说，平稳时间序列具有时间不变性。也就是说，如果一个时间序列是平稳的，则其均值、方差和（各种滞后的）协方差都保持不变。例如，若我们把 Y 的原点从 Y_t 移到 Y_{t+m}，如果 Y_t 是平稳的，则 Y_{t+m} 的均值、方差和自协方差必定和 Y_t 的一样。

通常讲的白噪声过程（white noise process）或纯随机过程（purely random process）就是一

种特殊类型的平稳随机过程。纯随机过程的均值为 0，具有不变方差 σ^2，而且不存在序列相关。

2. 非平稳随机过程

如果一个时间序列的二阶矩不具有时间不变性，就称它为非平稳时间序列(仅对弱平稳而言)。也就是说，一个非平稳时间序列，要么均值随时间变化，要么方差随时间变化，或者二者同时随时间变化。产生非平稳时间序列的随机过程称为非平稳随机过程。

讨论时间序列是否平稳的重要性就在于，若一个时间序列不是平稳的，我们就只能研究它在研究期间的行为，每个时间序列的数据集只能看作是所研究随机过程特定时期的结果，不能将它的结论推广到其他期间。因此，从预测角度看，这种非平稳时间序列没有多大的实用价值。

虽然我们希望时间序列是平稳的，但是我们遇到的时间序列往往是非平稳的。比如股票和汇率之类的资产价格时间序列就是非平稳的，它们常常服从于随机步游模型(random walk model，RWM)。随机步游模型是非平稳随机过程的经典例子，它可以分为不带漂移的随机步游和带漂移的随机步游两类：

(1)不带漂移的随机步游。不带漂移的随机步游要求模型中不含有常数项或截距。假设 u_t 是均值为 0 和方差为 σ^2 的白噪声误差项，若

$$Y_t = Y_{t-1} + u_t \tag{9.1.1}$$

则称 Y_t 序列为不带漂移的随机步游。式(9.1.1)是表示 Y 在 t 时期的值等于其在 $(t-1)$ 期的值上加上一个随机冲击。实际上式(9.1.1)是一个 AR(1)(一阶自回归)模型。由式(9.1.1)可以写出：

$$Y_1 = Y_0 + u_1$$
$$Y_2 = Y_1 + u_2 = Y_0 + u_1 + u_2$$
$$Y_3 = Y_2 + u_3 = Y_0 + u_1 + u_2 + u_3$$

若这个过程从第 0 期的 Y_0 开始，就有：

$$Y_t = Y_0 + \sum u_t \tag{9.1.2}$$

据此有：

$$E(Y_t) = Y_0 \tag{9.1.3}$$

$$Var(Y_t) = t\sigma^2 \tag{9.1.4}$$

显然，不带漂移的随机步游是一个非平稳随机过程。

随机步游模型具有无限记忆的特征，即随机冲击具有持久性。由式(9.1.2)可以看出，Y_t 等于初始的 Y_0 加上各期的随机冲击之和。结果是，每一个特定的冲击都永远不会消失。

若将式(9.1.1)写为：

$$(Y_t - Y_{t-1}) = \Delta Y_t = u_t \tag{9.1.5}$$

其中 Δ 表示一阶差分算子。显然，虽然 Y_t 是非平稳的，但其一阶差分却是平稳的。

(2)带漂移的随机步游。带漂移的随机步游模型中包含常数项。我们可以把式(9.1.1)改写成：

$$Y_t = \delta + Y_{t-1} + u_t \tag{9.1.6}$$

其中 δ 称为漂移参数。显然式(9.1.6)也是一个 AR(1)模型。若将式(9.1.6)表示为：

$$(Y_t - Y_{t-1}) = \Delta Y_t = \delta + u_t \tag{9.1.7}$$

则表明 Y_t 根据 δ 为正或为负而向上或向下漂移。漂移一词由此得名。可以证明，对于漂移的随机步游模型，有：

$$Y_t = t\delta + Y_0 + \sum u_t$$

$$E(Y_t) = Y_0 + t\delta \tag{9.1.8}$$

$$Var(Y_t) = t\sigma^2 \tag{9.1.9}$$

这就是说，带漂移的 RWM 的均值和方差都随时间而变化，同样不满足平稳性的条件，也是一个非平稳时间序列。不带漂移的 RWM 和带漂移的 RWM 分别如图 9.1 和图 9.2，可以从图中发现两者的不同。

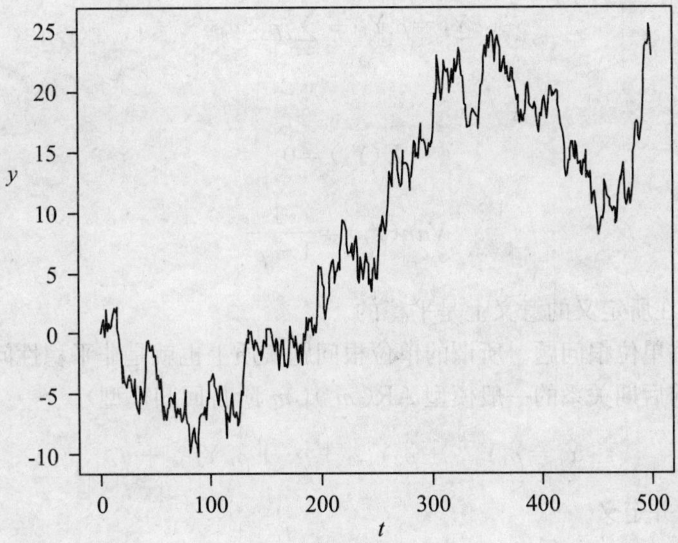

$Y_t = Y_{t-1} + u_t$

图 9.1　不带漂移的随机步游

3. 单位根随机过程

对于时间序列 Y_t 来说，最典型的是一阶自回归形式 AR(1)，即 Y_t 与 Y_{t-1} 相关，而与 Y_{t-2}，Y_{t-3}，… 无关。其表达式可以写为：

$$Y_t = \rho Y_{t-1} + u_t \quad -1 \leqslant \rho \leqslant 1 \tag{9.1.10}$$

若 $\rho=1$，则式(9.1.10)是就成为一个不带漂移的 RWM，我们已经证明，Y_t 的方差此时是随时间变化的，所以不带漂移的 RWM 是非平稳的。

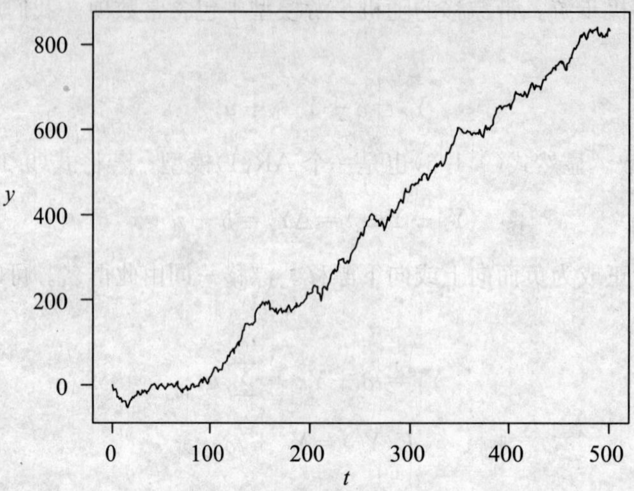

$Y_t = 2 + Y_{t-1} + u_t$

图 9.2　带漂移的随机步游

若 $|\rho| < 1$，初始值 $Y_0 = 0, u_t \sim N(0,1)$，则可以证明：

$$Y_t = \rho^t Y_0 + \sum_{i=1}^{t} \rho^{t-i} u_i$$

此时有：

$$E(Y_t) = 0 \tag{9.1.11}$$

$$Var(Y_t) = \frac{1}{1-\rho^2} \tag{9.1.12}$$

说明时间序列 Y_t 在所定义的意义上是平稳的。

此时我们面临单位根问题。所谓的单位根问题实质上也就是非平稳性问题。式(9.1.13)是表示时间序列前后期关系的一般模型 AR(m)(m 阶自回归模型)。

$$Y_t = \rho_1 Y_{t-1} + \rho_2 Y_{t-2} + \cdots + \rho_m Y_{t-m} + u_t \tag{9.1.13}$$

引入滞后算子 L，并定义

$$LY_t = Y_{t-1}, L^2 Y_t = Y_{t-2}, \cdots, L^m Y_t = Y_{t-m} \tag{9.1.14}$$

则式(9.1.13)可表示为：

$$(1 - \rho_1 L - \rho_2 L^2 - \cdots - \rho_m L^m) Y_t = u_t \tag{9.1.15}$$

记

$$\Phi(L) = (1 - \rho_1 L - \rho_2 L^2 - \cdots - \rho_m L^m)$$

则称多项式方程

$$\Phi(L) = (1 - \rho_1 L - \rho_2 L^2 - \cdots - \rho_m L^m) = 0$$

为 AR(m)的特征方程。可以证明,如果特征方程的所有根在单位圆外(根的模大于 1),则 AR(m)模型是平稳的。对于式(9.1.10),如果 $\rho=1$,则表示 Y_t 有 1 个单位根,因此序列是非平稳的。单位根的名称正是源于 $\rho=1$ 这一事实。因此,有时我们把非平稳性、随机步游和单位根这三个术语看成是同义语。

4. 趋势平稳(TS)与差分平稳(DS)随机过程

区分一个时间序列是由平稳随机过程还是非平稳随机过程产生的,对于判断一个时间序列的趋势是确定性的还是随机性的具有关键的意义。如果一个时间序列的趋势完全可以预测而且不变,我们称这种趋势为确定性趋势;如果一个时间序列的趋势不能预测,则称其为随机性趋势。为规范定义,考虑如下时间序列模型:

$$Y_t=\beta_1+\beta_2 t+\beta_3 Y_{t-1}+u_t \tag{9.1.16}$$

其中 u_t 为白噪声误差项,t 为按年或月度量的时间。下面,根据参数取值的不同,讨论各种可能的模型。

(1)纯随机步游模型。若在式(9.1.16)中,令 $\beta_1=\beta_2=0,\beta_3=1$,这就是我们前面讨论的式(9.1.1):

$$Y_t=Y_{t-1}+u_t$$

它是一个不带漂移的 RWM,是非平稳的,而它的一阶差分方程式(9.1.5),即

$$(Y_t-Y_{t-1})=\Delta Y_t=u_t$$

是平稳随机过程。因此一个不带漂移的 RWM 就是一个差分平稳过程(difference stationary process,DSP)。

(2)带漂移的随机步游模型。若在式(9.1.16)中,令 $\beta_1\neq 0,\beta_2=0,\beta_3=1$,则可得到:

$$Y_t=\beta_1+Y_{t-1}+u_t \tag{9.1.17}$$

它是一个带漂移的随机步游,因此也是非平稳的,若我们把它写成:

$$(Y_t-Y_{t-1})=\Delta Y_t=\beta_1+u_t \tag{9.1.18}$$

实际式(9.1.18)就是前面的式(9.1.7),它意味着 Y_t 将表现出一个带正的($\beta_1>0$)或负的($\beta_1<0$)趋势。这种趋势被称为随机趋势。式(9.1.18)也是一个 DSP。

(3)确定性趋势模型。若在式(9.1.16)中,令 $\beta_1\neq 0,\beta_2\neq 0,\beta_3=0$,则可得到:

$$Y_t=\beta_1+\beta_2 t+u_t \tag{9.1.19}$$

式(9.1.19)表示的就是趋势平稳过程(trend stationary process,TSP)。注意此时尽管 Y_t 的均值 $\beta_1+\beta_2 t$ 不是常数,但其方差($=\sigma^2$)是常数。因此,一旦知道了 β_1 和 β_2 的值,就完全能预测其均值,如果从 Y_t 减去其均值,所得到的序列就是平稳的,因而称为趋势平稳。除去确定性趋势的过程称为除趋势过程。

(4)带漂移和确定性趋势的随机步游模型。若在式(9.1.16)中,令 $\beta_1\neq 0,\beta_2\neq 0,\beta_3=1$,则可得到:

$$Y_t=\beta_1+\beta_2 t+Y_{t-1}+u_t \tag{9.1.20}$$

式(9.1.20)表示同时包含漂移和确定性趋势的随机步游模型。若将此模型写为：

$$\Delta Y_t = \beta_1 + \beta_2 t + u_t \tag{9.1.21}$$

显然，式(9.1.21)意味着 Y_t 是非平稳的。

(5)含平稳 AR(1)成分的确定性趋势。若在式(9.1.16)中，令 $\beta_1 \neq 0, \beta_2 \neq 0, \beta_3 < 1$，则可得到：

$$Y_t = \beta_1 + \beta_2 t + \beta_3 Y_{t-1} + u_t \tag{9.1.22}$$

它在确定性趋势周围是平稳的。

在确定性趋势的情况下，对趋势线的偏离完全是随机的，并很快就会消失；它们对时间序列由趋势成分 $\beta_2 t$ 所决定的长期发展没有影响。而在随机性趋势的情况下，随机成分 u_t 影响着序列 Y_t 的长期进展。两者的这种差异可以从图 9.3 中看出来。

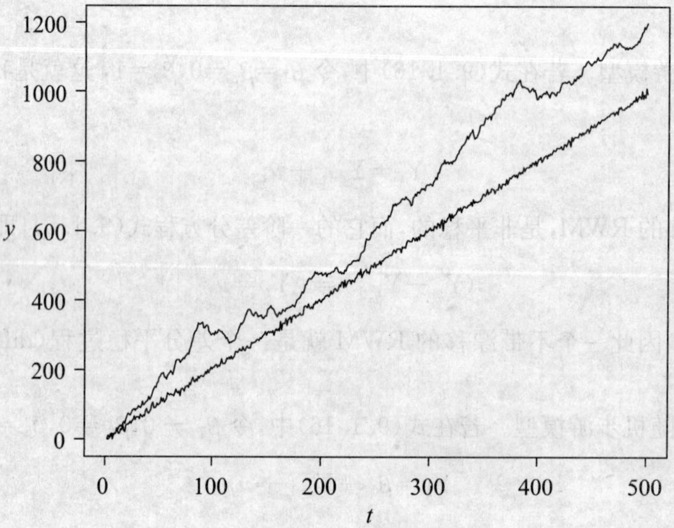

图 9.3 确定性与随机性趋势

5. 单整随机过程

(1)单整随机过程的概念。如果一个非平稳时间序列经过 d 次差分变成平稳序列，则称该序列是 d 阶单整(或 d 阶求和，d 阶求积)，记作 $I(d)$。大多数经济变量是一阶单整，即经过一次差分变换即可变成平稳时间序列，记作 $I(1)$。例如消费、收入、物价水平等时序数列一般都为一阶单整。显然，平稳时间序列是 $I(0)$，即 0 阶单整。我们把 $I(0)$ 与平稳过程当作同义语使用。如果一个时间序列是一阶或高阶的单整序列，它就是一个非平稳时间序列。随机步游模型代表的就是一类具有一阶单整过程的时间序列。

(2)单整序列的性质。若令 X_t, Y_t 和 Z_t 为三个时间序列。单整序列具有如下性质：第一，平稳和非平稳时间序列的线性组合是非平稳时间序列。即有：若 $X_t \sim I(0)$ 和 $Y_t \sim I(1)$，则 $Z_t = aX_t + bY_t \sim I(1)$，其中 a 和 b 为常数。第二，一个 $I(d)$ 序列的线性函数仍是 $I(d)$ 序列。即若 $X_t \sim I(d)$，则 $Z_t = (a + bX_t) \sim I(d)$，其中 a 和 b 为常数。第三，若 $X_t \sim I(d_1)$ 和 $Y_t \sim I(d_2)$，其中 $d_1 < d_2$，则 $Z_t = (aX_t + bY_t) \sim I(d_2)$；第四，若 $X_t \sim I(d)$ 和 $Y_t \sim I(d)$，则 $Z_t = (aX_t + bY_t) \sim I(d^*)$，$d^*$ 通常等于 d，但在某些情况下，$d^* < d$。

需要注意的是，在合并两个或多个不同阶单整时间序列时必须小心。

6. 谬误回归现象

凡涉及时间序列数据的回归，都有产生谬误结果的可能。尤尔(Yule)首次发现谬误回归现象：尽管变量之间并不存在任何有意义的关系，但是它们的回归结果却是高度统计显著的。这些回归结果常常相互矛盾，即 R^2 值与解释变量系数的 t 值很高，但 DW 检验的 d 值偏低。格兰杰(Granger)和纽博尔德(Newbold)曾提出一个良好的经验规则：如果 $R^2 > d$ 时，所估计的回归就有谬误回归之嫌。

例 9.1　利用表 6.1 给出的中国 1978—2012 年我国城镇居民各年的人均消费支出 *PCE* 和人均可支配收入 *PDI* 的数据来分析这两个变量间的关系。它的时间序列趋势图如图 9.4 所示，都表现出持续上升的过程，因此是非平稳的。在这种情况下，我们作 *PCE* 对 *PDI* 的回归，标准的 t 和 F 检验可能是无效的，也就是说在非平稳时间序列中，我们不能轻易依赖 t 值和 F 值作显著性检验。

如果可以验证 ΔPCE 和 ΔPDI 是平稳的，就可以建立他们之间的回归方程，从而避免非平稳性问题。然而，如果这样做，就等于把孩子连同洗澡水一起倒掉。因为大多数经济变量数据都是以变量的水平形式而非差分形式给出，在取一阶(或高阶)差分时，会把由 *PCE* 和 *PDI* 的水平值给出的有价值的信息(长期关系)丢掉。

观察图 9.4，虽然 *PCE* 和 *PDI* 都有以随机方式上升的趋势，但它们似有同步上升的趋势。这种同步就是协整时间序列(Cointegrated-time-series)背后的直观意念。若 *PCE* 和 *PDI* 存在协整关系，依据二者的水平值所作的回归结果就未必是谬误的，而且通常的 t 和 F 检验依然有效。有关协整理论我们后边讨论。

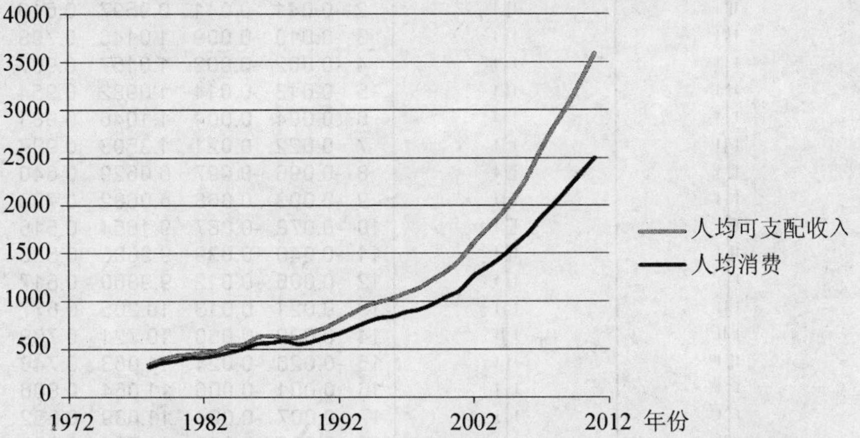

图 9.4　我国城镇居民人均可支配收入 *PDI* 与人均消费 *PCE* 时间序列趋势图

三、平稳性检验

时间序列分析中，一个首要的问题是如何判断一个给定的时间序列是否平稳。下面讨论时间序列平稳性检验的方法。时间序列平稳性检验的方法有传统方法和现代方法之分。传统方法以自相关函数检验为主，现代方法以单位根检验为主。

1. 传统检验方法:自相关函数检验

(1)自相关函数(autocorrelation function,ACF)的定义。滞后 k 期的自相关函数(ACF)定义为:

$$\rho_k = \frac{\gamma_k}{\gamma_0} = \frac{k\ 阶滞后协方差}{方差} \tag{9.1.23}$$

显然,若 $k=0$,则 $\rho_0=1$,而且 ρ_k 为一无量纲的数,与任何相关系数一样有 $-1 \leqslant \rho \leqslant 1$。如果将 ρ_k 对 k 描点,所得图形称为总体相关图(population correlogram)。

由于实际上对一个随机过程我们只有一个实现(样本),我们只能计算样本自相关函数(Sample autocorrelation function) $\hat{\rho}_k$,为此必须计算 $\hat{\gamma}_k$ 和 $\hat{\gamma}_0$:

$$\hat{\gamma}_k = \frac{\sum (y_t - \bar{y})(y_{t-k} - \bar{y})}{n-k} \tag{9.1.24}$$

$$\hat{\gamma}_0 = \frac{\sum (y_t - \bar{y})^2}{n-1} \tag{9.1.25}$$

$$\hat{\rho}_k = \frac{\hat{\gamma}_k}{\hat{\gamma}_0} \tag{9.1.26}$$

依据 $\hat{\rho}_k$ 对 k 所描出的图形称为样本相关图(Sample correlogram)。

包含样本:500

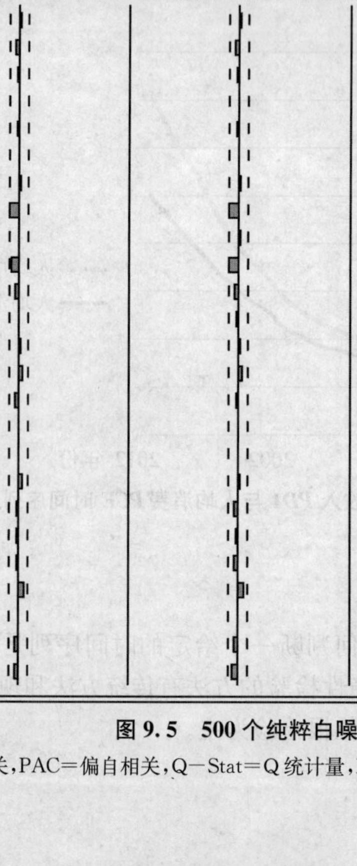

	AC	PAC	Q-Stat	Prob
1	0.015	0.015	0.1127	0.737
2	-0.041	-0.041	0.9597	0.619
3	-0.010	-0.009	1.0146	0.798
4	-0.002	-0.003	1.0157	0.907
5	-0.013	-0.014	1.0982	0.954
6	0.004	0.004	1.1046	0.981
7	0.022	0.021	1.3503	0.987
8	-0.096	-0.097	6.0629	0.640
9	0.003	0.008	6.0682	0.733
10	-0.078	-0.087	9.1654	0.516
11	-0.040	-0.039	9.9696	0.533
12	-0.006	-0.012	9.9860	0.617
13	0.021	0.013	10.205	0.677
14	0.032	0.030	10.721	0.708
15	-0.026	-0.024	11.063	0.748
16	0.001	-0.006	11.064	0.806
17	-0.007	-0.004	11.089	0.852
18	0.036	0.022	11.754	0.860
19	-0.020	-0.028	11.973	0.887
20	-0.016	-0.023	12.108	0.912
21	-0.024	-0.030	12.414	0.928
22	0.050	0.053	13.711	0.911
23	0.003	-0.004	13.716	0.935
24	-0.043	-0.034	14.679	0.930
25	-0.049	-0.052	15.939	0.917

图 9.5 500 个纯粹白噪声的样本相关图

注:AC=自相关,PAC=偏自相关,Q-Stat=Q 统计量,Prob=概率

图 9.5 给出了 500 个纯粹白噪声的样本相关图。图中的实线表示零轴。此线左边的观测为负值，右边的观测为正值。我们可以看出，纯粹白噪声过程的各阶自相关都在 0 附近徘徊。这就是平稳时间序列相关的图形。而图 9.6 给出了 500 个不带漂移项的随机游走序列的相关图。此相关图最显著的特征是，各阶滞后的自相关系数都很高。一个典型的非平稳时间序列相关图往往是，自相关系数从一个很高的值开始，随着滞后长度的增加而缓慢地向 0 下降。

(2)依据 ACF 的平稳性检验。平稳性的一个简单的检验是以 ACF 为依据的。这里有两个问题要解决，一是如何选择滞后长度来计算 ACF？一是如何判定一个相关系数在特定滞后长度下是否统计显著？

滞后长度选择的经验法则是：计算 ACF 的滞后长度一般为时间序列长度的三分之一到四分之一。

如果一个随机过程是纯随机的，它的任何大于 0 的滞后的自相关都会是 0。任何一个 $\hat{\rho}_k$ 的统计显著性都可以通过它的标准误来判断。巴特利特曾证明：若一时间序列是纯随机的，也就是说它表现为白噪声（white noise），则此样本自相关系数近似地遵从以 0 为均值，$\frac{1}{n}$ 为方差的正态分布，即 $\hat{\rho}_k \sim N(0, \frac{1}{n})$，其中 n 为样本大小。

包括样本：500

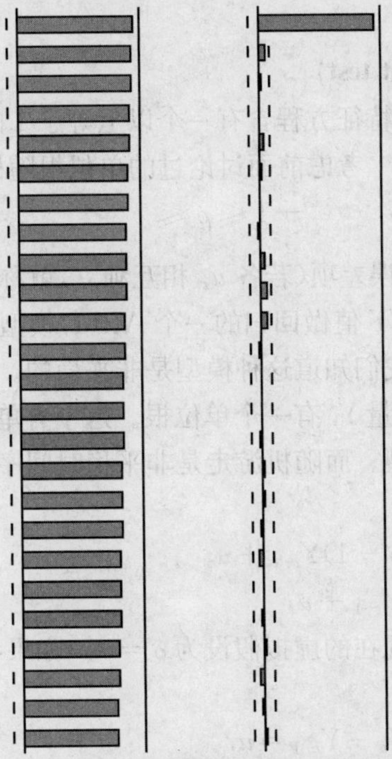

	AC	PAC	Q—Stat	Prob
1	0.989	0.989	491.86	0.000
2	0.979	0.044	974.75	0.000
3	0.969	0.011	1449.0	0.000
4	0.959	-0.004	1914.7	0.000
5	0.950	0.034	2372.8	0.000
6	0.942	0.021	2823.6	0.000
7	0.934	0.005	3267.5	0.000
8	0.925	-0.013	3704.1	0.000
9	0.917	0.035	4134.4	0.000
10	0.911	0.043	4559.3	0.000
11	0.905	0.042	4979.6	0.000
12	0.898	-0.023	5394.7	0.000
13	0.892	-0.008	5804.5	0.000
14	0.885	0.003	6209.2	0.000
15	0.878	-0.018	6608.4	0.000
16	0.872	0.009	7002.3	0.000
17	0.865	0.015	7391.4	0.000
18	0.859	-0.012	7775.3	0.000
19	0.851	-0.039	8153.4	0.000
20	0.844	0.005	8526.0	0.000
21	0.837	-0.016	8892.7	0.000
22	0.830	0.015	9254.0	0.000
23	0.822	-0.026	9609.7	0.000
24	0.814	-0.024	9959.3	0.000
25	0.807	0.021	10304.	0.000

图 9.6　500 个不带漂移项的随机游走序列的相关图

例 9.2　考虑表 8.3 中 *GDP* 时间序列的数据。我们有 35 个观测，其方差为 0.02857，标准差为 0.169。根据巴特利(Bartlett)的结论,任何一个 ρ_k 的 95%的置信区间为:$\hat{\rho}_k \pm 1.96 \times 0.169$,若上述区间包括了零值,我们不能拒绝真实 ρ_k 为零的假设,但若这个区间没有包括零值,则我们就拒绝真实 ρ_k 为零的假设。对于 $\hat{\rho}_6 = 0.38$,这个 95%的置信区间为[0.04876, 0.71124]。这就表明我们有 95%的把握认为真实的 ρ_6 是显著异于 0 的。

对于至某个滞后期的全部 ρ_k 同时为 0 的联合假设,我们可以用博克斯和皮尔斯提出的 Q 统计量来检验:

$$Q = n\sum_{k=1}^{m}\hat{\rho}_k^2 \tag{9.1.27}$$

其中 n 为样本量,m 为滞后长度,Q 近似服从于自由度为 m 的 χ^2 分布。应用时,若 Q 值大于选定显著水平 α 的 χ^2 表中的临界值,就可以拒绝全部 ρ_k 同时为 0 的假设,即其中至少有 1 个或一些 ρ_k 不为 0。

龙格—博克斯统计量(Ljung-Box Statistic,LB)是 Q 统计量的一个变形:

$$LB = n(n+2)\sum_{k=1}^{m}\left(\frac{\hat{\rho}_k^2}{n-k}\right) \sim \chi^2(m) \tag{9.1.28}$$

在大样本中 Q 和 LB 两个统计量均服从自由度为 m 的 χ^2 分布。但是 LB 统计量有比 Q 统计量有更好的小样本性质(即统计功效较大)。

例 9.2 中,可以依据公式计算得出直到 10 阶滞后的 LB 统计量的值约为 109.48。在 10 个估计自相关系数的平方和为 0 的原假设下,得到这样的一个 LB 值的概率几乎为 0。这说明前十个自相关系数中至少有 1 个不为 0。

2. 现代检验方法:单位根检验(unit root test)

(1)单位根检验。如果一个时间序列的特征方程含有一个以上等于 1 的根,就称这个序列存在单位根,且含有 K 个单位根就是 $I(k)$。考虑前面讨论过的单位根随机过程模型:

$$Y_t = \rho Y_{t-1} + u_t \qquad -1 \leqslant \rho \leqslant 1 \tag{9.1.10}$$

其中 u_t 服从经典假定,也就是 u_t 为白噪声误差项(若各 u_t 相互独立,就称为严格的白噪声)。式(9.1.10)是时刻 t 的 Y 值对时刻 $t-1$ 的 Y 值做回归的一个 AR(1)模型。如果 Y_{t-1} 的系数 $\rho=1$,我们就遇到了所谓的单位根问题。我们知道这种模型是非平稳的。我们对式(9.1.10)做回归,若确实发现 $\rho=1$,我们就说随机变量 Y_t 有一个单位根。这个有单位根的时间序列是我们前面讨论过的不带漂移的随机游走模型。而随机游走是非平稳时间序列的一个例子。

方程(9.1.10)常用另一种形式表达:

$$\begin{aligned}\Delta Y_t &= (\rho - 1)Y_{t-1} + u_t \\ &= \delta Y_{t-1} + u_t\end{aligned} \tag{9.1.29}$$

其中 $\delta = (\rho - 1)$,Δ 为一阶差分算子,然而现在的虚拟假设为 $\delta = 0$。如果 δ 事实上为 0,则式(9.1.29)可写为:

$$\Delta Y_t = Y_t - Y_{t-1} = u_t \tag{9.1.30}$$

由于 u_t 为白噪声误差项,所以它是平稳的。这说明一个随机游走时间序列的一阶差分是一个平稳时间序列。对此我们已作过讨论。

(2)迪基—富勒 DF 检验。为了检验时间序列 Y_t 是否平稳,可作式(9.1.10)的回归,看 $\hat{\rho}$

是否统计上等于 1,或等效地估计式(9.1.29),看回归估计中的斜率系数 $\hat{\delta}$ 是否为零。若为零,则断定 Y_t 是非平稳的;若为负(注意 $-1 \leqslant \rho \leqslant 1$),则断定 Y_t 是平稳的。问题是,在虚拟假设 $\delta = 0$(即 $\rho = 1$)下,Y_{t-1} 的系数的估计量的 t 值即使在大样本下也不服从 t 分布。一个可行的处理办法是:在 $\rho = 1$ 的虚拟假设下把统计量 t 称为 τ 统计量。

迪基(Dickey)和富勒(Fuller)已经证明,在虚拟假设 $\delta = 0$(即 $\rho = 1$)下,Y_{t-1} 的系数的估计量的 t 值服从 τ 分布。他们在蒙特卡罗模拟的基础上算出一个 τ 统计量的临界值表。该表取值有限,麦金农(Mackinnon)又通过蒙特卡罗模拟将此表进行了扩充,给出 DF 统计量的迪基—富勒—麦金农临界值。文献中 τ 检验叫做迪基—富勒(DF)检验。如果 $\delta = 0$($\rho = 1$)的虚拟假设被拒绝,即表示时间序列是平稳的,此时可继续使用 t 检验。

实践中,由于一个随机步游模型可有三种不同的表现形式,即可以是不含漂移的随机步游,可以是含有漂移的随机步游,还可以是同时具有确定性和随机性趋势的随机步游,所以为了应对各种可能性,人们常用以下形式的回归做 DF 检验:

$$\Delta y_t = \delta y_{t-1} + u_t \quad (9.1.31)$$

$$\Delta y_t = \beta_1 + \delta y_{t-1} + u_t \quad (9.1.32)$$

$$\Delta y_t = \beta_1 + \beta_2 t + \delta y_{t-1} + u_t \quad (9.1.33)$$

其中 t 为时间或趋势的变量。虚拟假设是 $\delta = 0$,即假设存在有单位根,也就是时间序列是非平稳的;对立假设为 $\delta < 0$,即假设时间序列是平稳的。若虚拟假设被拒绝,在式(9.1.31)情况下,意味着 Y_t 是一个平稳时间序列,在式(9.1.32)的情况下,意味着 Y_t 是一个均值非零 $[E(Y_t) = \beta_1/(1-\rho)]$ 的平稳时间序列,在式(9.1.33)的情况下,意味着 Y_t 在一个确定性趋势附近是平稳的。

实际估计中,若依据样本计算的 $|\tau|$ 超过 DF 或麦金农 DF 临界 τ 的绝对值,则拒绝 $\delta = 0$ 的虚拟假设,此时该序列是平稳的;反之,若小于临界值 τ 的绝对值,则不能拒绝虚拟假设,此时时间序列就是非平稳的。

需要注意的是,由于 DF 临界值依赖于模型中是否有常数项和趋势变量,所以对于上述三种不同的 DF 设定,需要选择不同的临界值 τ 进行检验。附录中的表六给出了当样本容量为 25、50、100、250 和 500 时对应不同情况的临界值。当样本容量不等于 25、50、100、250 和 500 时,很多统计和计量软件也能给出对应不同情况的临界值,对单位根进行检验。

(3)增广迪基—富勒检验。前面进行 DF 检验时,假定模型中的随机误差项 u_t 是不相关的,如果误差项是自相关的,就不能再用迪基—富勒检验。如果 u_t 是自相关的,迪基—富勒提出了一种被称为增广迪基—富勒(ADF)检验(augmented Dickey-Fuller test)的方法。因此一般进行单位根检验更多使用增广迪基—富勒检验。该方法通过在 DF 检验方程中增加因变量 ΔY_t 的滞后值来进行。

实践中,由于一个随机步游模型可有三种不同的表现形式,即可以是不含漂移的随机步游,可以是含有漂移的随机步游,还可以是同时具有确定性和随机性趋势的随机步游,所以在增广迪基—富勒检验中,人们也采用以下形式的回归:

$$\Delta Y_t = \delta Y_{t-1} + \sum_{i=1}^{m} \alpha_i \Delta Y_{t-i} + \varepsilon_t \quad (9.1.34)$$

$$\Delta Y_t = \beta_1 + \delta Y_{t-1} + \sum_{i=1}^{m} \alpha_i \Delta Y_{t-i} + \varepsilon_t \tag{9.1.35}$$

$$\Delta Y_t = \beta_1 + \beta_2 t + \delta Y_{t-1} + \sum_{i=1}^{m} \alpha_i \Delta Y_{t-i} + \varepsilon_t \tag{9.1.36}$$

其中 ε_t 为白噪声误差项，$\Delta Y_{t-1} = (Y_{t-1} - Y_{t-2})$，$\Delta Y_{t-2} = (Y_{t-2} - Y_{t-3})$ 等等。包含多少个滞后差分项通常依据实证研究决定，也可按施瓦茨或者赤池准则决定。原则是要包含有足够多的滞后项，使式(9.1.34)、(9.1.35)、(9.1.36)中的误差项序列不相关。在 ADF 检验中，虚拟假设仍是 $\delta = 0(\rho = 1)$。而且 ADF 检验服从与 DF 统计量一样的渐进分布，故可使用同样的临界值。

例 9.3 利用表 6.1 给出的 1978—2012 年我国城镇居民各年人均可支配收入 *PDI* 的数据，取自然对数后得到变量 ln*PDI*，采用施瓦茨准则决定滞后差分项，使用 *ADF* 检验来考察人均可支配收入对数 ln*PDI* 的平稳性，根据式(9.1.34)、(9.1.35)和(9.1.36)表示的三个回归模型估计的结果：

$$\Delta \ln PDI_t = 0.01175 \ln PDI_{t-1} + 0.17425 \Delta \ln PDI_{t-1} + \cdots - 0.42259 \Delta \ln PDI_{t-3}$$
$$t = (4.4494) \qquad (1.0451) \qquad (-2.774332)$$

$$\Delta \ln PDI_t = -0.09986 + 0.03174 \ln PDI_{t-1} + \cdots - 0.1546 \Delta \ln PDI_{t-5}$$
$$t = (-1.2988) \quad (2.3472) \qquad (-0.8442)$$

$$\Delta \ln PDI_t = 0.7864 + 0.0103t - 0.1314 \ln PDI_{t-1} + 0.2968 \Delta \ln PDI_{t-1}$$
$$t = (1.6952) \quad (1.8043) \quad (-1.6178) \qquad (1.7951)$$

模型(9.1.34)和模型(9.1.35) δ 的估计值都为正值，正的 $\hat{\delta}$ 意味着 $\hat{\rho} > 1$，不符合 $-1 \leqslant \rho \leqslant 1$ 的设定，尽管在理论上存在这种可能性的，但我们还是把这两种情况排除掉，因为在这种情况下，ln*PDI* 时间序列将急剧扩大。模型(9.1.36) δ 的估计值为负，满足设定要求。对模型(9.1.36)，显著性为 1%，5%，10% 的临界 τ 值分别是 -4.262735，-3.552973 和 -3.209642。模型(9.1.36)系数 $\hat{\delta} = -0.1314$ 对应的 τ 值为 -1.6178，高于显著性水平为 10%的临界 τ 值，说明 ln*PDI* 时间序列是非平稳的。

(4)对于多系数的显著性检验：*F* 检验。例如我们要对模型(9.1.33)检验假设 $\beta_1 = \beta_2 = 0$，即此模型是不带漂移和趋势的 RWM。对于这样的联合假设，我们只要使用前面介绍的约束 *F* 检验即可。

$$F = \frac{(RSS_R - RSS_{UR})/m}{RSS_{UR}/(n-k)} \tag{9.1.37}$$

其中，m 为线性约束个数，k 为无约束回归中参数的个数。注意此时不能通过习惯使用的 *F* 统计表得到在某显著水平下的 *F* 临界值。与 τ 统计量一样，迪基和富勒给出了在此情形下的 *F* 临界值。见附录表六。

(5)菲利普斯－佩龙单位根检验。DF 检验的一个重要的假定是误差项独立同分布。ADF 检验通过增加被解释变量的差分项的滞后值使 DF 检验考虑了误差项中可能的序列相关。菲利普斯和佩龙在考虑误差项的序列相关时，没有添加被解释变量的滞后差分项，而是使用了非参数统计方法。由于 PP 检验的渐进分布与 ADF 检验统计量的渐进分布相同，所以

PP 检验在此不予讨论。

(6)对结构变迁的检验。研究经济时间序列可能遇到结构变化问题,在出现结构变迁的情况下,对单位根假设的标准检验就不太可靠。,这时就需要对结构变迁的检验和解释的方法,最简单的方法就是使用虚拟变量的方法。

(7)对单位根检验的批评。第一,关于检验的尺度(指检验的显著水平,即犯第一类错误的概率),DF 检验对其进行的方式很敏感。在式(9.1.31)、(9.1.32)和(9.1.33)中,我们讨论了 DF 检验的三种变化形式。若真实模型是式(9.1.31),我们估计了式(9.1.32),并断定在 5% 显著水平上,这个时间序列是平稳的。但由于这种情况下的真实的显著水平远大于 5%,所以这个结论可能是错误的。第二,大多数 DF 类型的检验功效(指虚拟假设是错误的情况下拒绝它的概率)都很低,即他们倾向于比所能保证的概率更频繁地接受存在单位根的虚拟假设。第三,到目前为止,对单位根的假设仍没有一个一贯有效的检验。

四、非平稳时间序列的变换

涉及经济时间序列的数据,常常由于有共同的变动趋势而趋向于有同一方向的移动。例如,在 *PCE* 对 *PDI* 的回归中,我们常常会得出一个高的 R^2 值,这种情形未必反映这两个变量之间真实的关联程度,而可能只是它们有共同的趋势而生成了这一结果。为避免出现这种谬误关联,通常的做法是求 *PCE* 对 *PDI* 和趋势变量 t 的回归,这样从这个回归得出的 *PDI* 的系数就代表除掉趋势影响之后 *PDI* 对 *PCE* 的净影响,也就是说在回归模型中引进一个趋势变量有消除 *PCE* 和 *PDI* 两者趋势影响的除趋势(detrending)作用。这种做法能否奏效?引起了一部分时间序列经济计量学家的质疑。他们指出,这种"标准"操作方法只有在趋势变量是确定性的(Determenistic)而不是随机性的(Stochastic)的情况下才可以接受。

一般说来,若一个趋势是完全可以预测的,而不是变化莫测的,就说它是确定性的。若一个趋势线本身是漂移的,也就是说它的变化是起伏不定的,就说它是随机的,如果趋势是随机的,那么通常的除趋势做法将起误导作用。

实践中,为了避免将一个非平稳时间序列与一个或多个非平稳时间序列回归所导致的谬误回归问题,我们必须对非平稳时间序列进行变换,使它们变成平稳时间序列。变换的方法取决于这个时间序列是差分平稳过程(DSP)还是趋势平稳过程(TSP)。

1. 差分平稳过程

如果一个时间序列是一阶或高阶的单整序列,它就是一个非平稳时间序列。对于这样的非平稳时间序列,只要对时间序列进行差分,就可以使非平稳时间序列变换为平稳时间序列,几阶单整序列就进行几次差分。这样的过程称为差分平稳过程。现实中,大部分经济变量时间序列都是具有一个单位根的非平稳时间序列,这时只要对时间序列进行一次差分就可以使其变换为平稳时间序列。

2. 趋势平稳过程

如果一个时间序列是具有趋势平稳过程的非平稳时间序列。前面已经讨论过,一个具有 TSP 的时间序列在其趋势线附近是平稳的,因此,使这种非平稳时间序列变为平稳时间序列的最简单的方法就是将它们对时间做回归,从此回归中得到的残差将是平稳的。也就是说,我们可以做如下的回归:

$$Y_t = \beta_1 + \beta_2 t + u_t \tag{9.1.38}$$

其中 Y_t 为所考虑的时间序列，t 为按年或月度量的趋势变量。对式(9.1.38)进行估计就可得到：

$$\hat{u}_t = Y_t - \hat{\beta}_1 - \hat{\beta}_2 t \tag{9.1.39}$$

$\hat{u}_t$ 被称为除趋势时间序列(detrended time series)，它是平稳的。有时趋势可能是非线性的，比如，它可能是二次趋势序列：

$$Y_t = \beta_1 + \beta_2 t + \beta_3 t^2 + u_t \tag{9.1.40}$$

此时从式(9.1.40)是得到的残差 $\hat{u}_t$ 就是二次除趋势时间序列。

若一个时间序列是DSP而我们把它当作TSP处理，这种情况被称为差分不足(underdifferencing)；若一个时间序列是TSP而我们把它当作DSP处理，这种情况被称为过度差分(overdifferencing)。大多数宏观经济时间序列都是DSP而不是TSP。

一个含有确定性趋势的时间序列可以用一个TSP作为其模型，而一个含有随机趋势的非平稳时间序列则可以用DSP作为其模型。就是说，对于一个确定性趋势，可通过在回归模型中包含一个时间变量而把变量变为平稳的，也可以先对时间作回归，然后把所估计的趋势减去。对于一个随机趋势则有必要作单整或非平稳性检验。

区分TSP和DSP的实际意义在于：从长期预测的角度考虑，从一个TSP做出的预测是可靠的；而从一个DSP做出的预测是靠不住的，有时甚至是十分危险的。

五、协整理论

1. 协整的概念

协整(cointegration)，也称协积，和分。这一概念由恩格尔和格兰杰((Engle and Granger)于1987年提出，它对于时间序列经济计量学的发展具有重要意义。在经济系统中许多变量之间存在长期的均衡关系，这意味着经济系统中存在某种稳定的均衡机制，虽然在短期内由于季节影响或随机干扰，变量的关系会偏离均衡，但这种内在的均衡机制会在下一期自动调整使其重新回到均衡状态。通俗地讲，协整就是这种变量之间存在的长期均衡关系的统计表述。因此，变量之间协整关系的存在是经济计量建模的依据。例如，从长期看，*PCE* 的对数和 *PDI* 的对数之间存在一个均衡比例关系，然而消费与收入的关系显然会常常偏离这个比例，但这种偏离是随机的、暂时的，*PCE* 的对数和 *PDI* 的对数的这种关系就是一种协整关系。具体来讲，若 *PCE* 的对数和 *PDI* 的对数都是非平稳的或是随机游走随机过程，尽管如此，这两个变量的线性组合却有可能是平稳的。我们作 *PCE* 的对数对 *PDI* 的对数的如下回归：

$$\ln PCE_t = \beta_1 + \beta_2 \ln PDI_t + u_t \tag{9.1.41}$$

把式(9.1.41)写为：

$$u_t = \ln PCE_t - \beta_1 - \beta_2 \ln PDI_t \tag{9.1.42}$$

若发现 u_t 是 $I(0)$ 或平稳的，则我们说变量 *PCE* 的对数与 *PDI* 的对数是协整的或有协整关系的。直观的说，u_t 是 $I(0)$ 时，*PCE* 的对数和 *PDI* 的对数中的"趋势"互相抵消了。

如果一个序列 Y_t 是 $I(1)$ 而另一个序列 X_t 也是 $I(1)$，如果存在 β 使得 $Y_t - \beta X_t$ 成为 I

(0)，则称 Y_t 与 X_t 有协整关系。一般地来说，若序列 $Y_{1t},Y_{2t},\cdots,Y_{kt}$ 都是 $I(d)$，存在非零向量 $\boldsymbol{\alpha}=(\alpha_1,\alpha_2,\cdots,\alpha_k)'$，使得 $\boldsymbol{\alpha}'\mathbf{Y_t}\sim I(d-b)$，其中 $b>0$，$\mathbf{Y_t}=(Y_{1t},Y_{2t},\cdots,Y_{kt})'$，则称 $Y_{1t},Y_{2t},\cdots,Y_{kt}$ 是 (d,b) 阶协整，记为 $\mathbf{Y_t}\sim CI(d,b)$，$\boldsymbol{\alpha}$ 为协整向量。

如果变量之间存在协整关系，则构建变量水平上的回归就是有意义的，用不着担心谬误回归的出现，也不用担心用差分做回归会丢失有价值的长期信息，传统的回归方法论仍然可用于所研究的时序数据。协整的概念所起的宝贵作用，就在于迫使我们去检查回归残差是否平稳。

式(9.1.41)表示的回归叫协整回归(cointegrating regression)，斜率参数 β_2 又叫做协整参数(cointegrating parameter)。协整的概念可推广到含有 k 个解释变量的回归模型，此时有 k 个协整参数。

2. 协整理论的重要意义

(1)避免谬误回归。谬误回归是经济计量模型经常遇到的问题，大量实验结果表明，互不相干的非协整变量在统计检验中经常表现为显著相关。因此，对变量之间的协整关系进行检验，是正确建立经济计量模型的先决条件。

(2)估计量的"超一致性"。在协整理论正式提出之前，为了防止出现谬误回归，人们都是用平稳时间序列(或把非平稳时间序列变换为平稳时间序列)建立回归模型。而协整理论表明，如果一组非平稳时间序列之间存在协整关系，就可以直接建立回归模型，而且，其参数的最小二乘估计量具有超一致性，即以更快的速度收敛于参数的真实值。

(3)区分变量之间的长期均衡关系和短期动态关系。格兰杰和恩格尔已证明，如果变量之间存在长期均衡关系，则均衡误差将显著影响变量之间的短期动态关系。

3. 检验协整关系的方法

前面我们已经讨论了怎样应用 DF 或 ADF 进行单位根检验。需要我们继续做的是，估计一个像式(9.1.41)这样的回归，得到残差 $\hat{u}_t$ 序列，然后用 DF 或 ADF 进行检验，如果残差 $\hat{u}_t$ 序列为 $I(0)$，就说明 PCE 的对数和 PDI 的对数之间存在协整关系。但有一点须注意，因为 $\hat{u}_t$ 的估算是以估计的协整参数 β_2 为依据，所以使用 DF 和 ADF 临界值并不完全合适。恩格尔—格兰杰曾分别计算这些临界值，利用这些临界值进行的检验称做恩格尔—格兰杰(EG)检验或增广恩格尔—格兰杰(AEG)检验，附录中的表七给出了对应的临界值。

恩格尔—格兰杰(EG)检验或增广恩格尔—格兰杰(AEG)检验所包含的临界值只设计有限个样本量，对其他多数有意义的样本量并不适用。Mackinnon 提出了用响应面方法来建立临界值与样本量之间的关系式。Mackinnon 经过大量的 Monte Carlo 实验，得到了一个拟合效果较好的响应面方程：

$$C_{(\alpha)}=\phi_\infty+\phi_1T^{-1}+\phi_2T^{-2} \tag{9.1.43}$$

其中 $C_{(\alpha)}$ 表示显著性水平为 α 的 τ 的临界值，T 为样本量；$\phi_\infty,\phi_1,\phi_2$ 的值可以从 Mackinnon 临界值表中查出，附录中的表八给出了 Mackinnon 临界值表。通过响应面方程，在一定显著性水平 α 下，协整回归式中所含变量个数为 k 时，可以计算任何样本量 T 所对应的临界值。与 DF 和 ADF 检验类似，协整检验利用残差估计量建立模型也分为含不含常数项，含不含趋势项几种类型。

继续讨论例 9.1 的问题，根据表 6.1 我国 1978－2012 年人均可支配收入 PDI 与人均消费 PCE 的数据，建立人均消费对数对人均可支配收入对数的回归模型，并得到如下结果：

$$\ln PCE_t = 0.613184 + 0.882935\ln PDI_t$$
$$t = (16.31116)\ (165.776)$$

根据前述方法容易验证 $\ln PDI$ 与 $\ln PCE$ 都是一阶单整的非平稳时间序列，因此这个回归有可能存在伪回归问题。但当我们对模型残差进行单位根检验时，得到如下结果：

$$\Delta\hat{u}_t = -0.6818276\hat{u}_{t-1}$$
$$t = (-4.168948)$$

而根据 Mackinnon 临界值表算出 10%显著性水平的临界值为：

$$C_{(\alpha)} = -3.0462 - 4.069/35 - 5.73/35^2 = -3.167135$$

模型估计的 τ 值为 -4.169，低于显著性水平为 10%的临界 τ 值，说明残差 $\hat{u}_t$ 是平稳时间序列。这就说明 $\ln PCE$ 对 $\ln PDI$ 的回归模型不存在伪回归问题，两者具有协整关系。$\ln PCE$ 对 $\ln PDI$ 的回归模型称为静态或长期的消费函数，因此，0.8829 代表着长期或均衡的消费对收入的弹性。

4. 协整与误差修正机制(ECM)

例 9.1 中的 $\ln PCE$ 与 $\ln PDI$ 被表明存在协整关系，即两者存在长期的稳定关系，但是这并不能避免在短期内出现失衡。由萨根(Sargon)提出并由恩格尔和格兰杰加以推广普及的误差修正机制(error correction mechanism，ECM)，就可对短期失衡部分做出修正。恩格尔和格兰杰(Engel & Granger，1987)提出的具有里程碑意义的格兰杰表述定理(Granger representation theorem)表明，若两个变量 Y 和 X 是协整的，则两者之间的短期非均衡关系总能由一个误差修正模型(ECM)表述。考虑如下模型：

$$\Delta\ln PCE_t = \alpha_0 + \alpha_1\Delta\ln PDI_t + \alpha_2 u_{t-1} + \varepsilon_t \qquad (9.1.44)$$

其中 u_{t-1} 是得自式(9.1.42)的误差项的一期滞后值，ε_t 是白噪声误差项。

式(9.1.44)表示，$\ln PCE$ 的变化取决于 $\ln PDI$ 的变化以及前一期的非均衡程度。在此回归中，α_1 表示 $\ln PDI$ 的短期变动对 $\ln PCE$ 短期变动的影响，α_2 表示对偏离长期均衡的调整，称为误差修正系数，它说明 $\ln PCE$ 在一个时期的失衡有多大一个比例可在下一个时期得到修正。预期误差修正系数 α_2 为负。

根据表 6.1 中 PDI 与 PCE 的数据，式(9.1.44)的估计结果为：

$$\Delta\ln PCE_t = 0.021309 + 0.60403\Delta\ln PDI_t - 0.80554\hat{u}_{t-1}$$
$$t = (2.81318)\ (6.55752)\qquad(-5.24107)$$

回归结果表明，$\ln PDI$ 的短期变化对 $\ln PCE$ 的短期变化有正的影响，0.6040 可以解释为短期消费弹性，长期消费弹性由前述回归模型给出，为 0.8829；误差修正系数 α_2 是统计显著的，表明 $\ln PCE$ 的调整相对 $\ln PDI$ 的调整存在一定的滞后，长期 $\ln PCE$ 与短期 $\ln PDI$ 之间的不一致在一年之内有约 81%得到修正。

第二节　ARIMA 和 VAR 模型

一、经济预测方法概述

概括地说，依据时间序列数据进行经济预测的方法有五种：(1)指数平滑法，(2)单一方程回归模型，(3)联立方程回归模型，(4)ARIMA 模型，(5)VAR 模型。

1. 指数平滑法

指数平滑法(Exponential Smoothing，ES)是布朗(Robert G. Brown)所提出，在移动平均法基础上发展起来的一种时间序列分析预测法，它是通过计算指数平滑值，配合一定的时间序列预测模型对现象的未来进行预测。其原理是任一期的指数平滑值都是本期实际观察值与前一期指数平滑值的加权平均。是一种针对给定时间序列的历史数据拟合出一条适当曲线的基本方法。虽然它在商业和经济预测等领域仍在使用，但是现在已逐步被上面提到的其他四种方法取代或补充。这里我们不再讨论。

2. 单一方程回归模型

本书的前七章讨论的基本都是单一方程回归模型。这里不再重复。

3. 联立方程回归模型

第八章我们对联立方程回归模型进行了比较详尽的讨论。联立方程模型盛行于 20 世纪的 60 和 70 年代，在当时居支配地位。由于 1973 年和 1979 年的两次石油危机，使得在 20 世纪的 60 年代和 70 年代建立的大多数联立方程模型的预测功能失灵，也由于著名的卢卡斯批判(Lucas critique)，联立方程模型由辉煌转入低潮。卢卡斯提出一种认为传统政策分析没有充分考虑政策变动对人们预期影响的观点。卢卡斯指出：所估计的经济计量模型的参数依赖于模型被估计时所奉行的政策。若政策有所改变，则参数亦将随之改变。

4. ARIMA 模型

卢卡斯批判之后，经济计量学的理论和方法论发生了重大的变化。在"检验、检验、再检验"、"让数据自己说话"等哲理的指引下，一种着重于分析经济时间序列本身的概率或随机性质，而不是以经济理论为基础刻意构造单一方程或联立方程模型的新的预测方法产生了。这种新的预测方法以博克斯与詹金斯所著的《时间序列分析：预测与控制》一书的出版为标志，这种被普遍称作为博克斯—詹金斯(BJ)方法论的方法技术就是 ARIMA 模型。在 BJ 型时间序列模型中，Y_t 由其自身的过去或滞后值以及随机误差项来解释。由于 ARIMA 模型不是从任何经济理论中推演出来，所以又称为乏理论模型。

5. VAR 模型

在联立方程回归模型中，我们把一些变量作为内生变量，而把另一些变量作为外生或前定(外生的或滞后内生的)变量。在估计这些模型之前，还必须确定模型中的方程是可识别的，为达到识别的目的，常常还需要假定某些前定变量仅出现在某些方程中。这些决定往往是主观的。VAR 模型有类似于联立方程回归模型的地方，即模型也是由若干相互有联系的方程构成，但是，VAR 模型中的变量都是由内生变量或它们的滞后变量组成，每一个内生变量都由它的滞后或过去值以及模型中所有其他的内生变量的滞后或过去值来解释，模型中不包含任何的外生变量。

在本节我们只讨论 ARIMA 模型和 VAR 模型。

二、ARIMA 模型

1. ARIMA 模型的建模过程

如果时间序列是平稳的，则有多种方法建立它的模型。

(1)自回归(AR)过程。设有时间序列 Y_t，如果我们把 Y_t 的模型写为：

$$Y_t = \alpha_1 Y_{t-1} + u_t \tag{9.2.1}$$

其中 u_t 是有零均值和恒定方差 σ^2 的不相关随机误差项(即 u_t 是白噪声)。我们说 Y_t 遵循一个一阶自回归(first-order autoregressive)或 AR(1)随机过程。这里，Y_t 在时期 t 的值依赖于它在前一时期的值和一个随机项。此模型表明 Y 在时期 t 的预报值是它在时期($t-1$)的值的一个比例部分加上在时期 t 的一个随机冲击或干扰。如果我们考虑这样的模型：

$$Y_t = \alpha_1 Y_{t-1} + \alpha_2 Y_{t-2} + u_t \tag{9.2.2}$$

就说 Y_t 遵循一个二阶自回归(second－order autoregressive)或 AR(2)过程。时期 t 的 Y 值依赖于它在先前两个时期的值。更一般的情形下，我们有：

$$Y_t = \alpha_1 Y_{t-1} + \alpha_2 Y_{t-2} + \cdots + \alpha_p Y_{t-p} + u_t \tag{9.2.3}$$

这时 Y_t 是一个 p 阶自回归(pth－order autoregressive)或 AR(p)过程。注意，所有上述模型仅涉及现期和前期的 Y 值，再没有其他的解释变量。实际上这就是我们在讨论联立方程模型时讲过的简化式(诱导型)模型。

(2)移动平均(MA)过程。如果我们把 Y_t 的模型描述为：

$$Y_t = \mu + u_t + \beta_1 u_{t-1} \tag{9.2.4}$$

其中 μ 是常数，u_t 是白噪声随机误差项。时期 t 的 Y 值等于一个常数加上现在和过去误差项的一个移动平均值。式(9.2.4)表示 Y 遵循一个一阶移动平均(first-order moving average)或 MA(1)过程。一般的有：

$$Y_t = \mu + u_t + \beta_1 u_{t-1} + \cdots + \beta_q u_{t-q} \tag{9.2.5}$$

式(9.2.5)是一个 MA(q)过程。显然，移动平均过程是若干白噪声误差项的线性组合。

(3)自回归与移动平均(ARMA)过程。Y_t 也可能兼有 AR 和 MA 的特性，从而它是 ARMA 模型。如果 Y_t 可以写为：

$$Y_t = \theta + \alpha_1 Y_{t-1} + u_t + \beta_1 u_{t-1} \tag{9.2.6}$$

式(9.2.6)中有一个自回归项和一个移动平均项，θ 代表常数项，它就是一个 ARMA(1,1)过程。一般的，在一个 ARMA(p,q)过程中将会有 p 个自回归项和 q 个移动平均项。

(4)自回归求积移动平均(ARIMA)过程。以上讨论的时间序列模型建立在所考虑的时间序列是(弱)平稳序列的假定基础上。就是说所研究的时间序列的均值和方差都是常数，并且它的协方差有时间上的不变性。然而现实中更多的经济时间序列是非平稳的，即它们是经过单整或求积(integrated)的。如果一个时间序列是1阶单整的，即它是 $I(1)$，那么它的一阶差分就是 $I(0)$，即平稳的。一般的，如果一个时间序列是 $I(d)$，则它的 d 阶差分就是 $I(0)$。

如果我们必须将一个时间序列差分 d 次，把它变为平稳的，然后用 ARMA(p,q)作为它的模型，那么，我们就说这个原始的时间序列是 ARIMA(p,d,q)，也就是说它是一个自回归求积移动平均(autoregressive integrated moving average)时间序列。其中 p 指自回归项数，d 指序列成为平稳之前必须取其差分的次数，而 q 指移动平均项数。例如，一个 ARIMA(2,1,2)时间序列在它成为平稳之前必须先差分一次(d=1)，然后方可用一个 ARMA(2,2)过程作为这个(一阶差分)平稳时间序列的模型，使它有2个 AR 项和2个 MA 项。当然，如果 d=0(即一开始便有一个平稳序列)，则有 ARIMA(p,d=0,q)=ARMA(p,q)。注意，一个 ARIMA(p,0,0)过程意味着一个纯 AR(p)平稳过程；一个 ARIMA(0,0,q)过程则意味着一个纯 MA(q)平稳过程。

2. 博克斯—詹金斯(BJ)方法论

面对一个时间序列，如果我们想知道它到底遵循一个纯 AR 过程，还是一个纯 MA 过程，或一个 ARMA 过程，还是一个 ARIMA 过程，我们必须知道 p,d,q 的值。我们可以使用 BJ 方法论来做出判断。此方法有四个步骤：

步骤一：识别(identification)。就是找出适当的 p,d,q 的值。

步骤二：估计(estimation)。当 p 和 q 值确定之后，下一步就要估计模型中所含自回归和移动平均项的参数。有时可用简单的最小二乘法完成，有时则有必要寻求(对参数)非线性估计方法。

步骤三：诊断(diagnostic checking)。选定 ARIMA 模型并估计其参数后，下一步就要看所选的模型对数据拟合得是否足够好，因为有可能另外一个 ARIMA 模型也会做得同样好。为了选取正确的 ARIMA 模型，需要有高超的技巧。对所选模型的一个简单检验是看从该模型估算出来的残差是不是白噪声。如果是，就可接受这个拟合，否则必须重做。因此也可以说 BJ 方法是一个反复的过程。

步骤四：预测(forecasting)。ARIMA 建模方法普遍应用的一个原因就是它在预测方面的成功。

应用博克斯—詹金斯方法论时要注意的一个重要问题是，我们必须有一平稳的时间序列，或者是经过一次或多次差分而变为平稳的时间序列。

(1)识别。识别的主要工具是自相关函数(autocorrelation function，ACF)和偏自相关函数(partial autocorrelation function，PACF)以及由它们得到的相关图。相关图就是将 ACF 和 PACF 相对于滞后长度描图。上一节我们已给出滞后 k 阶的自相关函数 ρ_k 的定义。偏自相关函数的定义可类比于偏回归系数的定义。偏自相关函数 ρ_{kk} 就是 Y_t 和 Y_{t-k} 之间的、除去居中的 $Y_{t-1}, Y_{t-2}, \cdots, Y_{t-k+1}$ 的影响后的相关。我们在第四章给出了偏相关的概念，并且标明了它与简单相关的关系。大多数统计软件包都有偏相关计算的程序。

每一个随机过程都有它典型的 ACF 和 PCAF 式样，如果研究的时间序列适合于其中的一个式样，我们就可据此进行识别。同时，我们还必须利用诊断性检验判明所选的 ARMA 模型是否足够精确。

表 9.1 ACF 与 PACF 的理论模式

模型	ACF 的典型模式	PACF 的典型模式
白噪声	$\rho_k=0$	$\rho_{kk}=0$
AR(p)	几何型或震荡型衰减趋于零	p 阶后截尾：$\rho_{kk}=0,k>p$
MA(q)	q 阶后截尾：$\rho_k=0,k>q$	几何型或震荡型衰减趋于零
ARMA(p,q)	q 阶后几何型或震荡型衰减趋于零	p 阶后几何型或震荡型衰减趋于零

注意：AR(p)过程的 ACF 和 PACF 与 MA(q)过程的 ACF 和 PACF 有相反的模式。现实中我们无法知道真实总体的 ACF 和 PACF，只能依赖它们的样本函数去估计，所以估计的 ACF 和 PACF 将与理论的函数有偏差。在实践中，由于 ARMA(p,q)的表现特征常常不明显，不足以帮助我们确定 p 和 q 的阶数，所以我们也常常使用 AIC(赤池准则)来帮助确定 p 和 q 的阶数。

(2)估计。估计的方法依然是 OLS 方法。

(3)诊断。怎样才能知道所建立的模型对数据是一个良好的拟合呢？简单的诊断方法就是先求出所估模型的残差，依据残差的 ACF 和 PACF 的相关图进行检验，若估计的残差是纯随机的，就认为所拟合的模型是合适的。

(4)预测。差分变换后的模型进行预测是不方便的，所以为了得到时间序列的水平上的预测值，需要对差分变换进行反变换。也就是说要对差分序列求积。

例 9.4 利用表 8.3 给出的中国 1978－2012 年 *GDP* 为基础计算出 *GDP* 的对数 ln*GDP*，然后画出 ln*GDP* 的自相关图和偏自相关图，如图 9.7 和图 9.8。

包括样本：34

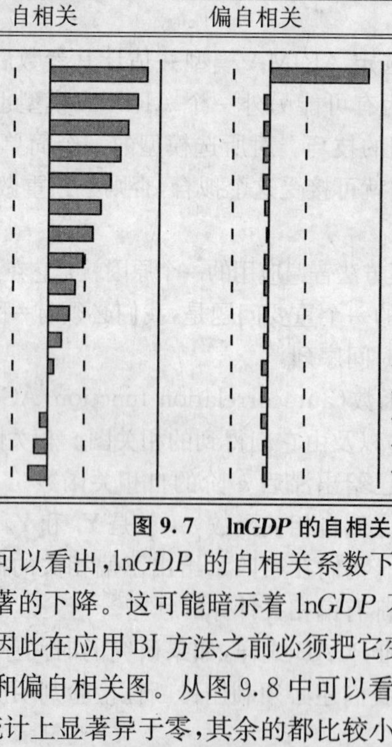

	AC	PAC	Q－Stat	Prob
1	0.917	0.917	31.995	0.000
2	0.831	-0.057	59.086	0.000
3	0.744	-0.051	81.516	0.000
4	0.657	-0.056	99.545	0.000
5	0.570	-0.051	113.56	0.000
6	0.484	-0.045	124.04	0.000
7	0.405	-0.019	131.62	0.000
8	0.331	-0.026	136.86	0.000
9	0.259	-0.042	140.20	0.000
10	0.190	-0.038	142.06	0.000
11	0.125	-0.038	142.90	0.000
12	0.059	-0.060	143.10	0.000
13	-0.006	-0.065	143.10	0.000
14	-0.069	-0.051	143.40	0.000
15	-0.128	-0.039	144.46	0.000
16	-0.181	-0.038	146.70	0.000

图 9.7 ln*GDP* 的自相关图和偏自相关图

根据图 9.7 可以看出，ln*GDP* 的自相关系数下降比较缓慢，而其偏自相关系数在第一个滞后之后非常显著的下降。这可能暗示着 ln*GDP* 不是平稳的，而 ADF 检验也表明其是非平稳的时间序列。因此在应用 BJ 方法之前必须把它变为平稳的。图 9.8 显示了 ln*GDP* 一阶差分后的自相关图和偏自相关图。从图 9.8 中可以看出 ln*GDP* 一阶差分后的自相关系数，在一阶、五阶和六阶统计上显著异于零，其余的都比较小。而 ln*GDP* 一阶差分后的偏自相关系数，在一阶和二阶统计上显著异于零，其余的也都比较小。ADF 检验表明 ln*GDP* 一阶差分序列是平稳时间序列。

包括样本：33

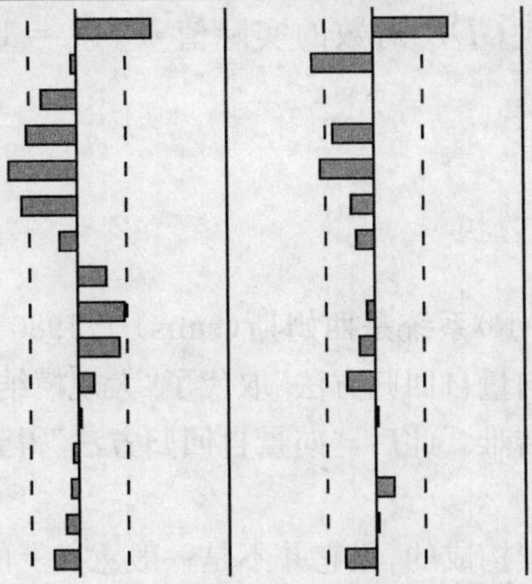

自相关 / 偏自相关	AC	PAC	Q－Stat	Prob
1	0.526	0.526	10.265	0.001
2	-0.037	-0.433	10.317	0.006
3	-0.260	-0.008	12.990	0.005
4	-0.355	-0.292	18.138	0.001
5	-0.482	-0.369	27.943	0.000
6	-0.409	-0.158	35.268	0.000
7	-0.120	-0.129	35.920	0.000
8	0.195	-0.003	37.703	0.000
9	0.332	-0.058	43.099	0.000
10	0.286	-0.103	47.268	0.000
11	0.114	-0.200	47.963	0.000
12	0.020	0.024	47.986	0.000
13	-0.027	-0.002	48.027	0.000
14	-0.053	0.118	48.199	0.000
15	-0.094	0.013	48.765	0.000
16	-0.176	-0.211	50.876	0.000

图 9.8　ln*GDP* 一阶差分后的自相关图和偏自相关图

从图 9.8 中很难看出有明显的特征帮助我们确定 p 和 q 的阶数，于是我们尝试着选择 *AR*(1)，*MA*(1)，*ARMA*(1,1)，*AR*(2)，*MA*(2)，*ARMA*(2,1)，*ARMA*(1,2)，*ARMA*(2,2)等模型(一般来说，当样本数不大时，p 和 q 的阶数不宜取得很大)，根据 *AIC* 准则，认为 *MA*(1)是合适的，利用 *R* 语言，结算结果如下($\hat{y}_t$ 表示第 t 期 ln*GDP* 一阶差分)：

$$\hat{y}_t = 0.0928 + 0.7204 u_{t-1}$$
$$t = (16.872) \quad (6.286)$$

接着我们对残差计算了直至滞后 15 阶的自相关系数和偏自相关系数，其图形如图 9.9，发现没有任何自相关系数和偏自相关系数在统计上个别显著。然后我们用博克斯和皮尔斯提出的 *Q* 统计量来检验残差，发现直到 15 个自回归平方和也不是统计上显著的。因此认为该模型是合适的。

包括样本：33

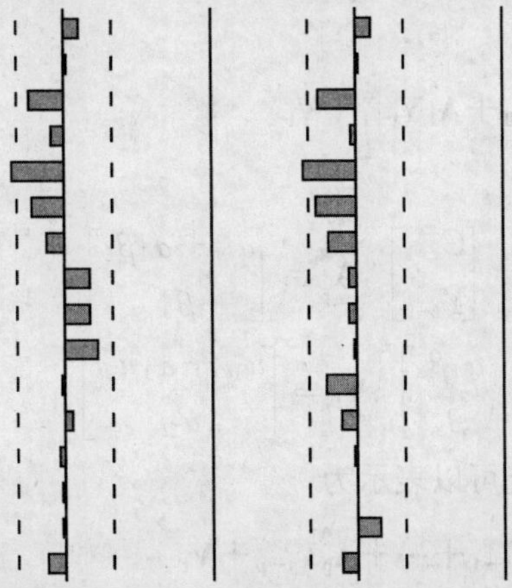

自相关 / 偏自相关	AC	PAC	Q－Stat	Prob
1	0.114	0.114	0.4778	0.489
2	0.023	0.010	0.4973	0.780
3	-0.260	-0.267	3.1591	0.368
4	-0.090	-0.033	3.4865	0.480
5	-0.370	-0.372	9.2689	0.099
6	-0.236	-0.290	11.704	0.069
7	-0.126	-0.194	12.425	0.087
8	0.186	-0.058	14.059	0.080
9	0.174	-0.053	15.545	0.077
10	0.227	-0.018	18.170	0.052
11	-0.011	-0.220	18.176	0.078
12	0.046	-0.112	18.296	0.107
13	-0.028	-0.016	18.343	0.145
14	-0.015	0.007	18.357	0.191
15	-0.021	0.165	18.385	0.243
16	-0.121	-0.107	19.379	0.250

图 9.9　残差的自相关图和偏自相关图

依据该 MA(1)模型，可计算出 2013 年 lnGDP 一阶差分的预测值为：

$\hat{y}_{2013}=0.0808023$

2013 年 GDP 对数的估计值＝2012 年 GDP 对数的实际值＋$\hat{y}_{2013}$＝11.3777＋0.0808＝11.4585

三、向量自回归(VAR)模型

1. VAR 的特点

向量自回归（vector autoregressive，VAR）系统是西姆斯（sims）于 1980 年提出的一种新型联立方程模型。西姆斯的贡献在于，以“向量自回归方法”取代了“大规模结构性建模方法”，从而部分地解决了“卢卡斯批判”所提出的诘难。此后，“向量自回归方法”得到了广泛的应用。它的特点主要有：

(1)VAR 系统是由一组相互联系的方程构成的，但它并不是一般意义上的联立方程模型，而是动态联立方程模型。

例如，假定消费支出 C_t 依赖于收入 Y_t 和前期消费支出 C_{t-1}，则消费函数可以设定为：

$$C_t=\alpha_0+\alpha_1 Y_t+\alpha_2 C_{t-1}+u_{1t} \tag{9.2.7}$$

由于增加消费可能刺激经济增长并且因此导致未来收入增加，所以又可以得到一个收入函数：

$$Y_t=\beta_0+\beta_1 C_{t-1}+\beta_2 Y_{t-1}+u_{2t} \tag{9.2.8}$$

式(9.2.8)假定现期收入取决于前期消费和前期收入。这两个方程放在一起就是一个描述变量之间各个时期关系的结构式模型，并因此是动态的。将式(9.2.8)代入式(9.2.7)，即可得到简化式模型：

$$C_t=(\alpha_0+\alpha_1\beta_0)+(\alpha_2+\alpha_1\beta_1)C_{t-1}+\alpha_1\beta_2 Y_{t-1}+(u_{1t}+\alpha_1 u_{2t}) \tag{9.2.9}$$

$$Y_t=\beta_0+\beta_1 C_{t-1}+\beta_2 Y_{t-1}+u_{2t} \qquad (9.2.8)$$

式(9.2.9)和式(9.2.8)就构成了一个简单的 VAR 系统。该模型的一个突出特点是：各个方程都具有相同的解释变量，且这些解释变量都是被解释变量的滞后变量。用矩阵形式可以把该模型表示为：

$$\mathbf{Y_t}=\mathbf{A_0}+\mathbf{A_1}\mathbf{Y_{t-1}}+\mathbf{V_t} \tag{9.2.10}$$

其中，

$$\mathbf{Y}_t=\begin{bmatrix}C_t\\Y_t\end{bmatrix},\mathbf{Y}_{t-1}=\begin{bmatrix}C_{t-1}\\Y_{t-1}\end{bmatrix},\mathbf{A}_0=\begin{bmatrix}\alpha_0+\alpha_1\beta_0\\\beta_0\end{bmatrix},$$

$$\mathbf{A}_1=\begin{bmatrix}\alpha_2+\alpha_1\beta_1 & \alpha_1\beta_2\\\beta_1 & \beta_2\end{bmatrix},\mathbf{V}_t=\begin{bmatrix}u_{1t}+\alpha_1 u_{2t}\\u_{2t}\end{bmatrix}$$

更一般的，包含 G 个方程的 P 阶 VAR 系统可以表示为：

$$\mathbf{Y_t}=\mathbf{A_0}+\mathbf{A_1}\mathbf{Y_{t-1}}+\cdots+\mathbf{A_p}\mathbf{Y_{t-p}}+\mathbf{V_t} \tag{9.2.11}$$

(2)与一般联立方程模型不同，VAR 系统把模型中包含的所有变量都视为内生变量，从而避免了划分内生变量和外生变量的复杂问题。人们往往对许多变量的外生性没有确切把握，错误地把内生变量当作外生变量处理，这就意味着模型的设定是错误的。从这个意义上讲，把所有变量都看作内生变量未必是 VAR 的缺点。

(3)在 VAR 系统中，经济理论的作用仅局限于选择变量。其理由是，经济理论往往不完善，因而依据经济理论对参数所做的约束常常带有主观性和随意性。因此，与传统的宏观经济计量模型不同，VAR 系统更侧重于让统计数据自己说明问题。

(4)VAR 系统的参数估计比较容易。因为在 VAR 系统中每个方程都包含有相同的解释变量，而且都是前定变量。所以，只要模型(9.2.11)中所有变量都是平稳的，且随机误差项满足均值为零，同方差性和无自相关等假定，就可以用普通最小二乘法直接估计模型中的每个方程，且估计量是一致的和渐进有效的。

2. VAR 的估计

决定最大滞后长度 p 是估计中的关键问题。这是一个经验问题。包括过多的滞后项将会消耗大量的自由度，同时会引发多重共线性问题；而包含较少的滞后值则导致设定误差。解决问题的办法之一就是使用赤池或施瓦茨准则，并选择这些准则最低值的模型。

3. VAR 的主要作用

(1) VAR 系统的解释变量全部都是被解释变量的滞后变量，因此可以直接依据目前解释变量的观测值对被解释变量的未来值做出预测。而一般经济计量模型则必须先求得解释变量的预测值，然后再将这些预测值代入模型计算被解释变量的预测值，从而可能会明显地增大预测误差。正因为如此，传统的宏观经济计量模型着重于政策分析，而 VAR 系统则更注重预测。

(2) VAR 系统的另一个重要作用就是检验经济变量之间的因果关系。按照常理，如果变量 X 是变量 Y 的原因，则变量 X 的变化应先于 Y 的变化。基于此，格兰杰(Granger)提出了一种因果关系的定义：如果利用 X 与 Y 的过去值对 Y 进行预测比仅用 Y 的过去值进行预测有更小的预测误差，则称 X 是 Y 的(格兰杰)原因。利用 VAR 系统即可对这种因果关系做出检验。例如，在式(9.2.10)中，如果有 $\alpha_1\beta_2=0$，则收入变化不是消费变化的原因；同理，如果 $\beta_1=0$，则认为消费不会导致收入变化。格兰杰表述定理的一个引申含义之一是，若两个变量(X_t 和 Y_t)是协整的，而且每个都是一阶单整序列 $I(1)$，那么，要么 X_t 一定是 Y_t 的格兰杰原因，要么 Y_t 一定是 X_t 的格兰杰原因。

(3)VAR 系统还可以用来估计脉冲响应函数(impulse response function，IRF)。IRF 描绘 VAR 系统中的因变量如何响应于诸如方程(9.2.8)和方程(9.2.9)中的误差项的冲击。假如在方程(9.2.9)中的 $(u_1+\alpha_1u_2)$ 增加一个标准差，这样的一个标准差新息的冲击或变化将会改变现期以及今后时期的 C_t，同时，由于 C_t 出现在方程(9.2.8)中，$(u_1+\alpha_1u_2)$ 的变化也会影响到 Y_t；同样，方程(9.2.8)中的 u_2 的一个标准差新息的变化不仅影响现期以及今后时期的 Y_t，也将影响到 C_t。IRF 跟踪这种新息冲击在将来若干时期里所起的影响，也就是说，通过对各种影响乘数的估计，来分析某一变量的振荡对整个系统在不同时间的影响及累积影响。需要指出的是，这里的乘数指的是被解释变量对内生变量意外变化的反应，而不是通常所指的对外生变量变动的反应。

4. VAR 建模的一些问题

VAR 建模时可能会发生下面的问题：

(1)不同于联立方程模型,VAR 利用较少的先验信息,所以是乏理论的。但在联立方程模型的构建中,依据经济理论,排除或包含某些变量对模型的识别起关键作用。

(2)VAR 模型的重点作用在预测,因此 VAR 模型一般不用于政策分析与结构评价。

(3)VAR 建模的最大挑战在于选择适当的滞后长度。假设有一个 3 变量 VAR 模型,并且每个方程含有每个变量的 5 个滞后值,则每个方程中将有 15 个滞后参数,加上常数项共有 16 个参数。除非样本量较大,估计如此多的参数将消耗大量自由度并由此可能带来随之而来的种种问题。对于一个有 m 个变量的 p 个滞后值的 m 个方程的 VAR 模型,总共有 $m+pm^2$ 个参数有待估计。

(4)严格地说,在一个含 m 个变量的 VAR 模型中,所有的变量都应该是(联合)平稳的。如果非平稳,就必须适当变换数据(比如通过差分)使其平稳,但是由变换数据得到的结果未必令人满意。更糟糕的情况是,模型中可能掺杂有 I(1)和 I(0)变量,也就是说它是一个平稳和非平稳变量的混合体,如何变换数据将是很困难的事。

(5)虽然 IRF 分析的效用受到某些研究人员的质疑,但是它仍然是 VAR 分析中常用的一种工具。

例 9.5 根据表 8.3 的 1978—2012 年我国 *GDP*、消费、投资及净出口数据,我们尝试着建立我国 *GDP*、消费、投资的对数 ln*GDP*、ln*RC*、ln*I* 和净出口的一阶差分 *DETANX* 的 *VAR* 模型。根据前面讲述的 ADF 方法发现 ln*GDP*、ln*RC*、ln*I* 和 *DETANX* 是非平稳的时间序列数据,同时通过协整检验发现它们也存在着协整关系。因此可以认为是(联合)平稳的。然后我们根据 AIC 准则建立滞后二阶的 VAR 模型。利用 Eviews 软件,计算结果如下:

$$\ln GDP_t=-0.02+2.49\ln GDP_{t-1}-1.32\ln GDP_{t-2}-0.29\ln RC_{t-1}+0.18\ln RC_{t-2}$$
$$t=(-0.15)(5.73)\quad(-2.99)\quad(-1.21)\quad(0.77)$$
$$-0.39\ln I_{t-1}+0.33\ln I_{t-2}-1.78\times10^{-5}DETANX_{t-1}+6.94\times10^{-7}DETANX_{t-2}$$
$$(-3.02)\quad(2.28)\quad(-1.54)\quad(0.08)$$

$$\ln RC_t=-0.37+1.54\ln GDP_{t-1}-0.66\ln GDP_{t-2}+0.43\ln RC_{t-1}+0.01\ln RC_{t-2}$$
$$t=(-2.24)\ (2.65)\quad(-1.11)\quad(1.32)\quad(0.02)$$
$$-0.54\ln I_{t-1}+0.19\ln I_{t-2}-1.61\times10^{-5}DETANX_{t-1}-1.96\times10^{-5}DETANX_{t-2}$$
$$(-3.02)\quad(0.98)\quad(-1.06)\quad(-1.72)$$

$$\ln I_t=-0.24+4.59\ln GDP_{t-1}-4.58\ln GDP_{t-2}-1.11\ln RC_{t-1}+1.23\ln RC_{t-2}$$
$$t=(-0.91)\ (4.93)\quad(-4.86)\quad(-2.15)\quad(2.46)$$
$$-0.08\ln I_{t-1}+0.97\ln I_{t-2}-8.33\times10^{-5}DETANX_{t-1}+3.04\times10^{-5}DETANX_{t-2}$$
$$(-0.29)\quad(3.23)\quad(-3.39)\quad(-1.67)$$

$$DETANX_t=5726.44-12421.38\ln GDP_{t-1}+2010.43\ln GDP_{t-2}+9242.48\ln RC_{t-1}$$
$$t=(1.66)\quad(-1.03)\quad(0.16)\quad(1.38)$$
$$-3094.03\ln RC_{t-2}+3513.24\ln I_{t-1}+1131.52\ln I_{t-2}+0.57DETANX_{t-1}$$
$$(-0.48)\quad(0.98)\quad(0.29)\quad(1.79)$$
$$-0.0065\mathrm{DETANX}_{t-2}$$
$$(-0.03)$$

我们根据建立的 VAR 模型估计脉冲响应函数如图 9.10 至图 9.13。图 9.10 描述了

ln*GDP* 对于 ln*GDP*、ln*RC*、ln*I* 和 *DETANX* 等变量在第 *t* 期的一个标准差新息的变化或冲击在滞后第 *t*+*j* 期的反应。图 9.11 描述了 ln*RC* 对于 ln*GDP*、ln*RC*、ln*I* 和 *DETANX* 等变量在第 *t* 期的一个标准差新息的变化或冲击在滞后第 *t*+*j* 期的反应。图 9.12 描述了 ln*I* 对于 ln*GDP*、ln*RC*、ln*I* 和 *DETANX* 等变量在第 *t* 期的一个标准差新息的变化或冲击在滞后第 *t*+*j* 期的反应。图 9.13 描述了 *DETANX* 对于 ln*GDP*、ln*RC*、ln*I* 和 *DETANX* 等变量在第 *t* 期的一个标准差新息的变化或冲击在滞后第 *t*+*j* 期的反应。

从图 9.10 中可以看出，国内生产总值对自身的 1 个标准差新息冲击在整个滞后期内的反应都是正的，第三期达到一个较高水平之后略有下降，第 7 期开始又持续走高，相对其他变量的影响来说，自身影响占据绝对的统治地位；对于来自居民消费的 1 个标准差新息冲击，开始前三期是微弱的正影响，之后持续下降变为负影响，表明居民消费疲软，刺激经济增长乏力；对于投资的 1 个标准差新息冲击，在整个滞后期内的反应一直为负，在滞后 5 期时达到最低点，然后缓慢上升，投资对国内生产总值的负的影响效应不容忽视，应该深入分析其背后的原因；对于净出口的 1 个标准差新息冲击，在整个滞后期内一直是微弱的负影响，在第 2 期达到最低，之后逐渐接近于 0。

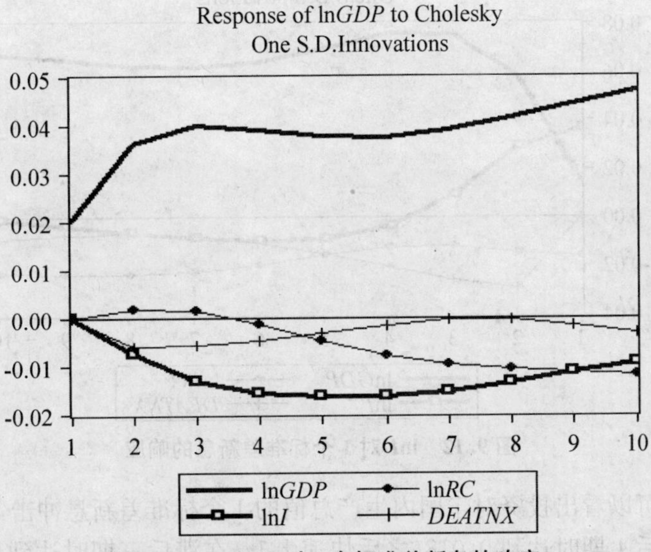

图 9.10 ln*GDP* 对 1 个标准差新息的响应

从图 9.11 中可以看出，居民消费对于自身的 1 个标准差新息冲击的响应，开始有比较强的反应，并以较快的速度下降，在滞后 6 期时变为负效应，之后以较慢的速度继续下降；对于国内生产总值的 1 个标准差新息冲击，居民消费在整个滞后期内的响应都是正的，除第 1 期外，都占据绝对的主导地位，滞后 1 期的反应约为 0.015，滞后 2 期时达到约 0.025 后逐渐下降，在滞后 6 期时达到最低点 0.013，之后又逐渐上升；对于投资的 1 个标准差新息冲击，居民消费在整个滞后期内的响应一直为负，在滞后 6 期时达到最低，而且负效应的影响力度很大，甚至超过国内生产总值的正影响，说明我国的投资问题是比较大的，对于居民消费和整个经济增长，都起着负向的拉动作用；对于净出口的 1 个标准差新息冲击，居民消费在整个滞后期内的响应开始为负，在滞后五期时变为正，在滞后七期时的响应达到最高点，然后缓慢下降接近于 0。

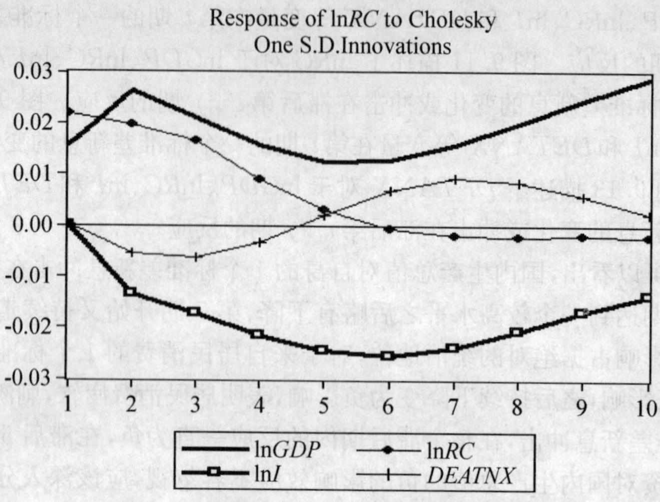

图 9.11 lnRC 对 1 个标准差新息的响应

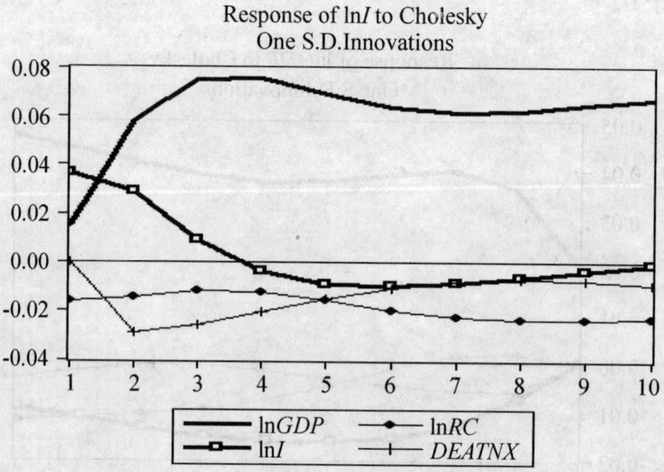

图 9.12 lnI 对 1 个标准差新息的响应

从图 9.12 中可以看出投资对于国内生产总值的 1 个标准差新息冲击，在整个滞后期内的响应都是正的，滞后 1 期时达到 0.018，之后快速上升，在滞后三期时达到最高的 0.076，之后逐渐稳定在 0.06 的水平之上，显示出国内生产总值是投资的最主要拉动力量；对于来自居民消费的 1 个标准差新息冲击，投资在整个滞后期内的响应都是负的，而且比较平稳，在－0.02 左右波动；对于自身的 1 个标准差新息冲击，投资开始的响应是正的，在滞后 1 期时达到最大，然后快速下降，在滞后 4 期时转为负效应，第 6 期达到最小，之后缓慢上升收敛到 0；对于净出口的 1 个标准差新息冲击，投资在整个滞后期内的反应都是负的，在滞后 2 期时反应达到最低点，然后逐渐上升。

从图 9.13 中可以看出，净出口对于国内生产总值的 1 个标准差新息冲击，开始是正的响应，在滞后一期时达到最高，然后逐渐下降，在滞后八期时转为负效应；对于来自居民消费的 1 个标准差新息冲击，净出口在滞后一期时为负效应，然后快速上升，滞后二期时变为正影响，之后缓慢下降，第七期开始，又转入负效应；对于投资的 1 个标准差新息冲击，净出口开始是负的

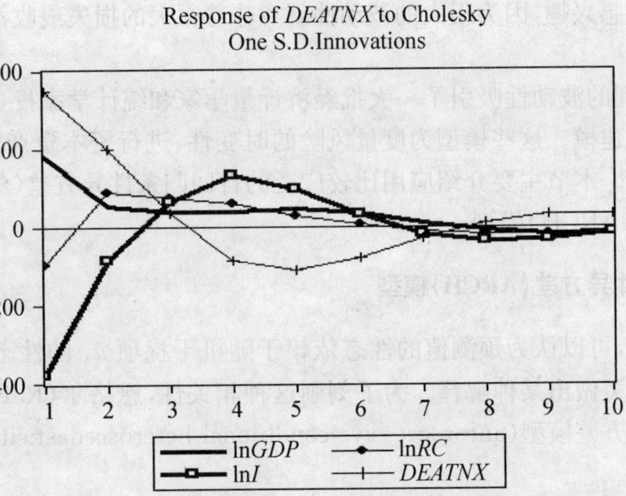

图 9.13 DETANX 对 1 个标准差新息的响应

影响,在滞后一期时达到最低点,然后逐渐上升,在滞后三期时转为正影响,在滞后四期时达到最大,然后逐渐下降,在滞后第七期时又转入负影响,之后渐趋于 0;净出口对于自身的 1 个标准差新息冲击,在滞后第一期即有强烈的正的冲击效应,之后直线下降,在滞后四期时变为负的效应,滞后五期时达到最低点,然后逐渐上升,在滞后八期时又转变为微弱的正影响,之后基本平稳,变化不大。

第三节 ARCH 和 GARCH 模型

一、时间序列中的波动性概述

按习惯,一般认为自相关性是时间序列特有,而异方差是截面数据特有。但在时序数据中,会不会出现异方差?会是怎样出现的?

长期从事证券价格、通货膨胀率、外汇汇率等金融时间序列预测的学者发现,不仅这些变量的均值具有随时间变化的特点,而且他们对这些变量的预测能力也随时期的不同而有相当大的变化,预测的误差在某一时期相对地小,而在另一时期则相对地大。也就是说,这些时间序列表现出群集波动的现象,即在一段时期内其数值保持相对稳定,在下一段时期其数值可能表现出大幅波动。他们发现了时间序列变量的方差也具有随时间变化的性质。这种变异很可能由于金融市场的波动性易受谣言、政局变动、政府货币与财政政策变化等的影响,从而说明预测误差的方差中有某种自相关。这就是说,时序数据中既存在序列相关的问题,也存在异方差的问题。

从量上了解波动性的知识在许多领域都至关重要。比如,在研究通货膨胀时间的变化方面,已经做了大量的宏观计量工作。对某些决策者而言,通货膨胀本身或许不是一件坏事,但其波动性使得金融计划很难做好,从而对决策者不利。外汇市场上的进口商、出口商和交易者也是一样,因为汇率的波动性意味着巨大的损失或者利润。股票市场上的投资者显然对股票市场上的波动性很感兴趣，因为很大的波动性就意味着很大的损失或收益，也就意味着巨大的不确定性。

因此，时间序列的波动性吸引了一大批经济计量学家和统计学家投身其中，对时间序列的二阶矩进行波动性建模。这些模型为度量风险的时变性、进行资本资产定价和动态投资组合提供了有效的手段。本节主要介绍应用比较广泛的自回归条件异方差(ARCH)模型和广义自回归条件异方差(GARCH)模型。

二、自回归条件异方差(ARCH)模型

从理论上分析，可以认为预测值的性态依赖于随机干扰项 u_t 的性态。据此可以对 u_t 的方差中出现有自相关做出某种解释。为了刻画这种相关性，恩格尔(R. F. Engle)1982 年首次提出自回归条件异方差模型(antoregressive conditional heteroscedasticity model)来研究时间序列方差的时变性。

对于某个金融资产的回报率 r_t，令 $u_t=r_t-\mu$ 表示该收益率去均值后的剩余部分，u_t 可能是无自相关的随机变量，但仍然表现出群集波动的现象。因此给定过去的收益率，u_t 的条件方差很可能不是常数。我们将这个条件方差(也可称为条件波动率)用 σ_t^2 来表示。当我们知道 u_t 的数值时，u_t 的平方 u_t^2 可以给出 σ_t^2 的一个无偏估计。因此，当 u_t^2 在一段时期比较大时，可能预示着这段时期的波动幅度比较大；而当 u_t^2 在一段时期比较小时，可能预示着这段时期的波动幅度比较小。ARCH 模型的主要思想是时刻 t 的随机干扰项 u_t 的方差($=\sigma_t^2$)依赖于滞后期的误差平方的大小。

ARCH 模型通过将条件方差 σ_t^2 作为因变量，将 u_t^2 的若干滞后项作为自变量来构造模型的。比如 ARCH(m)模型形式为：

$$u_t=\sigma_t\varepsilon_t \tag{9.3.1}$$

$$\sigma_t^2=\alpha_0+\alpha_1u_{t-1}^2+\alpha_2u_{t-2}^2+\cdots+\alpha_pu_{t-m}^2 \tag{9.3.2}$$

其中 $\alpha_0,\alpha_1,\cdots,\alpha_m$ 是未知参数，ε_t 是均值为 0，方差为 1 的独立同分布的随机变量。为了使 u_t 的方差是正的而且是有限的，$\alpha_0,\alpha_1,\cdots,\alpha_m$ 等未知参数必须满足一些限制条件。在实践中，ε_t 经常假定服从正态分布或 t 分布。

为了检验时间序列是否存在 ARCH 效应，通常可以借助残差 u_t 的平方 u_t^2 来进行分析。建立如下的回归方程

$$u_t^2=\alpha_0+\alpha_1u_{t-1}^2+\cdots+\alpha_mu_{t-m}^2+v_t,\quad t=m+1,\cdots,T \tag{9.3.3}$$

然后建立原假设 $H_0:\alpha_1=\alpha_2=\cdots=\alpha_m=0$，令 $SSR_0=\sum_{t=m+1}^{T}(u_t^2-\bar{\omega})^2$，其中 $\bar{\omega}=(1/T)\sum_{t=1}^{T}u_t^2$，令 $SSR_1=\sum_{t=m+1}^{T}\hat{v}_t^2$，其中 $\hat{v}_t$ 是上述回归方程残差。在原假设成立的条件下：

$$F=\frac{(SSR_0-SSR_1)/m}{SSR_1/(T-2m-1)} \tag{9.3.4}$$

统计量 F 渐进地服从第一自由度为 m，第二自由度为 $(T-2m-1)$ 的 F 分布。于是可以根据相应样本统计量的值来进行假设检验，判断是否存在 ARCH 效应。

通常我们可以采用极大似然估计来估计 ARCH 模型的参数。对于 ARCH(m)模型，在假定 ε_t 为正态分布的情形下，其似然函数为：

$$f(u_1,u_2,\cdots,u_T\mid\boldsymbol{\alpha})=f(u_T\mid F_{T-1})f(u_{T-1}\mid F_{T-2})\cdots f(u_{m+1}\mid F_m)f(u_1,u_2,\cdots,u_m\mid\boldsymbol{\alpha})$$

$$=\prod_{t=m+1}^{T}\frac{1}{\sqrt{2\pi\sigma_t^2}}\exp(-\frac{u_t^2}{2\sigma_t^2})\times f(u_1,u_2,\cdots,u_m\mid\boldsymbol{\alpha}) \tag{9.3.5}$$

上式中参数向量 $\boldsymbol{\alpha}=(\alpha_0,\alpha_1,\cdots,\alpha_m)'$，$f(u_1,u_2,\cdots,u_m\mid\boldsymbol{\alpha})$是 $u_1,u_2,\cdots,u_m$ 的联合概率分布，由于该分布形式比较复杂，通常把它从似然函数中去掉，尤其是当样本量很大时。因此，我们使用如下的式子作为似然函数：

$$f(u_{m+1},u_{m+2},\cdots,u_T\mid\boldsymbol{\alpha},u_1,u_2,\cdots,u_m)=\prod_{t=m+1}^{T}\frac{1}{\sqrt{2\pi\sigma_t^2}}\exp(-\frac{u_t^2}{2\sigma_t^2}) \tag{9.3.6}$$

ARCH(m)模型的方差的预测也可以参照 AR 模型的预测方法来处理。对于 ARCH(m)模型，其方差的一步预测为：

$$\sigma_t^2(1)=\alpha_0+\alpha_1u_t^2+\cdots+\alpha_mu_{t+1-m}^2 \tag{9.3.7}$$

其方差的两步预测为：

$$\sigma_t^2(2)=\alpha_0+\alpha_1\sigma_t^2(1)+\alpha_2u_t^2+\cdots+\alpha_mu_{t+2-m}^2 \tag{9.3.8}$$

其方差的 l 步预测为：

$$\sigma_t^2(l)=\alpha_0+\sum_{i=1}^{m}\alpha_i\sigma_t^2(l-i) \tag{9.3.9}$$

其中当 $l-i\leqslant 0$ 时，$\sigma_t^2(l-i)=u_{t+l-i}^2$

例 9.6 我们以 2013 年 3 月 1 日到 2014 年 2 月 28 日这个期间的上证 A 股代码为 600320 的股票每日收盘价为例来展示群集波动的现象并以此为基础来建立模型。令 p_t 表示价格，$r_t=\dfrac{p_t}{p_{t-1}}-1$ 表示收益率。

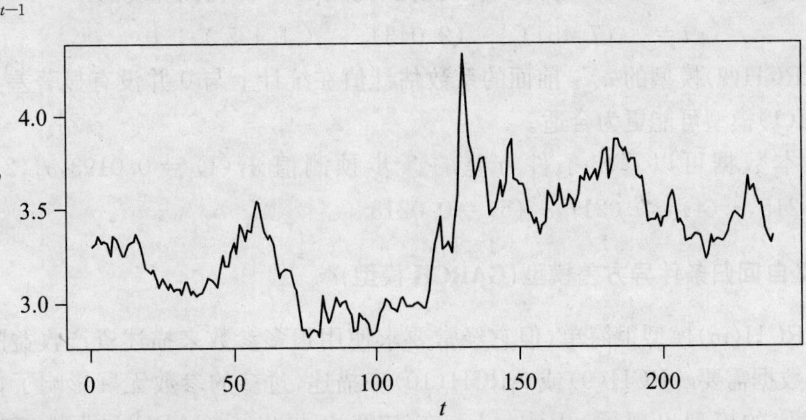

图 9.14 上证 A 股代码为 600320 股票价格走势图

图 9.14 展示了上证 A 股代码为 600320 的股票的价格在 2013 年 3 月 1 日到 2014 年 2 月

28 日这个期间的变化，从图中可以看到明显的群集波动的特征，有些时期波动幅度比较大，有些时期波动相对平稳。图 9.15 展示了该股票的收益率的波动特点，从图中可以看出这种群集波动的特征相对于价格的走势图来说更为明显，有些时间段比较平稳，有些时间段波动幅度很大。

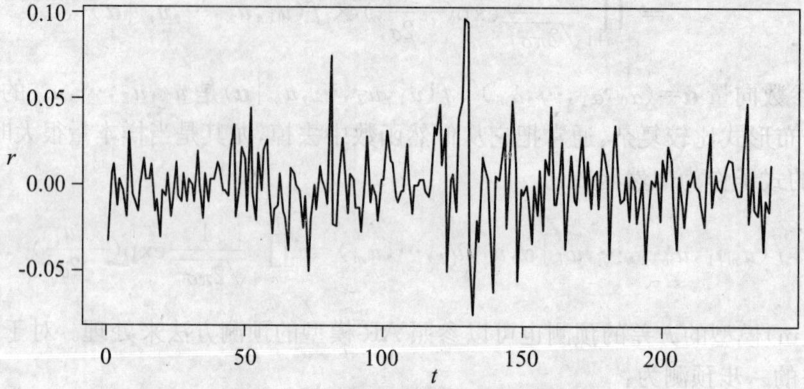

图 9.15　上证 A 股代码为 600320 股票收益率走势图

我们使用龙格一博克斯统计量(Ljung-Box Statistic，LB)来考察该股票的收益率的序列相关性，其滞后 12 阶的统计量 Q(12)＝14.95，它对应的 p 值为 0.24，这说明没有足够证据表明存在序列相关性；但是若考察该股票的收益率平方的序列相关性，发现其滞后 12 阶的统计量 Q(12)＝56.44，它对应的 p 值为 0.000000099，这说明收益率序列并不互相独立，暗示可能存在 ARCH 效应。对该收益率减去均值后的残差的进行 ARCH 效应的检验(滞后期 m＝12)，其统计量的值为 53.7839，它对应的 p 值为 0.000000298。于是可以认为该序列中存在着 ARCH 效应。

因此我们根据样本数据建立了 ARCH(1)模型和 ARCH(2)模型，其结果如下：

ARCH(1)　$\sigma_t^2 = 0.00031903 + 0.33134655 u_{t-1}^2$

$t =$　(7.885)　(2.779)

ARCH(2)　$\sigma_t^2 = 0.00030074 + 0.22724563 u_{t-1}^2 + 0.10765953 u_{t-2}^2$

$t =$　(7.451)　(2.043)　(1.425)

由于 ARCH(2)模型的 u_{t-2}^2 前面的系数估计值在统计上与 0 并没有显著差异，因此可以认为 ARCH(1)模型可能更为合适。

根据样本数据可以算出条件方差的 5 步预测值 $\sigma_t^2(1) = 0.0193$，$\sigma_t^2(2) = 0.0210$，$\sigma_t^2(3) = 0.0215$，$\sigma_t^2(4) = 0.0217$，$\sigma_t^2(5) = 0.0218$。

三、广义自回归条件异方差模型(GARCH 模型)

尽管 ARCH(m)模型很简单，但它经常要求使用很多参数来描述资产收益的波动现象。也许对有些数据需要 ARCH(9)或 ARCH(10)来描述，过多的参数无疑影响了估计的精度。于是一些替代的模型出现了。Bollerslev 在 1986 年提出了 GARCH 模型，它是一个针对 ARCH(m)模型非常有用的扩展。对于某个金融资产的回报率 r_t，令 $u_t = r_t - \mu$ 表示该收益率去均值后的剩余部分 GARCH(m,s)模型可以表示如下：

$$u_t=\sigma_t\varepsilon_t \qquad (9.3.10)$$

$$\sigma_t^2=\alpha_0+\sum_{i=1}^{m}\alpha_i u_{t-i}^2+\sum_{j=1}^{s}\beta_i\sigma_{t-j}^2 \qquad (9.3.11)$$

其中$\alpha_0,\alpha_1,\cdots,\alpha_m$以及$\beta_1,\cdots,\beta_s$是未知参数，$\varepsilon_t$是均值为0，方差为1的独立同分布的随机变量。由于方差应该不小于零而且有限，因此参数要求$\alpha_i\geqslant 0,\beta_j\geqslant 0$和$\sum_{i=1}^{\max(m,s)}(\alpha_i+\beta_i)<1$（当$i>m$时，$\alpha_i=0$；当$j>s$时，$\beta_i=0$）。当$s=0$时，GARCH(m,s)模型变为ARCH(m)模型。

与ARCH(m)模型类似，在假定ε_t服从正态分布的条件下，通常我们可以采用极大似然估计来估计GARCH(m,s)模型的参数。

GARCH(m,s)模型的方差的预测也可以参照ARMA模型的预测方法来处理。我们以GARCH(1,1)模型为例，其方差的一步预测为：

$$\sigma_t^2(1)=\alpha_0+\alpha_1 u_t^2+\beta_1\sigma_t^2 \qquad (9.3.12)$$

其方差的两步预测为：

$$\sigma_t^2(2)=\alpha_0+(\alpha_1+\beta_1)\sigma_t^2(1) \qquad (9.3.13)$$

其方差的l步预测为：

$$\sigma_t^2(l)=\alpha_0+(\alpha_1+\beta_1)\sigma_t^2(l-1) \quad (l>1) \qquad (9.3.14)$$

我们根据样本数据尝试着建立GARCH(1,1)模型，其结果如下：

$$\sigma_t^2=0.000036+0.10205u_{t-1}^2+0.819\sigma_{t-1}^2$$
$$t=(1.703) \qquad (2.795) \qquad (12.396)$$

根据样本数据可以算出条件方差的5步预测值$\sigma_t^2(1)=0.0198$，$\sigma_t^2(2)=0.0199$，$\sigma_t^2(3)=0.02$，$\sigma_t^2(4)=0.0201$，$\sigma_t^2(5)=0.0202$。

要点与结论

1. 依据时间序列数据的回归分析中，隐含地假定了所依据的时间序列是平稳的，经典的t检验和F检验等都是以此假定为依据的。然而实践中，大多数经济时间序列都是非平稳的。这就要求在依据时间序列数据进行回归分析时，首先必须对时间序列数据进行平稳性检验。

2. 如果一个随机过程的均值、方差和自协方差都不随时间的变化而变化，则它是弱平稳的。弱平稳可以通过时间序列的相关图即各种滞后的自相关图形来检验。对于平稳时间序列来说，相关图很快会变平，而对于非平稳时间序列来说，它则消失的很缓慢。对于一个纯随机序列，所有滞后1阶以上的自相关均为零。

3. 一个正式的平稳性检验可通过时间序列是否含有单位根来进行，为此可利用迪基一富勒或增广迪基一富勒检验。

4. 一个经济时间序列可以是趋势平稳或差分平稳。一个趋势平稳时间序列有一个确定的趋向，而一个差分平稳时间序列则有着可变的或随机的趋向。通常在回归模型中引进一个时间或趋势变量的做法，仅对趋势平稳时间序列是合理的。DF 和 ADF 检验可用于判定一个时间序列是趋势平稳还是差分平稳。

5. 一个时间序列变量对另一个或多个时间序列变量做回归，常常会引出无意义的或谬误的结果，这种现象被称为谬误回归。提防它的一个方法就是判明这些时间序列是否存在协整关系。协整是指，尽管两个或多个时间序列个别而论是非平稳的，但它们的线性组合则可以是平稳的。恩格尔－格兰杰检验和增广恩格尔－格兰杰检验可以用来判明两个或多个时间序列是否有协整关系。两个或多个时间序列的协整关系表明它们之间有一种长期的或均衡的关系。

6. 由恩格尔和格兰杰研究出来的误差修正机制是协调经济变量短期行为及其长期行为的一种手段。时间序列经济计量学领域正在扩展中，已建立的一些结果和检验在某些情形中仍是尝试性的，还有许多工作要做。

7. 博克斯－詹金斯(BJ)方法和 VAR 方法与传统的单一方程和联立方程模型有本质的不同。是在“检验、检验、再检验”、“让数据自己说话”等哲理的指引下，一种着重于分析经济时间序列本身的概率或随机性质，而不是以经济理论为基础刻意构造单一方程或联立方程模型的新的预测方法。依据 BJ 方法论构建的 ARIMA 模型，并不依赖经济理论，所以又称为乏理论模型。VAR 模型虽然有类似于联立方程回归模型的地方，即模型也是由若干相互有联系的方程构成，但是，VAR 模型中的变量都是由内生变量或它们的滞后变量组成，每一个内生变量都由它的滞后或过去值以及模型中所有其他的内生变量的滞后或过去值来解释，模型中不包含任何的外生变量。

8. BJ 方法(ARIMA 模型)方法的步骤。首先，检验时间序列的平稳性，可用传统方法，通过自相关函数或者偏自相关函数检验，也可用现代的单位根检验方法检验；其次，若时间序列非平稳，通过差分的方法获得平稳序列；第三，依据平稳序列的自相关函数和偏自相关函数，判别序列是纯自回归或纯移动平均或是两者的混合，并尝试性地确定 ARMA(p,q)中的 p 和 q；第四，估计尝试性模型，并对模型的残差进行检验，若残差为白噪声，则利用该模型进行预测，否则，整个程序重新开始。BJ 方法是一个反复的过程。

9. VAR 方法同时考虑多个变量的时间序列，所有变量都被看成内生变量，依据这种方法建立的模型也是联立方程模型；模型中的每个内生变量都可以表示成该变量和模型所包含的全部其他变量的滞后值的线性函数，这种表示方法实际上就是简化式联立方程模型，因此可以用 OLS 对模型进行估计，决定最大滞后长度 k 是估计中的关键问题；VAR 模型的重点作用在预测，一般不用于政策分析与结构评价；可利用脉冲响应函数(IRF)分析系统中的一个或多个方程在受到因变量的 1 个标准差的变化冲击时是如何做出响应的。

10. 长期以来人们在对大量的经济或金融时间序列的研究中，发现不仅均值具有随时间变化的特点，而且方差也具有随时间变化的性质。一大批经济计量学家和统计学家建立了自回归条件异方差模型(ARCH 模型)和广义自回归条件异方差模型(GARCH 模型)来进行波动性建模。这些模型为度量风险的时变性、进行资本资产定价和动态投资组合提供了有效的手段。

思考题与习题

9.1 什么是平稳随机过程？

9.2　什么是单整？

9.3　简述协整理论的重要意义。

9.4　简述博克斯—詹金斯方法建模步骤。

9.5　简述 AR(p)、MA(q)和 ARMA(p,q)在 ACF 与 PACF 的上的特点。

9.6　请写出 MA(2)过程 $Y_t = 5 + u_t - \frac{1}{2}u_{t-1} + \frac{1}{4}u_{t-2}$ 的自相关函数。

9.7　设 $Y_t = A + Bt + X_t$，其中 A 和 B 是两个常数，X_t 是不带漂移项和趋势项的随机游走。(1) Y_t 是平稳的时间序列吗？(2) ΔY_t 是平稳的时间序列吗？(3)如果 A 和 B 是两个独立的随机变量，Y_t 是平稳的时间序列吗？ΔY_t 是平稳的时间序列吗？

9.8　试对表 6.1 中的人均消费数据进行平稳性检验。

9.9　试对表 6.1 中的人均消费数据进行单整性分析。

9.10　试对表 6.1 中的人均消费数据的差分平稳时间序列进行模型识别。

9.11　表 9－1 是某地区的食物消费与收入的相关资料，试完成误差修正模型的建立。

表 9－1　某地区的食物消费与收入的相关资料　　单位：元

年份	人均收入 X	人均食物支出 Y	年份	人均收入 X	人均食物支出 Y
1961	167.50	91.62	1986	585.59	305.93
1962	170.22	92.03	1987	614.93	318.62
1963	177.89	98.03	1988	647.01	333.85
1964	183.63	101.69	1989	680.03	349.81
1965	191.98	106.04	1990	714.45	365.40
1966	203.08	110.78	1991	748.70	384.93
1967	213.33	117.37	1992	783.99	400.80
1968	225.14	121.93	1993	819.53	421.72
1969	237.42	127.61	1994	856.25	439.85
1970	250.13	134.12	1995	894.00	458.31
1971	263.48	139.55	1996	932.53	477.09
1972	277.72	148.72	1997	972.24	495.32
1973	293.90	158.34	1998	1012.51	516.62
1974	309.53	166.52	1999	1055.14	538.16
1975	327.36	173.84	2000	1098.82	562.46
1976	346.24	181.55	2001	1142.84	582.65
1977	365.37	193.19	2002	1187.41	603.40
1978	385.89	203.48	2003	1233.86	625.85
1979	406.38	213.22	2004	1279.77	649.91
1980	429.32	225.14	2005	1329.67	673.50
1981	452.40	236.01	2006	1379.32	699.97
1982	477.63	251.76	2007	1430.75	725.75
1983	503.35	260.22	2008	1481.27	749.48
1984	530.14	274.30	2009	1533.59	777.18
1985	558.25	288.95	2010	1588.55	805.01

部分思考题与习题参考答案

第一章

1.1　经济计量学研究分析经济问题的方法步骤。

解答：

对于一个经济问题，经济计量学的分析方法大致可以分为模型设计，获取数据，参数估计，模型检验和模型应用五个步骤。

1.3　为什么说经济计量模型的估计结果不能比数据的质量更好？

解答：

因为经济计量学的研究是建立在数据的基础上的，数据质量不高会直接影响经济计量学分析的结果。如果在一定的条件下，研究者发现研究的结果不能令人满意的话，其原因不一定是模型的问题，而更可能是数据的质量不高。特别当数据的质量受到怀疑时，更不能教条地对待研究的结果。对明显失真的数据，应当予以剔除；在经济结构发生重大变革的时期，其统计数据虽然是经济系统的客观反映，但是往往不能反映经济变动的真实趋势，对于经济突变时期的数据使用要慎重；有时难以直接找到模型所需要的数据，需要通过能够获得的相关数据加工替代，甚至需要对模型的变量和结构进行调整。经济计量学中使用的数据一定是能够获得的数据，数据的约束可能引发诸如自由度、多重共线性、序列相关、异方差等一系列问题。如何设法解决由数据引发的问题，也是理论经济计量学和应用经济计量学都需要专门研究的课题。

1.5　假定给出一个一元线性回归模型来说明某地区职工的平均消费水平 Y 和平均收入水平 X 之间的关系，有以下三种可能的估计结果，你会选择哪一种？为什么？

(a) $\hat{Y}=12.680-0.634X$

(b) $\hat{Y}=12.680+0.506X$

(c) $\hat{Y}=12.680+1.126X$

解答：

应该选择(b)，首先因为平均消费水平 Y 和平均收入水平 X 之间的关系是正向的，平均收入水平 X 越高，平均消费水平 Y 越高，因此 X 前面的系数应该是正的，其次，X 前面的系数是代表边际消费倾向，因此其数值应该是大于 0 小于 1。

1.7　假设有回归结果 $\hat{Y}_i=12.6815-0.4978P_i$，其中，$Y$ 表示某产品的销售量(单位：千克)，P 表示产品的出厂价格(单位：元)，i 表示不同的厂商。请回答：

(1)这个回归模型是时序数据回归模型还是截面数据回归模型？

(2)解释截距项和斜率项的经济意义。

解答：

(1)这个回归模型是截面数据回归模型,因为数据是关于在同一时间点上不同厂商的。

(2)截距项的估计值 12.6815 可解释为所有从回归模型中略去的变量对该产品的销售量的平均影响,而不应解释为价格为 0 时该产品的销售量,斜率项的估计值 0.4978 代表平均来看,价格每升高 1 元钱,该产品的销售量减少 0.4978 千克。

第二章

2.1 什么是回归分析?回归分析与相关分析有何区别与联系?

解答:

回归分析是研究一个变量关于另一个(些)变量的依赖关系的计算方法和理论,其目的是根据解释变量的已知或给定值,去估计或预测被解释变量的(总体)均值。

回归分析与相关分析两者之间既有区别又有联系。

区别:对变量的处理不同,相关分析对称地处理相互联系的变量,而回归分析必须明确解释变量与被解释变量;研究的目的不同,相关分析着重探讨变量间的关联程度,而回归分析却进一步探寻变量间的具体依赖关系。

联系:一般在回归分析之前,要对涉及的变量进行相关分析(定性的、定量的分析),确定有相关关系时,才进一步作回归分析。相关分析是回归分析的前提,回归分析是相关分析的深化。

2.3 给出线性回归模型的含义,并指出下列模型哪些为线性回归模型。

a. $Y_i = \beta_1 + \frac{1}{\beta_2} X_i + \mu_i$

b. $Y_i = \beta_1 + \beta_2 \frac{1}{X_i} + \mu_i$

c. $Y_i = \beta_1 + \beta_2 \ln X_i + \mu_i$

d. $\ln Y_i = \beta_1 + \beta_2 \left(\frac{1}{X_i}\right) + \mu_i$

e. $Y_i = \beta_1 + \beta_2^2 X_i + \mu_i$

f. $Y_i = \frac{1}{e^{\beta_1 + \beta_2 X_i + \mu_i}}$

解答:

线性回归模型指的是参数为线性的回归模型,即在回归模型中参数总是以它的一次方出现。

以上模型中属于线性回归模型的有:b、c、d、f

分析:从本质上讲,一个可以转换成线性于参数的模型就是一个线性回归模型,例如模型 f,进行变换后的模型 $\ln \frac{1}{Y_i} = \beta_1 + \beta_2 X_i + \mu_i$ 为线性回归模型。

2.5 表 2-1 是我国某地区建材行业全部 50 家公司销售成本与销售收入的相关数据。

表 2—1　某地区建材行业 50 家公司销售成本与销售收入　　单位：千元

公司编号	销售成本 Y	销售收入 X	公司编号	销售成本 Y	销售收入 X
1	903	1130	26	5344	7668
2	949	1349	27	5458	7904
3	1028	1490	28	5736	8140
4	1250	1691	29	5788	8376
5	1470	1989	30	6060	8612
6	1616	2408	31	5998	8848
7	2367	3297	32	6216	9084
8	2856	4003	33	6307	9320
9	3180	4406	34	6581	9556
10	3369	4763	35	6772	9792
11	3617	5127	36	6936	10028
12	3102	4365	37	7059	10264
13	3431	4601	38	7469	10500
14	3447	4837	39	7233	10736
15	3595	5073	40	7492	10972
16	3720	5309	41	7466	11208
17	4127	5545	42	8027	11444
18	4174	5781	43	7912	11680
19	4483	6017	44	8133	11916
20	4339	6253	45	8432	12152
21	4728	6489	46	8561	12388
22	4559	6725	47	8759	12623
23	4932	6961	48	8890	12859
24	5127	7197	49	8851	13095
25	5387	7433	50	9035	13331

要求，运用 Eviews 软件（或其他软件）：

(1)作出散点图，并建立我国建材行业销售成本随销售收入变化的一元线性回归方程。

(2)解释斜率项的经济意义。

(3)当销售收入为 13500 千元时，求销售成本的预测值。

解答：

(1)散点图

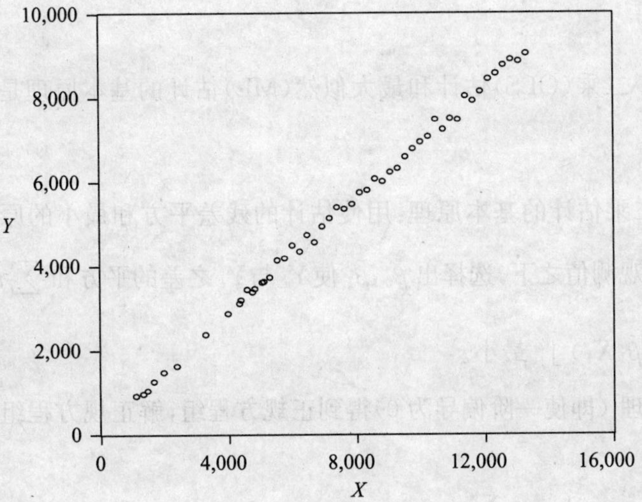

软件估计结果为：

Dependent Variable：Y

Method：Least Squares

Date：08/23/13 Time：10：00

Sample：1 50

Included observations：50

	Coefficient	Std. Error	t－Statistic	Prob.
C	171. 4574	39. 45671	4. 345457	0. 0001
X	0. 673413	0. 004756	141. 5977	0. 0000

R－squared	0. 997612	Mean dependent var	5245. 420
Adjusted R－squared	0. 997562	S. D. dependent var	2365. 206
S. E. of regression	116. 7862	Akaike info criterion	12. 39775
Sum squared resid	654673. 2	Schwarz criterion	12. 47423
Log likelihood	－307. 9436	Hannan-Quinn criter.	12. 42687
F－statistic	20049. 90	Durbin－Watson stat	1. 897808
Prob(F－statistic)	0. 000000		

一元线性回归方程为：$\hat{Y}=171.4574+0.6734X$

(2)斜率项的估计值 0. 6734 代表平均来看，销售收入上涨一千元，销售成本增加 0. 6734 千元。

(3)当销售收入为 13500 千元时，销售成本的预测值为：$\hat{Y}=171.4574+0.6734X*13500=9262.529$(千元)

第三章

3.1　普通最小二乘(OLS)估计和最大似然(ML)估计的基本原理是什么？说明它们有何异同？

解答：

(1)普通最小二乘估计的基本原理：用使估计的残差平方和最小的原则确定样本回归函数。即在给定样本观测值之下，选择出 $\hat{\beta}_0$，$\hat{\beta}_1$ 使 Y_i 与 $\hat{Y}_i$ 之差的平方和 $\sum \hat{u}_i^2=\sum_{i=1}^{n}(Y_i-\hat{Y}_i)^2=\sum_{i=1}^{n}[Y_i-(\hat{\beta}_0+\hat{\beta}_1X_i)]^2$ 最小。

根据微分法原理(即使一阶偏导为0)得到正规方程组，解正规方程组得到参数的普通最小二乘估计量：

$$\begin{cases}\hat{\beta}_1=\dfrac{\sum x_iy_i}{\sum x_i^2}\\ \hat{\beta}_0=\bar{Y}-\hat{\beta}_1\bar{X}\end{cases}\quad (\text{其中:}\begin{cases}x_i=X_i-\bar{X}\\ y_i=Y_i-\bar{Y}\end{cases})$$

(2)最大似然法的基本原理：用使样本发生概率最大的原则确定样本回归函数。

(3)在满足 CLRM 基本假设和 u_i 服从正态分布假定的条件下，回归模型参数的最大似然估计量与普通最小二乘估计量是相同的，无论所考虑的是简单回归还是多元(复)回归，他们都具有线性性、无偏性、有效性；但是他们的随机干扰项方差估计量不同，最小二乘法的随机干扰项方差估计量 $\hat{\sigma}^2=\dfrac{\sum \hat{u}_i^2}{n-2}$ 也是无偏的；而最大似然法的随机干扰项方差的估计量 $\hat{\sigma}^2=\dfrac{\sum \hat{u}_i^2}{n}$ 是渐近无偏的。

3.3　经典线性回归模型的基本假定有哪些？为什么要对回归模型规定经典假定条件？

解答：

经典线性回归模型的基本假定主要有以下10个：

(1)回归模型对参数而言是线性的。

(2)在重复抽样中 X 值是固定的。

(3)随机干扰项 u_i 的均值为零，即 $E(u_i|X_i)=0$

(4)随机干扰项 u_i 同方差。

(5)各个干扰项之间无自相关，即 $Cov(u_i,u_j|X_i,X_j)=0$。

(6)干扰项 u_i 和 X_i 的协方差为零，即 $E(u_iX_i)=0$。

(7)观测次数即样本量 n 必须大于待估计参数的个数。

(8) X 值要具有变异性，即要求 $Var(X)$ 必须是一个有限的正数。

(9)正确地设定了回归模型。

(10)解释变量之间不存在完全的多重共线性。

满足以上10个假定的线性回归模型称为经典线性回归模型 CLRM。

在回归分析中，为使所做的估计具有良好的统计性质，也为了回归估计的有效解释，我们需要对函数的形式、随机误差项和解释变量(一个或多个)的产生方式规定这些经典假设条件。

3.5 什么是显著性检验？进行显著性检验有哪些需要注意的地方？

解答：

显著性检验是利用样本结果，来证实一个虚拟假设真伪的一种检验程序，它的基本思想在于：依据在虚拟假设下的检验统计量的抽样分布，根据样本数据计算的统计（或估计）值决定是否拒绝虚拟假设。显著性检验包括对回归系数的显著性检验和对回归方程的显著性检验。

在显著性检验中，需要注意以下问题：

(1)要区分“接受”与“不拒绝”虚拟假设的含义。不拒绝虚拟假设并不代表接受。

(2)建立虚拟假设和对立假设的依据来源于理论预期或实际经验，研究者在进行经验调查研究之前必须先建立这些假设。

(3)在显著性水平 α（即犯第Ⅰ类错误的概率）的选择上，要权衡两类错误的相对代价，因为对于给定的样本量，犯第Ⅰ类错误和犯第Ⅱ类错误的机会是彼此消长的。

(4)使用精确显著性水平 p 值可以避免选择 α 时的武断性。

3.7 有10户家庭的消费（单位：百元）与收入（单位：百元）的资料，如表3－1。假定数据满足所有的经典线性回归模型的假设，可根据数据建立一元线性回归方程。要求：

(1)根据数据，手工计算出 $\hat{\beta}_0$、$\hat{\beta}_1$、残差平方和的估计值和判定系数 r^2；

(2)用软件估计模型，并将软件估计出来的结果和(1)进行比较；

(3)解释所得的回归方程。

表3－1 家庭的消费和收入资料 单位：百元

消费 Y	13.0	12.0	20.0	21.0	23.0	29.0	28.0	32.0	30.0	33.0
收入 X	12.0	15.0	20.0	23.0	28.0	33.0	35.0	38.0	40.0	45.0

解答：

(1)由已知数据易算出：

$$\bar{Y}=24.1, \bar{X}=28.9, \sum X_iY_i=7701, \sum Y^2=6321, \sum X^2=9465$$

$$\sum(X_i-\bar{X})(Y_i-\bar{Y})=\sum(X_iY_i-\bar{Y}X_i-Y_i\bar{X}+\bar{X}\bar{Y})=736.1$$

$$\sum(Y_i-\bar{Y})^2=\sum(Y_i^2-2Y_i\bar{Y}+\bar{Y}^2)=512.9$$

$$\sum(X_i-\bar{X})^2=\sum(X_i^2-2X_i\bar{X}+\bar{X}^2)=1112.9$$

由方程(3.1.8)可得：$\hat{\beta}_1=\dfrac{\sum(X_i-\bar{X})(Y_i-\bar{Y})}{\sum(X_i-\bar{X})^2}=\dfrac{736.1}{1112.9}=0.661425$

再由方程(3.1.9)可得：$\hat{\beta}_0=\bar{Y}-\hat{\beta}_2\bar{X}=24.1-0.661425\times 28.9=4.984818$

由此可得到回归方程的估计式为：$\hat{Y}_i=4.984818+0.661425X_i$

又由方程(3.1.2)可知，残差平方和为：

$$\sum \hat{u}_i^2 = \sum (Y_i - \hat{Y}_i)^2 = \sum (Y_i - \hat{\beta}_0 - \hat{\beta}_1 X_i)^2 = 26.02498$$

由方程(3.1.40)可得到回归方程的判定系数为：

$$r^2 = 1 - \frac{RSS}{TSS} = 1 - \frac{\sum \hat{u}_i^2}{\sum y_i^2} = 1 - \frac{\sum \hat{u}_i^2}{\sum (Y_i - \bar{Y})^2} = 1 - \frac{26.02498}{512.9} = 0.9492592$$

(2)用软件估计的结果如下表所示：

Variable	Coefficient	Std. Error	t－Statistic	Prob.
C	4.984814	1.663345	2.996861	0.0172
X	0.661425	0.054066	12.23372	0.0000
R－squared	0.949259	Mean dependent var		24.10000
Adjusted R－squared	0.942917	S.D. dependent var		7.549099
S.E. of regression	1.803641	Akaike info criterion		4.194349
Sum squared resid	26.02498	Schwarz criterion		4.254866
Log likelihood	－18.97174	Hannan-Quinn criter.		4.127962
F－statistic	149.6639	Durbin－Watson stat		2.361284
Prob(F－statistic)	0.000002			

即一元线性回归方程表达式为：

$$\hat{Y}_i = 4.984814 + 0.661425 X_i$$
$$t = (2.99686)\ (12.23372)$$
$$r^2 = 0.9493$$

对比(1)中的结果，可以发现，两者的估计结果基本吻合。

(3)回归方程 $\hat{Y}_i = 4.984814 + 0.661425 X_i$ 表示，家庭收入每增加100元，将引致家庭消费平均增加66.14元，且家庭消费的变动由95％可以由收入的变动来解释，即收入是影响消费的决定性因素。

3.9　表3－2为我国1978－2007年的实际居民消费支出与国内生产总值数据(以1978年为基期)，要求：

(1)作出散点图，建立我国居民消费支出和国内生产总值之间的一元线性回归方程，并解释这个回归；

(2)对所建立的回归方程进行参数以及总体的显著性检验；

(3)假设2010年的实际国内生产总值为100000亿元，基于上述回归结果，2010年我国居民消费支出的均值是多少？构建均值预测的一个95％的置信区间；

(4)对残差项进行正态性假定检验，说明你所用的检验。

表 3－2　1978－2007 年消费支出与 GDP 统计数据　　单位：亿元

年份	居民消费支出 Y	国内生产总值 X	年份	居民消费支出 Y	国内生产总值 X
1978	1759.10	3645.22	1993	6009.56	14596.65
1979	1973.99	3922.25	1994	6443.72	16506.00
1980	2128.95	4228.75	1995	7147.82	18309.27
1981	2342.16	4450.47	1996	7898.56	20141.76
1982	2537.50	4853.54	1997	8355.17	22014.35
1983	2768.72	5380.29	1998	8948.29	23738.81
1984	3120.93	6196.81	1999	9699.31	25547.66
1985	3575.44	7031.28	2000	10565.58	27701.66
1986	3798.07	7653.29	2001	11261.60	30000.98
1987	4089.52	8539.80	2002	12127.17	32725.69
1988	4422.77	9503.13	2003	12955.19	36006.57
1989	4198.48	9889.27	2004	14004.72	39637.85
1990	4367.33	10268.92	2005	15348.60	43773.17
1991	4794.73	11211.50	2006	17086.39	48871.43
1992	5459.93	12808.09	2007	18905.43	54703.78

解答：

(1)由数据得到的散点图如下：

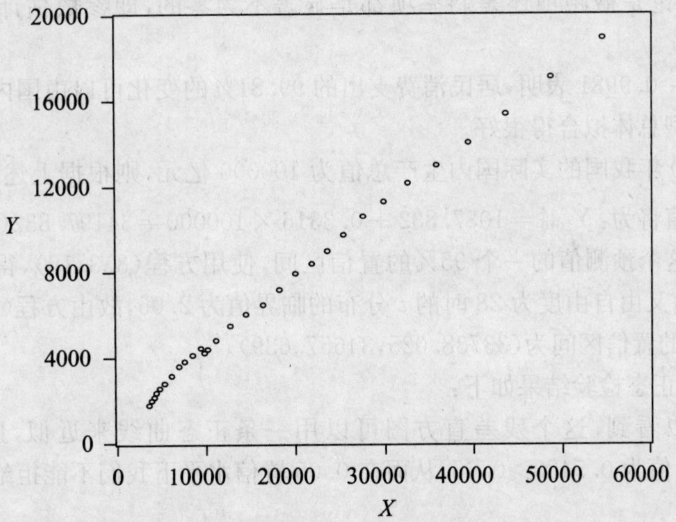

由图中可以看出，居民消费支出 Y 随国内生产总值的增长而增长，两者之间呈线性关系，故两者之间可建立一元线性回归方程，估计的结果如下表所示：

Dependent Variable: Y				
Variable	Coefficient	Std. Error	t−Statistic	Prob.
C	1037.832	64.27751	16.14611	0.0000
X	0.331572	0.002720	121.8961	0.0000
R−squared	0.998119	Mean dependent var		7269.824
Adjusted R−squared	0.998052	S.D. dependent var		4834.657
S.E. of regression	213.3861	Akaike info criterion		13.62842
Sum squared resid	1274941.	Schwarz criterion		13.72184
Log likelihood	−202.4264	F−statistic		14858.66
Durbin−Watson stat	0.392881	Prob(F−statistic)		0.000000

由上表可知，居民消费支出随国内生产总值变化的一元线性回归方程为：

$$\hat{Y}_i = 1037.832 + 0.3316X_i$$
$$t = (16.1461) \quad (121.8961)$$
$$r^2 = 0.9981$$

对这个回归的解释是：在1978－2007年期间，我国的国内生产总值每增加1亿元，居民消费支出平均增加0.3316亿元。

(2)在5%的显著性水平下，自由度为30－2＝28的t分布的临界值为2.05，因此，从参数的t检验值看，无论是截距项还是斜率项都是显著不为零的，即参数估计值通过了显著性检验。

拟合优度$r^2=0.9981$表明，居民消费支出的99.81%的变化可以由国内生产总值的变化来解释，因此，模型总体拟合得很好。

(3)如果2010年我国的实际国内生产总值为100000亿元，则根据上述回归结果，预测的最终消费支出均值将为：$\hat{Y}_{2010} = 1037.832 + 0.3316 \times 100000 = 34197.832$(亿元)。

为了构造对这个预测值的一个95%的置信区间，使用方程(3.3.19)，得到预测均值的标准误为224.2961，又由自由度为28时的t分布的临界值为2.05，故由方程(3.3.21)可得预测均值的一个95%的置信区间为(33738.025，34657.639)。

(4)残差项的正态检验结果如下：

由下页图可以看到，这个残差直方图可以用一条正态曲线来近似，JB统计量的值为1.2138，相应的p值为0.5450＞0.05，从而在0.05置信水平下我们不能拒绝回归残差服从正态性的假定。

3.11　表3－4就中国广东省1991－2007年规模以上国有控股工业企业和全部规模以上工业企业给出了全部从业人员平均人数X(单位：万人)和总产值Y(单位：亿元)的数据。要求：

(1)分别按两个类别作出散点图，从图上来看，你大致可以得到什么结论；

(2)估计出Y对X的OLS回归，并建立ANOVA表；

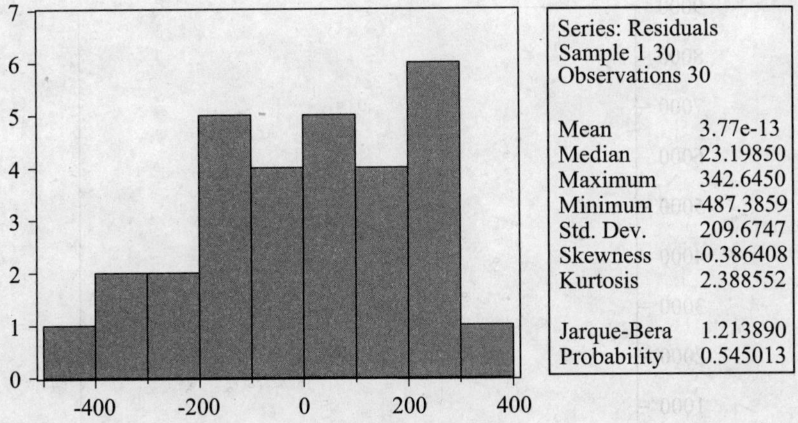

习题 3.9 残差图

(3)根据(2)的结论回答:企业的工业总产值与年从业人员平均人数之间有没有关系?

(4)综合以上分析结果,你对我国国企改革中的人员冗余问题有什么看法和建议?

表 3—4 广东省规模以上工业企业产出与从业人员

年份	规模以上国有控股工业企业		全部规模以上工业企业	
	全部从业人员平均人数	总产值	全部从业人员平均人数	总产值
1991	173.85	906.72	433.18	2018.62
1992	171.60	1118.86	450.99	2696.47
1993	153.26	1371.58	478.39	4085.35
1994	152.25	1498.80	537.57	5325.35
1995	142.83	1396.35	537.83	6325.19
1996	137.50	1476.12	529.13	7308.51
1997	124.71	1505.06	522.94	8201.71
1998	102.67	1453.79	548.59	9738.56
1999	128.16	3025.68	537.77	10538.17
2000	104.39	3126.12	572.89	12480.93
2001	91.77	3236.65	578.94	14035.35
2002	83.25	3264.46	644.39	16378.60
2003	75.20	3949.03	741.17	21513.46
2004	72.53	6039.24	996.44	29554.92
2005	69.42	6375.54	1085.65	35942.74
2006	60.80	7253.17	1203.58	44674.75
2007	60.86	8603.94	1307.40	55252.86

解答:

(1)根据数据,作出散点图如下:

①规模以上国有及国有控股工业企业的工业总产值与从业人员平均数散点图:

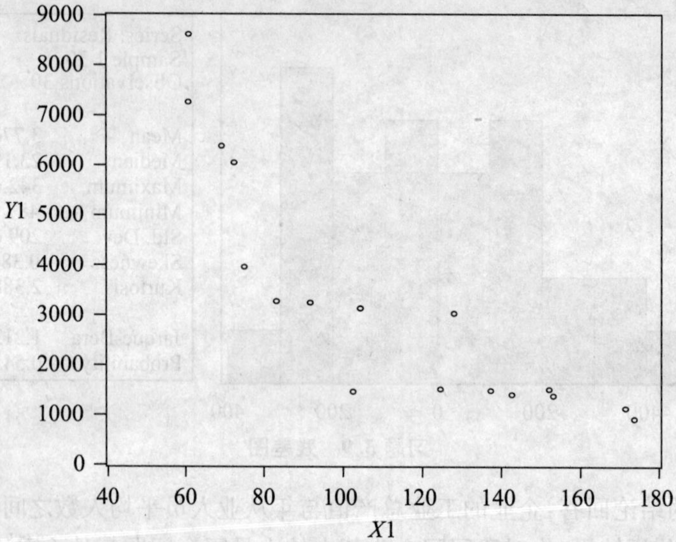

从图中可以看出，对于规模以上国有及国有控股工业企业来说，随着从业人员平均人数逐渐减少，工业总产值反而增加，因而可以采用一元线性倒数模型来进行回归模拟。

②全部规模以上工业企业的工业总产值与从业人员平均数散点图：

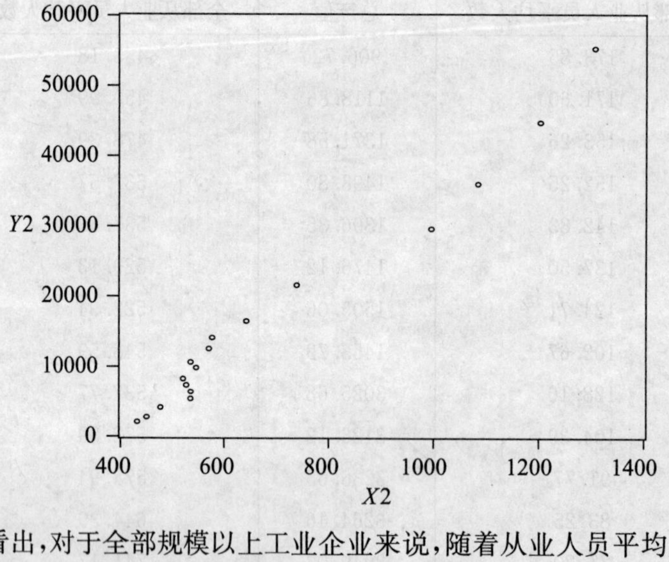

从图中可以看出，对于全部规模以上工业企业来说，随着从业人员平均人数的增加，工业总产值也增加，因而可以采用一元线性模型来进行回归模拟。

(2)根据(1)的结论，对两组数据分别进行 OLS 回归，估计结果如下：

①规模以上国有及国有控股工业企业的 OLS 回归结果表：

Dependent Variable：Y1				
Variable	Coefficient	Std. Error	t—Statistic	Prob.
C	−2912.132	610.8295	−4.767505	0.0002
1/X1	613353.4	57114.54	10.73901	0.0000

R−squared	0.884904	Mean dependent var	3270.654
Adjusted R−squared	0.877231	S.D. dependent var	2401.407
S.E. of regression	841.4141	Akaike info criterion	16.41818
Sum squared resid	10619665	Schwarz criterion	16.51620
Log likelihood	−137.5545	F−statistic	115.3263
Durbin−Watson stat	1.538954	Prob(F−statistic)	0.000000

由此表的结果得到回归方程：

$$\hat{Y}_{1i} = -2912.132 + 613353.4\frac{1}{X_{1i}}$$

$$t = (-4.7675) \quad (10.7390)$$

$$r^2 = 0.8849$$

由回归结果可以看出，系数估计值通过了显著性检验，同时，回归方程的 $r^2 = 0.8849$ 表明方程通过显著性检验，即方程总体的线性关系显著成立。并且此时的正态性的雅克—贝拉(JB)检验，不能拒绝残差为正态性。

规模以上国有及国有控股工业企业的方差分析表

变异来源	SS(平方和)	df(自由度)	MSS(均方和)
ESS	81648418	1	81648418
RSS	10619666	15	707977.74
TSS	92268084	16	

②全部规模以上工业企业的 OLS 回归结果表：

Dependent Variable: Y2				
Variable	Coefficient	Std. Error	t−Statistic	Prob.
C	−21423.75	1622.594	−13.20340	0.0000
X2	55.54657	2.193885	25.31881	0.0000

R−squared	0.977136	Mean dependent var	16827.74
Adjusted R−squared	0.975611	S.D. dependent var	15626.46
S.E. of regression	2440.364	Akaike info criterion	18.54781
Sum squared resid	89330647	Schwarz criterion	18.64584
Log likelihood	−155.6564	F−statistic	641.0424
Durbin−Watson stat	0.915449	Prob(F−statistic)	0.000000

由此表的结果得到回归方程：

$$\hat{Y}_{2i} = -21423.75 + 55.5466X_{2i}$$

$$t = (-13.2034) \quad (25.3188)$$

$$r^2 = 0.9771$$

由回归结果可以看出，系数估计值通过了显著性检验，同时，回归方程的 $r^2=0.9771$ 表明方程通过显著性检验，即方程总体的线性关系显著成立。并且此时的正态性的雅克—贝拉(JB)检验，不能拒绝残差为正态性。

全部规模以上工业企业的方差分析表

变异来源	SS(平方和)	df(自由度)	MSS(均方和)
ESS	3.82E+09	1	3.82E+09
RSS	89326289.30	15	5955085.95
TSS	3.91E+09	16	

(3)由(2)的结论可知：

①由规模以上国有及国有控股工业企业的方差分析表可得：

$F=81648418/707977.74=115.3263$，自由度分别为 1 和 15，在这个自由度下，有 $p(F>8.68)=0.01$。如果虚拟假设为规模以上国有及国有控股工业企业的工业总产值与年从业人员平均人数的倒数之间没有关系，则在这个虚拟假设下，得到这样一个 F 值的 p 值几乎为 0，从而表明可以强烈的拒绝这个虚拟假设，即规模以上国有及国有控股工业企业的工业总产值与年从业人员平均人数的倒数之间有关系。

②由全部规模以上工业企业的方差分析表可得：

$F=3.82\text{E}+09/5955085.95=641.0744$，自由度分别为 1 和 15，在这个自由度下，有 $p(F>8.68)=0.01$。如果虚拟假设为规模以上国有及国有控股工业企业的工业总产值与年从业人员平均人数之间没有关系，则在这个虚拟假设下，得到这样一个 F 值的 p 值几乎为 0，从而表明可以强烈的拒绝这个虚拟假设，即全部规模以上工业企业的工业总产值与年从业人员平均人数之间有关系。

③综合以上分析结果，对于国有及国有控股工业企业来说，从业人员平均人数的减少可以增加工业总产值，而对于我国整个工业企业来说，从业人员平均人数的增加可以增加工业总产值，即对于国有及国有控股工业企业存在的人员冗余问题，在我国整个工业企业中并不存在，劳动力要素的增加，可以增加产值。我们要继续深化国企改革，排除人员冗余，只有这样，才能从根本上解决国有企业的困难，解决国企亏损和失业等问题，同时，我们也要努力发展非国有经济，宏观投资与信贷政策应摒弃所有制界限，进一步扶持效益较好、就业发展空间较大的非国有经济，在提高资金效益的同时，解决下岗职工的就业与再就业问题。

第四章

4.1 多元线性回归模型的基本假定是什么？试说明在证明最小二乘估计量的无偏性和有效性的过程中，哪些基本假定起了作用？

解答：

多元线性回归模型的基本假定有：随机误差零均值假定、随机项独立同方差假定、解释变量的非随机性假定、解释变量之间不存在线性相关假定、随机误差项 u_i 服从均值为 0 方差为 σ^2 的正态分布假定。在证明最小二乘估计量的无偏性中，利用了解释变量与随机误差项不相关的假定；在有效性的证明中，利用了随机项独立同方差假定。

4.3　在多元线性回归分析中，t 检验与 F 检验有何不同？

t 检验是用来考察每个解释变量是否在线性关系上对因变量有显著的影响，其原假设为：$\beta_j=0$，其统计量服从 t 分布，某个解释变量的 t 检验通过了说明该解释变量在线性关系上对因变量有显著的影响。而 F 检验是用来考察回归方程整体上是否显著，也即所有的解释变量作为一个整体是否在线性关系上对因变量有显著的影响，其原假设为：$\beta_1=\beta_2=\cdots=\beta_k=0$，其统计量服从 F 分布，某个回归方程通过了 F 检验说明至少存在一个解释变量在线性关系上对因变量有显著的影响。

4.5　为什么用最小二乘法算出来的参数估计量 $\hat{\boldsymbol{\beta}}$ 和总体的真实参数 $\boldsymbol{\beta}$ 有差异，是因为我们使用的是样本数据吗，是用样本推断总体产生的吗，如果我们使用的数据是总体的数据，用总体的数据来建立回归方程，那么用最小二乘法算出来的估计量和总体的真实参数就没有差异吗，说出你的观点。

解答：

最小二乘法算出来的参数估计量 $\hat{\boldsymbol{\beta}}$ 和总体的真实参数 $\boldsymbol{\beta}$ 有差异并不都是由于样本去推断总体产生的，并不都是因为总体和样本之间的差异产生的。最小二乘估计量 $\hat{\boldsymbol{\beta}}$ 和总体的真实参数 $\boldsymbol{\beta}$ 的差异来自于因变量 Y 与自变量 X 的关系的不确定性，因为 Y 与 X 的关系是由随机函数 $\mathbf{y}=\mathbf{X}\boldsymbol{\beta}+\mathbf{u}$ 确定的，最小二乘估计量可以表示为 $\hat{\boldsymbol{\beta}}=\boldsymbol{\beta}+(\mathbf{X}'\mathbf{X})^{-1}\mathbf{X}'\mathbf{u}$，它是一个随机变量，它的不确定或者说与参数真实值 $\boldsymbol{\beta}$ 的差异来自随机误差项 $\mathbf{u}$。

4.7　设有模型：$Y=\beta_0+\beta_1X_1+\beta_2X_2+u$，若 $\beta_1-\beta_2=1$ 求出 β_1 和 β_2 的最小二乘估计量及其标准差。

解答：

若 $\beta_1-\beta_2=1$，则方程可变为 $Y-X_1=\beta_0+\beta_2(X_1+X_2)+u$，那么按照最小二乘法的公式

$$\hat{\beta}_2=\frac{\sum(X_1+X_2-\bar{X}_1-\bar{X}_2)(Y-X_1-\bar{Y}+\bar{X}_1)}{\sum(X_1+X_2-\bar{X}_1-\bar{X}_2)^2},\mathrm{var}(\hat{\beta}_2)=\frac{\sigma^2}{\sum(X_1+X_2-\bar{X}_1-\bar{X}_2)^2}$$

由于 $\beta_1=1+\beta_2$，因此 $\beta_1=\dfrac{\sum(X_1+X_2-\bar{X}_1-\bar{X}_2)(Y-X_1-\bar{Y}+\bar{X}_1)}{\sum(X_1+X_2-\bar{X}_1-\bar{X}_2)^2}+1$，

$$\mathrm{var}(\hat{\beta}_1)=\mathrm{var}(\hat{\beta}_2)=\frac{\sigma^2}{\sum(X_1+X_2-\bar{X}_1-\bar{X}_2)^2}$$

4.9　考虑下列两个模型：

Ⅰ $Y_i=\beta_1+\beta_2X_{2i}+\beta_3X_{3i}+u_i$

Ⅱ $(Y_i-X_{2i}+X_{3i})=\alpha_1+\alpha_2X_{2i}+\alpha_3X_{3i}+u_i'$

试证明：$\hat{\alpha}_2=\hat{\beta}_2-1$，$\hat{\alpha}_1=\hat{\beta}_1$，$\hat{\alpha}_3=\hat{\beta}_3+1$

解答：

将模型Ⅰ用矩阵表示为 $\begin{pmatrix}Y_1\\Y_2\\\vdots\\Y_n\end{pmatrix}=\begin{pmatrix}1&X_{21}&X_{31}\\1&X_{22}&X_{32}\\\vdots&&\\1&X_{2n}&X_{3n}\end{pmatrix}\begin{pmatrix}\beta_1\\\beta_2\\\beta_3\end{pmatrix}+\begin{pmatrix}u_1\\u_2\\\vdots\\u_n\end{pmatrix}$

将模型Ⅱ用矩阵表示为 $\begin{pmatrix} Y_1-X_{21}+X_{31} \\ Y_2-X_{22}+X_{32} \\ \vdots \\ Y_n-X_{2n}+X_{3n} \end{pmatrix} = \begin{pmatrix} 1 & X_{21} & X_{31} \\ 1 & X_{22} & X_{32} \\ \vdots & & \\ 1 & X_{2n} & X_{3n} \end{pmatrix} \begin{pmatrix} \alpha_1 \\ \alpha_2 \\ \alpha_3 \end{pmatrix} + \begin{pmatrix} u_1{}' \\ u_2{}' \\ \vdots \\ u_n{}' \end{pmatrix}$

则模型Ⅰ参数的最小二乘估计为:

$$\begin{pmatrix} \hat{\beta}_1 \\ \hat{\beta}_2 \\ \hat{\beta}_3 \end{pmatrix} = \left(\begin{pmatrix} 1 & X_{21} & X_{31} \\ 1 & X_{22} & X_{32} \\ \vdots & & \\ 1 & X_{2n} & X_{3n} \end{pmatrix}' \begin{pmatrix} 1 & X_{21} & X_{31} \\ 1 & X_{22} & X_{32} \\ \vdots & & \\ 1 & X_{2n} & X_{3n} \end{pmatrix} \right)^{-1} \begin{pmatrix} 1 & X_{21} & X_{31} \\ 1 & X_{22} & X_{32} \\ \vdots & & \\ 1 & X_{2n} & X_{3n} \end{pmatrix}' \begin{pmatrix} Y_1 \\ Y_2 \\ \vdots \\ Y_n \end{pmatrix}$$

模型Ⅱ参数的最小二乘估计为:

$$\begin{pmatrix} \hat{\alpha}_1 \\ \hat{\alpha}_2 \\ \hat{\alpha}_3 \end{pmatrix} = \left(\begin{pmatrix} 1 & X_{21} & X_{31} \\ 1 & X_{22} & X_{32} \\ \vdots & & \\ 1 & X_{2n} & X_{3n} \end{pmatrix}' \begin{pmatrix} 1 & X_{21} & X_{31} \\ 1 & X_{22} & X_{32} \\ \vdots & & \\ 1 & X_{2n} & X_{3n} \end{pmatrix} \right)^{-1} \begin{pmatrix} 1 & X_{21} & X_{31} \\ 1 & X_{22} & X_{32} \\ \vdots & & \\ 1 & X_{2n} & X_{3n} \end{pmatrix}' \begin{pmatrix} Y_1-X_{21}+X_{31} \\ Y_2-X_{22}+X_{32} \\ \vdots \\ Y_n-X_{2n}+X_{3n} \end{pmatrix}$$

因此

$$\begin{pmatrix} \hat{\alpha}_1 \\ \hat{\alpha}_2 \\ \hat{\alpha}_3 \end{pmatrix} = \begin{pmatrix} \hat{\beta}_1 \\ \hat{\beta}_2 \\ \hat{\beta}_3 \end{pmatrix} - \begin{pmatrix} 0 \\ 1 \\ 0 \end{pmatrix} + \begin{pmatrix} 0 \\ 0 \\ 1 \end{pmatrix} = \begin{pmatrix} \hat{\beta}_1 \\ \hat{\beta}_2-1 \\ \hat{\beta}_3+1 \end{pmatrix}$$

即 $\hat{\alpha}_2=\hat{\beta}_2-1$，$\hat{\alpha}_1=\hat{\beta}_1$，$\hat{\alpha}_3=\hat{\beta}_3+1$

第五章

5.1 异方差产生原因

解答:

(1)研究总体中单位之间的规模差异。在截面数据中,人们通常在给定的时点上对总体的单位进行观测,而这些单位之间,在规模上有较大差异,例如消费者、厂商、农场或地区(省、市),这些单位成员,规模各异,大小不一,由此会产生异方差。(2)技术、管理、测量水平的提高。人们在实践和学习的过程中,各种技术、管理、以及对数据采集测量的水平会不断提高,从而使人们的行为误差随时间的延长或推移而减少。(3)回归模型设定不正确。模型的设定主要包括变量的选择和模型函数形式的确定。表面看是异方差性的问题,其实常常是由于模型中的一些重要解释变量被忽略或模型函数形式选择不当的结果。除此之外,不正确的数据变换,比如对数据的比率或差分变换;不正确的函数形式变换,比如线性与对数线性模型的变换等。这些都可能导致异方差。

5.3 戈德菲尔德—匡特检验的思路和局限性

解答:

戈德菲尔德—匡特(1972)检验。该方法适应于异方差 σ_i^2 同回归模型中解释变量之一的 X_j 有正向或反向关系情形。这种检验是首先将样本按被认为是引起异方差的某个解释变量的大小升序排列,并将样本从中间分成两段。为提高检验的功效,在将观测样本分成两段前,可先将中间部分的数据删掉。令第一段为低方差段,第二段为高方差段,记两段的样本量分别为 n_1 和 n_2,模型参数(含截距项)个数为 k。然后各段分别用 OLS 方法拟合回归模型,并分别计算残差平方和 RSS_1 和 RSS_2,他们的自由度分别为 (n_1-k) 和 (n_2-k)。如果 u_i 服从正态分布,并且同方差假定为真,由此可构造出检验统计量为:$F=\dfrac{RSS_2/(n_2-k)}{RSS_1/(n_1-k)}\sim F(n_2-k,n_1-k)$。在给定的显著性水平 α 之下,如果依据样本计算的 F 统计值大于临界值 F_α,就可拒绝同方差性的假定。

由于戈德菲尔德—匡特检验假定异方差 σ_i^2 同回归模型中解释变量之一的 X_j 有正向或反向关系情形,如果异方差 σ_i^2 与解释变量之一的 X_j 有二次或其他一些非线性的关系,那么戈德菲尔德—匡特检验就不适用了。而且戈德菲尔德—匡特检验的效果好坏,依赖于删掉的中间数据的多少。删掉的数据越多,两段方差的差异越突出,越能说明问题,但是,由于删掉的数据越多,各段中估计的自由度越小,从而会影响检验的功效。

5.5 多重共线性造成的后果

解答:

(1)虽然 OLS 估计量 $\hat{\beta}$ 是 BLUE,但是它有大的方差和协方差。这就是说,虽然它们是有效的,但这并不意味对任一给定的样本,OLS 估计量方差的估计值一定是小的(相对于估计量的值而言)。其后果就是估计的置信区间变宽,使得虚拟假设更为容易被接受。

(2)一个或多个系数的 t 统计值倾向于统计上不显著,但是表示总的拟合优度的 R^2 和 F 统计值可能很高。

(3)回归系数难于估计,甚至出现回归系数异常的现象,比如出现系数的符号错误或超出理论预期(例如 MPC 大于 1 或小于 0)。

(4)OLSE 及其标准误对样本数据的增减和对模型中删除一个不显著的解释变量都表现得非常敏感。

5.7 根据我国 1978－2000 年的财政收入 Y 和国内生产总值 X 的统计资料,可建立如下的经济计量模型:

$$Y=556.6477+0.1198\times X$$
$$(2.5199)\quad(22.7229)$$
$$r^2=0.9609,\ S.E=731.2086,\ F=516.3338,\ d=0.3474$$

请回答以下问题:

(1)试检验该模型是否存在一阶自相关及相关方向,为什么?

(2)自相关会给建立的经济计量模型产生哪些影响?

(临界值:$d_L=1.24$,$d_U=1.43$)

解答:

(1)由于该模型回归结果的 DW 检验的 d 统计值为 0.3474,小于临界值 $d_L=1.24$,这说明模型中存在着一阶正的自相关。

(2)如果模型中存在自相关问题，会造成估计的最小二乘估计量不是有效的。而且 t 检验和 F 检验也不再适用。

5.9 已知消费模型：$Y_t = \alpha_0 + \alpha_1 X_{1t} + \alpha_2 X_{2t} + u_t$

其中：Y_t ——消费支出

X_{1t} —— 个人可支配收入

X_{2t} —— 消费者的流动资产

$E(u_t) = 0$

$Var(u_t) = \sigma^2 X_{1t} X_{2t}$（其中 σ^2 为常数）

要求：

(1)进行适当变换消除异方差，并证明之；

(2)用戈德菲尔德—匡特检验能否发现这种异方差，用 white 检验呢？

解答：

(1)由于 $Var(u_t) = \sigma^2 X_{1t} X_{2t}$（其中 σ^2 为常数），所以我们可使用 $1/\sqrt{X_{1t}X_{2t}}$ 作为权数来进行加权最小二乘法，建立模型如下，

$$Y_t/\sqrt{X_{1t}X_{2t}} = \alpha_0/\sqrt{X_{1t}X_{2t}} + \alpha_1 X_{1t}/\sqrt{X_{1t}X_{2t}} + \alpha_2 X_{2t}/\sqrt{X_{1t}X_{2t}} + u_t/\sqrt{X_{1t}X_{2t}},$$

令 $Y_t{}^* = Y_t/\sqrt{X_{1t}X_{2t}}$，$Z_{1t}{}^* = 1/\sqrt{X_{1t}X_{2t}}$，$Z_{2t}{}^* = X_{1t}/\sqrt{X_{1t}X_{2t}}$，$Z_{3t}{}^* = X_{2t}/\sqrt{X_{1t}X_{2t}}$，$v_t = u_t/\sqrt{X_{1t}X_{2t}}$

则上述模型可表示为：$Y_t{}^* = \alpha_0 Z_{1t}{}^* + \alpha_1 Z_{2t}{}^* + \alpha_2 Z_{3t}{}^* + v_t$，由于 $V_{ar}(v_t) = V_{ar}(u_t/\sqrt{X_{1t}X_{2t}}) = \dfrac{V_{ar}(u_t)}{X_{1t}X_{2t}} = \dfrac{\sigma^2 X_{1t}X_{2t}}{X_{1t}X_{2t}} = \sigma^2$，因此该模型没有异方差情况，可以使用该模型来估计参数。

(2)因为戈德菲尔德—匡特检验假定异方差 σ_i^2 同回归模型中解释变量之一的 X_j 有正向或反向关系情形，而该模型的方差与 $X_{1t}X_{2t}$ 有关，不一定表现为与 X_{1t} 或 X_{2t} 有正向或反向关系，所以戈德菲尔德—匡特检验不一定能发现这种异方差。由于 white 检验是残差平方 $\hat{u}_i^2$ 对 $X_1, X_2, \cdots; X_1^2, X_2^2, \cdots; X_1 X_2, \cdots$ 进行线性回归，因此可以探测到方差与 $X_{1t}X_{2t}$ 的关系，所以 white 检验可以发现这种异方差。

5.11 表 5—1 是某种商品的销售额、价格以及消费者收入的统计资料：

表 5—1 某种商品的销售额、价格以及消费者收入的统计资料

年 份	销售额 Y	收入 X_1	价格 X_2
1	20.89	7	8.04
2	23.13	10	7.15
3	23.23	12	7.92
4	24.79	14	8.62
5	26.02	18	8.85
6	29.95	25	9.65
7	33.3	33	10.39
8	33.41	35	10.34

续表

年　份	销售额 Y	收入 X_1	价格 X_2
9	36.38	41	11.43
10	37.94	43	10.96
11	39.28	48	11.93
12	41.87	51	12.12
13	46.79	60	12.83
14	46.69	62	13.64
15	48.5	64	13.34
16	50.16	68	13.88
17	51.41	71	14.43
18	53.58	76	15.03
19	56.12	79	13.83
20	57.37	85	15.41
21	59.17	87	15.84
22	59.74	89	15.74
23	61.78	91	15.7
24	61.11	92	16.04
25	62.21	94	16.47
26	64	98	17.18

要求：

(1)检验 X_1 和 X_2 是否存在严重的多重共线性？

(2)是否造成严重后果？

解答：

(1)使用 Eviews 软件计算出 X_1 和 X_2 相关系数为 0.9862，根据辅助回归判定系数测度法，首先建立 X_1 对 X_2 的回归模型 $X_1=\beta_0+\beta_1 X_2+u_t$，其估计结果如下：

Dependent Variable：X1
Method：Least Squares
Date：04/04/14　Time：11:47
Sample：2001 2026
Included observations：26

Variable	Coefficient	Std. Error	t−Statistic	Prob.
C	−67.65423	3.162762	−21.39087	0.0000
X2	9.829875	0.245022	40.11827	0.0000
R−squared	0.985307	Mean dependent var		55.88462
Adjusted R−squared	0.984695	S. D. dependent var		29.73796
S. E. of regression	3.678958	Akaike info criterion		5.516940
Sum squared resid	324.8336	Schwarz criterion		5.613716
Log likelihood	−69.72022	F−statistic		1609.476
Durbin−Watson stat	2.193030	Prob(F−statistic)		0.000000

可以发现该模型依据样本计算的 F 统计值很大，其 p 值很小，说明 F 检验通过了，而且判定系数也很大，达到 98%。这都表示解释变量 X_1 和 X_2 有共线性。

(2)依据样本数据建立回归模型，其估计结果如下：

Dependent Variable：Y
Method：Least Squares
Date：04/04/14　Time：11:43
Sample：2001 2026
Included observations：26

Variable	Coefficient	Std. Error	t—Statistic	Prob.
C	22.53972	1.833956	12.29022	0.0000
X1	0.546089	0.026424	20.66668	0.0000
X2	−0.705963	0.261671	−2.697906	0.0128
R—squared	0.998957	Mean dependent var		44.18538
Adjusted R—squared	0.998866	S. D. dependent var		14.14495
S. E. of regression	0.476237	Akaike info criterion		1.462366
Sum squared resid	5.216446	Schwarz criterion		1.607531
Log likelihood	−16.01076	F—statistic		11015.72
Durbin—Watson stat	2.003004	Prob(F—statistic)		0.000000

依据上述计算结果，我们发现 X_1 和 X_2 的系数对应 t 值的绝对值都超过了 2，它们的 p 值分别为 0.0001 和 0.0128 小于显著性水平 0.05，这说明这两个变量对因变量有着显著的影响，尽管解释变量 X_1 和 X_2 有共线性，但并不影响它们对因变量有着显著的影响的事实。

第六章

6.1　虚拟解释变量设置的一般规则是什么？

解答：

一般的规则是：如果回归模型中含有截距项，若一个定性变量有 m 个类别，则仅引入 $m-1$ 个虚拟变量。但如果回归模型中不含截距项，则 m 种特征需引入 m 个虚拟变量。如果我们不遵从这一规则，则有落入虚拟变量陷阱之虞。

6.3　设公司职员的年薪 Y 与工龄 X 和学历 D 有关。学历分成三种类型：大专以下、本科、研究生（一个定性因素，三个不同属性）。为了反映“学历”这个定性因素的影响，有人建议对虚拟变量 D 做如下设置，$D=0$ 时，代表大专以下，$D=1$ 时，代表本科，$D=2$ 时，代表研究生。$Y_i=b_0+b_1X_i+\alpha D_i+u_i$ 请问该设置方法可行吗？试说明理由。

解答：

不可行，因为如果采用如下方式设置虚拟变量，可以得出三个反映不同学历的方程如下：大专以下 $Y_i=b_0+b_1X_i+u_i$，本科 $Y_i=\alpha+b_0+b_1X_i+u_i$，研究生 $Y_i=2\alpha+b_0+b_1X_i+u_i$，这样人为设定的大专与本科的差异和本科与研究生的差异是一样的，这种人为的限制不合适，因此该设置方法不可行。

6.5　考虑以下模型：

$$Y_I=\alpha_0+\alpha_1X_{1I}+\alpha_2X_{2I}+\varepsilon_I \quad (农村)$$

$$Y_I=\beta_0+\beta_1X_{1I}+\beta_2X_{2I}+\varepsilon_I \quad (城镇)$$

若假设 $H_0: \alpha_2=\beta_2$，即不论在农村或在城镇，模型中第二个系数 α_2、β_2 是相同的；如何检验这个假设？

解答：

我们可以设置一个虚拟变量来检验这个问题，虚拟变量为：$D=\begin{cases}1 & \text{农村}\\ 0 & \text{城镇}\end{cases}$，然后建立模型 $Y_i=\beta_0+\beta_1 X_{1i}+\beta_2 X_{2i}+\gamma_0 D_i+\gamma_1(D_i X_{1i})+\gamma_2(D_i X_{2i})+\varepsilon_i$，这样当 D=0 时，我们得到 $Y_i=\beta_0+\beta_1 X_{1i}+\beta_2 X_{2i}+\varepsilon_i$，这正是对应城镇的模型；当 D=1 时，我们得到 $Y_I=(\beta_0+\gamma_0)+(\beta_1+\gamma_1)X_{1i}+(\beta_2+\gamma_2)X_{2i}+\varepsilon_i$，对应农村的模型，当 $\gamma_2=0$ 时，城镇模型和农村模型的在解释变量 X_{2i} 前面的系数是相同的，于是我们可以对 $Y_i=\beta_0+\beta_1 X_{I1}+\beta_2 X_{I2}+\gamma_0 D_i+\gamma_1(D_i X_{I1})+\gamma_2(D_i X_{I2})+\varepsilon_i$ 的参数 γ_2 进行参数的显著性 t 检验来解决这个问题，若拒绝原假设 $\gamma_2=0$，则认为模型中第二个系数 α_2、β_2 不是相同的。

6.7 在回归模型 $Y_i=\beta_1+\beta_2 X_{2i}+\beta_3 X_{3i}+\gamma D_i+u_i$ 中，如果虚拟变量 D_i 的取值为 0 或 2，而非通常情况下的为 0 或 1，试证明参数 γ 的估计值将减半，其 t 值也将减半。

解答：

这个问题可以看作当某个自变量增大两倍后，最小二乘估计量会怎样变化，其 t 值会怎样变化。令模型的矩阵形式为 $\mathbf{y}=\mathbf{X\beta}+\mathbf{u}$，也即

$$\begin{pmatrix}Y_1\\Y_2\\\vdots\\Y_n\end{pmatrix}=\begin{pmatrix}1 & X_{11} & X_{21} & X_{31}\\1 & X_{12} & X_{22} & X_{32}\\\vdots & \vdots & \vdots & \vdots\\1 & X_{1n} & X_{2n} & X_{3n}\end{pmatrix}\begin{pmatrix}\beta_0\\\beta_1\\\beta_2\\\beta_3\end{pmatrix}+\begin{pmatrix}u_1\\u_2\\\vdots\\u_n\end{pmatrix}$$

，将解释变量写成向量形式为：

$$\begin{pmatrix}Y_1\\Y_2\\\vdots\\Y_n\end{pmatrix}=(1\quad \mathbf{x}_1\quad \mathbf{x}_2\quad \mathbf{x}_3)\begin{pmatrix}\beta_0\\\beta_1\\\beta_2\\\beta_3\end{pmatrix}+\begin{pmatrix}\hat{u}_1\\\hat{u}_2\\\vdots\\\hat{u}_n\end{pmatrix}$$

最小二乘估计式为 $\hat{\boldsymbol{\beta}}=(\mathbf{X}'\mathbf{X})^{-1}\mathbf{X}'\mathbf{y}=\begin{pmatrix}\mathbf{1}'\mathbf{1} & \mathbf{1}'\mathbf{x}_1 & \mathbf{1}'\mathbf{x}_2 & \mathbf{1}'\mathbf{x}_3\\\mathbf{x}_1{}'\mathbf{1} & \mathbf{x}_1{}'\mathbf{x}_1 & \mathbf{x}_1{}'\mathbf{x}_2 & \mathbf{x}_1{}'\mathbf{x}_3\\\mathbf{x}_2{}'\mathbf{1} & \mathbf{x}_2{}'\mathbf{x}_1 & \mathbf{x}_2{}'\mathbf{x}_2 & \mathbf{x}_2{}'\mathbf{x}_3\\\mathbf{x}_3{}'\mathbf{1} & \mathbf{x}_3{}'\mathbf{x}_1 & \mathbf{x}_3{}'\mathbf{x}_2 & \mathbf{x}_3{}'\mathbf{x}_3\end{pmatrix}^{-1}\begin{pmatrix}\mathbf{1}'\\\mathbf{x}_1{}'\\\mathbf{x}_2{}'\\\mathbf{x}_3{}'\end{pmatrix}\mathbf{y}=\begin{pmatrix}\hat{\beta}_0\\\hat{\beta}_1\\\hat{\beta}_2\\\hat{\beta}_3\end{pmatrix}$

当 $\mathbf{x}_3$ 增大两倍后，最小二乘估计式为

$$\hat{\boldsymbol{\beta}}^*=\begin{pmatrix}\mathbf{1}'\mathbf{1} & \mathbf{1}'\mathbf{x}_1 & \mathbf{1}'\mathbf{x}_2 & \mathbf{1}'(2\,\mathbf{x}_3)\\\mathbf{x}_1{}'\mathbf{1} & \mathbf{x}_1{}'\mathbf{x}_1 & \mathbf{x}_1{}'\mathbf{x}_2 & 2\mathbf{x}_1{}'\mathbf{x}_3\\\mathbf{x}_2{}'\mathbf{1} & \mathbf{x}_2{}'\mathbf{x}_1 & \mathbf{x}_2{}'\mathbf{x}_2 & 2\,\mathbf{x}_2{}'\mathbf{x}_3\\2\,\mathbf{x}_3{}'\mathbf{1} & 2\,\mathbf{x}_3{}'\mathbf{x}_1 & 2\,\mathbf{x}_3{}'\mathbf{x}_2 & 4\,\mathbf{x}_3{}'\mathbf{x}_3\end{pmatrix}^{-1}\begin{pmatrix}\mathbf{1}'\\\mathbf{x}_1{}'\\\mathbf{x}_2{}'\\2\,\mathbf{x}_3{}'\end{pmatrix}\mathbf{y}=\begin{pmatrix}\hat{\beta}_0\\\hat{\beta}_1\\\hat{\beta}_2\\(1/2)\times\hat{\beta}_3\end{pmatrix}$$

因此若将虚拟变量 D_i 看作 $\mathbf{x}_3$，可得结论。

由于 t 值为 $t=\dfrac{\hat{\beta}_3}{s(\hat{\beta}_3)}$，根据最小二乘方差协方差矩阵 $\mathrm{var}(\hat{\boldsymbol{\beta}})=\sigma^2(\mathbf{X}'\mathbf{X})^{-1}$ 的变化可知其 t

值也将减半。

6.9 假定Y是一个取值为0和1的定性因变量，影响Y的是一个定性变量，它有n个不同的状态，$D_1, D_2, \cdots D_n$是其对应的虚拟变量，以这些虚拟变量为自变量建立回归模型（不含截距项），试证明因变量Y的拟合值总是在0到1之间，并解释$D_1, D_2, \cdots D_n$这些自变量的系数的最小二乘估计量的意义。

解答：

该回归方程为：$Y_i = \beta_1 D_{i1} + \beta_2 D_{i2} + \cdots + \beta_n D_{in} + u_i$

令n_i代表D_i对应的观测值的个数，m_i代表对应于D_i为1时，因变量Y取值为1的观测值的个数。

其最小二乘估计量为：$\hat{\boldsymbol{\beta}} = (\mathbf{X}'\mathbf{X})^{-1}\mathbf{X}'\mathbf{Y} = \begin{pmatrix} n_1 & 0 & \cdots & 0 \\ 0 & n_2 & \cdots & 0 \\ \vdots & \vdots & \vdots & 0 \\ 0 & 0 & \cdots & n_n \end{pmatrix}^{-1} \begin{pmatrix} m_1 \\ m_2 \\ \vdots \\ m_n \end{pmatrix} Y = \begin{pmatrix} m_1/n_1 \\ m_2/n_2 \\ \vdots \\ m_n/n_n \end{pmatrix}$

因此参数最小二乘估计量的意义是对应于每个类型，因变量Y取值为1的比例。当D_i为1时，因变量Y的估计值为$\hat{\beta}_i = m_i/n_i$，这永远是一个大于等于零，小于等于1的比例，因此因变量Y的拟合值总是在0到1之间。

6.11 调查样本数为2820个家庭预算与拥有汽车权的logit模型是将汽车拥有权作为（对数）收入的函数，汽车拥有权是一个二值变量，$Y=1$表示一个家庭拥有汽车，否则$Y=0$。

$\hat{L}_i = -2.77231 + 0.347582 \ln income$

$t = (-3.35) \quad (4.05) \qquad\qquad \chi^2(1df) = 16.681 (p = 0.0000)$

(1)从估计的logit模型中得出拥有汽车概率的表达式；

(2)一个收入为20000美元的家庭拥有汽车的概率是多少？

(3)当家庭收入从20000提高到25000时，导致的概率变化是多少？

解答：

(1)将估计方程取反对数，得到

$$\frac{P_i}{1-P_i} = 0.0625\,(income)^{0.3475}$$

因此，得出拥有汽车的概率表达式为：

$$P_i = \frac{0.0625\,(income)^{0.3475}}{1 + 0.0625\,(income)^{0.3475}}$$

(2)收入为20000美元时家庭拥有汽车的概率为：

$$P_i = \frac{0.0625 \times 20000^{0.3475}}{1 + 0.0625 \times 20000^{0.3475}} \approx 0.66$$

即概率约为66%。

(3)收入为25000美元时家庭拥有汽车的概率为：

$$P_i = \frac{0.0625 \times 25000^{0.3475}}{1 + 0.0625 \times 25000^{0.3475}} \approx 0.68$$

当家庭收入提高到25000时，拥有汽车的概率约为68%，因此导致的概率变化很小，约为2%。

6.13　面板数据模型根据参数的变化具体可以分为哪几类？

解答：

面板数据模型根据参数的变化具体可以分为四类：(1)随机误差项在时间和个体上存在差异，所有系数都不随时间和个体变化的模型；(2)斜率系数是常数，截距随个体(或时间)不同而变化的模型；(3)斜率系数是常数，截距随个体和时间同时变化的模型；(4)全部系数随个体不同而变化的模型。

第七章

7.1　什么是分布滞后模型？

解答：

一般来说，解释变量对被解释变量的影响不可能在短时间内完成，需要一个过程，这一过程通常存在时间滞后。在涉及时间数列数据的回归分析中，如果在模型中不仅包含解释变量(诸 X)的当前值，还包含他们的滞后(过去)值，这样的模型称为分布滞后模型(distributed-lag model)。分布滞后模型又分有限分布和无限分布两种形式。如：$Y_t=\alpha+\beta_0X_t+\beta_1X_{t-1}+\beta_2X_{t-2}+u_t$ 为有限分布滞后模型，$Y_t=\alpha+\beta_0X_t+\beta_1X_{t-1}+\beta_2X_{t-2}+\cdots+u_t$ 为无限分布滞后模型。

7.3　简述考伊克模型存在的问题

解答：

(1)由于 Y_{t-1} 与 Y_t 一样是随机的，意味着模型含有随机解释变量。在经典假设下要求：解释变量是非随机的，若是随机的，应独立于随机干扰项 u，或至少与之不相关。但 Y_{t-1} 不满足这一假定，它与随机干扰项 u_{t-1} 相关。

(2)在原始模型中，随机干扰项为 u_t，而在转换模型中变为 $v_t=(u_t-\lambda u_{t-1})$ 。v_t 的性质依赖于 u_t 统计性质的假定。我们将会看出，即使原始的 u_t 是序列无关的，v_t 却是序列相关的。因此除了要解决随机解释变量 Y_{t-1} 的问题外，还存在序列相关问题。

(3)滞后 Y_{t-1} 的出现违背了 DW 检验的基本假定之一。因此，不能使用 DW 检验，需要提供检验序列相关的另外方法。

7.5　简述格兰杰因果检验的原理

解答：

格兰杰因果检验假定模型中每一变量(GDP 和 M)的预测信息全部包含在这些变量的时间序列之中。检验要求估计以下的回归：

$$GDP_t=\sum_{i=1}^{n}\alpha_iM_{t-i}+\sum_{j=1}^{n}\beta_jGDP_{t-j}+u_{1t} \qquad (7.4.1)$$

$$M_t=\sum_{i=1}^{n}\lambda_iM_{t-i}+\sum_{j=1}^{n}\delta_jGDP_{t-j}+u_{2t} \qquad (7.4.2)$$

其中假定干扰项 u_{1t} 和 u_{2t} 不相关。

方程(7.4.1)假设当前 GDP 与 GDP 自身以及 M 的过去值有关，而方程(7.4.2)对 M_t 也作了类似假设。注意，这些回归还可被设定为增长的形式 $\dot{GDP}$ 和 $\dot{M}$，其中变量上方的原点表示增长率。下面可分四种情况讨论：

(1)如果对式(7.4.1)中的滞后 M 所估计的系数作为一个整体是统计上异于零的,而对于(7.4.2)式中滞后的 GDP 所估计的系数集合不是统计上异于零的,则表明有 $M \to GDP$ 的单项因果关系。

(2)相反,若式(7.4.1)中滞后 M 的系数集不是统计上异于零,而(7.4.2)式中滞后 GDP 的系数集却是统计上异于零,则存在 $GDP \to M$ 的单向因果关系。

(3)如果 M 和 GDP 的系数集在两个回归中都是统计上异于零,则表示有反馈或双向因果关系。

(4)如果 M 和 GDP 的系数集在两个回归中都不是统计上显著的,就表示两者之间相互独立。

7.7 试求分布滞后模型 $Y_t = 0.02X_t + 0.15X_{t-1} + 0.43X_{t-2} + 0.23X_{t-3} + 0.17X_{t-4} + u_t$ 的短期或即期影响乘数、长期影响乘数、中位滞后与平均滞后。

解答:

该分布滞后模型短期或即期影响乘数为 X_t 的系数 $\beta_0 = 0.02$,长期影响乘数 $\sum_{i=0}^{4}\beta_i = (0.02 + 0.15 + 0.43 + 0.23 + 0.17) = 1$,平均滞后为 $\frac{\sum_{k=0}^{4}k\beta_k}{\sum_{k=0}^{4}\beta_k} = \frac{1\times0.15 + 2\times0.43 + 3\times0.23 + 4\times0.17}{0.02 + 0.15 + 0.43 + 0.23 + 0.17} = 2.38$,由于长期影响乘数 $\sum_{i=0}^{4}\beta_i = 1$,中位滞后为累计 $\sum_{i=0}^{k}\beta_i$ 超过 0.5 所需要的时间。由于 $\sum_{i=0}^{2}\beta_i$ 为 0.6,因此中位滞后为 3。

7.9 表 7-1 给出了某行业 1984-2007 年的库存额(Y)和销售额(X)的资料。试利用分布滞后模型 $Y_t = \alpha + \beta_0 X_t + \beta_1 X_{t-1} + \beta_2 X_{t-2} + \beta_3 X_{t-3} + u_t$,建立库存函数(用 2 阶有限多项式变换估计这个模型)。

表 7-1 某行业 1984-2007 年的库存额(Y)和销售额(X)的资料 单位:万元

年份	库存额	销售额	年份	库存额	销售额
1984	53.91	28.29	1996	152.41	78.48
1985	64.65	33.18	1997	159.94	83.60
1986	70.92	36.72	1998	171.09	85.84
1987	76.87	40.11	1999	173.69	87.82
1988	84.94	42.95	2000	181.87	93.22
1989	97.16	51.03	2001	187.73	95.35
1990	99.50	50.64	2002	198.73	103.00
1991	109.01	57.31	2003	210.24	106.16
1992	117.99	61.48	2004	215.39	110.32
1993	129.08	65.58	2005	224.14	115.15
1994	134.98	70.81	2006	232.31	117.86
1995	144.00	71.19	2007	241.37	118.81

解答：

根据分布滞后模型，库存依赖于当年和前 3 年的销售量如下：

$$Y_t = \alpha + \beta_0 X_t + \beta_1 X_{t-1} + \beta_2 X_{t-2} + \beta_3 X_{t-3} + u_t$$

此外，再假定 β_i 可由一个二次多项式逼近，于是按照前述方法可写出：

$$Y_t = a + a_0 Z_{0t} + a_1 Z_{1t} + a_2 Z_{2t} + u_t$$

其中：$Z_{0t} = \sum_{i=0}^{3} X_{t-i} = (X_t + X_{t-1} + X_{t-2} + X_{t-3})$，

$$Z_{1t} = \sum_{i=0}^{3} i X_{t-i} = (X_{t-1} + 2X_{t-2} + 3X_{t-3})，$$

$$Z_{2t} = \sum_{i=0}^{3} i^2 X_{t-i} = (X_{t-1} + 4X_{t-2} + 9X_{t-3})$$

如此构造出 Z 变量，利用库存额和销售额的数据，我们求出以下回归：

$$Y_t = 3.571579 + 0.802026 Z_{0t} + 0.018272 Z_{1t} - 0.094452 Z_{2t}$$

$$t = (1.323551)\ (3.924426)\ \ (0.047799)\ \ (-0.750618)$$

$$R^2 = 0.998857$$

根据上面的结果，我们可以估计出 β 的值，其结果如下：

$$\hat{\beta}_0 = \hat{a}_0 = 0.80203$$

$$\hat{\beta}_1 = \hat{a}_0 + \hat{a}_1 + \hat{a}_2 = 0.72585$$

$$\hat{\beta}_2 = \hat{a}_0 + 2\hat{a}_1 + 4\hat{a}_2 = 0.46076$$

$$\hat{\beta}_3 = \hat{a}_0 + 3\hat{a}_1 + 9\hat{a}_2 = 0.00678$$

于是，所估计的分布滞后模型为：

$$Y_t = 3.571579 + 0.80203 X_t + 0.72585 X_{t-1} + 0.46076 X_{t-2} + 0.00678 X_{t-3}$$

$$t = (1.323551)\ (3.924426)\ \ (502428)\ \ (3.48565)\ \ (0.02982)$$

第八章

8.1 联立方程模型中的方程哪几种类型？

解答：

一般来说，联立方程模型中的方程可划分为两种类型：随机方程和非随机方程。

(1)随机方程。随机方程包括行为方程和技术方程。用来解释和描述经济主体(企业、居民、政府)行为的方程式行为方程。在构造行为方程时不可能也没必要将所有影响因素都罗列进来，所以往往把那些影响小且无显著变化规律的因素综合记为 u_t，视为随机因素。技术方程是反映要素投入与产出之间技术关系的方程。与行为方程一样，构造技术方程也只能把对生产起主导和重要影响作用的投入要素和工艺技术等因素引入方程，其他影响比较小且无显著变化规律的因素综合归并到随机误差项。随机方程是构成联立方程模型的主体。随机干扰项的性质对于随机方程的参数估计极为重要，因此它也是联立方程模型重点讨论的问题之一。

(2)非随机方程。非随机方程是根据经济理论、政策、法规的规定构造的反映某种经济变量关系的制度方程和定义方程。制度方程指由政策法规，规章制度等决定的经济数量关系。定义方程是指用来表示某种定义的恒等式。例如根据国民经济核算原理可定义总收入为消费支出、投资额和政府购买支出之和。还有一种恒等式叫做均衡条件。例如需求等于供给就是联立方程模型中常见的均衡条件。

8.3　什么是联立方程模型的联立性偏误?

解答：

在结构式模型中，一些变量可能在一个方程中作为解释变量，而在另一个方程又作为被解释变量。这就导致解释变量与随机误差项之间存在相关关系，从而违背经典线性回归的重要假定，估计量因此是有偏的，也是非一致的。我们称这种现象为联立性偏误。

8.5　简述两阶段最小二乘法估计方法的思路及估计量的统计性质。

解答：

两阶段最小二乘法估计方法思路：

从结构方程导出简化方程，用 OLS 估计简化方程，得到简化参数估计值，并求出结构方程内生解释变量的估计值。

将内生解释变量估计值作为工具变量替代结构方程中该内生解释变量的样本观测值，再对结构方程进行 OLS 估计，得到结构参数估计量。

两阶段最小二乘法估计量的统计性质：

采用二阶段最小二乘法得到结构方程的结构参数估计量在小样本下是有偏的，在大样本下是渐近无偏的，并且是一致的。

8.7　下列为一完备的联立方程模型：

$$M_t = \alpha_0 + \alpha_1 Y_t + \alpha_2 P_t + u_{1t}$$
$$Y_t = \beta_0 + \beta_1 M_t + u_{2t}$$

其中：M 为货币供给量，Y 为国内生产总值，P 为价格总指数。

要求：(1)用结构式条件确定模型的识别状态；

(2)如果模型不可识别，试作简单的修改使之可以识别；

解答：

(1)用结构式条件确定模型的识别状态；

结构参数矩阵为：

$$(\mathbf{B\Gamma}) = \begin{bmatrix} 1 & -\alpha_1 & -\alpha_0 & -\alpha_2 \\ -\beta_1 & 1 & -\beta_0 & 0 \end{bmatrix}$$

模型系统中内生变量的数目为 G=2，前定变量的数目为 $k=2$(包括常数项)。

首先判断第 1 个结构方程的识别状态。对于第 1 个方程，有：

$$R(\mathbf{B}_0\ \mathbf{\Gamma}_0) = 0 < G-1$$

所以，第 1 个结构方程为不可识别的结构方程。

再看第 2 个结构方程，有：

$$[\mathbf{B}_0\ \mathbf{\Gamma}_0] = [-\alpha_2]$$
$$R(\mathbf{B}_0\ \mathbf{\Gamma}_0) = 1 = G-1$$

所以，该方程可以识别。并且

$$k-k_2=1=g_2-1$$

所以，第 2 个结构方程为恰好识别的结构方程。

综合以上结果，该联立方程模型是不可识别的。

(2)为了使模型可以识别，需要第二个方程包含一个第一个方程所未包含的变量，所以引入滞后一期的国内生产总值 Y_{t-1}，模型变为：

$$M_t=\alpha_0+\alpha_1 Y_t+\alpha_2 P_t+u_{1t}$$
$$Y_t=\beta_0+\beta_1 M_t+\beta_2 Y_{t-1}+u_{2t}$$

可以判别，此时两个结构方程都是恰好识别的，这样模型是可以识别的。

第九章

9.1　什么是平稳随机过程?

解答：

所谓平稳随机过程是指如果一个随机过程的均值和方差在时间过程上保持常数，并且任何两个时期之间的协方差值仅依赖于该两时期间的距离或滞后，而不依赖于计算这个协方差的实际时间，则该随机过程就称为平稳随机过程。

9.3　简述协整理论的重要意义。

解答：

(1)避免谬误回归。谬误回归是经济计量模型经常遇到的问题，大量实验结果表明，互不相干的非协整变量在统计检验中经常表现为显著相关。因此，对变量之间的协整关系进行检验，是正确建立经济计量模型的先决条件。

(2)估计量的"超一致性"。在协整理论正式提出之前，为了防止出现谬误回归，人们都是用平稳时间序列(或把非平稳时间序列变换为平稳时间序列)建立回归模型。而协整理论表明，如果一组非平稳时间序列之间存在协整关系，可以直接建立回归模型，而且，其参数的最小二乘估计量具有超一致性，即以更快的速度收敛于参数的真实值。

(3)区分变量之间的长期均衡关系和短期动态关系。格兰杰和恩格尔已证明，如果变量之间存在长期均衡关系，则均衡误差将显著影响变量之间的短期动态关系。

9.5　简述 AR(p)、MA(q)和 ARMA(p,q)在 ACF 与 PACF 的上的特点。

解答：

AR(p)的 ACF 表现为指数衰减或衰减的正弦波，而其 PACF 表现为 p 阶后截尾；MA(q)的 ACF 表现为 q 阶后截尾，而其 PACF 表现为指数衰减；ARMA(p,q)在 ACF 与 PACF 都表现为指数衰减。

9.7　设 $Y_t=A+Bt+X_t$，其中 A 和 B 是两个常数，X_t 是不带漂移项和趋势项的随机游走。

(1) Y_t 是平稳的时间序列吗?

(2) ΔY_t 是平稳的时间序列吗?

(3)如果 A 和 B 是两个独立的随机变量，Y_t 是平稳的时间序列吗? ΔY_t 是平稳的时间序列吗?

解答：

(1)由于 $E(Y_t)=E(A+Bt+X_t)=A+Bt$，因此它的均值随着时间不同会变化，该序列不是平稳的。

(2) $\Delta Y_t=(A+Bt+X_t)-[A+B(t-1)+X_{t-1}]=B+\Delta X_t$

$E(\Delta Y_t)=B+E(\Delta X_t)=B, Cov(\Delta Y_t,\Delta Y_{t-k})=Cov(B+\Delta X_t,B+\Delta X_{t-k})=0$,

因此 ΔY_t 是平稳的。

(3)若 A 和 B 是两个独立的随机变量，因为 $E(Y_t)=E(A+Bt+X_t)=E(A)+E(B)t$，它的均值与时间有关，所以该序列不是平稳的。而

$E(\Delta Y_t)=E(B)+E(\Delta X_t)=E(B), Cov(\Delta Y_t,\Delta Y_{t-k})=Cov(B+\Delta X_t,B+\Delta X_{t-k})=Var(B)$

因此 ΔY_t 还是平稳的。

附录　统计分布表

一、标准正态分布函数数值表

$$\Pr(Z \leqslant x) = \Phi(x) = \int_{-\infty}^{x} \frac{1}{\sqrt{2\pi}} e^{\frac{t2}{2}} dt$$

$$\Pr(Z \leqslant -x) = \Phi(-x) = 1 - \Phi(x)$$

Z	0.00	0.01	0.02	0.03	0.04	0.05	0.06	0.07	0.08	0.09
0.0	0.5000	0.5040	0.5080	0.5120	0.5160	0.5199	0.5239	0.5279	0.5319	0.5359
0.1	0.5398	0.5438	0.5478	0.5517	0.5557	0.5596	0.5636	0.5675	0.5714	0.5753
0.2	0.5793	0.5832	0.5871	0.5910	0.5948	0.5987	0.6026	0.6064	0.6103	0.6141
0.3	0.6179	0.6217	0.6255	0.6293	0.6331	0.6368	0.6406	0.6443	0.6480	0.6517
0.4	0.6554	0.6591	0.6628	0.6664	0.6700	0.6736	0.6772	0.6808	0.6844	0.6879
0.5	0.6915	0.6950	0.6985	0.7019	0.7054	0.7088	0.7123	0.7157	0.7190	0.7224
0.6	0.7257	0.7291	0.7324	0.7357	0.7389	0.7422	0.7454	0.7486	0.7517	0.7549
0.7	0.7580	0.7611	0.7642	0.7673	0.7703	0.7734	0.7764	0.7794	0.7823	0.7852
0.8	0.7881	0.7910	0.7939	0.7967	0.7995	0.8023	0.8051	0.8078	0.8106	0.8133
0.9	0.8159	0.8186	0.8212	0.8238	0.8264	0.8289	0.8315	0.8340	0.8365	0.8389
1.0	0.8413	0.8438	0.8461	0.8485	0.8508	0.8531	0.8554	0.8577	0.8599	0.8621
1.1	0.8643	0.8665	0.8686	0.8708	0.8729	0.8749	0.8770	0.8790	0.8810	0.8830
1.2	0.8849	0.8869	0.8888	0.8907	0.8925	0.8944	0.8962	0.8980	0.8997	0.9015
1.3	0.9032	0.9049	0.9066	0.9082	0.9099	0.9115	0.9131	0.9147	0.9162	0.9177
1.4	0.9192	0.9207	0.9222	0.9236	0.9251	0.9265	0.9278	0.9292	0.9306	0.9319
1.5	0.9332	0.9345	0.9357	0.9370	0.9382	0.9394	0.9406	0.9418	0.9430	0.9441
1.6	0.9452	0.9463	0.9474	0.9484	0.9495	0.9505	0.9515	0.9525	0.9535	0.9545
1.7	0.9554	0.9564	0.9573	0.9582	0.9591	0.9599	0.9608	0.9616	0.9625	0.9633
1.8	0.9641	0.9648	0.9656	0.9664	0.9671	0.9678	0.9686	0.9693	0.9700	0.9706
1.9	0.9713	0.9719	0.9726	0.9732	0.9738	0.9744	0.9750	0.9756	0.9762	0.9767
2.0	0.9772	0.9778	0.9783	0.9788	0.9793	0.9798	0.9803	0.9808	0.9812	0.9817
2.1	0.9821	0.9826	0.9830	0.9834	0.9838	0.9842	0.9846	0.9850	0.9854	0.9857
2.2	0.9861	0.9864	0.9868	0.9871	0.9874	0.9878	0.9881	0.9884	0.9887	0.9890
2.3	0.9893	0.9896	0.9898	0.9901	0.9904	0.9906	0.9909	0.9911	0.9913	0.9916
2.4	0.9918	0.9920	0.9922	0.9925	0.9927	0.9929	0.9931	0.9932	0.9934	0.9936
2.5	0.9938	0.9940	0.9941	0.9943	0.9945	0.9946	0.9948	0.9949	0.9951	0.9952
2.6	0.9953	0.9955	0.9956	0.9957	0.9959	0.9960	0.9961	0.9962	0.9963	0.9964
2.7	0.9965	0.9966	0.9967	0.9968	0.9969	0.9970	0.9971	0.9972	0.9973	0.9974
2.8	0.9974	0.9975	0.9976	0.9977	0.9977	0.9978	0.9979	0.9979	0.9980	0.9981
2.9	0.9981	0.9982	0.9982	0.9983	0.9984	0.9984	0.9985	0.9985	0.9986	0.9986
3.0	0.9987	0.9990	0.9993	0.9995	0.9997	0.9998	0.9998	0.9999	0.9999	1.0000

二、T 分布函数数值表

例如 $Pr(t > 1.83311) = 0.05$，自由度=9

df \ Pr	0.100	0.050	0.025	0.010	0.005	0.001
1	3.078	6.314	12.706	31.821	63.657	636.619
2	1.886	2.920	4.303	6.965	9.925	31.599
3	1.638	2.353	3.182	4.541	5.841	12.924
4	1.533	2.132	2.776	3.747	4.604	8.610
5	1.476	2.015	2.571	3.365	4.032	6.869
6	1.440	1.943	2.447	3.143	3.707	5.959
7	1.415	1.895	2.365	2.998	3.499	5.408
8	1.397	1.860	2.306	2.896	3.355	5.041
9	1.383	1.833	2.262	2.821	3.250	4.781
10	1.372	1.812	2.228	2.764	3.169	4.587
11	1.363	1.796	2.201	2.718	3.106	4.437
12	1.356	1.782	2.179	2.681	3.055	4.318
13	1.350	1.771	2.160	2.650	3.012	4.221
14	1.345	1.761	2.145	2.624	2.977	4.140
15	1.341	1.753	2.131	2.602	2.947	4.073
16	1.337	1.746	2.120	2.583	2.921	4.015
17	1.333	1.740	2.110	2.567	2.898	3.965
18	1.330	1.734	2.101	2.552	2.878	3.922
19	1.328	1.729	2.093	2.539	2.861	3.883
20	1.325	1.725	2.086	2.528	2.845	3.850
21	1.323	1.721	2.080	2.518	2.831	3.819
22	1.321	1.717	2.074	2.508	2.819	3.792
23	1.319	1.714	2.069	2.500	2.807	3.768
24	1.318	1.711	2.064	2.492	2.797	3.745
25	1.316	1.708	2.060	2.485	2.787	3.725
26	1.315	1.706	2.056	2.479	2.779	3.707
27	1.314	1.703	2.052	2.473	2.771	3.690
28	1.313	1.701	2.048	2.467	2.763	3.674
29	1.311	1.699	2.045	2.462	2.756	3.659
30	1.310	1.697	2.042	2.457	2.750	3.646
40	1.303	1.684	2.021	2.423	2.704	3.551
50	1.299	1.676	2.009	2.403	2.678	3.496
60	1.296	1.671	2.000	2.390	2.660	3.460
70	1.294	1.667	1.994	2.381	2.648	3.435
100	1.290	1.660	1.984	2.364	2.626	3.390
∞	1.282	1.645	1.960	2.326	2.576	3.291

三、卡方分布函数数值表

例如 $Pr(\chi^2 > 16.919) = 0.05$，$Pr(\chi^2 > 3.325) = 0.95$ 自由度=9

df \ Pr	0.99	0.975	0.95	0.9	0.1	0.05	0.025	0.01
1	0.000	0.001	0.004	0.016	2.706	3.841	5.024	6.635
2	0.020	0.051	0.103	0.211	4.605	5.991	7.378	9.210
3	0.115	0.216	0.352	0.584	6.251	7.815	9.348	11.345
4	0.297	0.484	0.711	1.064	7.779	9.488	11.143	13.277
5	0.554	0.831	1.145	1.610	9.236	11.070	12.833	15.086
6	0.872	1.237	1.635	2.204	10.645	12.592	14.449	16.812
7	1.239	1.690	2.167	2.833	12.017	14.067	16.013	18.475
8	1.646	2.180	2.733	3.490	13.362	15.507	17.535	20.090
9	2.088	2.700	3.325	4.168	14.684	16.919	19.023	21.666
10	2.558	3.247	3.940	4.865	15.987	18.307	20.483	23.209
11	3.053	3.816	4.575	5.578	17.275	19.675	21.920	24.725
12	3.571	4.404	5.226	6.304	18.549	21.026	23.337	26.217
13	4.107	5.009	5.892	7.042	19.812	22.362	24.736	27.688
14	4.660	5.629	6.571	7.790	21.064	23.685	26.119	29.141
15	5.229	6.262	7.261	8.547	22.307	24.996	27.488	30.578
16	5.812	6.908	7.962	9.312	23.542	26.296	28.845	32.000
17	6.408	7.564	8.672	10.085	24.769	27.587	30.191	33.409
18	7.015	8.231	9.390	10.865	25.989	28.869	31.526	34.805
19	7.633	8.907	10.117	11.651	27.204	30.144	32.852	36.191
20	8.260	9.591	10.851	12.443	28.412	31.410	34.170	37.566
25	11.524	13.120	14.611	16.473	34.382	37.652	40.646	44.314
30	14.953	16.791	18.493	20.599	40.256	43.773	46.979	50.892
35	18.509	20.569	22.465	24.797	46.059	49.802	53.203	57.342
40	22.164	24.433	26.509	29.051	51.805	55.758	59.342	63.691
45	25.901	28.366	30.612	33.350	57.505	61.656	65.410	69.957
50	29.707	32.357	34.764	37.689	63.167	67.505	71.420	76.154
60	37.485	40.482	43.188	46.459	74.397	79.082	83.298	88.379
70	45.442	48.758	51.739	55.329	85.527	90.531	95.023	100.425
80	53.540	57.153	60.391	64.278	96.578	101.879	106.629	112.329
90	61.754	65.647	69.126	73.291	107.565	113.145	118.136	124.116
100	70.065	74.222	77.929	82.358	118.498	124.342	129.561	135.807

四、F分布函数数值表(对应显著性水平为5%)

例如 $Pr(F>3.48)=0.05$，　自由度 $N_1=5, N_2=9$

N_2 \ N_1	1	2	3	4	5	6	7	8	9
1	161.45	199.50	215.71	224.58	230.16	233.99	236.77	238.88	240.54
2	18.51	19.00	19.16	19.25	19.30	19.33	19.35	19.37	19.38
3	10.13	9.55	9.28	9.12	9.01	8.94	8.89	8.85	8.81
4	7.71	6.94	6.59	6.39	6.26	6.16	6.09	6.04	6.00
5	6.61	5.79	5.41	5.19	5.05	4.95	4.88	4.82	4.77
6	5.99	5.14	4.76	4.53	4.39	4.28	4.21	4.15	4.10
7	5.59	4.74	4.35	4.12	3.97	3.87	3.79	3.73	3.68
8	5.32	4.46	4.07	3.84	3.69	3.58	3.50	3.44	3.39
9	5.12	4.26	3.86	3.63	3.48	3.37	3.29	3.23	3.18
10	4.96	4.10	3.71	3.48	3.33	3.22	3.14	3.07	3.02
11	4.84	3.98	3.59	3.36	3.20	3.09	3.01	2.95	2.90
12	4.75	3.89	3.49	3.26	3.11	3.00	2.91	2.85	2.80
13	4.67	3.81	3.41	3.18	3.03	2.92	2.83	2.77	2.71
14	4.60	3.74	3.34	3.11	2.96	2.85	2.76	2.70	2.65
15	4.54	3.68	3.29	3.06	2.90	2.79	2.71	2.64	2.59
16	4.49	3.63	3.24	3.01	2.85	2.74	2.66	2.59	2.54
17	4.45	3.59	3.20	2.96	2.81	2.70	2.61	2.55	2.49
18	4.41	3.55	3.16	2.93	2.77	2.66	2.58	2.51	2.46
19	4.38	3.52	3.13	2.90	2.74	2.63	2.54	2.48	2.42
20	4.35	3.49	3.10	2.87	2.71	2.60	2.51	2.45	2.39
30	4.17	3.32	2.92	2.69	2.53	2.42	2.33	2.27	2.21
40	4.08	3.23	2.84	2.61	2.45	2.34	2.25	2.18	2.12
50	4.03	3.18	2.79	2.56	2.40	2.29	2.20	2.13	2.07
60	4.00	3.15	2.76	2.53	2.37	2.25	2.17	2.10	2.04
70	3.98	3.13	2.74	2.50	2.35	2.23	2.14	2.07	2.02
80	3.96	3.11	2.72	2.49	2.33	2.21	2.13	2.06	2.00
90	3.95	3.10	2.71	2.47	2.32	2.20	2.11	2.04	1.99
100	3.94	3.09	2.70	2.46	2.31	2.19	2.10	2.03	1.97

F分布函数数值表(续)

例如 $\Pr(F > 2.94) = 0.05$， 自由度 $N_1 = 20, N_2 = 9$

N_2 \ N_1	10	12	15	20	24	30	40	60	120
1	241.88	243.91	245.95	248.01	249.05	250.10	251.14	252.20	253.25
2	19.40	19.41	19.43	19.45	19.45	19.46	19.47	19.48	19.49
3	8.79	8.74	8.70	8.66	8.64	8.62	8.59	8.57	8.55
4	5.96	5.91	5.86	5.80	5.77	5.75	5.72	5.69	5.66
5	4.74	4.68	4.62	4.56	4.53	4.50	4.46	4.43	4.40
6	4.06	4.00	3.94	3.87	3.84	3.81	3.77	3.74	3.70
7	3.64	3.57	3.51	3.44	3.41	3.38	3.34	3.30	3.27
8	3.35	3.28	3.22	3.15	3.12	3.08	3.04	3.01	2.97
9	3.14	3.07	3.01	2.94	2.90	2.86	2.83	2.79	2.75
10	2.98	2.91	2.85	2.77	2.74	2.70	2.66	2.62	2.58
11	2.85	2.79	2.72	2.65	2.61	2.57	2.53	2.49	2.45
12	2.75	2.69	2.62	2.54	2.51	2.47	2.43	2.38	2.34
13	2.67	2.60	2.53	2.46	2.42	2.38	2.34	2.30	2.25
14	2.60	2.53	2.46	2.39	2.35	2.31	2.27	2.22	2.18
15	2.54	2.48	2.40	2.33	2.29	2.25	2.20	2.16	2.11
16	2.49	2.42	2.35	2.28	2.24	2.19	2.15	2.11	2.06
17	2.45	2.38	2.31	2.23	2.19	2.15	2.10	2.06	2.01
18	2.41	2.34	2.27	2.19	2.15	2.11	2.06	2.02	1.97
19	2.38	2.31	2.23	2.16	2.11	2.07	2.03	1.98	1.93
20	2.35	2.28	2.20	2.12	2.08	2.04	1.99	1.95	1.90
30	2.16	2.09	2.01	1.93	1.89	1.84	1.79	1.74	1.68
40	2.08	2.00	1.92	1.84	1.79	1.74	1.69	1.64	1.58
50	2.03	1.95	1.87	1.78	1.74	1.69	1.63	1.58	1.51
60	1.99	1.92	1.84	1.75	1.70	1.65	1.59	1.53	1.47
70	1.97	1.89	1.81	1.72	1.67	1.62	1.57	1.50	1.44
80	1.95	1.88	1.79	1.70	1.65	1.60	1.54	1.48	1.41
90	1.94	1.86	1.78	1.69	1.64	1.59	1.53	1.46	1.39
100	1.93	1.85	1.77	1.68	1.63	1.57	1.52	1.45	1.38

五、德宾一沃森 d 统计量:在 0.05 显著性水平上 d_L 和 d_U 的显著点

N	K=1		K=2		K=3		K=4		K=5		K=6	
	d_L	d_U	d_L	d_U	d_L	d_U	d_L	d_U	d_L	d_U	d_L	d_U
6	0.610	1.400	—	—	—	—	—	—	—	—	—	—
7	0.700	1.356	0.467	1.896	—	—	—	—	—	—	—	—
8	0.763	1.332	0.559	1.777	0.368	2.287	—	—	—	—	—	—
9	0.824	1.320	0.629	1.699	0.455	2.128	0.296	2.588	—	—	—	—
10	0.879	1.320	0.697	1.641	0.525	2.016	0.376	2.414	0.243	2.822	—	—
11	0.927	1.324	0.658	1.604	0.593	1.928	0.444	2.283	0.316	2.645	0.203	3.005
12	0.971	1.331	0.812	1.579	0.658	1.864	0.512	2.177	0.379	2.506	0.268	2.832
13	1.010	1.340	0.861	1.562	0.715	1.816	0.574	2.094	0.445	2.390	0.328	2.692
14	1.045	1.350	0.905	1.551	0.767	1.779	0.632	2.030	0.505	2.296	0.389	2.572
15	1.077	1.361	0.946	1.543	0.814	1.750	0.685	1.977	0.562	2.220	0.447	2.472
16	1.106	1.371	0.982	1.539	0.857	1.728	0.734	1.935	0.615	2.157	0.502	2.388
17	1.133	1.381	1.015	1.536	0.897	1.710	0.779	1.900	0.664	2.104	0.554	2.318
18	1.158	1.391	1.046	1.535	0.933	1.696	0.820	1.872	0.710	2.060	0.603	2.257
19	1.180	1.401	1.074	1.536	0.967	1.685	0.859	1.848	0.752	2.023	0.649	2.206
20	1.201	1.411	1.100	1.537	0.998	1.676	0.894	1.828	0.792	1.991	0.692	2.162
21	1.221	1.420	1.125	1.538	1.026	1.669	0.927	1.812	0.829	1.964	0.732	2.124
22	1.239	1.429	1.147	1.541	1.053	1.664	0.958	1.797	0.863	1.940	0.769	2.090
23	1.257	1.437	1.168	1.543	1.078	1.660	0.986	1.785	0.895	1.920	0.804	2.061
24	1.273	1.446	1.188	1.546	1.101	1.656	1.013	1.775	0.925	1.902	0.837	2.035
25	1.288	1.454	1.206	1.550	1.123	1.654	1.038	1.767	0.953	1.868	0.868	2.012
26	1.302	1.461	1.224	1.553	1.143	1.652	1.062	1.759	0.979	1.873	0.897	1.992
27	1.316	1.469	1.240	1.556	1.162	1.651	1.084	1.753	1.004	1.861	0.925	1.974
28	1.328	1.476	1.255	1.560	1.181	1.650	1.104	1.747	1.028	1.850	0.951	1.958
29	1.341	1.483	1.270	1.563	1.198	1.650	1.124	1.743	1.050	1.841	0.975	1.944
30	1.352	1.489	1.284	1.567	1.214	1.650	1.143	1.739	1.071	1.833	0.998	1.931
35	1.402	1.519	1.343	1.584	1.283	1.653	1.222	1.726	1.160	1.803	1.097	1.884
40	1.442	1.544	1.391	1.600	1.338	1.659	1.285	1.721	1.230	1.786	1.175	1.854
45	1.475	1.566	1.430	1.615	1.383	1.666	1.336	1.720	1.287	1.776	1.238	1.835
50	1.503	1.585	1.462	1.628	1.421	1.674	1.378	1.721	1.335	1.771	1.291	1.822
55	1.528	1.601	1.490	1.641	1.452	1.681	1.414	1.724	1.374	1.768	1.334	1.814
60	1.549	1.616	1.514	1.652	1.480	1.689	1.444	1.727	1.408	1.767	1.372	1.808
65	1.567	1.629	1.536	1.662	1.503	1.696	1.471	1.731	1.438	1.767	1.404	1.805
70	1.583	1.641	1.554	1.672	1.525	1.703	1.494	1.735	1.464	1.768	1.433	1.802
75	1.598	1.652	1.571	1.680	1.543	1.709	1.515	1.739	1.487	1.770	1.458	1.801
80	1.611	1.662	1.586	1.688	1.560	1.715	1.534	1.743	1.507	1.772	1.480	1.801
90	1.635	1.679	1.612	1.703	1.589	1.726	1.566	1.751	1.542	1.776	1.518	1.801
100	1.654	1.694	1.634	1.715	1.613	1.736	1.592	1.758	1.571	1.780	1.550	1.803

六、ADF 检验的 1%、2.5%、5%和 10%的临界值和 F 值

Model	N	1%	2.5%	5%	10%
t_{nc}	25	−2.66	−2.26	−1.95	−1.6
	50	−2.62	−2.25	−1.95	−1.61
	100	−2.6	−2.24	−1.95	−1.61
	250	−2.58	−2.23	−1.95	−1.61
	500	−2.58	−2.23	−1.95	−1.61
	∞	−2.58	−2.23	−1.95	−1.61
t_c	25	−3.75	−3.33	−3	−2.62
	50	−3.58	−3.22	−2.93	−2.6
	100	−3.51	−3.17	−2.89	−2.58
	250	−3.46	−3.14	−2.88	−2.57
	500	−3.44	−3.13	−2.87	−2.57
	∞	−3.43	−3.12	−2.86	−2.57
t_{ct}	25	−4.38	−3.95	−3.6	−3.24
	50	−4.15	−3.8	−3.5	−3.18
	100	−4.04	−3.73	−3.45	−3.15
	250	−3.99	−3.69	−3.43	−3.13
	500	−3.98	−3.68	−3.42	−3.13
	∞	−3.96	−3.66	−3.41	−3.12
$F*$	25	7.88	6.3	5.18	4.12
	50	7.06	5.8	4.86	3.94
	100	6.7	5.57	4.71	3.86
	250	6.52	5.45	4.63	3.81
	500	6.47	5.41	4.61	3.79
	∞	6.43	5.38	4.59	3.78
$F**$	25	8.21	6.75	5.68	4.67
	50	7.02	5.94	5.13	4.31
	100	6.5	5.59	4.88	4.16
	250	6.22	5.4	4.75	4.07
	500	6.15	5.35	4.71	4.05
	∞	6.09	5.31	4.68	4.03

下角标 nc、c 和 ct 分别表示在回归 $\Delta Y_t = \beta_1 + \beta_2 t + \delta Y_{t-1} + \sum_{i=1}^{m} \alpha_i \Delta Y_{t-i} + \varepsilon_t$ 中既无常数项也无趋势项、只有常数项、和同时含有常数项和趋势项。

$F*$ 对应于 $\Delta Y_t = \beta_1 + \beta_2 t + \delta Y_{t-1} + \sum_{i=1}^{m} \alpha_i \Delta Y_{t-i} + \varepsilon_t$ 中常数项和 δ 同时为 0 的假设。

$F**$ 对应于 $\Delta Y_t = \beta_1 + \beta_2 t + \delta Y_{t-1} + \sum_{i=1}^{m} \alpha_i \Delta Y_{t-i} + \varepsilon_t$ 中常数项、趋势项和 δ 同时为 0 的假设。

七、Dickey－Fuller 协整检验的 1%、5%和 10%的临界值

解释变量个数 K	N	Model $\Delta\varepsilon_t=\delta\varepsilon_{t-1}+v_t$			Augmented Model $\Delta\varepsilon_t=\delta\varepsilon_{t-1}+\sum_{i=1}^{p}\Delta\varepsilon_{t-i}+v_t$		
		1%	5%	10%	1%	5%	10%
2	50	−4.32	−3.67	−3.28	−4.12	−3.29	−2.9
	100	−4.07	−3.37	−3.03	−3.73	−3.17	−2.91
	200	−4	−3.37	−3.02	−3.78	−3.25	−2.98
3	50	−4.84	−4.11	−3.73	−4.45	−3.75	−3.36
	100	−4.45	−3.93	−3.59	−4.22	−3.62	−3.32
	200	−4.35	−3.78	−3.47	−4.34	−3.78	−3.51
4	50	−4.94	−4.35	−4.02	−4.61	−3.98	−3.67
	100	−4.75	−4.22	−3.89	−4.61	−4.02	−3.71
	200	−4.7	−4.18	−3.89	−4.72	−4.13	−3.83
5	50	−5.41	−4.76	−4.42	−4.8	−4.15	−3.85
	100	−5.18	−4.58	−4.26	−4.98	−4.36	−4.06
	200	−5.02	−4.48	−4.18	−4.97	−4.43	−4.14

八、Mackinnon 基于响应面方程 $C_{(\alpha)}=\phi_{\infty}+\phi_1 T^{-1}+\phi_2 T^{-2}$ 的临界值表

协整方程中变量个数 K	Model	显著性水平	ϕ_{∞}	ϕ_1	ϕ_2
1	1	0.01	−2.5658	−1.96	−10.04
		0.05	−1.9393	−0.398	0
		0.1	−1.6156	−0.181	0
	2	0.01	−3.4335	−5.999	−29.25
		0.05	−2.8621	−2.738	−8.36
		0.1	−2.5671	−1.438	−4.48
	3	0.01	−3.9638	−8.353	−47.44
		0.05	−3.4126	−4.039	−17.83
		0.1	−3.1279	−2.418	−7.58
2	2	0.01	−3.9001	−10.534	−30.03
		0.05	−3.3377	−5.967	−8.98
		0.1	−3.0462	−4.069	−5.73
	3	0.01	−4.3266	−15.531	−34.03
		0.05	−3.7809	−9.421	−15.06
		0.1	−3.4959	−7.203	−4.01
3	2	0.01	−4.2981	−13.79	−46.37
		0.05	−3.7429	−8.352	−13.41
		0.1	−3.4518	−6.241	−2.79
	3	0.01	−4.6676	−18.492	−49.35
		0.05	−4.1193	−12.024	−13.13
		0.1	−3.8344	−9.188	−4.85
4	2	0.01	−4.6493	−17.188	−59.2
		0.05	−4.1	−10.745	−21.57
		0.1	−3.811	−8.317	−5.19
	3	0.01	−4.9695	−22.504	−50.22
		0.05	−4.4294	−14.501	−19.54
		0.1	−4.1474	−11.165	−9.88
5	2	0.01	−4.9587	−22.14	−37.29
		0.05	−4.4185	−13.461	−21.16
		0.1	−4.1327	−10.638	−5.48
	3	0.01	−5.2497	−26.606	−49.56
		0.05	−4.7154	−17.432	−16.5
		0.1	−4.4345	−13.654	−5.77

1. 协整议程中变量个数 K 指的是协整方程中因变量和自变量个数之和，当 K=1 时，由于所涉及的变量只有 1 个，此时协整检验退化为单位根检验。

2. Model1、Model2 和 Model3 分别表示在回归方程 $\Delta Y_t=\beta_1+\beta_2 t+\delta Y_{t-1}+\sum_{i=1}^{m}\alpha_i\Delta Y_{t-i}+\varepsilon_t$ 中既无常数项也无趋势项、只有常数项、和同时含有常数项和趋势项三种情形。由于协整方程(包含两个及以上变量)一般都设有常数项，在对残差进行平稳性检验时，自动包括常数项，因此不存在 Model 的情形。

参考文献

[1] 恩德斯.应用计量经济学:时间序列分析.第 2 版.杜江等译.北京:高等教育出版社,2006。

[2] 贺铿.经济计量学教程.北京:中国统计出版社,2000。

[3] 古扎拉蒂.计量经济学基础.第 5 版.费剑平译.北京:中国人民大学出版社,2011。

[4] 李子奈,潘文卿.计量经济学.北京:高等教育出版社,2010。

[5] 李子奈,叶阿忠.高等计量经济学.北京:清华大学出版社, 2000。

[5] 庞皓.计量经济学.北京:科学出版社,2007。

[6] 伍德里奇.计量经济学导论——现代观点.第 3 版.费剑平等译.北京:中国人民大学出版社,2003。

[7] 谢识予,朱弘鑫.高级计量经济学.上海:复旦大学出版社,2005。

[8] 易丹辉.数据分析与 Eviews 应用.北京:中国统计出版社,2002。

[9] 张保法.经济计量学.第 4 版.北京:经济科学出版社,2000。

[10] 张世英.金融时间序列分析.北京:清华大学出版社, 2008。

[11] 张晓峒.计量经济分析.北京:经济科学出版社,2000。

[12] 张晓峒.计量经济学软件 Eviews 使用指南.天津:南开大学出版社,2003。

[13] 朱平芳.现代计量经济学.上海:上海财经大学出版社,2004。

[14] Allison, P.D. (2002), *Missing Data*, Beverly Hills, CA, Sage Publications.

[15] Arellano, M. (2003), *Panel Data Econometrics*, Oxford, Oxford University Press.

[16] Baltagi, B.H. (1995, 2001), *Econometric Analysis of Panel Data*, 1st and 2nd editions, New York, John Wiley.

[17] Ben-Akiva, M., and S.R.Lerman (1985), *Discrete Choice Analysis: Theory and Application to Travel Demand*, *Cambridge*, MA, MIT Press.

[18] Bierens, H. J. (1993), *Topics in Advanced Econometrics: Estimation, Testing, and Specification of Cross-Section and Time-Series Models*, Cambridge, UK, Cambridge University Press.

[19] Cameron, A.C., and P.K. Trivedi (1998), *Regression Analysis for Count Data*, Econometric Society Monograph No.30, Cambridge, UK, Cambridge University Press.

[20] Davidson, R., and J.G. MacKinnon (2004), *Econometric Theory and Methods*, Oxford, Oxford University Press.

[21] Deaton, A. (1997), *The Analysis of Household Surveys: A Microeconometric Approach to Development Policy*, Baltimore, Johns Hopkins Press.

[22] Fahrmeir, L., and G. Tutz (1994), *Multivariate Statistical Modelling Based on Gener-*

alized Linear Models, New York, Springer-Verlag.

[23] Greene, W. H. (2003), *Econometric Analysis*, fifth edition, Upper Saddle River, NJ, Prentice-Hall.

[24] Hamilton, J. (1994), *Time Series Analysis*, Princeton, Princeton University Press.

[25] Hsiao, C. (1986, 2003), *Analysis of Panel Data*, 1st and 2nd editions, Cambridge, UK, Cambridge University Press.

[26] Lee, M.-J. (2002), *Panel Data Econometrics: Methods-of-Moments and Limited Dependent Variables*, San Diego, Academic Press.

[27] Maddala, G. S. (1983), *Limited-Dependent and Qualitative Variables in Economics*, Cambridge, UK, Cambridge University Press.

[28] Robert, C.P., and G.Casella (1999), *Monte Carlo Methods*, New York, Springer-Verlag.
Schmidt, P. (1976), Econometrics, New York, Marcel Dekker.